新
思
THINKR

有思想和智识的生活

世界史的故事 3

大帝国的兴衰

100 B.C.—600 A.D.

公元前1世纪—公元6世纪

SUSAN WISE BAUER

[美]苏珊·怀斯·鲍尔——著

徐彬 陈幸子 刘在良——译

中信出版集团 | 北京

图书在版编目（CIP）数据

世界史的故事．从三国鼎立到诺曼征服 / (美) 苏珊·
怀斯·鲍尔著；徐彬，陈幸子，刘在良译．-- 北京：
中信出版社，2019.9
书名原文：The History of the Medieval World:
From the Conversion of Constantine to the First
Crusade
ISBN 978-7-5086-9629-4

Ⅰ．①世… Ⅱ．①苏… ②徐… ③陈… ④刘… Ⅲ．
①世界史—通俗读物 Ⅳ．① K109

中国版本图书馆 CIP 数据核字 (2018) 第 232709 号

世界史的故事·从三国鼎立到诺曼征服

著　　者：[美] 苏珊·怀斯·鲍尔
译　　者：徐彬　陈幸子　刘在良
出版发行：中信出版集团股份有限公司
（北京市朝阳区惠新东街甲 4 号富盛大厦 2 座　邮编　100029）
承 印 者：河北鹏润印刷有限公司

开　　本：880mm×1230mm　1/32　　印　　张：32　　字　　数：725 千字
版　　次：2019 年 9 月第 1 版　　印　　次：2019 年 9 月第 1 次印刷
京权图字：01-2015-7858　　广告经营许可证：京朝工商广字第 8087 号
审 图 号：GS（2018）3419 号　GS（2018）5375 号
书　　号：ISBN 978-7-5086-9629-4
定　　价：148.00 元（全二册）

服务热线：400-600-8099
投稿邮箱：author@citicpub.com

献给

克里斯托弗

目　录

/ 01

没落和重建

在中国，公元前33年至公元75年间，汉朝因内忧被一个新王朝取代，随后不久又重建和复兴。

丝绸之路的东端是中国汉朝，它同丝绸之路西端的罗马帝国一样逐渐发展壮大起来，建立了一个由多个州构成的大国。据《史记》记载，汉朝向西征服了一个又一个部落，将它们吞并。跟丝绸之路西端的统治家族如出一辙，汉朝皇室也经历了一番血雨腥风，帝国边境也因此变得动荡不安。

公元前33年，屋大维正致力于扩张势力之时，汉元帝驾崩。元帝继承的是汉宣帝之位，他死后皇位传给了他的儿子汉成帝。

汉成帝那时18岁，他的母后王政君成为皇太后。每当她建议成帝委任王氏宗亲以重要官职时，成帝都唯命是从。于是她的兄弟无不加官进爵，她的大哥甚至做了大司马大将军。其他王氏宗亲也都被封官，占据了朝廷中的很多高级职位。[1]

成帝于公元前7年驾崩，在位26年，无子嗣。他的侄子汉哀帝继位。在此之后，汉朝统治者的在位年限变得出人意料的短。6年后，汉哀帝驾崩，也没有子嗣；汉哀帝年仅8岁的堂弟汉平帝继位，汉平帝在位7年后于公元6年驾崩，亦没有子嗣。

太皇太后王政君依然健在，亲历了汉主四易。现在，太皇太后的亲侄子王莽将汉宣帝的玄孙刘婴立为皇太子，呼其为“孺子”，自己称“假皇帝”，暂时代理朝政。王莽饱读诗书，担任大司马多年，受人尊敬。历史学家班固在他的传记中说，他通过向他的门客赠送马车、马、礼服和毛皮等使他们忠于自己，壮大自己的势力，他自己的财富反而所剩无几；换句话说，他精通贿赂之道。[2]

朝廷中不满王家势力的大臣提出抗议，有一位大臣坚称王莽毒死了平帝，另有一些大臣发起了短暂的武装叛乱。但王莽承诺幼帝成年以后会尽快把权力还给他。

他只用了三年时间就说服都城的百姓相信，汉朝在皇位继承上的种种离奇厄运说明上天不再属意汉朝，如果没有一位成年的皇帝继位，那么社会将充斥盗窃、谋杀等种种犯罪行为。当开始有诸多预兆表示上天青睐王莽（其中一事是在井底发现一块白色的石头，上面写着“告安汉公莽为皇帝”）的时候，他宣告汉朝天数已尽，并自立为新帝。他宣布：“予以不德，托于皇初祖考黄帝之后，皇始祖考虞帝之苗裔。”[3]

至此，汉朝已经延续了197年，对于一个王朝来说，这诚非易事。但在公元9年后的15年里，王莽的“新朝”却取而代之。

历经六朝的皇太后最终没有活着见到故事结束，她于公元13年逝世。但改朝换代的影响在她去世前就凸显出来。王莽不是一个残暴之人，他把孺子婴送到别处养着，并没有杀死他（不过传闻说孺子婴被精心看守，无法跟外界接触，第一次见到鸡的时候他甚至都不认识）。然而，他的这一决定给他带来了灾难。他宣称自己是恢复过去受人推崇的旧制之人，并试图终止汉朝为打破贵族特权的旧制所做的改变。他重新实施“井田制”的做法惹恼了农民，他重新提出“普天之下，莫非王土”，甚至坚称权贵的部分土地也属于他，这样做也触动了贵族的利益。[4]他的政策牵涉面太广，一时间百姓骚乱不断，怨声载道。历史学家班固在王莽的传记中说：

> 愁法禁烦苛，不得举手。力作所得，不足以给贡税……民穷，悉起为盗贼。[5]

王莽当政期间气候也不好。干旱和饥荒同时笼罩着都城，公元11年，又发生洪灾，大水冲垮了黄河堤防，成千上万百姓被淹死。此前帮助王莽登上皇位的天兆如今预示着不祥的事情。班固说：“民饥饿相食，死者数十万，长安为虚，城中无人行。”

政治变动和自然灾害催生了中国历史上第一个秘密团体——赤眉军，他们组织军队抵抗下乡执行王莽旨意的士兵。那个时候士兵还没有统一的制服，于是赤眉军就把眉毛涂红，以此区分敌友。[6]

公元23年，王莽逃离都城，后被杀死。他身后留下一个烂摊子，在所有的汉朝宗亲中，没有一个人有明确的帝位继承权。宗亲之间争夺帝位的战争持续了两年之久，最终一个叫刘秀的人赢得足够的支持，宣布登基。

较之于他的本名刘秀，他的谥号光武帝更广为后人所知，登基后光武帝开始收拾王莽留下的残局。但是他把都城从长安迁移到300多千米以东的洛阳，这样他建立的王朝与之前的汉朝（毕竟早已满目疮痍）就有了一定的差异；因此，第二阶段的汉朝通常被称为东汉，以此区别于先前汉朝的统治。

他没有重新采用王莽将重要职位授予皇室成员的旧制，当年王莽刚刚掌权时，通过这种办法获得了贵族的支持。相反，他将汉朝的土地重新划分，设置了很多新的县，将政府的职位授予很多非贵族出身的贤才。为了与旧时贵族家庭的影响对抗，他继续开办太学，培养未来的朝廷官员，由朝廷出钱请老师教授他们为国家效力时应该掌握的正确技能。他还推行考试制度。通过考试的考生，不论其家庭背景怎样，都可以得到朝廷的官位。这是一套选拔贤能的好办法，以儒家的秩序思想为基础，这套办法后来延续了许多个世纪。[7]

但是这些新任命的县令管辖的县要比之前更小，人口也更少；饥荒、内战和洪水夺去了大批中国人的生命。人口数据显示，在西汉末年和王莽新朝年间，有多达1000万的中国人死亡，这是中国历史上被隐瞒的最大灾难之一。[8]

光武帝在位长达32年，在他统治期间国家繁荣，之后他的儿子明帝继位。

明帝不是皇位的原定继承人。光武帝并没有完全摒弃通过与旧时显贵结盟壮大势力的传统。他的第一位皇后是旧时北部的一个贵族家庭的女子，联姻使他与北部的势力有了战略联系，这些势力支持他登基称帝。第一位皇后所生的儿子被立为太子。但是经过近20年的统治后，光武帝已经牢牢控制了北方地区，于是开始担忧南方的局势。他废黜了第一位皇后，另立皇后。新皇后的儿子（也就是后来的汉明帝）被立为太子。

明帝继位时29岁。为了消除北匈奴的侵扰，汉明帝派窦固等人北上征讨北匈奴。平定匈奴后，又继续征服了塔里木盆地的多个绿洲国家。此举再次打通了丝绸之路的东段，而此前帕提亚和罗马签署条约，已经打通了丝绸之路的西段。[9]

据后来的传记记载，汉明帝做了一个梦：他看见天上有一个金人让他膜拜他。他的谋士们告诉他，这是佛，他们听说这是来自印度的神。这其实是对业已发生的人口流动这一事实的比较诗意的表达。那时候，来自印度的商人和佛教徒频繁到访中国。

汉明帝于是派人出使印度，学习佛教。按照中国的历史记载，他们带回来了 42 部经文，经文的内容是类似《论语》的佛家语录。[10] 明帝很喜欢这些经文，不仅自己接受其教诲，还让朝臣研读学习。

实际上朝臣接受佛教思想是一个渐进的过程，上面的说法其实是对这个过程的一个简化，但这确实表现了佛教正在深入中国，而且其传播方式与儒家思想的传播方式非常不同。儒家思想得益于光武帝设立太学的措施，已成为汉朝官僚体制的一部分，开始深入民间，教化众生，让普通的男男女女都能了解公共生活中的伦理秩序。但是佛教进入中国后，是以自上而下的方式传播的：最先是皇帝接受，然后向下推广。在中国，佛教最初是读书人、达官显贵和富人的宗教。

时间线 1

罗马	中国
法萨卢战役（前48）	**元帝**（前48—前33）
暗杀恺撒（前44）	
屋大维，执政官（前43）	
	成帝（前33—前7）
亚克兴战役（前31）	
第一协议（前27）	
第二协议（前23）	
屋大维，最高祭司（前12）	
	哀帝（前7—前1）
	平帝（前1—公元6）
	孺子婴（6—8）
	新朝（9—23）
	王莽（9—23）
屋大维去世（14）	
	东汉（25—220）
	光武帝（25—57）
卡里古拉，第一公民（41）	
尼禄，第一公民（54）	
	明帝（57—75）

注意：在所有的时间线上，统治者的名字均使用加粗字体，统治者名字后的年份表示其在位时间而非生卒年。

/ 02

继承问题

公元 14 年至 69 年间，罗马统治者一代比一代疯狂，罗马城发生大火，迫害基督徒的序幕也由此拉开。

奥古斯都死后，提比略（Tiberius）独揽大权，那一年他 56 岁。

提比略知道罗马人不会主动拥立他为下一任奥古斯都，他们大多都知道，奥古斯都之所以选择他，正如苏维托尼乌斯（Suetonius）所说的那样，“是出于必须而非偏爱”。[1] 如果他操之过急，那么元老院很可能会兵戈相向。所以，在奥古斯都去世一个月后，他便去面见元老院的元老，让他们正式认定他为国家元首。他试图沿袭奥古斯都的统治政策，谦卑地放权，以使元老们能够自愿把权力交给他。但是，他并不擅长表演出谦卑的样子。当元老院试图把权力归还给他时，他给他们的回复一直是模棱两可、半推半就的。最后他们实在受不了了，其中有一人大声喊道：“要么同意，要么拉倒！”[2] 最终，他还是成功使自己被确立为奥古斯都的继任者，但他从来都没有得到“终身元首”或“奥古斯都”的头衔。

提比略很早就指定好了自己的继承人（在奥古斯都尚未去世时），那便是他的侄子日耳曼尼库斯（Germanicus），日耳曼尼库斯过去一直在莱茵河一带（罗马人视其为日耳曼行省，并把附近徘徊游荡的凯尔特人也视为日耳曼人）担任军队指挥官。现在提比略将日耳曼尼库斯召回罗马，助其当选执政官，然后又将其派往叙利亚行省当总督。

可是到达叙利亚后没多久，日耳曼尼库斯就去世了，留下他的妻子和年幼的儿子卡里古拉（Caligula）。罗马人开始偷偷议论，说是提比略下令杀了日耳曼尼库斯。可是提比略一直是日耳曼尼库斯的支持者，对他的喜欢甚至超过了对自己亲儿子德鲁苏斯（Drusus，此人既不如日耳曼尼库斯英俊也不如他受欢迎）的喜欢，所以说提比略是幕后凶手有些牵强。但是这个说法好像已经扎了根。提比略性格忧郁，演讲沉闷，缺乏个人魅力；想当大权在握、无其名但有其实的皇帝，显然是需要一些个人魅力的，这样才能平衡表面的共和制和实际的帝国制之间的关系。提比略身上一点也没有恺撒大帝的魅力。

德鲁苏斯也是如此，他现在做了执政官，也是最有可能成为继承人的。但在公元23年，他因胃病去世。为此，提比略伤透了心。还不到三年，提比略便离开了罗马，首先前往坎帕尼亚（Campania），之后又去了卡普里岛。他在这里远程管理着罗马的事务，但再没回到过这个城市。

但这种远程管理国家事务的做法可不是元老院想要的。这些元老放弃了自己的权威，换来一个单一的权威统治者，他们这么做为的是防止内战和暴乱。但提比略却在南边的卡普里岛逍遥自在，跟一群光屁股的小男孩冲浪嬉戏，他把这群小男孩称作他的“小鱼”。他越来越倾向于放纵作乐。因为他现在是皇帝（虽然没有被授予名号），有足够的财富来挥霍并享受各种乐趣。他在他的私人岛屿周围开凿洞窟，雇了一群男孩和女孩，让他们打扮成仙女和牧羊神，他把这些地方称为“维纳斯的去处”，而且正如其名所暗示的那样，他也的确在里面搞了一些“活动”。他买来一幅著名的色情画，将它挂在自己的书房里，“这样如果有人在表演当中遇到困难需要指导时，就可以照着画上的姿势来做”。[3] 当地人都管他叫“那头老羊”。他是第三位罗马第一公民，却是第一个如此恣意放纵的。没过多久，他的这种特权就让其彻底堕落了。

与此同时，元老院担负起了维持城市运转的任务。内战似乎随时会降临。卢基乌斯·埃利乌斯·塞扬努斯（Lucius Aelius Sejanus）是罗马禁卫军（第一公民的常备私人军队）的新任指挥官，谋划着等提比略一去世就夺取政权。

但在公元 31 年，提比略发现塞扬努斯不仅是他死去的儿子德鲁苏斯的妻子的情人，而且他们俩还密谋毒死了他的儿子德鲁苏斯。至于他是怎么发现的，塔西佗并没有记载。于是提比略下令逮捕并审判了塞扬努斯。塞扬努斯被定罪，接着就是一场波及数百名罗马公民的大清洗，受害人不仅包括塞扬努斯年幼的孩子，连已故的日耳曼尼库斯的儿子也牵涉其中，最后饿死在监狱里。从那时起，提比略的自我放纵开始变成残酷暴虐。苏维托尼乌斯写道：“他一个都不放过，将他们折磨致死。”

提比略在罗马滥施暴行时，一个名叫耶稣的流浪先知来到加利利。在耶路撒冷，他挑战了一个强大的祭司团对犹太人宗教生活的控制，因此惹怒了这个势力庞大的集团。* 由于废除了大祭司和总督

---

* 在耶路撒冷，祭司们分成两派，一派是法利赛人，另一派是撒都该人（Sadducees）。两派之间最大的差异在于神学的不同（主要争论的是人死后能否复活），犹太和加利利地区的内部政治也形成了有鲜明差别的政治派别。法利赛人是耶稣主要的敌人。

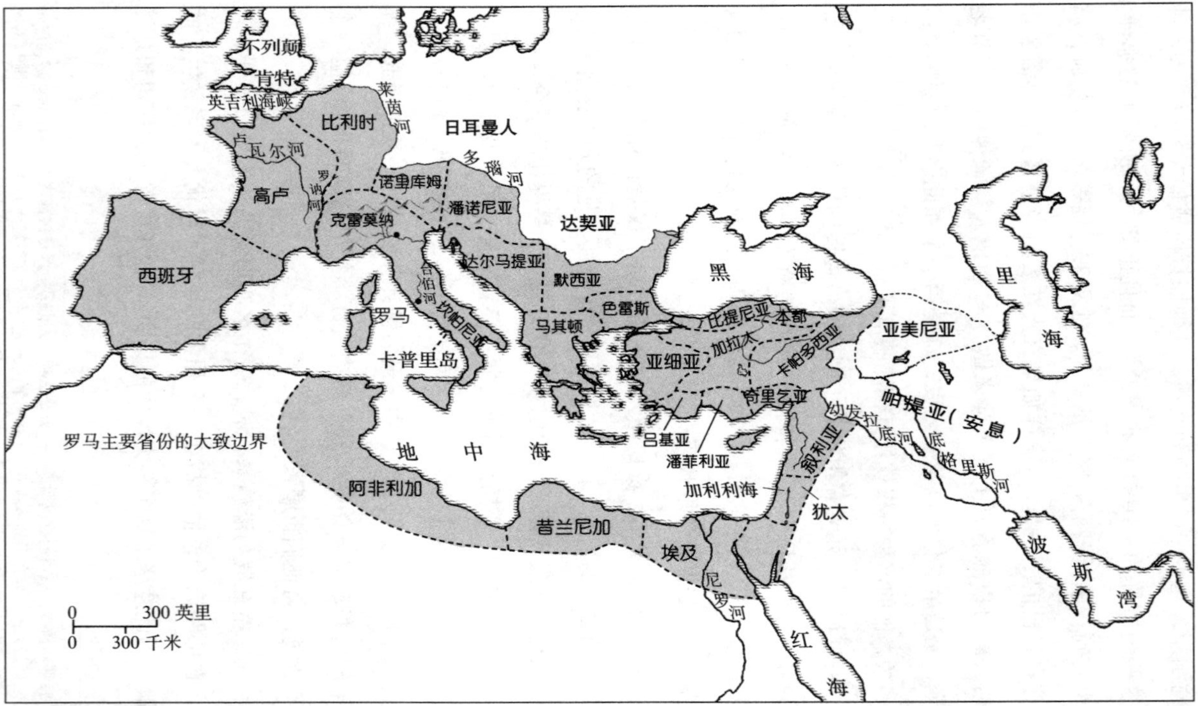

地图 2–1 提比略统治下的罗马

的职位，祭司不再有任何政治权力，于是就对手头剩下的宗教权力极其敏感，竭尽全力去维护它。

不过，为了让耶稣保持沉默，他们需要罗马人的帮助。他们使用了一些手段，让耶稣在罗马帝国的代理王希律·安提帕特（Herod Antipater）面前看起来有政治罪行。他们提出的控诉是耶稣曾自称为“犹太人之王”，这必然会激怒希律。

不过希律可能已经听说了罗马正在发生的洗劫事件，但凡与独立有关联的事情他一律不插手，尤其是在提比略正忙于清除任何抵抗的时候，更是万万不能随便插手。他直接将耶稣押送到了罗马皇帝代理人（procurator）面前［上一任代理人是他的弟弟阿基劳斯（Archelaus），现在已经由罗马人取而代之］，同时送去信息，说此问题应交由罗马人而不是他来处理。

实际上，代理人庞蒂乌斯·彼拉多（Pontius Pilate）的处境比希律也好不到哪儿去。他也不想因为自己的任何言行而莫名其妙地惹恼那位狂暴的、不可理喻的第一公民。如果巴勒斯坦在他眼皮底下发生什么革命，那可不是什么好事。在彼拉多审问耶稣是否真的自称是犹太人之王时，耶稣并没有反驳，于是他便决定处决耶稣。他们选择的处决方式是“钉十字架”，这是罗马处决起义者的传统方式。斯巴达克斯的追随者当年就遭受了这种酷刑。

彼拉多继续遵循这种宁可错杀也要维持稳定的政策。公元36年，又发生了一起类似的小事件，为此他将一群造反的撒马利亚人全部处死。这在巴勒斯坦激起了一股反罗马的情绪。彼拉多的上级、驻叙利亚行省的罗马总督将他撤了职，并将他遣送回罗马。这让他大失颜面。

公元37年，提比略因病去世。他死前弥留了很久，最后窒息而死。罗马人得知提比略死去的消息后纷纷奔走相告，大喊着“把提比略扔到台伯河里去！”[4]

无论是提比略还是奥古斯都，他们都未曾追求皇室头衔，不过大权的交接变得越来越像是皇室的做法。提比略选择了已故的日耳曼库尼斯的一个儿子作为他的继承人，即年轻的卡里古拉。* 但是提比略并没有费心搞一个仪式，宣布卡里古拉是联合资深执政官；四年前，卡里古拉得到了财务官的职务，但是再没有过其他什么头衔。如今元老院授予他元首的称号，以及最高祭司和军队最高统帅的职务，没有首先承认他是联合资深执政官中尚存于世的成员，也没有让他走放弃那一权力的过场。

此时，很多罗马人还在为提比略的清洗运动担忧，在执政之初，卡里古拉缓解了他们的忧虑。他赦免了所有囚犯，邀请遭到流放的人回到罗马。他还推行税制改革，帮助罗马穷人脱离贫困。

不过，这一好的开端却纯属骗人。古代的历史记录对卡里古拉行为的记载有分歧：有的说他从一开始就很凶狠，很长一段时间内他只不过是把本性隐藏了起来，以此巩固自己的力量（苏维托尼乌斯甚至说是他闷杀了提比略）；有些则认为他在执政早期经历了一场大病，病愈后执政风格大变。一些古代史书记录了他犯下的令人发指的罪行：他谋杀了他的表妹、祖母及继父；把他的三个姐妹睡了个遍，此外还不放过男妓、妓女及别人的妻子；他凌迟处死了一名元老，并将他身体的碎片游街示众；他强迫他的保镖和他一起玩

---

* 实际上，在提比略的遗嘱中，他是任命卡里古拉与已故的德鲁苏斯的一个儿子提比略·盖米勒斯（Tiberius Gemellus）共同作为罗马的继承人。但卡里古拉首先宣布遗嘱无效，然后将盖米勒斯杀死。

打仗，保镖们在迟疑要不要攻击他时就会被他杀死；他提高了税收，花钱如流水。还有谣言称他打算任命自己的马为执政官，这无疑表明他根本就不尊重元老院。公元 39 年，他罢免了两位执政官并解散了元老院。

元老院议员曾经杀掉过有意当皇帝的人，如今在不到一个世纪的时间里，罗马就发生了巨变。罗马正在忍受一种前所未闻的独裁统治。随着卡里古拉的蜕变而来的还有偏私滥权的问题。他对那些支持他的人不吝钱财，并授以特权。所以，总会有人向卡里古拉举报他人的叛国行为，而卡里古拉在折磨处罚人上极有独创性，让人痛不欲生，所以很少有人会想去冒这个险。

虽然现在罗马还受他控制，但这肯定不会持续太久，下一场暴风雨即将到来。虽然帝国的中心已经开始土崩瓦解，帝国的事业却并未停止。

在罗马的东部边境，帕提亚王国的现任国王是阿尔达班三世（Artabanus Ⅲ），他就是那位将王位从满身罗马做派的沃诺奈斯一世手中夺过来的爱国者，他统治帕提亚之后，重新激发了人民的民族主义热情。硬币（在埃克巴坦那出土了很多）上的他留着古代波斯式的四方胡子，他的这种传统主义也体现在对帕提亚城市重新加强控制的举措上，他效仿古代波斯管辖区的制度，册封自己的亲族、王室子弟为主管帝国各个区域的王侯，并要求他们向他报告。

普林尼说，帕提亚共有 18 个这样的小王国，阿尔达班三世打算将亚美尼亚变成第 19 个。亚美尼亚是帕提亚和罗马之间的缓冲地带，一度归属塞琉古帝国。它并非一个自由国家。自从奥古斯都开始执政，亚美尼亚就一直被婉转地称为“受罗马保护的国家”，也就是说，罗马大军就在一旁虎视眈眈。阿尔达班三世计划将自己的儿子阿尔沙克推上亚美尼亚的王座，将其变成“受帕提亚保护的国家”。

30 多岁时，阿尔达班三世对亚美尼亚发起了进攻，这次进攻得到了北方斯基泰人的军队的支持。战斗发生在亚美尼亚首都，最后阿尔沙克阵亡，阿尔达班三世极不情愿地放弃这里，赶紧为另一个儿子加冕。

罗马指挥官不希望在如此接近罗马东方边境的地方长期作战，所以提出进行和谈。公元 37 年，阿尔达班三世同意在罗马和帕提亚的边境上会见罗马外交官。两个人都不愿踏入对方的领土，于是两人就走到一座横跨在水面的桥上，在桥正中间的位置进行谈判。最后，帕提亚和罗马军队都同意撤离部分军队，亚美尼亚继续保持缓冲国的身份并享有独立。

阿尔达班三世同罗马人一样不想发生激战。此时，帕提亚的东部边境上出现了另一个敌人：贵霜王国。

贵霜人原本是游牧民族月氏人。入侵并占领巴克特里亚（即大夏）后，月氏人的一支向南吞并附近部落并慢慢形成一个统一的国家。贵霜人都是亚洲人，但是其硬币上刻着希腊文，这是他们在南下征服巴克特里亚时学会的语言。硬币的一面刻着宙斯，另一面可能刻着佛陀的盘腿坐像。后来，贵霜的势力扩展到犍陀罗，并开始接受西方和南方的双重影响。

公元 30 年左右，贵霜王国新王丘就却（Kujula Kadphises）即位，他野心勃勃。我们对他所知不多，只知道他执政 50 年，并在这 50 年间一直将贵霜向西扩展，直逼阿尔达班三世统治的帕提亚的东部边境。古代中国史书《后汉书》记载他入侵安息（帕提亚），“入侵”实际上就是吞并了东部那些尚未被帕提亚完全掌控的领土，“高附”（今喀布尔）就是其中之一。《后汉书》还补充说贵霜变得

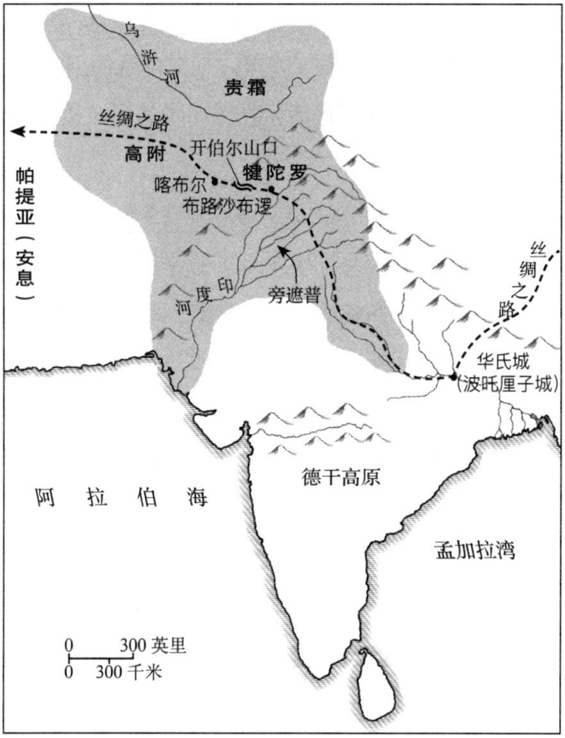

地图 2–2 贵霜

非常富有。

丘就却统治下的贵霜不断发展，不过此时出现了另外一个人物，他征服了曾在贵霜管辖下的旁遮普地区，势力范围直达现今的喀布尔山谷，这对贵霜的发展起到了阻碍作用。他就是冈多弗纳斯（Gondophernes）。

我们对他的了解大多来自一个写于 100 多年后的故事：《多马行传》（*Acts of Thomas*），它是由一群从正统的基督教中分化出来的被称为诺斯替主义者（Gnosticism）的学者撰写的。故事先讲述了叙利亚的情形，然后提到了多马。他是耶稣的门徒，在《新约》福音中，他拒绝相信耶稣复活，直到亲眼见到才相信（因此他得了个外号——“多疑的多马”）。

据《多马行传》记载，多马前往觐见冈多弗纳斯的旅程始于耶路撒冷。耶稣被钉死在十字架上后复活，来到门徒面前让他们将自己的故事传到世界各地。多马的任务是到印度去。他对此并不上心，直到他梦见这样一幕：“夜里，救世主出现在他的面前，对他说：‘不要害怕，多马，请你去印度为众生宣讲，我的恩典与你同在。’”不久之后，多马便碰到一个“被印度的冈多弗纳斯王派来的商人阿伯尼斯（Abbanes）”。[5]

这位商人同意做他的向导，带他去印度。因为多马身上有很多奇迹故事，后来连冈多弗纳斯本人都听到了多马到来的消息。他召其觐见，请求多马以圣人的身份祝福他的女儿和女婿，这两人刚刚举行完婚礼。多马同意为新娘新郎祈福，后来耶稣出现在他们的卧室，对他们说，如果他们发誓拒绝肉体的欢愉（“放弃污秽的性交”）并不生育子女，他们就会得到启示（诺斯替主义的主要神学理论）。两人均信服于他，并皈依了多马的诺斯替主义基督教。然而，当冈多弗纳斯得知他们两人已经决定过这种贞洁的和谐生活（这意味着“没有子嗣”）时，他把衣服撕得粉碎，冲站在他旁边的人说：

> 赶紧出发，把整个城市翻个遍也要把这个男巫给我找出来，他来我们城市真的是一种厄运，我竟然亲手将他带进了宫殿。[6]

多马成功逃脱，历尽艰险，最终与国王化干戈为玉帛，而国王也皈依了诺斯替主义，接受了洗礼。

几百年来，人们一直将这个故事视为彻头彻尾的神话。但是冈多弗纳斯时代的硬币的出土说明他确实曾存在，并统治过印度北部。而且，这个故事说明他的王国与更西边的王国有很多沟通和交流。

至于冈多弗纳斯最终是否成为基督徒，我们不得而知，但在公元1世纪，基督教本身正在逐渐成形。罗马公民、犹太传教士保罗在这一时期正在撰写有关耶稣死后复活的故事，他写到耶稣的死亡和复活是一个过程，在基督徒的生命轮回中也有所体现。他在一封写给罗马基督徒的信中说，皈依就是让旧的腐朽自我死亡，然后基督的力量会让他复活，并焕然一新。“他死是向罪死了，只有一次，他活是向神活着，”保罗劝诫他的读者们，“要像从死里复活的人，将自己献给神。”[7] 基督教的传播给了信徒们一个新的身份。

旧的身份虽然可能被转换，但并没有完全消失。在一封致加拉太基督徒的信中，保罗写道：“并不分犹太人、希利尼人、自主的、为奴的，或男或女，因为你们在基督耶稣里，都成为一了。”但在其他信中，他则写得很明白，成为基督徒后，各人还是有各自的身份，如犹太人和非犹太人、奴隶和自由人，当然还有男人和女人。基督徒的核心身份是耶稣基督的追随者，但是正统的基督教并没有消除他们既有的国籍、性别或是社会地位。

毕竟，基督教起源于一片被征服的土地（犹太地），这片被征服的土地在保持自身身份认同的时候也在接受另一个身份。犹太地的犹太教徒是犹太人，而不是罗马人；但是他们也是罗马的附属子民，有些人甚至就是罗马公民。

所有罗马以外行省的人都面临着如何平衡两种身份的问题，对于犹太人而言，这一问题格外尖锐。罗马人与基督徒、罗马人与加拉太人，甚至罗马人与埃及人都无本质上的矛盾。但卡里古拉不允许一个人同时兼有罗马人和犹太人两种身份。

公元40年，卡里古拉决定自己应成为神。他下令竖起自己的雕像让大家崇拜。“他希望自己被奉为神明，”历史学家约瑟夫斯（Josephus）写道，“人人都要歌颂他为神明。”[8]卡里古拉的法令被下达到整个罗马统治的区域。但在耶路撒冷，犹太人自己的律法禁止偶像崇拜，于是他们便恳求当地的罗马统帅不要强迫他们敬拜卡里古拉的雕像。

罗马统帅是一个通情达理的人，名叫佩特洛尼乌斯（Petronius），他同意写信给罗马询问是否真的有必要人人都敬拜雕像。但从首都传回的消息出乎人们的意料：卡里古拉死了。禁卫军杀死了他。他任第一公民的时间共有三年零十个月。

卡里古拉去世的消息传来27天后，另一封信也到了：信是发自已经死去的卡里古拉的，他威胁佩特洛尼乌斯，如果雕像没有竖立起来，就将他处死。在海上，传递这个疯子去世的消息的那艘船速度更快，在航行中超过了递送处决命令的船。

元老院开始考虑撤销第一公民这个职位，将集中在一个人手中的权力还给原来共和制下的官员。但有两股力量阻止了他们。卡里古拉的叔叔、已故的日耳曼尼库斯的弟弟提比略·克劳狄（Tiberius Claudius）盯上了第一公民的权位。禁卫军也很愿意接受贿赂，为行贿者提供支持：与之前的士兵相比，这些精英士兵对罗马内政更有发言权；而一旦恢复共和制，他们可能就会被解散。在共和制下，他们会丢掉工作、生计，以及对他们最有诱惑力的权力。

几天之后，克劳狄就获得了第一公民、最高祭司和终身元首的权力。他收买了禁卫军，下令处死杀死卡里古拉的凶手（大家都很感谢这些人，但是让他们活下去等于是开了一个不好的先例，所以只能舍弃他们），然后制定下一步行动计划。

他显然是决定使用恩威并施的手段来稳固自己的政权，他归还了之前卡里古拉没收的土地，释放了所有卡里古拉怀疑犯有叛国罪的嫌疑犯。通过焚烧审讯记录，他还大赦了卡里古拉判定有罪的人。

不过当他开始担忧自己有性命之虞时，这些慈悲之举就都停止了。公元 41—42 年，他觉得自身可能会有危险，便不分青红皂白处死了几名元老院议员和罗马贵族。他的妻子在背后煽风点火，凡是她的敌人，她都不放过，统统让她丈夫处死了。

克劳狄最伟大的成就是在不列颠取得的。当时，不列颠岛上崛起了一位名叫卡拉塔库斯（Caratucus）的国王，他挑战罗马人的权威。驻扎在不列颠的罗马军团一直都在东南部帮助当地小部落抵抗卡拉塔库斯的入侵。虽然此举并不能保证不列颠完全归属罗马，但至少可以保证不会让卡拉塔库斯攫取过多的权力并进而征服全岛。

公元 43 年，卡拉塔库斯在南方攻城略地，这足以威胁到罗马对海峡的控制。克劳狄派出了四个军团，其中很多士兵本身就是高卢人，他们渡海将不列颠人驱离海岸。

他们出其不意地在肯特登陆，卡拉塔库斯的手下从未见过如此庞大的罗马军团。这四个军团取得了胜利，在不列颠东南部建立了一条罗马前线。当他们把泰晤士河一带拿下后，克劳狄本人也亲临战场。他御驾亲征 16 天，对于一个一生中基本没有亲身参与过战争的人来说，这一举动非同寻常。与此同时，克劳狄的第二个军团在指挥官、克劳狄的信臣韦斯巴芗（Vespasian）的率领下向西部进发。

罗马在不列颠站稳了脚跟。*这是克劳狄在位期间一项重大的政治成果。

不久，克劳狄转而关注罗马内部的问题。他的妻子麦瑟琳（Messalina）再婚嫁给了她的情人，此举是极其鲁莽的挑衅，可能也是他们企图推翻克劳狄统治迈出的第一步。不管怎样，他们失败了，克劳狄将他俩都处决了。在她死后，克劳狄娶了卡里古拉的妹妹、他自己的侄女阿格里皮娜（Agrippina，这需要元老院特批）。她的上一次婚姻为她留下了一个年龄尚幼的男孩卢基乌斯·多米提乌斯（Lucius Domitius）。克劳狄收养了他，并赐予他尼禄的名字。

公元51年，他宣布尼禄为继承人。他宣布完了之后，阿格里皮娜就开始采取措施为自己保命。她认为他会厌烦她（塔西佗说，有一次她听到克劳狄在喝醉后说“他的命运就是先忍受妻子们犯的错，然后再惩罚她们”，于是她“惶恐之至”），[9]所以她希望将他除掉，让自己的儿子登基，这样就不用担心他不知什么时候就会来对付他们母子了。

塔西佗说她精心选择了一种毒药，这种毒药引起的反应看上去像一种慢性病，会让人慢慢死亡，而不会“突然起效”，因为那样的话她的罪行就会暴露。公元54年，她将毒药放入克劳狄晚餐吃的蘑菇里。可是不巧的是，克劳狄突发一场腹泻，将毒药基本都排泄出来了。阿格里皮娜招来医生为他催吐，假意要挽救他的生命。医生按他们串通好的那样，在羽毛上涂了更多的毒药，直接伸进克劳狄的喉咙里。

---

* 卡拉塔库斯被迫后退，但并没有被打败。直到公元49年，罗马才彻底除掉他。布里甘特人的女王卡逖蔓杜阿（Cartimandua）设计诱捕了他，并将他交给罗马人，以此来换取罗马的支持。

17 岁的尼禄成为第一公民。他是有史以来得到这一职位时最年轻的人，依据他此前的履历，他根本没有资格获此职位。这个职位变得越来越像君主。

同克劳狄一样，尼禄在最开始统治的时候也是靠收买禁卫军获得他们的支持的。他在一次演讲中向元老院承诺，他会像奥古斯都曾设想过的那样，归还一些权力，这篇演讲稿是他的老师塞涅卡为他写的。这一举动非同寻常，表明他（或塞涅卡）完全了解了目前的政府已偏离原来的共和国体制有多远。这是一个颇有风险的举动，但是尼禄坚持听从塞涅卡的指导，显示其无所畏惧。

为了自保，尼禄也采用了克劳狄使用过的策略。仅四个月后，克劳狄的亲生儿子布里塔尼库斯（被废的麦瑟琳所生）便死于“癫痫发作”。尼禄还下令遣散了母亲的侍卫，将她贬斥到皇宫以外的地方。为了保全自己，她已经杀掉过一位第一公民，尼禄现在需要确保自己的安全。

此后五年是尼禄治国有方的五年，罗马人称这段时期为“尼禄五年”（Quinquennium Neronis）。可能在他年轻时，辅佐他的塞涅卡能够指导他，所以这些年他表现得还不错。之后情况急转直下，他也未能逃脱家族诅咒，变得越来越疯癫。从 20 岁起，他先是放纵自己的私生活，之后又逐渐变得疯狂。公元 58 年，他爱上了朋友奥索（Otho）的妻子波培娅（Poppea）。他把奥索派到外省执行公务，将波培娅请入宫；实际上，尼禄已经结婚了，但他根本无视妻子的抗议。

公元 59 年，他决定一了百了，除掉自己的母亲。他命人造了一艘船，送母亲乘船出行，这艘船的船体会在航行途中解体，把阿格里皮娜困在里面淹死。此时他还不至于疯到不考虑做事的影响。不过令他懊恼的是，母亲竟然游上了岸。据一份史料记载，他母亲上岸后，他就命令一位仆人将她杀死。然后，他与原配妻子离婚并将其杀死，拿她的脑袋当战利品向波培娅炫耀。他还宣布波培娅和她的丈夫奥索离婚，然后娶了波培娅。

与此同时，在不列颠的罗马驻军看到自己君主的这般行径，也开始不受管制，胡作非为起来。他们在不列颠给自己修建了一座新城，这样老兵们便能住在这里。这座城是在卡拉塔库斯首都的废墟上建起来的。修建新城的劳力则来自附近特里诺文特（Trinovantes）部落，罗马人夺取了当地人的土地，将居民强掠过来，充当他们的免费劳力。

公元 60 年，另一个小部落爱西尼人（Iceni）的国王去世，留下遗孀布狄卡（Boudicea）和两个女儿。由于国王没有子嗣，罗马驻不列颠总督决定将爱西尼人的领地直接纳入罗马的行省。接着，罗马士兵冲进城，强奸了过世国王的两个女儿，还暴打了布狄卡一顿。

受到侮辱并失去家园的布狄卡领导人民起义。被压迫的特里诺文特人也加入起义大军。他们计划对建到一半的城池发起突袭。罗马人后来说，这场袭击的发生早有预兆：胜利雕像突然倒塌，未完工的建筑里传出尖厉的喊叫，大海变成血红色，退潮后海滩上留下“尸体状的痕迹”。

不过，即便没有预兆，灾难也会发生。新城只有一小支驻军镇守，所以不列颠人没费多大力气就将其攻克。总部设在新城的第九分队惨遭屠杀，几乎无人生还，总督只身逃到高卢。

眼见形势不妙，罗马指挥官保利努斯（Paulinus）马上组织罗马军团展开反击。他带来的军队装备精良，打破了不列颠人的战线。[11]布狄卡逃跑了，然后服毒自杀。

下一任总督在处理与不列颠人关系的时候比较小心，并且对罗马驻军管理很严，使他们行事比较温和。但是没有人敢让尼禄收敛其行为。他淫荡不堪，酗酒无度，为了支撑穷奢极欲的生活，他还提高了各行省的税收。此外，他还再次发动了卡里古拉曾搞过的臭名昭著的肃清叛国者运动。

公元 64 年，罗马城发生大火，火势很快便蔓延到城中穷人的居住区。此时起了大风，更助长了火势。城中满是比肩而立的木头房子，它们很快便消失在熊熊烈火之中。狄奥·卡西乌斯写道："那座城市所经历的那场灾难，除了高卢人的入侵，真的没有其他灾难能与之相比。整座帕拉蒂诺山、托罗斯剧院和三分之二的城市都被烧毁。无数人命丧于此。"[12]

着火时尼禄并不在城中，但是他的残暴让罗马人认为他什么事都做得出来。街上当即就谣言四起：是尼禄下令放的火，为的是给修建新宫殿腾出土地……或者更糟：他放火纯粹是为了找乐子。

实际上，尼禄此时还没有完全丧失良知。他也进行了救援，但是在回城的第一天晚上他并没有立即采取措施。当时整个罗马城已成一片火海，他着迷于这一史诗般的景观，于是向屋顶爬去，一边爬一边大声唱着《征服特洛伊》。自那之后，他就名誉扫地，再也无可挽回。正如塔西佗评论的那样："所有努力，所有（尼禄）慷慨赠予的礼物……都没能消除人们心中恶毒的想法，即大火是尼禄下令放的。"

那场大火、尼禄的疯狂、对叛国罪的审判，所有这些都促使元老院议员计划在公元 65 年 4 月进行一场暗杀。自恺撒死后，百余年来元老院还未曾如此不择手段。但是这个计划被察觉了，尼禄处死了同谋者，自此变得更加丧心病狂。他那年迈的导师塞涅卡得

图 2–1 尼禄

罗马第一公民尼禄（54—68 年在位）的大理石头像，慕尼黑州立文物博物馆。图片来源：Bildarchiv Preussischer Kulturbesitz/Art Resource, NY

知自己也被怀疑叛国后，便选择和妻子一起自杀，以免遭折磨和处死。

此时，针对基督徒的宗教迫害也开始了。尽管尼禄处死了无数被怀疑参与阴谋的人，但同时他也需要转移人们的注意力，不要让大家关注自己的暴行。基督徒正好可以拿来作为罗马大火的替罪羊。但他也可能确实是痛恨基督徒，所以要故意迫害他们。苏庇修斯・塞维鲁（Sulpicius Severus）在《编年史》中写道：

> 尼禄无论如何也无法摆脱人们对他下令纵火的指责。于是乎，他将矛头指向基督徒，无辜之人被迫害，经受了最残酷的折磨。不仅如此，尼禄甚至发明新的酷刑来处决基督徒。有的基督徒被披上野兽的皮后被恶狗咬死，多数基督徒是被钉十字架或是受火刑残害而死的，也有不少基督徒被肢解，还有的被

做成人烛，在夜幕降临时被点燃……当时保罗和（门徒）彼得也被判处死刑，保罗被斩首，彼得则遭受了十字架酷刑。[14]

保罗是一个罗马犹太人，后来皈依了基督教。他在《圣经》中明确指出，同一个身份可以适用于不同国家的多个民族，并将这些民族团结在一起。此时，他被视为帝国的威胁。

公元66年，尼禄做了一个决定，放弃亚美尼亚，正是这个决定将他送上了不归路。帕提亚现在的国王是沃洛加西斯一世（Vologases I），他即位后拒绝遵守两国于卡里古拉时期在幼发拉底河中间签署的协议，派帕提亚军队重新夺回亚美尼亚。公元53年，即克劳狄去世前的一年，罗马军队开始回击。战争难分输赢，久拖不决，持续了近14年。但罗马领土的其他地方也出现不少麻烦，各行省税负沉重，到处爆发骚乱，军队则由于分兵各处，力量很薄弱。

尼禄认为与帕提亚议和是最好的决策。他同意承认沃洛加西斯一世的哥哥提里达特斯（Tiridates）为亚美尼亚国王。3000多名帕提亚士兵跟随提里达特斯前往罗马城，参加尼禄移交亚美尼亚王冠的仪式。可能尼禄是想借此展现罗马的辉煌伟大，他下令将雅努斯神庙的大门关闭，这等于是向外界宣布整个帝国现在处于一片祥和之中，但在罗马人看来，数千名帕提亚人以胜利的姿态挤满罗马街头，看起来倒像是罗马战败了。

此外，尼禄的恶行变本加厉，简直令人难以想象。他在盛怒之下踢死了怀孕的妻子，后来他看上了一个长得酷似亡妻的小男孩，他让人将小男孩阉割，这样便可在一场公共仪式上迎娶他。

放弃亚美尼亚两年之后，罗马禁卫军长官宣布，如果西班牙行省总督加尔巴（Galba，他是一名身经百战的士兵，此前也担任过执政官）愿意成为统帅，即所有罗马军队的最高长官，禁卫军便会支持他。加尔巴不仅在西班牙有自己的军队，还得到了邻省总督的支持。这位总督不是别人，正是奥索，当年他的妻子被尼禄抢走后又遭到谋杀。他自然愿意让出自己的军队供加尔巴调遣。

尼禄意识到失去禁卫军的支持就等于失去了皇帝的位置，于是逃到奥斯蒂亚港，下令那里的人将船驶过来。但禁卫军就紧跟在他身后，没有任何一位船长敢让他上船。他仓皇逃出城，但被禁卫军团团围在郊外的一所房子里。遇此困境，一般人都会选择自杀。但尼禄不是自己解决的，他让人帮了一把，一名仆人握着他的手将匕首刺了下去。苏维托尼乌斯写道："人们欢呼雀跃，大家戴上自由之帽，涌上大街庆祝。"[15]

加尔巴此时已经 70 多岁，患有关节炎。他与之前任何一位罗马第一公民都没有关系。不过现在形势变得越来越明朗，第一公民的真正权力不在执政官、最高祭司、首席护民官或是其他任何被授予第一公民称号的官员身上。第一公民的真正权力就在于统率权，即指挥军队的最高权力。而要想保持最高权力，罗马的统治者需要禁卫军的支持。共和国已经变成帝国，帝国现在又落入了幕后的军阀手中：这是一群享有实权的士兵，他们可以拥立或推翻一个傀儡统治者，他们自己掌握着真正的权力。

加尔巴不是一个好的傀儡。他率军进入罗马城，走在最前面，身旁是奥索。但是进城之后，他并没有像之前几位皇帝那样，继续贿赂支持他的禁卫军。[16]很快，就有预兆出现，说他的统治不会长久，最严重的凶兆是在一次祭祀时祭祀用的圣鸡居然飞走了。[17]

预兆很可能是由禁卫军中那些对他不满的士兵安排的，他们决定不再支持加尔巴，转而支持奥索。担任第一公民七个月后，当加尔巴正在阿波罗神庙祭祀时，禁卫军突然宣布奥索取代他成为终身元首。听到这个消息，加尔巴冲到广场上与叛军理论。禁卫军就在那里杀死了他，并将其抛尸街头；他的脑袋则被割下来，挂在一根竿子上。

元老院很不情愿地同意立奥索为最高统治者和第一公民。与此同时，驻扎在莱茵河地区的军队宣布他们希望让日耳曼驻军将领维特里乌斯（Vitellius）担任最高统治者。这样一来，罗马帝国出现了两位最高统治者，一位被元老院推举为第一公民并得到禁卫军的支持，另一位虽然未得到元老院的认可，却有规模庞大的军队支持。

维特里乌斯南下挺进意大利，他的人马在波河上临时搭了一座桥，他率军渡河与奥索的军队开战，这场战役史称克雷莫纳战役（Battle of Cremona）。奥索的军队人数很少，没怎么抵抗就四散而逃，这一次，他罕见地承认全面内战无论对于他本人还是对于罗马都很不利。他处理了一些公务，烧掉了所有文件，分配了财产，睡了一个好觉，次日清晨就自杀了。他的这一举动充满勇气，而且问心无愧。这正是罗马的最高统治者所需要的素质。

罗马下一任统治者是维特里乌斯，这个人精明但不讲原则。他向罗马进军，解散了禁卫军，重新从忠于自己的士兵中挑选人员组成了新的禁卫军，以显示自己牢牢掌握了大权。

看到他如此偏爱来自日耳曼行省的士兵，其他的罗马军团很不高兴。不久，驻扎在东部行省的军队就宣称他们支持另一个人选——韦斯巴芗，他在不列颠之战中就表现突出，并因此获得了管理叙利亚行省的权力。

韦斯巴芗本人远在罗马之外，他正在自己负责的行省中忙着解决犹太人制造的麻烦。自从当年卡里古拉威胁说要在圣殿中竖立自己的雕像之后，犹太人对罗马统治的反抗就愈演愈烈。当年的雕像风波不了了之，可是犹太人已经觉察出罗马早晚还会要求他们做些骇人听闻的事情，只不过是时间早晚的问题。公元 66 年，一群自称“狂热者”（Zealot）的起义军向驻扎在耶路撒冷的罗马军队发起进攻。当地总督派兵前往镇压，却被打败，形势非常严峻，韦斯巴芗不得不亲自出马解决问题。在他的儿子兼指挥官提图斯（Titus）的协助下，韦斯巴芗成功地将起义军赶回耶路撒冷城，将其团团包围。*

在罗马，维特里乌斯一直沉迷于满足饕餮之欲，他的士兵则准备保护他的统治。支持韦斯巴芗的罗马军队一步步逼近罗马。两军在克雷莫纳交战，效忠于韦斯巴芗的士兵最终取得了胜利，但这场战争引发了一场持续四天的烧杀抢掠，破坏甚至蔓延到罗马，毁灭了所遇到的一切。在城里，韦斯巴芗的支持者们试图从维特里乌斯的军队手中夺取主神殿，在接下来的战斗中，主神殿及其周围建筑都被夷为平地。公元 69 年 12 月，士兵冲进维特里乌斯的寝殿杀死了他，并按照传统方式，将他的尸体扔进台伯河。

韦斯巴芗很愿意接替这个位置，但是在耶路撒冷围城尚未结束时，他不想大老远地西去罗马。元老院急于讨好韦斯巴芗那些蛮不讲理的支持者，怕他们还会烧毁城里其他东西，就宣布韦斯巴芗同之前的奥古斯都、提比略和克劳狄一样，成为第一公民。于是，韦

---

* 罗马军队先是在具有战略意义的地点米吉多城（Megiddo,《圣经 · 启示录》中称这个地方为“哈米吉多顿”）会合，才得以将叛军困于耶路撒冷。这场围城之战最终以耶路撒冷的被毁而告终，这使米吉多在犹太人的心目中有了特别的启示意义。

时间线 2

罗马	中国	帕提亚
屋大维，最高祭司（前 12）		
	哀帝（前 7—前 1）	
	平帝（前 1—公元 6）	**弗拉特斯五世**（前 2—公元 4）
	孺子婴（6—8）	
	新朝（9—23）	**沃诺奈斯一世**（8—12）
	王莽（9—23）	**阿尔达班三世**（10—35/36—38）
屋大维去世（14）		
提比略，第一公民（14）		
	东汉（25—200）	
拿撒勒人耶稣被处决（约 33）	**光武帝**（25—57）	
卡里古拉，第一公民（41）		
		沃洛加西斯一世（51—78）
尼禄，第一公民（54）		
	明帝（57—75）	
加尔巴，第一公民（68）		
韦斯巴芗，第一公民（69）		

斯巴芗尚未踏入罗马城，就获得了第一公民的头衔。

册封法令甚至都没有提到卡里古拉、尼禄、加尔巴、奥索和维特里乌斯的名字：他们的名字都遭到了“除忆诅咒”（damnatio memoria），被从各种记录中抹去。过去一年中，共有四名统治者获得了第一公民的权力，元老院代表人民授权的假象已经成为彻头彻尾的骗局。罗马真正的权力掌握在拥有最多军队支持的领导者手中。元老院没有将破坏这一假象的人的名字列出来，而是从根本上否认了他们的存在。罗马政治的核心内容仍是奥古斯都统治时期的典型做法——政治表演。

/ 03

罗马世界的边缘

公元 70 年至 132 年间，灾难降临罗马，但是罗马终于有了几位神志正常的皇帝。

公元 70 年 9 月，耶路撒冷的城墙终于被攻破，整座城市化为一片火海，第二圣殿也在熊熊大火中被烧毁。犹太起义军并未被完全打败，但韦斯巴芗认为自己已经胜券在握，可以离开前线了。他于当月动身返回罗马，此时距离他被册封为第一公民已经过去了九个月。

韦斯巴芗作为士兵身经百战，他很清楚士兵心里都是怎么想的，也知道军队的力量不可小觑。回到罗马后，他采取的第一个行动就是调整军队的指挥官，并重新拆分军队，打破了兵将之间原有的效忠关系。

在他统治的 10 年间，罗马城平静、有序、管理得当——这正是元老院希望看到的，一切都回归到奥古斯都统治时期的样子。帝国外围还有一些战事：在罗马最后占领的不列颠行省还有一些战斗，耶路撒冷战争也出现了可怕的后果。公元 73 年，犹太起义军的残兵被困于马萨达（Masada）要塞，他们誓死不向罗马人投降，最后这些人先是杀死了自己的孩子，然后自杀。犹太人失去了他们最后一个据点，一同失去的还有犹太和以色列古国的其他残余部分。

但罗马城基本上处在和平之中。韦斯巴芗避免进行叛国审判，并且减少了赋税，这两项举措为他赢得了民心，也使罗马变得更加平静。

公元 79 年，韦斯巴芗去世，终年 70 岁，他很可能死于流感。[1] 元老院确立他的儿子提图斯为继承人，不过他们在这么做的时候不无担心。在韦斯巴芗统治时期，提图斯就是一位残酷无情、恶名远扬的指挥官，他对待耶路撒冷的方式更是特别暴烈。不过在获得第一公民的头衔后，他便效仿他的父亲，得体有序地治理着国家。

然而，罗马还没来得及喘口气，三场灾难就接踵而至。

第一场灾难——维苏威火山爆发——发生在他即位两个月后。维苏威火山位于意大利西南海岸附近，离那不勒斯湾不远，在罗马人的印象里，维苏威火山一直发出低沉的隆隆声。住在火山脚下的庞贝城中的居民更是习惯了接二连三的小地震，虽然近期震感越来越强，但并没人在意；没有人知道地震可能是火山爆发的先兆。

公元 79 年 8 月 23 日，亦即火山爆发的前一天，罗马作家小普林尼恰在庞贝城中。他在给朋友的一封信中写道：

> 之前很多天大地都在震动，这在坎帕尼亚很常见，所以大家都未因此感到恐慌。但是那天晚上，大地震动得越来越厉害，人们觉得那不是地表的晃动，而是地壳上下颠簸……现在白昼来临，但黎明似乎非常慵懒，来得犹豫不决。我们周围所有的建筑物都在震颤。我们站在露天的地方，但那只是一块小小的区域，我们都很害怕，担心房屋会倒塌。最后我们决定离开镇

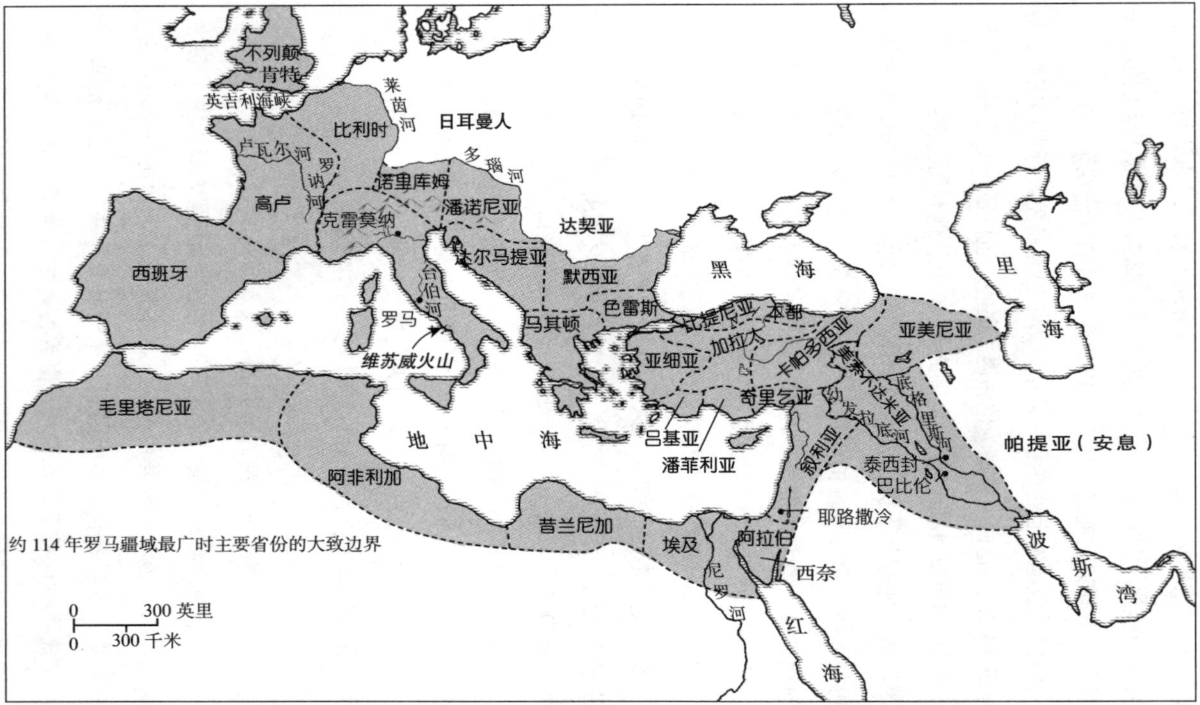
不列颠
肯特
英吉利海峡
莱茵河
日耳曼人
比利时
卢瓦尔河
罗讷河
多瑙河
诺里库姆
潘诺尼亚
高卢
克雷莫纳
达契亚
西班牙
达尔马提亚
默西亚
黑海
里海
台伯河
罗马
色雷斯
比提尼亚
本都
亚美尼亚
马其顿
加拉太
卡帕多西亚
美索不达米亚
维苏威火山
亚细亚
底格里斯河
幼发拉底河
毛里塔尼亚
奇里乞亚
叙利亚
吕基亚
地中海
帕提亚（安息）
潘菲利亚
泰西封
巴比伦
阿非利加
耶路撒冷
昔兰尼加
约114年罗马疆域最广时主要省份的大致边界
埃及
阿拉伯
波斯湾
尼罗河
西奈
0 300 英里
0 300 千米
红海

地图 3-1　罗马帝国

子，身后有一群茫然无措的人跟着我们，他们觉得我们的计划有道理（这是恐慌中智慧的灵光一现）。他们人数很多，拖慢了我们行进的步伐，随后很多人赶了上来。直到所有的建筑物都被甩在身后，我们才停了下来。在那里我们遇到了很多奇怪的事情，这让我们更是忧心忡忡。虽然地面明明是平的，但我们叫来的马车却朝相反的方向移动，我们用石头挡住车轮都无法使它停止不动。此外，海水看起来像是被什么吸走了，海面退回去，就像是大地的震动在将海水往外推。我们清楚地看到海岸线在向后退，很多海中生物就被遗弃在沙滩上。我们身后乌云压境，令人胆战心惊，闪电猛地将乌云撕开，露出后面巨大的火焰。这一片火焰如闪电一般亮，但是规模要更大……不久，乌云就压到了地平面，覆盖了整个海面……此刻一片灰尘扑面而来，起初只是薄薄一层。我回头看去，只见密集的乌云笼罩在我们身后，像洪水席卷大地般跟着我们。趁着还可以看清楚，我们赶紧靠边安顿下来，否则我们就会被困在大街上，被人群推倒，遭其踩踏。还未等我们坐下，四周就陷入一片漆黑，这漆黑不似没有月亮或者阴云密布的夜晚，而像是密闭无光的黑屋。你能听到妇女的哀叹、儿童的哭号和男子的叫喊。有人在呼唤自己的父母，还有人在呼唤自己的孩子或配偶；他们只能通过声音辨认亲人……天变亮了一些，但这似乎并不是白昼回来的迹象，倒更像是预示大火正在逼近。不过大火在距我们还有一段距离的地方便熄灭了，但黑暗和灰烬又接踵而至，而且来势凶猛。我们要反复地起身抖掉身上的灰烬，不然，我们会被灰烬埋没，并被其压死。我要是说在遭遇这种灭顶之灾时，我既没有发出哀号也没有说过任何胆小的话，这可能是吹牛。但我的确相信，那一刻我与世界一起毁灭，世界也与我一起毁灭。[2]

那些没能逃脱的人被埋在 7 米多厚的火山灰下，有的被热气和毒气呛死。一晚上就死了 2000 多人。

提图斯立即从罗马派人来救灾，而且待那里安全以后，亲自视察了现场。他第二次去庞贝城视察，看看还能提供什么救援时，罗马城内发生了火灾，烧毁了很大一片地方。火灾过后又暴发了传染病，罗马城中很多灾民因为拥挤在一起而染病丧命，死者无数。

公元 81 年，还在为灾后事宜尽力工作的提图斯突然发烧，随后就去世了，时年 42 岁。他任罗马第一公民不到三年，结果这三年里发生了如此多的可怕事件。也许他发的这场烧对于他来说也算是一种解脱。

提图斯死后，禁卫军推举他的兄弟多米提安（Domitian）为最高统治者，第二天他又被元老院确立为第一公民。多米提安从来都不是父亲最宠爱的孩子，不知他是不是因此而不自信，他开始对罗马采取蛮不讲理的措施，对元老院根本就不尊重。

这倒不完全是件坏事。苏维托尼乌斯说他的严厉只是体现在法律和发号施令上。苏维托尼乌斯写道："他执政公正，恭敬严谨。陪审团成员若是受贿，将同其他相关人员一起被降职……他严格管理城市官员和各行省总督，他们从来都没有如此诚实公正。"他还严格监督公众道德。苏维托尼乌斯评论说："他将一名前财务官从元老院驱逐出去，因为此人喜欢演戏和跳舞。"他还规定妓女继承遗产是非法行为。他发现一名女祭司有很多风流韵事，就命令按传统惩罚她：她被处以活埋之刑，她的情人也被当众杖毙。[3]

这些措施都是非常必要的，只是过于严厉。多米提安并不想要展现仁慈，他对待自己的权力非常严肃。他在继位后不久就接受了“主和神”（dominus et deus）的称号。他还下令所有公文开头都要冠以“主和神的旨意”。苏维托尼乌斯说：“于是就有了这一习俗。自此之后，无论是在书信还是交谈中都要这样称呼他，再不用别的尊称了。”[4]

与卡里古拉不同的是，多米提安神志清醒，没有用神权来破坏法律。他的谨慎和公正使罗马没有出现早期第一公民滥用权力而导致的社会不满。元老院没有提出任何有价值的反对意见，禁卫军也没有立即想要暗杀他。

但是我们回过头看“主和神”这个头衔时，就会发现，到了这时候，共和制政府一直戴着的那个面具终于被摘了下来。此前，哪怕最差劲的第一公民也是元老院确立的，不论其有多么不情愿。但是没有人会说，称呼统治者为“主和神”需要自己的人民的批准。多米提安并不是第一个将多种王权融为一体的罗马统治者，却是第一个这样说的人。第一公民终于变成了皇帝（emperor）。*

多米提安要求最大的权力，实行他制定的严格的法律，这与中国皇帝要求官员相互告密，或是斯巴达要求每个人都监督自己兄弟

---

* 拉丁语中并没有与“皇帝”对等的词语，英语中“emperor”的词源是“imperator”。塔西佗和苏维托尼乌斯撰写的历史中使用的是“第一公民”（princeps）这个词，即使这个词指的是奥古斯都或罗马帝国更早期的某位统治者，现在也常被译为“皇帝”。例如，塔西佗的《历史》第一章第七节中记载说奥古斯都死后罗马人更加小心，“ne laeti excessu principis neu tristiores primordio，lacrimas gaudium，questus adulationem miscebant”。这句话由丘奇（Church）和布罗德里布（Brodribb）译为英文“neither to betray joy at the decease of one emperor nor sorrow at the rise of another”（中文译文为：既不因一位皇帝的死亡而高兴，也不因下一位皇帝的崛起而悲伤）。这里英文译者就使用了“emperor”一词。这种做法把罗马统治者渐渐从“第一公民”变成“主和上帝”的转变过程给掩盖了，同时掩盖的还有共和的理想被慢慢埋葬的过程。对于多米提安之前的罗马领袖，我选择使用“第一公民”这个词，对其后的采用“皇帝”这个词，因为在我看来，多米提安的统治是一种思想变化成为另一种思想的转折点。

的规定一样，引起了民众的不满。罗马的气氛变得越来越压抑，塔西佗挚爱的父亲阿格里科拉（Agricola）是在多米提安统治之前去世的，他对父亲的去世表示非常欣慰：

> 多米提安已经不再给人喘息的时间和空间……在他的统治下，很多人都生活在监视和被监视中，叹口气都可能引来别人去告发你……阿格里科拉，你光辉的一生是快乐的，而你在适当的时间去世是再幸福不过的一件事了。[5]

对不法行为的无情惩罚导致不满，不满导致抱怨，抱怨导致阴谋，阴谋导致嫌疑，嫌疑导致判罪，判罪导致无情的惩罚，就这样周而复始地恶性循环下去。

多米提安和提图斯及韦斯巴芗一样，知道自己的权力来自何处。为了保证军队效忠于他，他提高了军饷。但他的家里人就不那么感激他了。公元 96 年，他的侍从、侄女（她丈夫因为信奉无神论而被处死）和一些禁卫军的头头合谋将他刺死在寝宫。[6]元老院立即宣布任命他们中的一员，即 61 岁的执政官涅尔瓦（Nerva）为皇帝。

这取悦了罗马人民，却没有取悦军队。公元 97 年，禁卫军（并没有全部参与刺杀多米提安的阴谋，部分禁卫军和军队对他还是很忠诚）将涅尔瓦关在他自己的宫殿里，将那个允许暗杀多米提安的人进入寝宫的内侍拉了出来，割掉了他的生殖器，把它塞进他嘴里，然后割断了他的喉咙 。[7]涅尔瓦马上宣布他的继承人是图拉真（Trajan）将军，图拉真这会儿正驻守在莱茵河附近，很受军队的拥护。他可能是被告知只有这么做才能避免被暗杀，但是没有任何谈判记录留存下来。短短几个月后，涅尔瓦死于高烧。这种死法比其他可能的难看的结局要好得多，算是一种不错的解脱。

图拉真听说他现在已是皇帝之后，没有急于回到罗马，而是首先花时间检验自己的军队是否完全听从指挥。他一路沿着莱茵河和多瑙河的边境地带行军，以确保自己绝对安全，然后才往南开拔。涅尔瓦去世 18 个月之后，他才到达罗马。

在这期间罗马城一直平静无事，这倒检验出图拉真适合这个岗位。首先，军队尊重他的本领。其次，罗马人民从多米提安的统治中解脱了出来，还避免了涅尔瓦去世后原本可能发生的内战，因此大家都准备好欢迎他。

罗马几乎所有的历史学家都对图拉真称赞不已。他修缮了公路和港口，修建了图书馆，挖掘了运河，修理了污水系统，还发誓“绝不引起流血”，这使他赢得了人民的爱戴。[8] 他的几番征战则使他赢得了军队的爱戴。106 年，他将西奈半岛和多瑙河以北地区纳入罗马帝国的疆域。他每次都亲自率军出征，凯旋时举行盛大的庆典活动。为了纪念他的胜利，他北征多瑙河的故事像连环画那样被刻在了一根柱子上，这根柱子被称为图拉真纪功柱，至今仍矗立在罗马。

图拉真之所以能享有贤君的美誉，是因为他遵循最起码的公正原则，不偏不倚，将首都治理得井井有条，而且愿意为罗马的荣耀亲自出征。除此之外，贤君的美誉还与他谨慎处理与元老院的关系有关，他尊重元老院的那些无意义的繁文缛节。4 世纪时的《古罗马帝王列传》(*Augustan History*) 记载道：“他很敬重议员。”* 他在

---

* 《古罗马帝王列传》是公元117年后罗马多位皇帝的传记集。这些传记署名是6位不同的作者，但实际上很有可能另有其他作者，而且我们也没有办法知道他们到底援引了什么资料。这些史料不是太可靠，但是，这本书提供了其中的几位皇帝仅有的详细信息。

贯彻元老院的规则时也很谨慎。

他和元老院之间这种融洽的关系，几十年来都不曾见到。罗马共和国这个名字本身实际上是禁止皇帝控制国家的，但在这样一种氛围下，有人开始试图解释其合理性。几百年来，罗马一直在教授禁欲主义哲学，禁欲是罗马美德的基础之一。禁欲主义者不受欲望的支配，他能超然于快乐和痛苦，这样就能客观地判断如何做是好的。

此时，一位名叫爱比克泰德（Epictetus）的哲学家开始将禁欲主义哲学运用到解决皇帝名分的问题上。他写道，“罗马”这个词在当下的含义就是“顺从皇帝之情形”，但这不是说它与真正的自由不可并存。哪怕是那些法律和宪法上的“自由人”，也要与威胁和奴役他们的外力抗争：

> 难道你不曾被你爱的女人强迫着去做你不想做的事吗？你从来没有讨好过你最宠爱的男奴吗？你从未亲吻过他的脚吗？但是，如果有人强迫你去亲吻恺撒的脚，你就会愤怒地说那是暴君的丧心病狂……难道你从来没有在你不想出去的晚上出去，花了很多你本不想花的钱，说了感伤抱怨的话……那你凭什么还说你自己是自由的？[9]

爱比克泰德的出身是来自小亚细亚的奴隶，他很清楚什么叫顺从的生活。他的禁欲主义使自由成为灵魂的自由而非肉体的自由。他写道：“一个人，如果能按照他希望的方式生活……得到他想要的东西，避免做他不喜欢做的事情，那他就是自由的。”皇帝反正已经在那儿了，既然如此，罗马人最好还是对自由重新进行定义。

在图拉真统治的最后几年，帝国出现了一种现象，而且国家也不知道如何解决是好：基督徒的数量越来越多。执政官普林尼此时正担任着小亚细亚行省的总督，他对这些基督徒非常担心，遂写信给图拉真询问如何处理他们。基督徒一直声称，他们属于一个没有尘世统治者的国家；这种态度令人不舒服地联想到犹太人，犹太人一开始就拒绝崇拜皇帝，后来就出现了战乱。

实际上，基督徒也希望有一个自己的王国，王国的统治者是上帝而不是图拉真。不过他们与犹太人有很大不同。自亚伯拉罕以来，犹太人对上帝的崇拜一直维系在一片土地上：上帝将以色列这片土地许诺给他们，这就意味着他们的信仰必然伴随着政治层面的诉求。基于神学，犹太人拒绝崇拜罗马皇帝（上帝说，除他之外，再没有其他的神），但是这同时也等于声称罗马人没有权力统治以色列，特别是耶路撒冷——它属于上帝。

而基督徒从来都没有建立真正的国家。他们谈论的国家只存在于精神层面，存在于另一个维度中，与他们现在身处的俗世国家平行存在。希伯来语的《新约全书》说，那是一座没有地基的城市，建造者是上帝。“基督徒”这个名字本身就表明，他们认为自己是上帝之子——那个在犹太地被钉上十字架的人——的追随者，而不是某个特定地方的居民。

罗马的皇帝及各行省总督从来都没弄明白这一点。普林尼的信中充满了谨慎和疑惑：如果基督徒不主动出击，他要对其穷追猛打吗？他是否应该允许他们在公众场合进行奇怪的宗教仪式？他应该如何应对？

图拉真建议采取不问不说的政策。普林尼认为，要压制基督教的公开活动，但也不必四处搜捕并处死基督徒。如果他们不惹麻烦，那就让他们和平生活。

图拉真对此事并不是太上心，部分原因是他把心思更多地放在了对外作战上。在他的领导下，罗马帝国的疆域达到顶峰。他把疆土向南北两个方向都进行了扩张。他的最后一战是与帕提亚的战争，此时帕提亚的统治者是沃洛加西斯三世（Vologases Ⅲ）。113年，他亲自率领罗马军队东进，途经亚美尼亚（亚美尼亚败给了罗马，成了罗马管辖的一个行省），跨过幼发拉底河，长驱直入帕提亚。帕提亚人被迫撤退。图拉真继续进军美索不达米亚，攻占了巴比伦，最终夺取了帕提亚的首都泰西封。

这是一场伟大的胜利，但是美索不达米亚的沙漠是出了名的难以对付，那里更适合游击战而不适合大部队。116年，图拉真仍然在美索不达米亚打击帕提亚的抵抗力量，但总是不能将其彻底歼灭。在此之前，罗马的附属国发生了一场内乱。115年，散布在从埃及往北的帝国各处的犹太人趁罗马专心对付帕提亚之际发动起义。马萨达之战一直保存在他们的记忆中，犹太人希望要回上帝赐予他们的土地。局势越来越严重，后来图拉真下令允许住在起义地区的非犹太人屠杀他们的犹太邻居。这场大屠杀暂时把这个问题压了下去。

不过，他还是决定暂停在帕提亚的军事行动，伺机再动，之后便率领军队打道回府。但是他只走到了小亚细亚。他在奇里乞亚得了中风，很快就病重不起，于117年8月9日去世，享年64岁。

由于图拉真没有做出明示，大家都不清楚应由谁来接任。他的法定被监护人哈德良（Hadrian）此刻任叙利亚行省总督，哈德良宣称图拉真打算立他为皇帝，但是图拉真的一些朋友则宣称图拉真打

地图 3-2 哈德良长城

算立别人，也有人说图拉真故意没做选择，这样可以让最佳人选自动胜出。由于没有比哈德良更好的人选，而且在质疑声传播开来之前，他已经朝罗马进发，元老院便立他为皇帝。到了罗马之后，哈德良按照惯例大大地封赏了禁卫军："士兵非常爱戴他，一方面是因为他关注军队，"《古罗马帝王列传》中总结说，"另一方面是因为他对士兵慷慨大方。"

在他统治的 21 年里，哈德良是一个谨慎、保守的人。他是一位中庸的皇帝，既不太受人爱戴，也不让人畏惧。他任上爆发的最大的战争不是侵略，而是因为错误的判断：他试图在耶路撒冷的废墟上再建一座新首都，甚至计划在第二圣殿的旧址上建一座朱庇特神庙。

这又引发了一场犹太人的大规模起义，对此狄奥 · 卡西乌斯是这样说的："这是一场激烈而又持久的战争。"[10] 犹太起义军的领袖是西蒙 · 巴 · 科赫巴（Simon Bar Kochba），据优西比乌记载，他有着"强盗和杀手的性格"，他向犹太人承诺，他会"为他们的不幸带来天堂之光"。[11]

哈德良派他最有经验的将军前去镇压起义。罗马军队对全国各地的犹太人游击战前哨阵地发起了多次小规模袭击："抓获部分小团体……将他们包围，断绝他们的食物供应。"这个策略在上帝的应许之地导致了彻底的大劫难。优西比乌写道："50 个最重要的前哨阵地、985 个最著名的村庄全被夷为平地，58 万人在战斗中被杀，此外死于饥荒、疾病和火灾的人更是数不胜数。整个犹太地区变得荒无人烟。"[12] 此后犹太行省被撤销，成为叙利亚行省的一部分。

这是哈德良取得的最重大的一次胜利，但这只是一次防御行动。他没有再夺回图拉真曾经入侵的帕提亚领土。他只想守住罗马现有的疆域。这种态度明确体现在他在不列颠的行动上，他决定修建一堵横贯苏格兰的城墙。

这道所谓的"哈德良长城"（Hadrian's Wall）于 122 年开始修建。10 年后，城墙接近竣工。城墙高达 6 米，由于城墙沿着山顶修建，地面在两侧顺着山势倾斜下去，更能凸显城墙的高度。这堵墙长达 120 千米，从北海一直延伸到爱尔兰海，横贯整个不列颠岛。

这座城墙成功地抵挡了来自北部的凯尔特人（他们是爱惹麻烦

图 3–1 哈德良长城

图片来源：苏珊·怀斯·鲍尔

又好战的皮克特人）对罗马的不列颠行省的袭击，因为此时罗马人已经在不列颠岛上扎下了根。但是这道城墙并不只是一个防御工事。它不是顺着某条河流或是其他天然边界延伸，它是人为划定的分界线，它宣告墙这边是罗马，墙那边则不是罗马，中间没有任何过渡地带或缓冲区。

就像占领亚美尼亚一样，修建这道城墙表明罗马人越来越不能容忍任何模糊的身份。皇帝的属民要么是罗马的公民，要么就是罗马的敌人。附属国的时代一去不复返，它们要么彻底变成帝国的行省，要么就被摧毁。

时间线 3

罗马	帕提亚	犹太
卡里古拉，第一公民（41）		
	沃洛加西斯一世（51—78）	
尼禄，第一公民（54）		
加尔巴，第一公民（68）		
韦斯巴芗，第一公民（69）		
		第二圣殿被毁（70）
		马萨达围困（73）
提图斯，第一公民（79）		
多米提安，皇帝（81）		
涅尔瓦，皇帝（96）		
图拉真，皇帝（98）		
	沃洛加西斯三世（105—147）	
哈德良，皇帝（117）		

/ 04

幼主即位

公元 88 年至 182 年间，一个个幼童相继继承汉朝皇位，宦官当权，最后发生了黄巾起义。

公元 88 年，明帝的儿子章帝在位的最后一年，汉朝已在很大程度上恢复了昔日的辉煌。西部疆域扩展到了安息边境，丝绸之路上的商贸往来使汉朝更加繁荣昌盛。章帝驾崩后没有成年君王来接替他的皇位，他的继任者和帝年仅 9 岁，但这次似乎并没有像汉朝早期那样因幼君即位而引发灾难。

公元 91 年，即和帝 12 岁时，他命宫中宦官清除其母族外戚，试图利用自己年轻的优势夺回实权。

不论是何种情况，总之汉朝的政治舞台上出现了一群新的当权者：宫廷宦官。之所以安排宦官为皇室服务，是为了保证皇帝的仆役都忠心耿耿：他们都被阉割过，所以没有野心（从理论上来讲）为他们的孩子或家族争地夺权。据估算，汉朝约有 2000 名宦官，他们深受皇帝的信任。[1]

和帝于106年驾崩，去世时年仅20多岁，没有留下任何合法继承人；他死时两个皇后没有一个怀孕或曾生育。于是和帝的一个生母不详的幼子继位，可是这个小皇帝不到一岁就去世了，后来谥号为殇帝。与他关系最近的亲属就是和帝的侄子刘祜，他于106年即位，史称汉安帝，当时年仅12岁。

势力强大的外戚再次从幕后走到前台。安帝还是个孩子的时候便结婚了，他娶的是一位有野心的官员的女儿。婚后，他被迫将政治决策权都交给皇后的家人。

146年之前，登基继位的都是一些非常年幼的统治者，幕后推手则是一个接一个野心勃勃的贵族家庭。126年，安帝的儿子顺帝即位，年仅10岁；顺帝的儿子冲帝不到1岁便登上皇位，不到3岁便去世了；随后冲帝的堂兄也就是7岁的质帝即位，但质帝在8岁时被毒死，由他的一位堂兄即14岁的桓帝接替他的皇位。

这些年来，汉室天下一直由外戚掌权，这些人与皇帝的关系有叔伯、表兄弟、姑母等。汉桓帝皇后的长兄梁冀管辖洛阳多年，现在更是直接替汉桓帝制定政策。汉桓帝被剥夺权力后，完全退居后宫，不理朝政。他还拒绝与皇后同床，结果他与宫中宦官的关系倒是亲近了不少。

宦官的法律地位也不断改变，渐渐地取得了越来越多的权力。几十年前，宦官收养儿子也并不罕见，但是一名宦官死后，把所有的土地留给了他的养子，开了养子可以继承财产的先例。20年后，又有一名宦官得到允许，可以将头衔传给自己的养子。[2]这些都是不小的变化。这样宦官便也有了属于自己的宗族。虽然宦官的宗族是通过领养关系而不是通过婚姻关系形成的，但终究也算是宗族关系。跟其他宗族一样，宫中宦官也开始积聚财富、家产，野心也逐渐膨胀起来。

159 年，桓帝给忠于他的五位宦官下达了一项命令，让他们除掉他的内兄梁冀，事成后给他们封官并赐予土地。由于梁皇后刚刚去世，他对梁冀不再有姻亲上的顾虑，所以想夺回权力。

五位宦官召集宫廷侍卫包围了梁冀的宅邸。梁冀在他们冲进来前选择了自杀，但其家族成员则惨遭屠杀，整个宗族无一人幸免。

然而，桓帝夺权夺得太晚。在外戚专权统治天下的几十年里，没人关心国家社稷。汉朝推行的举孝廉制度开始起到适得其反的效果。举孝廉制度一度能让地方的治理权被交给训练有素的优良人才而非官宦贵族。但是那些有能力的人也同样有野心。时间长了，他们中的很多人都会夺取那些交不上税的人的土地，然后让那些债务人继续为他们耕种。[3]

这样做完全合法，比起将债务人送进监狱，这样做也更加人性化（而且更有利于生产）。结果是政府官员积累起了越来越多的土地，欠债者则形成了一个新的群体——佃农。把财产传给自己的子孙后代是人的本性。如此一来，另一套地主家族的关系网慢慢建立起来。这些家族与上世纪那些名门望族的姓氏不同，但结果一样：地主巨富控制着大面积的土地和产业，而在土地上耕作的穷苦农民则无力保护自己，也无权抱怨收入微薄。地主甚至开始雇人来保护自己土地的安全，这些家丁队伍不断发展，看上去越来越像私人军队。[4]

与此同时，通往西域道路的开通也带来了越来越多的贸易机会。商人（按照汉朝最初的制度，他们被视为社会的寄生虫）聚积起了巨额财富。[5] 东汉学者王符（卒于约 163 年）曾对这一现象发出哀叹，他著有《潜夫论》（他从未获得官方肯定），在《浮侈》一章中他抱怨贸易已经取代农业变成最赚钱的营生。* 商贸之所以能繁荣起来，都是依靠穷苦农民缴纳的越来越高的税，这样国家才能派军队驻守丝绸之路，保护往来商旅安全，使其免受强盗袭击。

桓帝并没有采取任何措施来解决这些问题。167 年，桓帝去世，身后无子。皇位传给了 12 岁的灵帝，汉朝所有的问题也都一并留给了灵帝。

扶立灵帝的皇太后窦氏是桓帝的第三任皇后。她辅佐灵帝处理政务，因为灵帝尚且年幼，她知道她能辅政相当一段时间。她最担忧的是宫中的宦官，在桓帝统治期间，这批人获得了巨大的财富，势力也有所膨胀，他们致力于从皇帝那里为自己尽可能多地谋取利益。

她身边的一位谋士儒生陈蕃上书主张除掉所有的宦官，认为只有这样才能保证帝国的安全。这些话传到了宦官耳朵里。宦官及其党羽冲进皇宫，软禁了窦太后。然后，他们对年幼的灵帝说他们来是为了解救他脱离皇太后的控制，并且会保护他的安全。

窦太后被软禁了四年，于 172 年郁郁而终。与此同时，灵帝越来越信任宦官，甚至称他们中最令人憎恶的张让为“父”。

此时汉朝统治下的中国无人掌舵，经济十分困难，不久又暴发了自然灾害。172 年，首先暴发了瘟疫，其后又是洪水泛滥，紧接着又出现了蝗灾。177 年，汉朝出兵北击鲜卑人，大败而归。两年后，也就是 179 年，另一场瘟疫席卷全国。

当年，正是这些凶兆预示了王莽的新朝的灭亡。当时赤眉军揭竿而起，而现在新一轮暴力周期又开始了。这群新的反叛者被称为黄巾军，他们将穷苦人组织起来，揭竿而起。

---

* 《潜夫论・浮侈》：“今举世舍农桑，趋商贾。”——译者注

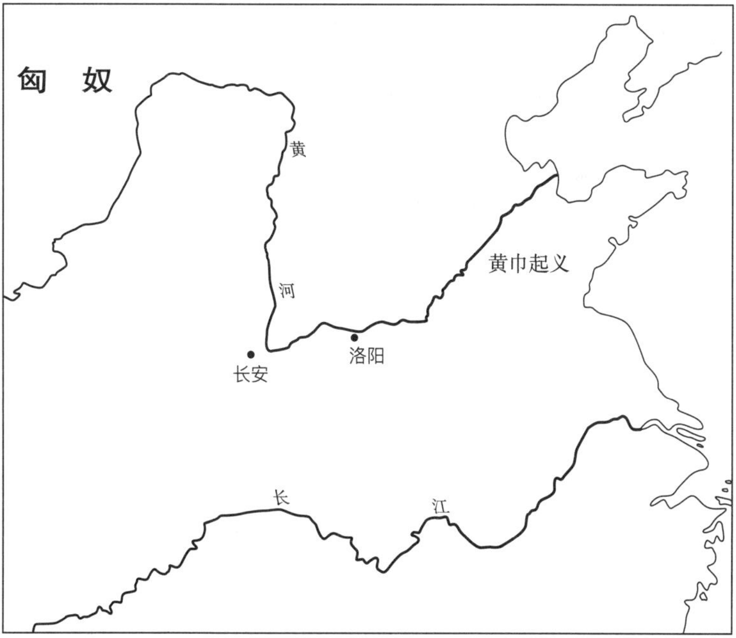

地图 4–1 黄巾起义

黄巾军不仅仅是一群叛乱分子，他们还是一个教派，预言经过战争后会进入理想的时代。数百万中国人过着苦不堪言的生活，他们希望的不仅仅是政治改革，更希望立刻能看到一丝曙光。黄巾军恰恰为他们提供了这样一种希望。他们的首领是信奉黄老学说的张角，他声称自己有法力，能用法术治愈各种疾病，这对于饱受瘟疫折磨的人来说无疑是最好的承诺。他对百姓许诺说喝下他的药水就能刀枪不入，战斗时毫无畏惧，这也正是那些体弱多病、没有武器、饥肠辘辘的人所需要的一种信念。[6]

184 年，黄巾军人数超过了 35 万，他们都是没有土地、穷困潦倒、绝望愤怒的人。这年春天，他们发动起义，反抗压迫他们的人。

时间线 4

罗马	中国
尼禄，第一公民（54）	
	明帝（57—75）
加尔巴，第一公民（68）	
韦斯巴芗，第一公民（69）	
	章帝（75—88）
提图斯，第一公民（79）	
多米提安，皇帝（81）	
	和帝（88—106）
涅尔瓦，皇帝（96）	
图拉真，皇帝（98）	
	安帝（106—125）
哈德良，皇帝（117）	
	顺帝（125—144）
安东尼·庇护，皇帝（138）	
	冲帝（144—145）
	质帝（145—146）
	桓帝（146—168）
	灵帝（168—189）
	黄巾起义爆发（184）

/ 05

错误的继承

138 年至 222 年间，奥勒留打破皇族收养传统，汉朝最终崩溃。

哈德良的统治平和，他之后的继任者也大体如此。138 年，他收养了一位继承人：安东尼·庇护（Antoninus Pius），一位中年政治家，当过执政官和总督。当时庇护 52 岁，他的养父哈德良 62 岁。

就像之前，奥古斯都收养他的女婿提比略作为他的继承人，克劳狄则收养了尼禄，这种收养方式跟收养孩子不是一回事。它只是在法律上创造一种“亲缘关系”，就像汉朝宦官也以此方式来创建自己的宗族一样。对于罗马皇帝来说，将世袭制优势（谁会是下一位皇帝总是显而易见的）与贤者掌权的共和制择优理念相结合是罗马皇位继承的一个有效的方法。通过收养制度，每位皇帝可以将他的皇位传给他欣赏的人，而不是传给自己生养的儿子。

安东尼·庇护的统治经历与哈德良很像，他在位时间比较长，而且在位期间国家稳固，波澜不惊。他在位的 23 年间最激动人心的时刻是 148 年庆祝罗马建城 900 周年。[1] 庇护正式收养了两个人作为自己的继承人：一个是他的侄子马可 · 奥勒留（Marcus Aurelius），另一个是比马可 · 奥勒留小 9 岁的男孩卢基乌斯 · 维鲁斯（Lucius Verus）。*

161 年，庇护去世，这时他的继承人中年纪稍长的马可 · 奥勒留已经 40 岁了。他当过一年执政官，完成了政治家的使命，不过他并不喜欢政治。他非常内向，天生就是个学者（据《古罗马帝王列传》记载，12 岁之前，“他对哲学就有了浓厚的兴趣”）[2]，而且，他并不热衷于当罗马的皇帝。他是被“元老院强迫”去完成使命的，出于报复，他便让当时已经当了执政官的弟弟卢基乌斯 · 维鲁斯同他一起当了皇帝。

两人刚一即位就不得不去处理一场战争。帕提亚人又开始蠢蠢欲动。沃洛加西斯四世（Vologases Ⅳ）看到前两位罗马皇帝的统治相对平静，便借机穿过亚美尼亚（已经被其控制），侵入了叙利亚。

帕提亚人在叙利亚受到热烈欢迎，这很大程度上是因为那些逃离科赫巴起义后的大屠杀的犹太人非常欢迎帕提亚人，这些犹太人击退了驻守在那里的罗马军队。卢基乌斯 · 维鲁斯指挥罗马军队向东进军，而马可 · 奥勒留留守国内。162 年，维鲁斯在叙利亚有力地回击了帕提亚军队，并成功夺回了亚美尼亚。与此同时，另一位

---

* 罗马的皇帝有两套名字：出生时的名字，以及他们被过继为继承人时所起的名字。等到他们登上皇位时还会添加其他的名字。安东尼 · 庇护最初的名字是提图斯 · 埃利乌斯 · 富尔维乌斯 · 庇护 · 安东尼，他被选为继承人后名字变成了提图斯 · 埃利乌斯 · 恺撒 · 安东尼，“庇护”是他称帝后加入的名字。马可 · 奥勒留出生时名字是马库斯 · 安尼乌斯 · 维鲁斯，他被收养后被称为埃利乌斯 · 奥勒留 · 维鲁斯。他称帝后名字变成恺撒 · 马可 · 奥勒留 · 安东尼 · 奥古斯都。卢基乌斯 · 维鲁斯出生时名字是卢基乌斯 · 西尼斯 · 科莫多斯，后来被过继为继承人后名字变成了卢基乌斯 · 埃利乌斯 · 奥勒留 · 科莫多斯，成为罗马皇帝后名字改为恺撒 · 卢基乌斯 · 奥勒留 · 维鲁斯 · 奥古斯都。为了保持本书的可读性，在描写各代帝王时，我选择用其简单通俗的名字缩写，并没有一味地追求准确性而使用全名，那样的话会使行文晦涩难懂。

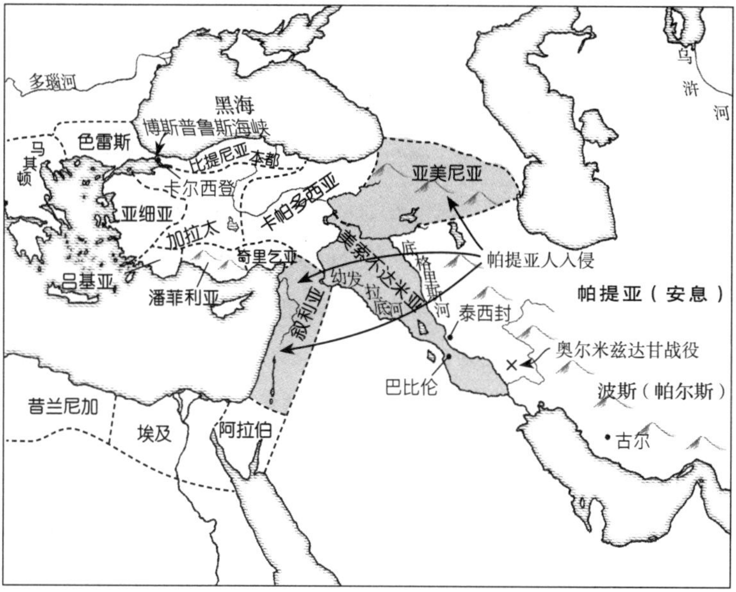

地图 5-1　帕提亚人入侵

指挥官带领另一支军队向东南部进军，进入美索不达米亚，并占领了泰西封。沃洛加西斯四世抛弃他的宫殿撤退了，宫殿随之被罗马人摧毁。

166 年，罗马军队得胜归来，但是也带来了瘟疫。胜利游行结束时，这种疾病已经在整个城市蔓延开来。

168 年，希腊医生盖伦接到罗马皇帝的紧急召唤，奉命来到罗马城。他在自己的专著《医术》（*Methodus Medendi*）中记录了这场瘟疫。他对病人症状的描述是：发热、咽痛、有脓疱。这场“安东尼瘟疫”极有可能就是天花。瘟疫持续了整整 3 年，最严重的时候每天死亡 2000 人。由于有大量尸体需要处理，奥勒留宣布在城中新建坟墓为非法行为，只有这样才能强迫罗马人将尸体拉出城外处理。[4]之后的若干年，城中也一直饱受瘟疫困扰。

在此期间，军队由于受到疾病的侵扰而遭到削弱，多瑙河附近的部落趁机袭击罗马前线。两位皇帝前去处理危机，但在他们到达之前，入侵就被镇压了下去。在返回罗马的路上，灾难降临了。当时卢基乌斯·维鲁斯突发疾病，还没回到罗马就去世了。

马可·奥勒留带着这个与自己没有血缘关系的弟弟，也是罗马共治者的尸体返回了罗马，命人将其厚葬。然后，他又回到了多瑙河沿岸。中间有几次，帝国出现一些事务需要他回国处理，还有一次他去了东部边境处理传言中的叛乱，除此之外，一直到他统治结束，他都待在日耳曼行省，对抗那里越发猖狂的入侵行为。

长期远离首都往往会使皇帝丧失人心，但奥勒留因治国有道、爱民如子而名垂青史。接连不断的战争榨干了国库，他便拍卖宫廷的家具、金碟、珠宝，而不是增加税收，这使他更受人民爱戴。(《古罗马帝王列传》记载说，他甚至拍卖了“妻子的丝绸和金丝绣服”，他觉得这些东西放在家里也没什么用。)[5]

军旅营帐其实正是奥勒留喜欢的地方，在这里可以远离满是喋喋不休的元老院议员和闹闹哄哄的罗马市民的首都。在日耳曼前线的那几年，马可·奥勒留得以沉浸在哲学里。他的哲学著作《沉思录》成为斯多噶学派的经典著作之一。这是一个困于自己的职责，想要卸去帝国重任的人的沉思。他觉得，去国最远的时候才是最幸福的时候。他写道：“如果你在履行自己的职责，那么不管你是冷还是暖，是困乏还是振作，是受人指责还是被人赞扬，是濒临死亡还是在做别的什么事情，对你来说都毫无差别。”[6]稍后他又补充道：“要注意，你不是恺撒，你不是这块料。让自己保持单纯、善良、纯净、严肃、不做作，做正义的人。”[7]

他本人从未想要成为恺撒，不过他很早便要求自己的儿子康茂德（Commodus）学习领导术。奥勒留总共有过14个孩子（传闻说有好几个孩子都是他的妻子趁他不在时对他不忠才有的。《古罗马帝王列传》写道，他曾经发现他的妻子与一位留宿的客人在吃早餐，却假装没有注意到）[8]，但是这么多孩子中活过4岁的只有康茂德。康茂德5岁时便被他立为继承人。177年，也就是康茂德16岁时，他宣布康茂德为他的共治者。马可·奥勒留此后没活多长时间。他身体一直有病，可能是患上了癌症，狄奥·卡西乌斯说他习惯于长期使用止疼药，这说明他很可能对鸦片上瘾。[9] 180年，在重病一周之后，他死在了前线。

19岁的皇帝康茂德立刻同日耳曼人达成和平协议，停止前线的战斗，打道回府。他是多米提安之后第一位血亲继承人。其实也正因为长期未由血亲继承，罗马才能得到大体良好的治理。养子继承制避免了世袭君主制最严重的缺陷，一个明智的、能有效管理国家的统治者登上皇位后，会挑选跟他相似的人作为自己的继承者。

但马可·奥勒留打破了这个传统。康茂德的上位是2世纪罗马最大的灾难，也是马可·奥勒留犯的最大的错误，马可·奥勒留过于孤僻，以至于没有心思去发现身边的优秀人才。他本性喜欢独处，觉得结交朋友耗费心力，没有费心去找继承人，于是干脆就让自己的儿子来继承皇位，这样做简单多了。

康茂德几乎从登上皇位之时就已经堕落。在返回罗马的途中，他还带着自己的同性情人，让他坐在自己所乘的战车里，而且在游行过程中还亲吻他。同性恋在罗马肯定不少见，但是这种行为被认为太过于希腊化，是阴柔的表现；如果非得找个男子作为情人，那

图 5–1 康茂德

罗马皇帝康茂德（180—192 年在位）童年时期半身像。藏于巴黎卢浮宫。图片来源：SEF/Art Resource, NY

么最明智的做法是不要在罗马公众面前招摇过市。

自那以后，他的种种劣迹都成为传奇故事。他在后宫召集了 300 名妇女和 300 名男子，男女比例均等。他喜欢格斗游戏，还将自己打扮成角斗士。他杀害了他的一位姐妹，强迫另一位侍寝。他还穿着女装、披着狮皮在罗马四处游荡，手持棍棒攻击罗马市民。[10] 但是若说他真的疯了，他倒是还没有完全与现实脱节。据《古罗马帝王列传》记载："他害怕理发师，所以常常（在自己给自己理发时）烧焦头发跟胡须。"这表明他自己也知道，可能会有人看不惯他的行为而要谋杀他。[11]

罗马人一致认为他一定是他母亲与某一个角斗士的私生子，他不可能有比肩圣人的马可 · 奥勒留的血统。这便为"谋杀一位合法的皇帝"找到了合理的理由。192 年，他的一名情妇和一位朝臣下药毒死了他。但他没有马上死去，于是他们找来一个摔跤手掐死了他。

他死后，内战随即爆发。192—193 年，有四个人都想取得禁卫军的支持。最终胜出者是一位负责麻烦不断的多瑙河前线的将军——塞普蒂默斯·塞维鲁（Septimus Severus），他虽然身材矮小，但精力充沛。他出生于北非，在马可·奥勒留统治时期担任过元老院议员。

他向罗马进军，但是不等他到达，元老院就已宣布他为皇帝。他于 6 月 10 日进入罗马城，并立即采取一系列措施以确保自己的帝位无虞。他召集禁卫军举行了游行仪式（这意味着禁卫军没有带武器进城），然后派出自己在日耳曼的战事中训练有素的军队包围了他们。每个涉嫌拥护另一名候选人的禁卫军战士都受到警告，并被要求离开罗马城。等他们一逃走，他马上便任命忠诚于他的人来接替。

在此之后，他的统治期间战事频仍：抗击帕提亚人，前往不列颠袭扰苏格兰人，以及多次平定边患等。但他并没有从自己所目睹的事件中吸取任何经验教训。198 年，他任命长子卡拉卡拉（Caracalla）作为继承人。

209 年，也就是他去世前两年，他又指定他的小儿子盖塔（Geta）与卡拉卡拉一同做皇帝。他这样做也许是企图弥补他之前做出的不慎选择，现在看来这的确是一个错误。卡拉卡拉作为军人是好样的，但他威胁要杀死妻子，而且已经谋杀了岳父，还曾试图杀死生父。尽管如此，他仍然是他父亲挑选继承人的第一选择。

马可·奥勒留开创的世袭制几乎给帝国留下了一道致命伤。共和制已经死亡，取而代之的是已经发展成形的帝国，这二者之间只是稍微有点相似。在卡里古拉和后继者的统治下，帝国已经染上了疾病，看起来似乎无药可救，不过后来又奇迹般地康复了。3000 多年前，中国的黄河流域的文明已经开始担忧王朝衰亡的问题。罗马人想出了给帝国统治披上共和外衣的办法，使二者实现平衡，避免了王朝的衰亡。而到了这个时候，世袭继承制的缺陷也将撕裂汉帝国的权力。

184 年，酝酿已久的黄巾起义爆发了。

这场起义的领导者是张氏三兄弟：张角、张宝、张梁。在中国古代文学作品《三国演义》中，他们被描绘成肩负大同世界希望的人，带着几分原始共产主义的色彩。他们的口号是："苍天已死，黄天当立，岁在甲子，天下大吉！"他们希望没收富人的土地，将其平均分配给百姓。

对黄巾起义及其后续事件记载最全面的史书是学者兼政治家司马光所编纂的《资治通鉴》。该书在事件发生很久之后才编纂完成，但是司马光大量使用了几个世纪以来的官方记录。

起义从黄河以南、山东半岛附近开始。起初黄巾军被官兵击退，汉朝官员相信很快就会将起义镇压下去，于是他们在 184 年改元"中平"[12]，但起义军很快又组织了起来，重新发动进攻。189 年，战事已经逼近首都洛阳。

同年 5 月，汉灵帝驾崩。他去世前并没有指定继承人，而是将此任务留给了皇后，也就是后来的何太后，以及宫廷宦官蹇硕。在死之前的某段时间里，汉灵帝曾将洛阳的兵权交给蹇硕，这样，他便成了整个国家最有权势的人之一。

这两人认为皇位应该由汉灵帝 13 岁的儿子刘辩，也就是后来的少帝来继承。由于军权在握，蹇硕计划进行一次大清洗，除掉汉朝的大将军何进，增强自己的权势。

何进听闻此事，处死了蹇硕——这个消息也传到了宦官们的耳朵里。皇宫内开始分成两派，各自都武装起来。最后宦官一派先下手，张让抓住了大将军并将其斩首。但后来另一位将军袁绍下令将宫殿的大门全部封锁，杀死了所有的宦官。“无少长皆杀之，凡二千余人，”司马光记载道，“或有无须而误死者。”[13]

此时，掌握兵权的前将军董卓看到机会，准备夺权。他从镇压羌族的战役中抽身而出，率军前往皇宫，控制了混乱的局势。他开始任命亲信为官，并依靠自己的军事实力发号施令。

事实上，他是在虚张声势。当时他手下的人手并不够。但他每晚都派一队人马趁着夜色悄悄出城，然后于次日清晨大张旗鼓地进城，以造成支持他的人不断加入的假象。

董卓随后废了少帝，毒杀了何太后。他立年龄稍小的陈留王刘协为帝，史称汉献帝，受他的保护。

董卓并不是唯一一位有野心的将军。此时黄巾军还没被完全打败，各方诸侯却打了起来。董卓带着年轻的汉献帝从洛阳撤走，迁都长安。各路诸侯联合起来讨伐董卓。最终董卓的亲信吕布杀死了他。[14]

之后的几年里，另一位将军曹操从诸侯中脱颖而出。196 年，曹操控制了汉献帝，将朝廷迁到许都（后称许昌），挟天子以令诸侯。曹操随后将自己的女儿嫁给天子，并打算为他的新女婿夺回北方。

黄巾之乱此时虽已平息，但几十年来的战乱和政府的腐败已经让国家变得千疮百孔。汉献帝虽然坐在了汉室的宝座上，但他同后期的周天子一样，都是有名无实的统治者。在汉帝国的土地上，群雄并起，争夺霸权。曹操夺取了北方，但是在收复汉室天下这件事上，他没有同盟，因为有太多的对手都不希望看到许都成为权力中心。

208年，在长江的赤壁附近，曹操的军队遇到了两个最强劲的对手。隔江对峙的双方均被过去几年来的战争拖得疲惫不堪。[15]最终曹操主动出击，但中途发现风向发生逆转。对方将领抓住机遇，用一种令人生畏的武器发起了奇袭。司马光在《资治通鉴》中的记载如下：

> （黄盖）先以书遗操，诈云欲降。时东南风急，盖以十舰最著前，中江举帆，余船以次俱进。操军吏士皆出营立观，指言盖降。去北军二里余，同时发火，火烈风猛，船往如箭，烧尽北船，延及岸上营落。顷之，烟炎张天，人马烧溺死者甚众。瑜等率轻锐继其后，雷鼓大震，北军大坏。操引军从华容道步走，遇泥泞，道不通，天又大风，悉使羸兵负草填之，骑乃得过。羸兵为人马所蹈藉，陷泥中，死者甚众。刘备、周瑜水陆并进，追操至南郡。时操军兼以饥疫，死者太半。[16]

败走华容道彻底终结了曹操统一中国的野心。他的势力范围后来只限于汉朝的北方领土，虽然战争仍在继续，但他再也没有主动发起统一中国的战争。

汉献帝知道自己这个皇帝只是徒有其名。220年曹操去世，汉献帝被迫禅位给曹操的儿子。至此，汉朝的统治历经四百多年终于结束。

中国进入了三国时代。曹操的儿子曹丕统治了汉朝的北方疆域。南方的统治者分别是曹操在赤壁之战中的两位对手。孙权在长江中下游建立吴国，定都建业，即现在的南京。刘备则在岷江边的都城——成都——统治着西南地区，成为蜀汉的开国君主。[17]三国取

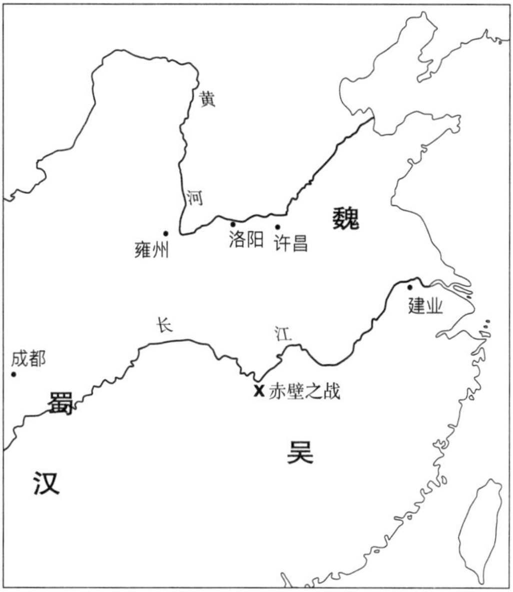

地图 5-2 三国

代了汉朝，和平一去不复返。接下来的三个世纪里战乱不休。

在西方，塞维鲁去世后，卡拉卡拉和盖塔两兄弟不得不共同做皇帝。他们从来都不是好朋友，盖塔成了联合统治的牺牲品：卡拉卡拉命人在皇宫中将其杀害，并烧掉了他的尸体。

《古罗马帝王列传》说卡拉卡拉很狡猾，设法赢得了禁卫军的拥护：

> 他的父亲去世后，他去了禁卫军营地，在士兵面前抱怨说："……我的弟弟准备了毒药想毒死我，而且我弟弟一直不

尊重自己的母亲。”他还公开感谢那些杀死（盖塔）的人。事实上，为了获取士兵们的忠诚，他给了他们额外的报酬。有些官兵对谋害盖塔一事很不满。他们说这两人都是塞维鲁的儿子，他们曾发誓要效忠两个皇帝，那就应该对他们两人都忠诚。（军营）的门向卡拉卡拉关上了，在很长一段时间内不欢迎皇帝入内。军队最终之所以没有闹事，不仅是因为卡拉卡拉不断对盖塔发出抱怨和指责，还因为他向他们支付了大笔金钱。[18]

然后，他开始清洗任何打算为盖塔之死展开报复的人。“在那些日子里，无数曾经支持他弟弟的人都被杀害，”据《古罗马帝王列传》记载，“杀戮无处不在。有人甚至是在沐浴时或在吃饭时被杀害的。”[19] 狄奥 · 卡西乌斯补充说，卡拉卡拉甚至取消了盖塔的忌辰仪式。

此后，他颁布了一项新的法律：在他的帝国，所有的自由人现在都是罗马公民。

300 年前，就有人提出要授予意大利各城邦罗马公民权，结果罗马人对提出这一建议的人大发雷霆，兵戎相向。现在，甚至没有经过任何辩论或讨论，这项法律就施行了，而且也没有公众对此表示强烈反对。

从某个角度看，授予罗马公民权已经变得越发没有意义：罗马不再是一个共和国，所以一个人即使成为罗马公民，也不再有投票权（投票权在内战期间可是最大的问题）。但是从另一个角度来看，罗马公民权又绝非没有意义。哈德良长城将附属国（附属国会有某种程度的独立性及民族自豪感）变成严格控制的内部省份，对于所有住在罗马国境内的民族来说，这都指向了同一个不可避免的结果。

它们不能再继续像放在一个瓶子里的弹珠那样，维持“罗马治下”的国家集合体的身份。在先前的情况下，各地人民首先效忠的对象是他们的第一身份，当危机发生时，瓶子被打破，所有的弹珠都会跑出来。因此他们必须抛弃过去，接受一个全新的身份。他们必须变成罗马公民。

但是，现在成为罗马公民不再意味着对国家事务拥有投票权。身为罗马公民也不再意味着其出生地就是罗马城。罗马帝国吞并了广阔的土地，成千上万的罗马公民可能毕生都从未真正踏进罗马这座赋予了他们身份的城市。身为罗马公民也并不意味着知道罗马人如何就餐，或者会欣赏塞涅卡的诗歌，或者会讲拉丁语。

在卡拉卡拉的统治下，罗马公民权有三层含义：首先，正如几十年前爱比克泰德指出的那样，它意味着具有此身份的人要忠顺于皇帝；其次，它还意味着具有此身份的人同所有罗马公民一样有一定权利——如果一个人因犯罪而被处以死刑，他可以向罗马申请裁决（除非你是在一场清洗运动中被抓的），他的婚姻和其他合同在罗马法院被视为合法，他的孩子可以根据其遗嘱继承遗产；最后，它还意味着此人需要纳税。卡拉卡拉破产了。他为了行贿掏空了国库，他需要更多的公民，以便搜刮到更多的钱来填补国库的亏空。

简言之，罗马公民权已经成为一种交易。为了换取法律保护，罗马境内的自由人愿意付这笔钱。这笔交易并不太糟（尚未变得太糟，毕竟还没有提高赋税），但是这样做绝对无法将人们团结在一起。这完全不像伯里克利对雅典人发出的号召，让雅典人将自己奉献给身为雅典人的理念，也不像犹太人那样相信上帝向亚伯拉罕的后人许诺了一片属于他们自己的土地。这些是将人们团结在一起的信念。

212 年，也就是卡拉卡拉宣布授予所有自由人罗马公民权的那年，一位名叫阿尔达希尔（Ardashir）的帕提亚诸侯王正在小心翼翼地四处讨伐其周围的其他小诸侯国。阿尔达希尔的王国在帕尔斯（Pars），它是帕提亚的一个省份，至今波斯人还生活在那片区域。他的王国首都是古尔（Gur），他的家族是古波斯帝国的后代。后来的记载称他还是大流士本人的直系后裔，不过这已无从考证。[20] 他丝毫没有惊动远方的帕提亚国王，而是通过劝降或恐吓控制周围的小诸侯王。

要不是帕提亚国王阿尔达班五世（Artabanus Ⅴ）此时正自顾不暇，他才不会侥幸不被注意。阿尔达班五世的一个亲戚意欲夺取其王位，经过一场血腥的内战之后，对方控制了泰西封和美索不达米亚下游地区。阿尔达班五世被赶出首都，撤到西部地区，在底格里斯河和幼发拉底河之间的北部平原上安营扎寨。因此，他无暇顾及泰西封以东地区的情况。

卡拉卡拉认为此时正是将帕提亚变成附属国的好机会，于是他致信被赶下台的阿尔达班五世，主动提出要帮助他，条件是阿尔达班要将女儿嫁过来。阿尔达班五世看出这不是真心实意的联姻，而是意在吞掉他的王国，便拒绝了。卡拉卡拉于是率军东征，并于 216 年秋季侵入了帕提亚的西部边境。他的征战一直持续到冬季，然后军队在原地扎营过冬，等待来年开春再战。

217 年 4 月初，卡拉卡拉还不等计划好新的进攻，就患上了严重的胃病。他同一名侍卫一起骑马时突觉胃部不适，他跳下马，捂着肚子蹲在地上。他的侍卫趁机杀死了他。

不远处骑在马上的士兵看到这一幕，赶来将暗杀者刺死。这名刺客与杀害卡里古拉的刺客一样，以自己的生命为代价挽救了整个帝国。卡拉卡拉的尸体被火化，骨灰被运回罗马。他统治了罗马6年，去世时29岁。

没有了皇帝，东部军团便宣布他们的首领马克里努斯（Macrinus）为他们的新皇帝。217年晚春，马克里努斯带领他们再次穿越帕提亚边境发动攻击。但是经过一个冬天，阿尔达班五世重新积蓄了力量，经过苦战，罗马人被迫撤退，一无所得。马克里努斯不愿意再发动一场战争，于是主动赔款求和。

这激怒了他手下的许多士兵。他是因为自己的军事才能才被拥立为皇帝的，一旦失去军心，他便一无所有，何况恰巧当时还有一个候选人也在争夺皇位。此人便是卡拉卡拉的表侄（他姨母的孙子），时年14岁，高大英俊，名叫埃拉加巴卢斯（Elagabalus），长得很像卡拉卡拉，曾经有流言说他是卡拉卡拉的私生子。

218年5月16日，也就是马克里努斯战败后几个月，一群士兵拥护埃拉加巴卢斯取代马克里努斯成为罗马皇帝。马克里努斯发现越来越多的部属弃他而去，去追随新的皇帝。最后，他不得不逃跑。但一个月后他在卡尔西登被追兵发现，当时他正试图穿越博斯普鲁斯海峡前往色雷斯。[21] 他被关押了起来，没过多久就被秘密谋杀。

事实证明，埃拉加巴卢斯是个沉迷享乐、胸无大志的昏君，即使《古罗马帝王列传》中的故事只有一半是真的，也说明他在登基后不久便失去了理智。《古罗马帝王列传》通过辛辣的评价透露了很多细节，提到士兵们很快就对这位“一心淫乱享乐，沉迷于肉欲的第一公民”失去了耐心。[22] 他还举行奇怪的宗教仪式，其中有一次是他崇拜起一块他找到的石头，说它是一个神，另外一次是他试图自己给自己割包皮（据说差点把自己阉了）。

222年，禁卫军转而支持另一个人做皇帝，一队侍卫前去抓捕埃

时间线 5

罗马	中国	帕提亚
图拉真，皇帝（98）		
	安帝（106—125）	**沃洛加西斯三世**（105—147）
哈德良，皇帝（117）		
	顺帝（125—144）	
安东尼·庇护，皇帝（138）		
	冲帝（144—145）	
	质帝（145—146）	
	桓帝（146—168）	**沃洛加西斯四世**（147—191）
马可·奥勒留和**卢基乌斯·维鲁斯**共治		
马可·奥勒留独治（169）	**灵帝**（168—189）	
康茂德，皇帝（180）		
	黄巾起义爆发（184）	
	少帝（189）	
塞普蒂默斯·塞维鲁，皇帝（193）	**献帝**（189—220）	
	赤壁之战（208）	
卡拉卡拉，皇帝（211）		
		阿尔达班五世（213—224）
马克里努斯，皇帝（217）		
埃拉加巴卢斯，皇帝（218）		
	三国（220—280）	

拉加巴卢斯。听到消息后，他躲入一个公共厕所，不过那些人找到了他并将他杀死。然后，他们又把他的尸体从臭水沟里捞出来，拖在马车后面跑了几圈，最后拴上一块石头扔进了台伯河。他与皇帝卡拉卡拉的血缘关系将他推上了皇位，但是这一关系没能救他的命。

/ 06

帝国拯救者

> 222 年至 312 年间，帕提亚落入波斯手中，戴克里先试图拯救罗马帝国，并将这一未竟事业留给了君士坦丁。

222 年，也就是埃拉加巴卢斯被谋杀的同一年，帕提亚国王阿尔达班五世打败了他的挑战者，重新夺回了泰西封。

他对首都的控制仅仅维持了两年。波斯年轻的阿尔达希尔设法将古老的米底、波斯的城邦及这些城邦的盟友变成了他的同盟者，并在家乡古尔加强了自己的实力。224 年，他率军前往奥尔米兹达甘（Hormizdagan）平原迎战帕提亚大军。

在激战中，阿尔达班五世被杀，帕提亚帝国至此终结。阿尔达希尔进入了泰西封的王宫，并按古波斯的方式宣称自己为“万王之王”阿尔达希尔一世。他的新王朝名为萨珊（Sassanians），这来自他出身的波斯氏族的名称。

帕提亚帝国是一个游牧民族夺取政权后渐渐发展起来的帝国，一直由多个诸侯国组成，它们共同尊奉同一个国王。根据以往的经验，阿尔达希尔一世知道这种政体给了下面的诸侯王太多自由，让他们很容易发动叛乱。因此，他倾向于将自己的新帝国按照古波斯的方式来治理。他将帝国分成省份（或称管辖区），由掌管军权的总督来治理。在划定各省地界的时候，他有意地让新的边界线与古老王国的边界线交错，这样就能保证在阿尔达班五世被推翻后，新的地方头领难以形成同盟并发动反叛。那些出身萨珊王族的总督都有一个荣誉性的波斯头衔——“沙阿”（shah）。

对于那些经历了一个又一个无能的君主的罗马人来说，复兴的波斯就像一个从旧梦中复活的野兽。重建并复兴波斯帝国的开国之君阿尔达希尔一世的统治一直延续到 241 年，然后他将一个治理良好的帝国传给了儿子沙普尔（Shapur）。帝国万事俱备，只待扩张。

铸造于其统治末期的硬币上的图像显示，阿尔达希尔一世面对着一位年轻王子，这说明他似乎在去世之前就已经为自己的儿子加冕，让他做共治者。9 世纪时的阿拉伯历史学家马苏迪（Abu al-Mas’udi）同希罗多德一样，曾游历当时已知的各国，搜集古代事迹，将其编纂成史书。他说阿尔达希尔一世亲手将王冠戴在了沙普尔一世头上，然后退位让沙普尔一世独立统治。[1] 这说明这个人对未来都做了妥善的安排（这种品质在过去几十年的罗马皇帝身上未曾出现过）。

沙普尔一世刚一登基，就召唤伟大的神阿胡拉 · 马兹达（Ahura Mazda），让他来支持他的统治。阿尔达希尔一世和沙普尔一世都是琐罗亚斯德教信徒，这是早在大流士一世时就开始由先知琐罗亚斯德［Zoroaster，或者称查拉图斯特拉（Zarathustra）］传播的一种神秘的宗教，又被称为“拜火教”。琐罗亚斯德教有着复杂的神学理论，其仪式也十分繁复。在沙普尔一世统治时期，这一宗教的主要教义是：世界由善和恶两股力量组成，二者势均力敌；善源于伟大的神阿胡拉·马兹达，恶存在于对立的神阿里曼（Ahriman）身上。* [2] 这种双重性意味着善和恶总是处于不断的斗争中，琐罗亚斯德教的教徒需要投身于无休止的对抗以邪灵达瓦斯（daevas）为代表的恶势力的行动中。“我诅咒达瓦斯，”琐罗亚斯德本人所著的古代教义开篇即写道，“我宣布自己是阿胡拉·马兹达的崇拜者，所有的善都来自阿胡拉·马兹达。我希望那些有住宅的人，那些居住在大地上、有牲口的人，能够有随处迁徙、四海为家的自由……在所有现存或将来出现的宗教中，琐罗亚斯德教都是最伟大、最出众、最美的宗教。”[3]

沙普尔一世毫不迟疑地宣称，是阿胡拉·马兹达赐予他统治的神圣权力，就统治权而言，他无须考虑人民的感受。作为波斯王，他就是至善的化身。阿尔达希尔亲自宣布琐罗亚斯德教为新帝国的国教，这一宗教把各个属国用单一的目的集合在一起，结成神圣的团体。沙普尔一世的每位子民都是对抗达瓦斯的士兵，波斯的所有男人和女人对国家的忠诚也是为打击恶势力而斗争的承诺。这种官方宗教同时也是将国家团结在一起的非常强大的力量。

沙普尔一世的军事征服行动从罗马帝国这个庞然大物开始。他成功地击败了美索不达米亚的罗马驻军，而后进入叙利亚，进攻那里的罗马军队。但是波斯在那里最初的军事行动失败了。罗马的叙

---

* 这只是一种简单的说法。玛丽·博伊斯（Mary Boyce）的《琐罗亚斯德教：宗教信仰和习俗》（*Zoroastrians: Their Religious Beliefs and Practices*，Routledge，2001）对琐罗亚斯德教的发展做了很好的梳理。保罗·克里瓦契克（Paul Kriwaczek）的《琐罗亚斯德教探秘：穿越伊朗和中亚寻找世界上首位先知》（*In Search of Zarathustra: Across Iran and Central Asia to Find the World's First Prophet*，Vintage，2004）则更通俗一些，介绍琐罗亚斯德教对周围文化的影响。通常认为，琐罗亚斯德教是世界上第一种有宗教教义的宗教，其基本信仰由一整套固定的教义来界定。

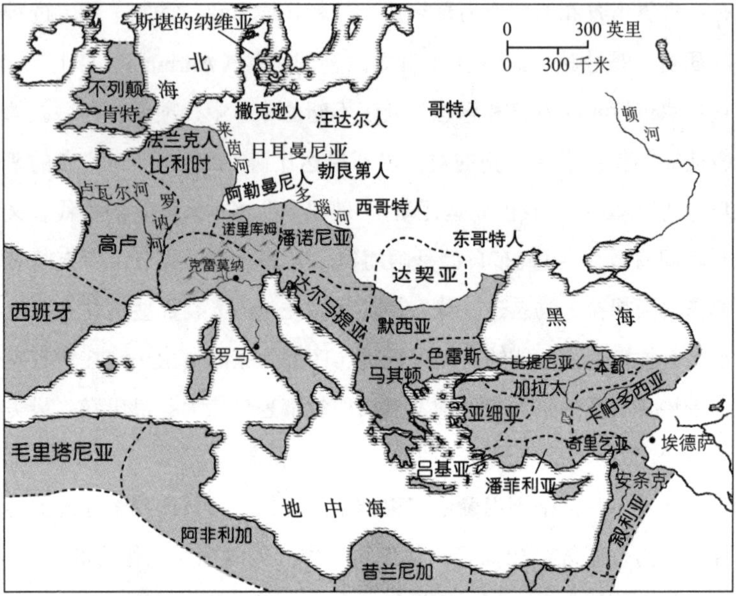

地图 6–1 哥特人的入侵

利亚驻军打败了沙普尔一世的军队，波斯人被迫撤退。* 虽然罗马取得了胜利，但他们抵御波斯进攻的能力受到了严重影响。与此同时，在罗马北方出现了一个新的敌人。

2 世纪前后，很早以前就居住在北部斯堪的纳维亚半岛的居民坐船穿过海峡，在欧洲海岸登陆。6 世纪时的作家约旦尼斯（Jordanes）的记述是我们现今能读到的对当时情景最好的描述。“在北极地区，”他在史书中写道，“有一个大岛斯堪查（Scandza），我的故事（感谢上帝）就从这里开始。有一个民族，其来源大家都不

---

* 罗马历史学家和沙普尔一世留下的记述彼此相左，因此对当时结果的任何再现都是不确定的。

得而知，他们就像一群蜜蜂一样从这个岛上涌出，然后来到了欧洲大陆。”[4]

罗马人将这些新来者称作哥特人。约旦尼斯说他们“人数众多，种族多样”，而且列举了统称为哥特人的一众部落。这些部落的人勇猛强悍，“他们所受的苦远超过其他民族，因为在极昼时，他们日复一日看着太阳沿着地平线转圈，但在极夜时又完全看不到太阳”。[5]由于哥特人能够习惯24小时的极昼和极夜，所以他们对极端行为也很习惯。

在欧洲，他们越过日耳曼部落一路打到多瑙河，有些人还继续往东来到斯基泰人的故土。在此之后，约旦尼斯把他们分成西哥特人和东哥特人两支。西哥特人现在正准备从多瑙河进军，威胁罗马的领土，东哥特人则涌入了色雷斯和马其顿的原有领地。

249年，来自北方的入侵威胁日益严峻，罗马大军不得不严阵以待。时任罗马皇帝是后人极少记起的菲利普*（Philip），他试图用金钱收买哥特人，但是每期支付总是延迟，西哥特人以此为由渡过多瑙河，劫掠了沿岸的村落。多瑙河驻军对皇帝的懦弱大为不满，宣布立他们的将军迪基乌斯（Decius）为皇帝。据约旦尼斯说，还有一些士兵则直接抛弃了他，加入了哥特人的队伍。

迪基乌斯执政两年整。他前往罗马接受权力后，旋即回到战场上抗击入侵者。251年，他在多瑙河南边的战场上战死。他是第一位因打击外族入侵者而战死沙场的罗马皇帝，其他皇帝都是被自己的族人所杀的。

---

* 从埃拉加巴卢斯在222年去世到此时，罗马一共有过八位皇帝，其中四位在位都不过几年甚至几个月时间：塞维鲁·亚历山大（222—235年）、马克西米努斯·色雷克斯（235—238年）、戈尔狄安一世（238年）、戈尔狄安二世（238年）、普皮恩努斯·马克西姆（238年）、巴尔比努斯（238年）、戈尔狄安三世（238—244年），以及菲利普（244—249年）。

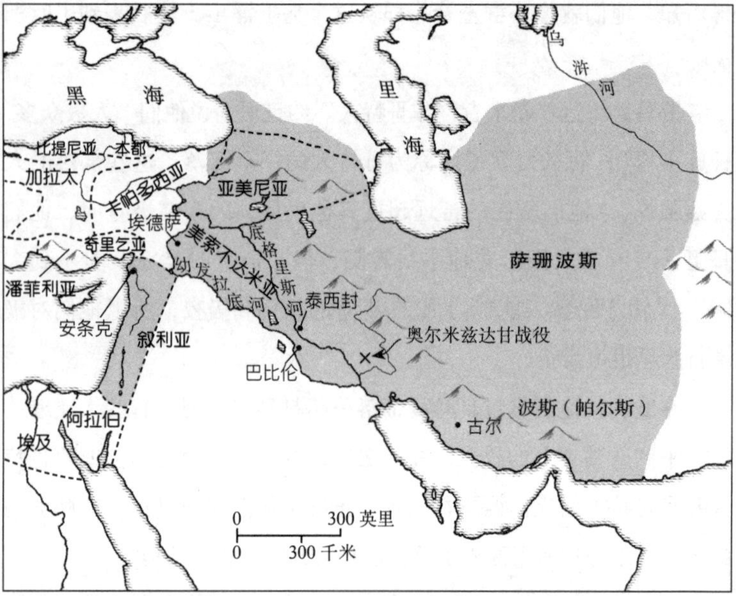

地图 6–2 新波斯帝国

252 年，沙普尔一世又一次从叙利亚边境向罗马人发起进攻。此时，罗马军团形势危急，既要抵御东部边境上波斯人的进攻，又要抗击北部边境上哥特人的入侵。东部边界首先被攻破。沙普尔一世击破叙利亚驻军的防线，将叙利亚占为己有。253 年，他攻克并洗劫了东部重要城市安条克。

同年，罗马终于迎来了一位执政超过两个月的皇帝。瓦勒良（Valerian）做过执政官和大将军，已经快 60 岁了，不过在头几年统治期间，他看上去能挽救罗马帝国衰落的命运。他任命自己的儿子伽里恩努斯（Gallienus）统领西部军团。伽里恩努斯很快就在莱茵河附近击退了入侵者，瓦勒良本人也开始在东边赢得一系列战役。

他究竟赢得了多少场战役不得而知，但是他在257年的罗马钱币上被称为“世界光复者”，这（其中必有一定程度的夸张）说明他赢得了相当了不起的胜利。但是，260年暴发的一场瘟疫席卷了他的大军，大大影响了军队的战斗力。当波斯人在埃德萨向他发起进攻时，他只能撤退，并最终请求谈判议和。

沙普尔一世同意了这个提议，条件是皇帝只能带着一小队士兵与其会面。瓦勒良带着几名侍卫来到谈判地点。沙普尔一世杀死了他的随从并囚禁了他。

后世的基督教历史学家对瓦勒良的生平记载最全。这可能是因为瓦勒良迫害过基督徒，这些历史学家都很厌恶他，称他的被俘是上帝对他的判决。“上帝以一种全新的、特殊的方式惩罚他，”拉克坦提乌斯（Lactantius）说，“波斯王（沙普尔）将他变成阶下囚，波斯王乘车或上马时都让这个罗马人伏在地上给他当上马凳；每次波斯王把脚踏在瓦勒良肩上时，都会带着一丝恶毒的笑容说：‘这是真的，而不是罗马人在墙上描绘的图景。’瓦勒良在他的征服者手下虽然受此凌辱，却活了很久，后来，在很长一段时间里，这个罗马名字都是那些野蛮人的笑柄。”[6]

一个还在帝位的罗马皇帝被波斯野蛮人抓去当了俘虏，并且还给他们当上马凳，这件事对于罗马人来说是难以想象的奇耻大辱。但对沙普尔本人来说，这是一件令其无比得意的大事，他让人将这一情景刻在了自己陵墓的壁画上。壁画中，他身形巨大，得意扬扬地骑着马，扯着瓦勒良的胳膊，前罗马皇帝菲利普在马前谦恭地跪着。

罗马突然之间就变得不再那么可怕，不再不可一世了。罗马各行省纷纷发生叛乱。罗马大军变得越来越弱，因为他们既要应对内部叛乱，又要打击北部入侵之敌：日耳曼人、阿勒曼尼人正在入侵意大利，法兰克人（也源自日耳曼人）正在伊比利亚半岛上攻打罗马的省份，高卢人则宣布脱离罗马，建立了自己的国家。

瓦勒良现在还被囚禁着，但仍然是皇帝，他的儿子伽里恩努斯算是代理皇帝。伽里恩努斯是一个很有能力的将领，但是他所面临的乱局却是任何人都难以掌控的。只要他能证明自己作为指挥官的才能，他就仍能掌握权力，但他很清楚，自己的时日不多了。他让政敌与他一同吃饭，这样可以避免被毒死。在他身边永远有一小群他最信赖的士兵保护着他。但在 268 年，这群他最信赖的士兵中的一人却将他杀死了。

之后，在我们不得而知的某个时间，他的父亲瓦勒良也死于波斯。沙普尔将他的尸体当作战利品。“他被剥了皮，”拉克坦提乌斯说，“剥皮之后他的身体被用朱砂染色，放置在野蛮人的神殿中，作为对胜利的纪念物传之后世，而且这一奇观很可能总被展示给我国的使节，作为对罗马人的训诫。见到他们的皇帝变成了俘虏，并作为战利品被放置在波斯的神庙中，他们就不应对自己的实力太过自信。”[7]

268 年伽里恩努斯被谋杀后，罗马帝国（此刻只是勉强还能称为帝国）尚能苟延残喘。271 年，野蛮人已经深入意大利半岛腹地。此时的皇帝奥勒良（Aurelian）也出身军旅。按照 4 世纪历史学家尤特罗庇乌斯（Eutropius）所说，他是“一位在战场上颇有能力的人……性格残酷”。[8] 他指挥军队打了几场精心策划的战役，几乎恢复了以前的边界。分裂的趋势暂时被扭转，赫赫战功也为奥勒良赢得了尊敬，虽然人们不一定爱戴他。“他非常残暴嗜血，”尤特罗庇乌斯说，“从某些方面来讲，当时那个时代所需要的正是这样一位皇帝，而不是一位和蔼可亲的人……然而，在很大程度上，他是一个改革者，有着军人的纪律性，同时也行为放荡。”[9]

但是单纯重整军队并不能解决罗马的问题。奥勒良正是看到了这一现实，才下令在罗马城外修建围墙。300 多年来，罗马都没有围墙，罗马市民骄傲地说，是强大的罗马军队在保护着他们。[10] 现在他们已经无法再依赖这种保护了。此时，皇帝的权力完全依赖于军队的效忠，但是军队的效忠却过于多变，完全靠不住。5 年后，禁卫军就在罗马的一条公共道路上杀死了奥勒良。[11]

元老院将权力交到皇帝手中，皇帝依靠军队的力量，但是罗马大军战线过多，军力过度分散，导致其实力既不稳定也不可靠。奥勒良死后 9 年内共有 6 位皇帝登基，结果每个人都被谋杀了。

其中唯一可能的例外是第四位皇帝卡鲁斯（Carus），他的手下声称他在底格里斯河岸驻扎时被闪电击中。[12] 但这种说法不太可信。此外，卡鲁斯“被闪电击中”时，他的侍卫官戴克里先也在他的营帐中。之后，卡鲁斯的儿子努梅里安（Numerian）即位，但是在军队行进时神秘死亡。他当时患有眼疾，需要坐在轿中以免被阳光直射，结果他在轿中死后，竟然无人知晓。“他的死……直至死尸散发出气味才被人所知，”尤特罗庇乌斯说，“随行照顾他的士兵都闻到了这股气味，于是打开轿帘，发现他已经死了好几天了。”[13]

他的死亡弥散着阴谋的气息（有人可能会想“照顾他”是什么意思，如果真是照顾他，那么努梅里安死了几天怎么会无人知晓）。不久，疑犯就被指认出来。当时，军队聚到一起准备选出新的领袖，戴克里先激动地大声说他知道是谁杀死了努梅里安：那人就是努梅里安的岳父、禁卫军的长官。戴克里先控制不住激愤之情，“当着军队的面”，拔剑杀死了努梅里安的岳父，这样也就避免了调查这项指责是否属实。[14]

卡鲁斯的朋友们宣布他的另一个儿子登基称帝。戴克里先的野心现在已是世人皆知。他率领支持者对抗新帝的军队，并将他的对手杀死在战场上。

这下，戴克里先成为罗马帝国的领袖。拉克坦提乌斯将其描述为“善于制造邪恶和痛苦的人”。[15]同他的几位前任一样，他也迫害过基督徒，所以在基督教神父的笔下他也是个十恶不赦的坏人。拉克坦提乌斯谴责他腐败、残酷、过度征税、强奸，还将其他能想到的任何罪名都加在他的头上，说他差一点就毁了罗马。“这个人，部分是出于贪婪，部分也是因为同时期执政官的懦弱，将罗马帝国搞得天翻地覆，”他抱怨道，“因为他让另外三个人与他共享帝国，因此，帝国被一分为四，军队人数激增，四个统治者中的每一位都希望保持强大的军事实力，甚至比之前任何一个皇帝所拥有的军力都要强大。”[16]

事实上，正是这种拆分挽救了罗马帝国。毫无疑问，戴克里先是个野心勃勃的人，但是他比拉克坦提乌斯描述的要更加老谋深算。他并非仅仅为了攫取权力。他是在为帝国出现的问题寻找解决方案，而且他发现解决这一问题的方法就是将他的大部分权力分散出去。

他登基第二年便找了一个副手，这个人是他非常熟悉的军队指挥官马克西米安（Maximian）。他赐予马克西米安“奥古斯都”的头衔，任命其为共治皇帝。这是卡拉卡拉和盖塔共享这个头衔后，帝位第一次由两人共享。

戴克里先认为，帝国的最大问题就是疆域过于辽阔。如果不施行独裁专制，任何人都不可能掌控这么大的国土；然而一旦实施独裁专制，就会引来杀身之祸。另外，即便是最为独裁的皇帝也不可能赢得所有军队的支持，毕竟罗马大军遍布在从高卢至幼发拉底河的广阔区域。军团肯定支持跟他们最亲近的人，因此戴克里先让帝国的两个半边各由一个在当地最有威望的人统治。

军队的力量一直是戴克里先的心头大患。293 年，戴克里先进一步调整军队，使其无法参与权力的更迭。他任命了两个“副皇帝”，这两人得到了“恺撒”的头衔（皇帝赐予继任者的惯常名号）。这两名“恺撒”分别是君士坦提乌斯（Constantius）和盖勒留（Galerius），二人与两位皇帝的私交甚笃：盖勒留娶了戴克里先的女儿，君士坦提乌斯则娶了马克西米安的女儿。（“两人都被迫与之前的妻子离婚。”尤特罗庇乌斯评论道。[17] 稳定都是有代价的。）

305 年，戴克里先做了一件此前任何皇帝都没有做过的事情：他退位了，把权力移交给他的恺撒，并要求马克西米安也退位。他已经年迈，身体衰弱，认为与其一直紧握权力不放，不如让权力在自己的监督下平稳过渡给下一代。马克西米安很不情愿地照做了，在同一天，两人各自在帝国东部和西部举行了退位仪式，参加了胜利巡游，然后在仪式的最后正式脱下皇袍，穿上市民的衣服。[18]

戴克里先这样做是在试图重新定义“罗马共和国”这个棘手的概念：罗马市民无须臣服于一个皇帝，而只须接受皇帝权威的概念就可以了。帝国像剧院里的演员一样，又换了一身衣服。戴克里先试图证明皇帝在一个时间段内代表罗马，但是代表这一任务本身比承担代表任务的人的品质更为重要。

简单来说，这个方法奏效了。君士坦提乌斯成了高卢、意大利和非洲的皇帝，盖勒留则成为罗马帝国东部的皇帝，二人另外新选定了两名恺撒，作为他们的副手。但是君士坦提乌斯在 306 年，即

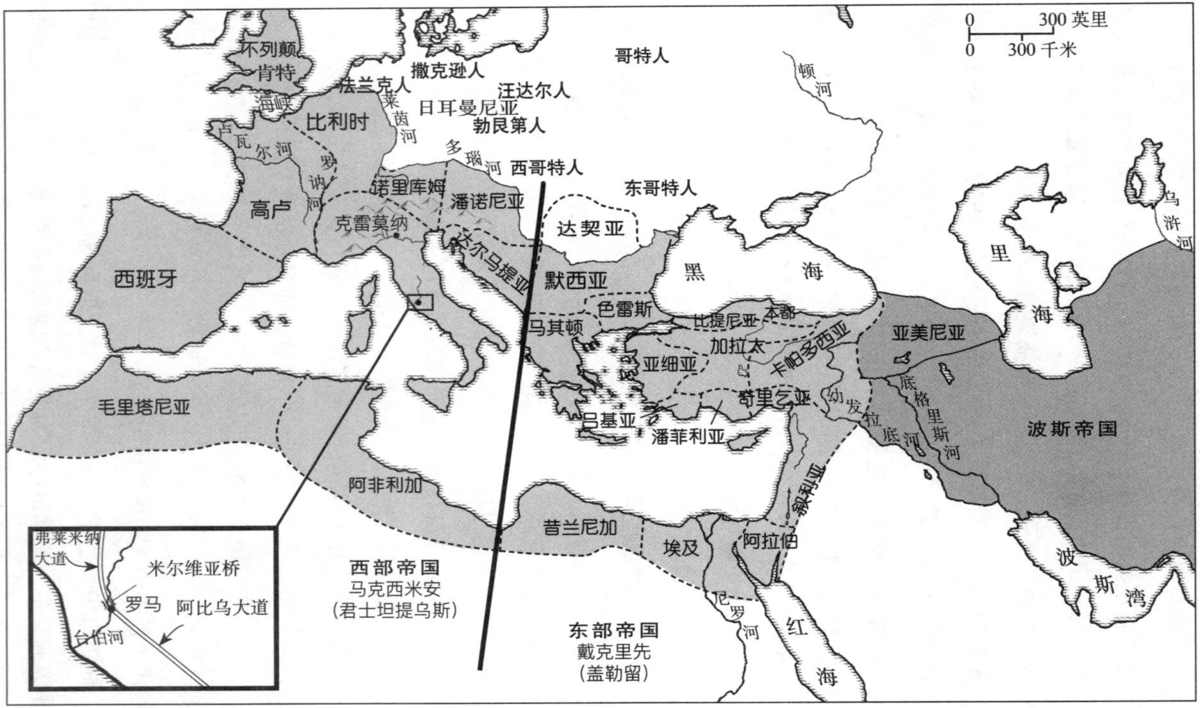

地图 6–3 罗马帝国的分裂

登基的第一年便去世了。此后，军队开始重新参与到继位问题中来。军队并没有领悟戴克里先对皇帝权力进行重新定义的深意，君士坦提乌斯去世前很受西部士兵的爱戴。他去世后，士兵们坚决要求他与前妻生的儿子，也就是年轻的君士坦丁继承帝位。不管国王的儿子有什么样的性格，都应该让其即位——这种不理智的想法自从苏美尔的伊塔那时代起就一直存在于人类的思维中。哪怕是在 3000 年后，它依然根深蒂固。

这正是戴克里先想要避免的事情，但是现在，旧习俗与新制度发生了冲突。东罗马皇帝盖勒留坚称，君士坦提乌斯的副手塞维鲁二世应该按计划成为西部的皇帝。对权力的渴望（自吉尔伽美什的年代就已出现）也再度浮现。马克西米安本就不愿退休，这次他再度出山。在塞维鲁的劲敌君士坦丁的帮助下，他率军向塞维鲁发起进攻，并将其击败。

此时帝国的乱局比以往都要复杂。唯一拥有合法统治权的人就是盖勒留。塞维鲁死了，马克西米安本该退休，但君士坦丁支持马克西米安出山，并娶了马克西米安的女儿，也就是说他的继祖父现在成了他的岳父。马克西米安的儿子马克森提乌斯（Maxentius）则看出来，只要他父亲能当权，而且君士坦丁不从中作梗，他就会成为下一任皇帝。

一系列战事就此爆发，权力从一个人手中转移到另一个人手中，从东边转移到西边，帝国的居民只好作壁上观，等待最终结局。312 年，一系列对抗终于演化成一场大战：君士坦丁计划率领驻扎在罗马以北的军队向马克森提乌斯发起进攻。马克西米安两年前就因未能成功夺权而羞愤自杀。马克森提乌斯此刻正指挥自己的军队控制着罗马。

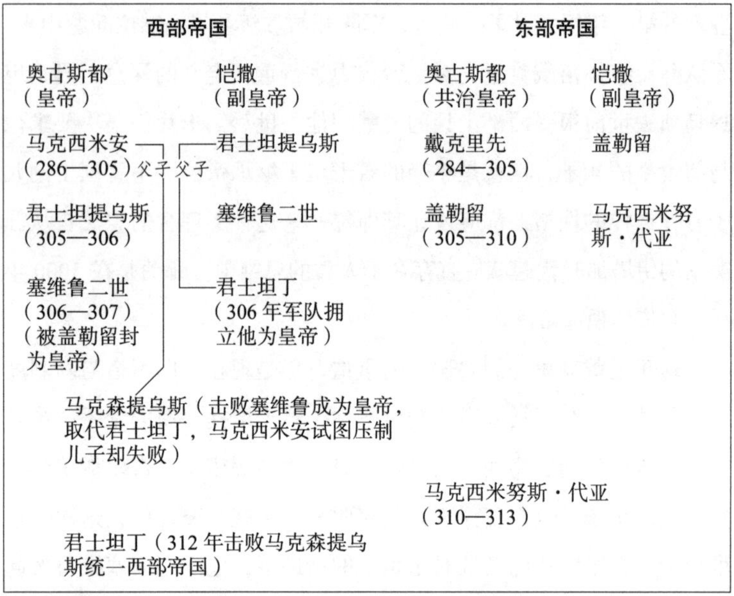

图6-1 罗马帝国的权力更迭

10月，君士坦丁率军向罗马城进发。基督教历史学家优西比乌对此的记载很像是来自君士坦丁本人的记述，其中用我们熟悉的套路把此次行动描述得像是正义之举："罗马帝国的都城正在遭受暴君的压迫……他（君士坦丁）说，只要看到城市还在受难，他的生活就无欢愉可言，而他就会准备好去推翻暴政。"[19]

但是，只要说自己是解放者就能将帝国统一起来的日子已经一去不返。居住在首都的罗马人见过了太多这样的解放者，这些解放者无非是换一种方式奴役他们。所以君士坦丁还需要让自己顺利进军更有说服力的"幌子"。

优西比乌好像不是很喜欢后面发生的事情。就在君士坦丁考虑是否需要一位罗马神灵来为他的夺权助力时（这种做法极大地帮助了沙普尔一世），他眼前出现了这样一番景象：

> 一个无比神奇的兆头从天而降，出现在他眼前，对其他人描述这番景象可能很难让其相信。但是问题是，很久之后，这位获胜的皇帝亲自向这段历史的书写者叙述了此事，此时他已经受到他的朋友和民众的尊敬与爱戴，并通过宣誓确认了自己称帝的声明，那么谁还会对此持怀疑态度呢？他说，在午时左右，太阳刚刚开始偏西，他亲眼见到太阳上出现了一个明亮的十字架，十字架上刻着“你必以此大获全胜”。见到此番景象，他惊呆了……就在他继续揣摩这句话的含义时，夜幕突然降临，然后在睡梦中神所立的基督出现了，其身上所带的符号同他在天上所见的一模一样，基督命令他把看到的符号当成护身符，与敌人作战时随身佩戴。[20]

优西比乌在描述这一段的时候十分小心谨慎，因为基督教神学一般不鼓励这样的神秘想法，这反映出正统的基督徒对这个故事的后半部分持怀疑态度。但是君士坦丁按照要求做了，他将基督名字的头两个希腊字母“X”和“P”刻在了他的头盔上，绘制在他的军旗上。

面对君士坦丁的进军，马克森提乌斯率军出城迎战，沿着弗莱米纳大道前进，渡过台伯河，在米尔维亚桥前扎营。君士坦丁要想攻进罗马城，就得突破他们的防线，通过大桥。

马克森提乌斯一方在人数上占优，但优西比乌的记载中提到，当时城中正在闹饥荒，所以马克森提乌斯的人马可能战斗力不足。

图 6–2 君士坦丁

罗马皇帝君士坦丁大帝的大理石半身像。藏于罗马康塞巴托里宫殿美术馆。图片来源：Archive Timothy McCarthy/Art Resource, NY

君士坦丁的进攻逼得他们转身向台伯河溃逃。米尔维亚桥太窄，无法承受如此多溃逃的士兵，于是溃逃的士兵便试图在旁边搭起一座浮桥。可是由于超载，撑起浮桥的船只沉入河中，数百人淹死，其中就有马克森提乌斯本人。他是被他自己沉重的盔甲拽进河里的。君士坦丁成为罗马城的主人，而且不久之后，他将成为整个帝国的主人。

优西比乌在讲到马克森提乌斯被淹的时候，忍不住引用了以色列人在跨过红海并将埃及人甩在身后任由其淹死时说的话："我要向耶和华歌唱，因他大大战胜，将马和骑马的投在海中。"[21] 唱诵这些诗句的那个民族，他们的信仰与国家的政治存在是合二为一的，但是基督徒从来不曾这样。然而，君士坦丁在基督教中看到了自己国家未来的希望。在坚持了三个世纪后，基督教的身份——这个身份对于信徒来说是绝对的核心，但它从未掩盖一个人之前的世俗身份——终于证明自己比其他身份更为强大。

罗马帝国一直在将自己的边界向外扩展，吞并昔日的同盟者，先是要求子民效忠皇帝，而后要求他们效忠皇帝权威的理想化信念。后来，这个帝国变得越来越腐朽，越来越充满争议。与此同时，历经血腥的战争，基督教存续下来，传播到了罗马人已知世界的大部分地区。基督教实现了罗马帝国未能实现的事业：它一开始只是犹太教的一支，后来慢慢从其起源地发展壮大，最终将犹太人、外邦人、色雷斯人、希腊人、叙利亚人和罗马人团结在了一起。

自从君士坦丁在米尔维亚桥上将自己同基督教的上帝看作一个联盟之后，他就将罗马变成了一个全新的帝国。在他之前的历代帝王都试图寻找根植于罗马城的“罗马性”（Romanness）并超越之，而他放弃了这种徒劳无益的寻找，而且超越了这种“罗马性”。他选择以另一种信仰来取代它。当他在战旗上画上十字架，并以基督之名奔赴战场的时候，他等于是为自己的未来下注，认为基督教能够将一切凝聚在一起。

古代的罗马帝国就此终结。无论是好还是坏，结果都出现了一种更强大的东西。

时间线 6

罗马	中国	帕提亚
	黄巾起义（184）	
塞普蒂默斯·塞维鲁，皇帝（193）	少帝（189） 献帝（189—220）	
	赤壁之战（208）	
卡拉卡拉，皇帝（211）		
		阿尔达班五世（213—224）
马克里努斯，皇帝（217）		
埃拉加巴卢斯，皇帝（218）		
	三国（220—280）	
		波斯
		阿尔达希尔一世（约226—241）
		沙普尔一世（241—270）
迪基乌斯，皇帝（249）		
瓦勒良，皇帝（253）		
伽里恩努斯，皇帝（260）		
奥勒良，皇帝（270）		
	西晋统一（280）	
卡鲁斯，皇帝（282）		
努梅里安，皇帝（283）		
戴克里先，皇帝（284）		
戴克里先/马克西米安，共治皇帝（286）		
君士坦提乌斯/盖勒留，共治皇帝（305）		
君士坦丁，皇帝（306）		

/ 07

追求天命

265 年至 420 年，晋朝掌握天命，而北方的蛮夷迫切地要争夺它。

西方的君士坦丁在统一帝国时，东方的晋朝却在分崩离析中。

晋怀帝被囚禁奴役。313 年，他 29 岁时在匈奴的宴会上被主人用毒酒毒杀。

西晋统治时期十分短暂，仅存在了 52 年。汉朝把中国各省结合成庞大统一的整体长达几百年，相当于东方的罗马帝国。但到了 220 年前后，汉朝陷入了反叛和动乱。汉朝一分为三，产生了曹魏、蜀汉和东吴三国政权，它们为争权互相讨伐，社会局势动荡不安。

三国中位置最靠北的曹魏，实权由其将领掌握。皇帝年幼无知，易被操控，对身边的将领言听计从。265 年，近 30 岁的将领司马炎决定篡夺曹魏的皇位并称帝。他目睹了权臣将领是如何操控傀儡皇帝的。曹魏军队的多名将领，包括他的祖父和父亲，征服了邻国蜀汉，打破了三国鼎立的格局。曹魏统治了北方地区，但其将领依旧不是君主。

司马炎跟他们不同，不愿只控制着傀儡皇帝。他早已掌握大权，他渴望的是名正言顺的权力，合法的权力——与兵权相称的名号。

根据记述汉朝衰落后三国时期的著名小说《三国演义》，司马炎带剑拜见年幼的魏元帝曹奂，即曹操之孙。他问曹奂："魏之天下，谁之力也？"年幼的元帝突然意识到内廷里都是司马炎的拥护者，回答说："皆晋王父祖之赐耳。"司马炎说："吾观陛下，文不能论道，武不能经邦。何不让有才德者主之？"只有一个大臣反对，他刚说完，便被司马炎的拥护者打死。

《三国演义》是一部千年后创作的小说，有许多夸张的虚构，但它描述了西晋崛起前后的一些真实事件。魏元帝让位于司马炎。司马炎建造了一座受禅坛，魏元帝在复杂庄重的仪式上，手握国玺走到受禅坛顶端，将其交给司马炎，然后走下受禅坛，被废为陈留王。

> 是日，文武百官，再拜于坛下，山呼万岁。[1]

登基大典后，司马炎成为合法统治者，上天认可的皇帝，天命的持有者。魏元帝的权力被剥夺，不过他30多年后才去世。

司马炎死后谥为"武皇帝"，他建立的新王朝国号为晋（后世叫西晋）。到276年，他已经对自己王朝的实力非常有信心了，于是向东吴发起了进攻。

此时统治东吴的是个昏庸暴虐的皇帝。他最喜欢宴请少数大臣，把他们全部灌醉，同时让守在门外的太监记下他们所说的一切。第二天早上，他会把宿醉难受的大臣们召集到朝堂上，挑出他们说过的每个轻率字眼，并惩罚他们。[2]当晋军到达东吴的都城建业时，东吴百姓无不欢欣鼓舞。

这则故事取自西晋官方编写的史书，我们从中了解的可能更多是晋武帝而非其对手。晋武帝竭力让自己的皇位显得合法，他知道自己是如何掌权的。他明白，几千年来，朝代因德而兴，因恶而败。天子受命于天，如果他们变得暴虐、腐败，上天就会支持另一个王朝来取代他们。晋武帝不想仅凭武力统治东吴，他还需要更正当的理由。

尽管如此，他还是靠武力进入了建业城。晋军想通过渡河攻入建业，却被铁链挡住了去路。于是，他们把浇灌上麻油的原木高高地堆在竹筏上，点燃原木，让竹筏行到铁链那里，铁链熔化并断开，晋军随即涌入建业城内。[3]东吴昏庸暴虐的皇帝投降了。三国时代结束了。280 年，西晋统一了整个中华大地。[4]

这个朝代仅仅延续了约半个世纪。

晋武帝于 290 年去世，将皇位传给次子司马衷，司马衷常被讨厌他的臣子描述为“甚愚”。晋武帝还糊涂地给另外十几个儿子封了王（他在后宫显然非常放纵）。[5]他一驾崩，内战立即爆发了。司马衷的皇后、岳父、继外祖父、皇叔、皇兄弟都想要掌控这位愚痴的皇帝。

人们后来把 291 年到 306 年间吞噬西晋的这场动乱称为“八王之乱”。事实上，参与这场动乱的皇亲国戚不止八位，但只有八王想设法夺取愚痴皇帝的位置。动乱中，愚痴皇帝于 307 年去世，据说是被东海王司马越毒死的。[6]

司马衷死后，一群人竭力扶持其异母皇弟登基。新皇帝晋怀帝是一位有智慧、有教养、心思缜密的年轻人，对纵欲或暴政没什么特别的兴趣。但他得处理一些棘手的事情。“八王之乱”削弱了西晋的力量，许多想要争夺皇位的人率领着身后的军队，仍然虎视眈眈。北方也很危险，一些尚武的小国家想要征服他们南边的大国。南边的中原人把他们统称为“十六国”，尽管具体的政权数量一直在变。

最后，十六国之一的前赵*击败了风雨飘摇的西晋。前赵的军队不断向南行进，入侵西晋的领土。311 年，他们到达西晋都城洛阳的城墙脚下。

洛阳早已被八王的内战摧毁，难以抵抗重重围困。城墙外，晋军与前赵入侵者打了几场恶战。但城内的人快饿死了，城门最终还是开了。晋怀帝出逃，想前往长安城，在那儿避难。但事与愿违，他在途中就被俘获了，并作为战俘被掳至前赵的新都城平阳。[7]

前赵的统治者刘聪把晋怀帝打扮成下人，命令他在皇室宴会上为大臣们斟酒。晋怀帝在宫内当了两年悲惨的下人。但看到这位曾经的天子被奴役的时候，宴会上的宾客都十分震惊。用威胁和操纵的手段来掌控天命没什么用，天命的光辉仍覆盖着他。刘聪朝中的许多大臣都觉得晋怀帝应该得到释放。刘聪在证明了自己的军事力量比晋怀帝的天命更强大之后，处死了晋怀帝。[8] 3 年后，他率军至长安，击败了西晋剩余的力量。

西晋短暂的统治就此结束。但“晋”这个名字仍被沿用。西晋皇室中的司马睿掌控着驻扎在建康（原建业）的重兵。他是军事实力最强的人，317 年，西晋灭亡一年后，他在士兵的支持下称帝。他死后被谥为“元皇帝”，虽然他本人在位时间很短，但他的后代延续了其政权，以建康为都城统治着中国的东南部地区，史称东晋。

无论是前赵还是十六国中的任何一个国家，都没能打败东晋，这可能是因为长江以南不适合骑马作战（骑兵作战是北方人从他们游牧祖先那里继承来的惯用战术）。对于东晋来说，长江是华夏与

---

* 304—318 年国号为汉，319 年改国号为赵，史称前赵。——编者注

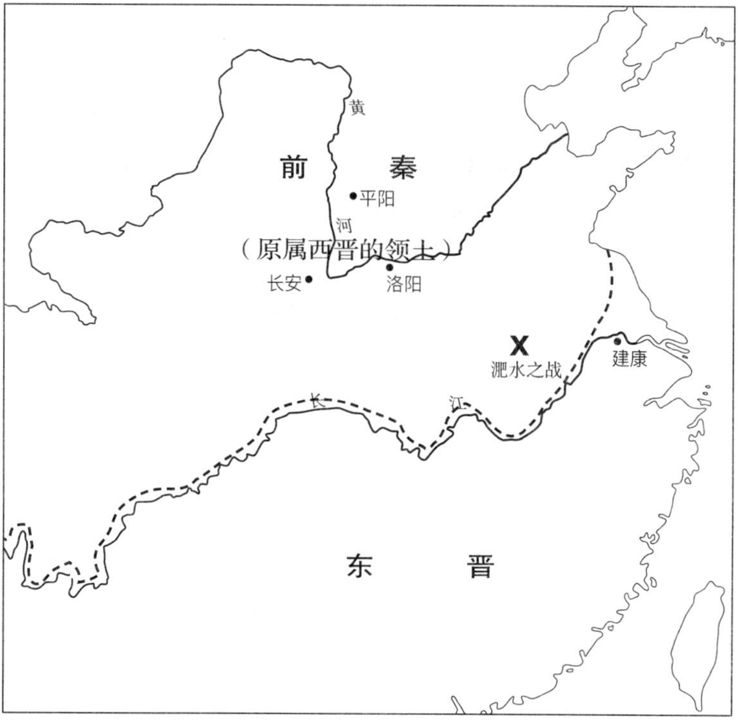

地图 7–1　西晋与东晋

北方蛮夷之间的边界。尽管王朝历史短暂，但东晋的皇帝试图通过传承古代文明来证明天命掌握在他们手中。建康的宫廷参照了汉朝的传统，复兴了因几十年战乱而淡化的祖先祭拜仪式，并兴办传统儒学，教导人们认识并认真履行其责任。东晋皇帝坚持孔子的主张，相信为政以德的统治者会赢得民心（根据孔子的教诲，“君子之德风，小人之德草，草上之风，必偃”），因此他们恪守生活的礼节，遵循传统的仪式。《论语》中写道：“道之以德，齐之以礼，有耻且格。”[9] 为政以德则国家常胜这一思想，让东晋即使在被北方蛮夷打败的情况下也团结在一起。

“蛮夷”是一个指代不固定的术语。东晋越想把自己与北方野蛮的士兵区分开来，那些野蛮的士兵就越想融入东晋文明。

4世纪后半叶，最有野心的北方“蛮夷”是前秦君主苻坚。苻坚想成为真正的中原人。他在前秦建了儒家书院，改革国家政治，按照中原的路线治理国家。他的都城是古都长安。他冷酷无情的丞相王猛也是中原人。[10]

357年，苻坚继承了前秦的皇位，对附近的十六国发动接连不断的进攻。经过20年的战争，他合并了十六国中的大多数政权，几乎成功统一北方，并且他也意图消灭东晋。

379年，北边的前秦军队南下直逼东晋边境地区。晋孝武帝出兵反击，但在接下来的几年里一个接一个地丢掉了边境城市。383年，前秦苻坚准备发动决定性的攻击。他大举出兵南下。据史书记载，前秦派出了60万步兵和27万骑兵，虽然数字有些夸张，但这一军队的规模依旧是前所未有的。[11]

晋孝武帝率少量兵力北上迎敌，为保卫东晋核心地带而奋力抵抗。双方军队于淝水交战，这场史诗般的战役成为中国历史上最著名的战役之一：淝水之战。有人形容当时的情形是“死者相枕”。[12]

令两位君主惊讶的是，兵力弱小的东晋取得了胜利。由于这场兵败，苻坚统一中原的愿望破灭了。他刚改建的中原式政治从未得到确立；他的王朝通过军事力量凝聚在一起，并且每场征战都会影响到现行政权。入侵东晋前，一位谏臣告诫他：“我数战，兵疲将倦，有惮敌之意。”失败后，苻坚因叛乱失去了一块又一块领土。淝水之战兵败两年后，苻坚被自己的手下勒死了。[13]

跟苻坚一样，拓跋珪也是北方的一股力量，其祖先是游牧民族鲜卑族，并且“拓跋”这个姓也说明了他的“蛮夷”血统。他的国家代国10年前被苻坚征服了。他的祖父一直是代王，直到苻坚吞并了代国来壮大其北方王朝。

拓跋珪宣布重兴代国。他将国号从鲜卑的“代”改为中原的“魏”，史称“北魏”。* 随着其中原地区权力的稳固，他开始发动战争来统一北方，后来被称为魏道武帝。

同时，晋军在另一处边境也面临着挑战。400年左右，一个名叫孙恩的海寇，从岸边居住的水手和渔民中征募船员。[14] 两年来，海寇军队沿海岸航行，到处抢劫、焚烧、偷窃。东晋皇帝派将军们镇压叛乱，于402年成功地击败了孙恩的军队，同时，东晋也壮大了自身实力。

东晋政权力量衰弱，北部边境的动乱日益加剧，北方的政权不断变化：中国变动不断。佛教兴盛起来，给在战乱中信佛的人一种彻底解脱的方法。

出家的行为可以追溯到佛陀本人，据说他建立了第一个僧团，僧人在僧团中可以集中精力“潜心修行”。[15] 5世纪初人们主要推崇新兴的净土宗。在402年前后，两位高僧——东晋的慧远和印度的鸠摩罗什——一直在传播阿弥陀佛也就是“无量光佛”的教义，阿弥陀佛住在西方极乐世界——净土——“所有念佛之人都会往生净土”。[16]

与无常的现世相比，西方极乐世界特别令人向往。西方极乐世界离战乱不断的北方国家和衰落的东晋都非常遥远，因此公元5世纪初的僧侣群体也远离朝堂政治。进入佛门就要摒弃尘世，抛弃所

---

* 这是为了与早前的王朝“魏”区别开来。

有财产，斩断佛门外的对于文化、社会或国家的兴趣与欲望。但佛寺也是慰藉的场所。你可能放弃了在社会中上升的机会——但反过来，你收获了安宁。

佛教的僧侣与尘世的权力无关。慧远几乎不迈出寺庙，他的弟子也跟他一起逃离尘世。[17] 他们修行的方式和西方的基督徒完全不同。在西方，基督教开始服从皇帝的要求；但在晋朝，慧远认为佛教僧人不应屈服于皇帝，无须向皇帝叩头行礼。他们选择生活在一个不同的世界中，南北方的战争都无关紧要。

时间线 7

	罗马帝国	中国
		汉朝灭亡（220）三国鼎立
	迪基乌斯（249—251）	曹魏、蜀汉、东吴
		魏元帝（260—265）
		蜀汉灭亡（263）
		曹魏灭亡 / 晋朝建立（265）
		晋武帝（265—290）
	奥勒良（270—275）	东吴灭亡
		西晋统一（280）
	戴克里先（284—305）	
		八王之乱（291—306）
君士坦丁（306—337）	**马克森提乌斯**（306—312）	**晋怀帝**（307—311）
李锡尼（308—324）		
	马克西米努斯·代亚（310—313）	（前赵）**刘聪**（310—318）
	米尔维亚桥战役（312）	
塞里努斯广场战役（313）	《米兰敕令》（313）	
		西晋灭亡（316）
		晋元帝（317—323）
	尼西亚公会议（325）	
		（前秦）**苻坚**（357—385）
		淝水之战（383）
		北魏崛起（386）
		拓跋珪（386—409）

/ 08

上帝统治下的统一帝国

312 年到 330 年间，君士坦丁将他的意志强加给罗马帝国，并确立了基督教教会的教义。

312 年 10 月 29 日早晨，罗马军人君士坦丁在他的士兵面前，走进罗马的城门。

他此时 38 岁，6 年来他一直在为夺取终身元首的皇冠而奋斗。不到 24 个小时前，他终于在米尔维亚桥战役中打败了在位的罗马皇帝马克森提乌斯。君士坦丁的手下边打边前进，突破了米尔维亚桥的防线，冲向罗马城，最终守军崩溃，四散奔逃。马克森提乌斯身上的盔甲过重，坠入河中的淤泥里淹死了。基督教历史学家拉克坦提乌斯记载说，君士坦丁的士兵进入罗马的时候，每个人的盔甲上都带着基督的标记。罗马* 作家佐西穆斯补记道，君士坦丁把马克森

---

* 后期的罗马帝国史通常将其公民分为基督徒和异教徒，当时“异教徒”（pagan）通常的意思就是“非基督徒”。这种做法有两个问题：第一，中世纪初宗教的整体情况比这种简单的分类要复杂得多；第二，“异教徒”这个标签近来又有人开始使用，但是有了一套完全不同的关联含义。我的选择是完全避免使用这个词。比如，佐西穆斯（Zosimus）通常被称为“异教徒历史学家”，他信奉的是原有的罗马宗教，所以我称他为“罗马人”。

提乌斯的尸体挖了出来，将其斩首。君士坦丁的士兵把他被水浸泡过的首级挂在长矛上。[1]

君士坦丁在皇宫里住了下来，开始观察新帝国的形势。他立即开始处理马克森提乌斯的支持者，审慎地下令处死了一批人：只有马克森提乌斯的“最亲近的朋友”成为新政权的牺牲品。[2]他解散了禁卫军，这支军队曾支持马克森提乌斯夺取王位。他还让人把马克森提乌斯的首级装在匣子里，送到了北非，等于是给马克森提乌斯的支持者送信，表明他们应该改变自己效忠的对象了。然后，他转过头来解决他的共治皇帝的问题。

战胜马克森提乌斯后，君士坦丁获得了一顶皇冠，但没有获得整个帝国。大约 30 年前，戴克里先任命了共治皇帝，一起治理广大的罗马帝国——这个制度已经产生了好多个继承人的分支。当前，还有另外两个人掌管帝国的一部分。李锡尼本是一个农民，通过军功获得提升，宣称自己是潘诺尼亚以东、黑海以西的帝国中部的最高统治者；同样农民出身的马克西米努斯·代亚（Maximinus Daia）控制着东部领土[*]，那里不断受到前来侵略的波斯帝国军队的威胁。

戴克里先是个理想主义者，他设计这样的国家体系，是为防止权力落入任何单一的人手中。但他并没有考虑到人们的权力欲。君士坦丁无意分享自己的统治权。不过，他非常精明，不会同时进行两场战争。于是乎，他与李锡尼做了一个交易，与其结为同盟。李锡尼比马克西米努斯距离君士坦丁更近，而且也更弱。作为回报，李锡尼虽已年纪不轻，却会迎娶君士坦丁同父异母的妹妹，年轻的君士坦提娅（Constantia）。

---

*　这些领土包括亚细亚、叙利亚、埃及等行政区。

李锡尼立即接受了这一条件。为了向自己的大舅哥表示善意，他与马克西米努斯·代亚在313年4月30日兵戎相见——距君士坦丁进入罗马刚刚半年。李锡尼只有不到3万人，而马克西米努斯则集结了7万人。但李锡尼的军队像君士坦丁的军队一样，是举着基督教上帝的旗帜进军的，这很有号召力；而马克西米努斯以朱庇特的名义发誓，要在他的领土上清除基督教。于是，基督教旗帜的存在就表明，这场争夺领土的战役变成了一场圣战。

两军在哈德良堡城外的一个叫作塞里努斯广场（Campus Serenus）的地方（名字起得真不好）遭遇，李锡尼以少胜多。马克西米努斯·代亚乔装逃跑，但是李锡尼紧追不舍，一直追到亚细亚行省，最后在塔尔苏斯（Tarsus）围住了他。眼见无路可逃，马克西米努斯·代亚吞下了毒药。不幸的是，他服毒之前不想做饿死鬼，大吃了一顿，延迟了药力的发作。历史学家拉克坦提乌斯写道，他过了4天才死去：

> 由于他肚子吃得太饱，毒药的药力无法立即生效，反而产生了类似瘟疫的严重病痛……他经历了各种痛苦和折磨，以头撞墙，眼球都从眼眶里掉了出来。变成了瞎子之后，他想象自己看到了上帝，上帝的仆人都身穿白衣，坐在那里审判他……然后，他发出了那种被活活烧死的人的呻吟，他吐出了最后一口气，经历了残酷折磨后死去，结束了罪恶的一生。[3]

他所经历的死亡虽然恐怖，但不是最后一次类似的事件。李锡尼接着杀害了马克西米努斯·代亚两个不到9岁的年幼孩子，还淹死了他们的母亲；他还处死了另外三个有可能问鼎东部王座的人，

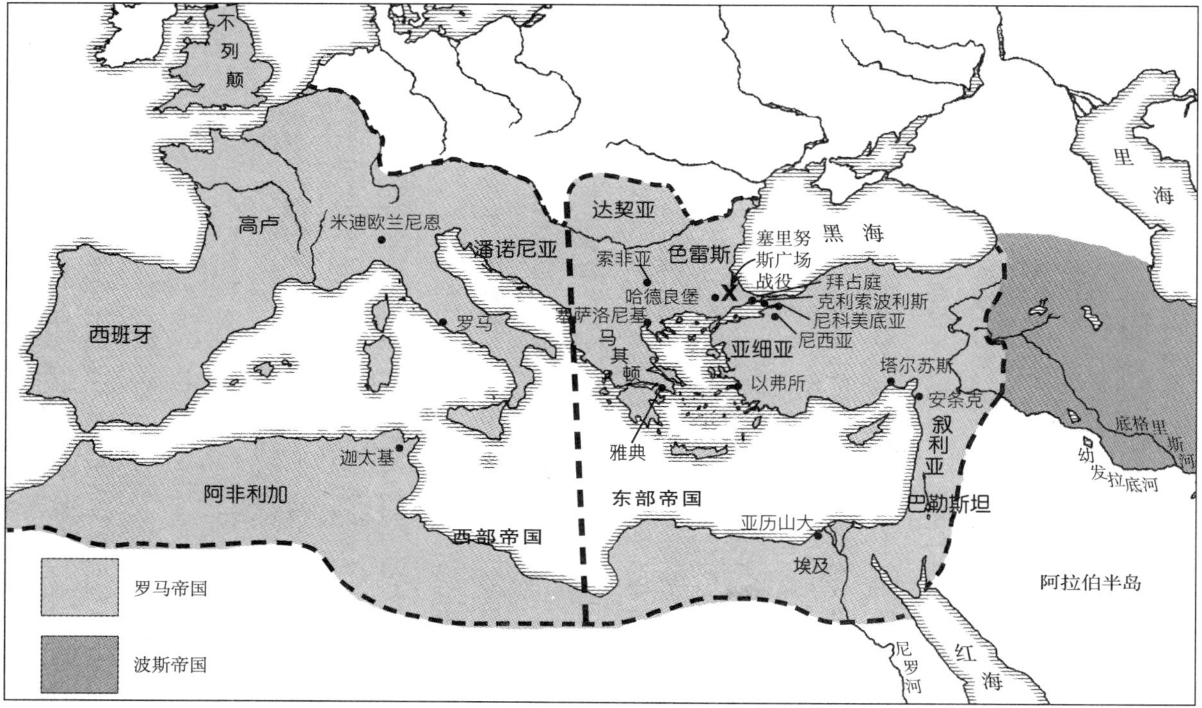

地图 8–1　罗马和波斯帝国

这些人都是已经死去的皇帝的孩子。

君士坦丁发现，他必须无视这些流血事件。两人在米迪欧兰尼恩（Mediolanum，现在的米兰）会面，庆祝李锡尼迎娶君士坦提娅，并且发表一则敕令，晓谕全国，宣布基督教合法——这一点非常有必要，因为此时两人为了获得统治权，都举起了上帝的旗帜。

实际上，除了东部以外，罗马帝国的各地都对基督教采取宽容的态度。但是这一敕令，即《米兰敕令》，将对基督教的保护扩大到了马克西米努斯 · 代亚以前统治的领土上。《米兰敕令》宣布，无人应被剥夺信仰基督教的机会："任何一个希望信奉基督教的人，都可以自由而公开地信奉，而不会受到骚扰……为了我们这个时代的和平，我们也向其他宗教宣布，人们可以公开而自由地信奉，每个人都能自由信奉自己愿意信仰的宗教。"以前没收的基督徒财产理应归还，所有的基督教教堂都应还给基督徒来掌控。《米兰敕令》最后说道："愿这事实现，这样一来，正如我们上面所说，神会眷顾我们，如我们所经历的最重要的情形那样，永远保护我们，使我们的成功更加辉煌，国运永续。"[4]

在拉克坦提乌斯的记述中，君士坦丁是神的仆人，他的敌人是由于上帝的审判而失败的。撰写了君士坦丁传记的基督教教士优西比乌也持同样的观点：君士坦丁是"上帝所爱的"，把关于圣子的知识传递给罗马的子民。[5]

优西比乌是君士坦丁的朋友，而拉克坦提乌斯是一个食不果腹的修辞学教师，后来君士坦丁聘请他担任宫廷教师，改变了他的命运。但是，他们撰写历史，并不仅仅是渴望跟皇帝站在一边。两个人很可能在君士坦丁自己明白之前就清楚，基督教最能让帝国存续下去。

君士坦丁可以解决多个皇帝的问题，他已经除掉了三个对手中的两个，而李锡尼也时日无多。但是帝国此时遇到了更复杂的麻烦。几个世纪以来，罗马帝国都是国中有国：帝国里的行省、区以及城市等都保持了更根深蒂固的身份认同。塔尔苏斯是罗马的，但它还是一个亚洲城市，在这里你更有可能听到人们说希腊语，而不是拉丁语。北非是罗马的，但是迦太基是一个非洲城市，那里的人都是非洲人。高卢是罗马的，但是居住在这里的日耳曼部落说自己的语言，崇拜自己的神。罗马帝国中到处都是这些双重身份——罗马和他者，但是他者的离心力非常大，以至于帝国的边界几乎无法限制住它。

君士坦丁把十字架放在旗帜上，不是为了获得基督徒的忠诚。就像俄罗斯历史学家 A. A. 瓦西里耶夫（A. A. Vasiliev）所指出的，以“当时十分之一的根本不参与政治的人口”为基础建立自己的政治战略，是十分荒谬的。[6]君士坦丁也不是突然信仰基督教的。君士坦丁时期的硬币上一直铸有太阳神的像；直到去世之前，他都是传统罗马宗教的最高祭司；他一直拒绝接受基督教的洗礼，直到 336 年，他意识到自己命不久矣，这才受了洗。[7]

但是，他在基督教中看到了一种迷人的理解世界的新方式；在基督徒身上，他则看到了罗马公民的榜样，他们因一种超越了普通的忠诚的信念而结合在一起。信奉基督教与其他的身份并行不悖。一个人几乎不可能既是彻底的罗马人，又是西哥特人，或者既是罗马人，又是非洲人。但是一个基督徒却可能同时是希腊人或拉丁人，奴隶或自由人，犹太人或外邦人。基督教从成为宗教的那一天起，就没有政治上的祖国，这意味着一个不断吞并其他小国的帝国可以采纳它。君士坦丁通过将罗马帝国转变为基督教帝国，就可以用基督的名义统一分裂的帝国。此前，以恺撒和奥古斯都的名义进行统一的努力都失败了，但以基督的名义却可能成功。

这倒不是说他完全依靠基督之名得到了他所需要的一切。324年，李锡尼为君士坦丁除掉共治皇帝提供了完美的借口。东部的这位统治者指责基督徒在他的朝堂上为西方的共治皇帝刺探情报（他们无疑是在做这件事），把他们赶走了。君士坦丁立即宣布，根据《米兰敕令》，李锡尼是在迫害基督徒，于是率军东征。

两人有两次相遇：第一次在哈德良堡附近，李锡尼曾在此战胜前东部皇帝马克西米努斯·代亚；第二次是在四个月后，9月18日，在克利索波利斯（Chrysopolis）相遇。在第二次的战役中，李锡尼彻底战败，同意投降。[8]君士坦提娅为他求情，君士坦丁饶他不死，将他放逐到塞萨洛尼基（Thessalonica）城。

君士坦丁现在成了罗马世界唯一的统治者。

成为唯一的皇帝后，君士坦丁的第一个动作是保证基督教信仰的统一。如果基督教分裂成多个派别，相互争斗（确实有这个危险），那么对他来说就没有什么助益了。几年来，帝国各个地方的基督教领袖一直在争吵，围绕着“道成肉身”*的确切性质为何，争吵越来越激烈。

基督教教会自建立以来就普遍承认，耶稣同时具有人性与神性。“耶稣是主。”J.N.D. 凯利论述道，这是基督教最早和最基本的信条。根据最早一批基督教神学家的说法，基督“只有一个位格，不可分割”，也是“完全的神和完全的人”。[9]这有点像同时把两满杯不同的液体倒入一个玻璃杯而不会溢出，基督徒从一开始就要面对这个悖

---

* 道成肉身是基督教的核心教义：上帝以耶稣基督的肉身来到尘世。

论。安条克的伊格那丢（Ignatius of Antioch）在公元前 110 年前后死于罗马的一个竞技场，他用一系列平衡的对立原则阐述了正统的解释：

那位大医生，他既有肉身，又有灵；
既是被造的，又不是被造的；
上帝存在于肉身之中；
在死亡中有真正的生命；
既是从马利亚生的，又是从上帝生的……
因为“道成肉身”。
他没有形体，又在身体之中；
他无人能害，却在身体之中忍受苦痛；
他是不朽的，却在终有一死的身体之中；
他就是生命，却要经受朽坏。[10]

但其他人提出了不同的解决方案。早在 2 世纪，伊便尼派（Ebionites）就认为，基督本质上是人，只有在他被选为犹太人的弥赛亚的意义上，才是“神圣的”。幻影派（Docetists）则采纳了古希腊人的“物质不洁”[11] 的观点，坚持认为基督不能存在于会朽坏的身体之中；他是灵，只是看起来像人。诺斯替主义者把幻影派的基督幻影说推进了一步，认为神圣的基督与作为人的耶稣建立了短暂的合作伙伴关系，以拯救人类免受物质世界的腐蚀。* 君士坦丁

---

* 有一大堆令人眼花缭乱的宗教信仰可以被归类为“诺斯替主义”。通常，诺斯替主义的教义要求其追随者追求高水平的知识（gnosis），只有少数被选中的人才能真正获得。大家要是感兴趣，可以阅读卡伦 · 金（Karen King）所著的《什么是诺斯替主义？》（*What Is Gnosticism?* Belknap Press，2005），特别是第一章：“为什么诺斯替主义如此难以定义？”

和李锡尼为皇冠而战的同时，一位名叫阿里乌（Arius）的基督教神父开始传播另一种教义：因为上帝只有一个位格，“唯他没有开始，唯他真实，唯他不朽，唯他智慧，唯他全善，唯他全立”，所以上帝之子必然是被造的。上帝之子与其他的受造物也许不同，但他不具有上帝的本质。[12]

阿里乌在埃及亚历山大的教会中供职，一直广收门徒，这让他的主教*无比烦恼，最终把他逐出了教会。这造成了一个潜在的严重裂痕，这一裂痕很可能让一大群基督徒从基督教信徒的主体中分裂出去。君士坦丁在了解到这一裂痕后，给埃及寄了一封信，强烈建议两个人坐下来解决分歧：“让我重新拥有平静的生活，没有纷扰的夜晚，享受……平静生活的喜悦。”[13]

但主教和阿里乌都不愿意让步，情急之下，君士坦丁召集教会领袖举行大会来解决这个问题。他原先打算在尼科美底亚（Nicomedia）召开这次宗教会议，但是在主教们赶往那里的时候，一场严重的地震袭击了这座城市，建筑物倒塌，数百人当场殒命，炉膛和火盆里的火引燃了干燥的房屋，火势迅速蔓延，用索佐门（Sozomen）的话说，城市“瞬间被大火吞没”。[14]

突如其来的灾难让许多人认为，上帝对即将召开的宗教会议不满，在路上的主教们纷纷停下来，并紧急询问皇帝的决定。他是否会取消这次宗教会议？他们是否应该继续？

君士坦丁得到了巴兹尔（Basil）的保证，说地震不是上帝的审判，而是魔鬼在阻止大家，使教会无法面对面解决问题。于是君士

---

* 基督教从最早期开始，每个教堂就都有一个高级领袖，被称为“监督”（episkopos）或“主教”（bishop），为教众承担最大的责任。到了4世纪，每个有基督教会的城市都有一位主教，代表着那个地理区域内的所有基督徒。

坦丁回答说，主教们应该改道去尼西亚。他们于 325 年春末到达了那里，准备好进行会谈。

通过宗教会议解决神学问题不是基督教的新发展。从使徒时代开始，各个教会就认为自己是整体的一部分，而不是独立的会众群体。但是此前从来没有一个皇帝，即便是宽容的皇帝，会运用自己的权威来召集教会的会议。[15] 325 年，在尼西亚，基督教会和西罗马的政府携手合作。

有人可能会问，君士坦丁既然能毫不费力地调和他的阿波罗信仰和自称信奉的基督教，那他为什么会关心基督神性的确切定义？很可能他对这个问题的兴趣不是神学方面的，而是出于实用考虑：防止教会发生分裂。如果教会发生分裂，就会威胁到君士坦丁的打算。他希望基督教能成为一种将不同的人群组织起来的系统，让他们共同效忠于一个更高的结构。如果其整体结构崩塌，这个系统也就毫无用处了。

这或许可以解释君士坦丁为何决定要反对阿里乌派。在了解了最有影响力的宗教领导人的态度后，他意识到，最强有力的主教都不同意阿里乌神学。阿里乌派基本上是创造了一个多神体系，圣父位于顶端，圣子则是某种造物主（demiurge），等级稍低一点。这为基督教的犹太教根基以及希腊的柏拉图主义哲学所不容，后者在东罗马帝国大部分地区都蓬勃发展。*

在主教和反阿里乌派的皇帝本人的指导下，聚集在尼西亚的神职人员提出了至今仍被基督教会奉行的信条——《尼西亚信经》。信经称：

---

* 柏拉图的哲学中没有“神的等级”的说法，柏拉图式哲学认为所有这些神都属于神界（理念世界），但其中一些神不如另一些符合理念。

我信独一上帝，
全能的父，
创造有形无形万物的主。
我信独一主耶稣基督，
上帝的独生子，
在万世以前为父所生，
出于神而为神，
出于光而为光，
出于真神而为真神，
受生而非被造，
与父一体，
万物都是借着他造的。

这样的信条强调了基督的神性，并向阿里乌派牢牢关上了大门。

而且它还为基督教盖上了帝王的印章。在牢牢抓住基督教，将其作为自己的工具的同时，君士坦丁也改变了基督教。君士坦丁在米尔维亚桥不可思议的神圣经历在当时非常有用；但是，要想用这种不可思议的经历将一群人长期集合起来，为了共同的目标做事，效果其实非常差。当时的罗马帝国由蜘蛛网般密集的联系结合在一起，需要基督教会更有组织，更有规矩，更具理性。

另一方面，基督徒也是人，君士坦丁提出给他们盖上皇权的印记，这诱惑很难抵挡。君士坦丁给了教会种种好处。他承认基督教的教士跟罗马宗教的祭司有同等的身份，免除其税负以及那些可能对他们的宗教义务产生妨碍的国家责任。他还下令，任何人都可以把财产赠予教会；瓦西里耶夫指出，这一举措一举将“基督教众”

变为了“合法法人实体”。[16]

他还开始建设一个新首都，新都从一开始就布满了教堂，而不是罗马宗教的神殿。他这么做等于是将自己的皇权跟基督教的未来绑在了一起。君士坦丁已经决定，将他的帝国的首都搬离罗马及罗马诸神，搬到古城拜占庭，这座位于通往黑海的要冲的城市将被重建为一个基督教城市。[17]

突然间，基督徒不再只是一个身份，而是成了具有法律和政治地位的群体——君士坦丁最初决定举着十字架旗帜进军的时候，基督教远不是这样。教会像君士坦丁的帝国一样会稳定地存在。而且像君士坦丁一样，它必须关注自己的未来。

在尼西亚会议上遭到谴责后，阿里乌逃走了，藏在位于帝国远东地区的巴勒斯坦。阿里乌派并没有消失，它作为一个强大而不满的地下组织存留下来。事实上，君士坦丁的亲妹妹就成了阿里乌派的支持者，她拒绝了她哥哥让她接受《尼西亚信经》作为唯一的基督教正统的命令。[18]

她这样做可能是出于怨恨。325 年，尼西亚会议刚过几个月，君士坦丁就撕毁了要宽大处理她的丈夫李锡尼的承诺，让人绞死了他。而且，君士坦丁不愿留下任何人挑战他的皇位，把她 10 岁的儿子、自己的亲外甥也送上了绞架。

330 年，他正式宣布拜占庭为新首都，也就是他的帝国的新罗马城。他不顾罗马人的抗议，让人从帝国的大城罗马、雅典、亚历山大、安条克、以弗所等地运来了纪念碑，竖立在新城的教堂间和街道上。他命令罗马“身居要位的人”连同家人和财物通通搬到他的新城。[19] 他按自己的意愿改造了罗马，让它处于十字架的阴影下。公共广场喷泉的装饰，是狮子洞中的但以理，这位勇士面对异教徒

时间线 8	
罗马帝国	
戴克里先（284—305）	
马克森提乌斯（306—312）	**君士坦丁**（306—337）
李锡尼（308—324）	
	马克西米努斯·代亚（310—313）
米尔维亚桥战役（312）	
塞里努斯广场战役（313）	《米兰敕令》（313）
尼西亚公会议（325）	

的威胁，为他的神而战。黄金和珠宝装饰的耶稣受难像被置于宫殿屋顶的中心。[20]

到330年，君士坦丁已经成功地建成了统一的帝国、统一的皇室、统一的教会。但是，当新罗马在庆祝时，老罗马正因失去原有的地位而愤慨。君士坦丁在尼西亚创造的统一的教会是由徒有其表的帝国的约束合在一起的。君士坦丁的三个儿子对父亲的帝国虎视眈眈，等待着他的死亡。

/ 09

精神上的帝国

319 年到 415 年间，印度笈多王朝征服了整个地区，复兴了梵文，用梵文来记录自身的伟大。

当晋朝试图在缩小的领土里复兴重建时，当君士坦丁王朝统治位于黑海的新城市时，印度却是一片相互交战的小王国和部落国家的海洋。没有能使它们走向联合的宗教或思想，也没有能将它们统一成一个国家的国王。统治过这块次大陆大部分地区的最后一个王朝——孔雀王朝，已经覆灭了很长时间。印度北部地区被一批又一批的外族占领，其中有希腊人、中亚人和帕提亚人。[1]

统一的局面在南方已经维持了一段时间，一个叫作百乘（Satavahana）的王朝已经统治了讷尔默达河（Narmada）以南的德干（Deccan）沙漠地区。但到了 3 世纪，百乘王朝也瓦解了，取而代之的是一系列相互竞争的地方割据势力。更往南一点，姓氏为卡拉布拉（Kalabhra）的历代国王正逐渐建立起一个更持久的王朝，这个王朝掌权 300 多年，领土覆盖次大陆的整个南端。但这个王朝的铭文记录少之又少，也没有留下其他文字史料。在印度其他地方，小国彼此紧邻，没有任何国家能比邻国占有更多的领土。[2]

319 年，在这些相互争斗的小国中的一个不起眼的小国，国王将王位传给了儿子。这个父亲名为迦多铎卡伽（Ghatotkacha），他最初拥有的领土在何处无法精确考证，或许在靠近恒河口的古摩揭陀（Magadha）王国，又或许在稍远一些的西部。

迦多铎卡伽一生中最重要的成就，是撮合了他的儿子旃陀罗笈多和李查维（Licchavi）家族的公主。李查维家族曾统治过一个小王国并且一直控制着北方地区。[3] 因此当旃陀罗笈多在 319 年继承父位时，相比印度其他绝大多数实力弱小的国王来说，具有一定的优势：他不仅拥有自己的王国，还与其妻子家族的国家结成了联盟。事实证明，这些就足够了。他开始征战，并且在接下来的几年里征服了摩揭陀国以及憍萨罗国（Kosala）和跋蹉国（Vatsa）古代领土的广大区域，建立起一个以恒河为中心的小帝国。为了夸耀自己的功绩，他自封为“摩诃拉贾迪拉贾”（maharajadhiraja），意为“伟大的王中之王”（一个在一定程度上预言了现实的称号）。[4]

335 年，旃陀罗笈多去世，王位由他的儿子沙摩陀罗笈多（Samudragupta）继承。沙摩陀罗笈多统治时期，这个小王国百姓众多，有必要向印度偏远地区扩展领土以迁移人口。他在当政的 45 年间，使疆域在原有的基础上，以不规则圆环状向外扩张，几乎占领了整个恒河流域。他也向南扩张，占领了其他王朝的土地。这些王朝［有东南沿海的帕拉瓦国（Pallava）、德干高原上的百乘王朝残余势力、西部的伐迦陀迦（Vakataka）］并不强大，无法抵御沙摩陀罗笈多的进攻，只能一个接一个被迫向他纳贡。

他在首都华氏城（Pataliputra）进行统治，这座城市坐落于恒河的一个河叉附近，沙摩陀罗笈多将他征服土地的名字刻在了很久以前阿育王（Asoka）时代竖立的古代石柱上。阿育王把这些刻有铭文的柱子分散在他的帝国四处，后来它们被称为阿育王石柱法敕（Pillar Edicts）。沙摩陀罗笈多在阿育王所刻文字之上又刻下了自己的光辉战绩。

沙摩陀罗笈多极力宣扬自己的辉煌历史。他面临着一个巨大的挑战：将一个由许多军阀、国王和部族首领组成的地域合并为一个庞大的帝国，那些人顽固地坚守着自己的权力、血统和身份。君士坦丁也曾面临同样的问题，他是用十字架旗帜将帝国凝聚在一起的，但是沙摩陀罗笈多却采取了双管齐下的战略。首先，他并不坚持要拥有君士坦丁的那种权力和控制力。他称自己是“大地四方的征服者”[5]，但这牛皮吹得太大了。沙摩陀罗笈多比之前的印度国王统治着更多的土地，但他并不是整个印度的主人。大部分“被征服”的土地实际上没有并入他的帝国。在北方和西方，他迫使“被征服”的国王交纳贡金，然后将自己的军队撤回，让那些国王像以前一样统治自己的领土——其实他所谓的胜利只是名义上的。他甚至没有尝试去征服其中最顽固的独立据点：位于印度西部的塞迦（Shaka），由黑海北面的游牧部落斯基泰人后裔统治的地区。

不要看不起沙摩陀罗笈多直接统治的地区；事实上，这是自4世纪前孔雀王朝覆灭以来最大的印度帝国。但在最强大的国王阿育王的统治时期，孔雀王朝几乎控制了整个次大陆。对比两者，沙摩陀罗笈多的帝国只拥有次大陆五分之一的土地，跟孔雀王朝的荣耀相比大为逊色。

不过如果沙摩陀罗笈多把附属国也算在内，就是那些同意每年缴纳贡品的国家，那么他国土的面积就能增加两倍。所以他觉得最好直接忽略帝国与附属国之间的区别。在他看来，他征服了南部和西部的所有邻国。假如印度当时面临即将到来的外敌入侵，这种“征服”就没有意义了。但沙摩陀罗笈多凭借山区的防御优势维持了这种状态，还能把手从“被征服”的土地上收回来。他可以既享受帝王的虚荣，又不用伤脑筋管理广阔的领土。

因此，在笈多王朝的统治下，印度进入了所谓的黄金时代，有时也称为印度文明的古典时代。这个名称指明了沙摩陀罗笈多战略的第二部分，从他使用旧的阿育王石柱这一点上，我们可以看出：他故意利用人们的怀旧心理，试图借助历史创造出一个价值核心，对帝国的边缘地区施加引力。

多年来，历代笈多国王为了巩固权力，都从历史中获取力量。在沙摩陀罗笈多统治的几十年中，古梵语被越来越广泛地用于学术、宫廷、政府甚至经济领域。梵文很久以前就传入了印度，从渗入印度的中亚好战的部落（他们的另一支进入波斯，成了波斯人）开始，慢慢沿山脉传播。梵文像所有语言一样演化、转变，与其他语言融合：由梵文产生了简化的日常使用语言，比如摩揭陀语和巴利语，两者都被称为帕拉克里语（prakrit）或“俗语”。[6]但是，在发生了这么多演化后，梵语古老的原始形式又经历了前所未有的复苏。在公元前300年前，梵语是政府公文使用的语言；在沙摩陀罗笈多占领印度之时，梵文也是宫廷语言和哲学家及学者的首选语言。[7]被视为印度经典的《往世书》(*Puranas*)，还有法律条文、《罗摩衍那》(*Ramayana*）和《摩诃婆罗多》(*Mahabharata*）的史诗故事，全都是用梵文撰写的。

梵文的守护者是印度笈多社会受过教育的上层阶级婆罗门。佛教此时在印度盛行。佛教徒那时建造纪念碑、开凿石窟，在印度的自然景观中留下自己的印记。但梵文的主导地位表明，婆罗门至少在印度北部稳居于社会顶端。

这就很难解释为什么笈多时代，这个由旃陀罗笈多开创并在沙摩陀罗笈多时期达到鼎盛的时代，经常被看作印度文化的“黄金时代”和“古典时期”。罗米拉·塔帕尔（Romila Thapar）指出，这两个术语都靠不住，因为这两个术语暗含着对整个历史框架的认知。“黄金时代”表示“生活的每种表现形式几乎都登峰造极”的状态，而“古典时期”则意味着一种文化达到了巅峰并开始衰落。要想判断这两种情形，历史学家首先要明确定义“登峰造极”和“巅峰”：印度史家把这两者定义为印度教和梵语的兴盛。以这两者为标准考量，笈多时代确实是黄金时代。[8]

笈多王朝其实算不上“印度教王朝”，因为“印度教”指的是后来更复杂的系统。他们建造印度教寺庙，用梵文题写铭文，但是他们也建造佛塔，供养佛教寺院。印度教和佛教这两个理解世界的宗教体系，在那时尚未互相为敌。而且沙摩陀罗笈多满足于名义上对边远地区的统治，没有迫切的政治需要来促使他推行严格的正统宗教。

但笈多宫廷的官方语言是梵文，而且沙摩陀罗笈多在征服行动中也利用印度教，成功地让印度教仪式成为其皇权的工具。他觉得把自己的统治和辉煌历史结合起来是很有用的：过去代表着学问、荣耀和胜利。沙摩陀罗笈多的统治特点就是怀旧与保守。

正如历史上许多怀旧和保守主义运动那样，沙摩陀罗笈多的统治建立在对过去的彻底误解之上。为记录其胜利所刻的铭文就是一个例子。阿育王的征战将孔雀王朝的疆域推到最广，但是他发起的战争却使成千上万的人死去（特别是在南方），一旦国家安定，他就陷入了深深的懊悔和遗憾。远离战争和胜利时，他把余生都用来追求美德和正义。作为忏悔的一部分，他在领土内的石柱上刻下了自己的罪行。“大肆屠杀、迫害和驱逐百姓是惨无人道的，”他哀叹道，“……我精神上背负着沉重的包袱。”[9]

沙摩陀罗笈多也想成为伟大的国王。他希望自己能像阿育王一样，于是把自己的种种功绩铭刻在标志着孔雀王朝帝王功绩的石柱上。但是他在使用石柱的时候，似乎还没理解石柱上原有的、当时仍依稀可辨的法敕。他无意中把自己的成就和荣耀刻在了阿育王的遗憾和忏悔旁边。[10]

沙摩陀罗笈多的死亡时间约在375年至380年间，随后发生了一场短暂的王位争夺战。当时铸造的硬币表明，王位先是传给了他的一个年纪较长的儿子拉玛笈多（Ramagupta）。两个世纪后，戏剧《德维旃陀罗笈多》（*Devi-Chandra-gupta*，只有几段保存下来了）表明，拉玛笈多想要杀死他那跟王国开创者同名的弟弟旃陀罗笈多。年轻的旃陀罗笈多大胆地进攻了西部的敌国塞迦，男扮女装混进了塞迦宫廷，暗杀了塞迦王。这一成就让他很受欢迎，因此拉玛笈多决定除掉他。发现这一秘密后，旃陀罗笈多怒火中烧，他冲入宫殿杀死了他的哥哥。[11]

约380年，他加冕为国王旃陀罗笈多二世。上任8年后，他把塞迦纳为笈多王朝的附属国。跟其曾祖父一样，他也撮合了一桩婚事：他的女儿波罗婆瓦蒂（Prabhavati）嫁给了德干沙漠西部伐迦陀迦的国王。这种间接策略使伐迦陀迦的部分领土归属于笈多帝国。他们结婚后不久，波罗婆瓦蒂的丈夫就去世了，她成了摄政的王太后，并在父亲的指导下统治着伐迦陀迦。旃陀罗笈多二世还统治着印度的另外两个区域，他自封为“超日王”（Vikramaditya），意为“非凡的太阳”，来纪念自己的新功绩。[12]

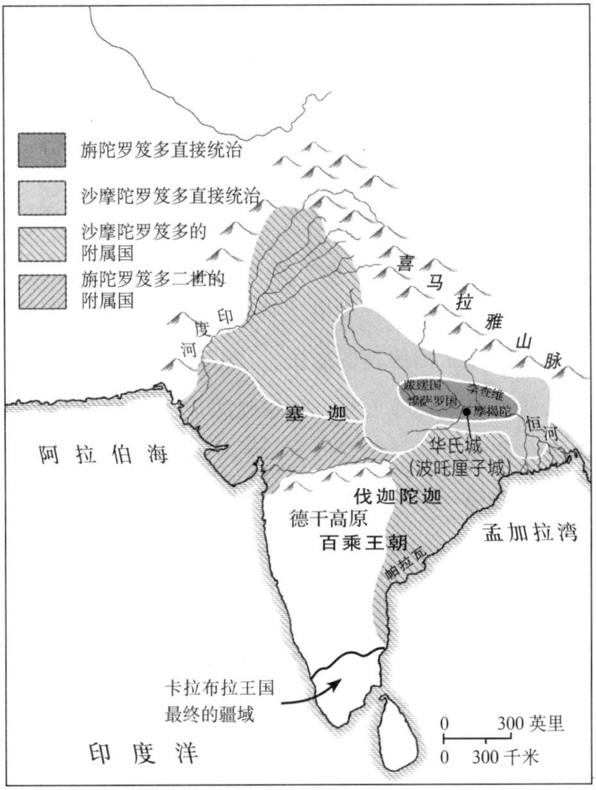

地图 9-1 笈多王朝

旃陀罗笈多二世像他的父亲一样，只求在名义上控制帝国的边远地区，并且拒绝推行严格的正统印度教。中国僧人法显为了取经和朝圣，曾在 400 年至 412 年间来到印度。他为这个自由放任政府带来的和平与繁荣景象惊叹不已：

人民殷乐，无户籍官法，唯耕王地者乃输地利。欲去便去，欲住便住。王治不用刑罔。有罪者但罚其钱，随事轻重，虽复谋为恶逆，不过截右手而已。王之侍卫、左右皆有供禄。举国人民悉不杀生，不饮酒，不食葱蒜。

法显在笈多王朝的都城华氏城时，对当地居民的财富和精神状态印象十分深刻："民人富盛，竞行仁义。"他称旃陀罗笈多二世宫殿所在之城为"阿育王所治城"，并赞扬了旃陀罗笈多二世跟之前的国王一样弘扬佛教的做法。"赖此一人弘宣佛法。外道不能得加陵众僧。"[13]旃陀罗笈多二世跟他父亲一样，把自己和光荣而神秘的历史联系在一起。

旃陀罗笈多二世在位近40年。他在415年去世后，成为传奇人物：英明的超日王，众多英雄故事和神话歌曲的主人公。他留下的帝国，尽管核心领土比不上沙摩陀罗笈多在位时统治的范围广大，但他名义上控制了东南、西部和北部区域，帝国覆盖了次大陆除西南部以外的所有地区。这个帝国的统治未受挑战，并不推行正统宗教，也不需要忠诚的信仰——它是一个精神上的帝国。

时间线 9

中国	印度
汉朝灭亡（220）/ 三国开始：蜀汉、曹魏、东吴	
魏元帝（260—265）	
蜀汉灭亡（263）	
曹魏灭亡 / 晋朝建立（265）	
晋武帝（265—290）	
东吴灭亡（280）	
西晋统一（280）	
八王之乱（291—306）	
晋怀帝（307—311）	
（前赵）**刘聪**（310—318）	
西晋灭亡（316）	
晋元帝（317—323）	
	旃陀罗笈多（319—335）
	沙摩陀罗笈多（335—约 380）
（前秦）**苻坚**（357—385）	
	旃陀罗笈多二世（约 380—415）
淝水之战（383）	
北魏崛起（386）	
拓跋珪（386—409）	
	法显前往印度

/ 10

来自萨珊波斯帝国的威胁

325 年到 361 年间，萨珊波斯帝国的沙普尔二世一直挑衅罗马帝国，君士坦丁策划了第一次对波斯的远征，而他的子嗣却为争夺权力而互相厮杀。

君士坦丁将首都东迁，因此他就需要直面他最危险的敌人：波斯王。

沙普尔二世（Shapur Ⅱ）还未出生就成了国王。他的父亲霍尔米兹（Hurmuz）在他出生前一个月就去世了，波斯的贵族和国教琐罗亚斯德教的祭司共同为王后腹中的孩子举行了加冕。在沙普尔二世 16 岁之前，萨珊波斯帝国一直被摄政的官员控制，比起萨珊波斯帝国的福祉，这些官员更关心自己手中的权力。所以在君士坦丁当权时，波斯帝国一直无法夺取更多的领土。

事实上，那时萨珊波斯帝国正在抵御来自南方的入侵：几个世纪以来，一些没有君主的阿拉伯游牧部落一直定居在阿拉伯半岛上，但由于地下水位下降，他们不得不向北迁移。阿拉伯历史学家泰伯里（al-Tabari）认为，由于土地条件恶劣，这些游牧部落成了“世界上最贫困的民族”，他们发动的攻击也越来越难对付。“他们抢夺当地居民的牛群，”泰伯里哀叹道，“占领他们的耕地，劫掠他们的物资，造成了极大的破坏……但波斯人却难以反击，因为他们将王冠戴在了一个孩子的头上。”[1]

但这一切都在沙普尔成年后改变了。325 年，沙普尔通知军队的指挥官，自己将接管萨珊波斯帝国的防御事务。他挑选了 1000 名骑兵，亲自指挥他们对阿拉伯入侵者发动攻击。“然后沙普尔二世带领他们继续前进，”泰伯里写道，“打击那些把法尔斯（Fars）当作牧场的阿拉伯人……对他们进行大规模的屠杀，对其他人施加了最严酷的刑罚，他们的残兵败将落荒而逃。”然后沙普尔乘胜追击，派出一支舰队穿越波斯湾前往巴林（Bahrain），在阿拉伯东部登陆，掀起了一场腥风血雨般的屠杀。[2]他的军队此次到达了一个叫麦地那（Medina）的小绿洲城市，他在那儿抓住了一些俘虏。

尽管如此，让泰伯里印象最为深刻的并不是沙普尔二世的军事力量。泰伯里告诉我们，沙普尔二世的智慧在他年轻的时候就显现出来了。他看到他的子民在过底格里斯河上的一座桥，人们在拥挤的通道上互相推搡。他觉得这样效率十分低下。

> 于是他下令再建一座桥，那么朝这个方向走的人可以走这座桥，而朝另一个方向走的人可以走另一座桥……这样一来，人们在过桥时就不必担心有危险了。仅仅一天，这个孩子的地位和声望就提升了，而其他人若想有这样的声望，则需要花费很长的时间。[3]

管理一个波斯那么大的帝国不仅需要军事才能，更要有行政能力。沙普尔二世创造出的新交通模式就是一项革新。沙普尔二世聪慧且精明，足以抵御君士坦丁妄图统治全部已知世界的图谋。

君士坦丁迁都到拜占庭，就是他想要挑战萨珊波斯帝国东方霸主地位的无声证词。但他第一次和沙普尔二世接触的方式还是比较友好的。沙普尔二世刚摆脱了他的摄政者，君士坦丁就用诚恳但明确的口吻给他写了一封信，希望沙普尔二世不要迫害波斯的基督徒。“我希望你善待他们，因为你太伟大了，”君士坦丁巧妙地措辞，“请用你平常的人性珍视他们：这种对待信仰的姿态将给你我双方带来不可估量的价值。”[4]

沙普尔二世同意宽容对待对他领土内的基督徒，但随着时间的推移，这种宽容变得越来越难以维持。在君士坦丁写信不久后，非洲国家阿克苏姆（Axum）的国王便改信了基督教——这一举动既是在宣告他对天堂的盼望，又相当于宣告了他与罗马帝国的友谊。

这位国王名为埃扎纳（Ezana），他所统治的王国就在红海西岸。* 在狭长的红海另一边的是阿拉伯，在4世纪30年代，阿拉伯地区到处都是波斯士兵。沙普尔二世在统治初期就把阿拉伯侵略者从他的南部国界驱逐出去了，之后又继续开展入侵阿拉伯中部的狂热军事行动。泰伯里告诉我们，在沙普尔二世的整个统治期间，他一直都“很想把阿拉伯人赶尽杀绝，撕裂他们首领的肩膀”，这就

---

* 在希腊语和拉丁语的文献中，人们也把阿克苏姆王国所在的区域称为阿比西尼亚（Abyssinia）或埃塞俄比亚（Ethiopia）。罗马人也曾用“埃塞俄比亚”来指代埃及南部的王国努比亚（Nubia），有时也直接把阿克苏姆称为“埃塞俄比亚”。同样，人们也把阿拉伯的希米亚里特（Himyarite）王国所在地称为也门，有时就用也门来指代希米亚里特王国。当谈到4世纪和5世纪的王国时，我避免使用埃塞俄比亚或也门这两个名词，因为人们更多地把它们当作一般的地理标签来使用。

是为什么人们都叫他“肩膀人”（Dhu al-Aktaf）。* 埃扎纳转变了信仰，因此他一旦遭到波斯跨海侵犯，能确保获得君士坦丁的支持。[5]

沙普尔二世暂时没有侵略这个非洲王国，而是派兵侵入了亚美尼亚（Armenia）。

亚美尼亚是一个有近千年历史的王国，位于罗马东部边界附近，长期饱受侵扰。几个世纪以来，罗马皇帝要么与这个王国结盟，要么侵略这个王国，使其成为罗马帝国的一部分。东边的古波斯和帕提亚王国也是如此，它们希望把亚美尼亚当作罗马扩张的缓冲区。

此时，亚美尼亚虽是独立的，但它再次被挤在了两个庞大且正在扩张的帝国之间。它与罗马和波斯都处于和平状态，但它对罗马帝国更为友好。303 年，亚美尼亚的国王提里达特斯（Tiradates）受一位名叫格列高利（Gregory）的修道士洗礼而成为基督徒，那时基督教在政治上还没有多大作用。[6] 当君士坦丁把基督教设立为罗马帝国的国教后，亚美尼亚与罗马帝国的联系就越来越紧密了。

沙普尔二世派出的奸细越来越担心信仰基督教的亚美尼亚将再也不是波斯帝国的盟友，设法说服了提里达特斯的侍从叛变。330 年，那位侍从下毒杀害了他的国王。可惜波斯人未能如愿，刺杀并没有使亚美尼亚王国放弃基督教，反倒使提里达特斯成了一名殉教者（最终被封为圣徒），而他的儿子“矮个子库思老”（Khosrov the Short）成了国王。

既然间接的方法失败了，沙普尔二世就直接派兵出击。336 年，沙普尔二世对亚美尼亚的进攻也失败了，军队败退回来，但他向君士坦丁传达了一个明确的信息：即使波斯邻近罗马的地区信仰基督

---

* “撕裂肩膀”似乎是沙普尔二世特有的做法，这样做并不一定会杀死受害者，而只是把肩膀扯坏，让敌人对抗波斯王时使剑的那一侧手臂只能悬在身上，再无用处。

教，他也不打算放弃这些地区。

改信基督教已经充满了政治意蕴，于是沙普尔二世决心在萨珊波斯帝国中打击基督教。波斯人越发怀疑基督徒是为罗马工作的间谍。337 年初，对波斯基督徒的系统迫害就开始了，迫害大多发生在波斯的西部边界上。

住在底格里斯河东岸马马泰修道院（Mar Mathai）的波斯基督徒亚弗拉哈特（Aphrahat），将这些迫害事件都记录了下来。他写信给住在波斯境外的一名修道士同伴说，沙普尔“屠杀了大批殉教者”，波斯的基督徒却坚韧不拔，相信他们一定可以收获“巨大的回报”，但波斯的迫害者们却对此“十分轻蔑”。[7]

在西边，君士坦丁正密谋着让这些基督徒的话成真。他那时正在策划一场远征。他出兵的理由是波斯基督徒需要他的帮助。他想带一个便携的礼拜帐幕，随军主教会定期带领士兵到这个帐幕中礼拜。他还宣布一旦到了约旦河，他就会在那里接受洗礼（这件事他一直没时间做）。统治者以宗教为由发动战争，这是历史上第一次。[8]

但在随军远征之前，君士坦丁就病了。337 年 5 月 22 日，君士坦丁去世了。

为了纪念他，人们把拜占庭的名字改成了君士坦丁堡，而后把他葬在了圣使徒教堂（Church of the Holy Apostles）中他已准备好的一个陵墓里。陵墓里有为十二使徒准备的 12 个具象征意义的棺材，加上君士坦丁的是13个。后来史学家们认为这个行为太过狂妄自大，但这种殡葬方式也有其理由：君士坦丁就像使徒们一样，也参与建立了基督教信仰。“在罗马的历代皇帝之中，只有他尊崇上帝这位全权者，”优西比乌总结道，“从没有人像他一样如此尊崇教会……

像他一般的伟人，前所未有。”君士坦丁将基督教和国家政治结合起来，也永远地改变了这两者。[9]

君士坦丁去世的消息一传来，沙普尔二世便又一次对亚美尼亚发动了进攻。这一次他成功了，信仰基督教的亚美尼亚国王库思老被迫逃往罗马边境。沙普尔二世安排了一个波斯傀儡来顶替库思老。这个位于军事缓冲区的王国如今是他的了——至少暂时是这样。[10]

罗马并未立即对此做出回应，因为君士坦丁的子嗣正忙着在君士坦丁堡互相厮杀。君士坦丁这位政治家在世时如此精明，却没有明确安排好继承的问题；他似乎希望自己可以长生不老。然而，他的三个儿子和一个侄子都被授予了恺撒的头衔，为他统治着帝国的不同地区，并且都可以声称自己有权继承皇位。

至于君士坦丁死后几周内究竟发生了什么，还没有公正的历史记载，但当流血事件结束时，他的侄子、两个姐夫以及朝廷的多位高官都已经被谋杀了。君士坦丁的三个儿子——君士坦丁二世（Constantine Ⅱ，21 岁）、君士坦提乌斯二世（Constantius Ⅱ，20 岁）和君士坦斯（Constans，14 岁）——达成了某种家族协议，这使得他们三人活了下来，而几乎所有可能的竞争者和反对者都死了。[11]唯一免遭厄运的是他们年仅 5 岁的堂弟尤里安（Julian），那时他生活在小亚细亚的一个城堡里，远离这场肃清运动。

337 年 9 月，君士坦丁的三个儿子在君士坦丁堡称帝，他们成了罗马的共治皇帝。罗马帝国再次分裂，这一次分裂为三部分（或三个辖区）。君士坦丁二世接管了高卢地区；君士坦斯接管了意大利地区，不仅包括罗马，还有北非；君士坦提乌斯二世则接管了整个东部地区以及色雷斯地区，这意味着他得到了君士坦丁堡。君士坦提乌斯二世立刻派兵入侵亚美尼亚，协助库思老重获王位。

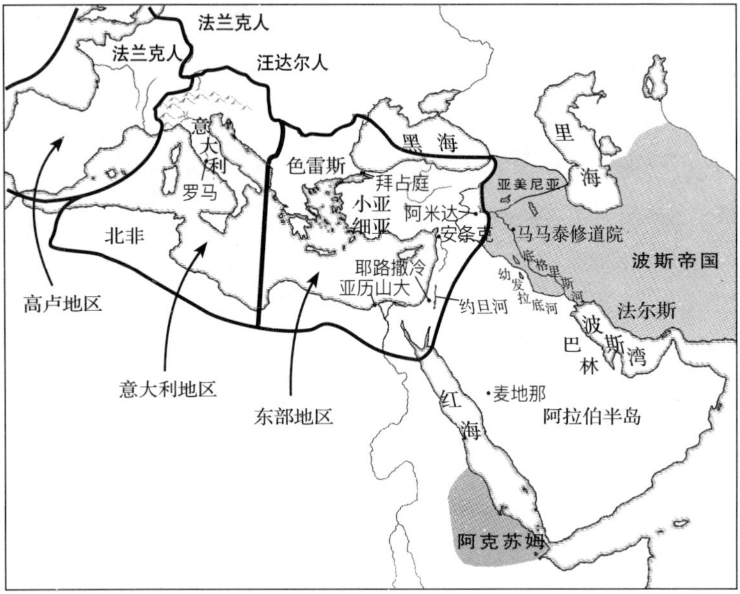

地图 10-1 罗马人和波斯人

虽然君士坦斯年仅 14 岁，但他很快就证明了他的实力。340 年，他的哥哥君士坦丁二世企图从他手中夺走意大利，君士坦斯便与之开战，在意大利北部伏击并杀死了他。此时，罗马帝国成了两部分，君士坦斯占据了西部，君士坦提乌斯二世则占据东部。

虽然君士坦斯对基督教会给予了坚定的支持，但很少有人喜欢他。他的个性太顽劣，即使那些对信仰基督教的皇帝过分恭维的教会历史学家也不喜欢他。他在罗马又生活了 10 年，但在 350 年，他 27 岁时，被手下的部将杀死了。[12]

罗马帝国的将军们并没有支持三兄弟中唯一剩下的那个君士坦提乌斯二世，而是又扶立了一位新的共治皇帝：一个名叫马格嫩提乌斯（Magnentius）的军官。为了赶走这位篡权者，君士坦提乌斯二世向西进军，但整整打了两年才最终将马格嫩提乌斯打败。马格嫩提乌斯不愿落入君士坦提乌斯二世手中，选择了自杀。352 年，君士坦提乌斯二世（像他的父亲一样）成了整个帝国的统治者。

同时，由于君士坦提乌斯二世一直没能顾及东部的边境地区，沙普尔二世乘虚而入，重新占领了亚美尼亚。库思老的儿子一直以罗马盟友的身份统治着亚美尼亚。沙普尔入侵亚美尼亚，活捉了这个国王并挖出了他的眼睛，他的儿子只有在服从波斯帝国的前提下才可以继承王位。[13]

君士坦提乌斯二世并没有立即对波斯的挑衅做出回应。他还有其他问题需要解决，其中最为迫切的便是找到一个继承人。由于他没有儿子，在 355 年，他任命了他唯一幸存的堂弟尤里安成为罗马帝国继承人。尤里安在 23 岁之前一直藏匿于小亚细亚地区，并且通过导师马多尼乌斯（Mardonius）接受了良好的基督教教育。

君士坦提乌斯二世更愿意待在君士坦丁堡，所以他安排尤里安去处理帝国西部边境的战事。这个年轻人在莱茵河畔的作战获得了巨大成功，军人们纷纷成为他狂热的支持者；他又减轻了西部的赋税，人民也非常爱戴他。

尤里安越来越受欢迎，而君士坦提乌斯二世的人气却减弱了。君士坦提乌斯二世和他父亲一样是基督徒，但不同的是，他信奉阿里乌派的学说，而当时官方已将其定为异端。在他任命尤里安为恺撒的同一年，君士坦提乌斯二世动用皇权驱逐了一名罗马主教，这位主教名叫利拜耳（Liberius），是一个反对阿里乌派的教士，他也十分不赞同君士坦提乌斯二世的信仰。为取代利拜耳，君士坦提乌斯二世又任命了一位他选择的主教。

这个问题很严重，因为罗马主教可能是整个基督教会中最有影响力的人物。罗马的主教们认为自己是使徒彼得的属灵继承者，他们也认为彼得是基督教会的创始者。几十年来，罗马的主教都声称有权对其他城市的主教做出具有约束力的决定。*

罗马教会的这项特权常常遭受质疑。在亚历山大、安条克、耶路撒冷这些城市，基督徒群体的历史一点不比罗马基督徒的短，他们对罗马是基督教世界中心的假设非常不满。尽管如此，所有的主教都一致认为，君士坦提乌斯二世不应该随意任免主教。君士坦提乌斯二世不顾他们的反对，在 359 年召开了宗教会议，并将阿里乌派的基督论定为正统学说。罗马主教——无论是被免职的利拜耳还是刚被任命的那位主教——都没有收到邀请。

教会人士对这种似乎源于神学信念的高压政策都十分不满（以这种方式干涉教会事务，君士坦提乌斯二世没有获得任何政治利益）。君士坦提乌斯二世失去了人心，尤其是在帝国西部的教会人士中，反对阿里乌派的情绪尤其强烈。所以当君士坦提乌斯二世对尤里安日渐增长的人气感到惶恐，要求他把部分军队撤往东部以削弱其武装力量时，尤里安考虑到他的堂哥在西部日益不得人心，而自己的声望日隆，拒绝了他。莱茵河地区的军队十分支持尤里安，并把他抬高到了共治皇帝的地位。

罗马帝国又变成了由两位皇帝统治，这种局面让他们两位都感到无法接受。但尤里安并不急于对君士坦提乌斯二世发动公然的进攻，毕竟君士坦提乌斯仍拥有君士坦丁堡和东部大部分地区。而君

---

* 这个信念基于《马太福音》(16:18)，在那一节中，耶稣对彼得说：“我要把我的教会建造在这磐石上。”罗马教会将这句话解读为彼得是基督教会的创始人。因为在此之后彼得去了罗马传教，所以罗马的基督徒也认为罗马是教会的发源地。

士坦提乌斯二世也不敢离开东部在西部与尤里安交战。与此同时，来自波斯的威胁突然降临，沙普尔二世的军队正逐渐接近罗马的边境地区。

罗马士兵阿米阿努斯·马塞利努斯（Ammianus Marcellinus）被提前秘密送往亚美尼亚（已被波斯控制）去监视波斯国王的举动，他后来记录了罗马与波斯的这场战争。他站在悬崖顶上，看到敌人正步步逼近："四周布满了无数的士兵，"他回忆道，"国王在前面领军，身着华丽的铠甲。"[14] 罗马军队烧掉了敌人前方的田野和房屋，想断掉他们的食物来源，并在幼发拉底河畔反击；但波斯军团接受了一个已经归顺波斯的罗马叛徒的建议，选择向北转，穿越未被毁坏的田野和果园。

罗马军队进行追击，两军终于在罗马境内一个叫阿米达（Amida）的小城市相遇了。这里十分有利于防御，因为通往这座城市的道路（据阿米阿努斯·马塞利努斯记载）只允许狭窄的单行队列通过，于是罗马军队就在这条窄缝里占据了防守位置。但是罗马人不知道的是，波斯骑兵早已在城后分散开来，包围了这座城。罗马人被波斯士兵两面夹击，这才意识到自己被困在了在这个狭窄的区域。阿米阿努斯在混战中被困了整整一天。"我们一动不动地待到日出，"他写道，"非常拥挤，那些被杀死的人的尸体都没有地方倒下，只能竖立在人群中。我前面有一个士兵，他的脑袋已经被一把锋利的剑劈成了两半，但由于被四周的人挤着，他只能直挺挺地像个木桩似的站着。"[15]

最后，阿米阿努斯和其他幸存的罗马士兵一起退入城里。波斯人依靠弓箭手和战象攻击城墙，那些大象"满是皱纹的身体令人毛骨悚然，上面载满了全副武装的士兵，这个可怕的景象超越任何一种形式的恐怖”。阿米达承受了波斯人73天的围攻。街道上堆满了“蛆虫横生的死尸”，瘟疫在城中蔓延开来。防御的士兵们用火焰箭对付木制的攻城兵器和大象，但波斯人最终还是通过堆土丘翻过了城墙。当地居民也遭到了屠杀。阿米阿努斯从城的后门逃了出去，他发现一匹马，这匹马被困在灌木丛间，还与它死去的主人绑在一起。阿米阿努斯解开尸体，骑着马逃跑了。

君士坦提乌斯二世不仅被迫交出了阿米达，还交出了至少两座堡垒要塞、几个设防的城镇和东部的部分土地。同时，尤里安依然在西部威胁他。君士坦提乌斯二世被夹在这两股敌对势力之间，根本不敢撤走一边的军队去转攻另一边。

最后，一场发烧把他从困境中解脱出来。361年10月5日，君士坦提乌斯二世死于一种病毒性疾病，他的身体烧得滚烫，连侍从都不敢碰他。尤里安自然成了整个罗马帝国唯一的皇帝。

时间线 10

印度	罗马帝国	波斯帝国
	戴克里先（284—305）	
	马克森提乌斯（306—312）　**君士坦丁**（306—337）	
	李锡尼（308—324）　**马克西米努斯·代亚**（310—313）	
		沙普尔二世（309—379）
	米尔维亚桥战役（312）	
	塞里努斯广场战役（313）　《米兰敕令》（313）	
旃陀罗笈多（319—335）		
	尼西亚公会议（325）	
		（亚美尼亚）**“矮个子库思老”**（330—338）
沙摩陀罗笈多（335—约380）		
	君士坦丁二世（337—340）	
	君士坦提乌斯二世（337—361）	
	君士坦斯一世（337—350）	
	阿米尼宗教会议（359）	
	尤里安（360—363）	
旃陀罗笈多二世（约380—415）		
法显前往印度		

/ 11

叛教者

在 361 年到 364 年间，尤里安努力复兴古罗马的生活方式，但失败了。

尤里安刚一控制君士坦丁堡，人们就明显看出他所受的基督教教育是完全失败的。他与指导他学习希腊文学和哲学的著名修辞学教师李巴尼乌斯（Libanius）有多年的通信往来，他在成年之后的大部分时间里都秘密支持古罗马宗教。

现在他公开宣布自己反对基督教。他说，他的洗礼是一场他想要忘记的“噩梦”。他还下令重新开放以前的神殿，其中有许多是在基督教皇帝当政时期关闭的。他下令不允许基督徒教授文学。由于所有的政府官员都需要接受文学教育，这一决策最终将保证所有罗马官员接受的都是完全的罗马式教育。[1]

这也意味着罗马帝国的基督徒将长期无法接受足够的教育。大多数基督徒都拒绝将孩子送往学校，因为那里会以古罗马的方式向孩子灌输知识。作为替代，基督教作家开始尝试创造自己的文学，在他们自己开办的学校中使用。瓦西里耶夫写道，他们“将赞美诗翻译成类似于品达（Pindar）颂歌的形式，将摩西五经以六音步诗行的形式呈现出来，把福音书用柏拉图的对话体重新演绎”。[2]

这些文学大部分水平都不高，几乎立刻就被遗忘了，很少有留存下来的。

这是一种别有用心的迫害方式。这种方式揭示出尤里安在本质上很像笈多王朝的国王，虽然他们根本不可能见面。尤里安是一个保守主义者。他想复兴辉煌的过去，他想在罗马人和非罗马人之间划分明确的界线。君士坦丁决定以信仰而非基于罗马文化的骄傲来统一帝国，已使这条界线走向消失，而尤里安想要重建它。他想重建罗马文明的城墙，不仅用来抵制基督徒，而且抵制所有不遵循古罗马传统的人。“你知道，”李巴尼乌斯在358年写信给他，“如果有人毁掉了我们的文学，我们就会变得和野蛮人一样。”没有文学意味着忘记过去，忘记过去就会变成野蛮人。在尤里安看来，基督徒既是野蛮人，又是无神论者。他们没有文学，也不信奉罗马众神。[3]

尤里安明确地意识到，如果要与基督教会联合起来的力量斗争，古罗马宗教就必须更新。所以他采取了两个策略。首先，他窃用了基督教会中最有用的元素，将其融入罗马宗教。他研究了基督教会的等级制度，它在集合分布广泛的信徒这方面很有效，他以同样的方式改革了罗马祭司制度。他命令罗马祭司模仿流行的基督徒礼拜仪式对罗马诸神进行礼拜，在古罗马仪式中引进讲道（像布道那样）和颂歌。对朱庇特的敬拜从来没有像现在这样与对耶稣的礼拜相似。

他的第二个策略更为巧妙。他允许所有在《尼西亚信经》与阿里乌派的对峙中站错队而被流放的基督教会人士回来。他知道这些人不可能和谐相处。果然，激烈的神学争论很快就爆发了。这与君士坦丁的做法正相反。尤里安利用的是基督教的分裂力量，而不是其统一人心的力量。[4]

他所做的一切使他得到了“叛教者尤里安”的别名。

讽刺的是，他的政治问题迫使他承认野蛮人可以享有罗马人的特权，同时他又在恢复古罗马的旧思想。因为无法同时与东部的沙普尔二世和北方入侵的日耳曼部落对战，尤里安别无选择，只能让法兰克人的日耳曼部落以“罗马同盟者”（foederati）的身份定居在高卢北部，享有罗马公民的诸多权利。

法兰克人的威胁消除后，尤里安发动了一场对波斯的战争。363年，他率领 8.5 万人向东方进军，其中不仅有罗马人，还有哥特人（自君士坦丁统治时期以来一直是同盟者的日耳曼部落）和阿拉伯人，他们急于报复沙普尔二世“撕裂肩膀”的暴行。他还带着传统的占卜者和希腊哲学家，代替君士坦丁曾计划使用的教士和帐幕。这两组人之间的争论使事情变得复杂：占卜者坚持认为兆头不好，应该撤军，而哲学家却反驳说这种迷信是不合理的。[5]

在波斯边界，尤里安决定让军队兵分两路，他派 3 万人沿底格里斯河顺流而下，自己则率领其余的人驾驶舰船沿幼发拉底河而下。这些舰船是他们在流经罗马境内的幼发拉底河岸边建造的，舰船也从这里顺流而下。尤里安的想法是，他们在波斯首都泰西封（位于底格里斯河东岸，巴格达南部）会师，对波斯人展开钳形攻势。

据阿米阿努斯记载，罗马舰队规模惊人，由 50 艘战舰和 1000 艘满载食物和造桥材料的补给船组成。沙普尔二世意识到逼近的罗马军队规模庞大，恐慌不已，于是逃离首都以防不测。因此尤里安抵达时，波斯国王已经不知所踪。军队在底格里斯河上搭建了通往东岸的桥梁，并对泰西封进行围攻。围城战拖延日久。安全逃脱的沙普尔二世从其帝国的僻远之地召集了另外的士兵和盟友，返回泰西封同围城军队战斗。尤里安被迫撤回底格里斯河西岸，且战且退，尽力保障他士兵的生存。波斯人在进军途中烧毁了所有的农田和仓库。

撤退花费了整个春天的时间。到了初夏，罗马士兵还没有撤回到自己的边界。他们饥饿难耐，遍体鳞伤，还不断受到追赶他们的波斯人的攻击。6 月的某一天，在波斯人的又一次伏击中，尤里安被一支波斯长矛刺中了小腹。他被抬回营地，在那里他流着血慢慢死去：只有三位罗马皇帝在对抗外敌时战死，他就是其中一位。*

与军队同行的阿米阿努斯 · 马塞利努斯描写了一次悲壮的古典式死亡：顺应命运的尤里安平静地与两位哲学家讨论“灵魂的高贵性”，直到去世。基督教历史学家狄奥多勒（Theodoret）坚持认为，尤里安是在痛苦中死去的，他认识到了耶稣的力量并且大喊：“你已经赢了，加利利人！”（“加利利人”指耶稣。）可惜他认识得太晚了。[6]

这两个记载都不太符合史实，不过基督教的版本更接近于当时的情形。尤里安的军队被困，群龙无首，需要领导和救援。经过一番争吵和摇摆，军官们给他们中一名威严又善良的将领约维安（Jovian）披上了皇帝的长袍，宣布他成为皇帝。[7] 约维安时年 33 岁，是一名基督徒。

自此之后，统治罗马帝国都将是信基督教的皇帝。古罗马宗教再也不能控制罗马朝堂。但是斗争并没有就这样结束。这只意味着

---

* 另外两个是瓦勒良（260 年被波斯人杀死）和迪基乌斯（251 年死于与哥特人的战斗中）。

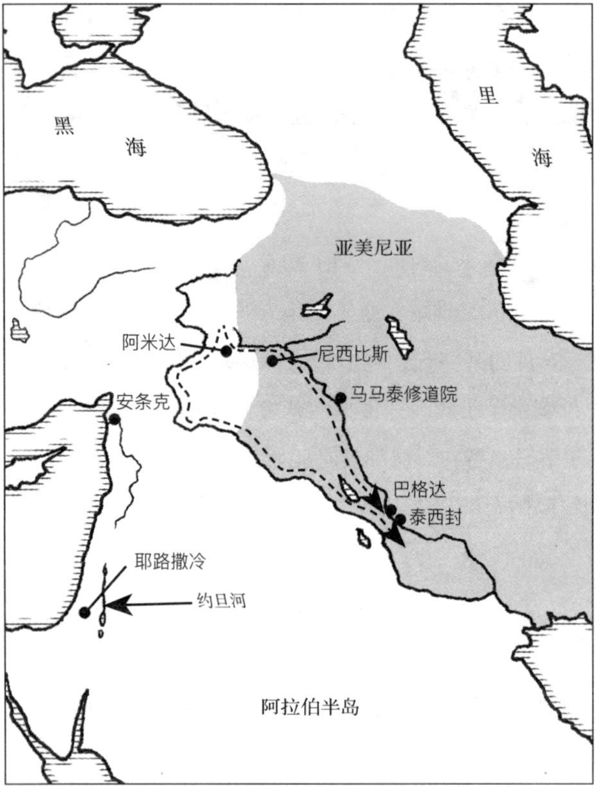

地图 11–1　尤里安对波斯的战争

过去和现在、古罗马和新帝国之间的争斗转入了地下。

约维安是个实用主义者。他不想打仗，戴上皇冠后，就请求同沙普尔二世和谈。两人和谈签订的条约允许罗马军队平安回国。作为交换，约维安同意将底格里斯河以东的所有罗马土地让给波斯人，包括尼西比斯的罗马要塞。此后，尼西比斯将成为波斯侵扰罗马边境的基地。它再也没能回到西方的控制之下。[8]

军队在约维安的指挥下缓慢向西前进，准备面对回国之后罗马人民的鄙视和愤怒。该条约被视为一项耻辱，这是罗马人的耻辱，是尤里安领导的、损失惨重的冒险战争造成的难以接受的结果。

约维安甚至没有回君士坦丁堡。他一回到罗马的土地，就驻留在安条克，并立刻开始制定折中的方案。他撤销了尤里安所有的反基督教法令，但是他也没有对罗马宗教施加限制，而是宣称宗教信仰自由。他自己毫不掩饰地遵循《尼西亚信经》，但他决定把宗教信仰从罗马帝国的政治中心清除出去。基督徒、希腊人、罗马人：所有人都有平等的礼拜权和参政权。[9]

但这种举措为时已晚。宗教和政治合法性、宗教和政治主张在帝国的中心缠绕交织在一起。一个强势且有个人魅力的皇帝（心善的约维安并不是）也许能够在执掌大权的同时，倡导宗教信仰自由，但是约维安的权势已经因为与波斯签订不得人心的条约而被大大削弱了。他掌权的唯一希望就是利用宗教权威，建立严格的宗教正统信仰作为他的权力基石。

他拒绝这样做就意味着他无法保住任何权力。364 年，约维安被选为皇帝 8 个月后，就死在了帐篷中，当时他仍然在向君士坦丁堡缓慢行进的途中。对他的死因人们有诸多猜测。据说他死于从排风不畅的炉子里的冒出的烟，也有人说他死于消化不良或“头肿症”。“据我所知，”阿米阿努斯说，“没有人去调查他的死因。”罗马皇位在等待下一个主张有权继承它的人。[10]

时间线 11

印度	罗马帝国	波斯帝国
	君士坦丁（306—337）	**沙普尔二世**（309—379）
	米尔维亚桥战役（312）	
	塞里努斯广场战役（313） 《米兰敕令》（313）	
旃陀罗笈多（319—335）	尼西亚公会议（325）	
		（亚美尼亚） **“矮个子库思老”** （330—338）
沙摩陀罗笈多 （335—约 380）	**君士坦丁二世**（337—340）	
	君士坦提乌斯二世（337—361）	
	君士坦斯一世（337—350）	
	阿米尼宗教会议（359）	
	尤里安（360—363）	
	约维安（363—364）	
旃陀罗笈多二世 （约 380—415）		
法显前往印度		

/ 12

地震与入侵

在 364 年至 376 年间，自然灾害和蛮族的袭击使罗马帝国陷入困境。

约维安的死亡意味着罗马帝国在四年间换了三位皇帝。阿米阿努斯·马塞利努斯称这个时期为“环境剧变期”，是罗马的宗教与边界同罗马的最高领导人一样迅速变动的时期。

没有人支持约维安尚在襁褓之中的儿子继位。（没有经过授权就成为整个帝国代表的）军队选择了另一名军官成为下一任皇帝。

瓦伦提尼安（Valentinian）43 岁，一直在军中，是很热心的基督徒，这使得准确描述他的情况有点困难。信奉传统罗马宗教的历史学家佐西穆斯勉强地称瓦伦提尼安是“优秀的士兵，但几乎不识字”；基督教的历史学家狄奥多勒认为，瓦伦提尼安“不仅勇气出众，而且还以谨慎、节制、正义和名望而著称”。[1]

帝国在这一时期所需要的并不是一个有经验的领导人，而是一个有经验的将领，而瓦伦提尼安的决定表明，他在军中的履历并不一定能使他具有当皇帝的能力。他在尼西亚时军队很拥护他。在动身去君士坦丁堡加冕之前，他决定任命一个共治皇帝。这是一个士兵所能想到的预防措施。去往东部省份的路途充满凶险，而瓦伦提尼安没有子嗣。

据阿米阿努斯记载，瓦伦提尼安把他的同袍们聚集在一起，问他们对他的弟弟和战友瓦伦斯（Valens）有什么看法。最后是骑兵指挥官打破了沉默，他说："陛下，如果您爱您的亲属，那您就有一个兄弟，但如果您爱国家，就要小心每一个觊觎皇位的人。"[2]

但是瓦伦提尼安最终决定不理会这个建议。他授予了他的弟弟皇帝头衔，并让他掌管远至色雷斯的东罗马帝国，自己则去了意大利，他在米兰而不是罗马设立了他的朝廷。

这是对罗马西部的短暂倾斜，年纪更长的皇帝定居在意大利，而年纪轻的皇帝定居在东部。不过瓦伦斯没有前往君士坦丁堡，而是住在奥龙特斯河边的安条克。当时那位骑兵指挥官为何会有顾虑，几乎马上就变得清楚了。这个帝国面临着各种各样的军事问题。日耳曼部落正在入侵高卢并跨越多瑙河；不列颠尼亚的罗马领地受到当地人的攻击；北非领土正遭遇南部部落的敌对行为；沙普尔二世声称他与约维安订立的条约因约维安的死亡而失效，正在准备攻击东罗马帝国。[3]

但是东罗马帝国的瓦伦斯显然更担心内部的纯粹性，而不是外在的威胁。他的哥哥瓦伦提尼安信奉基督教《尼西亚信经》，但对阿里乌派和传统罗马宗教信徒都很宽容。事实上，瓦伦提尼安最具侵略性的举措之一是通过了一项禁止夜晚祭神的法律，但是他的一位地方总督指出，他的许多臣民都把这些古老的习俗视为界定自己属于罗马社会一部分的方式，于是瓦伦提尼安立即就命令大家忽略他颁布的新规定。[4]

但年轻的瓦伦斯属于基督教的阿里乌派，而且他完全不能容忍任何其他形式的教义。他开始了一场对安条克的尼西亚基督徒的灭绝战争：流放他们的领袖，驱赶信徒，并将其中一些人淹死在奥龙特斯河中。这让波斯人能更容易地侵扰东部边界，因为瓦伦斯既没有经验，又对防御毫不上心，对东部要塞几乎没有安排驻军保护。佐西穆斯说，瓦伦斯管理手下人的经验太少，不能“担此重任”。士兵阿米阿努斯的说法则更加简洁：“在这个时期，实际上整个罗马世界都听到了战争来临的号角声。”[5]

然后灾难就降临了。

365 年 7 月 21 日的黎明，一场源自地中海海底的地震从海底扩散，沿着海床向上延伸到罗马海岸。克里特岛上，建筑物直接倒塌在熟睡的居民身上。昔兰尼加（Cyrenaica）地动山摇，这里的城市摇摇欲坠。地震也袭击了科林斯，往西的意大利和西西里岛也感到了震动，地震还一直影响到东部的埃及和叙利亚。[6]

当海岸各处的罗马人开始穿过瓦砾，扑灭火灾，挖掘财物并悼念死者时，在海对面的地中海南岸——尼罗河三角洲上的亚历山大——海水突然远离海岸。亚历山大人走到海滩上观察情况。阿米阿努斯·马塞利努斯回忆说：“汹涌的海水从陆地退去，人们看到了许多被困在泥沙中的海底生物，还有绵延的山脉和深深的峡谷……许多船只搁浅，就像停在干旱的陆地上一样，一动不动，许多人不再担心海水，他们走来走去，捡拾鱼和贝壳。”

这种愉悦只持续了不到一个小时。“然后，”阿米阿努斯写道，“汹涌咆哮的海水，就像之前被强迫着撤退一样，又重新被推了回来。海浪越过沙滩，肆意地在岛屿上、广阔的土地上、城市里整齐的建筑物间和任何能流动的地方流淌……大量的海水在人们毫无防备的时候涌回，溺死了数千人。”[7]

当海啸平息时，海岸上到处散落着船只。尸体被抛到街道上，横在建筑物的顶部，或者在浅水里脸朝下漂浮着。几年后，阿米阿努斯在前往附近城市的路上，看到一艘船被海浪抛到了离海足足 3 千米外的沙地上，接缝处都裂开了。

毁灭过去之后，瓦伦斯和瓦伦提尼安都竭尽全力维持所统治地区的统一。瓦伦斯受到了叛乱者普洛科皮乌斯的挑战，后者是已故皇帝尤里安的表弟，他设法说服了哥特军队支持他夺取东罗马帝国皇位。瓦伦斯匆忙给西方的哥哥瓦伦提尼安发信，请求援助；但瓦伦提尼安也正在远征，在高卢同阿勒曼尼人（另一个日耳曼部落联盟）打仗，而且他也没有多余的士兵可供派遣。[8]

瓦伦斯采用巨额贿赂的方法，使普洛科皮乌斯的两位高级将领和部分军队背叛了他，因此瓦伦斯成功地在推雅推喇城（Thyatira）的战斗中击败了普洛科皮乌斯。他一抓住普洛科皮乌斯这个反叛者，就把他五马分尸了。他还处决了普洛科皮乌斯的两个主要将领，道貌岸然地谴责他们为了他而背叛了主子。[9]

传统的罗马编年史家，比如阿米阿努斯等，用普洛科皮乌斯的篡权来解释灾难性的海啸。他们只是简单地把海啸发生的时间往后推，放到了叛乱发生之后，坚持说是叛乱引起了自然秩序的剧变。而基督教历史学家在记录海啸的时候，更倾向于将其归咎于叛教者尤里安，是上帝在因尤里安的罪行而惩罚罗马帝国。尤里安的老朋友李巴尼乌斯则认为是世界正在悼念尤里安的死亡，地震和海浪是“世界对他的尊崇，你也可以说是波塞冬对他的尊崇”。[10]

基督徒和罗马人都试图解释这场毁灭性的灾难。这样的灾难必然是有原因的。无论是在罗马宗教还是在基督教的世界里，所有灾难都是对人类行为的直接反应——任何一个世界中都不存在纯粹偶然的恶。

紧随自然灾害而来的是一系列政治灾难：蛮族侵袭罗马领土，逐渐削弱罗马军力的优势。

瓦伦斯对哥特人的宣战引发了第一场政治灾难。军队中的哥特士兵曾支持反叛者普洛科皮乌斯，于是瓦伦斯想惩罚他们。

到这时，罗马人和哥特人已经找到了一种共存的方法。哥特人为罗马军队提供士兵，作为回报，罗马人允许哥特人在罗马定居，让他们享有罗马公民的一些特权。而且在过去的几十年里，有越来越多的哥特人信奉基督教。哥特人的主教乌斐拉（Ulfilas）创造了哥特字母，用它将《圣经》翻译为他们自己的语言。像瓦伦斯一样，乌斐拉是一位狂热的阿里乌派基督徒。（他宣称尼西亚基督教是“魔鬼可憎、恶劣、堕落的……发明”。）[11]

但这些都没能阻止瓦伦斯对哥特人定居的土地进行惩罚性的讨伐。他的复仇战争始于 367 年，持续了整整 3 年，始终没有真正达到目的。此时，对一个倾向于友好相处的民族宣战是个很糟糕的事情，在西方，瓦伦提尼安已经在同阿勒曼尼人交战了。367 年末，当瓦伦斯在与哥特人交战时，阿勒曼尼人跨过了莱茵河，在瓦伦提尼安自己的地盘上袭击了他。瓦伦提尼安成功地在一场激烈的对战中击败了他们，但他失去了太多的士兵，无法赶走入侵者。

与此同时，不列颠的罗马领地也遭到蛮族的袭击。

袭击不列颠的“蛮族”是居住在不列颠诸岛北部的部落。早在 122 年，罗马皇帝哈德良就命人修筑了一道横跨不列颠岛的城墙，将文明社会与蛮族隔开。罗马占领的不列颠——“不列颠尼亚”行省——在这道城墙的南边。不列颠尼亚中的6个城镇被授予了完整的罗马公民权利。*其中最大的伦底纽姆（Londinium）有2.5万居民和复杂的罗马基础设施体系，包括船舶航线、浴室和排水系统以及军用设施。[12]

至于城墙以北，在罗马人看来，就只有旷野。

居住在哈德良长城以北和不列颠尼亚以西较小岛屿上的部落，也许早在公元前500年就入侵了不列颠海岸。现在他们成了本地人（在某地居住上千年，就会发生一种有趣的效应，让人们在土地上扎根），是数十个部落王国的主人。最强的部落是皮克特人（Picts）和喀里多尼亚人（Caledones）的部落（罗马历史学家塔西佗说，“他们有着红色的头发和粗壮的四肢”）。在未被罗马人占领的西部岛屿上，维尼（Venii）部落占领了重要城镇塔拉及以南的土地，而乌尔乌提（Uluti）部落则控制着北方的大部分地区。[13]

不列颠尼亚一百多年来一直遭受着北方的皮克特人的侵犯，忍受着西方岛屿上的部落发动的海盗袭击，不胜其扰。**在4世纪，另一个日耳曼部落也开始通过海路袭击此地，那就是撒克逊人，他们来自高卢以北，跨海侵犯不列颠尼亚东部海岸。

负责保卫不列颠尼亚免受这些袭击的罗马官员称作不列颠尼亚边境长官（Dux Britanniarum）。他由一个特殊的指挥官辅助，该指挥官称作“海岸保卫者”（Comes Litori），他的职责是让撒克逊人远离东南沿海地区。但是在367年末，瓦伦提尼安正激烈地抗击阿

---

* 这六个城镇分别是埃勃雷肯（约克郡）、维鲁拉米恩（圣奥尔本斯）、格莱昂（格洛斯特）、林杜姆（林肯）、卡姆罗多努（科尔切斯特）和伦底纽姆（伦敦）。

** 罗马人称这些海盗为“斯科蒂人”（Scoti），这源自他们语言中的一个单词，意思是“掠夺者”。这很容易与现在表示苏格兰人的“Scot”混淆，实际上罗马时期的斯科蒂人来自现在被称为爱尔兰的岛屿。

地图 12-1 不列颠和爱尔兰

勒曼尼人，瓦伦斯与哥特人僵持不下，不列颠尼亚的防御体系崩盘，来自四面八方的蛮族涌入这个地区。[14]

这是一场精心策划、多方配合的袭击事件。阿米阿努斯·马塞利努斯称之为“野蛮人的阴谋”（Barbarica Conspirato）。驻扎在哈德良长城的罗马军队多年来一直与皮克特人交好，允许皮克特士兵越过长城进入罗马不列颠。与此同时，来自西方岛屿的海盗在海岸登陆，撒克逊人则入侵了不列颠尼亚的东南部和高卢北部。不列颠尼亚边境长官和海岸保卫者都被打败了。在过去的几十年里，罗马控制不列颠尼亚的能力因为军队向大陆转移而逐渐减弱。[15]

368 年，尽管瓦伦提尼安忙于对付阿勒曼尼人，他仍然将经验丰富的老狄奥多西（Theodosius the Elder）将军派往不列颠尼亚，试图夺回本属罗马的行省。老狄奥多西顺从地带着身为副官的儿子弗拉维乌斯 · 狄奥多西（Flavius Theodosius）去往不列颠。他在伦底纽姆站稳了脚跟，在那里打了一年的仗，最后恢复了罗马对不列颠尼亚的控制。一位罗马诗人钦佩地写道："他用皮克特人的鲜血温暖了整个北方，冰冷的爱尔兰为成堆的尸骨哭泣。"新堡垒沿着东南部海岸修建，塔楼守卫可以密切监视撒克逊船只的接近。[16]

但情况并不太好。这些侵略活动破坏了城市，烧毁了住所，摧毁了整个驻防地，中断了不列颠尼亚与北部部落之间曾经存在的贸易联系。长城附近的皮克特村庄现在已经被烧毁，那里的人民遭到了屠杀，沿边界的罗马驻军也把自己关进了与外界隔绝的简陋堡垒中。[17]

而在罗马帝国本土，皇帝兄弟俩正被迫与蛮族敌人讲和。369 年，瓦伦斯放弃征服哥特人，并与他们的首领签署了条约；374 年，瓦伦提尼安与阿勒曼尼人的国王马可瑞阿努斯（Macrianus）讲和。但是几乎马上，又一场与蛮族的战争爆发了。

一年前，瓦伦提尼安曾下令在多瑙河以北建造新堡垒，所用的土地属于被称为夸迪人（Quadi）的日耳曼部落。夸迪人没有太大的威胁（阿米阿努斯称他们为"一个不大可怕的民族"），当堡垒开始建造时，他们派出了一位有礼貌的大使去找当地的指挥官，要求停止建造。控诉被忽视后，他们又派出了其他使节。[18]

最后，显然罗马指挥官无法想到更好的解决方案，就邀请夸迪国王参加宴会，并在宴会上杀害了他。这种残暴的处理手段激怒了夸迪人，他们和邻近的部落聚集在一起，突袭跨过了多瑙河。没有一个生活在边界处的罗马农民能预料到这次袭击：入侵者“毫无预兆地跨过了多瑙河，出现在忙于收获的村民面前。大多数村民被入侵者杀害，被抓走的幸存者成了囚犯”。[19]

对于引起这场争斗的指挥官的无能，瓦伦提尼安愤怒不已，他将老狄奥多西和他的儿子弗拉维乌斯从不列颠尼亚召回，派他们去征讨那个动荡的地区。瓦伦提尼安在不久之后抵达，他火冒三丈，并承诺惩罚他的刚愎自用的官员。但是当他亲眼看到边境受到的破坏时，他大吃一惊。他决定忽略谋杀夸迪国王的事情，并发动了一场惩罚性的入侵。他亲自领导了这场袭击；阿米阿努斯对此持批评态度，他记载说，瓦伦提尼安烧毁了村庄，对他能抓到的所有夸迪人“不分年龄，肆意杀害”。[20]

事实上，这样的行为表明瓦伦提尼安早就有点失去理智了，这很可怕。当他试图骑上马夫为他牵着的马时，这匹马用后腿站了起来，他就砍断了马夫的手。他曾有一个无辜的年轻秘书，因为一个不合时宜的玩笑就被他折磨致死。他甚至在一场战争失败后，下令处死在不列颠尼亚为他尽忠职守的老狄奥多西，并将他的儿子弗拉维乌斯流放到伊比利亚半岛。最后，夸迪派出使节来谈判求和。他们尽力解释自己一方不是最早发动侵略的，瓦伦提尼安变得越来越愤怒，竟中了风。“就像被天上的闪电劈中了一样，”阿米阿努斯说，“人们看到他说不出话，喘不上气，脸像火一样红。突然他的血液就停止了流动，流淌出预示着死亡的汗水。”他没有任命继承人就死了。[21]

西部帝国暂时没有了领导人，前线的军官匆忙停止了针对夸迪的一切敌对行动。瓦伦斯传话，瓦伦提尼安的儿子，16 岁的格拉提安（Gratian）应该继承皇位，并与他的弟弟、4岁的瓦伦提尼安二世（Valentinian Ⅱ）共治国家。

格拉提安的第一个行动（表现出了绝佳的判断力）是从西班牙召回老狄奥多西的儿子弗拉维乌斯·狄奥多西，并让他负责北方边境的防御。弗拉维乌斯·狄奥多西已经在不列颠尼亚学会了如何作战，事实证明他是一个杰出的战略家。376年，在瓦伦提尼安死去一年后，他成了整个中央地区军衔最高的将军。

他的能力正是人们所需要的。罗马人已经开始听到新威胁的传言：东方的游牧敌人正无情进军，这些无所畏惧的战士大肆屠杀，毁灭一切，他们没有宗教信仰，没有关于是与非的定义，甚至不会说像样的语言。黑海东部的所有部落都处于焦虑不安中。在顿河以东生活了几个世纪的阿兰人（Alans）已经被赶出了他们的领地。宣称自己是“邻国的恐惧”的哥特国王已经被打败了。难民正挤在多瑙河北边，请求进入安全的罗马领土。[22]

匈人来到了西方世界的遥远边界处。

对于从未见过他们的罗马人来说，他们像地震和海啸一样可怕，是几乎无法抵抗的邪恶力量。当时的历史学家并不确定这些可怕的新来者究竟来自哪里，但他们确信那是个可怕的地方。罗马历史学家普洛科皮乌斯（Procopius）坚持认为，他们是与魔鬼结合的女巫的后裔，由此产生的匈人是一个“发育迟缓、肮脏丑恶的弱小部落，他们几乎算不上人类，不会说话，只能发出与人类的语言有些许相似的声音”。[23]

这个故事并不是他原创的，普洛科皮乌斯借鉴了《创世记》中的说法：在大洪水之前的黑暗时代，“神的儿子们和人的女子们交合生子”。教父们认为，这描述了堕落的天使——魔鬼与人类女子

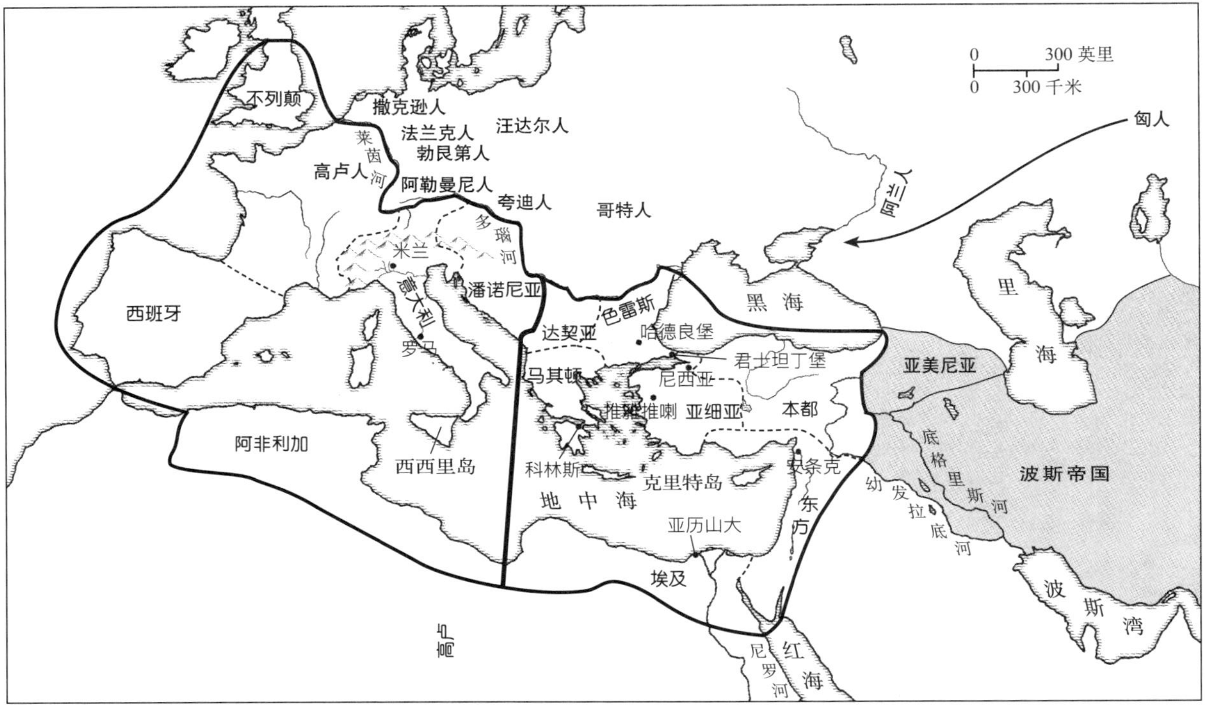

0 300 英里
0 300 千米
匈人
伏尔加河
不列颠
撒克逊人
汪达尔人
法兰克人
勃艮第人
莱茵河
高卢人
阿勒曼尼人
夸迪人
哥特人
多瑙河
米兰
潘诺尼亚
意大利
罗马
西班牙
达契亚
色雷斯
哈德良堡
君士坦丁堡
黑海
里海
亚美尼亚
马其顿
尼西亚
推雅推喇
亚细亚
本都
阿非利加
西西里岛
科林斯
克里特岛
安条克
地中海
东方
亚历山大
埃及
底格里斯河
幼发拉底河
波斯帝国
波斯湾
尼罗河
红海

地图 12-2　蛮族入侵

的结合，他们生下了这些为世界带来巨大灾难的孩子。此时，基督教对历史的解读已经跟可怕的现状结合了起来：匈人不仅仅是蛮族，还是要毁灭地上天国——基督徒的罗马帝国的恶魔。[24]

匈人仍然离得很远，当务之急是如何处置难民。瓦伦斯接见了来自哥特的官方代表团，他们请求在多瑙河另一边的罗马土地上定居。他之前已经被迫与哥特人讲和，现在他决定允许哥特人移民。作为回报，新移民将在色雷斯开垦未耕种的土地，并为罗马军队提供额外的士兵（正如先前在帝国定居的其他哥特人已经同意的那样）。[25]

罗马边界的水坝被破坏后，新的哥特难民涌过了多瑙河。负责新移民的罗马官员很快就因为文书工作而不堪重负。由于税收政策不当，资金被挪用，新来者消耗光了食物供应，饥荒开始出现。不到两年，瓦伦斯的决定就导致他再一次与蛮族开战。一支由愤怒的哥特人组成的队伍在色雷斯横冲直撞，“毫无秩序地抢劫、谋杀、伤人、放火，造成一片混乱”，他们屠杀无辜，烧毁村庄，掳掠居民，并朝向君士坦丁堡的城墙进军。[26]

瓦伦斯从安条克出兵保卫他的城市。在西方，年轻的格拉提安从东部出兵帮助他的叔叔。在格拉提安的增援部队抵达之前，瓦伦斯和哥特人的军队在君士坦丁堡以西的哈德良堡遭遇了，这个城市的名字源自曾建造了抵御野蛮人的长城的皇帝哈德良。

378 年 8 月 9 日，瓦伦斯与他的手下冲入战场，在交战中被杀。他的三分之二的士兵和他一起战死了。罗马士兵在急行军后都已饥渴交加。瓦伦斯没有穿象征帝王的紫色袍服，他的尸体毁坏严重，没有被辨认出来。阿米阿努斯记载，地面上的鲜血深至脚踝。第二夜，哈德良堡的人们都可以听到黑暗中伤员的哭泣声，还有留在战场上的濒死者的喘息声。

时间线 12

印度	罗马帝国	波斯帝国
	君士坦丁（306—337）	**沙普尔二世**（309—379）
	米尔维亚桥战役（312）	
	塞里努斯广场战役（313）　《米兰敕令》（313）	
旃陀罗笈多（319—335）	尼西亚公会议（325）	
		（亚美尼亚）**“矮个子库思老”**（330—338）
沙摩陀罗笈多（335—约 380）	**君士坦丁二世**（337—340）	
	君士坦提乌斯二世（337—361）	
	君士坦斯一世（337—350）	
	阿米尼宗教会议（359）	
	尤里安（360—363）	
	约维安（363—364）	
	瓦伦提尼安（364—375）　**瓦伦斯**（364—378）	
	哥特战争（367—370）	
	格拉提安（375—383）　**瓦伦提尼安二世**（375—392）	
旃陀罗笈多二世（约 380—415）		
法显前往印度		

哥特人对城市进行了围困，但是他们的攻城经验不如正面交战，很快就撤离了。他们在君士坦丁堡做了同样的尝试，再次发现没有攻破城墙的希望。因此他们退兵了。但是他们已经证明了一点：罗马帝国远不是不可征服的。地震和洪水能摧毁它，来自远方的蛮族能破坏它，就连衣衫褴褛的流亡者也能将皇帝打倒。

/ 13

重建王国

在 371 年至 412 年间，高句丽采纳
了佛教和儒家思想，并且打败了邻国。

越过君士坦丁堡，越过波斯和印度，经过晋朝和北魏，在遥远的东方，另一位国王也在努力从战败中恢复。在 371 年，年轻的国王小兽林王继承了高句丽的王位，而此时的高句丽是一个支离破碎、士气低落的国家。他没有重振王国的坚实基础。他的军队惨遭重创，军官在战斗中牺牲，土地也被肆意劫掠。

372 年，他在一个和尚那里找到了答案。

高句丽王国位于亚洲的东北部，其民族的祖先可能是很久以前从黄河流域迁来的，但中国和高句丽的文化已经分隔了数个世纪。* 在高句丽南部是朝鲜半岛，半岛上的人声称自己拥有古老而杰出的传统。据其传说记载，公元前 2333 年，檀君建立了这片土地上的第一个王朝，后人称之为檀君朝鲜，这一时期正是中国最古老王朝的

---

* 在语言方面，半岛上的人民很早就与中国人区分开来。他们的语言属于通古斯语系，这与古汉语所属的汉藏语系不同，古汉语是最古老的汉语书面语形式。

时期。

在汉武帝时期，汉朝占领了朝鲜半岛北部的土地，并派驻了地方官员，他们的家人也定居在那里。而在汉朝所占领土的周边则形成了三个独立的王国：新罗、高句丽和百济。与此同时，在半岛的最南端，一个部落联盟（伽倻联盟）抵抗住了邻国想将其并入日益强大的君主制国家的企图。

对于汉朝来说，高句丽的不断侵扰非常棘手，汉朝一直想抑制其朝鲜领土周围的这些小王国的发展，不让它们强大起来。《三国志》中写道："其人性凶急，喜寇抄。"[1] 汉王朝覆亡之时，它对朝鲜半岛的控制已经缩小到了只剩一个管辖区域：乐浪郡，以古城王俭城（后来的平壤）为中心。

乐浪郡在历史上存在的时间比汉朝还要长，延续至 313 年。在那年，高句丽王国的统治者，雄心勃勃、精力充沛的国王美川王向南扩张，吞并了乐浪郡，将其纳入自己的领土，并赶走了剩下的晋朝兵马。这使得美川王统治下的高句丽领土扩张为其邻国的三倍，高句丽成为朝鲜"三国"中最强大的国家，占主导地位。

但这也使它成为最大的受攻击目标。美川王于 331 年去世，留下他的儿子故国原王继承王位。故国原王显然不是可与他父亲相提并论的战士。他在位 40 年，一直采取不作为政策，这期间高句丽遭受了两次侵略。342 年，前燕的军队掳掠了数千人，并将首都丸都城夷为平地。371 年，百济王太子率领入侵军队，直捣王俭城。

高句丽王放弃了撤退的想法，亲自上阵与邻国作战。在防守王俭城的战斗中，他不幸战死。百济占据了高句丽大部分领土。战败国王的儿子、伟大的美川王的孙子小兽林王接过了高句丽王国遗留的烂摊子。

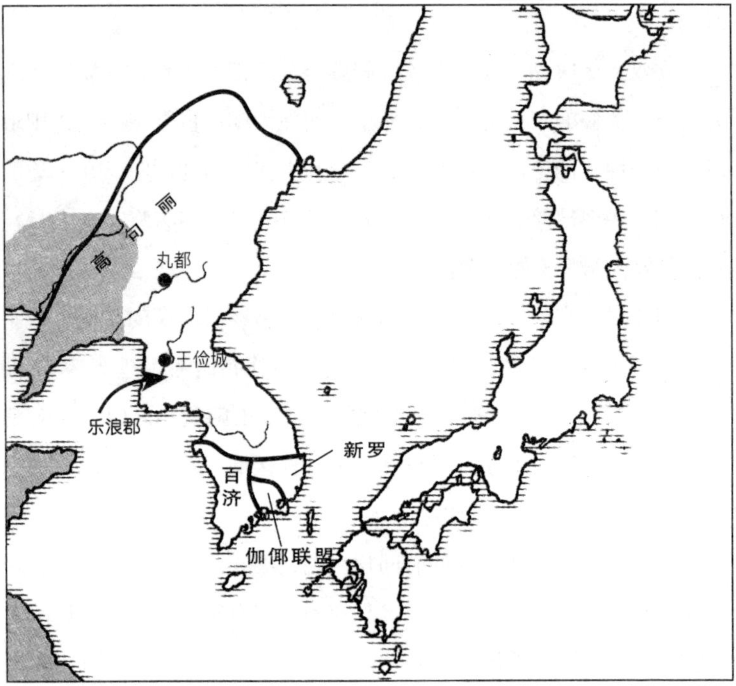

地图 13–1 鼎盛时期的高句丽

小兽林王继承王位之后不久，一位从西方旅行而来的和尚造访了他的宫廷。这个和尚名为顺道，他带来了礼物和佛经，说信奉佛教有助于保护高句丽免受敌人的侵害。小兽林王十分欢迎顺道并采纳了他的建议，不久之后，他自己也皈依了佛教。372 年，他建立了“太学”，这是仿照中国的太学建立的。[2]

佛教与儒学本质上虽截然不同，却形成了一个很适合高句丽的混合体。顺道教导小兽林王和他的王室成员，不满、不悦、野心和恐惧皆为“有为法”（samskrita），开悟的学生可以认识到，事实上世上并没有不满、不悦、野心和恐惧。高句丽王国本身就是有为法，这一概念在本质上是不真实的。如果小兽林王及其官员能够真正理解这一点，意识到禅师说的“世界和现象皆为虚无”，他们才能够在世上发挥作用。他们的决定不会因渴求财富、安全、幸福而受到影响。[3]

另一方面，儒家思想教人接受物质世界的现实，并教会其信徒如何怀着美德和责任过一种良好的生活。佛教理论给了高句丽王国一种崭新的团结形式，即精神上的一致。儒家思想帮助小兽林王培训新的文臣、武将、会计和吏役，它提供的是实现国家繁荣昌盛所需的已证实可行的框架。佛教是僧侣的哲学，儒家思想则是太学传授的教导。

但由于佛教并非一个信条宗教（信条宗教是指信奉者有一致认同的有关信仰的书面表述），因此佛教和儒家思想可以并存。佛教与基督教有所不同，信奉者认为佛教从来不是排外的，不要求教徒放弃所有与之对立的信仰。所以虽然小兽林王信奉佛教，但他并没有将其设为高句丽的国教。设为国教将赋予它排外的权力，而在佛教的思想框架内，这样做毫无意义。[4]

此时，高句丽不再处于解体的边缘，小兽林王将其从覆灭的边缘解救回来。但是，要想进行占领和扩张，高句丽还需要一些时间来巩固基础。

此时，百济仍然是半岛上最强大的国家，由近肖古王统治，正是他发动入侵，杀死了小兽林王的父亲。百济的边界不断膨胀，已囊括了半岛南部的大部分地区，近肖古王（像他的北方邻居那样）需要采取一些措施以维持国家统一。之前，百济从未有过王位父子相传的先例，都是一位接一位的战士通过武力争夺，胜者称王。但是如果领导者都将精力放在内部夺权上，而不是向外部扩张，那么继承之战很可能会导致百济丧失领土。于是，为了保护他征战获得的领土，近肖古王宣布要将王位传给他的儿子。直到他于 375 年去世时，他的安排仍然非常牢靠。他的王位首先传给了他的儿子，儿子早逝后，又传给他的孙子枕流王。[5]

384 年，途经中国传播佛教的印度僧侣摩罗难陀（Malananta）从晋朝到了百济。枕流王听说他在讲经后，就让摩罗难陀来到都城，亲自接见并听他讲经。像小兽林王一样，他也接受了佛教的教义。[6]

到了 391 年，小兽林王的侄子好太王继位，他的前辈所建立的基础已足以支持他进行征伐。佛教哲学虽然广为传播，却并没能说服好太王放弃野心和早期征战获得的好处。加冕一年后，好太王发动了一场对百济的袭击，而百济在几十年前似乎还是坚不可摧的。

他设法与半岛上的第三个王国新罗缔结了盟约。391 年，新罗正处于奈勿尼师今的统治下，这位君主十分有先见之明。他早已派出外交使臣越海出使晋朝。现在他以友好姿态回应了好太王的结盟建议，并对找到一位共同对抗不断扩张的百济的盟友感到十分高兴。

于是，新罗和高句丽的军队联合起来，如风暴般席卷了百济。曾经无比强大的百济已经衰弱，无力长期抵抗。不久，百济就被新罗和高句丽的联军击败。396 年，百济王交出了 1000 多名人质，保证自己的行为不逾矩，并同意向好太王纳贡。

好太王在位剩下的时间里，他将精力全部用在扩张上，并自封为“广开土王”。391 年到 412 年间，这位广开土王为高句丽征服了 65 座城池和 1400 个村庄，收回了几十年前被夺走的北部土地，并让百济退回半岛南部。他的丰功伟绩被刻在石碑上，至今仍伫立在他墓前，成为朝鲜历史的最古老文献：“恩泽洽于皇天，威武振

时间线 13				
罗马帝国	波斯帝国	高句丽	百济	新罗
君士坦丁（306—337）		**美川王**（300—331）		
	沙普尔二世（309—379）			
米尔维亚桥战役（312）				
《米兰敕令》（313） 塞里努斯广场战役（313）				
尼西亚公会议（325）				
		故国原王（331—371）		
君士坦丁二世（337—340）				
君士坦提乌斯二世（337—361）				
君士坦斯一世（337—350）				
			近肖古王（346—375）	
				奈勿尼师今（356—402）
阿米尼宗教会议（359）				
尤里安（360—363）				
约维安（363—364）				
瓦伦提尼安（364—375） **瓦伦斯**（364—378）				
哥特战争（367—370）				
		小兽林王（371—384）		
		佛教传入		
格拉提安（375—383） **瓦伦提尼安二世**（375—392）				
			枕流王（384—385）	
		广开土王（391—412）		

被四海……国富民殷，五谷丰熟。”他为纪念自己的胜利而修建的寺庙中有一座石碑，碑上刻有一段他自己的话，里面提到他自己信奉佛教而令国家昌盛。[7]

/ 14

大公教会

在 378 年到 382 年间，格拉提安反对古罗马的宗教，而狄奥多西则试图为兄弟友谊与团结立法。

在瓦伦斯去世 5 个月后，格拉提安为东罗马任命了一位新统治者：弗拉维乌斯·狄奥多西，他现在成了皇帝狄奥多西一世（Theodosius I）。从严格意义上说，格拉提安当时只有 7 岁的弟弟瓦伦提尼安二世（Valentinian II）才是格拉提安的共治者，但他还太小，东部帝国需要一个有能力的皇帝。

东罗马最大的威胁——萨珊波斯入侵的势头正在逐渐被削弱。379 年，萨珊波斯的一位伟大人物——沙普尔二世在统治几乎 70 年后去世，他的弟弟阿尔达希尔二世（Ardashir II）继承王位，比起入侵外国国土，他更关心的是守住他的王冠。相比之下，无论是格拉提安还是狄奥多西，都致力于确保罗马帝国的生存。北部哥特人的势力稳步增长，变得越发强大，但更紧要的问题是罗马同盟从内部分裂的趋势仍在继续，君士坦丁通过信仰来稳固帝国的希望仍未实现。

虔诚的基督徒格拉提安很快就发现，自己与仍坚持罗马传统宗教的罗马元老院有分歧。在哈德良堡战役结束4年后，格拉提安对元老院申明，他不会让罗马众神来破坏帝国的基督教信仰。382年，他把胜利祭坛（Altar of Victory）搬出罗马的元老院大厅。作为胜利女神的纪念物，它自400多年前马克·安东尼与克丽奥佩特拉被奥古斯都打败以来就一直放置在那里。元老院议员都提出激烈抗议，但格拉提安毫不屈服。他还从他拥有的头衔中去除了传统罗马宗教的最高祭司，即大祭司长的头衔。而且，当人们按照传统把神圣的长袍带到他面前准备为他穿上时，他拒绝了。在他这样做的时候，他拒绝的不仅是罗马众神，也是整个罗马的过去。正如佐西穆斯严厉指出的那样，从千年前努马·庞皮里乌斯（Numa Pompilius）统治之时起，罗马的国王就已经接受了最高祭司的称呼。甚至连君士坦丁都穿上了长袍。“如果君主拒绝成为最高祭司，”据说，当时其中一个祭司喃喃自语道，“我们马上就会另立一个。”[1]格拉提安的权力能否在元老院议员的敌意之中继续行使还有待观察。

在东罗马，狄奥多西被迫处理基督教分裂带来的破坏性结果。反对尼西亚公会议观点的阿里乌派否认耶稣的神性，这一观点已经蔓延到社会的最底层。尼撒的格里高利（Gregory of Nyssa）主教在君士坦丁堡的布道中抱怨说：

> 城市的每个地方都充满了这样的事情，它存在于小巷、广场、大道和居民区之中，在斗篷推销者、货币兑换商和卖给我们食物的人之间。如果你问他们要零钱，他们就会对你讲述“受生”（Begotten）和“未受生”（Unbegotten）的哲学。如果你询问面包的价格，得到的答复会是：“圣父是更伟大的，圣子要受

他的约束。”如果你说“洗澡水烧好了吗”，他们会说圣子存在于不存在之中。我不知道这种罪恶应该被称为什么——是大脑的炎症，还是疯狂，抑或某种造成推理混乱的流行病？[2]

狄奥多西致力于制定和完善法律，希望以此修复帝国，使其符合君士坦丁盼望的基督教统一的愿景。他利用古罗马的法律结构来支持基督教的发展（他从来没有想过这与古罗马的传统完全相反）。他用君主的权力影响基督教的信仰，目的是用基督教信仰来巩固帝国。这两种传统的交织一直在以无法逆转的方式改变着这两种传统。

在狄奥多西即位一年后，也就是380年，他宣布《尼西亚信经》是唯一的标准信仰，并将以法律处罚来威慑异见者。他呼吁成立一个单一、统一、大公的（catholic，这个词意为普适，即适用于全人类）基督教会。基督教历史学家索佐门写道：“他宣布‘大公教会’的头衔应该仅限于那些对三位一体中的三位表现出同等敬意的人，而那些持反对意见的人应该被视为异教徒，他们应受到人们的蔑视并接受惩罚。”[3]

在狄奥多西之前，基督教主教就把大公教会（ecclesia catholica）与不信仰真正的基督教教义的异教徒区别开来。但从来没有人在法律上规定过“异教徒”的定义。现在，“异教徒”有了一个法律定义：不信奉《尼西亚信经》的人。狄奥多西颁布的法律规定：“所有人都应信仰三位一体的上帝，且以大公教会的基督徒为名。那些不相信三位一体的教徒会面的场所不能被称为教堂，并且那些人可能会受到神和世俗的报复。”[4]

狄奥多西实际上相信他可以通过立法来让他的国民只信仰《尼西亚信经》所定义的神。他是一个聪明的政治家，但他神学上的推论往往是天真且无经验的。例如，索佐门写道，当狄奥多西翌年（381 年）召开作为法律颁布后续举措的宗教会议时，他把“繁荣兴旺的教派的领袖”汇集起来，以便他们讨论他们之间存在的分歧：“因为他设想教义中存在的所有模棱两可的理论观点都可以通过自由的讨论达成一致。”[5]

这个想法过于乐观，并且正如任何参与过教会工作的人都能预测得到的那样，它没有奏效。但是，狄奥多西依然坚持推行他的主张。既然他的法律已经颁行，他就可以开始在实践层面上实施基督教统一的措施了。他把不信奉《尼西亚信经》的基督徒的集会地点和教堂全部取缔，并将它们移交给了尼西亚派的主教，这对那些幸运的神职人员来说无疑是一笔财富。他威胁说要驱逐那些从君士坦丁堡来的坚持传道的异教徒，并没收他们的土地。他并不总是坚持贯彻这些威胁措施。索佐门赞许地评论说，虽然他颁布了对异端进行严厉惩罚的法律条文，但是惩罚往往并未施行：“他不想迫害他的国民。他只想通过恐吓的方法来强化国民对上帝看法的一致性。”[6]

狄奥多西发现，实现统一比宣布统一困难得多。在许多方面，哥特人比异教徒更容易处理，因为他所要做的就是杀死他们。

在召开宗教会议并制定教义的同时，狄奥多西也在领导打击哥特人入侵的战争。哥特人已经成了大问题，以至于在西罗马帝国，格拉提安同意把帝国中哥特人数量最多的地区——潘诺尼亚中部的三个教区——转让给东罗马帝国，这样狄奥多西就要负责把哥特人驱赶出去。

不幸的是，东罗马帝国的军队不够强大，无法承担这项额外的任务，所以狄奥多西用创新的策略扩充军队：他从一些地区招募蛮族来对抗其他地区的蛮族。他会雇用潘诺尼亚的哥特雇佣军并把他们派到

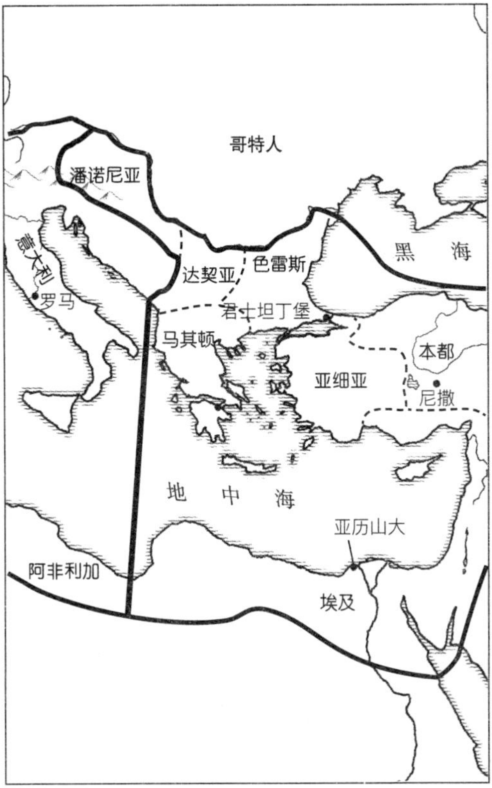

地图 14-1 潘诺尼亚的转让

埃及，然后把罗马士兵从埃及派到潘诺尼亚，让他们与其他哥特人战斗。“罗马士兵”的定义就像“罗马”的定义一样，变得越来越模糊，尽管与此同时，狄奥多西正设法让“基督徒”的定义更具体准确。[7]

在 382 年，罗马人与蛮族之间的界线变得越来越不明显，这时，经过与哥特人 4 年的战争之后，狄奥多西决定，与其在战争中投入更多的精力，不如与他们达成和平协定。协定允许他们在罗马帝国的境内定居，并且由自己的国王治理。哥特国王作为君主要服从于狄奥多西，但哥特人不必服从于任何罗马官员。当哥特人为罗马而战时，他们会像盟军那样协助作战，而不是像罗马士兵那样，被编入正规的罗马军队，服从罗马军官的指挥。[8]

到了 382 年，狄奥多西已经可以宣布他大致平息了帝国东部地区的混乱。基督教会实现了统一，与哥特人处于和平状态，世界一切正常。

但是，狄奥多西采取的所有解决措施都只获得了表面上的成功，而不是真实的胜利。事实上，哥特人并没有被征服。阿里乌派（更不用说其他 20 种异端）也没有消亡。帝国的基督徒没有实现团结统一。甚至连狄奥多西新成立的大公教会，其领导能力都有待商榷。作为 381 年宗教会议议程的一部分，狄奥多西宣布君士坦丁堡的主教与罗马的主教拥有相同的权威，“因为君士坦丁堡是新罗马”。[9] 尽管这条法律写在纸面上，但在 382 年，甚至是狄奥多西还在庆祝他的胜利的时候，老城市（传统的基督教中心）的主教们就开始反对提升君士坦丁堡这个新兴教区的地位了。

382 年，罗马主教在罗马也召开了他自己的宗教会议，并宣布罗马主教是其他所有主教的领袖，其中也包括君士坦丁堡的主教。罗马的教徒赞成这个决定，罗马的主教便命令一个名叫哲罗姆（Jerome）的年轻书记员把它记录下来。这次罗马宗教会议还同意，擅长语言的哲罗姆应该开始《圣经》拉丁文新译本的翻译工作。

说希腊语的东方想与西方平起平坐，而这是西方对东方的直接回应：罗马宗教会议现在已经宣布西方的语言——拉丁语——是适合书写《圣经》的语言（并且是适用于公共礼拜的语言）。狄奥多西宣称所有的基督徒都是统一的，但是他的大公教会的东部和西部已经开始分裂。

时间线 14

高句丽	百济	新罗	罗马帝国	波斯帝国
美川王（300—331）				
				沙普尔二世（309—379）
			米尔维亚桥战役（312）	
			塞里努斯广场战役（313）　《米兰敕令》（313）	
			尼西亚公会议（325）	
				（亚美尼亚）**“矮个子库思老”**（330—338）
故国原王（331—371）				
			君士坦丁二世（337—340）	
			君士坦提乌斯二世（337—361）	
			君士坦斯一世（337—350）	
	近肖古王（346—375）			
		奈勿尼师今（356—402）		
			阿米尼宗教会议（359）	
			尤里安（360—363）	
			约维安（363—364）	
			瓦伦提尼安（364—375）　**瓦伦斯**（364—378）	
			哥特战争（367—370）	
小兽林王（371—384）				
佛教传入				
			格拉提安（375—383）　**瓦伦提尼安二世**（375—392）	
			狄奥多西（379—395）	**阿尔达希尔二世**（379—383）
	枕流王（384—385）		君士坦丁堡公会议（381）	
广开土王（391—412）				

/ 15

逐出教会

在 383 年至 392 年间，一名西班牙人成为布立吞人之王，狄奥多西则察觉自己低估了教会势力。

383 年，不列颠的罗马军队叛变，宣告确立了一位新皇帝：马格努斯·马克西姆斯（Magnus Maximus），他们的将军。

起初，仅大不列颠的军队臣服于他。尽管他是罗马公民，出生时是西班牙人，但他实际上是布立吞人（Briton）的王。他可能多年以来一直就在孤悬海外的不列颠尼亚行使国王般的权力。他的名字在威尔士的传奇里出现，在那里他被称为马克森·韦尔蒂格（Macsen Wledig），这是史诗《马克森之梦》（*Breuddwyd Macsen*）中的一个半传说性质的人物。在这个故事中，他作为皇帝统治罗马，后来他梦到一个少女，觉得一定要娶她为妻。他到处寻找，最后漂洋过海来到不列颠，在那里，他如愿以偿找到了这个美丽少女，娶她为妻。之后，他花了 7 年时间在不列颠建造城堡，修筑道路——花费的时间太长了，以致罗马的篡位者从他手中夺走了宝座。

这个神话中隐含着些许历史真相。事实上马格努斯·马克西姆斯在不列颠的确自封为“罗马皇帝”，而且毫无疑问，他在罗马指挥官任上花了许多时间命人修筑道路，并在岛上建设了罗马风格的基础设施。马格努斯·马克西姆斯有可能还允许来自西方岛屿（也就是现在的爱尔兰）的部落定居在不列颠的西海岸，而正是这种文化的融合造就了威尔士这个国家。这就能解释他为何也出现在威尔士的国家起源故事中，也正因为他频繁出现，所以约翰·戴维斯（John Davies）称他为“无处不在的潜伏者”。[1]

此时不列颠人还没有普遍信奉基督教。身处不列颠尼亚的罗马军队对传统罗马宗教忠心耿耿，因此，对于两位身为基督徒的罗马君主格拉提安和狄奥多西，他们心怀不满。而马克西姆斯则不加掩饰地信奉罗马宗教。军队拥戴他时，他向朱庇特表明自己的忠心，然后集中兵力向高卢进发，希望能够在实质上而非仅仅在名义上掌控西部王权。

这场征战记载在蒙茅斯的杰弗里（Geoffrey of Monmouth）所著的《不列颠诸王史》（尽管内容不太可靠）一书中，书中提到，亚瑟王带领大军航行至高卢，抗击统治高卢的罗马护民官。在那个版本中，亚瑟王大获全胜（把乡村变成一片废墟），并在塞纳河畔的古罗马要塞鲁特蒂亚-巴黎西（Lutetia Parisiorum，巴黎的古称）建造了一座宫殿。在现实世界中，进军高卢的是马格努斯·马克西姆斯，他抵达鲁特蒂亚-巴黎西，在那里和格拉提安在战斗中相遇。格拉提安的军队中，有一部分人期望拥戴一位崇拜朱庇特而非基督教上帝的君主，这部分人叛投到马克西姆斯一边，而剩余大军惨败。格拉提安逃亡，不久之后，他被马克西姆斯的士兵俘获并杀害，还有说他是被自己的部下刺杀的。[2]

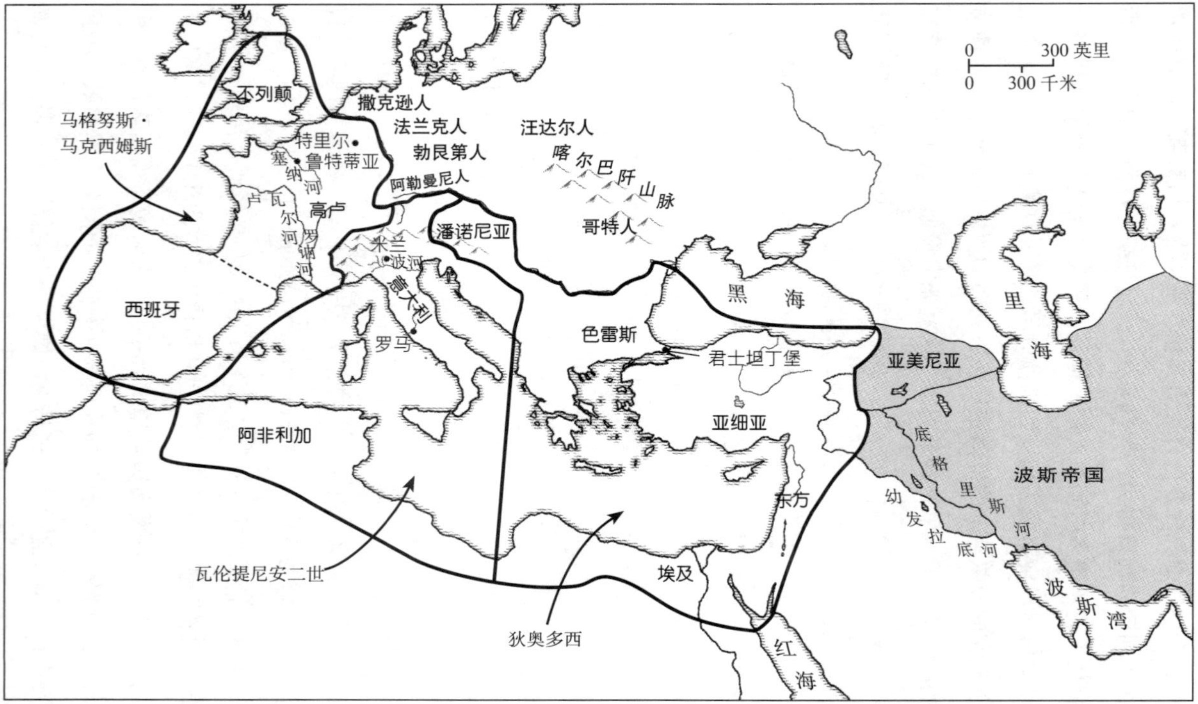

地图 15-1 帝国一分为三

如此一来，马克西姆斯就控制了高卢，他宣称自己是高卢、西班牙还有不列颠尼亚的皇帝。帝国被一分为三：最西边的是马格努斯·马克西姆斯的，东部是狄奥多西的，格拉提安的弟弟和前共治皇帝瓦伦提尼安二世仍然在意大利和北非地区掌权。

控制了西边大陆的部分领土后，马克西姆斯向狄奥多西传递了一份正式信函（这是君主间的书信往来），建议他们结成同盟，成为好朋友。马克西姆斯入侵速度太快，狄奥多西无法阻挡，既然木已成舟，他认为接受马克西姆斯的提议方为明智之举。其实他和马克西姆斯是老熟人，他们年轻时曾在不列颠尼亚并肩战斗。他同意承认马克西姆斯的合法君主地位，这种三足鼎立的局面持续了4年，其中，狄奥多西是资格最老的奥古斯都。“尽管如此，”佐西穆斯写道，“与此同时，他私底下时刻备战，竭力用各种奉承和谄媚迷惑马克西姆斯。”[3]

当然，备战也包括与波斯人谈判。狄奥多西可不想在朝西进发的时候，突然发现东部边境正遭受袭击。沙普尔二世的长兄阿尔达希尔二世，因在位4年间的无能遭宫廷中的波斯贵族罢黜；现在是沙普尔二世之子沙普尔三世在位。最容易引发两帝国间另一场战争的问题是亚美尼亚的控制权，因此，狄奥多西派遣一位使者出访沙普尔三世的宫廷，欲以谈判方式解决这一争端。[4]

这位使者名叫斯提里科（Stilicho），是罗马士兵，出生于帝国北部。他的母亲是罗马人，但他的父亲是汪达尔人——一个“野蛮人”，是居住在喀尔巴阡山脉北部的日耳曼族人。与哥特人不同的是，汪达尔人当时并不对罗马帝国构成任何威胁。然而，在许多罗马人眼中，斯提里科身上有野蛮人的影子。历史学家奥罗修斯（Orosius）不喜欢他，总拿他的出身指责他；他是“汪达尔人，这是一个怯懦贪婪、奸诈狡猾的民族”。[5]

但狄奥多西却信任他，作为回报，当时只有 20 多岁的斯提里科完成了一次令人印象深刻的谈判壮举。公元 384 年，沙普尔三世同意将亚美尼亚的控制权划分给两个帝国。亚美尼亚的西部交由罗马支持的国王统治，东部由忠于波斯帝国的国王统治。狄奥多西深表感激；当斯提里科归来，狄奥多西就提拔他为将军，并把自己的亲侄女兼养女，14 岁的公主塞雷娜（Serena）许配给了他。

与波斯人缔结条约一举，让狄奥多西能继续与西部篡位者抗衡。同时，马格努斯 · 马克西姆斯正在筹划东进，以迎战瓦伦提尼安二世的王朝。马克西姆斯想成为真正的西部帝国的皇帝，而只要瓦伦提尼安二世仍然掌管意大利，他的合法地位将一直笼罩在阴影之中。

瓦伦提尼安二世年仅 15 岁，因而掌控意大利实权的是他的一众将军和母亲优斯提那（Justina）。386 年，优斯提那给了马克西姆斯入侵意大利所需的借口。她本身是一名阿里乌派基督徒，这就使得她与米兰的正宗主教安布罗斯（Ambrose）产生分歧。他们争论不休，长达数年，但在 386 年，优斯提那（经由她的儿子）颁布了一道谕令，命令安布罗斯将米兰的一个教堂转交给阿里乌派，从而为他们提供一个专门的集会场所。安布罗斯愤然回绝，优斯提那却变本加厉要求换取另一座教堂，一座更重要的教堂——新巴西利卡大教堂。

她在棕枝主日（教会年历中最重要的一周圣周的开端）之前的周五派遣官员造访大教堂，此时，安布罗斯正在给一小部分皈依者布道，帮他们做洗礼的准备。这些官员开始更换教堂里的门帘挂饰，安布罗斯则继续布道，显然是在无视他们。

朝廷官员入侵教堂的行为彻底激怒了米兰的尼西亚派基督徒，他们随即在教堂聚集抗议。示威蔓延开来。圣周期间，街道上随处可见各种暴乱，武装逮捕公民的事件时有发生（“监狱里塞满了商人”，安布罗斯随后写信给妹妹说），而且还有越来越多的帝国士兵出动。安布罗斯无法走出这座大教堂，因为教堂已被士兵团团包围，无奈之下，他只能与教会成员们静坐抗议。在静坐抗议期间，他宣讲称教会绝不能受君主控制。教会是上帝的象征，是基督的化身，正因为基督是完全的神（这给了阿里乌派一记耳光），教会与圣父合二为一。[6]

最终，瓦伦提尼安二世出面干涉，命令士兵撤退。然而，他对安布罗斯拥有的权力深感不满，这甚至比阿里乌派接管教堂的挫败更使他愤懑：“倘若安布罗斯下令，你肯定会给我戴上镣铐，送到他面前。”他厉声呵斥他的那些宫廷官员，与此同时，安布罗斯生怕接下来自己要面临叛国罪的指控。

此时，马克西姆斯听闻这种不安定的风声，立刻宣布了攻打瓦伦提尼安二世的计划。教会历史学家索佐门写道：“攻打的托词，就是他想要阻止在古老的宗教和教会秩序的形式上增加任何创新。”他时刻观望，密谋以这样一种方式攫取帝国统治的权力，就好像他已经借法律而非暴力取得了罗马的管辖权一样。[7]

考虑到马克西姆斯最初是以朱庇特的名义参战的，毋庸置疑，他以尼西亚派信仰守卫者的新姿态出现未免显得有些不合情理，站不住脚。但是，这表明在罗马帝国晚期，基督教在某种程度上已经不单单是权力的化身了，它也是法理正宗的化身。马克西姆斯不仅仅想当皇帝，他还想成为真正合法的皇帝，此外，为了能够获得一切维护其合法地位的机会，他不得不与基督教会结盟。即使安布罗斯鼓吹教会独立于君主权力之外，君主们仍然将教会作为互相攻击的武器。

马克西姆斯行军穿越阿尔卑斯山脉，前往米兰之际，狄奥多西带领部下朝西进发，而瓦伦提尼安二世和优斯提那从意大利逃往潘诺尼亚，随同他们一起出逃的还有瓦伦提尼安二世的妹妹加拉（Galla）。如此一来，米兰的大门敞开，马克西姆斯率领他的军队长驱直入。狄奥多西抵达潘诺尼亚后，优斯提那提出，如果他能将马克西姆斯赶出去，她就愿意将女儿加拉嫁给他。狄奥多西接受了这一提议。据说，加拉貌美如花，这桩婚姻不仅可以使他抱得美人归，还可以将他这位来自伊比利亚半岛、行伍出身的粗鲁之人与瓦伦提尼安王朝联系在一起。

然后，他率军一路向西往米兰进发，他预先放出大量口风，说他的军队规模庞大，英勇无敌。也许，马克西姆斯未曾料到，狄奥多西会真的离开东部边境，一路向西杀来。不管怎样，等到狄奥多西到达米兰时，马克西姆斯手下的士兵被吓破了胆，将马克西姆斯囚禁起来交给了狄奥多西。就这样，不费一兵一卒，这场战争就宣告结束了。随后，狄奥多西处死了马克西姆斯，这就为布立吞人第一个国王的统治画上了句号。他还派出刺客，即他信任的将军阿博加斯特（Arbogast），去寻找马克西姆斯的儿子，也就是他的继承人。阿博加斯特在特里尔找到了这个年轻人，勒死了他。[8]

整个侵略过程对狄奥多西来说堪称完美。如今，他对西部的掌控到达了一个全新的高度；他现在既是瓦伦提尼安二世的妹夫，又是他的救命恩人。他班师回到罗马，以此作为他统治的中心。随后他带着自己年轻貌美的妻子离开，让他的将军阿博加斯特（勒死马克西姆斯的儿子后返回）留下，成为瓦伦提尼安二世新的得力助手。

与斯提里科一样，阿博加斯特也带有蛮族血统。他的父亲是法兰克人，因此，尽管他可以追求辉煌的军旅生涯，但他没有一丁点登上皇位的希望。狄奥多西的亲信多半（或者更多）都带有这种蛮族血统，他们不会对自己主人的皇位构成任何威胁。那时，阿博加斯特是一名经验丰富的军人，早已习惯于受人操控的瓦伦提尼安二世也无力对抗他。阿博加斯特接管了西部帝国的行政大权，直接听命于东边的狄奥多西，而瓦伦提尼安二世虽身居帝位，却实为傀儡。

本质上，狄奥多西如今已经掌握了整个帝国，于是他将注意力再次转移到统一大业上来。在返回君士坦丁堡的途中，他颁布了一系列法令，后来这些法令被统称为《狄奥多西法令》，它们将整个罗马帝国置于正统的基督教规范之下。第一道法令颁布于389年，从根本上打击了传统罗马宗教和罗马帝国的联系：狄奥多西宣称，以前一直作为国家法定节假日的传统罗马宗教节日，现如今都改为工作日。和现在一样，法定节假日是奠定一个国家神话根基的方式，教育公民抚今追昔，铭记过去的辉煌历史。狄奥多西不仅将整个帝国基督教化了，而且还要重新改写历史。

他的这些做法不太符合西部帝国民众的想法。罗马元老院的议员们已经三次上诉米兰宫廷，请求在元老院内重新安放传统的胜利祭坛（曾被格拉提安移走）。上诉是由昆图斯·奥勒留·叙马库斯（Quintus Aurelius Symmachus）领头的，他是罗马城的执政官。他恳求瓦伦提尼安二世保持旧俗，他写道："我们请求恢复我们的罗马宗教，正是在罗马宗教的指引下，我们的共和国才能长久保持繁荣昌盛。我恳求您，容许我们在暮年之时可以将我们在孩童时期所接受的一切传统教育，传递给我们的子孙后代。伟大来自对传统的热爱。"

然而，叙马库斯争论的核心问题在于对信仰的理解。他始终难以理解，基督教的胜利为何必须以铲除一切与传统罗马宗教有关的事物为前提。他还在继续呼吁：

> 我们应该在哪里宣誓遵守你的法律法规？又应该如何惩罚那些欺诈做伪证的人？上帝的确无处不在，做伪证者无处藏身。但是，当我们面对圣物之时，内心就会有一股强大的力量来抵制犯罪。那座祭坛将世间所有一切和谐地凝聚在一起，那座祭坛唤醒每个人心中的信仰。没有什么能比上帝的旨意更重要的了，可以这么说，尽管向上帝发过誓，欺诈和做伪证还是要受到惩罚的……我们仰望同一片星空，我们生活在同一片蓝天下，我们拥有同一个世界。每一个人用何种方式来寻求真理，这又有什么要紧呢？[9]

这确实是个问题，狄奥多西也许会回答说，如果帝国的公民以各种不同的方式寻找真理，他们就不会有统一的信仰，大家将变为一盘散沙。帝国早已一分为二，或一分为三，这一事实已经为罗马帝国敲响了丧钟；它丧失了以统一的罗马公民的身份团结在一起的机会，西罗马帝国和东罗马帝国已经开始呈现出不同的特点。

米兰的大主教安布罗斯反对上述请愿；他对叙马库斯的回答表明，基督教是唯一的宗教体系，有助于巩固皇帝执政。

> 你感到迷惑，我们通过聆听上帝的教诲来解决；你靠着猜想去追求，我们坚信上帝的智慧和真理。因此，我们和你们的文化习俗不同。你们请求皇帝赋予诸神以和平，我们在基督那

里为皇帝祈祷和平。你们崇拜你们双手创造出来的东西，我们认为把任何能够创造出来的事物都称作上帝是亵渎神明……信奉基督教的皇帝早已学会只能尊重基督的祭坛……让我们的皇帝只为基督称颂，让他自己表明心中只信仰上帝，因为王的心灵在上帝手中。[10]

安布罗斯十分坚定，从不妥协，他也明白什么才是当务之急。只能敬仰基督祭坛：这是狄奥多西留下的实现统一大业的唯一希望，它的力量非常强大。

然而，狄奥多西的统一过程也不是一帆风顺的，而是充满曲折的。390 年，就在第一条《狄奥多西法令》颁布后的第二年，狄奥多西与他一心想要利用的教会发生了冲突，于是，安布罗斯将他逐出教会。这是有史以来第一次，一位君主因为政治行为而遭到基督教会的惩罚。

这一行为令人瞠目结舌，说得严厉一点的话，那就是报复。在潘诺尼亚，一位罗马地方长官在一家酒馆惹了麻烦，有天晚上他在酒馆里喝酒喝到很晚，他自己“不知羞耻地暴露”在大家面前，一位坐在他旁边驾驭战车的人“感到非常愤怒”。[11] 这位深感窘迫的地方长官将这个驾驭战车的人投进监狱，由此，一场普通的醉酒事件竟演变成了一次事变。不巧的是，这位驾驭战车的人是第二天战车比赛中最受欢迎的一位选手，然而罗马这位地方长官拒绝及时释放他参赛，他的支持者们发动了暴乱，洗劫了长官的官邸，并杀死了他。

狄奥多西立即采取了严厉措施，处死了所有参与这次暴动的人，就连那些站在旁边围观的人也受到牵连。安布罗斯对这种不公之举深感震惊。狄奥多西接下来抵达米兰视察他所管辖的西部领地事务时，安布罗斯禁止他踏入教堂，更不许他祷告和领圣餐——圣餐礼是区分基督徒与非基督徒的重要仪式。

记录下这一切的基督教历史学家只是表示，狄奥多西随后认罪，并苦修赎罪，后来又回到教会。然而容易被忽略的事实是，狄奥多西花了 8 个月进行苦修才实现自我救赎。狄奥多西站在台阶上，凝望着安布罗斯那张桀骜不驯的脸，他肯定早已意识到自己颁布的法令正在产生一种意想不到的后果。唯一的大公教会将他的帝国统一在一起，因为它比国家、民族忠诚和个人都更强大。

它的权力甚至比皇帝还大。

狄奥多西进行了 8 个月的反思，这 8 个月他一直在考虑基督教那悬而未决的未来。要是狄奥多西能想出任何更理想化的策略，他早就可以拒绝安布罗斯的要求。然而，一旦这样做，他要么放弃领圣餐，这会让他的灵魂受到谴责；要么否定安布罗斯的权威，这会表明基督教会实际上并不比皇帝的权力更大。基督教历史学家狄奥多勒总结道，“狄奥多西熟知神谕，他清楚地知道什么归神父所有，什么归皇帝所有。”[12]

皇帝所拥有的一切不足以将整个帝国团结在一起。最终，狄奥多西回到了米兰，接受了安布罗斯的宗教权威，接受了安布罗斯为他安排的数月苦修赎罪，之后教会才重新接纳他。随后，狄奥多西下令关闭所有的罗马神庙，如此一来，基督徒们就可以拆掉它们并建起基督教堂。他还命令，将罗马广场上由维斯塔贞女守护的圣火正式熄灭。他宣布将举办最后一次奥林匹克运动会，之后将永久取消。

最后他宣布，任何崇拜传统罗马诸神的行为都会被视为背叛皇帝。教会可能会比皇帝更强大，但是皇帝可以将人们对教会的虔诚转变为对国家的忠诚。[13]

时间线 15

高句丽	百济	新罗	罗马帝国	波斯帝国
			君士坦丁二世（337—340）	
			君士坦提乌斯二世（337—361）	
			君士坦斯一世（337—350）	
	近肖古王（346—375）			
		奈勿尼师今（356—402）		
			阿米尼宗教会议（359）	
			尤里安（360—363）	
			约维安（363—364）	
			瓦伦提尼安（364—375） 瓦伦斯（364—378）	
			哥特战争（367—370）	
小兽林王（371—384）				
佛教传入				
			格拉提安（375—383） 瓦伦提尼安二世（375—392）	
			狄奥多西（379—395）	阿尔达希尔二世（379—383）
			君士坦丁堡公会议（381）	
	枕流王（384—385）		马格努斯·马克西姆斯（383—388）	沙普尔三世（383—388）
			《狄奥多西法令》	
广开土王（391—412）				

/ 16

一分为二

392 年至 396 年间，东西罗马帝国互相对立。

392 年，在被阿博加斯特“辅佐”4 年之后，瓦伦提尼安二世在米兰自杀身亡，年仅 21 岁。

他的离世随即点燃了内战的导火索。瓦伦提尼安的妹妹加拉，如今是狄奥多西的妻子，坚信她的哥哥绝不可能自杀。狄奥多西表示有义务调查此事，而阿博加斯特意识到，皇帝采取的第一个措施很可能就是剥夺他的权力。还没等狄奥多西采取行动，阿博加斯特便前往罗马元老院寻求支持，他承诺将会帮助元老院的议员们重新安放胜利祭坛，并保护罗马宗教免于消亡。阿博加斯特和元老院议员们一起挑选了一个罗马官员做西部帝国的新皇帝，这位新皇帝叫尤金尼乌斯（Eugenius），他生性善良，易被掌控。他虽是一名基督徒，却愿意支持传统罗马宗教的势力。

狄奥多西听闻这一消息，拒绝承认尤金尼乌斯作为皇帝的合法地位，反而将自己8岁的儿子霍诺留（Honorius）推到了西部皇帝的宝座上。然后他开始备战，还雇用了只为自己而战的指挥官阿拉里克（Alaric）的罗马同盟军来壮大自己的队伍。394年9月5日，他率军向西，麾下有他的将军兼女婿斯提里科，在冷河与尤金尼乌斯、阿博加斯特和罗马元老院议员率领的军队狭路相逢，这就是有名的冷河战役（Battle of the Frigidus）。

奥罗修斯（Orosius）坚持认为，狄奥多西在双方交战之前亮出了十字架标志。三位不同的基督教历史学家记录下了这样一个场景：一阵神风猛烈刮过，西部军队射来的箭全部被反向吹回去，射入了他们自己的躯体。*索佐门补充说，开战之前，有个魔鬼出现在狄奥多西祈祷过的教堂，对基督教冷嘲热讽，然后在狄奥多西的军队将要取胜之时消失了。斯提里科和阿拉里克率领大军从两翼发起进攻，主要负责摧毁西部的罗马军队。尤金尼乌斯在当天就被杀死；阿博加斯特看到自己的军队一败涂地，在第二天也自杀了。奥罗修斯说，这是一场“必要的神圣”战役。[1]

也许这些历史记录不能很好地反映冷河战役的真实过程，然而，神风和魔鬼的故事却表明历史学家懂得什么才是生死攸关的核心。这不仅仅是另一场两个互相抵触的皇帝之间的战争，这是两种截然不同的世界观之间的战争。当战争结束后，狄奥多西控制了整个帝国：东部由他亲自掌控，西部由他年轻的儿子霍诺留充当名义上的皇帝。这是罗马帝国最后一次仅由一位统治者主宰。

---

* 战场上可能刮来了一阵叫作“布拉”（bora）的风，这种风是因冷空气被吸入亚得里亚海上空的一片低压区域而形成的。弗雷德里克·辛格尔顿指出，布拉风时速可达160千米，可以使气温迅速降低20多摄氏度。参见：Fred Singleton, *A Short History of the Yugoslav Peoples*（Cambridge University Press，1985），pp.1-2。

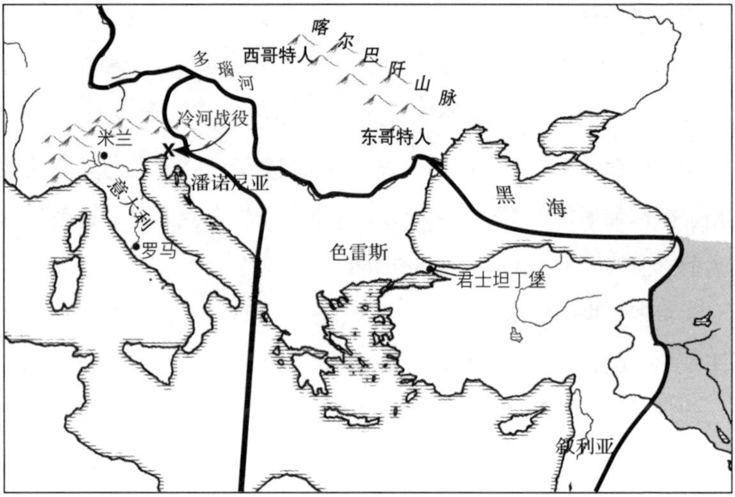

地图 16–1 冷河战役

395 年，也就是战后第二年，狄奥多西去世。在他死后，狄奥多西与第一任妻子所生的两个儿子以共治奥古斯都的名义划分各自的管辖区。18 岁的阿卡狄乌斯（Arcadius）登上了君士坦丁堡的帝位，霍诺留则继承了西部帝国的帝位。当时，霍诺留年仅 10 岁，因而狄奥多西临终时嘱咐斯提里科将军担任他的监护人，斯提里科将军有一半汪达尔人的血统。他还将其 7 岁的女儿帕拉西达（Placidia，年轻貌美的第二任妻子加拉所生）托付给斯提里科和他的罗马妻子塞雷娜抚养。名义上，斯提里科因为蛮族人的身份无法称帝，而实质上，他才是大权在握的皇帝。

在东部，阿卡狄乌斯性情温顺，容易受到胁迫，他在鲁菲努斯（Rufinus）将军的协助下掌控帝国。鲁菲努斯是皇帝的贴身侍卫首领，是东部帝国的最高军事长官，也是帝国的最终决策者。像斯提里科一样，他拥有最高权力。佐西穆斯写道："整个帝国被阿卡狄乌斯和霍诺留掌管，他们在名义上的确拥有帝国的最高统治权，但真正行政事务的大权却掌握在东部的鲁菲努斯和西部的斯提里科手中。"鲁菲努斯与斯提里科不同，他没有蛮族血统；他怀有野心，希望将来能成为皇帝。[2]

帝国的两个部分现在受到狄奥多西一世以前的盟友阿拉里克的威胁，他曾在冷河战役中指挥哥特人的罗马同盟军。在狄奥多西死后，阿拉里克希望正式成为罗马军队的司令官——大元帅（magister militum）。然而，两位皇帝都不肯赐予他这份殊荣。确切地说，这归咎于他的哥特血统。他的军队已经表现出不满情绪；很多哥特人（超过 1 万名）在冷河战役中牺牲，于是他们怀疑自己一直被当作罗马正规军的人肉盾牌。

阿拉里克并没有继续争取罗马特权，相反，他掌控了哥特人的军队，任命自己为最高指挥官和元首。如此一来，阿拉里克成功缔造了一个新的国家——西哥特王国，并成为首位国王。[3]

罗马帝国末期的历史学家［最出名的要数约旦尼斯和卡西奥多罗斯（Cassiodorus）］将哥特人分为两部分：东部的东哥特人与西部的西哥特人。但是这些名称不代表民族，它们只是一种从地理上简单区分哥特人的方式：一部分居住在靠近黑海的地方，一部分住在更远的地方。阿拉里克时期之前，并不存在一个真正意义上的哥特王国。相反，只有一群不断迁移的日耳曼部落，他们有时一致对外，有时互相对抗。

阿拉里克的哥特军队之所以能够团结一致，并不是因为他的士兵来自同一个部落（尽管他们都拥有相近却不纯正的日耳曼血统），而是因为他们形成了一支具有凝聚力的军队。当阿拉里克宣布成为国王之后，他们第一次拥有了军队之外的另一个身份。他们变成了一个自治的族群，他们依靠同一个目标而非单一的部落血统凝聚在一起。这种新的联盟形式得名于他们中许多人曾生活过的地方——西部哥特土地；但是，它也包括那些来自更东部的哥特人以及北部的其他部落成员，即“西哥特人”。历史学家将这个过程称为“族群形成”（ethnogenesis）：一个联盟因为某种必然性或者地理因素维系在一起成为一个族群，拥有自己族群的名称、历史以及王族世系。[4]

正是由于面对被罗马人蔑视的外界压力，阿拉里克领导下的西哥特人已然变成一个独立的族群，而且他们还生活在罗马帝国的腹地。西哥特王国的人们内心充满愤懑，还填不饱肚子，但他们拥有一个具有丰富军事经验的强大领袖。因此，他们在王国成立之后的第一次行动就是突袭周边的罗马各省，抢走他们认为应属于他们的东西，并谋划选定一条进军君士坦丁堡的路线。[5]

东部帝国的皇帝阿卡狄乌斯和他的将军（真正的幕后主人）鲁菲努斯并没有做好抵挡的准备。大多数罗马军队都在斯提里科的率领下驻扎在靠西的地方。面对求助，斯提里科答应派兵抗击阿拉里克。然而阿拉里克却顺势撤退，转而开始劫掠希腊的乡村，究其原因，要么是因为这场激战存在危险，要么（更有可能）是因为斯提里科与他进行了私下谈判。

然后，罗马士兵继续向君士坦丁堡进军；很显然，斯提里科早已命令他们加入东部大军，以算作对东部帝国皇帝阿卡狄乌斯的支持。当部队兵临城下之际，阿卡狄乌斯出城迎接，他的将军鲁菲努斯尾随其后。当时的罗马诗人克劳狄安（Claudian）记录了随后的事件：

鲁菲努斯及密集的士兵跟在君王后面
军队也排开长队紧随其后
但是他们逐渐首尾相接
形成了一个被鲁菲努斯忽视的圆圈
中心空间变得越来越小
还有密密麻麻的像翅膀一样的盾
逐步形成了越来越小的圆圈……
然后一个比其他人更大胆的人拔剑出鞘，向前一跃
于是无数攻击的话语和闪烁的眼光直冲鲁菲努斯射去
其他人立刻举起长矛向他刺来，他被刺得千疮百孔……
他们在他还没断气时挖出他的眼睛
用脚踩着他贪婪的面孔
有人砍下了他的双臂
一个人砍断他的脚，另一个人把他的肩胛硬生生地拽下来
一段连着脊椎的碎裂的肋骨，他的一个肝脏，他的心脏
和他还在喘气的肺
他们的愤怒没有完全发泄，他们的仇恨没有能够平息[6]

按照西罗马帝国官方的说法，那些士兵的所作所为皆为一时冲动之举。但是，克劳狄安坚持认为，首先刺向鲁菲努斯的那个哥特士兵跳上前去大声喊道："这是斯提里科的手在惩罚你。"他并非唯一一个把这次事件归咎到斯提里科头上的人；佐西穆斯发现两位帝国皇帝的幕后操纵人都不得人心（他抱怨道，"在各自的城市里，来自各个渠道的钱财从四面八方流向了鲁菲努斯和斯提里科的金库"），他也认为是斯提里科下令展开的刺杀行动。[7]

倘若真的是斯提里科所为，这是他企图将他的权力触角延伸到整个帝国的第一步。然而，软弱无能的阿卡狄乌斯身边的另一位侍臣迅速崛起，填补了这一权力空缺：他就是宦官尤特罗庇乌斯（Eutropius）。据佐西穆斯记载，尤特罗庇乌斯的威望还不如死去的鲁菲努斯。他“醉心于捞取财富，自我陶醉，心比天高”。并且，他比鲁菲努斯更危险，因为他现在对他的敌人心知肚明。“他回忆道，”佐西穆斯说，“斯提里科在西罗马帝国只手遮天；因此……他说服皇帝召开元老院会议，然后通过法令公开宣布斯提里科是帝国的敌人。”[8]

尤特罗庇乌斯并非皇帝，他无法带兵夺取西部帝国的权力。他只好借助法律当武器，他的这种做法把罗马帝国的二元性暴露在众目睽睽之下。罗马帝国一直受两位君主的掌控，有两个都城，但是，名义上它仍然是以单一的疆域存在的帝国。然而，一分为二的分裂局面已然变得清晰可见：斯提里科是西罗马帝国的监护人，而如今在东罗马帝国却是一个法外之徒。

时间线 16						
高句丽	百济	新罗	罗马帝国		西哥特人	波斯帝国
			尤里安（360—363）			
			约维安（363—364）			
			瓦伦提尼安（364—375）	**瓦伦斯**（364—378）		
			哥特战争（367—370）			
小兽林王（371—384）						
佛教传入			**格拉提安**（375—383）	**瓦伦提尼安二世**（375—392）		
			狄奥多西（379—395）			**阿尔达希尔二世**（379—383）
			君士坦丁堡公会议（381）			
	枕流王（384—385）		**马格努斯·马克西姆斯**（383—388）			**沙普尔三世**（383—388）
			《狄奥多西法令》			
广开土王（391—412）						
			尤金尼乌斯（392—394）			
			冷河战役（394）			
			霍诺留（395—423）	**阿卡狄乌斯**（395—408）		
					阿拉里克（395—410）	

/ 17

罗马沦陷

396 年至 410 年间，阿非利加行省暴乱，西罗马皇帝撤至拉韦纳，西哥特人洗劫罗马。

对于北非沿海的罗马民众来说，权力的争夺和更替早已不足为奇。几个世纪以来，他们都生活在双重权威之下：既受遥远皇帝的统治，又遭皇帝派驻在地方的代表，也就是罗马行省总督的欺凌。阿非利加远离罗马；而罗马行省总督表面上对皇帝阿谀奉承，私底下与皇帝的旨意对着干是再平常不过的事了。

396 年，斯提里科与尤特罗庇乌斯骑马比武，以争夺对帝国的控制权，与此同时，一位新的主教受命接管繁华海滨城市希波（Hippo Regius）的基督教会。这位新任命的主教就是奥古斯丁。奥古斯丁是一名非洲土著裔的罗马国民，在迦太基的罗马学校受过教育。他努力对自身接触的两大对立权威的本质做出解释，为人们了解这个世界提供一幅栩栩如生的虚构画面——不仅整个基督教会，乃至西方世界的国王们都想要搞清楚这一点。

奥古斯丁 20 多岁的时候曾住在罗马，担任修辞学教师；30 多岁的时候，他在米兰定居，师从主教安布罗斯，安布罗斯既是他的朋友也是他的导师。在他人生的大多数时候，他都是一名摩尼教徒。摩尼教是由波斯先知摩尼早在一个多世纪前创建的；摩尼教宣扬，宇宙是由两股强大的力量构成，即永远处于对抗的善良力量与邪恶力量，万事万物在本质上都是邪恶的，人类只有通过尽可能地减少与邪恶物质的接触来回归善良。[1]

在倾听了安布罗斯的教导之后，奥古斯丁放弃了他信仰多年的摩尼教，经过一番思考之后，他决定成为一名遵循《尼西亚信经》的正统教派的基督徒。他接受新的基督教教导，这令他陷入越来越多的迷茫与苦恼之中。一天，当他坐在米兰的一座花园里，为心中的苦恼而哭泣时，他听到一个孩童诵唱的声音："拿起书来读吧，拿起书来读吧。"他认为这是命令他把身旁圣保罗写给罗马人的书信拿起来。就在阅读之际，他即刻意识到自己对基督的信仰：他在自传中写道："那一刻，救济之光涌入了我的心扉，因疑虑而生的全部阴霾顷刻间烟消云散。"[2]

他回到家乡，在教会中谋得一个职位。但是，由于基督教会面临的纷争，他所在的北非教会变得四分五裂。北非的基督徒们争论的焦点不在于基督的本质，而是与教会本质有关的问题。

这场争论源于 100 年前戴克里先对基督徒施加的迫害。戴克里先曾下令处死整个帝国的基督徒，但是在北非，当地的罗马官员并未执行对基督徒施加迫害的命令。相反，他告诉当地的牧师说，只要基督徒们交出《圣经》以表明他们改变宗教信仰，他们就可以做自己的事情了。[3]

有人这样做了，有人则拒绝了。迫害一结束，曾经拒绝官员提议交出《圣经》的基督徒们猛然发现，有一个曾经向当局上交《圣经》的教士将被任命为迦太基的主教，这令他们非常愤怒。他们坚称，这个人所行使的任何洗礼都是虚假的，他的主教辖区会玷污整个基督教会。[4]

在多纳图斯 · 马格努斯（Donatus Magnus）的领导下，北非的基督徒们举行抗议活动，因此他们被称作多纳图斯派信徒。他们认为教堂是彰显上帝恩惠的圣洁之地，神职人员在这里把上帝的福音传达给信徒。对于多纳图斯派信徒来说，洗礼仪式是有其实际作用的，而且，只有管理他们的牧师本身是一个神圣之人，圣餐才是真实的。多纳图斯派领袖帕提利努斯（Petilianus）质问道："因为自己的恶行而有罪的人怎么能为其他有罪之人赎罪呢？这是邪恶的行为！"[5]

对此，奥古斯丁回应道："没有人能为自己的邻居赎罪，因为他不是上帝。"他的回答反映出了罗马主教的立场：教堂是彰显上帝恩惠的圣洁之地，传道者之所以能将上帝的福音传给信徒，并不是因为他们有能耐身居要职，而是因为传道是上帝的意旨。多纳图斯派信徒是最早的基督教清教徒，他们最早坚持教会理应是圣洁与正直之人的聚集地，应清除那些邪恶、卑鄙之徒；与之相反的是，那些正统的教会思想家则宽宏大量，他们认为人们试图去净化上帝的教堂是不可能的（也是完全错误的）。[6]

应多纳图斯派信徒的要求，奥古斯丁为教会做了一个界定，他写道，教会归根结底还是一个"混合体"，是真正的信仰者与伪善者暂时聚集在一个阵营中的地方。他总结道，"教会宣称两者当下皆存在，这是因为好鱼与坏鱼同一时间混在同一张渔网中。"不应由世人区分善恶；只有到了最后，当基督归来，一切尘埃落定之际，欺诈才会被大白于天下。[7]

这可不是一个小问题，而是个严重的问题。北非的动乱最终衍生出了宗教裁判、异端审判和英国清教徒。尽管这是一个神学上的问题，它却受政治的影响。在成为一名真正意义上的罗马人这一概念越来越模糊的混乱年代，多纳图斯派教徒坚持创造一个他们能够掌控的身份以及一个界定十分清晰的组织——毫不含糊，非常明确。

只不过，在接下来的几年中，这种政治混乱变得更加糟糕。397年，阿非利加行省起义造反。起义的首领是阿非利加野战军指挥官（Comes Africae）吉尔多（Gildo），他是在北非的罗马领地上负责防御的官员。由于北非是西罗马帝国的一部分，它掌控在年轻的君主霍诺留和他的监护人斯提里科手中。但是，斯提里科的死对头，也就是东罗马帝国皇帝阿卡狄乌斯的幕后操控人宦官尤特罗庇乌斯，曾说服吉尔多拒绝向霍诺留效忠。佐西穆斯写道："（相反，）他投奔到阿卡狄乌斯的麾下，斯提里科（为此）极为不悦。"[8]

这次反叛给斯提里科带来一个直接难题，毕竟北非的沃土正是帝国西部的主要粮食供应地。吉尔多的第一步行动就是劫持前往罗马的玉米运输船，这一举动很快令城中的百姓陷于饥饿之苦。作为回应，斯提里科说服元老院向吉尔多宣战。在吉尔多弟弟马斯塞泽尔（Mascezel）的指挥下，5000 名罗马士兵乘船到达非洲，迎战吉尔多和他的 7 万大军。马斯塞泽尔不仅要为罗马复仇，也要为他的两个儿子复仇，吉尔多杀害了他的两个儿子，他们也是吉尔多的亲侄子。

这本来应该是罗马军队进行的一场大屠杀，结果却变成了一场滑稽剧。马斯塞泽尔与吉尔多的掌旗官正面交锋，他挥剑向这位旗手的手臂上砍去；旗手扔下了手中的旗帜，看到此种情况，所有吉尔多的护旗手都认为已经下达了投降指令，因而纷纷放下了手中的旗帜。在他们身后的士兵们立即选择投降。双方几乎没有任何伤亡，马斯塞泽尔就宣布取得了胜利。吉尔多试图逃跑，不料他的船却被风吹回非洲海岸，他不得已自杀了。

在宣布斯提里科为东罗马帝国的敌人之后，尤特罗庇乌斯已经赢得了权力战争的第一回合；如今，斯提里科重新宣布非洲北部归西罗马帝国所有，这就赢回了第二回合。尤特罗庇乌斯的阴谋宣告失败，变得不堪一击。不久，他就走向了他死去的前辈鲁菲努斯的命运。哥特王国的将军盖纳斯（Gainas）率军抵达君士坦丁堡皇宫，要求皇帝处死尤特罗庇乌斯，然后由自己取而代之，成为阿卡狄乌斯的幕后控制者。不到一年，盖纳斯也把命搭了进去，此时，另一位名叫弗拉维塔（Fravitta）的哥特士兵成了阿卡狄乌斯的执政官与谋士。

接下来，另一场危机降临到西罗马帝国的斯提里科和霍诺留的头上。400 年，仍然掌管着新国家的西哥特国王阿拉里克率军入侵意大利的北部。随他而来的不仅有西哥特的士兵，还有士兵们的一家老小。他们打算找个地方定居下来。

西哥特人的入侵迫使霍诺留和他的朝廷逃离米兰，在拉韦纳寻找藏身之所。拉韦纳四周沼泽地环绕，防御也相对容易，但是想要从这里发动一场对西哥特人的战争是不可能的。西罗马帝国正在努力自保，势力日渐衰微。两年后，西哥特人就占领了意大利北部。

与此同时，在东罗马帝国，阿卡狄乌斯做了父亲，有了个儿子——未来的皇帝狄奥多西二世。对于皇帝们来说，立一名还在襁褓中的婴孩担任共治皇帝已成惯例；如此一来，如果父亲去世，被加冕的储君就可以随时继位。但是，阿卡狄乌斯害怕宣布他的儿子

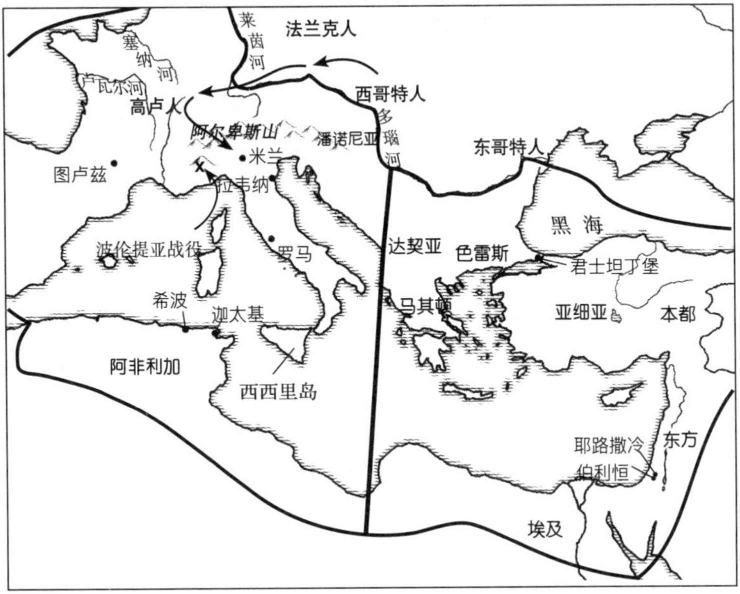

地图 17–1　西哥特人入侵

成为他的共治皇帝，会成为给这个孩子下达的死刑执行令。阿卡狄乌斯知道自己始终处于危险之中，如果自己死了，没有人能够捍卫他儿子的权力。“若皇帝离世，而遗孤又举目无亲。此时很多觊觎皇位的人必然会乘虚而入。若他们最后篡夺皇权，那么狄奥多西二世难免会有性命之忧。”罗马历史学者普洛科皮乌斯写道。阿卡狄乌斯不敢奢求自己能得到霍诺留的帮助，毕竟眼下的意大利已经是千疮百孔了。[9]

于是，阿卡狄乌斯转而向波斯人求助。早在 20 年前，斯提里科代表阿卡狄乌斯的父亲与波斯谈判以后，波斯一向与东罗马帝国和平共处；当时波斯国王沙普尔三世同意斯提里科所提条款。后来他的王位传给了他的小儿子伊嗣俟一世（Yazdegerd Ⅰ）。普洛科皮乌斯说，伊嗣俟一世“继续维持与罗马和平相处的政策”。[10]阿卡狄乌斯对伊嗣俟一世的深情厚谊印象深刻，他看到自己的帝国内无人可以信赖托付，因此请求伊嗣俟一世充当其幼子的监护人。

普洛科皮乌斯曾写道：“意大利的局面一团糟。”不过有了逐渐转好的迹象。402年，斯提里科成功阻止了西哥特人的入侵。4月6日这天，他率军迎战阿拉里克的军队，在波伦提亚战役（Battle of Pollentia）中最终大获全胜。

这并不算是一次非常光荣的胜利：4月6日恰逢复活节，尽管阿拉里克曾经身为蛮族人，但是信奉基督教的他认为复活节是一个神圣的节日，这一天禁止发生战争冲突。斯提里科无视这一禁忌，集结军队出击，（据诗人克劳狄安所言）大声呐喊为他们打气：“赢得这场胜利，重塑罗马帝国昔日的辉煌；帝国的大厦已摇摇欲坠，用你们的臂膀支撑起它！”[11]

随后发生的这场战役对于双方而言都代价不菲，双方都伤亡惨重，不过，当斯提里科的士兵们冲进阿拉里克的军帐，活捉了他的妻子后，战斗就宣告结束了。两人通过谈判签订协议，斯提里科归还阿拉里克的妻子，阿拉里克则将意大利北部还给斯提里科。阿拉里克退回到阿尔卑斯山，仍然没有自己的一片家园。[12]

但是，即便取得了意大利战斗的胜利，西罗马帝国仍然处于风雨飘摇之中。罗马帝国统治下的不列颠尼亚也面临着严重的问题。当马格努斯 · 马克西姆斯跨越重重阻隔入主高卢称帝时，他带去的都是罗马军队的精兵强将，在此后的数年里，剩下的士兵们拼命抗击“凶猛的不列颠人”，阻挡这群来自北部和海洋的入侵者。407年，在不列颠尼亚的罗马帝国残余军队与远在拉韦纳的罗马宫廷之间的政治关系日益紧张，于是他们拥立他们的一位将军为皇帝，即君士坦丁三世。和马克西姆斯一样，君士坦丁三世并不满足于只做不列颠尼亚的皇帝，因为不列颠尼亚地处偏远，如同是罗马帝国的西伯利亚地区；他也着手准备出征高卢和伊比利亚半岛。[13]

就在君士坦丁三世率军向东进发之际，霍诺留突然要求获得独立，他想要走出斯提里科的阴影。如今他已经 23 岁了，想必是厌倦了由斯提里科替他操纵人生、控制帝国的做法。他开始听信各种流言蜚语，例如斯提里科正计划让他的儿子迎娶霍诺留的妹妹帕拉西达；在狄奥多西死后，帕拉西达一直由斯提里科和他的妻子抚养，如今已经 19 岁了。这听起来像是一场权力游戏：也许，斯提里科卸任之前再也无法拥有皇帝这一头衔了，但是，他那带有少量汪达尔人血统的儿子如果拥有一位皇室妻子，倒有可能染指皇位。[14]

霍诺留听信宫廷中那些指控斯提里科密谋叛国的罗马官员的话，逮捕了他的监护人斯提里科，并于 8 月 23 日那天，在拉韦纳处死了斯提里科。当时斯提里科还不到 50 岁，却已效忠罗马帝国 30 多年。

看到他强大的老对手已死，尚在中欧漫无目的游荡的阿拉里克率领西哥特人马立即返回，对罗马城展开围攻。罗马元老院竭力促成和谈，许诺只要他撤兵，便同意偿付给他金银、丝绸、皮革以及香料。阿拉里克拿了赎金和财物之后就撤退了，但是，他并不仅仅是为了得到这些钱财。409 年，他捎给霍诺留一个信息，威胁称如若霍诺留不在伊利里库姆（Illgricum）给西哥特人留一片立足之地，他就会向罗马城发起第二次围攻。阿拉里克仍然在寻找那片遥不可及的家园。*

霍诺留拒绝了他的要求，随后，阿拉里克兑现了他之前的威胁，率军大举围攻罗马。这一次围攻持续时间更长，直到罗马城内补给断绝，并开始遭受瘟疫之苦。阿拉里克拒绝撤军，扬言除非他获得一席安身之地，否则他要眼睁睁地看着这座城市因饥饿折磨而灭亡。

霍诺留舒舒服服地躲在拉韦纳，没有提供任何援助。在君士坦丁三世离开之后，他就已经收到了留在不列颠尼亚的罗马士兵请求支援的消息，他只是敷衍了一下，命令他们自行应对。他没有士兵可以增派到不列颠尼亚或罗马去救援。

因此，罗马元老院只好向阿拉里克提出和谈交易。罗马人民绝对不会接纳阿拉里克当他们的皇帝，但是，元老院将会任命元老院资深议员阿塔罗斯（Attalus）为一国之君，取代霍诺留皇帝的地位。然后，阿拉里克可以成为他的大元帅，做最高军事统帅；就像之前的斯提里科一样，除了不是名义上的皇帝，他将统治一切。

为了达成这份交易，西哥特王国与元老院互换人质，这一做法意在以人质的生命安全来确保双方遵守达成的协议。罗马人送出的人质名叫埃提乌斯（Aetius），年仅14岁，是一位罗马高级官员的儿子；他必须在西哥特待到成人为止。[15]

现在，西部帝国一共有三位皇帝：拉韦纳的霍诺留、罗马的阿塔罗斯以及高卢的君士坦丁三世。没过多久，在伊比利亚半岛上，一名罗马官员也自立为帝。任何期望依靠基督教信念凝聚分崩离析局面的想法完全破灭了。重新统一西罗马帝国的唯一希望就是四位

---

* “伊利里库姆”包括潘诺尼亚、达契亚、色雷斯以及马其顿等省份，也就是现在的奥地利、斯洛文尼亚、克罗地亚、波黑、塞尔维亚、保加利亚、马其顿和阿尔巴尼亚等国家。

中的一位能征服其他三位。

很快，名义上的皇帝阿塔罗斯和他的最高军事统帅阿拉里克就分道扬镳了。当时，元老院建议组建一支西哥特人和罗马人的联合部队，由一名西哥特军官来指挥，阿塔罗斯听后愤然拒绝。他认为，让一名西哥特将领来指挥罗马士兵是一种耻辱。看到阿塔罗斯如此排外，反对蛮族人担任联合军指挥官，阿拉里克勃然大怒，命令阿塔罗斯到位于意大利东北部海岸的阿里米努姆（Ariminum）来拜见他。在那里，他强行夺走了阿塔罗斯的紫袍和王冠，并把他囚禁在了自己的营帐中。[16]

然后，阿拉里克率军杀回罗马。410 年 8 月，他抵达罗马城下，不费吹灰之力，长驱直入。他愤懑不平；多年以来，他一直努力试图取得罗马那些守旧权贵们的认可，尽管他有蛮族的血统，但他想靠自己的技能和本事来弥补先天的不足，然而，这种认可他却始终求而不得。盛怒之下，他命令士兵们洗劫这座城市，喜欢什么就拿什么，夺回那些本应该属于他们的东西。西哥特人闯入金库，抢走了金币和财宝，并放火烧掉了所有那些他们想要而得不到的东西（尽管阿拉里克告诉他们不要损坏教堂）。阿拉里克还掳走了霍诺留的妹妹帕拉西达。

这次发生在 410 年的事件史称“罗马之劫”，和以往罗马遭受的更沉重打击相比，这一次沦陷并未对这座城市造成太大破坏。然而，对于广大的帝国公民而言，无论他们身在东部帝国还是西部帝国，这都是一次令人震惊的警示。这座不朽之城，这座他们曾经认为将会屹立不倒的罗马城已经变得如此孱弱，就这样被一支西哥特部队几乎不费吹灰之力蹂躏。公元前 387 年，那时的罗马城还不是帝国的一部分，从那时起近 800 年来，还没有任何一支外族军队曾侵入这座城市。哲罗姆年轻时曾任罗马主教的秘书，如今已经年近古稀，退隐家中了。他住在东罗马，离伯利恒（Bethlehem）很近。哲罗姆一直致力于将经文翻译为拉丁文，供西罗马人使用。他后来写道："每每想到那次战争，我就悲从中来，泣不成声。这个曾经称霸世界的城市如今却被他人占领了。"[17]

在北非，奥古斯丁听闻此消息也悲痛万分。面对罗马的沦陷，他开始创作历史巨著《上帝之城》（*The City of God*）。很显然，罗马不再是那座曾经的不朽之城了。它曾经是一座上帝之城，服务于上帝的意旨，现在已经沦为一个世俗王国，它的辉煌时代已然过去。但是，罗马主教的命运又将如何？难道这座城市的衰败也意味着基督教会的凋零吗？

为了找寻解答，奥古斯丁耗费了整整 13 年的时间。他再一次使用了双重存在和二元权威的概念。他写道，罗马就是一座世俗之城，而且，在任何时候和任何地方，世俗之城与上帝之城共存，上帝之城才是真正的不朽之城，无形的精神王国。人类有权选择他们在哪一座城市居住。并且，尽管世俗之城和上帝之城的目标偶尔会交融（居民们也觉得他们能够和谐相处），但是居民们却有着迥异的最终目的。世俗之城的人们追求权力；上帝之城的居民们只敬仰上帝，追求上帝的荣耀。罗马已经沦陷，然而上帝之城将会永远留存下来。

时间线 17

罗马帝国		西哥特人	波斯帝国
狄奥多西（379—395）			
君士坦丁堡公会议（381）			
马格努斯·马克西姆斯（383—388）			**沙普尔三世**（383—388）
《狄奥多西法令》			
尤金尼乌斯（392—394）			
冷河战役（394）			
西罗马帝国	东罗马帝国		
霍诺留（395—423）	**阿卡狄乌斯**（395—408）	**阿拉里克**（395—410）	
奥古斯丁任希波主教（396）			
			伊嗣俟一世（399—420）
波伦提亚战役（402）			
君士坦丁三世（407—411）			
阿塔罗斯（409）			
罗马沦陷（410）			

/ 18

一性论与二性论

408 年至 431 年间，波斯国王因捍卫东罗马帝国皇位而不得人心，一场关于神学的争论揭示了更深层的分歧。

东罗马帝国的皇帝阿卡狄乌斯原以为自己会死得轰轰烈烈，然而到头来，一场疾病夺走了他的生命。408 年，他去世后，东罗马帝国的皇位传给了他年仅 7 岁的儿子狄奥多西二世。

得益于波斯国王伊嗣俟一世的监护，狄奥多西二世安然继承皇位。伊嗣俟一世尽职尽责，捍卫少主的权力。他给年幼的皇帝找了一位学问高深的波斯老师；他还给东罗马帝国的元老院写信，详细阐明了他保护狄奥多西二世的意图，并且威胁说，谁要是胆敢进攻东罗马帝国，他就向谁宣战。“伊嗣俟一世在位长达 21 年，”东罗马帝国的历史学家阿伽提亚斯（Agathias）告诉我们说，“在位期间，他从未对罗马人民发动战争，也从未以任何方式伤害他们，他的一贯主张就是和平与安定。”[1]

他的这一态度并不受波斯人的拥护。宫廷里的那些波斯贵族们极其厌恶他的和平政策。他们甚至也看不惯他在自己的国家里对基督教的宽容；对他们来说，基督教根本不是什么宗教信仰，而是对罗马忠诚的象征。伊嗣俟一世赢得了来自罗马帝国的基督教历史学家们的赞誉；但是，波斯人给他起了一个“罪人伊嗣俟”的绰号，而且，阿拉伯世界的历史学家普遍把他塑造成反面形象。穆斯林作家泰伯里说：“他的臣民们只有通过坚持以前的统治者们的优良传统和高贵品质，才能使自己忍受他的严酷以及暴政所带来的苦难……”

换言之，波斯人非常渴望回到昔日他们与罗马人争夺统治权的美好时光。他们一直抵制伊嗣俟一世颁布的政策和法令，这只能让他变得越来越强硬，强行推行他的政令。下面是对他的一个负面评价：“他人性险恶，性情暴烈，把小的过失无限放大，把芝麻大的问题看成极大的罪恶。”泰伯里挑剔地写道。[2]

最后，伊嗣俟一世还是妥协了。当时，泰西封有位过度狂热的基督教牧师，企图放火烧毁宏伟的琐罗亚斯德教寺庙，伊嗣俟一世下令严厉惩罚这些波斯基督徒。

这就使得伊嗣俟一世与东罗马帝国之间产生了裂痕——尤其是引发了狄奥多西二世的姐姐普尔喀丽娅的不满，她比皇帝年长两岁，是一个虔诚的基督徒。普尔喀丽娅早在15岁时就已是个厉害角色，她曾说服罗马元老院任命她为女皇，和皇帝共同治理国家。420年，普尔喀丽娅21岁，她的弟弟狄奥多西二世19岁，她说服她弟弟向他此前的监护人宣战。[3]

然而，这次对波斯基督徒的严厉惩罚仍然不能让波斯贵族老老实实地听话。420年，伊嗣俟一世在穿越位于里海东南部的赫卡尼亚地区的途中去世。官方的说法是他突发疾病去世，但是，一则古

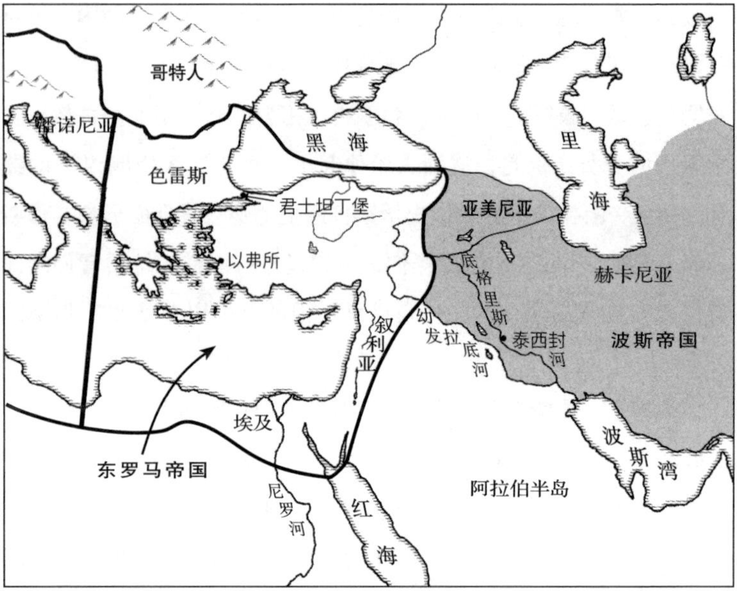

地图 18–1 波斯和东罗马帝国

老的波斯故事却记载了另外一种更为惨烈的结局：当时伊嗣俟一世正在行进途中，突然一匹神马从附近的河里一跃而起踩死了他，然后又跳回河中消失了。马是波斯贵族的象征，毫无疑问，这一定是事先埋伏在那里，等着伏击国王的。[4]

几乎是在顷刻间，波斯王储也被侍臣暗杀。波斯王储从小由伊嗣俟一世抚养长大，是准备继承他的政策的。波斯国王的二儿子巴赫拉姆（Bahram）此前一直被父亲流放在阿拉伯半岛，现在回来接替了他哥哥的王位，加冕成为巴赫拉姆五世。泰伯里写道，当巴赫拉姆走进这座宫殿时，伊嗣俟一世的前任大臣立即上前恭迎，结果却为他的英俊相貌所震惊，甚至忘了要行叩拜大礼，通常这是波斯人要对君王行的礼节。这则故事反映出波斯人笃信琐罗亚斯德教《阿维斯陀经》的说法，只要是拥有天命的帝王都有这种神圣的“光环”环绕，这种“王家光辉”证明他有能力执掌大权。巴赫拉姆的统治正如狄奥多西曾经的统治一样，合法性都来自神的意愿。[5]

为了避免再犯类似父亲那样的错误，巴赫拉姆五世继续对基督徒们施加迫害。为了应对狄奥多西二世的宣战，他还通过进攻来加强防守，集结了一支由 4 万兵马组成的军队，向东罗马帝国的边境发起进攻。这场战争持续时间不长。不到一年，狄奥多西二世和巴赫拉姆五世就决定签署停战协议，他们认识到这样做更明智。双方势均力敌，难分伯仲，如果打下去肯定是一场漫长而痛苦的战争。双方均同意不在边境上修建新的堡垒，并且不再干涉住在沙漠边缘的那些阿拉伯部落（这两个帝国都在主动向阿拉伯部落示好，以争取他们的效忠，波斯人愿同他们友好结盟，罗马人则派出了基督教传教士）。

“当他们决定达成协议之后，”普洛科皮乌斯总结道，“双方都开始专注于自己的事务。”[6]对于狄奥多西二世来说，他要娶姐姐普尔喀丽娅替他选定的女人为妻。他和姐姐、皇后三个人一起生活在皇宫里。

得益于早些年和波斯签订的和平条约，狄奥多西二世的王朝如今实现了一定程度上的稳定，这使得东罗马帝国能够像一个真正的帝国一样正常运转，而不再是一个将军们都忙于互相残杀的战场（西罗马帝国目前就是这样的状态）。如今，狄奥多西二世享受到了真正的统治乐趣，而不再是仅仅为了生存而斗争。429 年，他任命了一个立法委员会，将其帝国管辖范围内所有的不规范以及相互矛盾的法律整合起来，形成一部独立、清晰的法典，即《狄奥多西法典》。* 他因修建保护君士坦丁堡的新城墙，即狄奥多西城墙而备受好评。而且，他还在君士坦丁堡创立了一所学校，教授法律、拉丁语、希腊语、医药学、哲学以及其他高级学科，这所学校最终变成后来享有盛誉的“君士坦丁堡大学”，它是欧洲最古老的大学之一。

创办这所大学的目的是取代雅典的罗马大学，该大学是古罗马宗教留存下来的最后一座堡垒。帝国的文化中心开始向东部转移，原因是东部相对和平而西部一片混乱。此外，在君士坦丁堡大学，一共有 13 个“席位”或者说教学职位是给拉丁文教师的，而有 15 个是给教授希腊语的教师的；由于哲罗姆翻译的《圣经》在帝国西部依然广受欢迎，教授希腊语和希腊哲学的职位要多于教授拉丁语的。二者差异虽小，但对于希腊语和希腊哲学来说却意义重大。[7]

431 年，狄奥多西二世不得不着手解决另一个饱受争议的神学问题，这一争议在以弗所公会议上全面爆发。

阿里乌派（其教义宣称基督是由圣父上帝创造的，而非与之共存）仍然存在，然而，它已经从帝国的核心位置被推向边缘：人们认为它是野蛮人的宗教，是没有被罗马人的身份完全同化的象征。但是，关于基督的真正本质的问题却远未得到解决。在那些坚守《尼西亚信经》的正统教徒中，产生了一个新的教派，他们宣称基督既是神也是人。然而，这两种性质是如何互相联系起来的呢？由此便产生了两个教派。第一个教派认为，这两种性质已然神秘地合二为一，集中在基督身上，无法被剥离开来；第二个教派则显得更为理性，认为不论神性还是人性，两种不同的属性都同时存在却又

---

* 这部法典完成于 438 年，是后来《查士丁尼法典》的立法基础；参见第 28 章。

各自不同，就像是一个罐子里两种不同颜色的大理石那样。[8]

这种认为基督只有单一属性的教派被称为基督一性论（Monophysitism），而那种认为耶稣是由两种属性合为一体的被称为聂斯托里派（Nestorianism），因为当时聂斯托里（Nestorius）是君士坦丁堡的主教，他坚定地支持这一教派。* 狄奥多西二世本人也是聂斯托里派的支持者，但是以弗所公会议在经过长时间的讨论之后，却最终否定了聂斯托里派的宗教主张，并且谴责聂斯托里为异端。狄奥多西二世被迫屈从于众人压力，将聂斯托里流放到一个埃及的修道院。

对狄奥多西二世来说这是一场失败，而他也感觉到了。这场争论不仅仅是神学上吹毛求疵的辩论，因为神学辩论中总会有这样那样的政治倾向。这场特别的争论部分涉及帝国的权力中心：支持人神一体的二性教派主要集中在安条克，而更加神秘的一性教派则集中在亚历山大。这两座城市在帝国中都有举足轻重的地位。同样，对这两座城市里那些富有野心之人的权力亦是如此：西里尔（Cyril）是亚历山大的主教，信奉一性论（和罗马主教一样）；而君士坦丁堡的主教聂斯托里是二性论者。聂斯托里的被贬清楚地表明，罗马主教仍然处于教会权力体系的顶端。

对波斯人势力的恐惧让这次争论愈演愈烈。波斯人信奉琐罗亚斯德教，琐罗亚斯德教和基督教一样是一神论的宗教信仰；不过由于它是敌人的宗教，基督教义和琐罗亚斯德教只要有一点相似，就会引起罗马和亚历山大的基督徒的疑心。琐罗亚斯德教拒绝承认在这个世界曾经存在过任何神圣与尘世物质合二为一的东西，

---

* 这可以从对马利亚的称呼方式中窥见一斑。如果耶稣、上帝和人是神秘的一体，马利亚就是圣母，是上帝之母；反之，如果神性与人性合为一体，马利亚就是基督之母。

聂斯托里的二性论在某种程度上合乎波斯人的宗教模式，而神秘的一性论却完全不合乎这种模式。在那些远离边境的主教眼中，这进一步败坏了二性论的名声；他们怀疑聂斯托里曾受波斯哲学理念的影响。[9]

这场有关基督神性本质的神学辩论尚不能归结为政治或民族主义的斗争。不过，更大规模的战争会因此一触即发，两种截然不同的思维方式将陷入全面冲突。

实际上，关于基督一性论和二性论的争论和现代美国对于神创论的争论如出一辙。关于是否应按字面意思理解《创世记》中世界的创造，观点莫衷一是：这种世界观包含了超自然和无法解释的东西，有人担心承认它会破坏道德准则，也有人讽刺它只体现了咬文嚼字的学究的傲慢与优越感。在另一方面，完全否定所有神创论的主张（比如理查德 · 道金斯或者山姆 · 哈里斯的作品中的判断）也揭示出另一种担忧：人们担心接受有关地球起始的神秘解释，将会引发很多非理性和暴力的行为，或者对神创论的让步将会加强某些宗教团体的世俗力量。

在 5 世纪也是如此。在亚历山大、罗马以及君士坦丁堡，人们对有关基督的理论争论不休，并为神秘主义的地位和理性主义的力量大打出手，他们担心波斯的势力，从而完全摒弃了波斯文化，不仅如此，人们还怀疑东部帝国有可能在政治和实权上会控制西部帝国。

时间线 18

罗马帝国		西哥特人	波斯帝国
尤金尼乌斯（392—394）			
冷河战役（394）			
西罗马帝国	**东罗马帝国**		
霍诺留（395—423）	**阿卡狄乌斯**（395—408）	**阿拉里克**（395—410）	
奥古斯丁任希波主教（396）			
			伊嗣俟一世（399—420）
波伦提亚战役（402）			
君士坦丁三世（407—411）	**狄奥多西二世**（408—450）		
阿塔罗斯（409）			
罗马沦陷（410）		**阿陶尔夫**（410—415）	
			巴赫拉姆五世（420—438）
	《狄奥多西法典》（429—438）		
	以弗所公会议（431）		

/ 19

找寻家园

410 年至 418 年间，西哥特人在高卢西南部定居下来。

依靠罗马的支持，阿拉里克和他的西哥特大军一路挥师南下，入侵非洲，获得不少战利品和俘虏。

这次出征的时间不长，约旦尼斯告诉我们，在西哥特人从西西里岛出发后的航程中，一阵突如其来的狂风暴雨摧毁了船只，迫使他们撤回意大利南部。正当阿拉里克盘算着下一轮行动计划之时，一场疾病突然夺走了他的生命。他的手下将附近的布森图斯河（Busentus）改道，并“带领一众俘虏进入河床中央，为他挖出了一个墓穴。他们将阿拉里克葬在河道中央的墓穴里，还陪葬了很多金银珠宝，然后又将河水引回到原来的河道里。他们杀死了所有的挖墓人，这样也许就再也没有人会知道阿拉里克的墓葬在哪里了”。西哥特人的第一任国王穷其一生在找寻君王的功名，尽管从未得到认可，但至少他死后得到了一次英雄的葬礼。[1]

随后，西哥特人阿陶尔夫（Ataulf）继位。阿拉里克死后没多久，阿陶尔夫在意大利北部的一个小城市（很显然，西哥特人已然放弃了前往北非的计划）举行了结婚仪式，正式迎娶了帕拉西达。约旦尼斯说："他被帕拉西达的高贵、美貌和纯洁所吸引。"不管这是一次征服者与被征服者的浪漫结合，还是出于政治目的，正如约旦尼斯所说，结果都是一样的："如今，罗马帝国和哥特人似乎结为一体了。"阿拉里克终其一生既无法抹去一直拥有的罗马身份，也无法将其与自己的身份相融合；阿陶尔夫的这次婚姻就将西哥特人与罗马人的血脉混合在一起，因而此举起到了多重作用。[2]

结婚以后，阿陶尔夫认为，相比意大利南部或北非，高卢有更多可乘之机。当时，高卢正处于动乱之中。高卢曾一度落在不列颠尼亚的冒牌皇帝君士坦丁三世的手里，然而就在阿陶尔夫在意大利北部完婚之际，西罗马帝国的君主霍诺留派出一支军队跨过阿尔卑斯山，意图夺回高卢。这场重新征服几乎在瞬间就大获全胜。君士坦丁三世驻扎在高卢的士兵为了自保而纷纷叛逃，把他自己扔在乡下；正面遭遇罗马军时，他那疲弱的军队只会落荒而逃。君士坦丁三世逃向最近的教堂，让人授予了他神父的头衔。[3]

这种用十字架庇护自己的无耻企图只取得了暂时性的成功。阿拉里克曾拒绝烧毁罗马的教堂，而霍诺留（并不是像阿拉里克那样的蛮族人）绝不会比他更过分。他赦免了君士坦丁三世，但是将他囚禁起来。然而，在被带回罗马的途中，他却遭刺客暗杀，而他的同党，如约旦尼斯所言，也"意外地全部被杀"。他的基督徒伙伴之间团结得还不够，并没有强大到可以拯救这位觊觎帝位的挑战者的性命。[4]

正当霍诺留忙于应对君士坦丁三世之时，阿陶尔夫率领西哥特

地图 19–1　西哥特王国

人潜入高卢腹地。到 413 年，他们征服了高卢南部的古罗马领地纳尔榜南西斯（Narbonensis），阿陶尔夫建立了一个小型西哥特王国，定都图卢兹。最终，他为阿拉里克缔造的民族找到了一处合适的家园。

但是，阿陶尔夫并不满足于建立西哥特王国，而是梦想染指罗马帝国的统治。他与帕拉西达的婚姻赋予了他对未来世界的无限想象：不仅要控制组织散漫的西哥特王国，而且还要掌控整个帝国。

历史学家奥罗修斯写道：“既然他已经无法改变罗马，他希望通过哥特人的力量完全重建罗马，扩大罗马帝国的名声，希望子孙后代能记住他重建罗马的丰功伟绩。”[5]

阿拉里克曾经扶持阿塔罗斯为共治皇帝，随后却又剥夺了他的皇位，此后他就一直在西哥特军队里任职。如今，阿陶尔夫又为他加冕，再一次立他为皇帝，对抗霍诺留。

阿陶尔夫本可以更好地肩负起建设西哥特王国的重任。霍诺留派出他的大元帅、出生于罗马的君士坦提乌斯，讨伐这位新皇帝。君士坦提乌斯的军队不断侵扰西哥特王国，最终俘获了阿塔罗斯并将其处死，也使得阿陶尔夫的新生王国陷入饥荒与绝望之中。民众之中对阿陶尔夫的不满开始增加。415 年，他的一个手下将他谋杀，并自立为西哥特国王，但仅仅在 7 天之后，这个篡位者就被一名叫瓦里亚（Wallia）的军事首领杀死。[6]

瓦里亚放低姿态，派人给君士坦提乌斯捎信说愿意进行谈判。他会帮助在西班牙的西罗马帝国军队对抗入侵伊比利亚半岛的日耳曼部落联盟，他会将霍诺留的妹妹帕拉西达、年轻的人质埃提乌斯（当时 19 岁）和 5 年前在罗马抓住的战俘一起送回拉韦纳。作为交换，他想为西哥特王国换得高卢西南部的土地。

霍诺留同意了这个协议。历经将近 20 年的流浪，西哥特人终于拥有了自己的家园。

那些重获自由的战俘很快就被安排了为国家服务的工作。417 年，在帕拉西达返回拉韦纳的两年之后，她受哥哥之命嫁给了他的将军君士坦提乌斯，而他正是当年那个将她第一任丈夫阿陶尔夫逼入绝望与死亡境地的男人。我们无从知晓她说了什么，我们只知道她选择了服从。

时间线 19

罗马帝国			
西罗马帝国	**东罗马帝国**	**西哥特人**	**波斯帝国**
霍诺留（395—423）	**阿卡狄乌斯**（395—408）	**阿拉里克**（395—410）	
奥古斯丁任希波主教（396）			
			伊嗣俟一世（399—420）
波伦提亚战役（402）			
君士坦丁三世（407—411）	**狄奥多西二世**（408—450）		
阿塔罗斯（409）			
罗马沦陷（410）		**阿陶尔夫**（410—415）	
阿塔罗斯（415）		**瓦里亚**（415—419）	
			巴赫拉姆五世（420—438）
	《狄奥多西法典》（429—438）		
	以弗所公会议（431）		

418 年，霍诺留送出埃提乌斯作为另一次交换的人质。这次交换的对象是匈人，他们一直盘踞在边境，虎视眈眈，但同意达成一项临时的和约。和约规定双方互派青年男子到对方宫廷居住，以此形式来保证双方友好的诚意。霍诺留将埃提乌斯送与匈人做人质，而他才刚刚在家待了很短时间。同样，匈人则送出了军事首领鲁阿（Rua）的侄子作为人质：一个名叫阿提拉（Attila）的 12 岁男孩。

/ 20

笈多王朝衰落

415 年至 480 年间，笈多帝国日渐没落，此时，上座部佛教鼓励人们追求个人自我教化。

415 年，印度国王旃陀罗笈多二世离世，在他身后留下了一个内部矛盾丛生的王国。虽说帝国建立之初重现了阿育王旧日的辉煌，但这种辉煌却是建立在阿育王早已放弃的武力征服之上的。梵文是游牧入侵者带来的一种濒临消失的语言，此时它成为官方语言，复杂精致，用于教育。尽管疆域辽阔，但是对于大部分地区，国王却只是进行名义上的统治。

外患四起更加重了内部矛盾。旃陀罗笈多二世离世后，他的儿子鸠摩罗笈多（Kumaragupta）继位，此后在他统治的 39 年间，嚈哒人（Hephthalites）开始零散移居兴都库什山脉一带。

他们是游牧民，来自中亚广阔的大草原。印度人称其为匈奴人（Huna），不是因为他们与西方的匈人有关系，而是因为印度人曾用

“匈奴”通称所有山脉以北的游牧部落。*更确切地讲，哌哒人最有可能是突厥族的一个分支。5世纪期间，他们开始走出中亚的家园，向外迁徙。他们与波斯人的战争断断续续，已有40年之久。亚美尼亚的历史学家，拜占庭的福斯图斯（Faustos of Byzantium）说道，沙普尔三世曾迎战过“贵霜王朝大王”，这里的贵霜王朝就是指哌哒人。[1]

罗马历史学家也表示，哌哒人同其他游牧侵略者大不相同。“他们由一位国王统治，”普洛科皮乌斯写道，“而且，有一个合法的政府，公正公平地对待彼此和邻国，就像古罗马人和波斯人那样。”后来的阿拉伯地理学家将波斯人的历史纳入他们自己的圣书背景之中，按照他们所记载的宗谱，哌哒人是诺亚之子闪（Shem）的后代。但是，对北印度人民而言，他们只是操着不同语言的外族人，也就是传统意义上的野蛮人。[2]

鸠摩罗笈多将入侵的哌哒人驱逐出去，暂时保住了笈多王朝的疆域。有关他的其他成就的记载几乎无从查找，但一篇王室碑文却夸耀他“名扬四海”。而另一篇碑文则展示了他王国的疆域。到436年为止，王国北边延伸到吉罗娑山脉（Kailasa，即冈底斯山脉），南到温迪亚山脉上的森林，东西两侧直达海岸。这是笈多王朝曾宣称拥有过的最大疆域，鸠摩罗笈多带领王国迎来辉煌盛世。关于他的统治，有很多传说，反映了他实际征服的地方。他是“世界的主宰”，拥有“雄狮般的勇猛”和“老虎般的威力”，是“笈多王朝苍穹中的月亮”。[3]

不过，他执政末期似乎阴云密布，麻烦不断。碑文上提到，这

* 其他许多文献称哌哒人为“白匈奴人”，这种叫法同样不够准确。

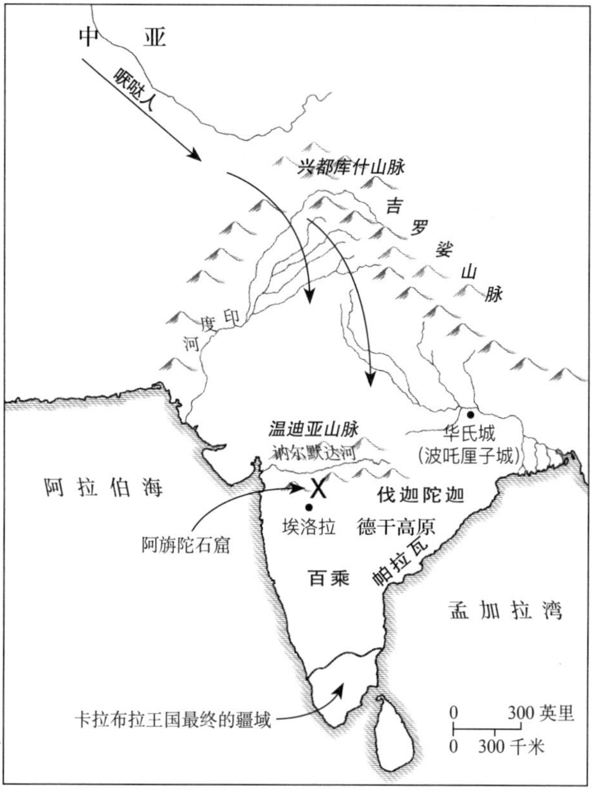

地图 20–1 嚈哒人入侵

个时期他们总是在“麦卡拉”（Mekala）这一地区与德干高原以西的伐迦陀迦打仗，而旃陀罗笈多二世曾通过联姻将伐迦陀迦纳入笈多王朝的统治范围。伐迦陀迦的新国王是鸠摩罗笈多的曾侄孙纳兰陀罗西纳（Narendrasena），他差不多是在鸠摩罗笈多处于权力巅峰的时期登基的。但是，即便顶着曾叔父的光环，纳兰陀罗西纳还是走上了叛乱之路。[4] 就在鸠摩罗笈多忙于应对嚈哒人入侵之时，纳兰陀罗西纳趁机宣布独立。

从此刻起，笈多王朝的命运开始急转直下。一场来势凶猛的入侵随之而来：入侵者的身份至今尚不清楚，但一篇碑文记载道，“他们人员充足，金钱充裕”，而且“威胁彻底摧毁笈多王国”。鸠摩罗笈多的儿子塞建陀笈多（Skandagupta）是王位继承者，他领导王国抵抗入侵者，这是一场漫长而艰苦的斗争。曾几何时，塞建陀笈多兵力不足，粮饷稀缺，军人们不得不在战场上露天席地熬过漫长的夜晚。[5]

铭文还记载道，笈多王朝最终大获全胜，将入侵者驱逐出境。然而，王国并未恢复往日的辉煌。在鸠摩罗笈多统治末期，市面流通的硬币不再由金、银铸造，而是改用铜来铸造，只是在外面镀上一层薄薄的银以做掩饰。这表明国库已彻底空虚。

455 年，鸠摩罗笈多驾崩，他的儿子塞建陀笈多继位，此时的国家充满内忧外患。他再一次击退了哌哒人的入侵，彰显他胜利的碑文记载道：“他彻底摧毁了敌人的根基和自尊。”但是，这场战争也给他的国家造成了重大损失。在塞建陀笈多即位几年后，局面愈加混乱，矛盾逐渐显现：百姓贫困，官员争斗，军阀叛乱，战争不断。塞建陀笈多努力维护他的政权，并成功令帝国免遭分崩离析；纵观 5 世纪 60 年代的大多数时期，古老的笈多王朝的疆土上仍然不断出现各种胜利铭文。[6]

最后一块胜利铭文可追溯到 467 年。自此之后，各种记载便模糊不清了。很可能就在这一年，塞建陀笈多去世，一场王位争夺战随之爆发，王国内忧外患，局势动荡不安。起先，是塞建陀笈多的弟弟夺取了国王宝座，随后是塞建陀笈多的侄子登上了王位。最终赢取王位的是塞建陀笈多的二侄子佛陀笈多（Budhagupta）。他是笈多王朝最后一位国王，统治帝国近 20 年。

佛陀笈多试图团结民心、统一思想，努力避免来自外部威胁的干扰。鸠摩罗笈多和塞建陀笈多统治期间，哌哒人的侵扰非常严重。不过，他们的入侵并没有造成文明的终结，不像西方的匈人入侵那般势不可当。但是，即使是应对这样的来自外部的中等程度危机，整个王国的凝聚力都被撑到了极限。在国王集中精力处理来自外部危机的时候，王国周边的那些小国家立即抓住机会，再次宣布独立，因为他们作为笈多王国的一部分，并没有从王国中真正获取丝毫利益。

实际上，很久以来，印度的很多小国本质上都是相对独立的实体，只不过它们的边境会随着战争不断发生变化。在笈多王朝无暇顾及的南部次大陆，很多王国纷纷宣布独立，声称拥有自己王国的领土。铭文和钱币上给我们留下了很多不同王室的名字，但是却没有留下关于南亚次大陆各个王国之间的争斗史。在佛陀笈多统治晚期，没有任何一个政权能够统一南亚次大陆，哪怕是统一一小部分地区都不能。

这个时期是王国的低谷期，却是宗教发展的大好时机。被称为“佛塔”的佛教纪念碑遍布全国，不少佛塔上面还刻有信徒朝拜的场景。在印度西部，一座座寺庙和僧院建在深山石窟中，它们都经过精雕细琢，里面有雕刻的石柱，并建有禅房、廊道和楼梯通道等等。这些石窟中的寺庙是专门为那些追求佛教知识的人修建的，而不是为那些追求政治权力的人修建的。这些石窟仿照木构建筑的外观修建，石椽、石梁和石柱仿佛支撑着没入岩石中的屋顶。其中，最大的寺庙约有 30 座，这些洞窟被称为“阿旃陀石窟”，在过去的

300 年间一直都在建造当中，还得继续耗时 300 多年才能完工。[7]

在石窟以南 80 千米的埃洛拉（Ellora），有 12 座已经完工的简易洞穴。在伐迦陀迦王国管辖的印度地区，国王哈里舍纳（Harishena）至少赞助修建了 2 座石窟来庆祝他的胜利。大约 475 年，哈里舍纳登上王位，向北吞并了佛陀笈多统治的领地，建立了他自己的帝国，不过持续时间不长，还没等他去世，帝国就灰飞烟灭了。[8]

事实上，哈里舍纳因胜利而赞助修建石窟寺庙并不具有普遍性。大多数石窟的开凿仅仅是为了给人们提供一个礼佛之地，而非纪念征服之举。这些石窟与政治毫无干系，与那些当政的统治者也完全无关。

在这些石窟寺庙中，散布着许多房间，有寺院（vihara），这些寺院带有独立的房间、公共休息室和食堂。这里的僧人们能够心无旁骛，完全沉浸于信仰的修行中。他们并未与世隔绝；他们只不过是生活在自己的群体当中，依靠化缘获取衣服和食物（因为他们拒绝金钱，无法购买这些物品），他们同样与当地人保持联系。但是，他们不参与帝国的任何事务。[9]

此时，佛教已然分化成两大流派：上座部佛教（又称小乘佛教）和大乘佛教。两个教派都认为自然界中所有的物质稍纵即逝，唯有般若，即“通过精神修为或冥思达到一种精神境界”，才能够揭示世界本真，认识无常和虚幻。上座部佛教在印度占主导地位，教育人们通过思辨、正念和专心才能获取心灵的般若开悟；与之略显不同的是，大乘佛教在中国更流行，注重祈祷、信念、参悟和情感。[10]

上座部佛教更强调思辨和思考，更注重隐修和禁欲，这样佛教徒们才能够全身心投入研习和冥想中去。毫无疑问，上座部佛教对于那些希望征服帝国的军官或小国国王来说毫无裨益。上座部佛教

时间线 20

西罗马帝国	西哥特人	波斯帝国	印度
			旃陀罗笈多二世（约 380—415）
		沙普尔三世（383—388）	
霍诺留（395—423）	**阿拉里克**（395—410）		
奥古斯丁任希波主教（396）			
		伊嗣俟一世（399—420）	
波伦提亚战役（402）			
君士坦丁三世（407—411）			
阿塔罗斯（409）			
罗马沦陷（410）	**阿陶尔夫**（410—415）		
阿塔罗斯（415）	**瓦里亚**（415—419）		**鸠摩罗笈多**（415—455）
		巴赫拉姆五世（420—438）	
瓦伦提尼安三世（425—455）			
		伊嗣俟二世（438—457）	哌哒人入侵
教皇利奥一世（440/445—461）			（伐迦陀迦）**纳兰陀罗西纳**（约 440—460）
			塞建陀笈多（455—467）
			（伐迦陀迦）**哈里舍纳**（约 475—500）
			佛陀笈多（476—495）

反对世俗的征服，也不追求将拥护者们捆绑在一面旗帜之下，相反，它鼓励追随者们在寻求个体开悟的同时共存共生。

5 世纪的印度就是这样。也许是上座部佛教促使印度的版图分为众多小王国，也许是破碎的小王国特别适合上座部佛教。无论怎样，其结果都是一样的。在印度的乡间田野，各个王国比邻而居，它们都在追求各自的目标，没有一个意欲主宰其他的所有国家。

/ 21

北方的野心

420 年，刘宋取代晋朝。位于刘宋北面的北魏兴起了炼丹热潮，第一次灭佛运动开始了。

退守南方的晋朝仅存续了一个世纪。为了继续得到士族的有力支持，历代晋朝皇帝纷纷准许那些逃出洛阳的士族享有减免税收、免服兵役以及其他特权。因此，南部的门阀士族对族谱产生了浓厚的兴趣，因为它可以证明他们有权享有这些特权。这些族谱中的关系日渐复杂，因为门阀士族越发以追溯与祖先的真实血缘关系为傲——这是那些祖先是北方游牧民族的人不能企及的。

特权带来了权力，而士族权力的壮大最终导致了晋朝的灭亡。早在 15 年前，将领刘裕就曾帮助晋朝平定了海寇“鬼兵”。如今，他又设法迎合财产饱受海寇劫掠和战争威胁的门阀士族。最终，他赢得了门阀士族的忠诚与支持。到了 420 年，刘裕迫使晋恭帝退位。

像前朝皇帝一样，刘裕决定令晋恭帝的退位合乎法理，而非简单地将其废黜。君权神授的说法要求他以德服人，而非暴力夺权。

他上书给晋恭帝，要求他昭告天下，既然刘裕保全了晋朝的天下，唯有把统治权交到他的手中才行。刘裕拥有的军队足以使晋恭帝依从。禅位仪式在专门为此建造的宫殿中举行。此后，晋恭帝退位，过起了平民的生活。[1]

眼下，将领刘裕称帝，建立了新的王朝：宋。* 他死后的谥号为“武皇帝”，史称宋武帝。晋朝落下帷幕。至此，中国的两大强国是南方的刘宋和北方的北魏。

在位两年后，宋武帝除掉了前朝皇帝。他令一名朝廷官员向晋恭帝下毒。那时，晋恭帝年近 40 岁，在都城平静地生活着。那名官员对司马家族仍旧忠心耿耿，一时间对此犹豫不决。他需要在两者之间做出选择：一是将他心目中国家的正统皇帝杀害，二是自己因未完成任务而被宋武帝处死。最终，他选择自己喝下毒药。

宋武帝又把一服毒药交给了另一名官员。被废黜的晋恭帝站在门口迎接这名官员时，当即明白了这件事。如若晋恭帝服毒，宋武帝就能声称其为自然死亡。但他拒不服毒。随后，那名官员用被子将晋恭帝活活捂死——这使得宋武帝能继续伪装下去。据说第二天，宋武帝召见了众官员，假装刚刚得知晋恭帝驾崩的消息，痛哭了许久。随后，他为被谋害的皇帝举行了一场盛大的皇家葬礼，有数百人随行送葬。[2]

宋武帝顺理成章地成为中原公认的皇帝。但他年近 60 岁才登上皇位，而就在谋杀晋恭帝的那一年，他染病卧床。他将皇位传给 19 岁的太子，即宋少帝，但这位少年好为游狎之事，仅在位两年就被废黜。之后，宋武帝的三子（宋少帝同父异母的弟弟）继

---

* 宋于 420 年至 479 年统治中国东南部，为了区别于后来统一中原的宋朝，前者被称为刘宋或南朝宋。

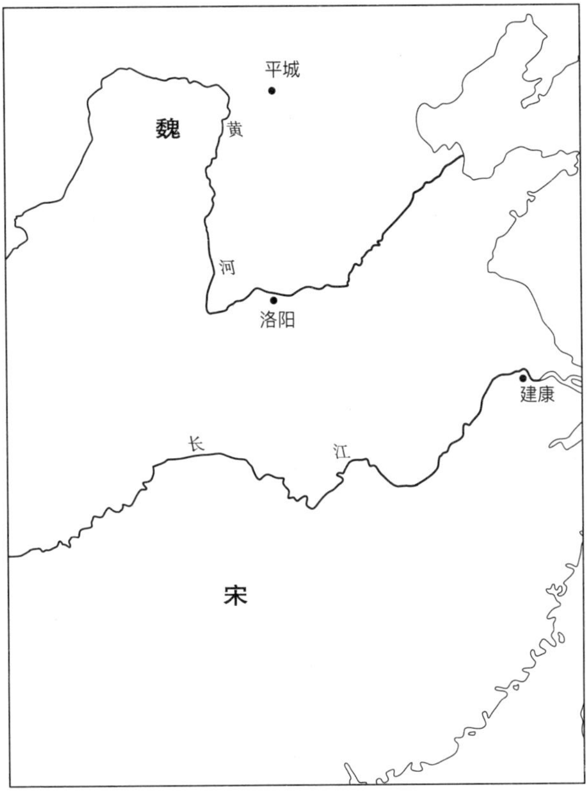

地图 21-1　宋、魏时期

位，是为宋文帝。

424 年，宋文帝登基。他在位 29 年，为宋朝带来了短暂的繁荣。这段时期史称“元嘉之治”。29 年间，宋文帝战功赫赫（大多数战争是为抗击北方的北魏，宋文帝领导了三次北伐战争），治国有方。438 年，宋文帝建立了四个儒学馆，皆指派著名的儒家学者任教，旨在令本朝的年轻人学习儒学义理和规范，以培养出更出色的官员。[3]

439年，北魏太武帝征服了北方各国，统一北方。始建于386年的北魏，会在接下来的一个世纪成为北方的帝国。

如今，南北方走向彻底对立。

北魏同其他北方国家一样，源于游牧部落。公元4世纪以来，他们逐渐服从于一个皇帝，开始推行中央集权，制定法律，训练正规军，培养外交官。北魏统一北方之时，已经接纳了诸多中原汉人的传统习俗和生活方式。魏太武帝有个名叫崔浩的汉人谋臣，他将中原的治国之策以及律法带到北魏宫廷，辅佐魏太武帝在北魏推行这些政策和律法。在皇帝和汉人官员眼中，北魏基本已经汉化了。[4]

太武帝一直深受汉人司徒崔浩的影响。崔浩信奉一个与众不同的道教派别天师道。传统的道家崇尚无为，远离政治冲突，关注自我开悟。传说，竹林七贤是一群道家哲学家，他们生活在3世纪，是道家超然物外的完美典范：他们“皆崇尚虚无，轻蔑礼法，纵酒昏酣，遗落世事”。[5]

起初，道家并未过多关注来世，长生不老的说法也并非其哲学的一部分。但在公元4世纪前期，一位名叫葛洪的中国哲学家开始讲授一种全新的道家理念。他提倡服用神奇的长生不老药，以得到启迪。服用此药的人会更有灵性，还能够永葆青春。葛洪声称，他的家族从神仙那里得到三册经文，名为《金液神丹经》或《太清丹经》，其中附有炼制丹药的说明。早期道家通过哲学建立的学说，在公元5世纪却用化学的手段阐明。葛洪，这位中国的蒂莫西·利里（Timothy Leary）*，让道家变得更像邪教，而非哲学。[6]

---

* 蒂莫西·利里（1920—1996），美国心理学家和作家，以提倡用迷幻药物进行心理治疗而闻名。——编者注

424 年，天师道的一位道长寇谦之离开他隐居的大山，来到北魏宫廷，为魏太武帝效力。魏太武帝沉迷于道教，因此欢迎寇谦之的到来，并为其建立道观，用赋税供养寇谦之及其弟子。442 年，寇谦之献了一部符箓给魏太武帝。“从此以后，”历史学家 C. P. 菲茨杰拉德（C. P. Fitzgerald）写道，“北魏皇帝一即位，都会兴建道观，登坛受箓。”[7] 新兴的道教取得接近国教的地位，为帝王及其皇权提供了有力支撑。

魏太武帝热衷于新教派，使用武力来维护它。446 年，魏太武帝被迫镇压叛乱，起因是一名骑兵在佛教寺庙中私藏兵器。魏太武帝深信佛教僧人一直在秘密谋反，他们妄图推翻其道教支撑下的统治。因此，他开始取缔佛教，下诏灭佛：“朕承天绪，欲除伪定真……其一切荡除，灭其踪迹。”[8]

其后，他下令，从都城长安开始，屠杀全国的佛教僧人。杀戮蔓延开来。即便太子拓跋晃放缓灭佛诏书的执行，也仅仅避免了部分屠杀。拓跋晃自己就是佛教徒，他发现自己的父亲即将下达诏书，便将消息秘密传给远近寺院的僧人，劝告他们想办法脱身。许多僧人闻讯逃匿，但不是所有僧人都能幸免于难。更多的僧人遭到逮捕并被处死，北魏全国的佛教寺院都被夷为平地。

魏太武帝曾镇压反叛，杀死了（所谓的）谋反者。他向宋文帝提议，为了两个中原帝国的永久和平而联姻。魏太武帝认为，他的帝国与南方的汉人王朝势均力敌。宋文帝反对这一提议，在他看来，蛮夷此举是在自诩同刘宋地位相当。如此羞辱使宋文帝两次进攻北魏领土。[9]

这两次进攻损耗了宋文帝的兵力，却一无所获。尽管刘宋对蛮夷妄自尊大、自诩正统王室的行为表示愤怒，但事实上，刘宋日渐衰落，北魏却兴盛繁荣。宋文帝之子宋孝武帝于 453 年登基，在位 11 年。同时期的史书指出，他在位期间，君权神授的意识逐渐淡化。宋孝武帝性情轻浮，爱好玩乐。相比治理国事，他更喜欢打猎。相比授予朝廷官员和贵族正式的官衔（他们对官衔非常看重），他只喜欢给他们起有损尊严的绰号。

宋孝武帝思想浅薄，品质恶劣。他在位 11 年后驾崩。其子孙后代听闻他去世的消息，也并未对此表示悲痛。他性格乖张，令其大臣们深感震惊。“国将亡矣！”他们喊道。[10] 父子决裂，秩序混乱，刘宋政权很快就土崩瓦解。

时间线 21

印度	中国	
	西晋灭亡（316）	
	晋元帝（317—323）	
旃陀罗笈多（319—335）		
沙摩陀罗笈多（335—约 380）		
		（前秦）**苻坚**（357—385）
旃陀罗笈多二世（约 380—415）		
	淝水之战（383）	
		北魏崛起（386）
		（北魏）**拓跋珪**（386—409）
鸠摩罗笈多（415—455）	**南朝**	**北朝**
	东晋灭亡 / 刘宋建立（420）	
	宋武帝（420—422）	
	宋少帝（422—424）	
嚈哒人入侵	**宋文帝**（424—453）	**魏太武帝**（424—451）
	刘宋建立儒学馆（438）	
		北魏统一北方（439）
（伐迦陀迦）**纳兰陀罗西纳**（约 440—460）		
		北方第一次灭佛运动（446）
塞建陀笈多（455—467）	**宋孝武帝**（453—464）	
	宋明帝（465—472）	
（伐迦陀迦）**哈里舍纳**（约 475—500）		
佛陀笈多（476—495）		

/ 22

匈人

423 年至 450 年间，汪达尔人在北非建立海盗王国，罗马主教成为教皇，埃提乌斯控制整个西罗马帝国，而匈人正逼近西罗马帝国的边境。

当东罗马帝国组织召开宗教大会之时，西罗马帝国在奋力求生。不列颠尼亚已经分崩离析。在瓦里亚及其继承者的统治下，西哥特人在高卢西南部繁荣发展起来。作为罗马的同盟，西哥特王国是一个独立主权国家。虽然该王国同罗马联合作战，但汪达尔人已设法控制了伊比利亚的大部分地区，并于此建立起自己的王国，粉碎了罗马人夺回所失行省领土的全部企图。

423 年，西罗马帝国皇帝霍诺留驾崩。经过两年有余的权力斗争，其 6 岁的侄子瓦伦提尼安三世（Valentinian Ⅲ，霍诺留的妹妹帕拉西达与第二任丈夫君士坦提乌斯将军所生）加冕称帝。帕拉西达作为瓦伦提尼安三世的摄政，不久后被迫任命罗马士兵埃提乌斯为大元帅。埃提乌斯少年时曾经被交给蛮族作为人质，起初被送往西哥特，随后被送给匈人。

尽管并无确切记录的遣返时间，但匈人早早就把埃提乌斯送回了国。在同匈人一起生活的日子里，他与他们缔结了友谊。霍诺留死后，经受过流放生活考验的机警的埃提乌斯向帕拉西达表示，他要得到西罗马帝国的最高军职，否则他的匈人朋友将进军拉韦纳。帕拉西达便授予了他所要求的头衔以及相关的权力。

在此期间，西罗马帝国丢失了另一部分领土。

429 年，伊比利亚的汪达尔国王盖塞里克（Geiseric）组织舰队，横渡地中海，直达尼罗河入海口。之后，他开始沿北非海岸行进，征服了沿途的罗马行省以及独立的非洲国家。到 430 年，他行军至罗马的希波。他的军队包围了这座城市。此时，老主教奥古斯丁仍卧病在床，在弥留之际遭受疾病的折磨。这种包围维持了 18 个月之久。老主教曾经书写过永恒的上帝之城，但他的城市仍旧被汪达尔人围困，在他去世之时该城也未得到解救。

希波沦陷后，盖塞里克向迦太基挺进。431 年，迦太基陷落，惨遭蹂躏。盖塞里克令战败的守城士兵列队，迫使他们宣誓今后绝不反抗汪达尔军队，之后才允许他们离开。罗马丢失了北非的领地。

不久后，盖塞里克决定将全部精力集中到北非政权上。他放弃了在伊比利亚的统治，转而作为海盗之王立足北非，定都迦太基。在他的统治下，强大的汪达尔王国得以迅速发展。

埃提乌斯作为大元帅以及当时西罗马帝国最有权势的人，在盖塞里克穿越地中海时，并没有为保卫罗马领土做出任何努力。他派名义上的君主瓦伦提尼安三世造访君士坦丁堡。瓦伦提尼安（时年 18 岁）在此与共治皇帝的女儿联姻，缔结了东罗马帝国与西罗马帝国的联盟。瓦伦提尼安三世一离开，埃提乌斯就发动了高卢战争。

北非已经失陷，而西哥特人牢牢地扎根在西南部的高卢。伊比利亚距离太远，难以夺回，而它的一部分土地目前落入另一支日耳曼部落苏维汇人（Suevi）之手。与此同时，西哥特人开始向着汪达尔人撤离的土地推进。但埃提乌斯并不愿放弃其西北边境的领土。他镇压过日耳曼法兰克人的叛乱，他们曾作为罗马同盟者驻扎在罗马境内。如今埃提乌斯集结军队，攻打勃艮第人（Burgundians），他们是另一支由日耳曼部落组成的罗马同盟者，驻扎在莱茵河谷。他们的国王贡特尔（Gundahar）在博尔贝托马古斯［Borbetomagus，即后来的沃姆斯（Worms）］建都，他对各部落走向独立感到忧虑。

埃提乌斯雇用匈人雇佣兵与他联合作战，以对抗日耳曼部族的崛起。在 437 年的残酷战争中，罗马人与匈人联合作战，摧毁了博尔贝托马古斯，镇压了勃艮第人，还杀害了贡特尔。在日耳曼部落中，这场战争的故事流传下来，这段历史也被写入了史诗《尼伯龙根之歌》（*Nibelungenlied*）。在史诗开篇，勃艮第国王贡特尔热烈欢迎屠龙者齐格弗里德（Siegfried）来到宫廷，但在即将到达匈人领地之际，贡特尔以叛国罪为由杀死了他。

多年来，埃提乌斯利用匈人确立了自己的统治权。但匈人并非对他言听计从的雇佣兵，而埃提乌斯将会发觉，自己在这场冒险游戏中失败了。

在此之前，匈人从未向罗马发动任何形式的持续性进攻。讲述匈人异常凶猛、力大如牛的故事成为罗马史书记载的重要内容。“他们让敌军仓皇逃窜，”约旦尼斯说，“因为……如果我可以这样形容的话，他们脖子上长着丑陋的块状物，但这些块状物不能称为头部，它们上面长的是针孔，而不是眼睛。”[1] 匈人对帝国还未造成巨大的威胁。虽然他们在边境挑起事端时，破坏力很强，十分可怕，不过最终他们总会撤军。

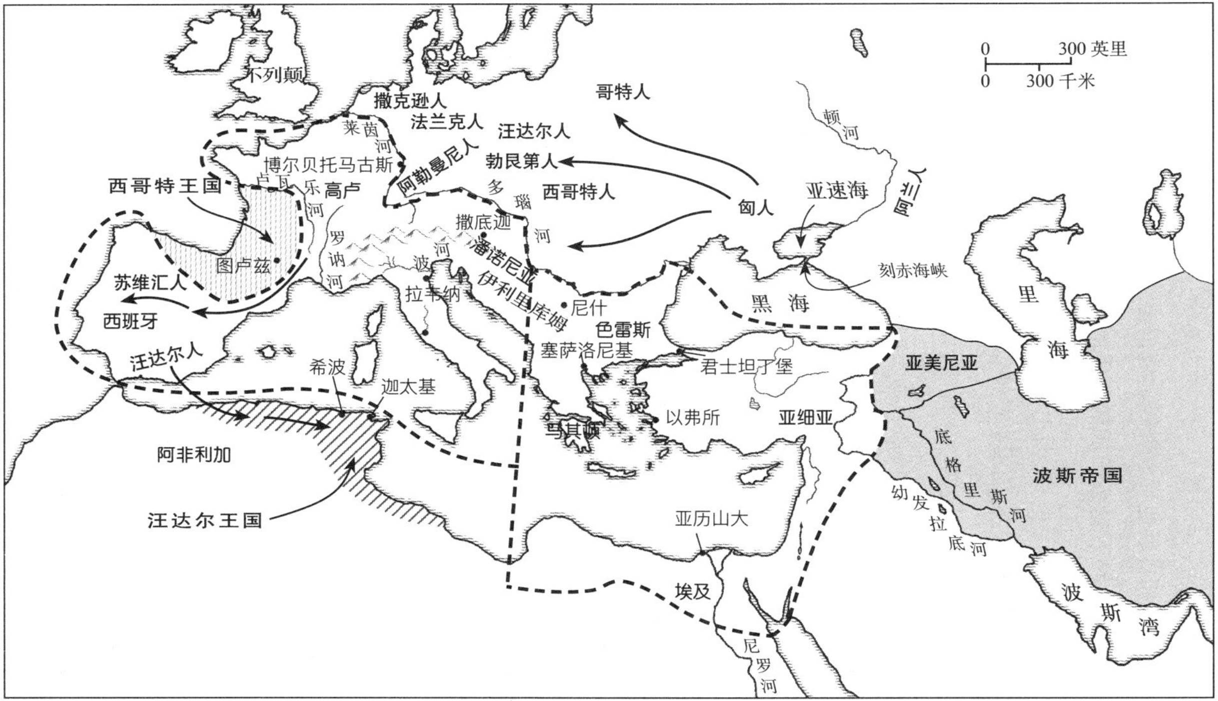

0 300 英里
0 300 千米
不列颠
撒克逊人
法兰克人
汪达尔人
哥特人
勃艮第人
西哥特人
阿勒曼尼人
匈人
亚速海
阿兰人
顿河
刻赤海峡
莱茵河
博尔贝托马古斯
卢瓦尔河
高卢
西哥特王国
图卢兹
罗讷河
多瑙河
撒底迦
潘诺尼亚
伊利里库姆
波河
拉韦纳
尼什
色雷斯
塞萨洛尼基
黑海
里海
亚美尼亚
君士坦丁堡
以弗所
亚细亚
马其顿
苏维汇人
西班牙
汪达尔人
希波
迦太基
阿非利加
汪达尔王国
亚历山大
埃及
尼罗河
底格里斯河
幼发拉底河
波斯帝国
波斯湾

地图 22-1 匈人入侵

匈人不能发动持续性的进攻，是因为他们没有一支统一作战的军队。正如日耳曼蛮族一样，他们也是部落联盟，且彼此绝不互相效忠。“他们不屈服于任何国王的权威，”罗马史学家阿米阿努斯·马塞利努斯写道，“但只要部落首领一声令下，他们就会扫清途中的一切障碍。”他们不事耕种，相反，他们在野外放牧牛群、羊群（山羊和绵羊），这就意味着他们需要许多牧场去养活一群匈人。因此，他们沿袭了小群体游牧的生活方式。相比庞大的军队，这样更容易生存下去。他们没有一统世界的想法，他们只想努力生存。[2]

尽管埃提乌斯雇用独立的匈人分支为他作战，但匈人社会正在发生改变。在过去的几十年中，他们已从黑海东部寸草不生的领地来到哥特人相对富饶的耕地上谋生。这些耕地至少能让他们以一种全新的方式养活自己，从而结成更大的群体。

约 432 年，匈人首领鲁阿年幼的侄子阿提拉在拉韦纳做了几年人质之后，回到自己的部落。鲁阿设法在同自己的部落没有关联的其他匈人部落中扩大权力。到 434 年，阿提拉和哥哥布来达（Bleda）接替了叔叔的位置，在日渐扩大的匈人联盟中担任联合首领。6 年后，阿提拉和布来达率领匈人联军，进攻多瑙河上的罗马要塞。他们持续在位于罗马一侧的河岸挑起事端，将要塞和城镇夷为平地，直到 441 年，他们才撤军，并同意协商休战事宜。[3]

此后的两年间，匈人一直处于休战状态。443 年，他们用攻城锤突破君士坦丁堡城门，包围了塔楼。狄奥多西二世对入侵的敌军进行评估后，认为求和比反抗更为明智。随后他支付了战争赔款，并同意每年向匈人进贡。匈人再次撤军。短暂的寂静再度降临。

从君士坦丁堡撤军不久，阿提拉便杀害了自己的哥哥布来达，自称是人民唯一拥护的国王。趁着同东罗马帝国和西罗马帝国休战的喘息之际，匈人从一个松散联盟转变为一个冷酷的征服部落。在为自己的观点进行的冗长辩护（其中仅简略涉及国外事件）中，流亡的主教聂斯托里写到，匈人“分为一个个小族群”，他们只是一群强盗，“除了勤于劫掠，过去并未做太多错事”。但现在，他们成了一个王国，“势力强大，整体已经超越了罗马”。[4]

在匈人兵临城下之际，东罗马帝国和西罗马帝国却正为神学的权力争论不休。

444 年，罗马新主教利奥给塞萨洛尼基主教写了一封正式书信，以不容置疑的口吻告诉他，自己作为罗马主教和彼得的继承人，是唯一有权为整个基督教会做最终决定的教士。塞萨洛尼基主教曾将另一名主教送上了其教区的法庭，在利奥看来，这是一种僭越行为。无论审判原因是什么，利奥都要责备他，认为只有罗马有权对其他主教行使权力：

> 即使他的行为十分不端，令人难以忍受，你也应当等候我们的意见——在得知我们的意愿之前，你不可妄做决定……尽管所有的神父拥有同等的尊严，但他们的级别不同。即便是神圣的十二使徒，虽然都拥有尊贵的身份，但个人权力仍有所不同；虽然他们同样是由上帝拣选的，但只有一人有权领导其他人。因此，主教之间也出现了不同……对普世教会的照料应当建立在彼得一人的领导之下，任何事物、任何地方都不能同彼得的地位分离。[5]

利奥不只依赖这封信来树立自己的权威。他意欲坐上教皇的位置。445年，瓦伦提尼安三世（他的大元帅埃提乌斯在政治上仍居于主导地位）同意颁布正式法令，任命罗马主教为整个基督教会的首脑。罗马主教利奥一世成了第一任教皇。

利奥一世用帝王的方式行使权力，这激怒了亚历山大主教。罗马主教和亚历山大主教曾在以弗所宗教会议上结盟。但从那时起，亚历山大主教的权力日渐强大。如今，无论是为争夺神学的权力，还是为赢得皇帝的注意，罗马主教都将现任的亚历山大主教狄奥斯库若（Dioscorus）视为其主要竞争者。

狄奥斯库若正对利奥一世有所怀疑，因此他试着显示自己的理论权威，予以回击。尽管两人都是基督一性论*的支持者，但狄奥斯库若所信奉的基督一性论比利奥的更为极端，他坚持认为“基督肉身的两种位格转化成为单一的神性”，但这种理解几乎又偏向了异端思想，因为它往往从观点中剔除了基督的人性。[6]

449年，狄奥斯库若在以弗所召开紧急宗教会议，同能在短时间内到场签署文件的主教展开会谈，将自己坚持的基督一性论版本确立为正统思想。根据后来的记载，一些主教在空白的纸上签字（神学的内容是之后加上去的），而那些没有签字的主教却发现，他们的名字莫名其妙地出现在支持基督一性论的声明底部。所有这些举动令此次会议获得了“强盗会议”（Robber Council）的称号，这一称号谴责了会议的不合法性。**随后，狄奥斯库若宣布君士坦丁堡的主教是异教徒，并将缺席的罗马主教逐出教会，以此结束了这次会议。很显然，他企图篡夺罗马的权力，并将权力转移到亚历山大。利奥

* 基督一性论认为，基督的神性和人性以神秘的方式联合成一个不可分割的整体；见第18章。

** 同样的称号后来被一些天主教徒用于形容第二次梵蒂冈公会议。

一世则将在场的所有人逐出教会，以此作为回击。

他们双方目前都将对方逐出了教会，对神学权力的争夺由此展开，但一时间却陷入了僵局。那时，尽管主教们都宣称对方被革除教籍，但阿提拉的两名军官现身君士坦丁堡，带来了匈人国王的威胁。

两名军官是一对奇怪的组合：一位是匈人，另一位是出生在罗马、带有日耳曼血统的奥瑞斯忒斯（Orestes）。他们用外交辞令传达来自国王的威胁。阿提拉指责东罗马帝国违反了休战条款，要求其派遣使臣（“必须是最高级别的使臣”）在赛迪卡（Sardica）会面解决这一问题。[7] 狄奥多西二世匆忙与其谋士商讨，组织小队使臣前往阿提拉的都城。历史学家普里斯库斯（Priscus）就是这些使臣中的一员，后来他记录了罗马人前往匈人领土的过程。在途经被洗劫一空的纳伊苏斯（Naissus），也就是君士坦丁大帝的出生地时，他们发现那里只剩下遍地的石块与瓦砾。守军的尸骨散落遍地，使臣都无法找到一块空地扎营过夜。[8]

在途中，东罗马使臣还发现，他们所走的路与拉韦纳使臣所走的交叉了——原来，拉韦纳使臣也希望与阿提拉进行一场和平谈判。东罗马帝国和西罗马帝国的代表最终都抵达了阿提拉的都城，这里地处多瑙河对岸，是阿提拉将村庄改建而成的临时都城。普里斯库斯看到这座改建的都城，十分震惊，他说，比起村庄，它更“像一座大城市”，由“光洁的木板搭成了木质墙壁……餐厅空间开阔，门廊造型优美，庭院被一条宽阔的环行路环绕，俨然一座皇宫”。[9]

谈判举步维艰。阿提拉不愿轻易达成和解。最后，埃提乌斯指派的西罗马使臣扭转了局面。埃提乌斯比任何人都更了解匈人，他提出了阿提拉愿意接受的条款。于是双方使臣离去，阿提拉同意不再攻击东罗马帝国和西罗马帝国。[10]

罗马刚刚进入短暂的和平时期，另一件棘手的事情就突然出现了。

在罗马，瓦伦提尼安三世皇帝的妹妹奥诺莉亚（Honoria）大部分时间一直在宫廷生活。449 年，她已经不小了，生活也变得更加索然无味。她一直未婚，虽然作为皇帝的妹妹，她享有很大的特权，但她的侄女们正渐渐长大，使得她相形见绌。为她的生活注入一丝活力的，就是她的管家尤金尼乌斯（Eugenius）。他后来成了她的情人。[11]

然而，449 年年底，她的哥哥发现了二人的私情。对他来讲，这似乎是一种背叛。由于瓦伦提尼安没有男性继承人，如果奥诺莉亚与尤金尼乌斯结婚，那么他们很可能会成为下一任皇帝和皇后。随后，瓦伦提尼安逮捕了尤金尼乌斯，将其处死，接着命令他的妹妹与一位名叫赫尔库拉努斯（Herculanus）的罗马元老结婚。此人比较年长，对皇帝忠心耿耿，“即便他的妻子试图让他大展宏图，或者革命造反，他都会反对”。[12]

奥诺莉亚吓坏了。她派自己身边的一位仆人踏上危险之旅——前往阿提拉的营地。这位仆人随身携带着钱、戒指和奥诺莉亚的承诺：如果阿提拉能来解救她，她便同他结婚。“实际上，她很无耻，”约旦尼斯抱怨道，“以公共利益为代价，满足她的欲望。”[13]

但奥诺莉亚不爱阿提拉，他（除了毋庸置疑的号召力）大她十几岁，又矮又胖，长着小眼睛和大鼻子。但是，她眼中所见的，是一条能够摆脱单调乏味、毫无意义的生活的出路。如果她与阿提拉结婚，他会成为罗马皇帝，而她就是皇后。即便他战胜不了她的哥哥，她也能成为匈人的王后。

阿提拉立刻答应了。他没有给瓦伦提尼安三世写信，而是告知了狄奥多西二世——两位皇帝中他较年长，也更具权威——不仅要

图 22–1 阿提拉像
制作于阿提拉征服时期。
图片来源：Alinari / Art Resource, NY

求娶奥诺莉亚为妻，还要求西罗马帝国用一半领土作为嫁妆。狄奥多西二世随即给瓦伦提尼安三世写信，建议他满足阿提拉的要求，以此避免匈人入侵。

得知妹妹的计划与狄奥多西二世的建议后，瓦伦提尼安三世大为震怒。他严刑拷打为奥诺莉亚送信的仆人，将其斩首，还用暴力威胁奥诺莉亚。他的母亲帕拉西达（她嫁给了蛮族人阿陶尔夫）为女儿求情，希望保全她。他也断然拒绝接受阿提拉的要求。

就在这个敏感时期，狄奥多西二世在一次出宫骑马时坠马身亡了——他酷爱骑马击鞠（tzukan，马球的一种早期形式），还在君士

时间线 22

中国		西罗马帝国	汪达尔人	西哥特人	匈人	东罗马帝国
	（北魏）**拓跋珪**（386—409）					
		霍诺留（395—423）				
		奥古斯丁任希波主教（396）				
		波伦提亚战役（402）				**狄奥多西二世**（408—450）
		君士坦丁三世（407—411）				
		阿塔罗斯（409）				
		罗马沦陷（410）		**阿陶尔夫**（410—415）		
南朝	**北朝**	**阿塔罗斯**（415）		**瓦里亚**（415—418）		
东晋灭亡/刘宋建立（420）						
宋武帝（420—422）						
宋少帝（422—424）						
宋文帝（424—453）	**魏太武帝**（424—452）	**瓦伦提尼安三世**（425—455）	**盖塞里克**（428—477）			
			汪达尔人征服北非		**鲁阿**（约 432—434）	
					布来达（434—445）/ **阿提拉**（434—453）	
刘宋建立儒学馆（438）						
	北魏统一北方（439）					
		教皇利奥一世（440/445—461）				
	北方第一次灭佛运动（446）	强盗会议（449）				
						马尔西安（450—457）
宋孝武帝（453—464）						

坦丁堡建了一个马球场。[14]

与瓦伦提尼安三世一样，他也没有男性继承人。东罗马帝国最具权力的人物莫过于他的姐姐普尔喀丽娅，她与瓦伦提尼安三世共治，是共治女皇。普尔喀丽娅挑选了一个丈夫，名叫马尔西安（Marcian），以帮助自己保全女皇的宝座。马尔西安是一名军人，19年前盖塞里克从罗马人手中夺取迦太基时，他就在守城队伍之中。在发誓不再对抗汪达尔人之后，马尔西安重获自由，在接下来的近20年中军衔步步高升。他不得不同意结婚的条件：保持普尔喀丽娅的贞洁。这一点他也确实做到了（毕竟她已经51岁了）。

作为东罗马帝国的统治者，他们的第一个举动就是公然反抗阿提拉。虽然之前狄奥多西为防止匈人进攻君士坦丁堡，决定纳贡，但现在他们拒绝进贡。这就是一场赌博：阿提拉可能借机发兵，但另一方面，他已经找到了入侵瓦伦提尼安三世领地的绝佳借口。

这场赌博成功了。阿提拉集结起军队——西罗马帝国的人民为之恐慌，他们坚信，阿提拉统率的兵力达到了50万人——开始向西进军。

/ 23

阿提拉

> 450 年至 453 年间，匈人阿提拉逼近罗马，教皇利奥一世与之商讨政治上的和平，匈人错失了建国的契机。

阿提拉并未选择穿越地形恶劣的阿尔卑斯山，直接进军拉韦纳，而是率军挺进高卢。4 月，他抵达并占领了昔日罗马教区的中心梅斯（Metz）。图尔的格列高利写道："他们在复活节前夕来到梅斯，将该地夷为平地。他们手握利剑屠杀平民，在神圣的祭坛前杀死上帝的司铎。"[1]

如今，他的领土几乎从黑海延伸至意大利北部，这对罗马的两座都城来说都构成了威胁。埃提乌斯将军长期掌管西罗马帝国的事务，他组织了抵抗阿提拉的联盟。伊比利亚的西哥特人与西南部的高卢加入了西罗马帝国的队伍，归国王狄奥多里克一世（Theodoric I）统领。埃提乌斯还找到了新的盟友：萨利安人（Salians）。

萨利安人是法兰克人的一支，他们作为罗马同盟者驻扎在高卢北部，是那里最为强大的部落。如今，萨利安首领率整个法兰克联盟的士兵加入罗马阵营，帮助埃提乌斯抗击匈人。他是法兰克人中最早的“长发国王”之一。萨利安人首领都留着长发，目的是与法兰克平民区别开来，彰显自己拥有更大的权力。[2]该首领的名字我们无从所知，但后来的编年史称他为墨洛维（Merovech）。

眼下，埃提乌斯的阵营中已有西哥特人、法兰克人以及勃艮第人（莱茵河谷的日耳曼部落，现已完全服从于罗马）。先前的蛮族人与罗马士兵的联军向着西罗马帝国的奥尔良（Orleans）进军。451年6月，他们在奥尔良与匈人占领的梅斯之间的马恩河畔沙隆（Châlons-sur-Marne）同匈人交战。

约旦尼斯称，匈人将阿提拉和他的猛将置于战线中部，弱者及不太可靠的军队置于两翼，而埃提乌斯和他的罗马士兵在一翼战斗，狄奥多里克一世与西哥特人在另一翼，中部是他们“不太信任”的军队，这样布阵是为了防止他们当逃兵。[3]这一部署大获成功。匈人的两翼被瓦解，阿提拉被迫率领军队的核心部分退回莱茵河对岸。

高卢为胜利付出了残酷的代价。战死沙场的士兵超过15万人。编年史家伊达提乌（Hydatius）声称，死亡人数达30万人。约旦尼斯称，杀戮规模之大，连流经战场的小溪的水位都不断上涨，并且“因鲜血不断注入，小溪变成了急流”。[4]西哥特的狄奥多里克一世阵亡，他的儿子托里斯蒙德（Thorismund）率所剩无几的西哥特人回到失去国王的图卢兹。法兰克人的兵力也大幅减弱，撤军速度缓慢。

莱茵河对岸的阿提拉时刻注意着联军撤兵的动向。待联军全部撤离，他便发动了第二次进攻：这次主攻意大利。

进攻始于452年初，意大利北部迅速落入匈人手中。阿提拉的军队摧毁了阿奎莱亚（Aquileia），洗劫了米兰和提西努姆（Ticinum），把乡村变成了一片废墟。埃提乌斯的兵力捉襟见肘，不

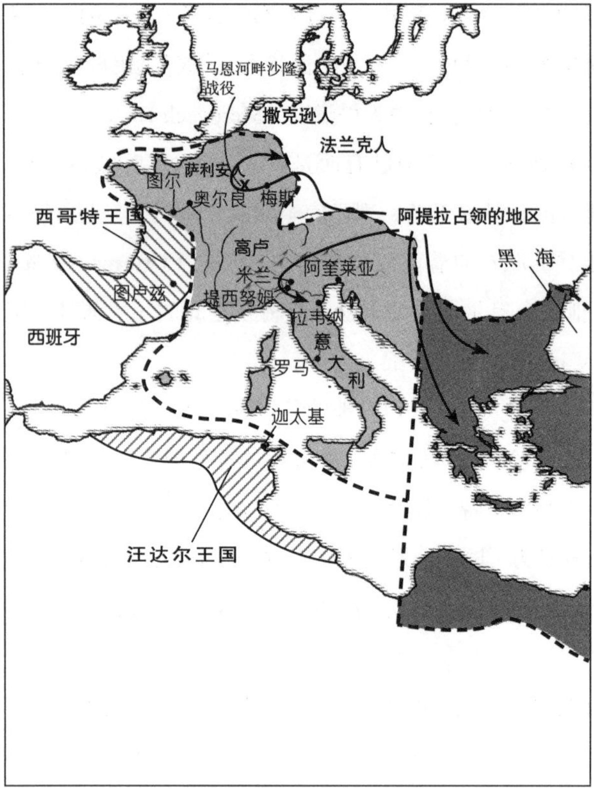

地图23–1 阿提拉的征服

足以再次与阿提拉进行全面交锋。罗马人被迫改为对匈人进行小规模的袭扰，尽最大努力延缓匈人行军的步伐。[5]

当瓦伦提尼安三世率王公大臣离开拉韦纳，向南至罗马寻求庇护时，很明显，无论是皇帝还是大元帅，都未能停止匈人前进的脚步。因此，利奥一世作为罗马主教和基督教会第一任教皇，开始处理此事。他只身前往北部，向匈人国王求情。阿提拉答应见他，二人在波河（Po）会面。利奥一世并未记录或谈论过他们之间达成的协议，但会面结束后，阿提拉同意促成和平。

在惊慌失措的罗马人（可能埃提乌斯也是如此）看来，利奥一世成功促成和谈一定是借用了魔力。历史学家阿基坦的普罗斯佩（Prosper of Aquitaine）认为，阿提拉是被利奥一世的圣洁征服的。而执事保罗（Paul the Deacon）坚持认为，出现了一位神秘的魁梧勇士，他抽出佩剑，既像“战神马尔斯”又像“圣彼得”，站在利奥旁边，威胁阿提拉同意休战。[6]

但是把不同出发点的线索交织在一起，我们能够得出一个不太戏剧性的解释。首先，匈人损失的兵力与对手相当。阿提拉余下的军队可以在意大利北部的城镇为所欲为，但围攻罗马则很可能超出了其能力范围。其次，匈人早已收获了不少战利品，不必再拼命敛财。最后，他们正想离开意大利。炎热的夏季加剧了瘟疫的扩散，而此次“天降横祸”正严重削弱他们已然薄弱的力量。利奥一世的做法，使得阿提拉有机会在保留尊严的前提下撤军。他从意大利撤军，但依然愤愤不平，坚称倘若瓦伦提尼安三世不把奥诺莉亚嫁给他，他就会席卷西部。约旦尼斯写道：“（他）似乎是为和平而后悔，为停战而恼火。”[7]

利奥一世带着胜利的光环回到罗马。这是有史以来第一次主教代理了皇帝的职权。此时距瓦伦提尼安三世颁布皇家法令，宣布利奥为整个基督教会的领袖，已有 6 年之久。这一法令赋予了教皇额外的权力。他是教会的精神领袖，但如果他的追随者都被杀掉，那么教会的精神便无法延续。作为精神领袖，他亦有权保证教会实体的存在。

阿提拉再也不会返回意大利。他穿过多瑙河回到都城，恢复力量，重组军队。现在，他决定结婚。他要迎娶哥特首领的女儿伊尔迪克（Ildico）。据说，她年轻貌美，联姻会使他与哥特盟友的关系更为紧密，这也是他重组脆弱军队之所需。阿提拉对多娶妻室并不排斥，也许他已经放弃通过与奥诺莉亚结婚获得“西罗马帝国皇帝”头衔的希冀。如果想得到罗马，他恐怕还是得靠战争。

他为这场婚礼举办了一场盛大的宴会。宴会上，按照约旦尼斯的说法，他“过度兴奋”。他很可能喝得酩酊大醉，结果在洞房里猝死了。约旦尼斯引用了历史学家普里斯库斯已经散逸的叙述：“他躺下时，因为饮了很多酒，睡得很熟。他原本只是流了很多鼻血，但这些血竟致命地流入他的喉咙，最后将其呛死。”当他的侍从冲进屋子，已经是第二天上午了。他们发现阿提拉躺在床上，气绝身亡，而他的妻子失声痛哭，浑身沾满了他的血迹。他的大臣在深夜将其安葬，周身陪葬着珍宝，随后（同几十年前阿拉里克的臣子一样）处死了掘墓人。如此一来，便无人能找到他的墓地。[8]

阿提拉的儿子试图接替他进行统治，但当他们的领袖逝世后，匈人也开始从内部分裂。与阿拉里克率领的西哥特人一样，阿提拉率领的匈人并不属于同一个国家。他们只是一个民族：他们仍是部落的集合体，只是共同拥有一段悠久的历史和一位有号召力的领袖。

阿拉里克将自己的追随者转变为西哥特人，而阿提拉将众部落联合为一支匈人大军。然而，当新崛起的民族以一位领袖的雄心壮志为基础时，他的死亡可能意味着新生民族身份的幻灭。

至于西哥特人，他们也许在与罗马人长期打交道的过程中学会了不少有关国家治理和官僚体制运作的方法，因此他们的联盟得到延续，直至选出新任国王。但匈人远没有那么幸运。455 年，他们彻底战败。从罗马边境被逼退之后，他们溃败了。他们寻求建国的契机已不复存在。

时间线 23

中国：南朝	中国：北朝	西罗马帝国	匈人	西哥特人	萨利安法兰克人
	（北魏）**拓跋珪**（386—409）				
		霍诺留（395—423）			
		奥古斯丁任希波主教（396）			
		波伦提亚战役（402）			
		君士坦丁三世（407—411）			
		阿塔罗斯（409）			
		罗马沦陷（410）		**阿陶尔夫**（410—415）	
		阿塔罗斯（415）		**瓦里亚**（415—418）	
东晋灭亡/刘宋建立（420）				**狄奥多里克一世**（418—451）	
宋武帝（420—422）					
宋少帝（422—424）					
宋文帝（424—453）	**魏太武帝**（424—452）	**瓦伦提尼安三世**（425—455）			
			鲁阿（约 432—434）		
			布来达（434—445）/		
			阿提拉（434—453）		
刘宋建立儒学馆（438）					**墨洛维**（?—约 457）
	北魏统一北方（439）	教皇利奥一世（440/445—461）			
	北方第一次灭佛运动（446）				
		强盗会议（449）			
		马恩河畔沙隆战役（451）		**托里斯蒙德**（451—453）	
宋孝武帝（453—464）			匈人分裂		

/ 24

正教

451 年至 454 年间，东罗马皇帝与波斯国王都试图控制国家信仰。

东罗马帝国始终关注着西罗马帝国的动向。阿提拉入侵，汪达尔与西哥特王国崛起，皇帝频繁更换：东罗马的王公大臣都熟知这些情况。

他们虽然熟知这些事情，却把精力主要放在其他事情上面。君士坦丁堡的罗马宫廷专注于解决自己的问题。在西罗马帝国为生存而奋争的过程中，东罗马帝国一派升平，没有什么比这更能反映出二者共同的罗马大业已经死亡。

事实是，当埃提乌斯及其盟军正与高卢的匈人背水一战时，东罗马帝国的皇帝马尔西安还在主持一场宗教会议。他再次呼吁会议解决这一棘手的问题：基督的二性——人性和神性——之间的关系。罗马主教与亚历山大主教仍处于被对方逐出教会的状态，君士坦丁堡主教已经被认定为异教徒。马尔西安希望事态有所改观。

这一期望很难实现，毕竟马尔西安更赞同罗马主教信奉的神学思想。他希望支持自己帝国的主教，但对利奥一世关于基督二性关系的解释更感兴趣。利奥一世写道，在基督身上，人性与神性仍有区别。"虽然没有本质区别，但……两者均完整保留了各自固有的特征……因为二者相辅相成，也就是说，道成就属于道的，肉身成就属于肉身的。"[1]

马尔西安发现，该说法与自己的观点最为接近，但这不足为奇，利奥一世巧妙地概括了道成肉身的观点，而这种观点正是帝国存在的基础。也正是类似的观点，促使君士坦丁再度投入到米尔维亚桥战役之中。

虽然马尔西安宣扬利奥一世的教义，可他不承认利奥一世拥有最高精神统治权，因为这位皇帝想为自己的城市保留这种权力。君士坦丁堡必须与罗马地位平等。因此，他在451年宣布召开公会议时，拒绝了利奥一世在意大利召开会议的要求。他宣布，应在君士坦丁堡对岸的卡尔西登召开会议。对利奥来说，卡尔西登路途过于遥远，不便前去，尤其是在匈人入侵时，他离开罗马会令罗马教会群龙无首。所以，罗马主教派出几个教士作为他的代表，随身携带他的书面陈述，上面详细说明了基督的二性之间究竟是何种关系。

利奥一世认为，会议时间不应过长。他的代表们应朗读他的陈述，并在之后说明："彼得言毕，无须进一步讨论。"然而在马尔西安的指示下，君士坦丁堡的主教们一致表示，他们早就自行得出与利奥一世相同的见解了。他们还表示（亦是在马尔西安的指示下），君士坦丁堡主教尽管可能无法与罗马主教相提并论，但相比其他任何主教，他都更具权威性。他不仅是主教，也是牧首（patriarch）：一个拥有高于其他主教权力的神职人员。[2]

因此，利奥一世、马尔西安以及东罗马帝国的主教们之间书信往来频繁。利奥一世曾抱怨东罗马帝国不够尊重他的权威，而马尔西安和主教们告诉利奥一世不要多管闲事。圣言只是马尔西安谋求权力的华丽借口。“君士坦丁堡教区应占主导地位，”主教们给利奥一世写信道，“我们相信，由于您十分关心其他教区，无私地向教友倾囊相授，您已将自己作为教皇的威望传给了君士坦丁堡教廷。但您的代表却妄图反对该项决定。”利奥一世给马尔西安回信道：“我很惊讶，也很痛心，普世教会由神恢复的秩序，竟再次因个人追求私利而遭到扰乱。君士坦丁堡享有崇高的地位并长期处于您的统治下。但世俗之物与神圣之物的根基不同。亚纳多留斯（Anatolius，君士坦丁堡主教）难以使它成为罗马教廷。”为了以防万一，他也给皇后普尔喀丽娅写了信。“亚纳多留斯已经被过多的欲望和一己之私蒙住了双眼，”他抱怨道，“在神圣的彼得使徒的权威之下，我们不认可主教同意（提升君士坦丁堡的地位）。”对于君士坦丁堡主教本人，利奥写道：“你的欲望远超出自己的职权，也使得自己卷入了对私利的追求之中。这种目空一切的态度将扰乱整个基督教会！”[3]

与埃提乌斯同高卢的匈人之间的战争不同，这场战争并不血腥，但事态的发展却有些类似。这是一场涉及领土、权威以及合法性的争论，是一场争夺精神统治权的争论，但不管怎样这也是一种最高统治权。

利奥一世的抗议并未奏效。马尔西安一如既往地坚持君士坦丁堡主教的独立领导和权威，卡尔西登公会议也以这封信件告终。东罗马帝国同罗马的距离又远了一步。

在接下来的几年之中，宗教会议的余波扩散至整个东罗马帝国。对于亚历山大主教降级到君士坦丁堡主教之下，南部的埃及人都怨声载道。这种怨恨暗潮涌动，而且只会更具破坏性。眼下，卡尔西登公会议已经认定，基督的二性各自独立但不可分割。许多反对这种观点的基督徒开始移居波斯，在那里，他们受到波斯国王伊嗣俟二世［Yazdegerd Ⅱ，巴赫拉姆五世（Bahram V，438 年驾崩）之子］的接纳。*

尽管他有意接纳难民，与马尔西安作对，但伊嗣俟二世并不支持基督教。实际上，不久前，他就把自己的观点作为正统思想强制推行：马尔西安借召开会议达成目的，而伊嗣俟二世只是简单地下令，整个帝国，包括亚美尼亚的波斯领地（该地至此仍信仰基督教），应拥护琐罗亚斯德教。该法令由亚美尼亚信仰基督教的史学家叶吉舍（Yegishe）记录，他曾当场见证该法令的颁布。“他声称，信仰基督教的我们是他的对手和敌人，”叶吉舍写道，“他下令：‘我统治下的所有民族和说不同语言的人，都应抛弃他们错误的信仰，转而朝拜太阳。’”[4]

如同马尔西安一样，伊嗣俟二世有着政治与神学方面的双重动机。他对自己的信仰十分虔诚，但颁布该法令更出于一种愿望：根除所有对东罗马人的同情——尤其要在他帝国中不太忠诚的领地内推行法令。在亚美尼亚人看来，该法令既是对自由的剥夺（确实如此），也是宗教迫害。因此，他们拒绝放弃信仰基督教。

伊嗣俟二世便诉诸暴力手段。451 年，即卡尔西登公会议召开的同一年，他向亚美尼亚进军。瓦尔坦（Vartan）大将军率领聚集起来的 6.6 万名亚美尼亚人，准备背水一战。

---

*　许多前往波斯的基督徒都是聂斯托里派，他们认为，卡尔西登公会议对基督的二性并未做出严格区分。教义的差异最终使波斯的基督徒彻底与罗马和君士坦丁堡分离开来。因此，聂斯托里派基督教形成，被称为叙利亚正教会（Syrian Orthodox Church）。

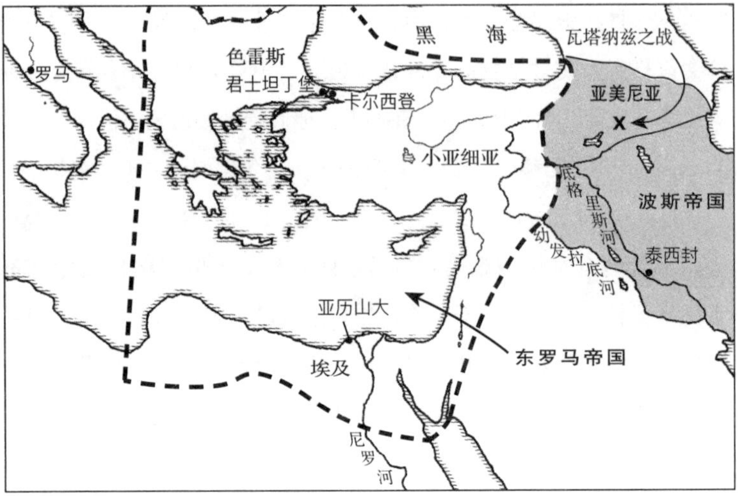

地图 24–1　瓦塔纳兹之战

在接下来的瓦塔纳兹（Vartanantz）之战中，瓦尔坦被杀，交战双方损失惨重。“双方都意识到了战败的可能，”叶吉舍称，“因为倒下的尸体众多，像石头堆成的小山一般，高低不平。”[5]最终，波斯人击败了兵力较少的亚美尼亚军队。伊嗣俟二世囚禁、折磨那些幸存的领导人，迫使亚美尼亚并入波斯，之后任命新的统治者掌管该国。同时，伊嗣俟二世未雨绸缪，着手对付其他可能存在的异议者。公元 454 年，他开始颁布一系列法令，禁止波斯的犹太人过安息日，最后还禁止犹太人的子女在犹太学校接受教育。

两位皇帝依然运用这一理念治国：统一的宗教信仰会使帝国壮大，推行单一神学和宗教活动的正统宗教，能使领土紧密相连。然而，无论是在波斯，还是在东罗马帝国，民众的不满只是被掩盖了，它就如同地下水一般，悄然扩散开来。

时间线 24

西罗马帝国	匈人	西哥特人	萨利安法兰克人	东罗马帝国	波斯帝国
君士坦丁三世（407—411）				**狄奥多西二世**（408—450）	
阿塔罗斯（409）					
罗马沦陷（410）		**阿陶尔夫**（410—415）			
阿塔罗斯（415）		**瓦里亚**（415—418）			
		狄奥多里克一世（418—451）			
					巴赫拉姆五世（420—438）
瓦伦提尼安三世（425—455）					
	鲁阿（约 432—434）				
	布来达（434—445）/				
	阿提拉（434—453）				
			墨洛维（?—约 457）		**伊嗣俟二世**（438—457）
教皇利奥一世（440/445—461）					
强盗会议（449）				**马尔西安**（450—457）	
马恩河畔沙隆战役（451）		**托里斯蒙德**（451—453）		卡尔西登公会议（451）	瓦塔纳兹之战（451）
	匈人分裂				

/ 25

爱尔兰高王

451 年至 470 年间，爱尔兰归乌伊尼尔统治，帕特里克将基督教传到岛上，沃蒂根邀盎格鲁人和撒克逊人来到不列颠。

经过高卢战场，穿过伊比利亚日益壮大的西哥特人家园前的河流，在远离西罗马帝国统治的区域，不列颠各岛开始形成统一的身份认同感。

爱尔兰岛西部从未被罗马军队占领，也未同罗马的道路联结在一起，它正迂回地向着独立国家的方向前进。同罗马帝国周围的民族一样，爱尔兰民族由部落与氏族组成，每个部落均拥有一定的自治权，由军阀及其家族领导。但即便没有被罗马征服，爱尔兰部落也未能摆脱罗马的影响。451 年，爱尔兰最强大的部落是芬尼（Venii 或 Feni），而芬尼最强大的氏族则是坎拉契特（Connachta）。坎拉契特家族的领袖名叫奈尔（Niall），其母为罗马人；其父名叫伊奥恰（Eochaidh），在突袭不列颠尼亚时俘虏了一个罗马女孩，后娶她作妾。[1]

奈尔是家里的小儿子，他在父亲去世后成为氏族的领导者。爱尔兰古代的史书大多数写于事件发生数个世纪之后。它们将奈尔的英勇事迹编织成神话，而且其中融合了其他爱尔兰国王的功绩，令人难以准确筛选出奈尔的部分。

但是，其中一个故事却暗示了一条极为血腥的崛起之路。根据《伊奥恰·马梅德伦子嗣历险记》（*The Adventures of the Sons of Eochaid Mugmedon*）记载，伊奥恰派奈尔和他的四位兄长（与奈尔不同，四位兄长皆为他父亲的正妻所生）去探险，以决定谁来继承王位。旅途中，几个人口渴难耐，四处寻找水源。他们发现了一口井，但是被一个可怕的女巫看管着：

> 她从头到脚，从关节到四肢，都是煤炭一样的黑色。她的头顶长满了又粗又硬的灰色长发，如同野马尾巴上的长毛一般。她口中的绿色牙齿宛如镰刀，一直延伸到耳边，能将粗壮的橡树枝条咬断。她长着烟灰色的眼睛，鼻子又歪又塌。她的腰上血管凸出，满是病变了的脓包。她的胫骨扭曲歪斜。她的脚踝很粗，肩胛骨很宽，膝盖很大。她的指甲都是绿色的。[2]

女巫要求五兄弟用性爱换取接近这口井的机会。四位兄长拒绝了。只有奈尔热切地扑到她身上，准备借此机会换些水喝。女巫立刻变成了一位身着王家紫色斗篷的美丽少女。“我是爱尔兰女王，”她告诉他，“正如你所见，起初我让人作呕，野蛮凶残，令人毛骨悚然，但最后我变得美丽动人。君权亦是如此：若没有战争和冲突，难以获得君权；但对于每个人来说，最后的结局都是美好的。”[3]

在童话中，奈尔的兄长随后自愿尊他为家族领袖。然而在奈尔崛起的过程中，先是掌管氏族大权，随后又统治芬尼部落，毫无疑问，肯定伴随着暴力、强占和流血，野蛮凶残，令人毛骨悚然。他只有一手握王冠，一手持宝剑，才可以拥有合法的王权。

在奈尔统治的几十年里，他将自己的权力由率领芬尼部落的权力扩展为领导爱尔兰领主及其他部落的权力——高王。奈尔是爱尔兰史上率先行使高王权力的领袖之一。因从周围的九个部落中救出人质，他赢得了绰号“营救九个人质的奈尔”，这使得这些人质的首领对他忠心耿耿。在他的统治下，爱尔兰一定程度上统一了起来。随后，他对高卢及不列颠的沿海地区发动了袭击。

在其中一次袭击中，他俘获了一名罗马化的布立吞人，名叫帕特里西乌斯（Patricius），并把他作为奴隶他带回爱尔兰。为奴 6 年后，帕特里西乌斯偷乘爱尔兰突击船，趁船停靠之际，逃至高卢。在那里，他皈依了基督教。他感觉有人召唤他回到曾经为奴的地方，教导爱尔兰人信奉基督教。

这是我们从帕特里西乌斯所作的《忏悔录》（*Confession*）中得知的。当他回到高王宫廷时，奈尔已经战死沙场（在不列颠或高卢），奈尔的儿子们正因王位而相争。尽管家族内部冲突不断，但帕特里西乌斯仍致力于传播基督教。此举大获成功，爱尔兰人信奉基督教的时间远早于东部的不列颠岛。后来，基督教史学家将他称为爱尔兰的使徒圣帕特里克（Saint Patrick），认为是他将蛇逐出了爱尔兰。

事实上，自冰期结束以来，爱尔兰就没有蛇。[英国教会史学家比德（Bede）写道：“在这里找不到爬行动物，因为尽管蛇通常会被海船从不列颠带来，但只要船只靠岸，蛇就会受空气中气味的影响，迅速死亡。”] 但对于基督徒作家而言，蛇不仅仅是蛇：撒旦曾在伊甸园中化身为一条蛇，蛇（在爱尔兰本土的德鲁伊信仰中是

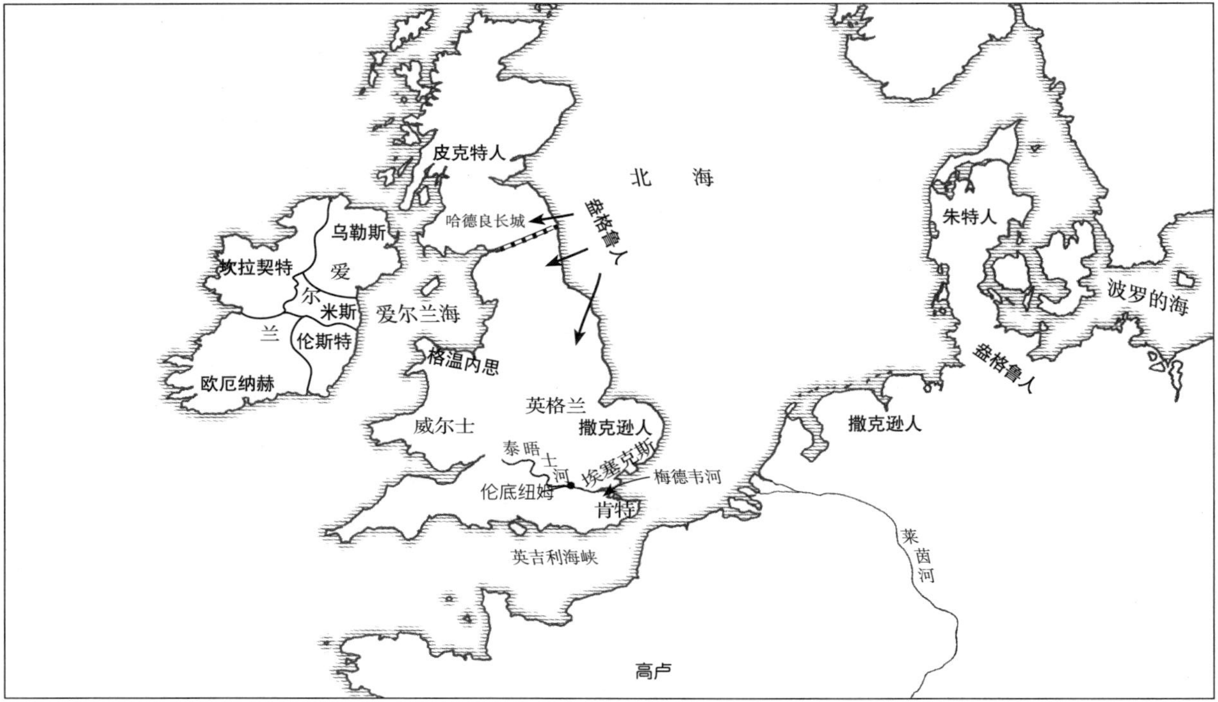

地图 25-1 爱尔兰和不列颠

受崇敬的）象征着黑暗势力，反对基督的福音。新的信仰渐渐取代了旧的信仰。[4]

到帕特里西乌斯去世时，即 493 年前的某个时候，奈尔的三个儿子控制了爱尔兰北半边的三个王国：塔拉（Tara）古城的所在地米斯（Midhe）、乌勒斯（Ulaidh）和其氏族最早的定居地坎拉契特。他们的后代以乌伊尼尔王朝（Ui Neill dynasty）之名统治了 600 多年，其影响力远远超越了中世纪。奈尔独特的 Y 染色体在世界各地的 300 万人之中被发现。他的子嗣及其繁衍能力强的后代生养了许多孩子，每 12 个爱尔兰人中就有 1 个（在爱尔兰，每 5 个人中就有 1 个属于原来的坎拉契特血统）声称奈尔是自己的祖先。[5]

尽管有优势，但乌伊尼尔王朝并未征服整个岛屿。欧厄纳赫（Eoghanach）氏族仍统治着爱尔兰的西南部，阻碍芬尼势力的扩张。而东南部的土地由伦斯特（Leinster）部落掌控。但由于遭到奈尔后代的不断攻击，伦斯特部落中的一些人离开了，后在不列颠沿岸，即后来的威尔士（Wales），定居下来。他们去那里是为了逃离爱尔兰高王的统治，但却与不列颠高王发生了正面冲突。[6]

据说，这位高王名叫沃蒂根（Vortigern）。约 450 年，他在执行保卫不列颠免受外敌入侵的艰巨任务时，决定将岛屿据为已有。自 410 年君士坦丁三世离开此地，不列颠一定程度上已被罗马人抛弃。现在，它的大部分地区被本地军阀所盘踞——大多数是罗马化的凯尔特人或凯尔特化的罗马人——此外还有少数获罗马批准的撒克逊沿海聚居地。在乌伊尼尔王朝的统治下，爱尔兰的斯科蒂海盗发动的袭击愈加凶猛：借用 6 世纪史学家吉尔达斯（Gildas）的生动描述，来自爱尔兰的突袭者从他们的船上涌出来，“如同艳阳高照，天气转暖时，成群的黑色蠕虫从石缝中爬出一般”。与此同时，北部的皮克特人穿过哈德良长城，发动了更为猛烈的攻击，他们要将北方据为己有。[7]

面对这种混乱的局面，不列颠众领主以及部落首领聚集起来，召开会议，推选北部君主沃蒂根做他们的统帅。沃蒂根派首领之一，不列颠军阀坎爱达（Cunedda），前去将伦斯特人逐出新领地。坎爱达同他的八个儿子及其将士服从命令，并在征服的土地上建立了自己的王国格温内思（Gwynedd）。

沃蒂根还给罗马的大元帅埃提乌斯写信，请求他帮助自己对抗皮克特人。然而，埃提乌斯没有给他回信。

无奈之下，沃蒂根建议，余下的不列颠战士应改善与撒克逊盟友的关系；不列颠应允许更多的撒克逊人在南部［尤其是东南沿海的埃塞克斯（Essex）和肯特（Kent）］定居，作为对帮助他们抗击皮克特人和爱尔兰人的战士的嘉奖，以此招徕更多的战士。其他首领对此表示赞同。因此，沃蒂根不仅把消息告知了远在北海沿岸，现丹麦以西的撒克逊人，也告知了盟友盎格鲁人——他们生活在撒克逊人的东北部，现德国与丹麦的分界线上。这一做法实属无奈之举，但却令后世的史学家对他深恶痛绝。“他们是在谋划如何掠夺我们的土地，”吉尔达斯愤愤不平地写道，“撒克逊人（不要再提他们的名字！）凶狠残暴，人神共愤，他们在进入不列颠之后，就像进入羊圈的狼一样，将北方那群人打退……他们是多么愚昧！这是多么不计后果、愚蠢至极的决定！”[8]

起初，这种做法看似有效。盎格鲁人与撒克逊人接受了邀请，并于 455 年左右横渡大海，加入不列颠人抗击皮克特人的战斗之中。“他们对抗从北部进攻的敌人，”比德写道，“最终，撒克逊人获得了胜利。”作为回报，沃蒂根允许盟军定居。如同十分憎恶他们的吉尔达斯所言，新来的人“将自己可怕的魔爪伸到东部，表面上是为我们而战，实际上是在攻击我们”。[9]

撒克逊人与盎格鲁人都曾在肯特的芳草茵茵的土地上定居，但他们在那里并不安分。他们野心勃勃，妄图进一步扩充领土。几个月内，一批批的撒克逊人和盎格鲁人［连同盎格鲁人的盟友朱特人（Jutes），他们就居住在盎格鲁人的土地以北的日德兰半岛上］接连搭乘维京长船抵达不列颠东南海岸。“船上载满了携带武器的战士，”不列颠史学家蒙茅斯的杰弗里写道，“他们个个身材魁梧。”沃蒂根这样做，消除了来自北方的威胁，却导致南部被入侵。[10]

在撒克逊两兄弟亨吉斯特（Hengest）和霍萨（Horsa）的率领下，朱特人攻占了南部沿海的土地。撒克逊人从深入内陆的肯特，迁至伦底纽姆的南部与西南部，而盎格鲁人则入侵泰晤士河流经的东南沿海地带。战争导致的衰败笼罩着这座岛。吉尔达斯哀叹道：“所有的主要城镇都被攻占，广场中央，高墙和房屋的基石从高耸的底座上掉落下来，与神圣的祭坛和尸块一同（仿佛）被血液凝固而成的紫色沉淀所覆盖，它们看起来好似在某种常见的葡萄酒榨汁机中混合了一般。除了一座座房屋的废墟以及飞禽走兽的肚子，这里没有所谓的下葬。”[11]

不列颠部落与沃蒂根结成联盟，用了6年的时间抵抗强大的入侵者，结局却是徒劳。入侵者十分凶残，看起来势不可当。数个世纪之后，修士内尼厄斯（Nennius）在编写《布立吞人史》（*History of the Britons*）时，将沃蒂根击败侵略者的原因归结为巫术的作用。他坚持认为，沃蒂根无法建成抵御侵略者的堡垒，直到宫里的巫师告诉他，他需要找到一个一出生就没有父亲的孩子，将其杀死，然后将鲜血洒到房基上。

时间线 25

东罗马帝国	波斯帝国	爱尔兰	不列颠
		营救九个人质的奈尔（约 390—约 455）	
阿卡狄乌斯（395—408）			
	伊嗣俟一世（399—420）		
狄奥多西二世（408—450）			
			君士坦丁三世离开不列颠（410）
	巴赫拉姆五世（420—438）		
		帕特里西乌斯返回爱尔兰	
	伊嗣俟二世（438—457）		
马尔西安（450—457）			
卡尔西登公会议（451）	瓦塔纳兹之战（451）		**沃蒂根**（约 450）
			（格温内思）**坎爱达**（约 455—约 460）
			亨吉斯特和霍萨的侵略

这种德鲁伊教的仪式表明，不列颠人走投无路，被迫采用极端且古老的方法来保卫自己的国家。但编写基督教历史的修士内尼厄斯补充说，这种献祭其实并未发生。相反，这个孩子刚被找到时就向沃蒂根展示了巫师提到的房基下的水池，水池里面睡着两条蛇：一条白蛇，一条红蛇。“红蛇是你的龙，”孩子告诉沃蒂根，“而白蛇是穿过水域攻占不列颠的人的龙。但我们的人民终将起身，将撒克逊族驱逐到海那边。”[12]

这种马后炮式的预言并未完全灵验。455 年，沃蒂根终于在肯特梅德韦河（Medway）渡口的激战中，成功打败了侵略者。

据《盎格鲁-撒克逊编年史》（*Anglo-Saxon Chronicle*）记载，

霍萨在战斗中身亡。失去了一位首领后，侵略者不得不重整旗鼓。在此期间，沃蒂根一定有过几次短暂地燃起了大获全胜的希望。但霍萨的儿子继承了父亲的衣钵，打破了这种希望。此后的 15 年间，战争仍在继续。沃蒂根及其子民与新的入侵者之间，每年都会产生新的暴力冲突，虽然双方都不占优势，但没有任何一方愿意妥协让步。[13]

/ 26

罗马神话的终结

454 年至 476 年间，汪达尔人洗劫了罗马，罗马的最后一位皇帝逃离了拉韦纳。

由于自身难保，埃提乌斯并未对沃蒂根的请求做出任何回应。

反对他统治西罗马帝国的不满情绪日益高涨，匈人入侵意大利也给了他一记重拳。他的权力受到了挑战，且反对者实力雄厚——尤其是元老院议员佩特罗尼乌斯·马克西姆斯（Petronius Maximus），他曾两度拯救了罗马。454 年，埃提乌斯在安排儿子与瓦伦提尼安三世之女的婚事时，犯了一个致命的错误。他的企图很明显，想让自己的家族攀上西罗马帝国的皇位。

35 岁的瓦伦提尼安三世当时已在位近 30 年之久，却一直处于他的将军的阴影之下。他失去了帝国的大部分领地：伊比利亚和大部分高卢沦于苏维汇人和西哥特人之手；汪达尔人攻克了北非，在他们伟大的国王盖塞里克的领导下，占据了西西里岛，与意大利半岛隔海相望。匈人迅速攻下了毫无防备的意大利。尽管罗马主教因恐惧而畏缩，但他仍旧接替了瓦伦提尼安三世的工作。佩特罗尼乌斯·马克西姆斯很容易就说服了皇帝，让他将不满发泄到埃提乌斯身上。“西罗马人的境况混乱不堪，”史学家安条克的约翰（John of Antioch）写道，“并且，马克西姆斯……说服皇帝，除非他迅速除掉埃提乌斯，否则死的就是他。”[1]

455年，瓦伦提尼安三世正身处拉韦纳。埃提乌斯例行进入皇宫，准备与皇帝讨论征税问题。他站在瓦伦提尼安三世面前，正专注于陈述筹钱的困难之处。这时，瓦伦提尼安三世从座位上跳下来大喊，他再也不能容忍背叛，随后挥剑砍下了埃提乌斯的头。这位伟大的将军在众目睽睽之下倒地，死于大殿，大臣们对此都目瞪口呆。

安条克的约翰称，瓦伦提尼安随后心满意足地转身，向其中一个官员问道：“杀掉埃提乌斯是不是干得很漂亮？”官员回答道：“干得漂不漂亮，我不清楚。但我知道，您用左手砍掉了右手。”事实证明确实如此。瓦伦提尼安三世除掉了阻止他拥有全部权力的人，但也毁掉了自己保留权力的唯一机会。仅仅数周后，佩特罗尼乌斯·马克西姆斯便说服了埃提乌斯的两名战友，趁瓦伦提尼安三世在战神广场（Campus Martius）练箭时，暗杀了他。他们偷走了瓦伦提尼安三世的皇冠，带着它逃到佩特罗尼乌斯·马克西姆斯那里。马克西姆斯手握皇冠，自立为帝。[2]

接下来的7年充斥着死亡与破坏。为了阻截汪达尔人，佩特罗尼乌斯·马克西姆斯试图派遣一位名叫阿维图斯（Avitus）的高卢退役指挥官，同西哥特国王在图卢兹协商结盟之策。阿维图斯是土生土长的高卢人，一直在他的庄园里过着平静的生活。但还没等阿维图斯带回与西哥特人结盟的消息，盖塞里克和他的汪达尔大军已将船停靠在意大利南部海岸了。

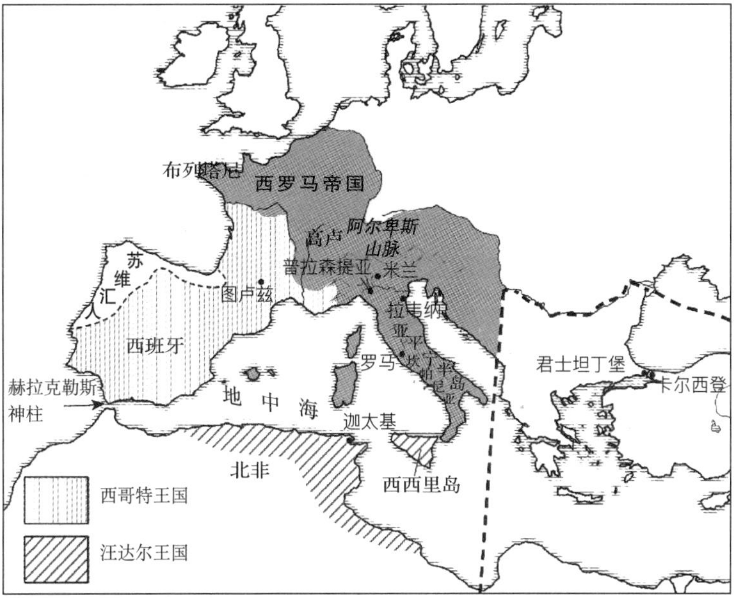

地图 26–1 西罗马帝国的崩塌

消息一出，罗马上下人心惶惶，骚乱不断。佩特罗尼乌斯·马克西姆斯见这座城市的境况越发凶险，便试图离开，但当他骑着马出现在街上时，一名暴徒扔下一块岩石，砸死了他。如今，罗马既没了皇帝，又没了大将。马克西姆斯去世 3 天后，也就是公元 455 年 4 月 22 日，汪达尔人抵达罗马，攻破了城门。[3]

此后的 14 天，来自北非的这群野蛮人横行全城，为了掠夺、破坏，无所不用其极。因此，他们的族名汪达尔（Vandal）演变成了一个新的动词：“肆意破坏”（vandalize），即漫无目的地进行破坏。事实上，这种掠夺行径的目的十分明确。盖塞里克并不想占据罗马城，他想要罗马的财富。因此，汪达尔人进行了彻底的搜刮，偷走了城中所有的金银，甚至刮下了卡匹托尔山上朱庇特神庙屋顶的镏金。

教皇利奥一世从中调解，阻止了汪达尔人烧毁罗马、大规模屠杀罗马人的行径。但即便是利奥，也未能阻止盖塞里克绑架瓦伦提尼安三世的遗孀及其两个十几岁的女儿。汪达尔人带着三个女人、乘着满载珠宝的船回到迦太基。其中一艘载着雕像的船沉没了，至今仍陷在地中海某处的淤泥里，但其他船只都安全抵达了北非。盖塞里克后让自己的儿子霍诺里克（Honoric）娶了瓦伦提尼安三世的大女儿优多西娅（Eudocia，埃提乌斯也曾选定她为儿媳）为妻，将其余两个女人，附上他准备的礼物，送至君士坦丁堡。[4]

在君士坦丁堡，东罗马帝国的新任皇帝马尔西安热情接待了瓦伦提尼安三世的家人，但他拒绝派东罗马帝国士兵向西进军，为罗马遭到洗劫而复仇。早在20多年前，他就发誓，决不再对抗汪达尔人；当年，盖塞里克及其侵略军曾占领迦太基，将他俘虏，而日后不去对抗汪达尔人是释放他的条件。

当佩特罗尼乌斯·马克西姆斯去世、罗马遭到洗劫的消息传到图卢兹时，高卢使臣阿维图斯仍在同西哥特人谈判，而西哥特国王狄奥多里克二世（Theodoric II）建议阿维图斯自立为帝。他主动提出以自己的西哥特军队作为阿维图斯的盟军。阿维图斯接受了他的提议，向南越过阿尔卑斯山，成功进军罗马，当上了罗马一年内的第三任皇帝。

当时，罗马遭到洗劫，破败不堪、饥荒肆虐。阿维图斯设法重振饥贫交迫的罗马城，但城中所剩食物寥寥无几。他被迫遣走西哥特盟军，因为他实在没有办法供养他们。尽管如此，他也不得不先支付军饷。由于国库空虚，他只得剥下公共建筑上剩余的青铜移交给他们。[5]

这一做法激怒了罗马市民，而当时任何冒犯的举动都足以激怒他们。不到一年，阿维图斯试图维护统治的想法便破灭了。他任命拥有一半日耳曼血统的将领里西梅尔（Ricimer）为自己的大元帅。里西梅尔年轻时曾在埃提乌斯手下作战。当阿维图斯尝试恢复罗马和平时，里西梅尔身处南部，将余下的汪达尔人逐出了意大利。与阿维图斯渐失民心相反，里西梅尔深受爱戴。456 年，阿维图斯为了保命，最终逃离了罗马，想要回到高卢的庄园。但里西梅尔在途中遇到了他，并将他俘获。早期的历史学家对此后发生的事情意见不一，但从表面看来，里西梅尔令人看守了他几个月，阿维图斯在此期间去世，且死因不明。

如今，里西梅尔是罗马最有权势的人。但他知道，他的蛮族血统将成为罗马元老院认可他为皇帝的阻碍。因此，他准备任命一位同僚——马约里安（Majorian）将军。马约里安现为名义上的西罗马帝国皇帝，但事实上却是里西梅尔的傀儡。

马约里安充当里西梅尔代言人的策略行之有效，这意味着里西梅尔可以将失败的责任转嫁给马约里安。460 年，马约里安和西罗马军队聚集在伊比利亚海岸（多亏了与西哥特人的友谊），岸边停靠着他们的 300 艘战船，准备进攻北非的汪达尔王国。普洛科皮乌斯写道，船只聚集在赫拉克勒斯神柱（Pillars of Hercules），即地中海入口处，他们计划“由此穿越海峡，随后由陆路进军，对抗迦太基”。盖塞里克开始为一场大规模战争做准备，而期待胜利的意大利人已经准备好庆祝了。[6]

一场偷袭中断了此次侵略。编年史学家赫德修斯（Hydatius）称，岸边的船突然被“接到奸细送来的消息的汪达尔人控制”。[7] 某种悄然进行的密谋，也许得到了西哥特人的默许，也许得到了西罗马军队中某些人的帮助，完全破坏了整个计划。

马约里安带着战败的耻辱从伊比利亚启程撤回意大利。在亚平宁山脉的山脚下，里西梅尔的部队设下埋伏，取了他的首级。而在国内，里西梅尔选中利比乌斯 · 塞维鲁（Libius Severus）担任西罗马帝国的下一任皇帝。[8]

塞维鲁的作为，历史上似乎没有记载。他只是里西梅尔的另一个傀儡，在位仅仅 4 年。465 年，由于患病或中毒，他在罗马去世。随后的 18 个月里，里西梅尔并未急于任命下一位皇帝。西罗马对于罗马正统皇帝的看法突然暴露了其本质："罗马皇帝"是一种迷思，帮助罗马人假装自己日渐瓦解的国家仍与过去的辉煌有着某种至关重要的联系，即便现在西罗马帝国领土面积仅仅略大于意大利半岛；它也是一种可以利用的谎言，来掩盖如今罗马人同野蛮人毫无二致的事实。

最后，里西梅尔于公元 467 年任命了新皇帝，但这并不是因为他需要一个傀儡，而是因为他发现，这对解决自己当下面临的难题——西哥特人——十分有益。466 年，西哥特国王狄奥多里克二世被弟弟尤里克（Euric）谋杀。尤里克举起了西哥特的旗帜，以高卢为中心，席卷了周边地区。他迅速占领了更多原属罗马的领地，因而里西梅尔需要反击。西哥特人曾经是可以助力的盟友，但如今却成了一个威胁。[9]

然而，若是没有傀儡皇帝，里西梅尔是不会发动一场真正的战争的。因此，公元 467 年，他向元老院提议，任命罗马将领安特米乌斯（Anthemius）为新皇帝，而安特米乌斯恰好迎娶了东罗马帝国皇帝马尔西安的女儿。

安特米乌斯很精明，他提议里西梅尔与自己的女儿阿莉比娅（Alypia）成婚，以表现自己额外的忠心。婚礼于467年年底举行，那时，诗人希多尼乌斯·阿波黎纳里斯（Sidonius Apollinaris）正巧抵达罗马。“我抵达时，正遇上贵族里西梅尔完婚，”他给一位朋友写信道，“对他而言，皇帝之女伸出的手代表着一种期望——国家能迎来更安定的时期。”不过对于新娘而言，这并不令她感到高兴：

> 虽然新娘已经嫁给新郎，新郎也已摘下花冠，执政官脱下了带有棕榈叶刺绣的礼袍，新娘换下了嫁衣，尊贵的元老除去了托加袍（toga），平民也摘去了斗篷，但是宫闱之中仍充斥着众多来宾的吵闹声，因为新娘还在拖延进入丈夫房中的时间。[10]

很显然，阿莉比娅对这段婚姻感到不满。里西梅尔已年逾60岁，却仍在行伍之中，还比她的父亲年长15岁。

里西梅尔同新皇帝安特米乌斯相互配合，准备发动战争，抗击西哥特人。

西哥特人曾派遣士兵帮助罗马人反击汪达尔人，但现在，这两个人四处寻找能帮助他们对抗西哥特人的战士。后来，他们在高卢西北角找到了一个新盟友。一个名叫里奥萨姆斯（Riothamus）的布立吞人在那里定居，手下拥有1.2万名战士。他们厌倦了不列颠人同盎格鲁人以及撒克逊人之间持续的战争，便越过海峡，寻求和平。[11]

然而，在这片古老帝国的土地上，和平难以实现。里奥萨姆斯明白，西哥特势力的扩张，对其名为布列塔尼（Brittany）的新家园构成了威胁。他同意派遣 1.2 万名战士对抗西哥特人，但西哥特国王尤里克并未给这一增援部队同罗马军队主力会合的时间。“他带领无数战士抗击布列塔尼人，”约旦尼斯称，“经过漫长的战斗，他在罗马人加入之前，就击溃了布列塔尼国王里奥萨姆斯。”[12]

对抗西哥特人的战争几乎还没开始就宣告失败，而伊比利亚的西哥特王国还在继续扩张。与此同时，罗马士兵继续同北非的汪达尔人进行徒劳的战斗。所有的事情都没有向好的方向发展。470 年，安特米乌斯在病中认定是巫术给他带来了厄运。安条克的约翰写道，他“惩罚了许多涉及这一罪行的人”。尽管罪行本身是未经证实的巫术，但他还是处决了他们。[13]

身在米兰的里西梅尔听闻皇帝迫害巫师的消息，大为恼怒。他召回北非前线的 6000 名战士，向罗马进军。472 年，他们击败了安特米乌斯，处决了他。

那场婚姻并未挽救安特米乌斯的命运，而里西梅尔在丈人死后不久，也去世了。他一抵达罗马，就染上热病。两个月后，里西梅尔离世。

失去了幕后指挥的帝国每况愈下。安特米乌斯去世后的 4 年间，帝国先后换过 4 位皇帝，然而，没有一位能够掌握实权。最后，另一名蛮族军人上台掌权。他名叫奥瑞斯忒斯，曾经出现在罗马历史的转折点上：他当时是一名出身罗马的使臣，在 449 年由匈人阿提拉派遣至君士坦丁堡。

匈人瓦解后，他回国为西罗马帝国军队效力，他的追随者也与日俱增。无能的尤利乌斯 · 尼波斯（Julius Nepos）空有罗马皇帝的头衔。475 年，奥瑞斯忒斯整合军队，从各部落召集了一批日耳曼雇佣兵，向拉韦纳进军。尤利乌斯 · 尼波斯没有做任何抗争，就逃跑了。奥瑞斯忒斯并未自立为帝（罗马君主不能是蛮族的迷思已被揭穿，但这种观念依然在起作用），而是命自己 10 岁的儿子罗慕路斯（Romulus）即位。罗慕路斯是奥瑞斯忒斯与他纯罗马血统的妻子所生的孩子，身上的蛮族血统要少于他的父亲。

拉韦纳宫廷愿意接受这种谎言，这使得罗马的国号继续维持了一年多。罗慕路斯的臣民戏谑地称他为“奥古斯都路斯”（Augustulus），意为“小奥古斯都”。他在位仅一年，西罗马帝国就彻底崩塌了。

476 年，这个谎言也被揭穿了。奥瑞斯忒斯曾许诺，赐予日耳曼雇佣军土地作为报酬，允许他们在意大利定居。现在，他们的领袖，将军奥多瓦卡（Odovacer）——既是日耳曼人，又是基督徒——为其追随者要求更多的土地。奥瑞斯忒斯拒绝了他的请求。时值 8 月，天气炎热，奥多瓦卡与雇佣军向着拉韦纳进发，以争取酬劳并进行报复。奥瑞斯忒斯与他在意大利北部的普拉森提亚（Placentia）对战。罗马军队战败，奥瑞斯忒斯也在战争中丧命。

奥多瓦卡继续进军拉韦纳，途中并未遭遇抵抗。他俘获了年幼的罗慕路斯，将其送至坎帕尼亚的一处城堡中居住。蛋堡（Castel dell’Ovo）是一座岛上的要塞，只能通过堤道抵达。在那里，末代罗马皇帝默默无闻地度过了余生。约旦尼斯写道：“由此说来，罗马建城后的第 709 年，屋大维·奥古斯都的统治是西罗马帝国之始，如今它分崩离析……此后，哥特国王掌控了罗马和意大利。”[14] 古老的西罗马帝国曾固执地坚持，罗马大地必须由罗马人统治，可如今，帝国已不复存在。

然而，君士坦丁早在一个多世纪以前就已经将西罗马帝国推上绝路。那时，他认定仅靠罗马人自己就能够统一帝国。奥多瓦卡登

时间线 26

爱尔兰	不列颠	西罗马帝国	汪达尔人	西哥特人	萨利安法兰克人
营救九个人质的奈尔（约390—约455）					
		君士坦丁三世（407—411）			
		阿塔罗斯（409）			
	君士坦丁三世离开不列颠（410）	罗马沦陷（410）		**阿陶尔夫**（410—415）	
		阿塔罗斯（415）		**瓦里亚**（415—418）	
				狄奥多里克一世（418—451）	
		瓦伦提尼安三世（425—455）			
			盖塞里克（428—477）		
帕特里西乌斯返回爱尔兰			汪达尔人征服北非		
		教皇利奥一世（440/445—461）			**墨洛维**（?—约457）
		强盗会议（449）			
	沃蒂根（约450）	马恩河畔沙隆战役（451）		**托里斯蒙德**（451—453）	
		刺杀埃提乌斯（455）		**狄奥多里克二世**（453—466）	
	（格温内思）**坎爱达**（约455—约460）	**佩特罗尼乌斯·马克西姆斯**（455） 罗马沦陷（455）			
	亨吉斯特和霍萨的侵略	**阿维图斯**（455—456）			
		马约里安（457—461）			
		利比乌斯·塞维鲁（461—465）			
		安特米乌斯（467—472）		**尤里克**（466—484）	
		尤利乌斯·尼波斯（475）			
		罗慕路斯·奥古斯都路斯（475—476）			
		西罗马帝国灭亡（476）			

图 26–1 蛋堡

罗马最后一位皇帝在这里度过余生。图片由达维德·凯鲁比尼拍摄

上了意大利王位，这只是最终确定了业已发生的事实：野蛮人已经不再需要成为罗马人。意大利的大部分地区信奉基督教，而奥多瓦卡就是一名基督徒。他自称“意大利国王”，以将自己同过去的罗马皇帝区分开来。他是一名合格的战士，也是一位称职的统治者。他的支持者认为，他的血统问题已经无关紧要。

/ 27

东哥特

457 年至 493 年间，伊苏里亚人登上了东罗马帝国的皇位，东哥特人掌控着意大利，而本笃会修士势头减弱。

457 年，东罗马帝国皇帝马尔西安去世，享年 61 岁。他的妻子普尔喀丽娅早在 4 年前就去世了。自 379 年便在君士坦丁堡建立统治的狄奥多西（Theodosian）王朝至此结束了。*

因为没有正统血脉的继承人，军队对于下一任皇帝的人选拥有最大的发言权。军队的指挥官通常是头号候选人，但在 457 年，军权却掌握在拥有蛮族血统的阿斯帕尔（Aspar）手中。他是阿兰人（他们曾生活在黑海东部，但早在几十年前就被匈人从他们自己的土地上驱逐出去了）。东罗马帝国仍自称为罗马帝国，对蛮族血统坚持抱有怀疑态度：正如汪达尔人斯提里科与西哥特人里西梅尔不可能成为西罗马帝国的皇帝一样，阿斯帕尔也不可能成为东罗马帝国

---

* 狄奥多西王朝存在于 379 年至 457 年间，其后是利奥王朝（Leonid dynasty），存在于 457 年至 518 年间。

的皇帝。

因此，阿斯帕尔选定色雷斯人利奥做他的代言人。此人 50 岁左右，性情随和，是阿斯帕尔的管家。利奥由君士坦丁堡牧首加冕称帝——这是牧首第一次在东罗马帝国行使教皇般的职权。

然而，色雷斯人利奥一登基，就证明他绝不可能受人操纵。阿斯帕尔在军队中享有盛望；为了削弱其作为将领的影响力，利奥一世与小亚细亚南部、生活在山中的伊苏里亚人（Isaurians）缔结了一系列新的同盟条约。伊苏里亚人已受罗马帝国统治 500 年之久，但他们仍然保留了好战和行动自由的特点。他们生活在托罗斯山脉的山坡上，几乎是独立处理本族事务的。他们拥有蛮族人的优点——在战争中善用技巧，拥有自主意志；但没有蛮族人的缺点——并入罗马帝国数个世纪的他们，毫无疑问已经罗马化了。

利奥一世没有儿子（这也是阿斯帕尔挑选他做皇帝的另外一个原因），他把女儿阿里阿德涅（Ariadne）嫁给了伊苏里亚人的首领芝诺（Zeno）。在伊苏里亚人的帮助下，利奥一世指控阿斯帕尔叛国，并于 471 年处决了他。[1]

3 年后，这位高龄皇帝因痢疾去世。随后，他女儿年仅 6 岁的儿子即位，即利奥二世（Leo II）。利奥二世的父亲，即伊苏里亚人的勇士芝诺，担任其摄政。这个孩子在位 10 个月，其间同意加冕他的父亲为共治皇帝，此后就夭折了。伊苏里亚人便登上了东罗马帝国的皇位。

这便是伊苏里亚人混乱的崛起之路，还在君士坦丁堡引起了短暂的骚动。利奥一世的内弟设法起兵反抗芝诺，将他驱逐出城。之后，利奥一世的内弟巴西利斯库斯（Basiliscus）加冕称帝。然而，巴西利斯库斯实行沉重的税收政策，导致他民心尽失。与此同时，芝诺已经返回故乡，组建了自己的伊苏里亚军队，并于 18 个月后，率领这支军队打回君士坦丁堡。贫苦的民众如释重负，欢迎他的到来。巴西利斯库斯放弃皇位，逃至附近的一处教堂。站在教堂外面的芝诺为了让巴西利斯库斯现身，许诺不杀篡位者。但在巴西利斯库斯出现之后，芝诺就把他关在一个干燥的蓄水池内，让他活活饿死。[2]

476 年，芝诺成功复位，他在东部关注着西罗马帝国的分崩离析。日耳曼将领奥多瓦卡刚刚废黜了年幼的西罗马帝国皇帝罗慕路斯，如今他就是意大利的国王。他用武力夺取了拉韦纳。约旦尼斯称，他最初的策略是“激发他本人在罗马人中的震慑力”。[3] 但问题是，对于领土日渐扩张的意大利，他通过震慑实现的统治能够维持多久？为了巩固权力，奥多瓦卡派人向芝诺传达他的新策略：如果芝诺承认自己是意大利的合法统治者，那么他也会相应地承认芝诺是罗马的最高统治者，意大利也会臣服于东罗马帝国。

芝诺接受了他的提议，授予奥多瓦卡意大利元老（不是国王）的称号。这是名义上的再度统一：在伊苏里亚人芝诺的统治下，罗马帝国在短时间内再次合二为一。但奥多瓦卡已经取得了合法统治权，这使得他对意大利罗马人的统治变得更加容易。他继续无视芝诺的地位，行事随心所欲。477 年，他征服了之前由汪达尔人控制的西西里岛。伟大的汪达尔国王盖塞里克刚刚过世，失去他领导的汪达尔王国便步入衰落。奥多瓦卡像独立统治的国王一般，与西哥特人［此时西哥特王国的统治区域从卢瓦尔河（Loire）一直延伸到伊比利亚］和法兰克人签订条约。[4] 488 年，芝诺对奥多瓦卡日益膨胀的野心感到十分担忧。

芝诺还有另外一个关于西罗马帝国的问题需要解决。一支由东哥特人组成的联盟正从西面的土地向东进军，而且是朝着君士坦丁堡的方向。他们由一位名叫狄奥多里克（Theoderic）的士兵领导，此人是哥特人首领的儿子。东罗马帝国为确保他的父亲无越轨行为，要求他作为质子，到君士坦丁堡生活了 8 年。18 岁那年，他回到他的族人那里，随后成为他们的首领——这意味着他有责任为族人开疆拓土。东哥特王国地少人多，族人食不果腹。*

478 年至 488 年间，狄奥多里克统治下的东哥特人稳步朝着君士坦丁堡进军，途中他们还索要粮食、抢夺领地。486 年，狄奥多里克威胁要围攻君士坦丁堡。芝诺试图安抚他，授予他大元帅的称号，还将达契亚和默西亚（Moesia）地区的土地赐给他，甚至付给他一笔可观的赔偿金。但这些对策都没能彻底满足东哥特人。[5]

芝诺决定同时解决两个难题。他提出，只要狄奥多里克向西进军，驱逐奥多瓦卡，他就承认狄奥多里克是意大利的国王，并把该半岛划给他。关于是谁先想到这个计划，是狄奥多里克还是芝诺，人们意见不一。但无论是谁，狄奥多里克都对此感到满意。他一路向西，率领这支由不同民族的勇士所构成的队伍前进：其中有东哥特人、零散的匈人、对意大利不满的罗马人，以及其他流离失所的日耳曼人。高卢作家恩诺迪乌斯（Ennodius）当时还是小孩，后来他在书中写道，“全世界”都追随狄奥多里克进攻意大利——几乎多达 10 万人，以谋求建立一个国家。[6]

---

* 因为叫狄奥多里克的哥特人太多了，所以这段故事讲起来有些纠缠不清。不应把东哥特人狄奥多里克同狄奥多里克一世或狄奥多里克二世混为一谈，后两者均为西哥特联盟的首领。此外，东哥特实际上有两个联盟，而每个联盟的将领都叫作狄奥多里克。这里所说的东哥特人狄奥多里克，后来被称为狄奥多里克大帝（Theoderic the Great），他所指挥的是来自潘诺尼亚的东哥特人；而他的远房表亲，因斜视得名的“斜眼狄奥多里克”（Theoderic the Squinter），则率领来自色雷斯的东哥特人。这两位将领并不是主动联盟的，因为他们一直都在为同样稀缺的资源而竞争。他们至少有过一次共同对抗芝诺的经历，但芝诺多次与他们中的一个联盟，来对抗另一个。然而，约 481 年，“斜眼狄奥多里克”去世。随后，狄奥多里克大帝主宰了东哥特。

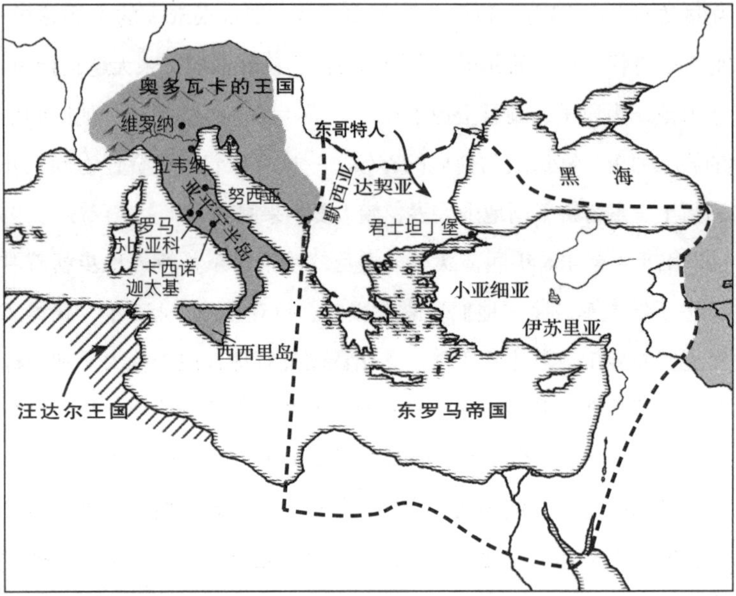

地图 27–1 奥多瓦卡的王国

当他们行军至意大利北部时，奥多瓦卡曾试图反抗。他把军队集中到维罗纳平原来抵挡入侵者，但狄奥多里克“以摧枯拉朽之势”冲破防线，向拉韦纳发起猛攻。

意大利的战争持续了三年。约旦尼斯称，这三年，奥多瓦卡大部分时间都退守在拉韦纳：“他常趁夜色袭扰哥特军队，”他写道，“率领部下反复出击……因而抵挡了一阵子。”拉韦纳日渐破败，饥荒肆虐。最终，491 年，奥多瓦卡提出了妥协：如果狄奥多里克解除对他们的封锁，他将签署协议，与他共治意大利。

狄奥多里克发现围攻的效果不佳。奥多瓦卡可以凭借水路补给城市所需，但狄奥多里克没有海军舰队，根本无法阻止他。最终，狄奥多里克同意了这一折中方案。然而，他在 493 年杀死了他的共治者奥多瓦卡，结束了联合统治。时人瓦伦西安努斯（Valensianus）记载道，东哥特国王“用自己的双手”将共治者砍成两半，“还夸口称自己的怀疑最终得到证实——奥多瓦卡是没有脊梁骨的”。[7]

与奥多瓦卡不同，狄奥多里克很有骨气。他对跻身“罗马贵族”不感兴趣，对君士坦丁堡的态度是口惠而实不至。如今，他是狄奥多里克大帝，是意大利国王。作为国王，他没有义务臣服于东罗马帝国皇帝。

他的第一批举措之一就是宣布，只有支持他接管意大利的罗马人仍旧可以自称为罗马公民，其余人都被剥夺了公民权。罗马公民权曾是可以引以为傲的荣誉，现在却直接与支持狄奥多里克大帝挂钩。[8]

在狄奥多里克的统治下，一度称雄世界的罗马威望渐失。狄奥多里克只在公元 500 年访问过罗马一次，此后再也不屑过去。元老院仍设在罗马，但运用法律的权力却在国王手中。最终，元老院认可了他的统治。

罗马文化影响了哥特人的习俗：越来越多的哥特人讲拉丁语，起罗马名字，同罗马妇女结婚，以及修建罗马式庄园。虽然罗马人在狄奥多里克政府中担任多个官职，但高层军事职位几乎全部由哥特人掌控。男孩们被送往罗马，学习语法和修辞，但哥特人统治下的拉韦纳才是王国的权力中心。[9]

526 年，狄奥多里克去世。此后，两族之间的冲突急剧凸显。狄奥多里克的继承人是他 10 岁的儿子阿塔拉里克（Athalaric）。阿塔拉里克成了母亲阿玛拉逊莎（Amalasuntha，阿塔拉里克的摄政者）

与那些想要暗中控制王国的东哥特贵族之间权力斗争的棋子。阿玛拉逊莎想送儿子到罗马上学，接受“罗马王子”式的教育。哥特人对此提出异议，他们认为罗马的教育会让他变得懦弱。普洛科皮乌斯写道：“他们说，文学是十分缺乏男子气概的东西，而老先生说教的方式大多会导致懦弱和顺从的性格。因此，想要展示魄力的人……应当摆脱教师带来的胆怯，转而习武。”显然，尽管狄奥多里克本人在他的帝国里小心翼翼地维持着罗马人和哥特人的平等地位，但他还是对罗马教育的价值产生了疑虑。哥特人称，他“绝不允许任何哥特人送子女上学，因为他曾说过，一旦他们对鞭打产生恐惧，就永远无法消除对刀枪的厌恶”。在罗马，文学教育无疑不再像以前一样，被当作通往权力和影响力的捷径。在旧都读书的年轻人对待生活的态度也变得越发放纵和散漫。[10]

努西亚的本笃（Benedict of Nursia）是去罗马求学的年轻人之一，他是罗马贵族的儿子。同奥古斯丁一样，即便有失身份，他还是涉猎了他能接触到的各种消遣活动。但最终他对罗马的喧嚣与淫乱忍无可忍，便放弃了学业（无论如何，他并未有所收获），离开了这座城市。

格列高利一世为我们提供了仅存的早期关于本笃生平的叙述。据称，本笃隐居在罗马以东约 64 千米处的亚平宁山脉的洞穴里，那里靠近如今的苏比亚科（Subiaco）城。他在偶然间听闻基督教的教义，受到了感化。此后，他虔诚地投身于隐修生活，在独居中寻求对上帝恩典的理解。有关荒野隐士的消息传播开来。几年后，附近修道院的修士请他前来管理他们的团体，因为他们的院长刚刚过世。

本笃同意了。他经历过罗马的混乱生活，也进行过独处的冥想，这些都使他对团体生活产生了一种愿景——有序、安静、高效。“现在由他掌管修道院，”格列高利一世称，“他要求修士应当遵循规律的生活，这样一来，无论如何都没有人能够像以前那样，用不正当的行为逃避与上帝的对话。”有些修士不习惯如此严格的监督，便决定在他的酒里下毒。但本笃听到了风声，回到了自己的洞穴。在那里，他向来看望他的牧羊人传授教义。其中的一些人受到感化，过上了修士的生活。[11]

约 529 年，他带领他们登上了卡西诺（Cassino）镇附近的一座山峰。山顶原有一座阿波罗的古庙，已经成了一片破败的废墟。本笃和他的修士们将其烧毁，并开始在原址上建造属于自己的修道院。

在卡西诺山修道院内，本笃制定了他的团体所要遵循的规定：圣本笃会规（Rule of St. Benedict）。该会规成为脱离了政治斗争的国度的法律，它尝试将基督教的宗教活动恢复至和印度与中国僧人类似的境界。“我们渴望居住在天国的圣所之中，”本笃写道，“倘我们履行这种义务，我们便是天国的嗣子。”[12]

他列出的义务有：救济穷人、给衣不蔽体的人穿衣、探望病人、埋葬死者、为了爱戴基督可以舍弃一切。在日常生活中，沉默远胜于发言，因为言语往往会导致罪恶；修士在夜间应当定时起身吟唱圣歌，因而他们都和衣而睡，随时准备做礼拜、行善事；在做出影响整个团体的决定时，院长要征求修士的意见，但最终的决策由院长敲定；应“从根源上杜绝修道院内个人所有制的恶习”，因此，修士们一无所有，甚至没有书籍和纸笔；每人每天要在规定时间内从事劳作；任何执意违反会规的修士将被禁止在团体内用餐和祈祷，直到悔改为止。格列高利一世称，“预言之灵”（spirit of prophecy）使得本笃能够得知修士在何时违反了会规，即便他们当

时间线27					
西罗马帝国	汪达尔人	西哥特人	萨利安法兰克人	东罗马帝国	波斯帝国
	盖塞里克（428—477）				
	汪达尔人征服北非				
教皇利奥一世（440/445—461）			**墨洛维**（?—约457）		**伊嗣俟二世**（438—457）
强盗会议（449）				**马尔西安**（450—457）	
马恩河畔沙隆战役（451）		**托里斯蒙德**（451—453）		卡尔西登公会议（451）	瓦塔纳兹之战（451）
刺杀埃提乌斯（455）		**狄奥多里克二世**（453—466）			
佩特罗尼乌斯·马克西姆斯（455）					
罗马陷落（455）					
阿维图斯（455—456）					
马约里安（457—461）				**色雷斯人利奥**（457—474）	**卑路斯一世**（457—484）
利比乌斯·塞维鲁（461—465）					
安特米乌斯（467—472）		**尤里克**（466—484）			
尤利乌斯·尼波斯（475）				**利奥二世**（474）	
罗慕路斯·奥古斯都路斯（475—476）				**芝诺**（474—491）/**巴西利斯库斯**（475—476）	
西罗马帝国灭亡（476）				东哥特人侵略	
日耳曼意大利					
奥多瓦卡（476—493）					

时间线 27（续表）

日耳曼意大利	汪达尔人	西哥特人	萨利安法兰克人	东罗马帝国	波斯帝国
					巴拉什（484—488）
					喀瓦德一世（488—531）
				阿纳斯塔修斯一世（491—518）	
狄奥多里克大帝（493—526）					
阿塔拉里克（526—534）					
本笃建立卡西诺山修道院					

时不在修道院中；他们返回之后，他就会告诉他们所犯的错误。他们进行了忏悔，并且“不敢再在院外擅自做出任何类似的越轨行为，因为他们如今认识到，本笃在精神上与他们同在”。[13]

作为卡西诺修道院的第一任院长，本笃正是意大利所缺少的统治者：献身于高出自身意志的神的感召，制定适用于所有人的法律并绝对公正有序地执行，还简明扼要地指出了一条通往幸福的道路。本笃会的生活方式让修士们团结在一起，赋予了他们对自己的团体的认同感。首先，这种生活方式要有序。会规在结尾指出：“不管你是谁，凡愿意急奔天乡者，请你仗赖基督的助佑，先实践这本入门的小规则；然后再在天主的护佑之下，才能抵达我们上面所说的圣学及德行的巅峰。”在罗马，学问和美德曾受到过推崇，但如今毫无用处。只有在本笃会修道院锻炼心智、约束精神，才能够获得巨大的回报。[14]

/ 28

拜占庭

471 年至 518 年间，波斯人反对社会改革，斯拉夫人与保加尔人登上历史舞台，蓝党和绿党在君士坦丁堡发生冲突。

萨珊波斯正处于水深火热之中。471 年，波斯国王使得整个国家陷入战乱，波斯的处境更加艰难。

伊嗣俟二世（Yazdegerd II）于 457 年去世，其长子卑路斯一世（Peroz I）同众兄弟进行了短暂的王位之争后，登上了王位。卑路斯一世统治的 27 年是波斯的一段困难时期。波斯遭受了严重的饥荒。柱头修士约书亚（Joshua the Stylite，东部的修士）亲眼目睹了当时的境况，他记载道，在波斯出现了蝗灾、地震、瘟疫以及日食。[1] 饥荒刚刚过去，与哌哒人的战争又接踵而至。哌哒人曾散布在兴都库什山，给印度的笈多王朝造成困扰。他们在波斯帝国以东建立了王国，但卑路斯一世与哌哒国王就领地边界问题争论不休。

最终，471 年，卑路斯一世率兵朝着哌哒人的领土进军。哌哒人十分狡猾，他们在波斯军队面前撤退，之后绕到后方围困了他们。

卑路斯一世被迫投降，发誓绝不会再次发动进攻。此外，他同意向哌哒人支付巨额赔款，金额巨大到他用了两年的时间，才从子民手中筹足这笔钱。与此同时，他的长子喀瓦德（Kavadh）需作为人质在哌哒宫廷生活两年，以确保这笔钱——根据柱头修士约书亚的记载，赔款是由 30 头骡子运送的——最终能够如数奉上。[2]

卑路斯一世设法向他的子民征税，最后总算凑够了赔款，喀瓦德这才得以回国。但波斯国王对此次失利耿耿于怀，最后，他再也无法压制心中的怒火。484 年，他组建了规模更大的军队，再次入侵哌哒领地。

但这一次，他又被耍了。普洛科皮乌斯称，哌哒人挖了一个深坑，用芦苇遮盖着，还在表面撒上了泥土，之后撤退到深坑后方，部署自己的战线。泰伯里补充说，哌哒国王还把卑路斯一世签署的不再入侵哌哒的条约挑在长矛尖上。波斯人浩浩荡荡地奔赴战场，结果马匹、长矛以及其他辎重全部掉入了深坑当中。卑路斯一世被杀，“整个波斯军队也同他一起遇难”。这是一次彻头彻尾的失败，或许也是萨珊波斯史上最为惨烈的失败。直至此时，哌哒人仍旧处于乌浒河（Oxus）东岸。如今，他们控制了呼罗珊（Khorasan，位于西岸的波斯行省），而波斯人则“沦为哌哒人的臣民和附庸”。卑路斯一世的尸体在战壕中遭到众多人马的踩踏，已经无法辨认，所以无法收殓。[3]

而在波斯的首都泰西封，卑路斯一世之子兼继承人喀瓦德被卑路斯一世之兄巴拉什（Balash）驱逐。之后是短暂的内战。由于波斯国库空虚，形势更为复杂。巴拉什派使者到君士坦丁堡请求罗马帝国的帮助，但没有任何人伸出援手。因无法同时顾及多处正面交战，巴拉什同意解决与亚美尼亚之间长期存在的问题，签署了允许亚美尼亚独立处理自身事务的条约。* 与此同时，喀瓦德同之前的埃提乌斯一样，利用他曾经做人质时建立的友谊，到嚈哒寻求帮助。他用了数年劝说嚈哒国王协助他，直至 488 年，他才最终夺回波斯王位。[4]

这使得波斯结束和嚈哒人的非理性战争的尝试变得更加困难。喀瓦德一世（Kavadh I）并非正统的琐罗亚斯德教教徒，而是波斯先知马兹达克（Mazdak）领导的一种宗教异端的信徒。同基督教一样，琐罗亚斯德教认为善终将取得胜利。基督教的救世主将返回现世，以毁灭邪恶，把一切安排妥当；而琐罗亚斯德教的神阿胡拉 · 马兹达将消灭他邪恶的对手阿里曼，重建这个世界，还会复活逝者，让他们得到神佑，能够在大地上行走。[5]

马兹达克如同基督教诺斯替主义者一样，主张宇宙的最高权力掌握在一个飘忽不定、不问世事的神的手中，而两股地位稍低但能量相当的神圣力量——善良与邪恶，则在宇宙间不断抗衡。人类必须选择善良，拒绝邪恶；选择光明，拒绝黑暗。不同的诺斯替教派就实践方式提出了种种不同的主张，而马兹达克认为，寻求光明的主要方式是通过实现所有男性（有些情况下也包括女性）的平等，来摆脱人类疾苦。他宣扬人类应平等地共享他们的资源，任何人不得为拥有私人财产而给他人带来损害；人类还应以平等取代竞争，用友爱替代冲突。不同于基督教的诺斯替主义，马兹达克教派（Mazdakism）起到了推动社会平等的作用。[6]

喀瓦德一世开始按照马兹达克的思路，对国家进行改革。他颁布的法律使当时的人感到十分不解。如果我们要弄清楚他的目的到

---

* 这就是《内瓦赛克条约》（Nevarsek Treaty）。按照该条约，亚美尼亚可以作为独立的国家存在。

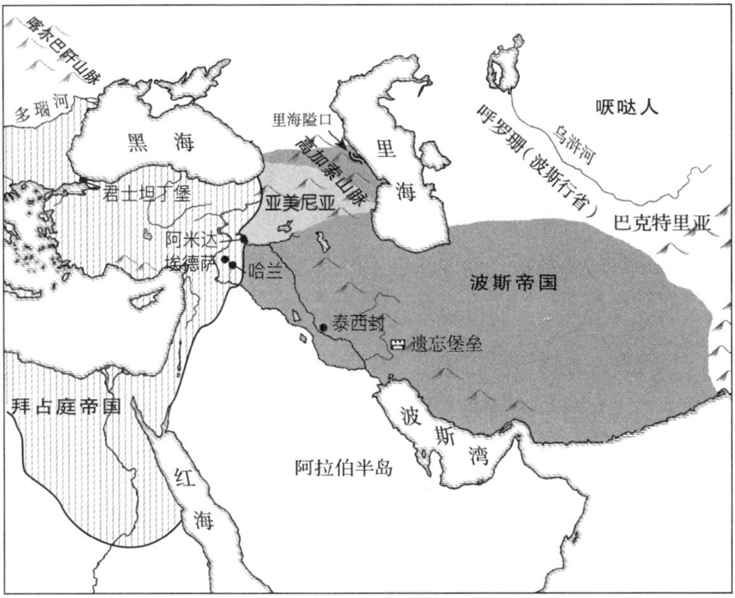

地图 28-1 波斯和嚈哒

底是什么，那么就有必要给出一些解释。泰伯里称，他打算“掠夺富人的财产，把富人占有的太多的财产分给穷人”。而普洛科皮乌斯却写道，喀瓦德想让波斯人“共享他们的女人”。喀瓦德一世不可能试图在波斯全面推行“共产主义”，但他确实极有可能在尝试重新分配波斯权贵所拥有的部分财富（这会削弱他们的权力和影响力，只会更有利于喀瓦德一世），还意欲取消女性只能嫁给同阶层男子的制度和富有贵族将女性囚于深闺的制度。[7]

波斯贵族自然对削减他们特权的改革大为不满。496 年，喀瓦德一世的社会改革终止了。宫中权贵用武力推翻了喀瓦德一世的统治，之后把他的弟弟札马斯普（Zamasb）推上了波斯的王位。

札马斯普拒绝谋害任何同族。因此，喀瓦德一世被强制关押在波斯南部一个名叫“遗忘堡垒”（Fortress of Oblivion）的监狱。“法律规定，”普洛科皮乌斯写道，“被关入这里的囚犯，此后任何人都不得提起他。谁要是提起囚犯的名字，就要被处以死刑。”[8]

在札马斯普废除喀瓦德一世的改革之时，喀瓦德身陷遗忘堡垒已有两年时间。最后，他设法逃了出来。泰伯里称，是喀瓦德一世的姊妹助他越狱。她（通过和监狱长发生关系）获得了探视的特权，便把喀瓦德裹在地毯里一并带出。普洛科皮乌斯认为，与监狱长发生关系的人是喀瓦德一世的妻子。她获得探视权后，立即同喀瓦德一世交换了衣服；喀瓦德便以女性长袍作为掩护，成功逃走。[9]

不论如何，喀瓦德一世都逃到了哌哒。在那里，他再次请求哌哒国王帮他夺回王位。这一次，哌哒国王不仅同意了他的请求，还把自己的女儿许配给他，促成了这笔交易。喀瓦德一世率领哌哒的军队返回泰西封。波斯士兵一看到敌人，就逃散了。喀瓦德一世闯入宫殿，用烧红的铁针弄瞎了他弟弟的双眼，还囚禁了他。

他第二次掌权持续了30多年，但他没有再冒险进行更多的改革，也没有再试图通过社会公平的立法实现波斯人的平等。他只能在波斯贵族的扶持下进行统治，还要依靠他们提供军队，这就限制了他的权力。

然而，他可以攻打东罗马帝国。502年，他对罗马皇帝阿纳斯塔修斯一世（Anastasius I）宣战。

491年，伊苏里亚王朝的芝诺去世，却没有子嗣。在他去世一个月之后，他的遗孀改嫁给了阿纳斯塔修斯一世，一个地位不高却很虔诚的朝廷官员。阿纳斯塔修斯一世后来成为东罗马帝国皇帝。不论是在和平时期还是在战争年代，他都无过人之处。他最显著的特点就是拥有两只颜色不一样的、一黑一蓝的眼睛，因而被人们称为“双色眼”（Two-Eyed）。[10]

他试图击退喀瓦德一世，却徒劳无功。波斯人拿下了由罗马控制的半个亚美尼亚，围困了边境城市阿米达（Amida），封锁持续了80天。此时，喀瓦德的阿拉伯盟军在阿拉伯国王希拉（al-Hirah）的领导下，将进攻范围扩大到更远的南部，洗劫了哈兰（Harran）和埃德萨（Edessa）周边的领土。最后，波斯人占领了阿米达。普洛科皮乌斯称，当时负责看守一座塔楼的基督教修士们刚刚庆祝了宗教节日，他们酒足饭饱之后便去休息了。波斯人趁机发动了进攻。他们一进城，就开始了屠杀。柱头修士约书亚补充道，他们杀害了8万人，还将两大堆尸体置于城外，这样腐尸的味道才不会熏到占领该城的波斯人。[11]

在征服阿米达之后，波斯人很有可能继续节节胜利，但喀瓦德察觉到了哌哒人对其另一侧边境的入侵。喀瓦德通过婚姻缔结的联盟，并没有带来与东部敌人之间的永久和平；他发现自己身陷两场战争。尽管波斯军队继续蹂躏着东罗马帝国边境的领地，但在506年，两大帝国准备签订一个条约。

战争结束了。罗马人的损失更大一些，但形势总体上没有太多变化。该条约规定把阿米达归还给罗马，但波斯人仍然保留着对他们最重要地区的控制权：和平谈判开始之前，他们已经控制了穿过高加索山脉的窄路，这条道路被古人称作里海隘口。控制此隘口的皇帝能够开放或封锁南部边境，从而应对来自北方的侵略者。[12]

波斯入侵仅仅是阿纳斯塔修斯一世面临的问题之一。一些新的民族出现在帝国西部边境，给罗马带来了无休止的麻烦。

最初的威胁来自斯拉夫人，他们的部落朝着南部和西部行进，向东罗马帝国的边境逼近。斯拉夫人来自多瑙河北岸，但他们不是“日耳曼人”——罗马人不加区分，用“日耳曼人”代指所有来自北方各地的人。虽然这种说法不准确，但日耳曼各民族所讲的是同源的语言。语言学家将其源头重构为“原始日耳曼语”（Proto-Germanic）——一种假想的语言祖先。这表明，他们两个民族之间有着某种共同的渊源，但因年代过于久远，还无法确定。然而，日耳曼各民族最原始的祖先很有可能是北欧人。斯拉夫各部落来自较远的东部地区，生活在维斯瓦河与第聂伯河之间的地区，隶属于不同语系的族群。

古代史学家究竟将哪些部落归为斯拉夫语族，而非日耳曼语族，是很难理清的。但约旦尼斯和普洛科皮乌斯认为，那些可能是由斯拉夫人组成的民族，都来自多瑙河北岸的喀尔巴阡山脉。他们定居于多瑙河谷地，后因人口膨胀，有涌入古罗马的色雷斯和伊利里库姆行省的趋势。*

阿纳斯塔修斯一世流放了企图谋反的伊苏里亚人，将他们安置在色雷斯，以解决这一难题。该举措一箭双雕，既削弱了伊苏里亚人的民族认同感，又为他们对抗斯拉夫人提供了防御措施。伊苏里亚人为了在新的国度生存，不得不击退斯拉夫人。

另一批流浪者——保加尔人，也加入了斯拉夫人的入侵行动。他们同匈人一样，来自中亚，由可汗（khan）统治。保加尔部落的大部（尚未并入任何一个王国）依旧位于斯拉夫人的东方，但他们

---

* 斯拉夫人的“发源地”是一个学术问题，亦同许多种族问题一样，本质上是一个政治议题。

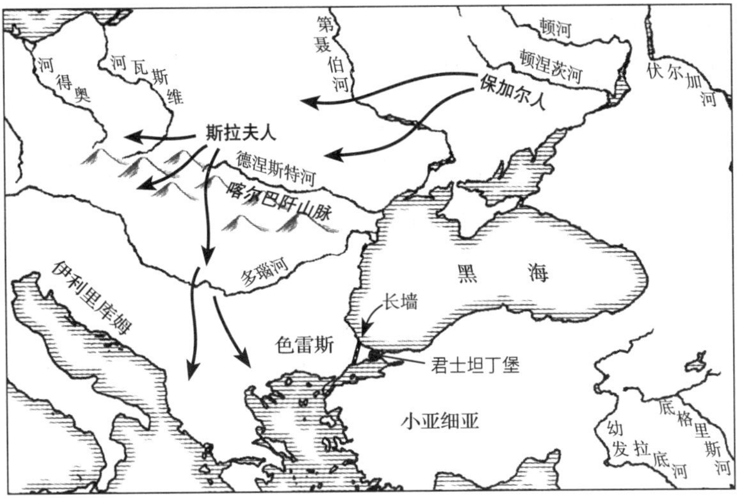

地图 28–2 拜占庭西部的骚乱

追随斯拉夫人来到西部。后世的《往年纪事——古罗斯第一部编年史》(*Russian Primary Chronicle*)记载道，保加尔人跟随斯拉夫人进入罗马领地，并在那里“欺压”罗马民众。499 年，他们横渡多瑙河，发动突袭，之后再渡河返回。他们“贪婪地劫掠，以战胜一支罗马军队为荣”。502 年，他们再次发动入侵，进行掠夺和破坏活动。[13]

东罗马帝国的领地不断缩小，不是大幅度或者一次性遭到吞并，而是一点一点地被蚕食。东部边防已被波斯人瓦解。在西部，保加尔人和斯拉夫人对色雷斯的入侵越发频繁。因此，512 年，阿纳斯塔修斯一世决定建造一道城墙，抵御他们的攻击。

建设城墙抵御蛮族，是一个古老而有效的对策：不列颠的哈德良长城只是众多为抵御侵略者建造的城墙之一。但修建城墙也意味着承认失败。它把领土分割开来：文明的与蒙昧的、罗马的与蛮族的、可控的与无序的。阿纳斯塔修斯一世修建的城墙——长墙（Long Wall）——将色雷斯同其他地区隔开。它总长约80千米，位于君士坦丁堡城西约48千米处。“它就像一道海峡，直通两侧海岸，”6世纪的史学家埃瓦格里乌斯（Evagrius）写道，“使该城（君士坦丁堡）成为一座岛屿，而非一个半岛。”[14]

长墙挽救了君士坦丁堡，但它也暂时削弱了罗马对从小亚细亚西部到都城，包括都城周边地区的控制。尽管来自波斯的威胁挥之不去，整个帝国还是转变方针，决定远离西部，面向东部。从此，意大利被丢给了狄奥多里克和他领导下的东哥特，西罗马帝国的残山剩水已一去不复返，罗马主教同君士坦丁堡牧首之间的敌意与日俱增。而东罗马帝国开始转型，与以往稍有不同：拜占庭的罗马人少于东方人，拉丁人少于希腊人。在罗马主教看来，拜占庭的大公教徒越来越少了。

阿纳斯塔修斯一世修建长墙是为了抵御墙外的蛮族人入侵，但讽刺的是，城墙内部的蛮族人却成了一个更大的威胁。

自君士坦丁时代起，罗马的传统竞技项目角斗不再与敬拜古罗马众神密切相关，角斗现在也已经被战车比赛系统地取代。在东罗马帝国的大城市，战车比赛在竞技和娱乐项目中占据主导地位：如同现在的北卡罗来纳州夏洛特市的改装车竞速赛以及多伦多市的曲棍球比赛一样，它是整个城市的景观——即便对那些没有参与比赛的市民来说，也是日常生活的一部分。在同君士坦丁堡规模相当的城市中，每个人都知道谁是战车比赛的明星驭手，也至少都知道些比赛的结果。而且，城中的大多数居民，不论态度如何随意，也都有自己支持的战车队伍。

这些队伍不是根据驭手及其马匹划分的。城中有不同的协会和商号赞助比赛、支付马匹和装备的费用，且每个赞助方都有其标志性的颜色：红色、白色、蓝色、绿色。许多不同的驭手和马匹的组合，都有可能为某一队出战。观众则变成了狂热的追随者，但他们不关注驭手，而关注驭手为哪一队出战。蓝党就是一群狂热的追随者，而白党则是另外一群。如同现代的“粉丝”一样，这些追随者（主要是年轻人）对自己支持的一方十分投入，达到了疯狂的地步。[15]

出于狂热，他们相互憎恶。学者们也曾试图寻找更深层次的原因，来解释这种敌意：或许是因为红党由贵族组成，而白党则由商人组成；又或许是因为绿党偏向于卡尔西登基督教，而蓝党则偏向于异端的基督一性论。但这些解释都站不住脚。这些追随者毫无理智地憎恶对方，就如同足球球迷在中场休息时，不理智地攻击对方球迷一样。

518 年，阿纳斯塔修斯一世寿终正寝。此时，追随者们已经形成了两个敌对的派系：蓝党（吸收了红党）和绿党（吸收了白党）。他们的斗争愈演愈烈，随时准备找借口杀害另一派系的成员。事实上，在 501 年的一次暴乱中，有 3000 名蓝党成员因对战车比赛的结果存在异议，在君士坦丁堡遭到杀害。随后，于 507 年和 515 年发生的暴乱几乎同样血腥。[16]

阿纳斯塔修斯一世虽然没有子嗣，但却有几位急于掌权的侄子。即便这里是他们的地盘，近卫军还是推选出自己的长官——70 岁的职业军官查士丁（Justin）为新皇帝。

查士丁头脑精明，阅历丰富，拥有蓝党的支持。他还坚定地扶持他的侄子，一位 30 多岁的战士，查士丁尼（Justinian）。521 年，

时间线 28			
西罗马帝国	西哥特人	东罗马帝国	波斯帝国
马约里安（457—461）		**色雷斯人利奥**（457—474）	**卑路斯一世**（457—484）
利比乌斯·塞维鲁（461—465）			
	尤里克（466—484）		
安特米乌斯（467—472）			
		利奥二世（474）	
尤利乌斯·尼波斯（475）		**芝诺**（474—491）/ **巴西利斯库斯**（475—476）	
罗慕路斯·奥古斯都路斯（475—476）			
西罗马帝国灭亡（476）			
日耳曼意大利		东哥特人侵略	
奥多瓦卡（476—493）			
			巴拉什（484—488）
			喀瓦德一世（488—531）
狄奥多里克大帝（493—526）		**阿纳斯塔修斯一世**（491—518）	
			[**札马斯普**（496—498）]
		查士丁一世（518—527）	
阿塔拉里克（526—534）			
本笃建立卡西诺山修道院			

查士丁任命侄子为执政官。查士丁尼在君士坦丁堡可谓是一人之下万人之上，随后他开始越来越多地掌管帝国事务。

他是一位称职的统治者，也是一位成功的军事将领。但他还是一名狂热的蓝党分子。战车比赛的追随者在城中制造的暴力事件越来越多，他却没有为平息暴力做出应有的努力。追随者的放肆行为愈演愈烈。“在夜间，他们公然携带武器，”普洛科皮乌斯写道，“而在白天，他们则在斗篷遮盖下的大腿处藏着双刃短剑。他们在黄昏时聚集，抢劫上流社会的人，广场和窄巷都是他们的作案场地。”君士坦丁堡的居民不再身着黄金腰带，也不再佩戴珠宝，因为那等于在公然“邀请”蓝党或绿党的团伙前来抢劫。人们会在日落时分赶回家，这样就能在天黑之前离开街道。这种状况持续了15年，直至战争爆发。[17]

/ 29

渴望

471 年至 527 年间，北魏的势力扩大到南方。与此同时，高句丽继续对外征战，新罗谨慎地迈向建国之路 。

北魏地处中国北部，国力强盛、尚武好战，而南方的刘宋逐渐衰落。尽管二者实力悬殊，但两国都承诺暂时休战。它们将更多的时间用于边界争端，却没有考虑如何加强本国的实力。同时，两国都需要重视已被搁置的国内事务。“朕承祖宗，夙夜惟惧，”北魏皇帝魏孝文帝说，“然听政之际，犹虑未周。”[1]

魏孝文帝是道教徒皇帝魏太武帝的玄孙。魏孝文帝登基之际，距魏太武帝驾崩仅有 19 年——魏太武帝的每位继任者，十三四岁就都有了子嗣，这的确是挺奇怪的。年仅 4 岁的孝文帝于 471 年即位。起初，孝文帝受制于其祖母冯太后。她临朝听政，成功打破了北魏的传统，成为唯一一个拥有权力的女性。北魏皇室源于游牧部族拓跋氏，按照其古老习俗，太子的母后当被处死，以防其干预朝政。而冯太后是汉人，她便设法使自己逃脱了处决。此后，她充分发挥能力与才智，以获得尽可能多的权力。这在不经意间体现出北魏习俗的残忍。

她的孙子长大后，他们二人设法达成了权力共享的管理方式，共治北魏。同时，他们开始对北魏朝廷进行变革，使其吸收更多冯太后带来的汉族传统文化，摒弃建国时鲜卑游牧部落留下的传统习俗。汉族官员在朝廷中获得了极高的地位。除了禁止鲜卑族传统服装之外，孝文帝和冯太后甚至禁止鲜卑语的使用，下令官员只能讲汉语，迫使其大家族采用汉族姓氏替代传统宗族姓氏。[2]

道教仍在中国北方宗教中占主要地位。事实上，魏孝文帝的高祖父已经推行了道教的一种独特派系，该教派专注于炼制长生不老药（魏孝文帝宫中也有位术士，花费多年时间努力研制能使皇帝长生不老的仙丹），这也是中世纪的中国在药学和化学方面有所建树的原因。[3]

但是，儒学和佛教为北魏皇室提供了更加有效的统治手段。在中国存在了几个世纪的儒家思想，为等级制度提供了范例。它描绘出一个重视秩序与道德的世界，而其重要的组成部分就是井然有序、组织合理的政府。

佛教则提供了完全不同的东西：君主政治的典范。

中国北方佛教是大乘佛教。与印度和南亚的上座部佛教相比，大乘佛教塑造了具备君王般权力的众神。然而，这些神与罗马众神不尽相同，每位神代表的是佛陀及其弟子不同形式的化身。这些化身被称为菩萨，他们是参悟正道的修行者，已经到了涅槃的境界，“轮转生死中，不受诸因缘”。但菩萨仍未脱离世间，在众生得到普度之后，菩萨才会真正涅槃。[4]

这同上座部佛教密切关注个体的理念相背离。大乘佛教不是简单地推崇归隐之道，而是称颂那些普度弱者的佛教徒，认为他们更伟大、更有成就。菩萨是仁慈君王的象征。北魏时期的佛教赋予皇帝掌管意识形态的力量，支撑起整个体制，巩固了皇帝的统治。魏孝文帝和他的祖母建造了富丽堂皇的佛教寺院，为其提供土地和银两，并下令在北魏北部，首都平城（今山西省大同市）附近的悬崖上雕刻了大量佛像，从此坚定地踏上了政教合一的道路。[5]

在他们的资助下，南部和西部的佛教僧人纷纷迁往北魏，佛教寺院也在全国各地兴建起来。其中最有名的寺院是少林寺，它位于号称“中岳”的嵩山之上，是为印度高僧跋陀而建。少林寺的僧人要为皇帝和北魏百姓的和平生活祈福，这是朝廷出资修建寺院的条件。作为祈祷和冥想的一部分，僧人们也会操练一套强身健体的功法，以集中精神。相传，北魏将军造访寺院时见到僧人们正在练功，认识到这种系统性的功法对打仗练兵具有借鉴意义，随后便加以采用。这些功法被视为中国武术的源头。[6]

490 年，冯太后去世，留下 23 岁的魏孝文帝独掌政权。他为冯太后整整守丧 3 年——按照传统，这是母亲而非祖母（祖母离世通常守丧 1 年）离世后应遵循的礼节。[7]

守丧结束后，他召集北魏的部族首领——现在是改为汉姓、人数翻倍的王公贵族，领导他们以南伐的名义进军南方。不过，到达洛阳后，他命军队在洛阳的遗址驻扎，这里曾是晋朝都城，由于缺乏补给、惨遭劫掠，于 311 年沦陷。“平城，”魏孝文帝对大臣说，“此间用武之地，非可文治。”魏孝文帝计划将北魏变为一个彻底汉化的王朝，而 700 多千米以南的洛阳，正是他实施计划的关键。他打算重建洛阳，并从平城迁都于此。他还计划重塑两尊巨型佛像（它们位于两处悬崖上，俯瞰着贯穿洛阳城的一条河流），以此希望佛像神圣的目光继续注视着新都城。[8]

重建工作历时 9 年，但魏孝文帝没能活着看到它竣工。他于

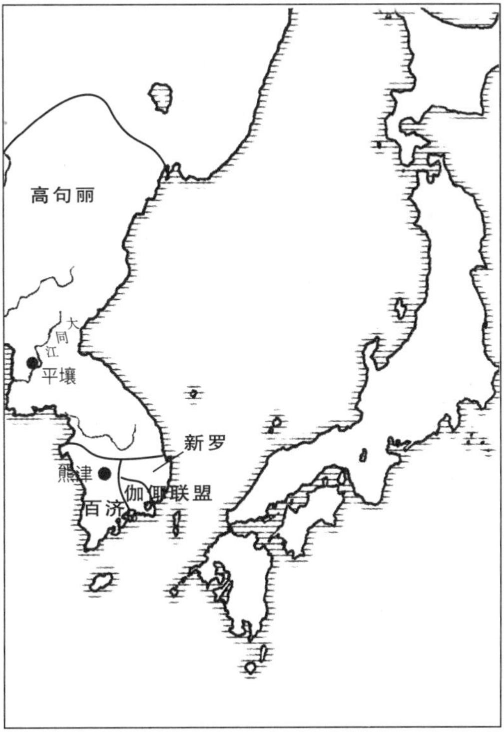

地图 29-1　长寿王时期的朝鲜半岛

499 年因病驾崩，终年 32 岁。随后，他 16 岁的儿子魏宣武帝即位。在鼎盛时期，这座重建的城市中居住着 50 多万人口，约 20 米厚的城墙保护着城内的百姓和 500 座佛教寺院。在这里只讲汉语。城内巨大的藏书阁汇集了许多汉学经典，供北魏之后的官员学习。这个曾经的蛮族部落正渐渐超越晋朝昔日的辉煌。[9]

位于东方朝鲜半岛上的小国百济，因高句丽疆域和势力日益膨胀而感到担忧，向北方的北魏朝廷寻求庇护，渴望结盟。[10]

413 年，伟大的高句丽王广开土王的儿子长寿王继位。他在位 78 年，赢得了“长寿”的王号。几十年来，长寿王一直小心翼翼地将高句丽一块块征服来的土地，整合为一个国家。

在位第 20 年之际，他下令迁都。他的父亲已经定都于鸭绿江边的国内城，这是一个易守难攻的好地方，但随着高句丽的领土沿半岛一路扩张，国内城如今位置过于偏北，不适合作为政治中心。长寿王决定将都城南迁至位于大同江广阔平原上的平壤。[11]

迁都平壤意味着把重心放在南部，这使新罗和百济两个南部国家感到惶恐。两国都认识到，必须要寻求北魏的帮助，而刘宋国力渐衰，不足以颠覆这种势力的平衡。

北魏派军队前去帮助百济，而新罗也与邻国结盟。然而，这三道防线依然不够。475 年，高句丽的长寿王率军进攻百济都城。他在战场上俘获了百济王并将其斩首，残存的百济政权被迫迁都熊津。

百济几乎在战争中被毁灭。与此同时，高句丽的疆域大大扩展，其辽阔的领土一直延伸至西北部和朝鲜半岛南部。

但是，尽管邻国和盟友惨遭灭亡，新罗却存活下来。在某种程度上，这是因为高句丽把百济视作威胁，而对付新罗则来日方长，毕竟新罗已经落后于其他两个国家。500 年，新罗统治者智证王即位之时，新罗依旧没有什么产业，几乎没有对外贸易，仍采用原始的统治形式。因此，整个国家似乎尚未成形，甚至没有一个公认的正式国名。

智证王推动了新罗的觉醒。他第一次采用汉人的君主称号“王”，而不是传统的称号“麻立干”（maripkan），后者意思更接近于“执政的贵族”。他开始禁止一些比较古老而骇人的新罗习俗，譬如奴隶给主人陪葬等。他请来汉人谋臣，教新罗的人民使用牛耕（他们从未这样做过），并演示如何搭建地下冰窖，用来在炎热的夏季保存食物。[12]

像北魏君王一样，这位新罗王把汉人的政治制度、技术，甚至是汉服、汉姓作为强国的关键。凭借汉人的文化，他把新罗塑造成一个真正的国家。智证王作为新罗开国之王的神话般的身份，留下了一些传说，传说其阴茎长达 43 厘米，因此很难找到妻子。[13]

514 年，智证王的继任者法兴王即位。在他领导下，新罗颁布了成文法典（520 年），确立了国教，成为一个真正的中央集权国家。也正是在法兴王统治时期，佛教终于传入新罗。

百济和高句丽已经信奉佛教 100 多年，但直至 527 年，新罗依然没有皈依佛教。这一年，印度高僧阿道（Ado）抵达新罗都城，最终帮助新罗王摆脱了尴尬困境。据《海东高僧传》的历史记载，中国南方的刘宋皇帝当时已经派遣使节出使新罗，并带来佛香作为礼物。但无论是新罗王，还是他的朝臣，都不知道佛香为何物（或者说，不知如何理解这份礼物的含义）。

身在宫中的阿道解释称，应当烧香供佛。汉人使节向他作揖，并说："此边国高僧何不远。"紧随其后，书中记载道，法兴王"敕许斑行"。不久，法兴王更进一步，诏告天下，奉佛教为国教。这些记载直截了当地表明，朝政虽全由"蛮夷"之人掌控，但他们了解自己的弱点，在更有经验的汉人使节面前，没有丢掉自己的尊严。[14]

防止日后丢失尊严的唯一办法就是进一步汉化。不久之后，新罗形成了自己的历史版本：是的，尽管佛教很晚才传入新罗，但法兴王声称，宫廷的匠人在打地基的时候，发现了很久之前的佛塔以及其他结构——"桩基、石龛和台阶"，那是前朝佛教寺院的遗迹。法兴王重写了新罗的历史：数百年以来，佛教已经融入新罗的历史之中，甚至比融入邻国的历史更长。在这种虚构历史的支撑下，新罗决定与高句丽争夺朝鲜半岛的统治权。[15]

时间线 29

东罗马帝国	波斯帝国	中国		高句丽	百济	新罗
		南朝	北朝			
	伊嗣俟一世（399—420）					
狄奥多西二世（408—450）						
				长寿王（413—491）		
		东晋灭亡 / 刘宋建立（420）				
	巴赫拉姆五世（420—438）	**宋武帝**（420—422）				
		宋少帝（422—424）				
		宋文帝（424—453）	**魏太武帝**（424—452）			
	伊嗣俟二世（438—457）	刘宋建立儒学馆（438）	北魏统一北方（439）			
			北方第一次灭佛运动（446）			
马尔西安（450—457）						
卡尔西登公会议（451）						
瓦塔纳兹之战（451）		**宋孝武帝**（453—464）				
色雷斯人利奥（457—474）	**卑路斯一世**（457—484）					
		宋明帝（465—472）				
			魏孝文帝（471—499）			
		宋后废帝（473—476）				
利奥二世（474）						

时间线 29（续表）

东罗马帝国	波斯帝国	中国		高句丽	百济	新罗
		南朝	北朝			
芝诺（474—491）/ **巴西利斯库斯**（475—476）						
		宋顺帝（477—479）				
东哥特人侵略						
	巴拉什（484—488）					
	喀瓦德一世（488—531）					
阿纳斯塔修斯一世（491—518）				**文咨王**（492—519）		
	［**札马斯普**（496—498）］					
			魏宣武帝（499—515）			**智证王**（500—514）
						法兴王（514—540）
查士丁一世（518—527）						

/ 30

怨恨

479 年，南方的刘宋朝瓦解，
534 年，北方的北魏分崩离析。

北部和西部的国家为了自身利益，迅速推行汉人的传统文化，而南部的汉人政权刘宋却正陷入土崩瓦解的境地。宋孝武帝是一位有失体统的皇帝，他背弃了儒家尊卑有序的原则，贪图享乐，不理朝政。后来，被戏称为“猪王”的宋明帝篡权夺位。宋明帝在位 7 年之后，宋后废帝继承皇位。他是一个放浪不羁的少年，又因行为荒诞（在小睡的官员腹部画一个靶心，然后用包起箭镞的箭射向它），令人忍无可忍，仅仅在位 5 年。朝廷官员们刺杀了他，后拥护其 10 岁的弟弟宋顺帝即位。[1]

两年后，即 479 年，一位激愤的大臣暴力夺权，成为新王朝的开国皇帝齐高帝。刘宋至此终结，南齐登上历史舞台。

然而，事实证明，南齐的存在不过是一场家族权力之争罢了。齐高帝登基时年事已高，在位 3 年便去世了，后其子齐武帝继位。

齐武帝在位 11 年，在他去世之后，家族争权混战接连发生。最终，494 年，齐武帝的弟弟夺权称帝，是为齐明帝。他在位短短 4 年就去世了。[2]

他的继任者乃其子齐炀帝。齐炀帝因明显缺乏理智（在父皇的葬礼上，他因看到一个秃头男子，竟忍不住放声大笑），被后世贬为“东昏侯”。尽管如此，他却明白，想要建造一座华丽的新皇宫，就必须向百姓征收重税。征税使百姓不堪重负。时常能见到有人因积蓄被搜刮一空，沿着街一边走，一边哭诉。

后来，东昏侯昏庸无道，竟因怀疑一名官员谋反，便将其毒死。这位官员正是萧衍将军的兄长，而萧衍在军队中威望极高。萧衍听闻兄长被害，随即开始大规模招兵买马，准备造反。次年，他率军攻进南齐都城南京（时名建康），围攻此地两个月之久。城中粮草断绝，饥荒肆虐，8 万多人因此丧命。在这段艰难时期的末尾，宫中的宦官杀死了东昏侯。他们取了东昏侯的首级，派人送给了萧衍。[3]

萧衍现在成为国中权力最大的人，他犹豫良久，才决定掌权。短短一年多的时间里，他便升任大司马，把精力都用在辅佐东昏侯 13 岁的弟弟齐和帝身上。在中国，人们认为君主必须世袭。与罗马不同，中国从来都不是一个有军事力量就可以掌权的国度。萧衍必须遵循王朝制度，这种制度中只有皇室成员具有继承皇位的合法性。即便一个家族已经取得了政权，它依然必须证明自身是天命所归。

东昏侯死后不满一年，萧衍将军便说服少年皇帝让位给他。我们不知道他向齐和帝施加了何等压力，但毫无疑问，这位年轻人认为，举行典礼，禅位给大司马，就能保命。然而，他大错特错。当刺客前来刺杀齐和帝时，他允许齐和帝喝酒喝到不省人事，然后才取了他的命。[4]

南齐于479年建立，502年灭亡，仅存在20余年。502年，萧衍即位，成为新王朝的开国皇帝，其死后谥号为“武”，故史称“梁武帝”。梁是南朝第三个朝代，大约持续了50多年，其中梁武帝在位统治47年。

但它仍自诩为一个朝代。梁武帝把自己并不显赫的家族变成皇族，成为符合皇室继承体制的继承人。他强硬的个性确实给南部带来了暂时的安定。在位的大部分时间里，他都在试图重建国家的官僚制度；设立了五经馆，用以培养年轻官员；宣布所有的皇位继承人必须完全接受儒家教诲。他还击退北魏大军，加固边防。

梁武帝是一个佛教徒，并且在他统治期间，他对佛教的虔诚与日俱增。他资助印度僧人云游，以便他们能来都城宣讲经义；修建寺院（到他退位时，南梁境内共有近2000多所寺院）；下令编纂中国第一部《大藏经》，这是当时最完整的佛教经文集；尽力遵循佛教禁止杀生的教义，甚至下令规定儒家、道家的祭祀仪式不能选用通常的祭品，而是改用蔬菜和捏成动物形状的面食代替。[5]

他竭尽全力广施德治，巩固皇位。作为南朝统治者，他已置身于数千年古老的皇室传统之中，这种传统为他提供了一种合法的掌权方式。以德服人的皇帝受上天眷顾，获得神圣的统治权。自第一位天子在黄河流域建立统治以来，历史学家和哲学家便认为，他们是因其美德才掌握政权。子曰：“道之以德，齐之以礼，有耻且格。”这解释了君权神授的缘由。[6]如果一个王朝变得暴虐和腐败，那么它就会失去神授的权力（这是天命，即上天赋予的王权）。梁武帝的新王朝将会通过德治赢得天命。

然而，就梁武帝的情况而言，这个治理之策的结局不尽如人意。在实施德治的同时，他愈加确信，佛教要求他放弃对世俗权力的野心。527 年，他脱下皇袍，穿上僧衣，舍身出家，遵守戒律，研究佛法。据有关史料记载，比起皇宫，他在佛寺更为愉悦。[7]

群臣求他回朝。他出家为僧后显然没有指定一人代理朝政，况且群臣因无权制定皇家律法，难以治国理政。寺院方丈想从中谋取好处，便不允许梁武帝还俗回朝，除非群臣能从国库中拿出巨额钱财交给寺院。收到这笔钱财之后，他才将梁武帝礼送出寺院。此时，皇帝才不情愿地回朝理政。

在北方，魏宣武帝在新都城洛阳统治北魏。接着，魏宣武帝入侵南方，但是由于梁武帝奋力抵抗，北魏失利。尽管魏宣武帝发动了多次进攻，但他 5 年内攻下南梁的计划还是泡汤了。于是他把重心放在继承父皇的改革上，欲使本朝完全汉化。

但这种把北魏两个完全不同的群体——时常迁徙的游牧士兵和生活有规律的定居者——联合起来的企图，现在开始结出苦果了。

在北魏过去的游牧民族体系中，部落首领的权力大都平等。最高首领的权力稍大一些，以监督为部落发展所进行的共同努力。这种体系的残余势力令魏宣武帝深受困扰。当地的贵族们，即部落首领们的后代，将他团团包围，一边向居住在这片土地上的农民征税（税收本应上缴国库），同时征兵以扩充军队（军队本应为皇室利益服务），一边要求拥有土地管辖权。这些地主游离于两种身份之间——一边是强大、忠于皇室的贵族，另一边是独立、弱小的地方统治者——但他们的本性倾向于实现独立。[8]

为了约束他们的权力，魏宣武帝继续推行父皇的土地改革。依据新颁布的法律，北魏的土地不再属于个别家庭或贵族，而属于国家。国家有权拨地给个人，而个人可以通过劳作养活全家，并直接向朝廷缴纳税金。当农民去世之后，政府可以重新把他的土地分配给别人。

这就是均田制。它阻止了贵族们兼并越来越多的土地，也阻止了贵族们将兼并所得的土地传给他们的子孙后代以便在北魏境内建成独立的世袭国家。但这也引起了前部落首领们的强烈不满，因为他们发觉自身的传统权力受到了挑战。[9]

这些贵族陷入身份转换的重压之中。与皇帝一样，他们渴望成为汉人。因此，他们即便对自己丢失传统权力感到不满，也必须摆脱曾经粗野的战士身份，以保护自己的新身份。

在魏宣武帝和他的继任者在位期间，这种“摆脱”表现为轻视驻守北方边境的士兵。北魏一直遭受游牧民族的攻击，这些游牧民族并没有形成任何王国，仍旧出没在更靠北的草原。多年来，北魏对待这些游牧民族的策略之一便是捉拿他们，再将他们集中至北部的戍边军队之中——事实上，把一部分俘虏安置于驻守北魏边境的军队是为了缓解威胁。[10]

这就意味着驻守边境的主要是蛮族人，相比宫中贵族，北魏驻军的习性更接近于游牧民族。北魏向南迁都洛阳，加大了北部士兵同地位节节攀升的贵族之间的隔阂。士兵接受指派去往北部边境作战，曾经是一种荣誉，如今却成了一种惩罚。贵族对北部边境士兵的忠诚持怀疑态度，认为士兵随时可能叛变。519年，在朝廷为官的一名贵族提议，取消武将担任官职的资格——这个提议表明，贵族越发地轻视已经吸纳了蛮族人的军队。跨越半个地球，同样的轻视也曾使伟大的罗马战士阿拉里克和斯提里科无法登上皇位。[11]

该提议一经传出，洛阳士兵便发起了暴动。暴动的士兵打伤了这名贵族和他的父亲，烧死了他的哥哥。魏宣武帝已于515年驾崩，其皇后，即如今的皇太后胡氏，辅佐其子魏孝明帝继位。胡太后承诺此提议一定不会施行，才平息了暴乱，但这种轻视的姿态表明，边境士兵与朝廷之间存在着很大的敌意。524年，北部驻军起兵反抗。

北魏同其边防军队之间的战争持续了数年。本应在洛阳处理国家大事的胡太后，却对城外发生的任何事情都不管不顾，即使是北方叛乱也不例外。除了派遣北魏柱国大将军尔朱荣的军队前去镇压，她没有采取任何措施缓解足以亡国的仇恨。528年，她已将朝廷的大部分权力交付于宠臣，却拒绝给予年轻的魏孝明帝任何权力。

此时，魏孝明帝年满18岁，已经能够进行反击。他向尔朱荣下诏，命其从北部边境返回，铲除胡太后及其宠臣的势力。尔朱荣响应皇帝的要求开始南返，但在他抵达洛阳之前，魏孝明帝已被得知消息的胡太后毒杀。

之后，胡太后同其宠臣扶植一个两岁的孩子为傀儡皇帝。对此，尔朱荣及其部下宣称，魏孝明帝的一个堂叔才是合法的皇帝，并于行进途中，在军帐中拥其为帝。尔朱荣回到洛阳之后，攻陷了都城，俘虏了胡太后，把她同傀儡小皇帝一并沉入黄河淹死。随后，他召集约2000名支持胡太后的文武百官来到他的帐前，将他们全部杀害，史称“河阴之变”。[12]

新皇帝魏孝庄帝对尔朱荣的野心有所顾忌（不论是在东方还是在西方，只是在名义上领导一位野心勃勃的将领，都非长久之计），便同意迎娶尔朱荣的女儿，并立其为后——这样才有可能使尔朱荣放弃争夺皇位的想法，毕竟理论上他的外孙能够成为皇帝。但两人

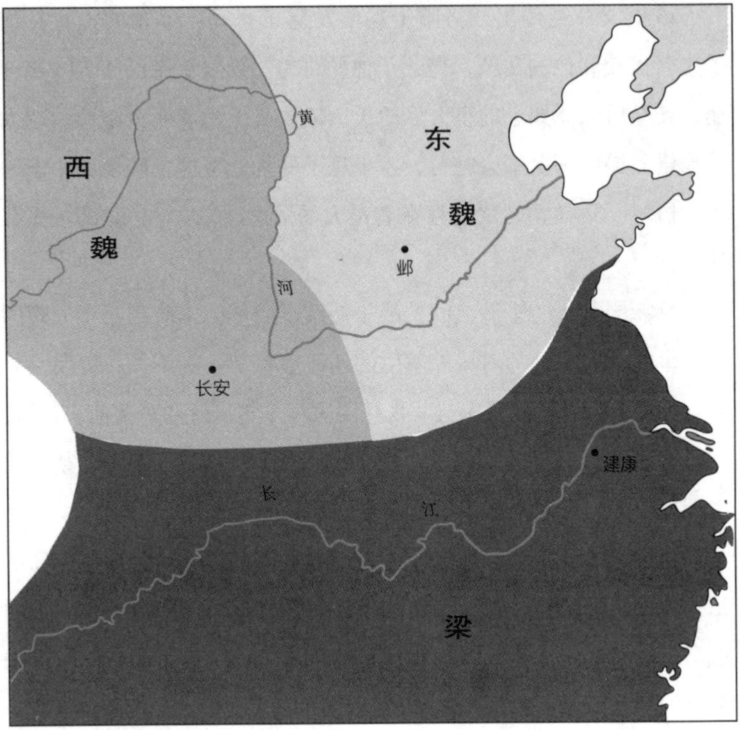

地图 30-1 北魏的分裂

之间的猜疑不断加深。530 年，在尔朱荣来到洛阳皇宫，等待他的第一个外孙降生时，魏孝庄帝趁机派人将其暗杀。

这件事引发了内战：一方是尔朱荣的亲信和他的部下，另一方是魏孝庄帝和驻守洛阳的军队。两个月后，尔朱荣的侄子尔朱兆在洛阳附近的一场战役中俘虏了皇帝。他率军攻入城内，四处劫掠，还杀害了魏孝庄帝尚在襁褓中的儿子。之后，他勒死了皇帝。

直至 534 年，皇族同尔朱氏族人之间的内战仍在继续，他们对

时间线 30			
东罗马帝国	波斯帝国	中国 南朝	中国 北朝
		宋文帝（424—453）	**魏太武帝**（424—452）
	伊嗣俟二世（438—457）	刘宋建立儒学馆（438）	北魏统一北方（439）
			北魏第一次灭佛运动（446）
马尔西安（450—457）			
卡尔西登大公会议（451）	瓦塔纳兹之战（451）	**宋孝武帝**（453—464）	
色雷斯人利奥（457—474）	**卑路斯一世**（457—484）	**宋明帝**（465—472）	
			魏孝文帝（471—499）
利奥二世（474）		**宋后废帝**（472—477）	
芝诺（474—491）		**宋顺帝**（477—479）	
巴西利斯库斯（475—476）		刘宋灭亡 / 南齐建立	
东哥特人侵略		**齐高帝**（479—482）	
	巴拉什（484—488）	**齐武帝**（483—493）	
	喀瓦德一世（488—531）		
阿纳斯塔修斯一世（491—518）			
	［**札马斯普**（496—498）］	**齐明帝**（494—498）	
			魏宣武帝（499—515）
		齐和帝（501—502）	
		南齐灭亡 / 南梁建立	
		梁武帝（502—549）	
查士丁一世（518—527）			**魏孝明帝**（515—528）
			河阴之变
查士丁尼大帝（527—565）			
			魏孝庄帝（528—530）
			北魏分裂成西魏和东魏（534）

于皇位的争夺使得北魏帝国分裂成两个独立的国家：东魏和西魏。洛阳是叛乱的中心，在遭到劫掠之后，几近荒无人烟，成为一座空城。两个国家都由权倾朝野的将军扶植傀儡皇帝统治，也都摆好架势，准备随时同对方开战。[13]

儒家崇尚的社会秩序和佛教推崇的顺从思想已经过时。为了使国民汉化，魏孝文帝推行的改革犹如埋下了一根弦，这根弦一旦被拉紧，整个国家便会支离破碎。

/ 31

推选的国王

481 年至 531 年间，克洛维成为首位法兰克国王，不列颠领袖安布罗修斯·奥勒良击退了撒克逊人，东哥特人也推举出了新的国王。

萨利安法兰克人在与阿提拉的战争中损失惨重，之后零零散散地向西撤退，回到他们在莱茵河西岸的领地。虽然与匈人的战争削弱了他们的实力，但如今他们又东山再起。

约 457 年，半传奇式的人物墨洛维去世。他的儿子希尔德里克（Childeric）继位，成为萨利安法兰克人的新首领。尽管希尔德里克自称“法兰克国王”，还在北部城市康布雷（Cambrai）修建王宫，但他只是众多首领之一。其他法兰克部落即便承认长发的萨利安人是联盟的领袖，也保持着本部落的独立性。还有一些小法兰克国王散布在各地，一些罗马人的小国国王亦是如此。在罗马人完全放弃对高卢的控制以后，叛变的罗马将军在卢瓦尔河北岸建立了自己的狭小领地。

希尔德里克被迫与这些敌对的国王交战，其中包括意大利的奥多瓦卡、东部的阿勒曼尼人侵略者，以及进入卢瓦尔河流域的撒克逊海盗。他在481年去世之时，即便拥有国王的头衔，也只不过算是萨利安人的首领。[1]

尽管如此，他15岁的儿子克洛维还是继位了。克洛维在他20岁时，击败了一个罗马人统治下的邻国，还将其领地据为己有。这是他继位后的首次大捷。在接下来的10年里，他占领了附近的图林根人（Thuringii）、勃艮第人和阿勒曼尼人的土地。后来，他领导法兰克人取胜的本领为他赢得了越来越大的权力，使他凌驾于其他部落首领之上。[2]

他也利用姻亲关系与其他国家结盟——他自己就同勃艮第的日耳曼部落的国王的女儿结婚，缔结了两国之间的外交关系。这位公主名叫克洛提尔德（Clotild），是名基督徒。据法兰克史学家图尔的格列高利称，她开始向她的丈夫传教。“你所崇拜的诸神没有什么神通，”克洛提尔德坚称，“他们甚至不能自救，更不必说拯救别人了。战神马尔斯和智神墨丘利曾为别人做过什么吗？”

这种说法很务实。496年，克洛维发现，认同他妻子的观点是明智之举。根据格列高利的记载，克洛维当时正与阿勒曼尼人作战，眼看就要战败。这时，他抬起头，望着天空。“耶稣基督，”他祈祷道，“如果你助我战胜敌人，我便信奉你。我已向我的诸神祈求，但我十分确信，他们无意帮助我。”阿勒曼尼人顿时溃散，宣布投降。克洛维回去后皈依了基督教。他和克洛提尔德召兰斯（Reims）主教前来为他施洗。[3]

对于图尔的格列高利而言，克洛维就是法兰克的君士坦丁。毕竟，克洛维的确与君士坦丁十分相似。如同阿拉里克领导下的西哥特一样，法兰克是一个邦联，而不是一个国家：法兰克人因风俗习惯、地理位置和生存需要凝聚在一起。他们在罗马境内生活了一个多世纪，也已经接纳了罗马的行为方式——对战神马尔斯和其他罗马众神的崇拜，以及罗马化的军队组织形式——这是把他们凝聚在一起的最为坚强的纽带。

然而，西罗马帝国的瓦解导致了这种“罗马性”（Romanness）纽带的断裂。同君士坦丁一样，克洛维认识到，需要一条更为坚强的纽带，把他的子民凝聚在一起（也需要这样一条纽带，帮助他实现对全国的统治）。而基督教将成为法兰克各部落之间新的黏合剂。

图尔的格列高利坚信克洛维是虔诚的：“如同君士坦丁再世，”他奉承道，“他移步走向洗礼池，准备用流水洗去旧疾（麻风病）留下的疤痕，洗净常年累积的污迹。”之后他不带一丝讽刺意味地补充道：“他军中的3000余名士兵同时接受了洗礼。”军队整体皈依基督教，与克洛维的自身救赎形成了完美的配合，且这种配合不可或缺，也恰到好处：信奉基督教的王室和皈依基督教的军队，将是法兰克作为新晋的统一基督教国家的核心吸引力。[4]

皈依基督教的成效很快显现。507年，已经受洗的信奉正统基督教的克洛维信心十足，要向伊比利亚信奉阿里乌派的西哥特人发动集中攻击：“这些阿里乌派教徒占据着高卢的一部分，我很难继续袖手旁观，”他对众位大臣说，“上帝保佑，让我们入侵他们。在击败他们之后，我们将接管其领土。”

在其岳父勃艮第国王的增援下，克洛维向着卢瓦尔河以及西哥特边境进军。双方在武耶（Vouille）交锋，该地位于卢瓦尔河西南部的西哥特境内。西哥特国王阿拉里克二世（Alaric II）战死沙场，西哥特军队也溃败逃散。法兰克人向南猛攻，入侵了图卢兹。西哥特余下的王室成员携阿拉里克二世5岁的儿子阿马拉里克

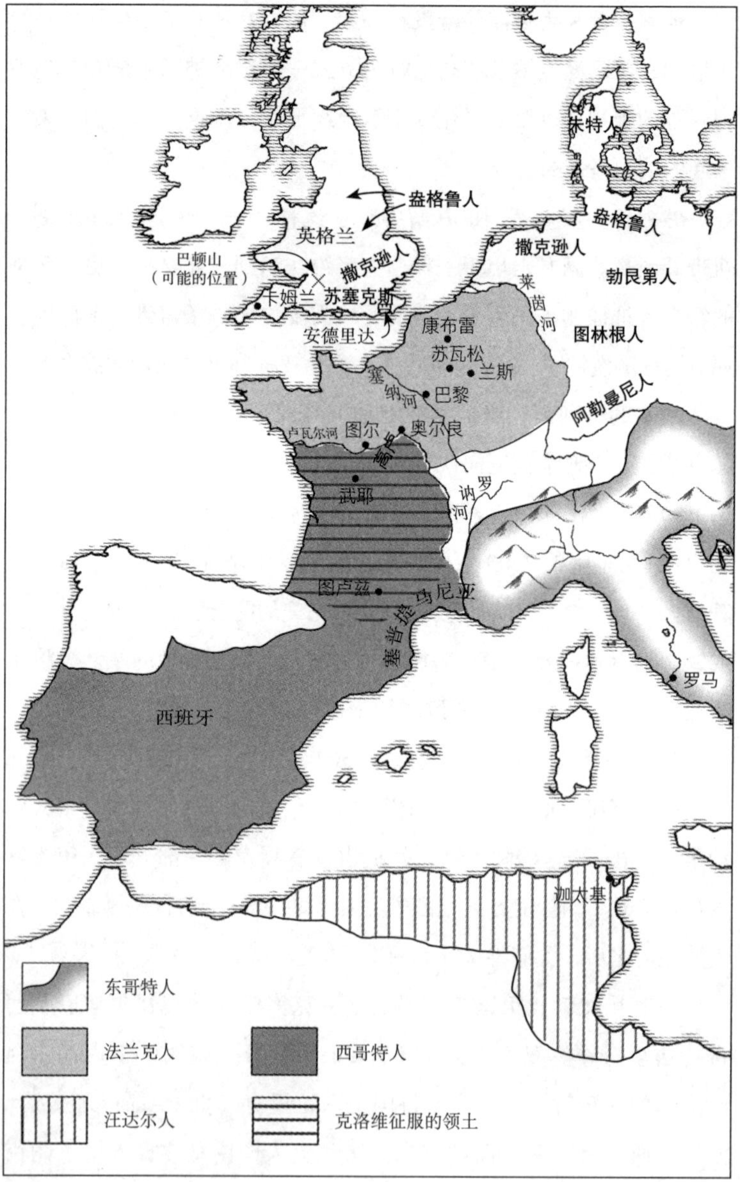

地图 31-1 克洛维与他的邻国

（Amalaric），逃往伊比利亚。[5]

意大利的东哥特军队也卷入了战斗。狄奥多里克大帝的女儿嫁给了阿拉里克二世，那么年幼的阿马拉里克——可能会是下一任西哥特国王——就是东哥特王室的一员。508 年，东哥特军队抵达南部的罗讷河（Rhône），迫使克洛维从塞普提马尼亚（Septimania）撤军。此地靠海，是高卢的一小块区域。然而，这场胜利微不足道。虽然它阻止了克洛维在地中海沿岸建立自己的政权，但图卢兹仍在法兰克人手中，而如今的塞普提马尼亚只是西哥特统治下高卢的一隅。西哥特人几乎已经被完全驱逐至伊比利亚，在那里，他们不得不从头开始，重建支离破碎的王国。[6]

克洛维凯旋而来，从图卢兹运回了满车的金银珠宝。他在图尔稍作休息，感谢上帝帮助他取得胜利。也是在那里，他收到了一封来自君士坦丁堡的信。东罗马帝国皇帝有意授予同样信奉基督教的克洛维一个荣誉封号，承认他是西部蛮族之光。

然而，克洛维误解了他的意思。他自称“西罗马帝国的执政官奥古斯都”，身着紫袍，头戴王冠。毫无疑问，这并不是东罗马帝国皇帝的意图。但他也没有反对：克洛维距东罗马帝国很远，且他的权力能够牵制意大利的狄奥多里克，而后者才是更大的威胁；让克洛维在破败的小城康布雷紫袍加身，也没有什么害处。

但克洛维没有止步于康布雷。他既然是奥古斯都，是皈依基督教、取得战争胜利的罗马国王，就需要一个新的都城。随后，他定都于塞纳河上的罗马古镇，鲁特蒂亚-巴黎西（Lutetia Parisiorum），并开始加固城墙。他在领地颁布了一部用拉丁语撰写的法典，即《萨利克法典》（Pactus Legis Salicae）。该法典明令禁止了日耳曼民族过去的传统——血亲复仇，并以罚款和刑罚取代家族间的报复性杀戮。[7]

他还一个接一个地清除了可能威胁他独掌大权的法兰克部落首领。从509年直至去世，克洛维作为法兰克第一位基督教国王、第一位颁布法典的国王，以及第一位统领整个国家的国王，在新都巴黎进行统治。此后的200余年，他的后代统治着以传奇勇士墨洛维的名字命名的墨洛温王朝（Merovingian dynasty）——法兰克人的第一个王朝。

在海峡对岸，另一位与罗马稍有渊源的国王也在奋力保全其尚存的领土。他就是安布罗修斯·奥勒良（Ambrosius Aurelianus）。他的出身鲜为人知，但他可能拥有皇室血统。485年，在克洛维开启10年征战之际，安布罗修斯·奥勒良也领导不列颠的统治者们加入抗击撒克逊侵略者的大战之中。

30年来，不列颠的本土人一直在抗击撒克逊人和盎格鲁人的入侵。抵御他们的进犯，已经成为两代人的生存之道。早在455年，沃蒂根就设法除掉了撒克逊人的一员大将。他在去世之前，率领部下继续抗击了15年，然而敌人却仍在边境骚扰。后世的英国史学家们以各种莫须有的罪名指控他，譬如谋害了不列颠的合法国王并取而代之（尽管在5世纪，还不存在任何与“不列颠的合法国王”相近的概念），以及将撒克逊人请入国门，把不列颠交到他们手中，来换取同撒克逊妇女亲热的机会。尽管沃蒂根一生都在对抗侵略者，但他也未能将他们驱逐，而他最终失败的辛酸过往仍萦绕在不列颠人的心中。[8]

在沃蒂根去世之后，安布罗修斯担任了不列颠的战争领袖。安布罗修斯的背景已不可考，但在吉尔达斯撰写的史书，也是最早的记载中，他被称为“罗马绅士”，而其“紫袍加身”的父母惨遭侵略者杀害。马姆斯伯里的威廉（William of Malmesbury）称他是“唯一幸存的罗马人”。而比德故作神秘地说，他的“父母是著名的皇室成员”，还称安布罗修斯是谨言慎行之人（viro modesto）。[9]

这些说法并不可靠。但在不列颠，最后剩下的几位罗马将领之一很可能是安布罗修斯的生父；又或者，在西罗马帝国灭亡之际，几名罗马将领自立为王，而安布罗修斯则是其中一人的后代。无论出身如何（他没有对外宣扬），他都继承了罗马军队的传统，且再次将不列颠的小国国王团结到了一起。

与沃蒂根相同的是，安布罗修斯最初对盎格鲁-撒克逊侵略者发动的突袭战况不佳。473 年，他遭遇惨败。此后，477 年，他再度受到重创——当时，为数更多的撒克逊人在靠近不列颠安德里达（Anderida）要塞的南部海岸登陆。他们的指挥官是埃勒（Aelle）将军。埃勒就近在南部地区建立了自己的王国：南撒克逊王国，后简称为苏塞克斯（Sussex）。他是第一批在不列颠称王的撒克逊人之一，而撒克逊人在不列颠的势力正逐渐深入。[10]

485 年，不列颠人进行了反击。据说在巴顿山［Mount Badon，又或许是英格兰东南部的索斯贝里山（Solsbury Hill），虽然无人知晓其确切位置］山顶，不列颠人在安布罗修斯的领导下，大获全胜。关于巴顿山战役的叙述众说纷纭，其中还充斥着后世之人的揣测。一些著名的人物也出现在这些叙述当中：安布罗修斯的兄弟尤瑟·潘德拉贡（Uther Pendragon）与他并肩作战；康沃尔公爵（duke of Cornwall）格洛斯（Gorlois）率领部队在一翼发动进攻；安布罗修斯的得力部下是一位名叫亚瑟（Arthur）的战士；沃蒂根（不知以何种方式死而复生）加入撒克逊人阵营，攻打自己的子民。这些说法互相抵触，甚至连具体时间都不能完全确定。唯一能确定的是，不列颠人取得了胜利。

成千上万的撒克逊人遭到杀害，还有数百人被驱逐出英格兰，回到高卢及其周边地区。关于安布罗修斯的传说大量涌现。在面临看似不可阻挡的破坏与灭亡之时，他不仅是最后一个罗马人，也是最后一位文明的卫士。[11]

巴顿山战役的胜利并没有终止撒克逊人争夺领地的脚步。据《盎格鲁-撒克逊编年史》(*Anglo-Saxon Chronicle*)记载，不列颠人同余下的撒克逊人之间的战争仍在继续。491 年，南撒克逊人领袖埃勒攻占了不列颠的安德里达要塞，掌控了南部海岸，还将当地居民赶尽杀绝，以此加强了对自己王国的统治。据《盎格鲁-撒克逊编年史》记载，“甚至没有一个布立吞人幸存”。[12]

尽管如此，巴顿山战役还是暂时阻止了新的军队涌入岛内。正如爱尔兰民俗学家霍根（Daithi O Hogain）所说，“对不列颠本土人的侵略‘暂时’受阻”。[13]

但“不列颠本土人”性情软弱，他们团结一致，也只是因为他们必须要将撒克逊人驱逐出去。他们没有不列颠王国，没有不列颠高王，没有共同的宗教信仰，也没有一个国家的理念。在 6 世纪初，如果说一个人是不列颠人，那就是说他不是撒克逊人。即便是受到再微不足道的挑战，各个独立的国王和部落首领都唯恐失去自己的权力。511 年，距安布罗修斯成功挽救不列颠已经过去了 26 年，亚瑟可能在对抗另一位不列颠国王的战争中丧命，而那位国王曾是他的盟友。这场战役发生在西南海岸附近的卡姆兰（Camlann），其中，手刃这位不列颠救星的却是不列颠人，而不是撒克逊人。[14]

亚瑟名垂千古，被称为“布立吞人之王亚瑟”（Arthur, King of the Britons）。在这个世界上，文明和秩序都不是自然而然形成的，而亚瑟就是这样一位斗士：他经常受到其他军事领袖的威胁，最后还遭到那些他本能够信任的人的背叛，以失败告终。正如威尔士诗人塔利辛（Taliesin），英国史学家蒙茅斯的杰弗里，法国诗人、十字军战士罗伯特·德·博龙（Robert De Boron），以及托马斯·马洛礼（Thomas Malory）所润色的那样，在那个死亡便意味着王权毁灭的时代，亚瑟的悲惨结局只是一个缩影。在不列颠的黑暗时期——事实上，大多数日耳曼民族亦是如此，包括撒克逊人——国王的权力不能世袭。国王要成功领导部落赢得战争，才能取得统治权；他的追随者会赋予他权力，因为他当之无愧。但去世之后，他的权力就会消失，而他的追随者将联合起来，推选下一任国王。[15]

对于罗马人（以及波斯人）而言，君权的含义截然不同。罗马人认为，君权代表世代延续的不朽与永恒，它比任何一个在位的君主都要持久：这是罗马帝国的理念。君王会将实践这种理念的权利传给自己的儿子（因而王权世袭成为可能），他的死亡不会削弱君权。

但是在不列颠，国王去世之后，他的王国也就不复存在。随后，就会有另一个人称王，建立一个新王国。这是大多数日耳曼民族所认同的观点，也可以用来解释狄奥多里克大帝为什么会将罗马公民权与其子民的忠诚度联系到一起。一旦征服了意大利，他就是罗马的统治者。

古罗马帝国的理念是否影响了安布罗修斯·奥勒良的思维方式，我们不得而知。他是可能拥有罗马血统的不列颠“绅士”，但他与罗马皇帝之间不一定存在血缘关系。然而600年后，在发生了翻天覆地变化的英国，蒙茅斯的杰弗里回顾并再现了（或许毫无意义）那个国王去世就意味着王国毁灭的时代：亚瑟在卡姆兰一役中身负重伤，但他并没有死。他把王位传给堂兄弟，自己则被送往阿瓦隆岛（Isle of Avalon）疗伤。他的王国依然存在。虽然他悄无声息地离开，同王国和子民相距甚远，但他还活着。亚瑟在国家和国王合二为一的时代，成就了不列颠的新理念。如同国家理念一样，他永远存在于人们的心中。

511 年（卡姆兰战役同年），法兰克国王克洛维去世了。

作为法兰克独掌大权的国王，他仅仅在位两年，也没有指定的继承人。相反，他把他的王国留给四个儿子共同统治：希尔德贝特一世（Childebert I）、克洛多梅尔（Chlodomer）、克洛泰尔一世（Chlothar I）和提奥多里克一世［Theuderic I，不要跟意大利的狄奥多里克大帝弄混了。Theuderic 是日耳曼语，有多种变体，相当于英文的"Henry"（亨利）］。克洛维常年征战，为自己赢得了"法兰克国王"的尊位。他的王国里尽是好战的法兰克人，他们持有古老的日耳曼王权理念：他们有权选择自己的国王。他们非常痛恨任何把王国留给唯一指定继承人的行为，况且继承人也未曾在战争中证明过自己。不过，克洛维把对法兰克人的统治权留给了他的家族，这是完全不同的。对于法兰克人来说，这种理念他们再熟悉不过了——他们已经接受了这个萨利安家族的统治。

他的四个儿子选择了不同的城市作为各自的权力中心：长子提奥多里克一世去了兰斯；克洛多梅尔在奥尔良进行统治；希尔德贝特一世留在了鲁特蒂亚-巴黎西；而最小的儿子，克洛泰尔一世，则把苏瓦松（Soissons）作为他的都城。524 年，这种格局第一次被打破。克洛多梅尔在对勃良第人的远征中战死沙场，他的弟弟克洛泰尔一世却带领着另外两个兄弟赶到奥尔良，在哥哥的几个儿子继承

时间线 31

中国		萨利安		日耳曼	
南朝	北朝	法兰克人	西哥特人	意大利	不列颠
					沃蒂根（约 450）
		墨洛维 （?—约 457）			
宋孝武帝 （453—464）					
		希尔德里克 （约 457—481）			
宋明帝（465—472）			**尤里克**（466—484）		
	魏孝文帝 （471—499）				**安布罗修斯·奥勒良** （约 470—约 511）
				奥多瓦卡 （476—493）	
宋顺帝（477—479） 刘宋灭亡 / 南齐建立					（苏塞克斯）**埃勒** （477—514）
齐高帝（479—482）		**克洛维**（481—511）			
齐武帝（483—493）			**阿拉里克二世** （484—507）		巴顿山战役
齐明帝 （494—498）				**狄奥多里克大帝** （493—526）	
	魏宣武帝 （499—515）				
齐和帝（501—502） 南齐灭亡 / 南梁建立 **梁武帝**（502—549）					
			阿马拉里克 （511/526—531）		
		克洛泰尔一世 / 希尔德贝特一世 / 提奥多里克一世 / 克洛多梅尔 （511—524）			卡姆兰战役
	魏孝明帝 （515—528）				
	河阴之变 **魏孝庄帝** （528—530）			**阿塔拉里克** （526—534）	
	北魏分裂成西魏 和东魏（534）		**狄乌蒂斯** （531—548）		

统治之前，杀害了他们。四个国王变成了三个。

过去日耳曼民族的家族制度会使国家陷入内战，但也能使不称职的国王远离王位。531年，年轻的西哥特国王阿马拉里克被自己的部下杀害。他曾经得到过大部分人的支持，却没能证明自己是善战的将领。西哥特人推选了新国王，代替了他的位置。这位新国王本是一位名叫狄乌蒂斯（Theudis）的军官，他没有王室血统。他甚至都不是西哥特人。他来自意大利，是一名东哥特军官。数年前，阿马拉里克年纪尚小，而狄乌蒂斯被意大利的狄奥多里克大帝派至伊比利亚，监视王室的一举一动。

然而，他的血统与他的实力相比，无足轻重。因此，他成了西哥特的新国王。自此，血统对于推选西哥特国王影响甚微，西哥特也已恢复到按照旧时日耳曼民族的标准来推选国王的状态。[16]

/ 32

敌人入侵与火山喷发

> 497 年至 535 年间，哌哒人在印度北部建立了一个王国，而喀拉喀托火山的喷发困扰着这个国度。

495 年，笈多王朝的国王佛陀笈多去世，他在位近 20 年。很难确定之后究竟是谁接替了他的王位，但他的弟弟那罗信诃笈多（Narasimhagupta）最有可能掌管了帝国。他们的高叔公旃陀罗笈多二世将笈多王朝发展至最盛。但在那罗信诃笈多的统治下，王朝急剧衰败：附属国纷纷脱离控制，小国国王逐个宣告独立，由北部进入印度的哌哒人的规模也从涓涓细流发展成为汪洋大海。

一位哌哒勇士在众人之中崭露头角：500 年至 510 年间，战争领袖吐拉摩那（Toramana）征战于印度北部，接连制服了一众小国国王。到了 510 年，他在帝国内一路推进，到达了笈多王朝的南部边境城市伊兰（Eran）。

伊兰的统治者是巴努笈多（Bhanugupta），他拥有王家血统。他同他的将军古帕拉贾（Goparaja）联手，对哌哒人展开了英勇的反击。然而，他们失败了：古帕拉贾战死沙场，巴努笈多竟然从历史记载中消失了，而那罗信诃笈多的下落无人知晓。吐拉摩那将伊兰据为己有，自立为王。此时，笈多王朝被迫一路退回至其东部的发源地。[1]

吐拉摩那最初的领地位于印度河西岸，而在他穿过群山、向南推进之时，他依然控制着内陆的这片领地。这使他的帝国版图自波斯东部边境延伸至印度群山，跨越了中亚和印度的边界。他在奢羯罗（Sakala）建都，并在短时间内将其发展成为一个大都市，一个"繁荣的贸易中心"。据《弥兰陀王问经》（*The Questions of King Milinda*）记载：

> 在奢羯罗，公园、花园、树林、湖泊以及水库比比皆是，这是一个山环水绕、绿树成荫的天堂。聪明的建筑师们规划了这座城市，这里的人们也不懂得什么叫作压迫，因为他们所有的敌人和对手都已经被镇压了。整座城的防御工事非常壮观，其中有众多坚固的塔楼和壁垒，有雄伟的城门和拱门通道，还有粉墙包围、深壕环绕、地处中央的王家城堡。建筑师们还合理规划了街道、广场、十字路口和集市……在奢羯罗，到处都是钱币，到处都是金器、银器、铜器和陶器——整座城如同一处充满金银财宝的矿井，闪烁着耀眼的光芒。此外，仓库中还储备了大量的财物、粮食以及其他有价值的东西——食品、饮料、糖浆、蜜饯，都应有尽有。[2]

《弥兰陀王问经》的末尾指出，吐拉摩那的这座城市就像是众神的居所。

尽管如此，他的帝国依然保留了一个游牧国家的特性。用史学家查尔斯·艾略特（Charles Eliot）的话来说，嚈哒人“在侵占的大片土地上收取贡赋，却未曾制定具体的法规，也并未划分明确的国界”[3]。同笈多人一样，嚈哒人没有试图在其领地强制推行法律、建立严格的行政机构。一位拜访过吐拉摩那宫廷的中国使者称，有“四十国”向这位嚈哒国王缴纳贡赋，但要求边境子民朝贡，是帝国对他们进行统治的唯一手段。

吐拉摩那建造了宏伟的都城，他自己似乎也满足于此。他于515年至520年间去世，后由其长子摩醯逻矩罗（Mihirakula）继位，但帝国的性质却发生了变化。

摩醯逻矩罗拥有同其游牧民族祖先一般的品性：粗鲁无礼、不修边幅、对新臣民的佛教信仰尤为抵触。早在几十年前，嚈哒人就已经皈依了摩尼教和聂斯托里派基督教。这两个教派是经由波斯，向东逐渐传入印度的。或许是因为边境动荡不安，摩醯逻矩罗决定强制推行一种新的正统宗教，以清除佛教信仰。*

他似乎没有对印度教持相同的怀疑态度。事实上，6个世纪之后，印度史学家凯尔哈拉（Kalhana）在书中写道，摩醯逻矩罗对佛教的抵制，使得印度教的婆罗门（brahmans）在帝国中掌握了权力：他们获得了封地，比信仰佛教的人更有权势。不过，他把佛教视为敌对势力，很可能因为它是笈多王朝的国教。[4]

佛陀笈多国王的名号是在向佛陀致敬，而他的继任者同样是虔

---

* 摩尼教倾向于把善恶视为两种相互对抗的平衡力量，而卡尔西登基督教坚称，向善的上帝是全能的，且恶终究会臣服于善；聂斯托里派教徒认为，基督有两个独立的位格——人性与神性，而卡尔西登基督教主张，这两个位格虽截然不同，但在耶稣身上却神奇地合二为一，因而耶稣既是上帝，也是人，二性不可分离。因此，摩尼教与聂斯托里派的“异端学说”都趋向于二元论（dualism），而卡尔西登基督教则偏向于二性统一（unity）。

诚的佛教徒：首先是他的弟弟那罗信诃笈多，之后是那罗信诃笈多的儿子和孙子。后三位国王在位期间，帝国领地逐渐缩小。到摩醯逻矩罗继承父亲的王位时，笈多王朝的统治范围已经缩减至恒河流域的摩揭陀。尽管如此，笈多王朝仍是印度边境上最强大的对手。摩醯逻矩罗的第一步就是要摧毁他们的宗教。[5]

约 518 年，中国的一个佛教使团到印度北部搜寻佛经，以供收藏和保存。根据他们自己的记录，他们设法携带 170 卷佛经离开了印度。他们还觐见了摩醯逻矩罗，不过对他没有什么好印象。关于这位国王，他们记载道，他“立性凶暴，多行杀戮”。虽然他统治下的印度人主要是印度教教徒（属于婆罗门种姓），但他们曾经非常重视佛教教义——直到后来摩醯逻矩罗继位，下令毁坏佛教庙宇、寺院以及佛经。[6]

摩醯逻矩罗非但没有巩固他的王国，反而削弱了其实力。笈多王朝仍在竭力驱逐呎哒人，许多憎恨摩醯逻矩罗高压统治的地方领袖也加入其中。528 年，马尔瓦（Malwa，原属笈多王朝，在落入呎哒国王的控制前赢得独立）的统治者与摩醯逻矩罗进行了一场规模宏大的战役，最后大获全胜，将敌军驱逐至旁遮普北部的地区。此后的十几年，摩醯逻矩罗虽然仍生活在自己那个已经萎缩了的王国，却没能重返曾经统治下的印度北部的土地。

笈多王朝也未能填补权力的真空。在与呎哒的战争中，寺院和城市遭到摧毁，贸易路线也被打乱。在此后的几年里，印度北部恢复到混乱分裂的状态：到处都是由独立国王统治的小国、从中亚迁移到无主之地的部落，以及翻山越岭来到平原落户的由农民和牧人组成的小群体。必要的时候，这些小国和部落会联手驱逐那些试图重返的呎哒人，但此类零星的防御活动并未成就任何一位强有力的统治者。[7]

在印度中部和南部，各小国国王继续独立统治。关于这些国王，除了从碑文和钱币上搜集来的信息——名号与统治时期——我们知之甚少。印度的国王并不渴望西方国王所实现的统一。其学者也未曾试图将历史事件用某种气势恢宏、意味深长的方式进行叙述。但各国却不乏学术成就：虽然北方地区一片混乱，笈多王朝的天文学家阿耶波多（Aryabhata）在 499 年却计算出了圆周率（π）的数值以及太阳年的准确时长，还提出地球或许是一个球体，它在围绕太阳公转的同时也绕轴自转。这无疑是对宇宙模型的论断，但它只是一种观察，无意为政治活动增添某种含义。

东南沿海的印度诸邦国跨越印度洋，同更远的东部岛屿进行贸易往来：大型岛屿苏门答腊岛（Sumatra），以及小型岛屿爪哇岛（Java）。关于这些王国，除了它们与印度之间持续的贸易关系外，我们知之甚少。在苏门答腊岛南端，干陀利（Kantoli）正值建国初期（在下个世纪将获得进一步发展）；而在爪哇岛北端，塔鲁玛迦（Tarumanagara）则由国王坎德拉沃曼（Candrawarman）统治。两岛之间的喀拉喀托火山，在冰层的覆盖之下日渐聚积着蒸汽和熔岩。

535 年，喀拉喀托火山爆发。* 爆炸将山体碎片抛至空中，落到约 11 千米外的地区。大量火山灰连同蒸发的海水向上喷涌，呈羽状，大概有 48 千米高。火山周围的土地向内坍塌，导致附近约 48 千米的海水翻涌不止。印度尼西亚编年史《列王传》（*The Book of*

---

* 这是大致时间。戴维·基斯（David Keys）在他 1999 年出版的《大灾难》（*Catastrophe*, Ballantine Books）一书中，用很长的篇幅回顾了 535 年喀拉喀托火山爆发的情景。这场火山爆发不是没有可能发生在其他年份，但从对树木年轮的记录来看，535 年最为接近。

Ancient Kings）描述了浪潮席卷苏门答腊岛和爪哇岛的情景，而在当时，这两个岛可能是连在一起的。“居民惨遭溺死，他们的全部家当也被冲走，”书中记载道，“洪水退去之后，山上及周围的土地变成了汪洋大海，而这座岛屿也一分为二。”[8]

《列王传》的叙述并不完全可信，毕竟它来源于对后世史料的抄录，更像是在描写后世火山喷发的情景。但这本印度尼西亚的史书，并不是唯一能够证明 535 年发生灾难的史料。喀拉喀托火山喷发的影响波及到更远的地区。中国的《南史》中有对此次喷发的记载：“雨黄尘如雪。”普罗洛科皮乌斯写道，536 年，在拜占庭上空，“这一整年，太阳像月亮一样，发出的光并不明亮。这看上去很像日食，因为太阳投射的光有些昏暗”。叙利亚的米迦勒（Michael the Syrian）写道：“太阳暗淡无光，这种暗淡持续了 18 个月之久。太阳每天只出现 4 个小时，可发出的不过是微弱的光……水果没有熟透，酿出的酒味道就像酸葡萄。”爆炸产生的火山灰在整片天空中蔓延，挡住了太阳的热量。酸雪降落至南极洲和格陵兰岛，覆盖在冰面上 4 年之久。[9]

两年后，在 538 年的初秋，罗马元老卡西奥多鲁斯（Cassiodorus）当时正在拉韦纳的东哥特宫廷任职，他在写给手下一位官员的信中感叹：

> 太阳，这颗最亮的恒星，似乎已经失去了它惯有的光芒，而换上了蓝色的新装。令人惊奇的是，我们站在正午的阳光下，却看不到自己的影子；我们感受得到，它强大的热量变得微弱，而这些现象连同一次短暂的日食，持续了整整一年。月

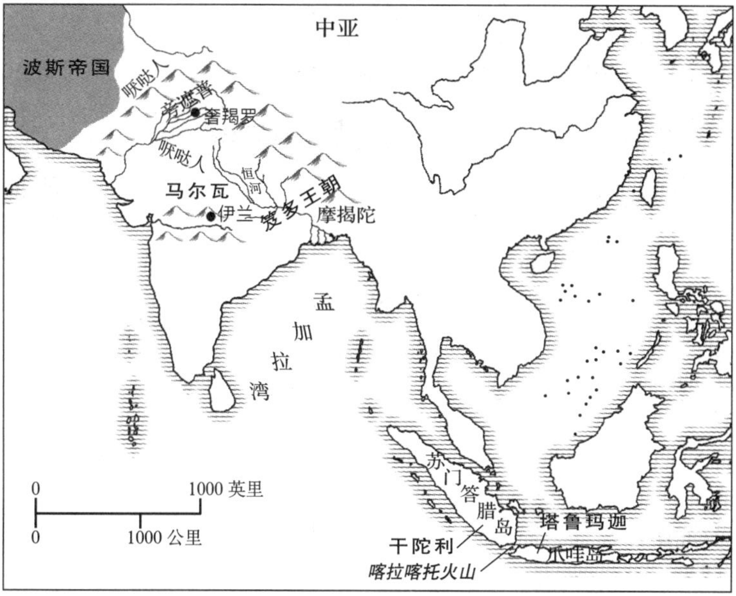

地图 32-1　印度及其东南部的贸易伙伴

亮也是一样，即便在满月之时，也缺乏它本来的光辉。迄今为止，这一年都很反常。我们度过了一个没有暴风雪的冬天，一个缺乏温暖的春天，以及一个并不炎热的夏天。本该是谷物生长的月份，天气却变得寒冷，这让我们如何期待丰收？……所有的季节似乎都混在一起。曾经在细雨中成熟的水果，如今在这干枯的大地上无处寻觅……苹果在本该成熟之时，却十分坚硬，其酸味如同晚熟的葡萄串。[10]

作物减产不只发生在东部地区。在靠近现在的智利、加利福尼亚以及西伯利亚的地区，树木年轮记录显示，约 535 年至 540 年间，

时间线 32

萨利安法兰克人	西哥特人	日耳曼意大利	不列颠	印度	东南亚
墨洛维（?—约457）			沃蒂根（约450）	塞建陀笈多（455—467）	
希尔德里克（约457—481）					
	尤里克（466—484）				
			安布罗修斯·奥勒良（约470—约511）	（伐迦陀迦）哈里舍纳（约475—500）	
		奥多瓦卡（476—493）		佛陀笈多（476—495）	
			（苏塞克斯）埃勒（477—514）		
克洛维（481—511）					
	阿拉里克二世（484—507）		巴顿山战役		
		狄奥多里克大帝（493—526）			
				那罗信诃笈多（497—约510）	
	阿马拉里克（511/526—531）				
克洛泰尔一世/希尔德贝特一世/提奥多里克一世/克洛多梅尔（511—524）			卡姆兰战役	吐拉摩那（约510—约520）	
					（塔鲁玛迦）坎德拉沃曼（约515—约535）
				摩醯逻矩罗（约520—528/543）	
克洛泰尔一世/希尔德贝特一世/提奥多里克一世（524—534）					

时间线 32（续表）					
萨利安法兰克人	**西哥特人**	**日耳曼意大利**	**不列颠**	**印度**	**东南亚**
		阿塔拉里克（526—534）			
狄乌蒂斯（531—548）					
					喀拉喀托火山喷发（535）
					（塔鲁玛迦）**苏利耶沃曼**（约535—约561）

“作物长势在夏季大幅下降”——证明了这些年份的夏季气温过低、缺乏日光。太阳变暗引发了中世纪的瘟疫与饥荒。[11]

在东部，苏门答腊岛和爪哇岛的文明都被摧毁。而在塔鲁玛迦，坎德拉沃曼国王遭到杀害，他的继承人苏利耶沃曼（Suryawarman）迁都到更远的东部，远离了这片灾难之地。但王国已经遭受了致命的打击。岛上一度繁荣的文明化为了废墟，如今只剩下一些碑文，以及被摧毁的印度教和佛教寺庙的遗址。[12]

/ 33

美洲

大约 500 年至 600 年间，在爆发旱灾和饥荒前，中美洲城市一直处于蓬勃发展时期。

喀拉喀托火山的火山灰，被风吹到了地球的上空，笼罩了地球 5 年之久。而地球上的另一端，夏天变得寒冷而阴沉。[1] 干旱侵袭了美洲的森林和田野，美洲厄尔尼诺现象 30 年来反常地频繁发生，旱灾与洪水轮番登场，庄稼颗粒无收。*

当罗马、埃及和东方的伟大的城市文明一片繁荣之时，在中美洲土地上生活的人们也发展出他们自己的复杂文明。与罗马人、埃及人和中国人不同的是，中美洲的人们没有把统治者的故事记录下

---

* 靠近南美洲海岸的太平洋表面温度显著升高时，就会产生厄尔尼诺现象。这样的变化会改变天气模式，给南美的一些地区带来强烈的暴风和洪水。厄尔尼诺现象还会减少富渔区的鱼类数量，给以鱼类为主食的人的生活带来困难。科学家翔实地记录了 535 年到 593 年中南美洲暴发的干旱和洪水灾害——他们是通过研究树木年轮、湖泊沉积物和其他实物证据来获得这些数据的。灾害爆发的原因仍存在争议。在我看来，喀拉喀托火山的喷发是最有可能的原因。还有人把灾害归咎于埃尔赤松火山（El Chichón）的喷发或是北美发生的彗星撞击。

来。考古学家可以追溯城市的兴衰、贸易路线的开辟、商品的交换，但是历史学家却很难找到足够的文字材料帮他们把历史串成完整的叙事。中美洲不乏塑像和雕刻，但却没有对它们的文字说明；有年代日期和对应的统治者的列表，但却没有他们的故事。

不过，如今我们至少可以把零碎信息拼凑起来，勾画出一个始于 6 世纪的故事的大体轮廓。在从中美洲大陆桥突出来、直插进墨西哥湾的一个半岛上，一个人们熟悉的现象正在酝酿。一群部落民族因为文化和语言而建立了松散的联系，他们建造城市、缔结同盟、一起行动。这个文明呈现出鲜明的特色，我们称之为玛雅文明。玛雅人领土的西南方向，有一个叫作瓦哈卡谷（Valley of Oaxaea）的肥沃平原，在那里，另外一群小部落的领土被统一起来（主要靠武力），受它们当中最强大的城市——阿尔万山（Monte Alban）的领导管辖，我们可以把他们看作是一个独立的民族——萨波特克人（Zapotec）。阿尔万山成为王国的都城，它的人口超过 2 万，覆盖了 38 平方千米的山脉和溪谷地区。[2]

玛雅人和萨波特克人都会书写。他们的记录虽然简洁而神秘，但这样的文字特点让我们得以一窥（虽然看不清楚）一个与大洋对岸国家完全不同的世界。在近东和埃及，文字的发展是受经济推动的，人们需要记录下货品和钱款往来。对于玛雅人和萨波特克人来说，文字有一个非常独特的功能，它可以帮助他们记录时间。[3]

计算时间可不是一件容易的事情。两个民族都使用一种神圣的历法，这种历法很看重生日和吉日。对于今天的我们来说，这种历法复杂得几乎无法使用。这种历法的基础是 20 的倍数而不是 10 的倍数（20 进制而不是 10 进制），其核心是，20 天为一组，每天都有不同的名字。在中美洲的一年中，每组中的每一天都会重复 13 次，每次都用一个数字做记号，从1到13，所以，5“花”和5“鹿”不是同一天，5“花”和12“花”也是代表不同的日期。名称和数字的所有组合循环一周需要260天。如果一个周期的第一天是1“花”，那么下一次1“花”出现会在第261天，也就是下一个周期的第一天。

这个260天的周期叫作神圣周期，但是它与地球的公转并不吻合。所以，人们既使用260天的神圣周期，又使用365天的历法。在260天之后，第二个循环再进行105天，一年才算结束。两种历法的所有序列组合方式进行一遍需要约52年，也就是18 980天（260和365的最小公倍数），每天都有不同的意义。[4]从玛雅人和萨波特克人留下来的寥寥的文字记录可以看出，他们按照这样的历法体系来安排出生、死亡、嫁娶、征战和君王的登基。时间推移、每一天和它的神圣意义之间的关联，在每一个王国的历史中都占据核心地位。时间是造物主的第一件作品，它出现于“世界觉醒之前”[5]，所以，每一个创造性的行为、每一位神明、每一个人从诞生之时就已经被嵌入这种精准的历法模式中了。

中美洲大陆桥的第三大王国用另外一种稍稍不同的方式来计算时间。这个王国的中心是特奥蒂瓦坎城（Teotihuacan），它在500年时是世界第六大城市。*

大约12.5万人住在这个城市，他们讲着各种语言。很多人曾经在附近的田野务农，但是后来，特奥蒂瓦坎的君王为了防止附近村庄扩张发展为城市，继而威胁他们的权力，就命令这些农民搬到城墙里面住。于是，特奥蒂瓦坎帝国的中心就全部在城墙里面了，它

* “特奥蒂瓦坎”是在这个城市衰亡很久以后阿兹特克人给它起的名字（阿兹特克人要再过好几个世纪才会进入历史）。没有人知道这个城市古代的名称。

就像一个煎鸡蛋，中心最厚实，边缘几乎什么都没有了。它是人口最密集的中美洲城市（这项纪录直到 15 世纪才被打破），还拥有最多的纪念王权的石碑。[6]

这个文明的特征就通过城市本身表现出来，人们把对神圣时间的遵守直接融入了它的街道和城墙。特奥蒂瓦坎遗留下来的系谱和历法资料非常少，但这个城市本身就是一个矩阵，神圣的时间和尘世的存在在这里相遇。这座城市中的建筑坐东朝西，指向西边的地平线，也就是太阳落山的地方。城市的地图上没有标明河流或者土地的起伏，却标示出了日出、日落、月相和星位。特奥蒂瓦坎最大的建筑——太阳金字塔位于城市中心，面朝西方；一条运河穿过城市中心，使流经城市的河水改道为东西方向。城里的主干道——亡灵大道，从南到北穿城而过，最北端就是月亮金字塔。亡灵大道的南端矗立着羽蛇神金字塔，这是为了纪念一位人类的保护神而建造的。[7]

关于这位神以及人们拜神的细节，我们只能从几百年后被记录下来的传统中知道一些，而这些传统习俗中有多少是从 6 世纪开始人们就一直遵守的，就不得而知了。那个保护神被后来的人称作羽蛇神（Quetzalcoatl）。在人和众神的战争中，人类被毁灭，而羽蛇神让人类起死回生，这是他最伟大的事迹。羽蛇神下到骨主米克特兰堤库特里（Bone Lord Mictlantecuhtli）掌管的死者之地，从那里分别取回了一个男人和一个女人的骨头。然后，他割下自己的阴茎，把鲜血滴在人的骨头上，使他们复活。

在特奥蒂瓦坎的宗教信仰中，死亡不是终点，而是一个开始。流血产生生命。特奥蒂瓦坎人，和他们东边的玛雅人和萨波特克人一样，相信一种叫作托纳力（tonalli）的力量，那是一种光或是孕育生命的热。用宗教学者理查德·哈利（Richavd Haly）的话来说，托纳力是一种维系一代又一代人之间关系的血缘纽带，人出生之时托纳力就产生了，它联结着新生儿和他的祖先。作为回馈，人们以血祭天，来完成这个循环：血液——生命——血液。[8]

在古罗马帝国的遗迹之上建立起来的国家，越来越多的基督徒达成共识，认为生和死是相对立的；而在中美洲，生和死是共同存在，相互作用的。骨主自己不只是死之源，也是生之源；死者之地不仅是冥界，它与地球一起存在。[9]

因此，羽蛇神金字塔是沾染着鲜血建起来的，这一点都不值得奇怪。金字塔上还建有一个纪念保护神的寺庙。金字塔的角上是巨大的坟墓，里面有 200 多个殉葬者，他们被分组埋葬，组数正是历

图 33–1 特奥蒂瓦坎的太阳金字塔

在巨大的金字塔上，台阶上的游客显得很渺小。图片来源：乔纳森·基恩 / the Image Bank / Getty Images

地图 33–1 中美洲的城市

法里的重要数字。羽蛇神金字塔代表着时间的开始，生命的开始。因此，它也是死者之地的再造，生命从这里出现。

历法上的循环意味着每一位中美洲国王的统治都循着上一个循环中前任国王的足迹。他统治时期的每一个里程碑——出生、婚娶、加冕、出征、死亡，都在复杂的历法中占有独特的位置。日历上已经挤满了格子。加冕那天，国王可能会看一眼编年史，就会知道上一个循环中的这一天一个国王死亡了或者出生了。18 980 天的一个大循环中的每一天都连接着过去和现在的事件。[10]

通过这种方式，过去总是在场，参与当下的历史；中美洲统治者们依靠自己与他们那个世界的传奇开始之间的联系来维系自己的权力。从那时的雕刻和象形文字可以看出，国王会主持复杂的放血仪式，呼应并让人联想起使人类起死回生的那次流血。国王站在金字塔顶象征性地割伤自己，他不仅仅是在简单模仿羽蛇神的行为，更重要的是，在那一刻他与羽蛇神在一起成为神的代表，甚至是神的化身。[11]

宣称自己是神的朋友或者是神本身，是历代统治者一直沿用的控制人民的一种手段。当人民拥有同样的信仰的时候，这个方法也是好用的。比如，中美洲的王国几乎无一例外都是这样的。只要神仍然强大、被人民爱戴，国王也会强大、被人民爱戴。

6 世纪中叶的国王则没那幸运，被国王称为朋友的神同时也是自然元素之神。羽蛇神掌管着风，特奥蒂瓦坎的守护神——特拉洛克（Tlaloc）——则是雨神。从公元 6 世纪 30 年代开始的干旱和暴风的轮番肆虐意味着，要么是神对人发怒了，要么是神不再保护这个城市了。无论是哪种解释，神明在人间的代表都遇到麻烦了。

恶劣天气的影响可以从特奥蒂瓦坎的墓地看出来，540 年左右埋葬的人体骨骼呈现出营养不良的迹象。25 岁以下人口死亡率翻了一番。600 年左右（很难确定具体的日期），特奥蒂瓦坎发生了一场暴乱。亡灵大道上的雄伟庙宇和王家住宅都被破坏和烧毁。通往寺庙顶部的楼梯被砸烂，那里曾经是神职人员和国王觐见神明的地方。塑像、浮雕和雕刻都被破坏了。人们在王宫的走廊和房间发掘出很多碎人骨。暴民的怒火直指统治者、贵族和祭司，他们是管理城市的精英，却没有很好地保护城市。[12]

干旱和洪水影响了整个中美大陆桥，但对萨波特克的都城阿尔万山的影响却不容易追溯。

从特奥蒂瓦坎被烧的建筑可以看出，被迫搬进城里的人对统治者非常憎恨，因为他们一直生活在一个高压独裁的政府统治之下，所以，饥荒发生的时候，人民就准备好暴动了。像特奥蒂瓦坎的国王一样，萨波特克的统治者也并不温文尔雅。阿尔万山建筑遗址上的浮雕表现的，大概是来自瓦哈卡谷边远地区的战败的部落首领被萨波特克的征服者剥光衣服游街示众，并被弄残肢体。[13] 萨波特克人没有像特奥蒂瓦坎一样把人口集中在一个城区，这样做的话，当食物来源不稳定的时候，城市在饥荒和瘟疫面前就会不堪一击。萨波特克人的分布区域很广阔，并没有被饥饿和痛苦逼得暴动。从我们可以读到的萨波特克的象形文字中，看不出任何国家衰落的记录。

但是考古学显示，550 年到 650 年间，阿尔万山的人口开始流向周边的农村。瓦哈卡谷的村庄和农场继续被占据；这不是萨波特克人的灭亡，而是对其城市里的统治者的拒绝。人民存活了下来，而国家却灭亡了。像特奥蒂瓦坎的统治者一样，阿尔万山的国王未能说服他们的臣民，使他们相信自己受神明恩宠。[14]

玛雅的城邦发生了什么，就更加模糊了。与其邻居不同的是，玛雅的城邦都各自保持独立。它们的自治权非常强大，会为了权力而争斗，也会缔结同盟，一起行动。被我们所知的只有几个名字和一些事迹：“天眼王”（Sky Witness）统治着卡拉克穆尔（Calakmul）5 万多的人民 10 年之久；562 年左右，卡拉阔尔（Caracol）的国王“水王”（Lord Water）打败了邻国蒂卡尔（Tikal）的国王，把后者送上祭坛。玛雅的遗址体现了建设者的高超技艺：坎昆城（Cancuen）因其王宫规模巨大而引人注目，奇琴伊察城（Chichen Itza）有玛雅最精致复杂的球场，在球场的一个神圣仪式上，球员代表着生或死，他们为了把球投进一个石环而争斗，而这个神圣的仪式对我们来说仍然是一个谜。（浮雕上有被砍头的球员，这意味着流血是比赛的一个重要部分。）

但大多数关于玛雅的记录——精细的历法、系谱、年表——在534年就中断了，之后的将近一个世纪里，都是空白。考古学必须填补这个空白：玛雅大城市的外围堡垒被烧毁，人口减少，树木年轮显示当时出现了绵长、凉爽、潮湿的夏季。饥饿也袭击了玛雅。官方记录的缺乏也传递了一些信息。当灾难来袭时，神明的支持就不能维护王权了，一旦人民意识到国王在饥荒、干旱和洪水面前是无力的，王权就岌岌可危。*

---

* 大破坏的几十年（在有的城市持续了60年，有的城市则有120年之久）通常被看作是中美洲历史的早期古典时代的最后阶段。所谓前古典时代是从大约公元前1500年到公元250年；在此之后，根据考古学家的划分，中美洲文明分为早期古典时代（约250—650年），晚期古典时代（约650—900年），早期后古典时代（900—1200年），晚期后古典时代（从1200年直到被西班牙人征服）。见：Richard E. W. *Ancient Civilizations of the New World*（Westview Press, 1997），Chapters 2 and 3。

时间线 33

印度	东南亚	中美洲		
		玛雅	萨波特克	特奥蒂瓦坎
（伐迦陀迦）**哈里舍纳**（约 475—500）				
佛陀笈多（476—495）		玛雅人城市占主导地位		特奥蒂瓦坎的鼎盛时期
那罗信诃笈多（497—约 510）				
吐拉摩那（约 510—约 520）				
	（塔鲁玛迦）**坎德拉沃曼**（约 515—约 535）			
摩醯逻矩罗（约 520—528/543）				
	喀拉喀托火山喷发（535）			
	（塔鲁玛迦）**苏利耶沃曼**（约 535—约 561）		人口迁离阿尔万山	
		（卡拉克穆尔）**“天证王”**（约 560—570）		
		（卡拉阔尔）**“水王”**（约 6 世纪 60 年代）		
				特奥蒂瓦坎被毁（约 600）

/ 34

伟大神圣的王权

510 年到 529 年间，一位阿拉伯国王改信犹太教，而查士丁尼大帝娶了一位女演员，并声称自己是上帝的代言人。

在非洲，尼罗河的东边，阿克苏姆人（Axum）的军队正计划入侵阿拉伯。

他们的目标是红海另外一边的阿拉伯王国希木叶尔（Himyar）。希木叶尔已经在阿拉伯半岛的南部存在了 600 年，并逐渐扩张，直到它控制了其阿拉伯半岛西南角的古国和阿拉伯中部的肯德（Kindites）部落。

希木叶尔人和阿克苏姆人是有一些共同点的；几个世纪以来，他们通过非洲和阿拉伯半岛之间的狭窄海峡往来迁徙，由此海峡两岸产生了很多“非洲阿拉伯王国”。但是，自从阿克苏姆的国王埃扎纳（Ezana）改信基督教，并且与罗马皇帝君士坦丁缔结同盟后，阿克苏姆的人民已经信仰基督教 200 年了。[1]

而大多数希木叶尔人，仍沿袭着阿拉伯的传统习俗。这些习俗多种多样，甚至互相矛盾。510 年的时候，“阿拉伯人”的意思无非就是“这个人生活在阿拉伯半岛上”，这样的称呼越往北越模糊，半岛北边是波斯和罗马控制的土地。阿拉伯人的城市都集中在沿海地区和半岛北部，而被统称为贝都因人（Bedouins）的游牧民族生活在沙漠里。虽然贝都因人与城市居民或多或少算是同一部落的后裔，但双方仍然为生存资源而竞争，并对彼此的生活方式不屑一顾。

宗教信仰让他们进一步分化。基督教的聂斯托里派向南流传到了阿拉伯北方的一些城市，甚至到了一些北方部落。加萨尼（Ghassanid）原本是阿拉伯南部的游牧民族，从 5 世纪起他们就向北移动，后来在叙利亚南部定居下来，务农为生，改信基督教。在 502 年，他们同意成为拜占庭的同盟者（foederati）。但是大多数阿拉伯人是忠于传统的神明的，各种神殿圣祠里都供奉着这些神。而今天的我们对那些神几乎一无所知。多年以来，人们建立的最大的神殿坐落于希木叶尔和地中海之间的麦加城。该神殿被称为克尔白（Ka’aba），里面安放着“黑石”。“黑石”是一块面向东方的神圣岩石（可能是陨石）。内陆的部落会到神殿里拜神，神殿周围约 32 千米以内是禁止战争的。[2]

希木叶尔位于阿拉伯半岛的一隅，它的国王德·努瓦斯（Dhu Nuwas）预见到王国未来面临的两大威胁。它的东北方向是波斯，波斯曾至少一次侵入阿拉伯半岛；自 325 年波斯国王沙普尔二世远征之后，拉赫姆人（Lakhmids，幼发拉底河南侧的阿拉伯部落）就如同波斯伸进阿拉伯半岛的一只手臂，靠着波斯的金钱和武器支持，占领了附近的部落。希木叶尔西北方向的拜占庭，野心勃勃地想要向阿拉伯半岛扩张，它有两个盟友——红海对面的阿克苏姆和叙利亚南部的加萨尼。虽然有肯德部落作为缓冲地带，德·努瓦斯未来的统治仍然不安稳。[3]

于是他采取了极不寻常的一步：他皈依了犹太教，并宣布希木叶尔是一个犹太王国。*

在中世纪，几乎没有人会把变成犹太人作为获得成功的手段。不过，德·努瓦斯已经击退了阿克苏姆国王迦勒（Caleb）发动的周期性的袭击。他想与拜占庭的基督教盟友保持距离，又不想完全疏远波斯。波斯国王喀瓦德一世对犹太人是有好感的。

作为一个信奉犹太教的君主，德·努瓦斯宣称自己国内的拜占庭和阿克苏姆的基督徒为敌人。他开始逮捕来自这两个国家的商人，把他们处死。后来这场大清洗的对象还包括希木叶尔当地人，因为德·努瓦斯怀疑他们是间谍。基督教已经传播到希木叶尔国土，影响了上层阶级的贵族，而这些人最可能随时威胁到他的王权。这些贵族大量集中在叙利亚和波斯商队路线交会处的绿洲城市奈季兰（Najran）。518 年到 520 年间，德·努瓦斯大肆屠杀奈季兰的基督徒。

他的做法不仅没有保住王国，反而摧毁了这个国家。[4]

521 年，大清洗的消息传到了拜占庭皇帝查士丁一世的耳朵里。查士丁一世刚刚任命他的侄子查士丁尼为执政官，两个人正在解决波斯人最近的敌意行为。查士丁一世的前任皇帝阿纳斯塔修斯一世每年向波斯王喀瓦德一世进献贡品，这种做法换来了很多年的相对和平的两国关系。而查士丁一世决定不再出钱进贡，波斯国王一怒之下，派出一支拉赫姆人雇佣军进攻拜占庭的边境。

在 521 年初，查士丁一世向拉赫姆王国派出一名使臣，试图与

---

* 有证据表明，在前一个世纪，国王卡瑞布·阿萨德（Karib Asad，385—420 年在位）在位时，信仰就改变了，但是更多的证据支持德·努瓦斯是第一个改宗的国王。不管是哪种解释，改变信仰的动机都是一样的。见：Tudor Parfitt, *The Road to Redemption*（Brill Academic, 1996), pp. 7ff。

得到波斯支持的侵袭者直接和谈。使者团当中有一个叙利亚的传教士，人称贝斯阿萨姆的西缅（Simeon of Beth Arsham）。后来，西缅写信给一位主教朋友时提及了大清洗的消息；拜占庭的使者与拉赫姆的国王曼迪尔（Mundir）就在拉赫姆的军营里谈判，这时候岗哨传来消息说，另外一个使团到来了。这是来自希木叶尔的使团，他们带来了国王德·努瓦斯给他的阿拉伯盟友曼迪尔的信，信上说奈季兰的基督徒们都死了。

据西缅回忆，信中描述了背叛和欺骗；德·努瓦斯派出犹太教拉比到奈季兰的基督教堂，承诺说，如果基督徒们愿意和平投降，德·努瓦斯就会把他们送到红海对岸的阿克苏姆。西缅写道："他对基督徒们发誓，以摩西十诫、约柜、亚伯拉罕、以撒和雅各的名义发誓，如果他们愿意交出奈季兰城的话，他就绝对不会伤害他们。"但是，当基督徒投降之后，德·努瓦斯下令把他们都处死，男人、女人和儿童都被砍头，他们的躯体被扔到一个火坑里。德·努瓦斯在信的最后提出，如果曼迪尔王也皈依犹太教，他就会向后者支付3000迪纳里币（dinari）；这样，阿拉伯半岛的犹太教信徒就可以结盟对抗基督教，并且把拜占庭的势力完全驱逐出半岛。[5]

西缅的言辞偏激，从他的其他著作也可以看出他对大清洗心怀怨恨，所以，我们对他的叙述可以存疑，只是部分采信。但他显然不是唯一记录了大屠杀的人。当大屠杀的消息传到君士坦丁堡后，查士丁一世和查士丁尼向阿克苏姆军队提供船只和士兵，全力支持其消灭希木叶尔王国。

普洛科皮乌斯记载了那次远征：阿克苏姆的国王迦勒率领他的舰队渡红海而来。听到这个消息，希木叶尔剩余的基督徒们在手臂上文了一个十字标记，这样前来进攻的阿克苏姆人就会知道他们的身份，不杀他们。迦勒在战争中遇到了德·努瓦斯，并击败了他。传说德·努瓦斯看到他的军队落败，就掉转马头，朝红海奔去，溺水而死。自此，国家灭亡，这是一次没有救赎的洗礼。[6]

阿克苏姆的迦勒把希木叶尔的领土收入囊中，并任命他的一个信奉基督教的军官为总督。但是，他对红海对面这片土地的控制并没有持续多长时间。

不过，德·努瓦斯的那封信产生了一个谣言，至今仍有人相信。希木叶尔王国在很早以前扩张到赛伯邑人（Sabeans，即示巴人）曾统治的土地上，示巴女王就向北而行到达了耶路撒冷，面见以色列王所罗门。据说，德·努瓦斯曾以约柜的名义向基督徒发誓。也许很久以前丢失的约柜被女王的后人带到了南边的示巴。而德·努瓦斯的誓言意味着，他曾经拥有约柜。可能是迦勒在战胜后洗劫希木叶尔都城时，把约柜带回到红海对面的阿克苏姆了。

传说约柜仍然保存在阿克苏姆古都的圣母马利亚锡安教堂。*

拜占庭帝国和波斯军队之间的小规模冲突不断，但是一段时间里，两个帝国谁也不愿意发动全面战争。喀瓦德一世暂时失去了他的阿拉伯雇佣军。希木叶尔灭国之后，肯德人从西南邻国的统治中被解放出来，他们开始与拉赫姆人打仗，接下来的好几年里，拉赫姆的国王曼迪尔花了很多的精力保护自己的人民。拜占庭的皇帝查士丁一世因为旧伤复发而病倒，他是在军队时受的伤，后来饱受其折磨。而执政官查士丁尼恋爱了。

他爱上了一个女演员。在东罗马帝国，戏剧行业的从业人员，

* 这个故事的其他版本说，所罗门和示巴女王有一个儿子，这个儿子把约柜带到了阿克苏姆。但是这些故事都是在8世纪以后出现的，大概都源于上面提到的那些历史事件。

既要在台上表演，还要在台下为愿意付钱的男性顾客提供服务。那个引起了查士丁尼注意的演员叫狄奥多拉（Theodora），她还不到20岁，从小就不得不自己养活自己。在那个社会里，没有父亲和兄长保护的女性获得工作的机会是很少的。

狄奥多拉的故事被罗马的历史学家普洛科皮乌斯记载下来。他曾在《战争史》（*History of the Wars*）一书中给拜占庭的军事史做过清晰可靠的年表。普洛科皮乌斯是真正的男人；他崇尚力量，蔑视迟疑和妥协；他认为，一个真正的帝王应该不受女性影响。在普洛科皮乌斯撰写的有关查士丁尼与狄奥多拉的传记中提到，聪明善辩的查士丁尼在婚后变得明显依赖妻子，字里行间都是尖刻的讽刺。

尽管普洛科皮乌斯语气刻薄，我们有理由相信他列举的事实是确凿的。毕竟，狄奥多拉婚前的经历在她的时代是尽人皆知的。她的父亲是一名训熊师，受雇于绿党，在战车大赛的中场休息时进行表演。后来他因病去世，留给妻子三个都不满 7 岁的女儿。绿党又聘请了新的训熊师。狄奥多拉的母亲为了生存，强迫女儿们为蓝党表演。在那个时代，参与娱乐活动就会堕落为娼，狄奥多拉在青春期之前就已经在妓院里待了很多年。普洛科皮乌斯的笔对狄奥多拉的永不满足的欲望毫不留情（他说狄奥多拉可以一晚上睡 40 个男人而不觉得满足），但是从他尖刻的记述中浮现出一个更阴郁的画面。"她非常聪明、机智，"他写道，"哪怕对于最离谱的要求，她也毫不犹豫地顺从。如果她被人痛打或者扇耳光，她会对此轻蔑视之，或大笑而过。"毕竟，她别无选择。[7]

当她年仅十几岁的时候，就被一位罗马官员看上了。这个人正要去北非赴任，管理一个包括五个城池的地区（Pentapolis）。狄奥多拉随他一起赴任，但是一到了北非，她就被抛弃了。她沿着海岸线走（普洛科皮乌斯说，“她连最基本的生活必需品都没有，于是她又像以往一样把身体当作非法交易的工具来赚钱养活自己”），最终她到达了拜占庭的埃及城市亚历山大。[8]在那里，她成了一名异教徒。

在前一个世纪中的神学战争中，亚历山大失去了威望。尽管这个城市的基督教团体历史悠久，规模也比较大，但是在基督教的等级制度中，亚历山大主教的地位排在罗马教皇和君士坦丁堡牧首的后面。亚历山大人对于这样的教会权威排序是非常不满，因此，那些对君士坦丁堡和罗马的卡尔西登派基督教教义有异议的基督徒们，都把亚历山大看作一个非常不错的避难所。事实上，亚历山大的基督徒倾向于认为卡尔西登教义并没有充分彻底地谴责聂斯托里派（聂斯托里派认为基督有两个独立的性质，即人性与神性）。卡尔西登公会议中的神父们自称一位论者，他们小心地避免任何听起来是多神论的言辞。卡尔西登派的教义认为，耶稣和上帝是“同一位，同一种存在，而不是说基督被分成了两个位格”。[9]

但卡尔西登教义还是认为基督具有二性，尽管两者并不存在混沌、分歧或者背离的地方，但是二性的特点都被保留下来。卡尔西登公会议几乎已经走到了一性论的边缘，但亚历山大的基督徒对于这样的含糊其词很不满。他们的不满，一方面是因为这样的教义是强加给他们的，一方面也是因为他们不希望在自己神学体系中有二元性的暗示。人们越往东走，就越能发现波斯人是信仰多神的。所以，通过声称自己信仰唯一的上帝，来划清自己与邻居的界限，就显得越发重要。亚历山大的主教蒂莫西三世（Timothy Ⅲ），不仅捍卫基督一性论，还欢迎那些因为不完全行持卡尔西登派教义而被驱逐出罗马、君士坦丁堡和安条克的教士到亚历山大来。其中就有哈利卡那索斯的尤里安（Julian of Halikarnassos）。他对人们宣讲：“基督是神性的，连他的身体也是不朽的，基督的化身只是在形象上是真实的。”[10]

狄奥多拉改信了基督教，此后余生都坚持她最初接触到的极端的基督一性论。她改信基督教之后不久就离开了亚历山大。即使是普洛科皮乌斯也不得不承认，狄奥多拉受洗之后，她就放弃了以往营生的手段。因为没有办法生活下去，她就去安条克投奔一位住在那里的老朋友。那个朋友也是女演员。

她的名字叫马瑟多尼（Macedonia），她找到了一种新的生存之道。她放弃了卖淫，而加入了皇家的秘密警察。安条克是拜占庭第三重要的城市（仅次于君士坦丁堡和亚历山大）。查士丁尼显然有一个间谍和线人网络，让他可以了解到各地的隐秘动向。马瑟多尼是这些线人之一。普洛科皮乌斯说，她一般是通过写信向她的上级报告情况的，但某次查士丁尼必定是亲自来到了这个城市，因为正是借这个机会，马瑟多尼把狄奥多拉介绍给了查士丁尼。

狄奥多拉已经不再为了钱而提供陪伴服务，而比她大 20 岁的查士丁尼出人意料地答应要娶她。522 年的时候，狄奥多拉住在查士丁尼为她提供的位于君士坦丁堡的房子里。查士丁尼试图说服他的叔叔和婶婶认可他的婚姻。君士坦丁在 200 年前就通过了一项旨在保护官员道德品性的法令，根据这项法令，身为执政官的查士丁尼不得娶一名演员为妻。但更大的障碍似乎是来自他的婶婶——查士丁一世的妻子尤菲米娅（Euphemia）。尤菲米娅宣布，她将永远不会认可这个婚姻，不是因为狄奥多拉曾在妓院待过，而是因为她是一个基督一性论者。

524 年左右，尤菲米娅去世。年迈的查士丁一世立刻就通过法律解除了君士坦丁的禁令。他下令：“舞台上的女性，只要改变心意，放弃这个不光彩的职业，那么她所有的污点就应该被洗清。”退出舞台的女演员，因为帝国法令而得到救赎，她们可以与任何自己心仪的人结婚。法令一经公布，查士丁尼就和狄奥多拉在君士坦丁堡的索菲亚教堂结婚了。[11]

这项法令是查士丁一世在帝位上的最后一个重大举动。查士丁将近 80 岁了，经常生病，体力不支。527 年 4 月 1 日，他任命查士丁尼为共治皇帝和他的继承人。在 8 月初的炎热天气里，查士丁一世去世；他的侄子称帝，只有 20 多岁的狄奥多拉被封为皇后。

几十年来，君士坦丁堡的帝王都是军人出身，他们首要关心的事情就是保护帝国的边境，使之不受由波斯人和匈人的侵扰，他们还关注管理和赋税、条约和联盟。查士丁尼并没有忘记这些事情。但他首先是一个基督教的皇帝；他自认为是代表上帝在人间履行职责，自狄奥多西一世一来，查士丁尼是最看重此事的皇帝。[12]

528 年，他任命了一个委员会来收集几百年来东部帝国通过的那些庞杂的，甚至彼此矛盾的法律，把它们编写为一部连贯一致的法典。法典的第一卷于次年完成，我们从查士丁尼对此的贡献，可以看出在他的理想世界中他自己占据的准确位置。“有什么能比皇权更伟大、更神圣？”他问道，然后下令：

> 皇帝对法律的任何解释，不管是在请愿书上做出的解释，还是在司法法庭上做出的解释，还是以其他方式做出的解释，都应当被认为是合理的、毋庸置疑的。因为，如果只有皇帝有权制定法律，那么就只有皇帝有权解释法律了。皇帝应该被视为法律唯一的制定者和解释者。这并没有否定古代法律的制定

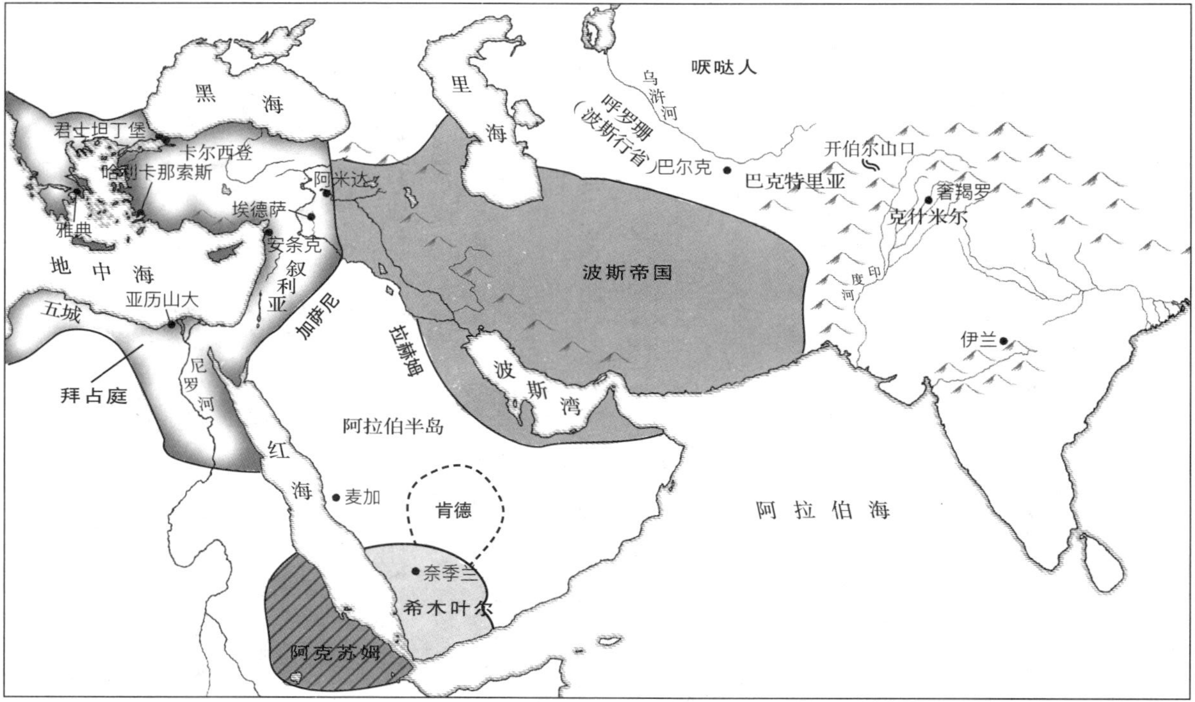

地图 34–1 阿拉伯部落和王国

者，因为皇权赋予了他们同样的权力。[13]

“更伟大、更神圣”：查士丁尼声称自己对罗马传统和基督教有双重的权威性，两者之间没有矛盾。他既是奥古斯都·恺撒的继承者，也是基督在人间的代表。他的法典对于赋税、誓言、土地所有权和信仰等方面都做出了规定。法典第一卷中的第一条规定是关于“三位一体”的。查士丁尼写道：“我们承认，上帝的唯一爱子，上帝的上帝，于世界和时间出现之前，生自圣父，与圣父一起永恒存在，是万物的创造者。”[14]

查士丁尼即位 18 个月后，他的话已经成为法律。不只是世俗的法律，还是神圣的法律。这种变化是悄无声息地发生的。尽管他声称行使古罗马的统治权，但查士丁尼对自己神圣权威的声明是一个全新的说法。这个说法需要基督教神学的支持，即，到达上帝面前只有唯一的途径，只有唯一的语言，只有唯一的圣子，所以，上帝在人间的代言者也是唯一的。

罗马万神殿并不能使帝国的法律更令人信服，过去专制独裁的罗马帝王们最终诉诸武力来实现他们的意志。查士丁尼并不避讳使用武力，但对他来说，武力只是手段之一。他对权力的最终诉求是他的意志和上帝意志的统一。没有人可以与皇权竞争，529 年的法典禁止传统罗马和希腊宗教的信徒在公共场合布道。最终，最后一个教授柏拉图哲学思想的学校——雅典学院——关闭了。学院里的教师都去了波斯：同时代的历史学家阿伽提亚斯（Agathias）这样写道：“我们这时代最优秀的哲学家，不认同流行的基督教观念而认为波斯的体制更加合理，他们都去了一个纯净的地方，希望在那里度过余生。”[15]

时间线 34

中美洲						
玛雅	**萨波特克**	**特奥蒂瓦坎**	**拜占庭帝国**	**波斯帝国**	**阿拉伯**	**非洲**
玛雅人城市占主导地位		特奥蒂瓦坎的鼎盛时期				
				喀瓦德一世（488—531）		
			阿纳斯塔修斯一世（491—518）			
				［**札马斯普**（496—498）］		
					（拉赫姆）**曼迪尔**（约 504—554）	
					（希木叶尔）**德·努瓦斯**（约 510—525）	
			亚历山大主教蒂莫西三世（517—535）			
			查士丁一世（518—527）			（阿克苏姆）**迦勒**（约 520—540）
			查士丁尼大帝（527—565）			
			《查士丁尼法典》第一卷（529）			
	人口迁离阿尔万山					
（卡拉克穆尔）**“天证王”**（约 560—570）						
（喀拉克尔）**“水王”**（约 6 世纪 60 年代）						
		特奥蒂瓦坎被毁（约 600）				

/ 35

瘟疫

532 年到 544 年间，查士丁尼和狄奥多拉的统治挺过了一场暴动，拜占庭军队击败了汪达尔人和东哥特人，却没有战胜波斯人，腺鼠疫在金角湾暴发。

532 年，萨珊波斯和拜占庭的君主共同决定停止边界争端，使自己有足够的时间来解决国内问题。他们发誓休战，保持永久的和平。这样的和平持续了 8 年。

58 岁的波斯国王喀瓦德一世已于一年前去世，临终前指定他最喜欢的儿子（第三个儿子）库思老作为他的继承人。由于库思老不是长子，为了捍卫王权，他不得不与自己的手足对抗。他还镇压了乘机造反的马兹达克派的残余势力。库思老命令屠杀造反者，把领导造反的人斩首，还把造反者的财产都分给了波斯的贫民。[1]

正当库思老在波斯建立他的势力的时候，查士丁尼差一点就失去了他在君士坦丁堡的皇权。他的叔叔查士丁一世曾勉强地维持帝国的现状；而查士丁尼是一个改革者，一个建设者，一个充满活力、亲自参与实践的皇帝，对帝国的大事小情他几乎都要亲自过问。据普洛科皮乌斯的记载，查士丁尼的睡眠和饮食都很少，有的时候一晚上只睡一个小时，一天甚至很多天都顾不上吃饭。庞大的法典在他的宏伟蓝图中只是冰山一角。他计划在君士坦丁堡大兴土木，收复西部的失地，还兴致勃勃地要把帝国打造成上帝在人间的天国。[2]

所有计划的实现都要靠税收。查士丁尼征收新的赋税，导致民怨沸腾。为了获得支持，查士丁尼呼吁蓝党对皇帝忠诚（他从年轻时就一直支持蓝党）。不过派系是不可能安分的：他们有武器，有野心，随时可能打起来。要求党派忠诚是很荒谬的："他们既不关心神的事，也不关心人的事，只对征战感兴趣，"普洛科皮乌斯写道，"当他们的国家在最艰难、最迫切需要他们的时候，他们都视而不见，除非时势可能对他们的党派有好处。"[3]

对于查士丁尼来说，蓝党的支持是完全靠不住的。532 年 1 月，两名罪犯——一个是蓝党，一个是绿党——在君士坦丁堡的法庭被判处绞刑。公开行刑的时候，他们碰上了一个笨拙的刽子手。一连两次，绞索都没有发挥作用，罪犯降到地上的时候还活着。正当刽子手要试第三次的时候，附近一个修道院的僧侣上前干涉，要求对罪犯进行庇护。可是为时已晚。犯人遭受的折磨已经引起观众的愤怒。绿党和蓝党都造反了，他们联手对抗君士坦丁堡的政府。[4]

党派成员被（似乎是正义的）悲愤点燃，进而变得疯狂。城市里的生意人被肆意屠杀。君士坦丁堡的建筑被纵火，索菲亚教堂、宫殿建筑群的一部分、市场和几十座富人的房子在大火中化为乌有。暴徒们要求查士丁尼交出民众最憎恶的两名政府官员，并处决他们。官员并没有被交出来，所以，暴动变得更加激烈。暴徒冲上街头高喊"尼卡！"（"尼卡"是希腊语，意思是"胜利"）。

这时，查士丁尼、狄奥多拉和君士坦丁堡的高级官员"把自己关在宫殿里，不敢出声”。也许他们希望叛乱之火自行熄灭。他们不知道，暴徒们正在寻找一个新的统治者。去世的皇帝阿纳斯塔修斯一世有一个侄子，叫伊帕提乌斯（Hypatius），他和妻子住在君士坦丁堡；伊帕提乌斯听说暴动的消息后，就赶回家，锁上门户。但暴徒还是强行把他拉出来，拥立他为帝，并护送他到他们在竞技场（城市中心的大型战车竞赛场地）搭建起来的皇位上。[5]

听到这个消息，查士丁尼觉得自己最好去最近的码头，乘坐那里的一艘帝国战船逃跑。狄奥多拉拦住了他。“一个皇帝，绝不可以逃亡，”她说，“如果你想活命，很简单。这里是大海，这里有船只。但是请考虑清楚：一旦你活下来了，你可能会情愿用一死代替苟安。至于我自己，我相信一句古话，紫袍是最好的裹尸布。”狄奥多拉的早年生活极其艰辛，她不想再回到那种生活。[6]

狄奥多拉的这番话让查士丁尼一下子冷静下来。于是，被围困的皇帝和朝臣决定再坚守一下。查士丁尼的总兵贝利萨留（Belisarius）和恰好在君士坦丁堡公干的伊利里库姆军队的指挥官，一起制定了一个计划。他们已经从附近城市召集援军，那些士兵很快就能到达这个城市。有了援兵的支持，他们就可以带兵从竞技场两侧的两个门闯进去，他们希望这样的突袭能造成人群惊慌逃窜。与此同时，查士丁尼的一名秘书冒充帝国的叛徒，对叛军的首领说查士丁尼已经逃跑，使叛军放松了警戒；另一名官员拿了一袋子钱到竞技场贿赂叛军，挑拨离间结盟的蓝党和绿党。[7]

增援部队赶到后，两位将军就带兵悄悄穿过街道。那个时候，街上已经没有什么人了，因为大家都在竞技场为新皇帝欢呼。贝利萨留召集士兵在靠近皇座的右侧小门集合，而伊利里库姆的指挥官则绕到被称为死亡之门的入口。士兵们突然闯入，竞技场上的人群登时大乱，预料中的恐慌出现了。很快，贝利萨留带兵扫平了叛乱；根据普洛科皮乌斯的记述，超过 3 万人在那一晚被屠杀。第二天，伊帕提乌斯被抓，后被军队里不知名者暗杀。

尼卡叛乱是对查士丁尼权力的最后一次挑战。接下来的 30 年里，查士丁尼都推行独裁统治，这部分源于他深信自己是上帝派来统治帝国的，部分是因为他下决心绝不再被这样的叛乱威胁。很明显，他不再像以往那样偏向蓝党；在查士丁尼此后的统治时期里，两个党派一直有矛盾冲突。

这次暴动给城市留下了创伤——几十座公共建筑被烧毁，大片的富人区也化为灰烬。查士丁尼规划了一个宏大的建筑项目，任命塔拉勒斯的安特米乌斯（Anthemius of Tralles）为监工。一座座宏伟炫目的建筑物从废墟上拔地而起。圣索菲亚大教堂成为重建的城市建筑中的明珠。安特米乌斯是一位成就显赫的数学家，他设计了一个新型的由拱支撑的圆屋顶，普洛科皮乌斯曾评价它是一个神奇的设计。* 普洛科皮乌斯写道：“这个设计非常优雅动人，但是也让人胆战心惊，因为它看起来好像是浮在空中，没有什么坚固的基础，非常危险的样子。”天花板表面涂了金粉，上面还镶嵌了石头来增添色彩和光亮。教堂的内部装饰用了 4 万磅的银子，里面陈列了各种圣物和珍宝，“就像一片鲜花盛开的草地”。普洛科皮乌斯暗暗称奇：“满眼是紫色的、绿色的、红色的、白色的器物。”[8]

查士丁尼不仅让都城大放异彩，还计划收复一部分西部失地。先前，拜占庭的一些行省被蛮族占领——伊比利亚半岛的西哥特人、

---

* 安特米乌斯既是一位建筑师，又是一位有名的数学家。他写过一些关于圆锥、抛物线和椭圆性质的论著，此后几个世纪人们仍然在对这些问题进行研究。见：Spiro Kostoff ed. *The Architect: Chapters in the Historg of the Proftssion*（Oxford University Press, 1977）.

北非的汪达尔人、意大利的东哥特人和高卢的法兰克人，这些蛮族建立了自己的王国。但是在查士丁尼看来，那些都算不上王国，它们只是罗马土地上长出来的杂草。他不打算入侵，他要收复失地。查士丁尼一直把西部的土地看成是罗马的土地，也自然应当是他的土地。

他的第一个目标是北非，他任命贝利萨留带兵出征。贝利萨留率领 5000 骑兵和 1 万步兵乘船从君士坦丁堡出发。他到达北非海岸的时机恰到好处——半数的汪达尔士兵被派往别处镇压起义去了。汪达尔国王盖利默（Gelimer，开国国王盖塞里克的远亲）没有足够的兵力抵挡拜占庭人。于是，他带着自己的护卫从迦太基的王宫逃走。贝利萨留到达汪达尔都城的时候，还带着历史学家普洛科皮乌斯。普洛科皮乌斯是这样记述这次侵略的："完全没有人阻止我们入城……迦太基人打开了城门，城里到处都点着火把，亮如白昼。剩下的那些汪达尔人都坐在教堂里，恳求饶命。"[9]

拜占庭人和平占领了这个城市；后来，盖利默召集旧部攻城，企图夺回王位，但是最终他的军队被消灭了。最后一次战斗发生在 533 年 11 月中旬，汪达尔人被击溃，他们的国家灭亡了。自从 477 年汪达尔的开国国王去世之后，国家就在衰落。根据普洛科皮乌斯的记载，到 533 年的时候，迦太基的城墙就开始破败坍塌了。在盖塞里克统治的 50 年里，国家政局稳固，但是一旦没有了他，这个国家就很难存活。它的臣民甚至没有除了"盖塞里克的跟随者"之外的身份认同。[10]

贝利萨留胜利回到君士坦丁堡。535 年，查士丁尼派贝利萨留第二次西征，目标是意大利。帝国象征性的心脏仍然在那里，而

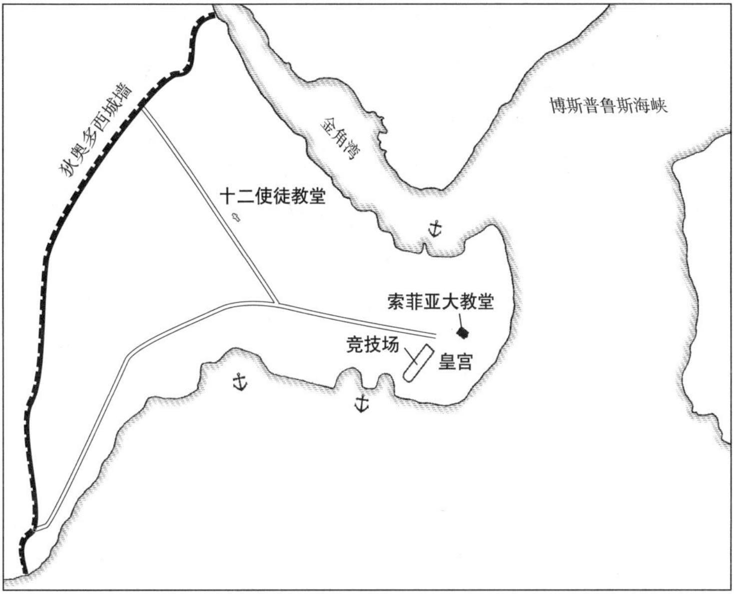

地图 35-1　君士坦丁堡

东哥特国王并没有完全控制那里的土地。年少的国王不堪忍受摄政和贵族之间常年的激烈争吵，只能借酒消愁。18 岁时，他就因饮酒过度而死。他年长的亲戚狄奥达哈德（Theodahad）被选为新的东哥特国王。[11]

535 年末，贝利萨留登陆西西里岛，轻而易举就攻取了这个岛。之后他来到意大利的海岸，占领了古老的海滨城市那不勒斯。在那之前，那不勒斯是被东哥特控制的。

失去那不勒斯的狄奥达哈德王位不保。城市陷落后，狄奥达哈德想通过出卖一部分国土给查士丁尼来换得和平，东哥特人对此大为不满，于是他们请出一名叫作维迪吉斯（Witiges）的勇士废黜并杀死国王。那时候，日耳曼流行的一个习俗是从战争领袖中挑选人作为国王。维迪吉斯在一封公告信中对人民说：

> 请记住，我们的同胞，哥特人，世世代代都是在刀林剑雨中、站在盾牌上长大的，按照神的旨意，我们都有王者的尊严，因此对于一个从战争中赢得声望的人来说，武器就是荣誉的象征。我不是在宫殿的大厅，而是在广阔的平原上被选为国王的。我不是因为巧言令色，而是因为在战场上的勇猛被选为国王的。当哥特人凝望着他们的王——一个从战士中站出来的王时，他们与生俱来的勇敢会被唤醒。[12]

当维迪吉斯在拉韦纳接受加冕时，贝利萨留正从海滨挺进。536 年 11 月，贝利萨留攻克了罗马。

但是贝利萨留无法复制在北非轻松取得的胜利。他又花了 4 年时间才进入拉韦纳，俘获了维迪吉斯。540 年，贝利萨留宣布自己为意大利的总督。[13]

100 多年来，拜占庭帝国第一次处于复兴的边缘。但是，皇帝和将军之间的沟通却出了问题了。查士丁尼认为贝利萨留想自立为意大利的国王。于是，他命令贝利萨留回到君士坦丁堡，而不允许他留在意大利巩固征战的成果。贝利萨留开始带着维迪吉斯返回君士坦丁堡，在意大利留下一支主力部队来维持拜占庭的统治。为了保护拜占庭的要塞，查士丁尼与北方的三个联盟的部落（格皮德人、伦巴第人、鲁尔人）签订条约，让他们在亚平宁山脉东北面的意大利边境安居，这样一来，万一有外敌入侵意大利，这些部落可以作为缓冲。[14]

图 35-1　索菲亚大教堂的穹顶

图片来源：Panoramic Images/Getty Images

贝利萨留一走，东哥特人就选出一个名叫托提拉（Totila）的士兵做国王，并且开始反抗拜占庭的占领。接下来的几十年里，东哥特人和拜占庭军队一直在拉锯，轮番控制意大利。维迪吉斯在狱中死去。查士丁尼的部落联盟一直在意大利的边境安扎，但是他们并不出手干预这场拉锯战，因为他们没有足够的兵力彻底结束这场战争。东哥特的一个使臣说："这场战争看起来对双方都没有好处。"这样说其实是口下留情了。[15]

拜占庭在意大利和北非的战争已经掏空了国库，更不要提浩大的建筑工程。萨珊波斯和拜占庭之间所谓"永久的和平"规定，拜占庭需要每年向波斯帝国进贡，但是查士丁尼已经拿不出贡品了。拜占庭开始欠债。540年，库思老一世带兵挺进叙利亚，作为惩罚，他们洗劫了古城安条克。[16]

此时贝利萨留还没有带兵返回君士坦丁堡，查士丁尼没有力量可以抵挡外敌。他派人给库思老一世送信，承诺说一旦状况改善，他一定会奉上迟交的贡品。库思老一世接受了他的承诺，就开始缓慢地撤兵，带着安条克的俘虏穿过叙利亚行省。他一边退兵，一边向沿途的拜占庭城市勒索赎金，作为对这次征战的回报，他威胁城市居民，如果不给钱，他就把他们烧死。[17]

与此同时，查士丁尼正努力搜集拼凑贡品给波斯。库思老一世虽然同意退兵，但是坚持要留一支波斯部队在拜占庭境内。他还下令开始一个建筑项目——实际上，他的目的是激怒拜占庭皇帝——他让建筑师在自己的国土上复制一个和安条克一样的城市，后来他把俘虏都关在这个城里。阿拉伯的历史学家泰伯里写道："俘虏们走进城门，他们发现这里完全复制了他们之前在安条克的每座房子，就仿佛他们从未离开过那个城市一样。"大部分波斯人都把它叫作希

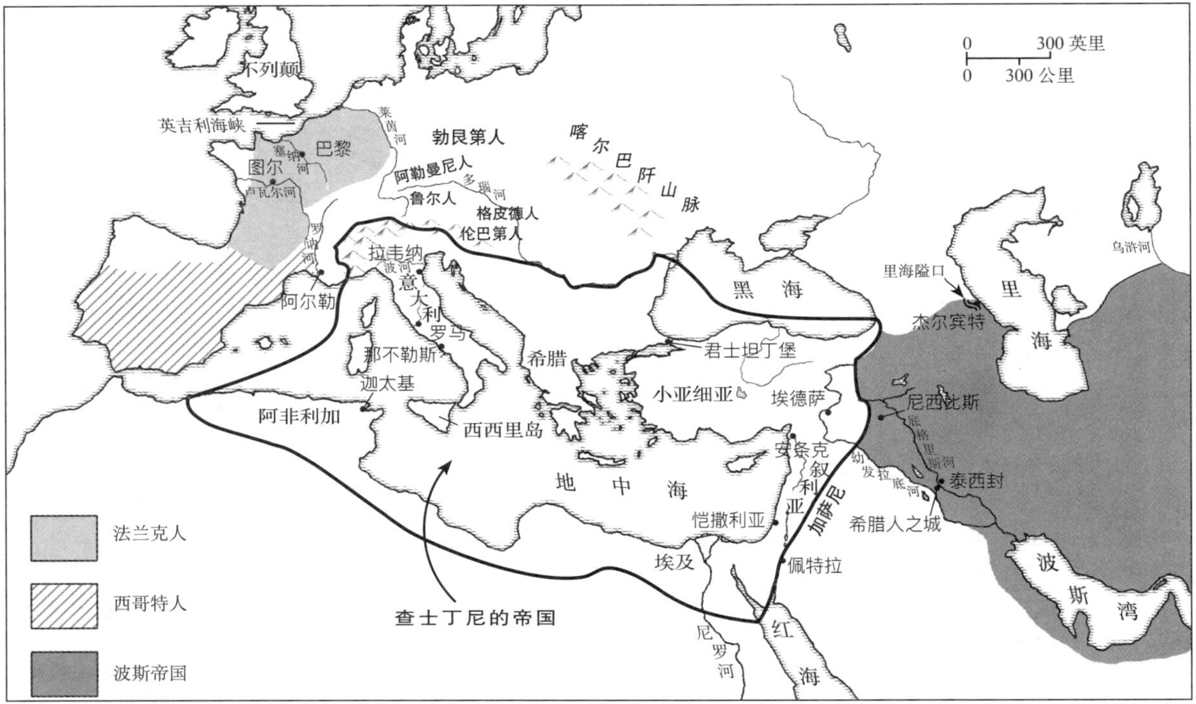

地图 35–2 重新征服罗马土地

腊人之城（Town of the Greeks），但是库思老一世把它叫作“更好的安条克”。预见到战争要爆发，库思老一世还修建了城墙来加强杰尔宾特（Derbent）的防御工事，这个城市护卫着里海隘口。[18]

查士丁尼并不急着刮空他所剩无几的钱库来发动更多的战争，他写信给库思老一世，请求恢复和平，但是库思老一世对此不予理睬。库思老一世决定结束“永久的和平”，于 541 年再次入侵拜占庭。

这个时候，贝利萨留已经回来，奉命在东部指挥防御作战。他赢得了一些小的胜利，但是不久之后，形势就开始偏向波斯一边。库思老一世的军队夺取了佩特拉要塞和周边的土地，贝利萨留收回尼西比斯（Nisibis）的计划失败。[19]

拜占庭军队的战况不好，但是此时，一个更可怕的敌人在逼近。542 年，正当库思老一世率领军队跨过幼发拉底河，准备再次对拜占庭的边境发起攻击的时候，一艘运输船停靠于金角湾码头。它从尼罗河口岸带来了拜占庭急需的粮食。过去几年因为夏季阴冷，拜占庭的食物供给减少，东部的人口正在挨饿，体质越来越差。这艘船抛下锚不久，一场疾病就在海滨蔓延开来。一些古老的民族知道这种病，但是它对君士坦丁堡的人来说是全新的疾病。染病的人会突发高烧，腹股沟和腋下肿胀，然后就会昏迷甚至死亡。

医生解剖死者的身体，试图找出病因，他们看到身体里有奇异脓肿，在脓肿部位的中心有死亡的组织。他们束手无策，完全阻挡不住疾病的蔓延。最初，疾病致死的情况和其他的流行病一样，发生在君士坦丁堡人口密集的郊区。但是仅仅几天后死亡人数就翻倍了，然后又翻了一番。这不是简单的流行病。它已经变成了一场史无前例的大灾难——腺鼠疫（黑死病）暴发了。普洛科皮乌斯写道：

“人类几乎要因为这种疾病灭绝了。”[20]

疾病在这个城市全面暴发，持续了整整 3 个月。普洛科皮乌斯说：“据说，每天的死亡人数达到了 5000 人，然后是 1 万人，后来更多。”一些病人浑身都起了黑色豆大的脓疱，然后吐血而死。还有一些人，因为高烧而神志昏迷，身上的肿胀部位开始腐烂破裂，最后他们在痛苦尖叫中死去。一些人在被病魔折磨好几天之后才死去；还有一些人从家里出来的时候还是健康的，走在路上就突然高烧倒地了，然后躺在路上直到死去。“人们出门之前都会在脖子或是手臂上戴一个写有自己名字的标牌。这样的话，如果染病死去，他们损毁变形的尸体就能被活着的亲人认领。”瘟疫的幸存者以弗所的约翰（John of Ephesus）说道。[21]

君士坦丁堡的腺鼠疫是老鼠身上的跳蚤带来的，这些老鼠随船从一个码头到另一个码头。此前，君士坦丁堡没有暴发过腺鼠疫，但是 535 年之后的湿冷夏季造成了三种影响，成为腺鼠疫的诱因——低温为鼠疫杆菌的产生和繁殖提供了理想环境；君士坦丁堡的作物多年歉收，不得不增加粮食的进口，所以，大量船只从地中海各个地区抵达金角湾；此外拜占庭人也比以前更加虚弱和饥饿。船只把死神带到这个城市，是迟早的事情。

越来越多的人在死去。历史学家埃瓦格里乌斯身上也出现了脓肿，但是最终他成为少数幸存者之一。但是他失去了妻子和子孙。他写道：“有的人因为失去孩子和朋友而想死去，他们故意与死者接触，但是他们却没有死，就好像是瘟疫在故意和他们作对。”那些尸体最初被埋葬在君士坦丁堡的墓地。后来墓地没有空位了，人们就在城里到处挖大的墓坑。没有什么丧葬仪式，那些尸体被尽快地扔到了墓坑里。查士丁尼（据普洛科皮乌斯说，查士丁尼自己也染上瘟疫而出现炎症，但是他后来康复了）意识到，城里再也没有地方可以做墓地了，他就命令人们砸开金角湾对面的塔顶，把尸体都扔到塔里。“城市里臭气熏天，让住在里面的人愈加痛苦。”普洛科皮乌斯写道。[22]

瘟疫暂时中止了拜占庭和波斯之间的战争。瘟疫在波斯都城泰西封也出现了，于是库思老一世放弃了战争，渡过幼发拉底河回自己的国家照顾臣民去了。下一年，瘟疫向西蔓延，一直到了法兰克人的土地。图尔的圣格列高利曾记述了543年阿尔勒暴发的“腹股沟肿胀”。

但是，瘟疫的致命性也恰恰是它的弱点。到543年，瘟疫夺走了太多人的生命（仅仅在君士坦丁堡就有20万人丧生），由于没有未被感染的受体了，它的势头开始减弱。

这意味着，库思老一世可以再次攻击拜占庭了。544年，他率领大军直捣拜占庭的要塞埃德萨（Edessa）。如果埃德萨陷落，库思老一世就可以扫平拜占庭，一路向前，占领小亚细亚。埃德萨是一座防守严密的要塞，所以库思老一世周密地部署了进攻计划。库思老一世的士兵在城墙外面把土和木料层层叠放，筑起一个巨大的环形土墩。“土墩越来越高，几乎高过埃德萨的城墙了。这样，进攻者就可以从有利地势朝守城者投掷石弹。”埃瓦格里乌斯写道。惊慌的守城者想拆除那个土墩，他们从城墙下面挖地道一直通到土墩，土墩底下被挖出一个地洞，他们打算在那里放火，可是地下的空气稀薄，火烧不起来。[23]

后来，他们使用硫黄和柏油的混合物，把土墩里的木头点燃了。烟从土墩里冒出来。为了不让波斯人发现地下起火了，城墙上的士兵把点着的箭射向土墩，这样小火的烟就能掩盖住大火的烟。

终于，土墩上的木料和土都被吞没在熊熊火焰中，随即坍塌了。

库思老一世命令军队向城墙发起最后的进攻，但是城里的男女老少组成人梯，把加热的油从城墙上泼向敌人。于是，波斯军队开始撤退，库思老一世也无法迫使士兵冲锋。当一名翻译来到城墙上，提出订立一个协议时，库思老一世答应了。埃德萨城赔付给波斯大量的金子，波斯撤军了，之后不久双方就签订了一个五年协定，这给两个饱受战争和瘟疫之苦的帝国带来了暂时的和平。[24]

普洛科皮乌斯和埃瓦格里乌斯都把埃德萨的解围归功于一个圣物，这个圣物被保存在埃德萨好几百年了。据埃德萨城里的人说，公元 30 年的时候，一个名叫阿布加（Abgar）的国王统治着埃德萨。后来，他病倒了，就派使者去耶路撒冷，请先知耶稣治愈他。耶稣回信承诺会通过这封信和送信的门徒来治愈他。当信到达埃德萨的时候，阿布加已经康复。恺撒利亚（Caesarea）的主教优西比乌在 4 世纪早期宣称见过那封信，还把它从叙利亚语翻译过来。[25]

不久以后，这个故事的情节变得丰富起来。据说，送信的弟子不仅带来了耶稣的信，还带来一块有神奇力量的布，上面有耶稣的真容，非常神圣。这块布被称为曼德兰（Mandylion），埃德萨人把它当作宝贝珍藏起来。普洛科皮乌斯说，人们相信，只要曼德兰布还在，城池就不会被攻陷。埃瓦格里乌斯坚称，当洗过曼德兰布的水撒到木头上时，土墩下面的火才烧了起来；炙热的大火让库思老一世被迫意识到“自己竟然想战胜我们崇拜的上帝，这是多么可耻和愚蠢”。[26]

与关于瘟疫的记述相比，埃德萨解围的这个故事展现了一个世界，在这个世界里，基督教与纯粹自然力量共存，尽管很不稳定。

时间线 35

阿拉伯	波斯帝国	拜占庭帝国	汪达尔人	萨利安法兰克人	西哥特人	日耳曼意大利
				克洛维（481—511）		
					阿拉里克二世（484—507）	
	喀瓦德一世（488—531）					
		阿纳斯塔修斯一世（491—518）				
						狄奥多里克大帝（493—526）
	［札马斯普（496—498）］					
（拉赫姆）曼迪尔（约 504—554）						
					阿马拉里克（511/526—531）	
（希木叶尔）德·努瓦斯（约 510—525）						
				克洛泰尔一世 / 希尔德贝特一世 / 提奥多里克一世 / 克洛多梅尔（511—524）		
		亚历山大主教蒂莫西三世（517—535）				
		查士丁一世（518—527）				
				克洛泰尔一世 / 希尔德贝特一世 / 提奥多里克一世（524—534）		
		查士丁尼大帝（527—565）				阿塔拉里克（526—534）
		《查士丁尼法典》第一卷（529）				
	库思老一世（531—579）		盖利默（530—534）		狄乌蒂斯（531—548）	
		"尼卡暴动"（532）				狄奥达哈德（534—536）
		夺取罗马城（536）				维迪吉斯（536—540）

时间线 35（续表）

阿拉伯	波斯帝国	拜占庭帝国	汪达尔人	萨利安法兰克人	西哥特人	日耳曼意大利
		夺取意大利（540）				
		君士坦丁堡发生瘟疫（542）				托提拉（541—552）

普洛科皮乌斯的记述很直白："人们无法解释这场灾难，只能认为它是上帝的旨意。"后来他补充道："我不知道，是身体的不同造成了病症的多样，还是把疾病带到世间的上帝的意愿造成了病症的多样。"埃瓦格里乌斯把瘟疫的进程归因于"上帝的好意"；以弗所的约翰说，恐怖"是恩典的象征，也是对忏悔的呼唤"[27]。然而，这两个 6 世纪的历史学家都没有说，解救埃德萨的上帝为什么不能把人们从瘟疫中解救出来。战争是人和人的战争，而瘟疫是另外一码事，它按照上帝的旨意发生，又与人世间的事情搅在一起。

/ 36

天赋王权

536 年到 602 年间，百济王向日本的大和统治者求助，佛教向东传入日本列岛，大和王朝颁布了日本的第一部“宪法”。

536 年时，佛教已经传入新罗 9 年，新罗的法兴王宣布了一个新时代的开始——他创立年号“建元”。至此，法兴王已经把佛教确立为国教，颁布了新罗的法典，新罗已经有了一套官僚机构。年号的创立标志着新罗国进入了一个新的时代，它与邻国百济和高句丽的政治地位变得同等重要。[1]

朝鲜半岛呈现出三国鼎立的局面。三个国家在语言、种族、习俗、文化、宗教方面，都是一样的。新罗羽翼日丰，国力可与百济和高句丽相抗衡。新罗、百济、高句丽都是佛教国家，都有君主、官僚机构和法典，都效仿中国，都想成为三国中的霸主。

无奈的是，朝鲜半岛上的扩张空间实在有限。半岛的南边和东边都临海，西面是中国，北方是寒冷地带。所以，三个国家总是挤来挤去，霸权不断从半岛的一边更迭到另一边。欧洲的西哥特人、东哥特人、法兰克人都有足够的空间可以拓展疆域，而不至于经常与其他国家相互挤压。而朝鲜半岛上的三个国家之间则战争不断，相互制衡，谁也不能消灭谁，谁也不能控制谁。

540年左右，新罗国蓬勃发展，邻国百济也是万象更新。新罗的法兴王使用年号来统一人民，让人民感觉到他们在亚洲民族的宏大历史中也占有了一席之地；而百济的国王则是在地理上做文章。百济圣王把都城从狭小的被群山庇护的熊津移到了泗沘，泗沘位于锦江边广阔的中部平原地带。这次迁都传达的信息非常简单：百济不再只是修筑城墙、小心防御了，它要开始扩张领土了，并打算控制整个朝鲜半岛。[2]

为了在三个国家中称霸，百济圣王与中国的南梁结盟。高句丽也与中国南方的势力结盟，而百济的外交步伐比高句丽迈得更远一些，百济圣王与中国北朝的东魏和西魏进行外交接触。高句丽仍然是三国中最大最强的一个，也是中国北方王朝的死敌，这些王朝与半岛的距离很近，随时会威胁到半岛北部地区。百济与大陆隔海相望，所以百济圣王更愿意做出友善的姿态，尤其是做出陷高句丽于不利的姿态。

6世纪40年代，高句丽国内时常发生暗杀和内战。虽然它的国力仍然很强，但是都城平壤局势动荡，这就意味着它很少有精力防卫自己的边界。与此同时，新罗的法兴王去世，年轻而有雄心的真兴王嗣位，他继承了一个组织有序、和平稳定、准备扩张的国家。百济国王趁机说服真兴王与他联手，攻击高句丽。

百济圣王尤其看重汉江流域的土地，那里曾是百济的领土，但是一个世纪以前，高句丽的广开土王带兵占领了这片土地。在百济圣王看来，那是一块被掠走的土地。高句丽可能会把它看做自己的

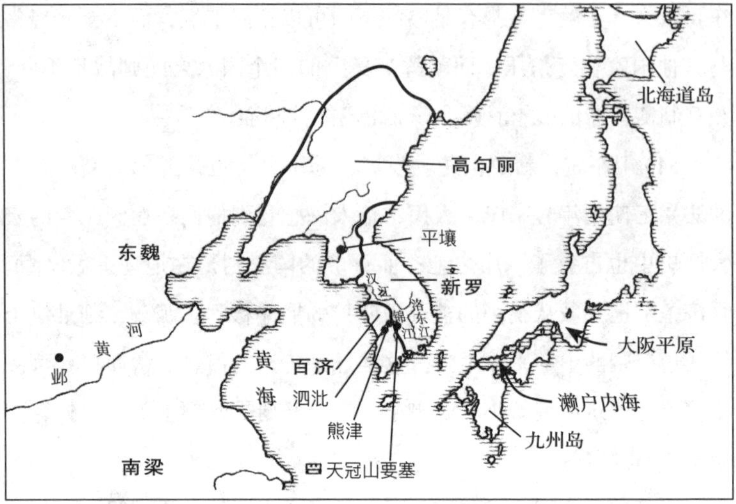

地图 36–1 6 世纪时的远东

领土，但它是百济被夺走的土地。

高句丽的兵力分散，所以国土很难防守。551 年，新罗和百济的联军把高句丽的势力从汉江流域驱赶了出去。但是新罗的真兴王耍了一个两面三刀的阴谋。他接着就调转矛头对准他的盟友，自己把汉江流域的土地霸占了。

百济圣王派兵死死地守着汉江的下游地区，但是他的军队很快就被赶走了。百济与高句丽打了一仗，却什么都没有得到。所以，百济圣王生气极了。他回国制定了一个新的计划，派人给东边的日本国送去了很多礼物，包括金、铜制的佛像，还有佛经，请求日本君王相助。*

* 人们普遍认为佛教传入日本的时间是 522 年，不过佛像和经书可能在这以前就已经传到了日本。有关这一争议的简单总结，请参见：Robert Reischauer, *Early Japanese History (C.40BC-AD1167)*, part A (Peter Smith, 1967), pp.134ff.

至少两个世纪以前，朝鲜半岛上的国家就知道他们东边的岛国住有居民了。那些居民被称作“倭”，他们有时会与朝鲜半岛贸易，偶尔也参与战争。

我们对于倭人的早期生活知之甚少。日本的早期历史没有文字记载，直到公元 7 世纪，日本才有了最早的史书——《古事记》。由于没有历史故事可以依据，考古学家考察了那时候的器物，把日本历史的第一个时期叫作“绳纹时代”*。这一时代得名于出土陶器的特征，“绳纹”指用绳索在陶坯上压出的纹样。

公元前 400 年左右，一种新的文化出现了，它从日本列岛的北边开始向南传播，新文化带来了新的耕作方法、铸铜工艺上的革新和其他方面的进步。这些技术很可能是由中国的移民带到日本的，或是从朝鲜半岛传入的，或是两者兼有。日本原住民文化与这些新技术的融合标志着一个新的历史时期的到来——弥生时代，这个时代起始于（经历了一个世纪左右的过渡期后）约公元前 300 年，结束于约公元 250 年。

到公元 250 年，日本像它西边的邻国一样，已从一个充满了武士联盟的地区变为一个有君主的国家。被称为“宇治”（uji）的武士部族仍然存在。这个国家的地理特点（由四个大的岛屿和一群小岛组成，山脉又把大的岛屿切分成了小的独立地带）使它被多个独立的集团管辖。然而，到了公元 270 年，日本至少有一个君主和一个王室家族。大和国统治着日本最大岛屿上平坦肥沃的平原——大

---

* 绳纹时代从约公元前 10000 年到约公元前 400 年。考古学家把绳纹时代又细分为草创期（约公元前 10000 年到约公元前 7500 年）、早期（约公元前 7500 年到约公元前 4000 年），前期（约公元前 4000 年到约公元前 3000 年）、中期（约公元前 3000 年到约公元前 2000 年），后期（约公元前 2000 年到约公元前 1000 年）和晚期（约公元前 1000 年到公元前 400 年），划分的依据是陶器的样式变化、耕种的发展和其他文化成就。

阪平原，这里有到内海最近的通道。[3] *

大和国统治第一个时期的标志是公元 4 世纪末有神话色彩的应神天皇加冕。应神天皇是《古事记》里记载的第一位有真实历史原型的日本君王，他 70 多岁即位，统治时长令人难以置信——达到了 40 年。

实际上，真正的应神天皇可能不是一位继承祖先王位的国王，而是一个降服了邻国的英勇酋长。接下来的几个世纪里，应神天皇的家族可能在大阪平原进行统治，但是他们不是整个岛屿的统治者，就更别提统治附近的岛屿了。尽管后来，他们被称为"天皇"，但他们并不能指挥征服世界的军队，也不能控制贸易路线，他们只是提供了一个人神之间的连接点、一个稳定的中心（当时的史料并没有提及神是怎样为岛国的人民提供这个中心的）。**

大和国周围的土地被很多氏族首领和战将控制。南边九州岛上的居民被叫作"蕃"，意思是"外族"。据人们的记忆，蕃的祖先们是从朝鲜半岛或是中国中原地区移民到日本建立新家园的人。北边是北海道岛，那里的居民被大和人叫作"夷"，也就是"野人"。完全不需要王室系谱，一个民族就在文明（它自己）与野蛮（别的民族）之间划清了界限。[4]

522 年百济送给大和统治者的礼品，让后者面临两个选择——

---

* 大和时代分为两个时代——古坟时代（270—约 538）和飞鸟时代（538—715）。两个时代都因为当时的坟墓样式而得名。

** 在提到这个时期日本的统治者时，我像琼・皮戈特（Joan Piggott）一样，避免使用"帝王"或是"皇帝"等字眼。皮戈特写道："'帝国'这个词，很容易让人联想到一个建立在征战基础上的尚武的政权……事实是，日本的国土并不是天皇征战得来的；除了一些边防军，天皇没有常备军，国土处于割据状态。参见：Joan Piggott, *The Emergence of Japanese Kingship*（Stanfovd University Press, 1977），p.8。

接受并结盟，或者拒绝并孤立。

据日本的史书记载，钦明天皇召集对他忠诚的氏族首领们，并询问他们的意见——是否应该接受百济来的礼品。天皇名义上是人神之间的连接点，但是在倭人的土地上，氏族首领们行使着很大的真实的政治权力，在这件事情上他们的意见出现了分歧。掌管传统拜神活动的中臣氏首领和担任大连（最高级官员之一）的物部氏首领以佛教是外来的为由，反对接受百济的礼品。另一方面，日本权力最大的是苏我氏的首领，他认为，既然其他的国家都追随佛陀，日本也应该皈依佛教。很显然，他被百济圣王的巧言说服了。百济圣王的来信是这样说的："且夫远自天竺爰洎三韩，依法奉持无不尊敬。"在中国及其以东的国家，没有人愿意生活在无佛教的落后状态里，脱离主流。[5]

钦明天皇想保留那尊金、铜制的佛像，所以他派遣了一支军队去支援百济。之后，百济圣王对天冠山要塞发起了一次进攻，这是新罗边境的防守要塞。虽然获得了日本的援军，百济仍然战败。百济圣王被杀，百济军队被赶出新罗，新罗战胜后，真兴王信心大涨，挥师南下，不仅获取了汉江周边的土地，还占领了洛东江沿岸直到半岛南部海岸的土地。

几年后，在真兴王的统治下，新罗成为半岛上面积最大、国力最强的国家。半岛的政治版图发生了变化。新罗取代高句丽，成为三国中的霸主；百济的新王威德王，也就是圣王的儿子，仓皇地与百济先前的敌人高句丽结盟，以保护自己不受到攻击。[6]

与此同时，在半岛以东，佛教正处于危险中。

大和国的钦明天皇准许苏我氏的首领苏我稻目建一个寺院，开始行持佛陀的教诲，但是佛教在这个国家还是新生事物。中臣氏的首领早就警告说，日本的古老神明一定会惩罚这个入侵的外来宗教。最初，苏我稻目对这个警告置之不理，直到一场传染病在首都暴发并愈演愈烈。最终他不得不听从中臣氏的建议，把佛像扔到河里，并烧毁寺庙。[7]

但是佛陀的教诲已经在人心中扎下了根。我们很难完全弄清楚在佛教进入日本之前，日本的传统信仰（后来被称作神道教）是什么样的。佛教是与文字一起传入日本的，所以，我们得到的所有文字记述都书写于佛教进入日本文化之后。最早的神道教要为神（kami）举行一些仪式。在象征神的圣地，世俗存在与神圣世界是相交的，氏族首领要监督这些仪式的进行，保证圣地不受玷污。[8]

不管神道教还包含其他什么东西，在 6 世纪时，神道教与一些特定的地方已经紧密地联系在一起；从最严格的意义来说，它成为了一种地方性信仰。佛教的普世意义意味着两种信仰不会冲突。佛教讲的是普遍真理，它的关注点非常广泛，它可以解答神道教不会探讨的问题。那尊金、铜制的佛像可能已经沉在河床的泥土里了，但是在 552 年以后，佛陀的话语已传遍日本的土地，势不可当。

通过摈弃佛教，苏我稻目保护了自己氏族的势力；而中臣氏再也不能以异端邪教为理由来挑战苏我氏对天皇的掌控了。钦明天皇和他的皇族自称“大王”，但是这种称呼值得商榷；因为，他们代表了神性，天赋予他们王权，但是他们在人间行使权力却越来越要倚靠苏我氏的势力。[9]

钦明天皇的三个妻妾中，有两个来自苏我氏族。钦明天皇亲自安排他的儿子，也就是后来的敏达天皇与自己的一个女儿成婚，这个女儿是钦明天皇的一个出自苏我氏的妻子所生，是皇子同父异母的妹妹。钦明天皇此举是为了让苏我氏坚定地忠诚于君王。钦明天皇去世后，敏达天皇和平即位。13 年后，敏达天皇去世，他同父异母的弟弟用明天皇统治不到 2 年，之后，另外一个弟弟崇峻天皇统治 5 年。这些皇子都是钦明天皇的苏我氏妻子所生。作为既得利益者，苏我氏也努力维护他们的权力。

崇峻天皇，像他的哥哥们一样，是靠着苏我氏的影响力而获得了皇位并维持统治。与兄长们不同的是，他与拥戴自己的人非常不和。

他与苏我氏的首领也是自己的舅舅苏我马子发生过争执。史书中记载："崇峻帝即位，（马子）为大臣如故。帝甚恶马子骄恣专权。""有献山猪者，帝指猪曰：'朕有所疾，何日得斩之如猪头！'"苏我马子听到这样直言不讳的话，就先下手为强，派人刺杀了自己的外甥。先前，他还率领自己的氏族对苏我氏最大的敌人——不信佛教的物部氏——发起了攻击，物部氏是同样不信佛教的中臣氏的盟友。尘埃落定后，物部氏遭受重创（尽管没有被毁灭），崇峻天皇也死了。[10]

皇位候选人中地位最高的是一位女性，名字叫推古，她非常有资格掌权：她是钦明天皇的一个女儿，也是前面几任天皇的妹妹，她的母亲来自苏我氏，她不仅是敏达天皇的妹妹，也是他的妻子。苏我马子希望推古登上皇位。除此之外，他还安排一个苏我氏亲戚做摄政——圣德太子。圣德太子是一个佛教学者，后成为日本第一个真正的政治家。[11]

593 年，圣德太子被任命为摄政时仅有 19 岁，到 30 多岁的时候，他的事业达到鼎盛。他派使臣到中国学习；为了削减氏族首领的权力，他建立了一套中国式的政府组织，设立"冠位十二阶"官位制度，以分大小的六种美德订立十二级官衔，以此提醒官员们，他们是因为自己的品行而不是自己的出身在政府服务的。对于大和家族执政的原则，他亲自制定了一个书面的规定。有史以来第一次，天皇掌权时可以不再含糊地说自己得到了神明的认可和支持。

604 年，日本的《十七条宪法》颁布。这不是一部西方意义的宪法；它没有对政府的结构做出安排，也没有对统治者的权力做出限制。相反，这部宪法规定了大和君主统治国家以及人民应当被统治的原则：

> 然上和下睦，谐于论事，则事理自通，何事不成。
>
> 承诏必谨。君则天之，臣则地之……是以，君言臣承，上行下靡。故承诏必慎。不谨自败。
>
> 百姓有礼，国家自治。[12]

这部宪法的字字句句都在向人们传达一个信念：君王就是政府，君王就是法律。如果君王是法律，那么就没有必要制定书面的法律条文来限制君王。统治者的品德高尚是最重要的。宪法不意在订立法律，而是定义统治者和被统治者的品格。品格是一切其他事情的源头。

它依据一个非常简单优雅的理念——如果皇族品德高尚，心灵纯洁，那么这个国家就能太平。它的核心思想是一种否定苏我氏权力的政治哲学。如果皇权天赋，君主还是人间法律的化身，那么日本就可以彻底摆脱苏我氏的操纵。苏我氏族长任命圣德太子做摄政，结果反倒拆了自己的台，削弱了自己的权力。

然而，像天命论一样，《十七条宪法》也有一个让君王感觉芒

时间线 36

阿拉伯	波斯帝国	拜占庭	高句丽	百济	新罗	日本
			长寿王（413—491）			
	喀瓦德一世（488—531）					
		阿纳斯塔修斯一世（491—518）	**文咨王**（492—519）			
	[**札马斯普**（496—498）]				**智证王**（500—514）	
（拉赫姆）**曼迪尔**（约 504—554）						
（希木叶尔）**德·努瓦斯**（约 510—525）					**法兴王**（514—540）	
		亚历山大主教蒂莫西三世（517—535）				
		查士丁一世（518—527）	**安藏王**（519—531）			
				百济圣王（523—554）		
		查士丁尼大帝（527—565）				
		《查士丁尼法典》，第一卷（529）				
	库思老一世（531—579）		**安原王**（531—545）			
		“尼卡暴动”（532）				
		夺取罗马城（536）			新罗建元（536）	
						钦明天皇（539—571）
		夺取意大利（540）			**真兴王**（540—576）	
		君士坦丁堡发生瘟疫（542）				

时间线 36（续表）						
阿拉伯	波斯帝国	拜占庭	高句丽	百济	新罗	日本
			阳原王（545—559）			
						佛教传入日本
				威德王（554—598）		
			平原王（559—590）			
						敏达天皇（572—585）
					真智王（576—579）	
						用明天皇（585—587）
						崇峻天皇（587—592）
						推古天皇（592—628）
						圣德太子（593—622）
						《十七条宪法》（604）

刺在背的地方。君王如果失德，就意味着法律的精神力量不再具有继承性，天皇不再是理所当然的统治者，而仅仅是以王者的形象示人。失德意味着君王可以被废黜，这完全符合宪法。

/ 37

重新统一

546 年至 618 年，中国动荡的局面逐渐结束，隋朝最终统一南北，却被唐朝坐享其成。

海的对面，南朝的梁武帝再一次舍身寺庙，一心追求觉悟。到 546 年，他已经做南梁的皇帝 44 年了，外部战争让年迈的他身心俱疲，不得安宁。大臣们又一次拿钱赎他出来，赎金比上一次的还高。梁武帝只得离开寺院，回到皇宫。

他回宫后不久，北方出现权力更迭。东魏实际掌权的柱国大将军高欢去世。高欢一直在蒙蔽人民，使人们以为正统的北魏统治者还掌握着政权；实际上，高欢才是幕后的统治者，坐在王位上的只是一个有皇室血统的傀儡。按传统，天子要由上天选出来，但是高欢的儿子可没有耐心等待。550 年，他废黜了傀儡皇帝，自立为帝，建立了一个新的王朝——北齐。两年后，他把傀儡皇帝全家都杀死了。

当时，统治中国的三个王朝是南梁、西魏和北齐。其中，西魏和北齐的统治者有北方游牧民族血统，南梁仍然把他们看作是异族。

中原人和夷狄之间的矛盾远远没有结束。南方人嘲笑鄙视北方人，而北方人对自己“野蛮的过去”很敏感。公元6世纪时，北方人杨衒之写道，曾有一个醉酒的南方士人（陈庆之）大声对伙伴们说，北朝人就是一群野蛮人。“秦朝玉玺，今在梁朝。”他轻蔑地笑说。这话被北方的一个士人（杨元慎）听了去。

这位士人立刻反驳说，他才不会在南方生活：“江左假息，僻居一隅，地多湿垫，攒育虫蚁，疆土瘴疠，蛙黾共穴，人鸟同群。……虽立君臣，上慢下暴……我魏膺箓受图，定鼎嵩洛，五山为镇，四海为家。移风易俗之典，与五帝而并迹；礼乐宪章之盛，凌百王而独高。岂卿鱼鳖之徒，慕义来朝，饮我池水，啄我稻粱，何为不逊，以至于此？”[1] 北方士人的论辩提到的礼仪、法律、习俗、学问和君权神授——每一个古老传统，都被南方人称作是自己的传承和成就。

当北齐王朝取代前朝后，北方人就收敛起敌意，转而与南方缔结同盟。曾为东魏效命的大将军侯景认为他在新的政权里没有什么前途了。于是他给梁武帝送了一封信，表示愿意把东魏南部的十三州和一支规模可观的军队拱手让给梁，只要梁许诺他在朝廷里做一个高官。[2]

梁武帝接受了这个赠予，但是当承诺兑现的时候，侯景发现自己要被当成人质送回东魏。他还发现，梁武帝的一个侄子（也是其养子）萧正德正对自己的爵位不满。于是，548年，侯景集结起一支队伍，向南梁都城建康进发，萧正德在建康做内应，被围困数日的老皇帝苦苦防守。据史书记载，饥饿的人们在街上追逐老鼠，期望能吃到一口肉，士兵们则把自己的皮革盔甲煮软来吃。

最后，梁武帝看到大势已去，于是令人打开城门，放敌人进城。萧正德囚禁了养父梁武帝，每天只给他极少的食物，以至于这位老皇帝逐渐虚弱而死。老皇帝当时已经85岁了，自从他起兵夺权以后，有三次试图放弃皇位。

梁武帝的太子萧纲随后被立为帝，即位后两年多就被侯景所害，史称梁简文帝。梁简文帝的弟弟起兵讨伐侯景，侯景战败，最后尸体被愤怒的建康百姓撕成碎片。[3]

萧纲的弟弟萧绎登上皇位，其死后谥号为“孝元”，史称梁元帝，是南梁的第三个皇帝。梁元帝喜好读书，信仰道教（与父亲的信仰不同），个人藏书超过了20万册。他的统治维持还不到4年，他的一个侄子勾结西魏，集结了一支军队，杀回南方，围攻江陵。梁元帝战败，他看到大势已去，烧毁了自己的藏书，后被俘遭害。父亲梁武帝信佛，最终并未成就佛道；而梁元帝的道教信仰也没有解救他。

南梁的政权一直不稳定，从549年到555年，就先后出现了两个皇帝。557年，这个短命的王朝终结了，一位将军建立了一个新的朝代——南陈。这个新王朝持续时间只有30多年。

北方的情况也没有好到哪里去。西魏衰落了，一个权臣废黜了皇帝，建立北周，立其一个堂弟为帝。在那之前的几十年里，东魏、西魏和南梁统治着中国；而现在鼎立的三个国家是北齐、北周和南陈。577年，北周灭了北齐，中国再次出现南北并立的两个王朝——北周和南陈，它们疆域与40年前北魏和南梁的疆域差不太多。

宫廷里的暗杀和篡位愈演愈烈，已经司空见惯了。皇位的正统性在长江两岸是一个谜；有一段时间，人们看到，上天总是将皇权赋予那个握着刀剑的最强势的人。

南方和北方形成了两个独立的国家；它们都在经历缓慢的转变，越来越融合。但是，江面宽广、水流平缓的长江横亘在傲慢的南方和雄心勃勃的北方之间。

一个叫颜之推的南方人原先在南梁朝廷做官，后被西魏所俘。流亡中，他写下了一系列家规（《颜氏家训》），要他的儿子们遵守，让他们不忘记南方人的做事原则。他警告儿子说："世人多蔽，贵耳贱目，重遥轻近。少长周旋，如有贤哲，每相狎侮，不加礼敬；他乡异县，微借风声，延颈企踵，甚于饥渴。校其长短，核其精粗，或彼不能如此矣。所以鲁人谓孔子为东家丘，昔虞国宫之奇，少长于君，君狎之，不纳其谏，以至亡国，不可不留心也。"南方的女人从不抛头露面，颜之推警告他的儿子们要小心北方的女人，因为她们"专以妇持门户，争讼曲直，造请逢迎，车乘填街衢，绮罗盈府寺，代子求官，为夫诉屈"。他还补充说："此乃恒、代之遗风乎？"颜之推的话里不无对野蛮人的鄙夷。[4]

北周的周武帝一直雄心勃勃要统一全国——自西晋瓦解以来200多年，华夏大地一直处于分裂状态。周武帝年轻，有抱负，有理智。但是正当他计划征战时，却病倒了。他35岁时病死战场。

统一全国的光荣使命就落到了他的一位朝臣身上了。杨坚与周武帝年龄相仿，为了皇帝南征北战，他的女儿是太子妃，后被册封为隋朝的公主。杨坚忠诚于皇族，于578年帮助先帝之子、也是他的女婿周宣帝登上北周的皇位。

周宣帝这时已经19岁了，他的父皇早年便立他为太子。与先帝不同的是，宣帝对于长久的荣耀没有兴趣，而是对眼前的权力更加着迷。他自称为"天"，把臣下叫作"地"；禁止大臣们佩戴任何饰品和穿有装饰的衣服，以使他自己的服装可以出众炫目；对任何冒犯他的人，他都痛下杀手；为了炫耀王权，他巡视乡间，花费惊人，把朝廷扔给他的岳父杨坚替他管理。登基不到一年，他就禅位于6岁的儿子，但他还掌控大权，这样他就可以更加肆无忌惮地吃喝玩乐，包括鞭打和强奸宫中的女人。[5]

而在朝廷里，由于杨坚的努力，一切都井然有序。周宣帝又要倚靠他，又很嫉恨他。据关于隋朝的史书记载："帝（杨坚）位望益隆，周宣颇以为忌。"周宣帝还威胁要杀死皇后——杨坚的女儿，并密谋要杀死杨坚。[6]

最终，这位荒淫无道的皇帝在580年病死，年仅21岁，这对于北方中国来说实在是一件幸事。杨坚看到山河破碎，十分危险，就果断采取行动。他伪造了一份诏书，任命自己为辅政大臣，辅佐新皇帝，也就是他7岁的外孙周静帝，并开始建立一个核心关系圈，帮助自己日后在北方称帝。

在他的密友当中有一位才能出众的将军，名叫高颎，还有一位文官叫李德林。高颎帮助杨坚扫除异己，李德林写政论文章，为杨坚称帝的合理性辩护。580年9月，年幼的皇帝发布诏书，赞扬杨坚的德行，诏曰："……上柱国、大冢宰、隋国公坚，感山河之灵，应星辰之气，道高雅俗，德协幽显……合天地而生万物，顺阴阳而抚四夷。"[7]

像他之前的很多将军一样，杨坚寻求的不仅仅是权力。在过去的几十年里，仅凭征战打下的江山都很短命。杨坚追求的是一个长久的帝国，这意味着他需要上天的授命。

诏书一个接一个地发布。杨坚先是给自己的曾祖父、祖父和父亲都追授了谥号。581年1月，他受王爵，爵位高于朝中众臣。一个月后，周静帝就颁布了退位诏书，内容基本上是李德林拟就的，年幼的周静帝在诏书最后盖了自己的印章。杨坚依传统三让而受命，在众人“劝说”下登基。他定国号为“隋”，改元“开皇”，死后谥号“文皇帝”。[8]

杨坚诛杀了许多北周宗室成员，确保没有人挑战他的宝座。其中就有“依隋意”被暗害的他的外孙。[9]

582 年，南陈的皇帝驾崩，他放荡奢侈的儿子陈后主即位。隋文帝看到他统一全国的机会来了。

他为入侵南陈精心准备了 7 年。他先是派奸细带着二三十万张告示到南方，上面列举了南陈新皇帝的种种过失，声称上天因此收回了在南陈的天命。[10]

589 年，真正的战争开始了。隋文帝派兵向南朝的都城南京进发；当军队来到城门下的时候，南陈的政权已经崩溃了。隋军不费吹灰之力就控制了南京，继而控制了整个南方。隋文帝使南北再次统一，使用的战略是先文后武。

接下来他推行了一整套快速有效的改革。他下令，除了军队，其他人不得拥有武器。这样就减少了叛乱的可能性，彻底消灭了私人之间的血腥私斗。他下令重新修缮破败的长城，那是抵抗北方蛮族入侵的屏障。他把南北方繁杂随意的政府简化为一个理性高效的政府，使其高度组织化和等级化，每一个府衙都有自己的等级、特权甚至是自己特别的官服。像西方的查士丁尼大帝一样，他下令起草适用于全国的新法典，取代原来混乱的、甚至是相互矛盾的地方法规。为了弱化南方对于北方的敌意，他让太子（后来的隋炀帝）娶了一位南方的妻子。隋文帝意识到，要使南北方团结，就必须实现它们之间的自由交流。他开始在现有的河道之间修建一系列新运河，他的儿子即位后，继续开挖更多的河道，这些运河最终连接起

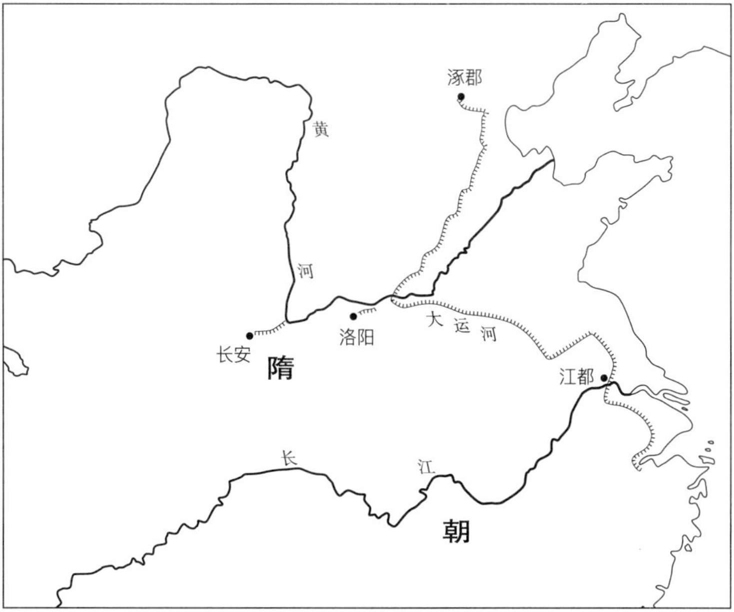

地图 37–1 大运河

长江和黄河水域。最终建成的运河被称作“大运河”。[11]

隋文帝发现，当一个国家面临外敌的时候，它的凝聚力就会增强。于是他发动了一场与朝鲜半岛的高句丽的战争。他认为，高句丽距离隋太近，一直是一个隐患，但是同时又较弱，不足以造成任何严重的或是直接的威胁（新罗仍然是半岛上的霸主）。

这是一个灾难性的错误判断，正是这个错误使得隋朝迅速灭亡，但是这个错误造成的后果一直到 10 年后才显现出来。

604 年，隋文帝驾崩。他一手将中国变成一个强大的新兴国家，中国有了新的法律、新的防御工事、新的运河、新的战争。华夏大地见证了他的美德和恶行。

他的儿子继续保持着这些美德与恶行，只不过他恶的方面表现得更加突出。一方面，无论大运河是多么伟大——实际上大运河是一个由天然河道和人工河道组成的复杂网络，从北到南绵延千里，沿途的堤岸上有道路、驿站和皇家亭台，大运河的修造耗费了巨大的人力。数十万人每年都有一段时间被迫到运河上出力，很多人累死，很多人因为误了农事、不能照料家畜而贫困。运河的修建也消耗了大量的国家税收。隋文帝统治后期，隋朝陷入了与高句丽的战争泥淖。隋对高句丽久攻不下，因为后者有大将乙支文德带兵抵抗。[12]

隋炀帝继承了帝位，也继承了父皇留下来的问题，而且他让问题迅速恶化了。隋炀帝没有紧缩开支，而是继续完成父亲的愿望，即用不到一代人的时间快速建立起一个强国。为了完成大运河的修建，他增加赋税，征发劳役；他还通过建好的运河南巡，皇家船只首尾相连、绵延数十里。他在庆祝大运河工程成就的同时，却忽视了巨大的人力成本。他疯狂地想要征服高句丽，把国库里剩下的钱全部撒到战场上了。士兵们被送到朝鲜战场上，踩着同胞的尸体继续作战。[13]

他还不罢休，征募和役使了足够的人手，准备做殊死一搏。612年，他带领号称百万的强兵进入高句丽，而乙支文德率军于萨水设伏。那场战役非常激烈，血流成河，隋朝的士兵被包围并被歼灭了。

这场战役的惨败宣告了隋炀帝的末日。后来，隋朝的一名官员起兵造反，617年，起义军占领了长安，次年，隋炀帝在江都被杀。起义军的领袖登上皇位，是为唐高祖，自此，一个新的王朝——唐朝——建立起来。

唐高祖接手的是一个凋敝的国家。隋朝末期，南方和北方都非

时间线 37

高句丽	百济	新罗	日本	中国 南朝	中国 北朝
				梁武帝（502—549）	
		法兴王（514—540）			**魏孝明帝**（515—528）
安藏王（519—531）					
	百济圣王（523—554）				
					河阴之变
					魏孝庄帝（528—530）
安原王（531—545）					北魏分裂为西魏和东魏（534）
		新罗建元（536）			
			钦明天皇（539—571）		
		真兴王（540—576）			
阳原王（545—559）					
				梁简文帝（549—551）	东魏灭亡 / 北齐建立（550）
	威德王（554—598）		佛教传入日本		
平原王（559—590）				南梁和西魏灭亡 / 南陈和北周建立（557）	
					周武帝（561—578）
			敏达天皇（572—585）		北齐灭亡（577）
		真智王（576—579）			**周宣帝**（578—579）
		真平王（579—632）			**周静帝**（579—581）
				北周灭亡 / 隋朝建立（581）	
				隋朝 **文帝**（581—604）	
			用明天皇（585—587）		

时间线37（续表）

高句丽	百济	新罗	日本	隋朝
婴阳王（590—618）				隋朝重新统一中国（589）
			推古天皇（592—628） 圣德太子（593—622）	
			《**十七条宪法**》（604）	
乙文文德的抵抗				**炀帝**（604—618）
				隋朝灭亡/唐朝建立（618）

常贫困，还面临高句丽的攻击，国库亏空。[14]

虽然隋朝有很多致命的缺点，但是却解决了很多根本性的难题。唐高祖接手了一个强有力的行政管理结构，一部法典，一条南北的商贸路线，一座防御工事得到加强的都城，一套治理边远地区的体系，还有一套税收体系。唐朝统治中国长达几个世纪，这要归功于隋朝血腥而短命的改革。

/ 38

南印度国王

543 年至 620 年间，遮娄其王朝不断扩张，一位博学多才的帕拉瓦统治者奋起反击，北印度的戒日王几乎占领了整个南印度。

543 年，南印度大地上那些呈锯齿状相嵌的小国开始合并成统一的帝国。

向着征服大业跨出第一步的是遮娄其的统治者——补罗稽舍（Pulakesi）国王。遮娄其部落居住在德干高原上，可能是很久以前从北方迁徙过来的，但现在他们俨然已是土生土长的中印度人了。几个世纪以来，它们基本上都能和平发展，然而，公元 6 世纪，魄力十足、野心勃勃的补罗稽舍国王开始着手将部落王国缔造成一个小的帝国。

补罗稽舍在伐陀毗（Vatapi）定都，他不断向外征服，带领遮娄其王朝与邻近部落作战，走出中印度地区。他吞并了伐迦陀迦王国。在笈多王朝走向衰落的最后时日，伐迦陀迦的势力曾昙花一现，如今在补罗稽舍的进攻下土崩瓦解。他又征服了西海岸的土地，这意味着，遮娄其现在可以不受任何阻碍地与阿拉伯人进行生意往来了。然而，他的权势并不是只靠挥刀舞剑得来的。他还吹嘘说自己祖上有 59 个王室成员，这让他的王朝显得特别古老神圣。[1]

为了进一步壮大声势，他举行了马祀，这是一种古代印度教的仪式，目的是借国王之手给子民带来健康和力量。

马祀，用印度学家赫尔曼 · 奥登堡（Hermann Oldenberg）的话来说，是“展示王家赫赫威权的最高圣礼”。这是一场精心准备、耗时费力的宗教仪式。一整年的时间，献祭用的马匹由专人负责自由散养，之后才被带回到国王这里。祭司用金色的布料盖住马匹，在为期三天的节庆活动结束之际，国王亲自用右手将其宰杀，然后，王后要盖着金色的布料躺在马尸旁边，以示与之发生关系。马与国王的力量融为一体，这种力量进入王后体内，之后她生下的王室继承人也同样身负神力。力量和性是相互关联的。王位及其血脉传承，彼此缠绕交错。这是国王的祭祀，而不是一个小国君主的祭祀。[2]

在此基础上，补罗稽舍的儿子们以刀剑为后盾，坚称他们享有统治权。566 年，国王驾崩，其子诘底跋摩（Kirtivarman，即称铠王一世）继位，并在随后的 30 年间进一步扩大了遮娄其的势力范围。诘底跋摩的碑文上写道，在其征服过程中，他击败了附近曾统治印度大部分地区的古老的孔雀王朝（Mauryans）的后裔。他还建立了伐陀毗，修建新的寺庙和公共建筑，并定都于此。

597 年，诘底跋摩与世长辞，其幼子补罗稽舍二世继位。然而，补罗稽舍二世继位后未能即刻开始统治其子民。在位 13 年间，其叔父曼伽梨娑（Mangalesa）摄政，甚至在补罗稽舍二世成年以后他仍然掌控王国。曼伽梨娑不愿放弃刀剑政策，摄政期间，他继续推行父兄的扩张之策。

遮娄其的力量席卷次大陆的中心，但此时地处东海岸的帕拉瓦（Pallava）开始崛起，形式变得错综复杂。

古时候，帕拉瓦人住在伐陀毗，如今，这里是遮娄其的都城。早在200年前，遮娄其已经将他们赶走，迫于无奈，他们只得移居文吉（Vengi）境内。两国人民因多年前结下的梁子早已产生了难以泯灭的仇恨：遮娄其居高临下，指责帕拉瓦人“性本恶”，而帕拉瓦人则痛恨遮娄其的侵略扩张。[3]

600年前后，帕拉瓦国王摩诃因陀罗跋摩（Mahendravarman）上台掌权。他也是一个魅力非凡的统治者，点燃了国家扩张的导火索。但就目前局势而言，他避免与遮娄其产生正面冲突，而是穿过戈达瓦里河（Godavari）以北的领地开拓他的征服道路。在南印度王编年史中，摩诃因陀罗跋摩引人注目，这并不是因为他战绩辉煌（每一个南印度王都极力吹嘘自己的军事成就），而是因为他一直对艺术保持着饱满的兴趣，即使在指挥与邻国不可避免的战争时也是如此。他自称Vichitrachitta，意为“充满新奇想法的人”；他热衷于建筑学（开创了一种雕刻岩石寺庙的新方法）、绘画（他委托宫廷的一位学者为画家们撰写了一本绘画手册）、城镇设计（他结合自己的工程技艺修建了一座座新城）、音乐（一般认为是他发明了记谱法），以及写作（他用梵文写了两部戏剧，其中一部讽刺了他自己的统治）。[4]

如果摩诃因陀罗跋摩和朝臣、僧侣们一起住在西方，而这些人决定将摩诃因陀罗跋摩按上帝旨意征服的确切地点载入编年史的话，那么摩诃因陀罗跋摩肯定会以一位博学多才的国王、一位碰巧投生成国王的天才的形象而流芳百世。然而，我们只能从后人撰写的几行碑文上来了解他的成就。

与此同时，遮娄其开始遭受内战之苦。国王的叔父曼伽梨娑野心勃勃，拒绝交出执政大权。他本人仍然担任摄政，并希望能够将自己的儿子扶上王位。他曾率领遮娄其战胜强敌卡兰查尔（Kalachuri）；像诘底跋摩一样，他也在都城伐陀毗新建了许多建筑和石窟寺。他具备国王应有的所有品质，包括王室血统，只可惜他不是第一顺序继承人。

610 年，年轻的补罗稽舍二世摆脱了叔父的控制。补罗稽舍二世的御用诗人拉维科蒂（Ravikirti）撰写碑文，记录了他的生平事迹：诗文中写道，补罗稽舍二世是补罗稽舍一世的孙子，与祖父同名，是合法的王位继承人，也是家族中第一个像皇帝一样统治遮娄其王朝的君主。他的祖父曾举行过马祀，因此他是唯一有权统治国家的人。[5]

有关叛乱的具体细节记载得并不详尽。我们只知道补罗稽舍二世赢得了足够多士兵的支持，组建了一支军队。而曼伽梨娑虽然领导有方，也具备王室血统，但这显然是不够的，因为他不是第一顺序继承人，有实力也不能服众。在斗争中，他惨遭杀害，随即补罗稽舍二世宣誓王权。

之后他立刻握起了手中之剑。被他击败又被迫归顺的首领有好多人：甘加斯（gangas）、拉塔（Latas）、马拉瓦（Malavas）、瞿折罗（Gurjaras），以及许多其他部落都赫然在列。遮娄其的权力横跨德干高原的诸多地区，帕拉瓦和遮娄其的军队也开始爆发冲突。两国国王——遮娄其的补罗稽舍二世和帕拉瓦的摩诃因陀罗跋摩——均野心勃勃，每一方均以海为界，搭建了持续战争的舞台，这场战争刻画着印度数十年的历史。

然而，有一个比两国都强大的威胁在北方突然膨胀起来。

在经历了笈多王朝和哌哒人的统治之后，印度北部已然分裂成一个个彼此竞争的小国和城邦。但是，大约7世纪初，一个拔群出萃的男孩曷利沙·伐弹那（Harsha Vardhana）在父亲临终的时候继承了王位，史称戒日王，他统治着一个北方小城塔内萨尔（Thanesar）。他也是一个魅力十足、意志坚定的单身汉，改变了整个国家的面貌。

与摩诃因陀罗跋摩不同，戒日王有一个专门负责记录的朝臣。此人名叫巴纳（Bana），他给后世留下了赞美国王功绩的颂文——《戒日王传》（*Harsha Carita*）。文中这样描述戒日王的王室血统：他“与国王一脉相承，用自己的辉煌功绩称霸世界，带领整齐划一的军队占据各个地区”。事实上，戒日王的家族并不是特别出众，他们统治的领土也不算广阔，但他随后的征服之路需要这种荣耀。[6]

戒日王刚加冕称王，就有一个仆人慌慌张张地给他带来一个消息。他的妹妹兰雅诗（Rajyasri）当初为了缔结条约嫁给了邻国国王，而现在她的丈夫突然过世了，她成了寡妇。她的国家即将遭到外敌入侵，而她本人也要在火葬柴堆上被活活烧死，为亡夫殉葬。

戒日王急召军队攻入邻国去救她，据巴纳说，他就在柴堆即将点燃之际，将她从金字塔型的柴堆上救了下来。然后，他宣称将该国据为己有。

随后他取得了一系列胜利，在印度北部所向披靡。一个个部落首领成为他的手下败将，相继发誓效忠于他。随着领地的扩张，戒日王将都城东迁至曲女城（Kannauj），这里更靠近他蘑菇形领地的中心位置，他在这里奉他的妹妹为共治女王，与他一起统治。他的妹妹负责国内统治，而他负责在外征讨。他将塔内萨尔和曲女城联

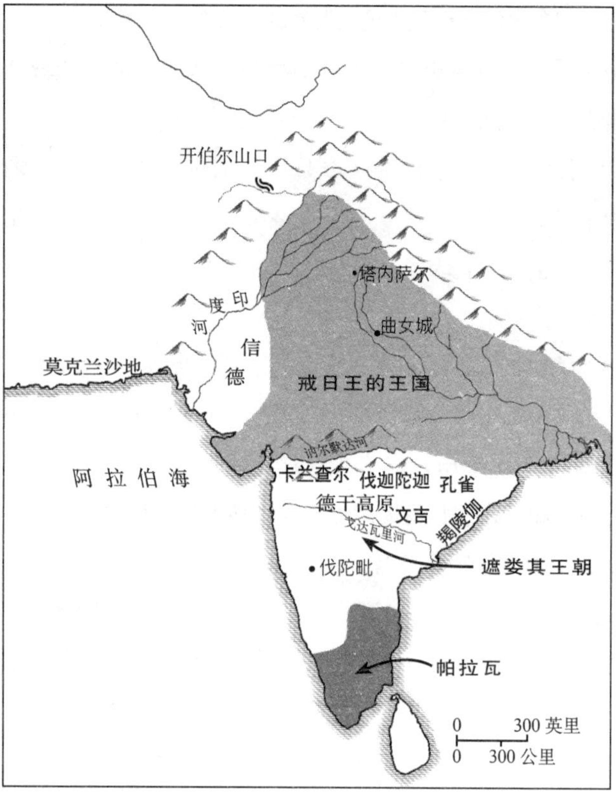

地图 38–1　戒日王的王国

合起来，打败了邻近部落，并将征讨范围不断扩大。[7]

620 年，他将目光转向南方，在讷尔默达河与遮娄其王补罗稽舍二世会战。要想保住自己的王国，补罗稽舍二世就需要将戒日王挡在河对岸。但他的军队寡不敌众。中国高僧玄奘曾在戒日王统治期间，历时 17 年，游历了整个印度，据他推测，戒日王麾下有 10 万骑兵，10 万步兵，还有 6 万象兵。[8]

补罗稽舍二世的御用诗人后来写道，他们的军队处于弱势，战前总是以酒壮胆，兵将和战象都喝上一顿，借着酒劲，他们无所畏惧、威力强大、势不可当。这件事得到了玄奘的证实："每将决战，饮酒酣醉，"他写道，"一人摧锋，万夫挫锐……复饲暴象，凡数百头，将欲陈战，亦先饮酒，群驰蹈践，前无坚敌。"[9]

向酒中借来的胆色可能在随后的战斗中发挥了作用，但补罗稽舍二世的任务简单明确：要想进入遮娄其领土，戒日王的军队必须强行通过山间小路，这里的地势易守难攻。印度中部遍布高山、河流和沙漠，长期以来，这对每一位想要将南北印度合二为一的国王来说，都构成了很大的障碍。

遮娄其军队凭借地利，成功抵御住了戒日王强大的入侵之势。从那时起，讷尔默达河就成为戒日王王国的南部边界。这对戒日王来说是十分尴尬的。因为补罗稽舍二世虽然在自己的领地高高在上，但与戒日王相比就相形见绌了，在戒日王征服的广阔天地中，补罗稽舍的领土简直就是沧海一粟。

但补罗稽舍划地为营，守住了自己的领土。他从对抗戒日王的战场归来，大获全胜。他还击败帕拉瓦国王摩诃因陀罗跋摩，夺取了北方的文吉。多年以前，帕拉瓦人被逐出伐陀毗后就定居于文吉。遮娄其再次将帕拉瓦人从他们的家园赶走。[10]

时间线 38

中国：南朝	中国：北朝	印度
		吐拉摩那（约 510—约 520）
	魏孝明帝（515—528）	
		摩醯逻矩罗（约 520—528/543）
	河阴之变	
	魏孝庄帝（528—530）	（遮娄其王朝）**补罗稽舍一世**（543—566）
	北魏分裂为西魏和东魏（534）	
梁简文帝（550—551）		
	东魏灭亡 / 北齐建立（550）	
梁元帝（552—555）		
南梁和西魏灭亡 / 南陈和北周建立（557）		
	周武帝（561—578）	（遮娄其王朝）**诘底跋摩**（566—597）
	北齐灭亡（577）	
	周宣帝（578—579）	
	周静帝（579—581）	
	北周灭亡 / 隋朝建立（581）	
隋朝		
文帝（581—604）		
隋朝重新统一中国（589）		
		（遮娄其王朝）**补罗稽舍二世**（597/610—642）
		（帕拉瓦）**摩诃因陀罗跋摩**（600—630）
炀帝（604—618）		
		戒日王（606—647）
隋朝灭亡 / 唐朝建立（618）		

/ 39

两位皇帝

551 年至 579 年间，伦巴第人占领意大利，波斯人进军阿拉伯，查士丁尼和库思老都将大位传给了不及他们本人的继承人。

在君士坦丁堡，鼠疫最终消散。与波斯人缔结的 5 年休战条约保护了东部边境。查士丁尼终于可以将注意力转回到征服西部上来。

在意大利，拜占庭军队的战斗力已经达到了极限，坚持不了太长时间；因此，查士丁尼派宦官将军纳尔西斯（Narses）前往意大利（贝利萨留最近刚刚退役），让他从格皮德人（Gepids）和伦巴第人中招募雇佣兵。

这两个部落均已同意定居在意大利北部边缘，但事实证明，从伦巴第人中更容易招募到能参与实战的雇佣兵。很久之前，伦巴第人可能就从波罗的海另一边的寒冷北方而来，古代的历史学者称这个地方为斯坎迪亚（Scandia）。他们在自己的口述历史中（几百年后，8 世纪时由执事保罗记载整理）证实了这一说法："（斯堪的纳维亚半岛）各民族……人口增长过快，如今已经无法聚居在一起了，"保罗写道，“据说因此他们把整个族群一分为三，抽签决定哪些人必须舍弃家园，另寻他处容身。”伦巴第人就是抽中了签的那一支，他们被迫远走，寻找新的家园。[1]

551年前后，纳尔西斯来到意大利，他将潘诺尼亚许给伦巴第人作新领地，以此换取他们的帮助。有了伦巴第人这支援军，他又重新发起了攻打东哥特人的战争。东哥特人的国王托提拉夺回了罗马，在那里而非在拉韦纳展开防御，但纳尔西斯招募的雇佣兵已有近3万人，这些人里不仅有伦巴第人，还有部分格皮德人，以及打算碰碰运气的匈人。当纳尔西斯对罗马展开袭击后，6000名东哥特人战死沙场，托提拉也不幸丧命。[2]

哥特贵族推选出另一位国王，但他也命丧战场。纳尔西斯带领雇佣兵夺回拉韦纳，并将那里重建为一个拜占庭地方首府。东哥特人的统治已经结束，现在，以查士丁尼大帝的名义，意大利将由拜占庭派来的总督（exarch）接管，总督是军事指挥官，同时也有权管理民事事务。君士坦丁堡恢复了帝国往日的生气——但多年的战争刚刚结束，这场战争摧毁了农村，破坏了城市，人民生活在贫困之中。[3]

552年，查士丁尼也再次掌管伊比利亚南部。西哥特国王惨遭谋害，整个宫廷陷入一片混乱之中；有一个贵族阿塔纳吉尔德（Athanagild）将消息传到君士坦丁堡，（不明智地）为自己谋取王位而寻求帮助。拜占庭舰队前来支援，阿塔纳吉尔德夺取了王位，但在554年，拜占庭军队夺取了南部沿海的所有港口和要塞，查士丁尼在此建立拜占庭行省，首府设在卡塔赫纳（Cartagena）。[4]

瘟疫过后，查士丁尼打开了胜利之门。他即将重建古罗马帝国，恢复旧日辉煌；如今，拜占庭的统治已延伸至地中海西部沿岸；罗马重新回到他的手中。

但东边立刻又出现了新的挑战。

再一次，组织散漫的部落联盟统一成一个新的国家。自5世纪以来，来自中国北方，被中国人称之为突厥的游牧民族，向西拓疆，直达中亚。552年，他们的一位战争领袖土门（Bumin）召集自己的部落和盟友们一起聚集在阿尔泰山脉一个名叫额尔古纳昆（Ergenekon）的地方，自立为王。虽然具体情况我们也无从得知，但他能这样做，必然是靠多年征战打出来的威望。他还迎娶了前西魏皇室的公主，以此为他的暴力夺权增添了一重皇家的光环，并在于都斤（Otukan）建立了都城，自称“伊利可汗”。

由伊利可汗创建的新国家人称突厥汗国（Gokturk Khaghanate），也是第一个突厥人的王国。在伊利可汗的大本营位于高原之上，那里流传着很多关于突厥的传说：埃尔盖内孔是突厥人祖先的家园，在人们的记忆中，这里俨然一个如天堂一样的地方。[5]

额尔古纳昆聚会之后不久，伊利可汗去世，其子木杆可汗（Mukhan）接掌这个全新的国家。木杆可汗开始攻打邻近的部落，扩张突厥领土，迫使离他最近的部落——游牧的阿瓦尔人（Avars）——向西方的波斯和拜占庭迁移。[6]

558年，流离失所的阿瓦尔人来到了拜占庭边界，迫使查士丁尼收留他们。随后，他们继续向西，终于在多瑙河附近定居下来，就在格皮德人的东边。他们不是唯一受到新突厥汗国侵扰的民族；木杆可汗还征服了保加尔人（Bulgars）东部的部落，滋扰留在顿河西岸居住的部落。有些人越境进入拜占庭的土地，但查士丁尼并没有收留他们，而是将已经退休的贝利萨留召回，派遣手下最有经验的将领将他们驱逐出境。[7]

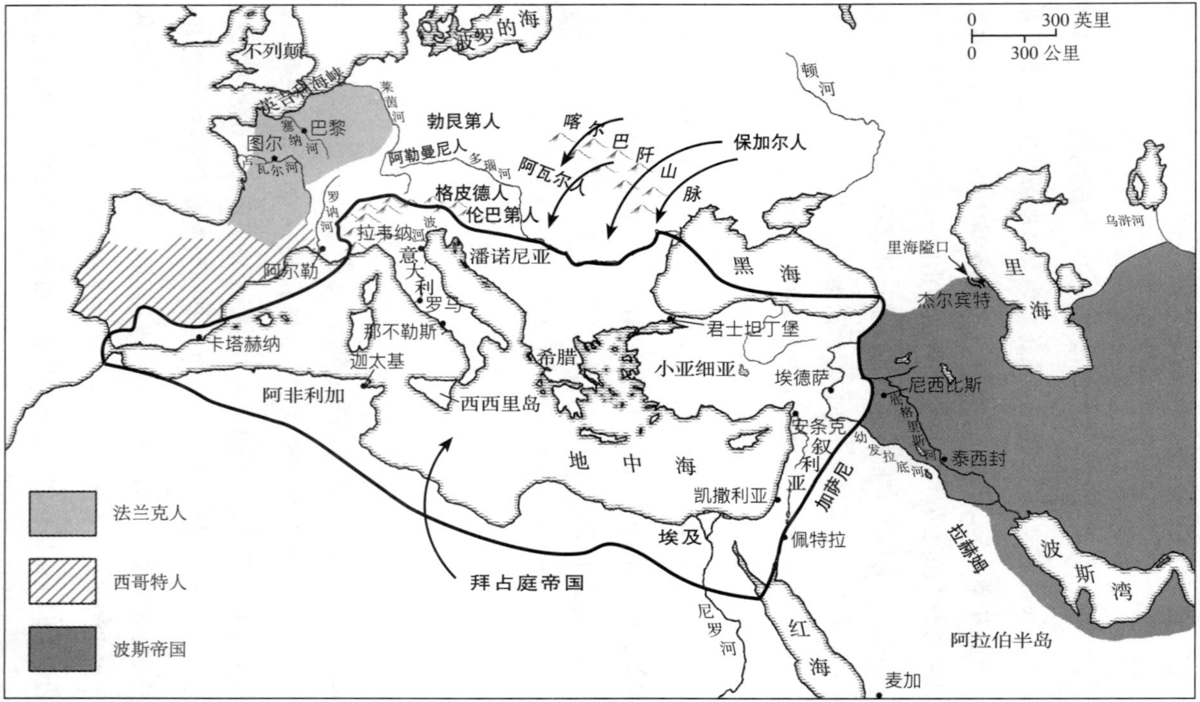

地图 39-1　拜占庭的最大领土

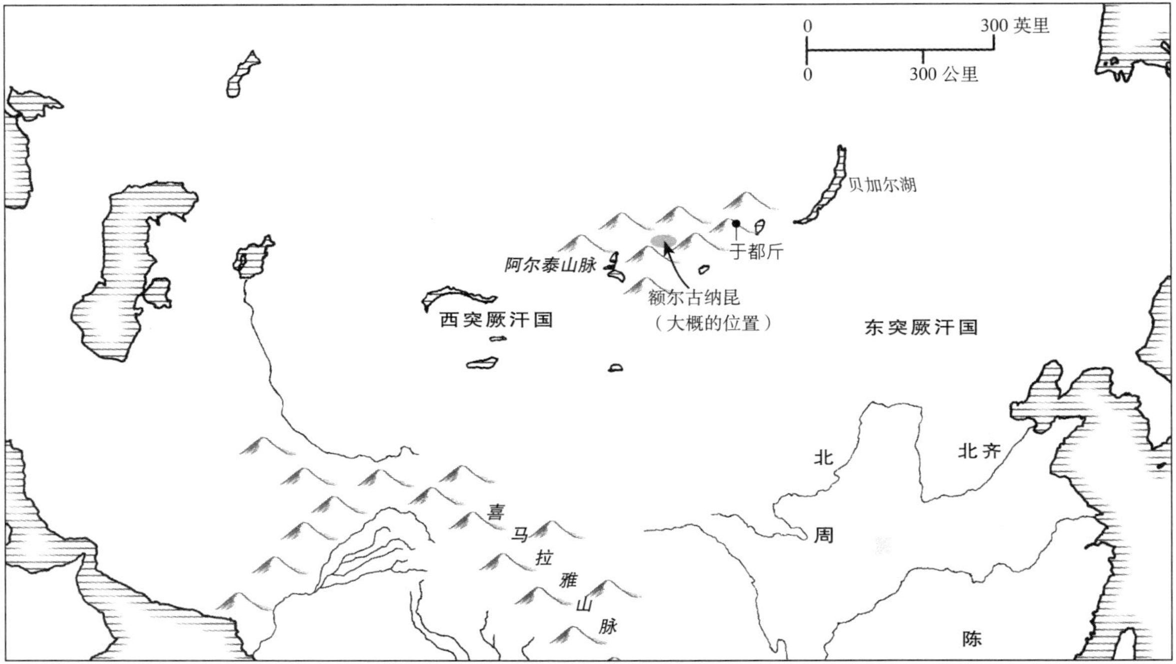
0
300 英里
0
300 公里
贝加尔湖
于都斤
阿尔泰山脉
额尔古纳昆
（大概的位置）
西突厥汗国
东突厥汗国
北齐
北
周
喜
马
拉
雅
山
脉
陈

地图 39-2　突厥汗国

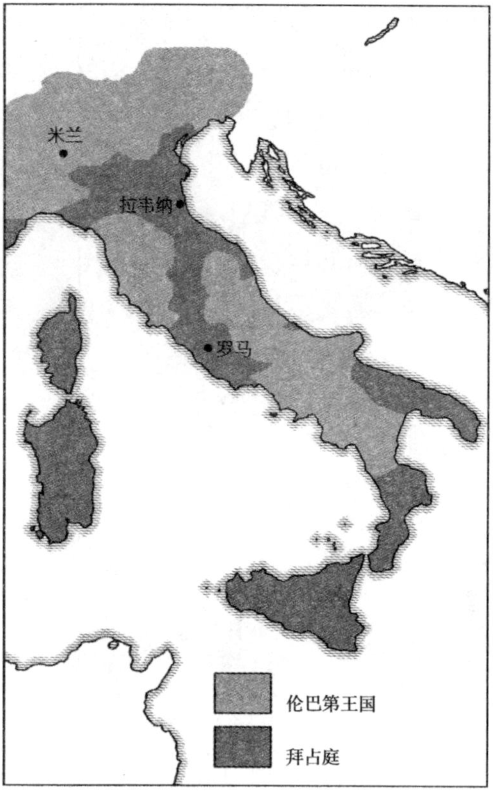

地图 39–3　意大利伦巴第

他成功了——这唤起了查士丁尼对共事了一辈子的老伙计曾有过的戒心。虽然查士丁尼已在位统治了数十年，但想必他仍觉得自己的皇位坐得不稳。562 年，他指控贝利萨留贪污并将其监禁，但次年，他又动了怜悯之心，放他出狱并赦免了他。这是两人之间最后一次发生冲突。他们都死于 565 年；那一年，查士丁尼 82 岁，贝利萨留 60 岁。

随着查士丁尼的离世，罗马帝国也失去了任何再次复兴的机会。548 年，狄奥多拉未生过子女就离世了，她可能死于癌症。查士丁尼此后也没有再婚，因此他没有子嗣。后来，他的侄子查士丁二世继位称帝。几乎与此同时，西部新收复的领土开始四分五裂。

在意大利，查士丁二世即位的第二年，拜占庭的统治受到鼠疫威胁。天主教执事保罗描述了感染者典型的大腿根部出现肿块和高热的症状、尚未被掩埋的成堆的尸体，以及变得空无一人和脆弱不堪的意大利。“百姓舍弃了家园，空荡冷清的房子里只剩看门狗。”他写道：

> 在你的眼前，世界又恢复了古老的寂静：田野里听不到任何声响，听不到牧羊人吹响口哨，没有人在牛群中警惕野兽，没有人去伤害家禽。庄稼早已过了收割的季节，眼看一天天过去却无人收割；眼看就要入冬了，葡萄园里落叶遍地，一串串葡萄却还亮闪闪地挂在枝头无人采摘；军号响彻日夜，如同战士的回声；似乎能听到军队的低喃；没有路人经过，也看不到凶手的影踪，但死者的尸体却已无法用肉眼辨别；田园变成了世人的坟墓，而百姓的住所则已成为野兽栖身之处。这些可怕的情景只发生在罗马人身上、发生在意大利境内。[8]

瘟疫消失后，大片空旷的土地无人占据，因此，伦巴第国王阿尔博因（Alboin）将目光投向这里。

这是因为潘诺尼亚的土地已不够容纳他的人民了。他们的人口增长了，部分原因是他征服了邻近的鲁尔人和格皮德人这两个部落（据保罗的记述，他在战斗中杀死了格皮德国王，强行迎娶了这位国王的女儿，还按照落后的古老战争习俗把老国王的头骨制成了酒杯）。现在，伦巴第人的总人口超过了 25 万，他们需要更大的居住空间。[9]

568 年，伦巴第人大批涌入意大利。569 年，阿尔博因带领手下的伦巴第勇士征服米兰，开始向南一路挺进。意大利中部的拜占庭领土随即迅速沦陷。留在拜占庭人手中的领地只剩下两处：一处是南部沿海；另一处是从拉韦纳沿海岸线向南直到罗马的地方（就在这个地方，教宗本笃一世获得了拜占庭皇帝的保护）。意大利再次易手。

同时，西哥特国王雷奥韦吉尔德（Leovigild）——阿塔纳吉尔德的胞弟和接班人——登基称王，掌管伊比利亚，并忙于夺回在先祖手中丧失的土地。查士丁二世无法组织起像样的防守，更不用说夺回有争议的土地了。拜占庭试图恢复古罗马的领地已经不可能了。*

君士坦丁堡以东，萨珊波斯国王库思老一世的经历则与此完全相反。他对东部地区的征服（早在几年前他就已经消灭了哌哒人）将波斯推向了权力的最高峰。**库思老一世将其治下的广阔土地重新组织起来，一分为四，各分配一员大将统领。四个部分分别是从哌哒人手中夺得的远东部土地，王国的中部区域，西部与拜占庭边境相邻的地方，以及南部阿拉伯地区。[10]

570 年，库思老得到了扩大其在阿拉伯地区领土的机会。

---

* 拜占庭仍掌管意大利境内的一块土地，此后统治了几个世纪之久，同时，效忠拜占庭的城市与君士坦丁堡之间的关系日趋复杂，但拜占庭帝国此后再也无法重新称霸半岛了。

** 这个最高峰适用于中世纪的波斯帝国，它通常被称为“波斯萨珊王朝”，以区分于古代波斯帝国，二者地理位置相同，但古代波斯帝国最终被亚历山大大帝征服。波斯一直无法恢复独立自主的国家身份，直到公元 224 年，萨珊家族的阿尔达希尔宣称自己是复兴的波斯帝国国王。

阿克苏姆王国正打算穿过红海，攻击阿拉伯人的麦加城。攻击再次以圣战的形式展开：阿克苏姆国王阿伯拉哈（Abraha）是基督徒，而麦加则是传统阿拉伯宗教的中心。这里也同样不堪一击。麦加群龙无首，没人能够将人们组织起来进行有效的防御。阿拉伯人生于哪个部落就忠于哪个部落，部落是他们的伦理中心，也就是说他们对其他部落是不需要讲什么义气的。袭击另一个部落，劫掠他们的食物、牲畜和女人，这是常事，没什么道德上的对错。阿拉伯人生活在干旱的土地上，小国林立，冲突不断。麦加由出身名门望族的首领组成的会议主导，会议成员权力平等；按照惯例，所有人均不得在天房克尔白这处圣地动武，只有这件事说明他们还承认存在可能将所有部落团结起来的更加强大的力量。这里没有共同的法律约束，没有中央集权，也没有让人信服的战争领袖。即便是麦加最强大的部落，古莱什族（Quraysh），也被一分为三，领导人之间彼此争夺统治权。[11]

阿克苏姆的阿伯拉哈不仅集结了军队和战船，还带了好几头大象——这也是阿拉伯战争中首次使用大象。他下令军队横跨红海，准备围攻麦加。但在他攻占整个城池之前，他的军队却因瘟疫溃不成军，无奈之下，他被迫撤兵。大象参战那年他不战而败，50 年后，这件事在《古兰经》中留下了记录，人们认为这是天意：

> 难道你不知道你的主怎样处治象的主人们吗？
> 难道他没有使他们的计谋变成无益的吗？
> 他曾派遣成群的鸟去伤他们，
> 以黏土石射击他们，
> 使他们变成吃剩的干草一样。[12]

他们这次战败，不是因为手中没有利剑。

为了避免再次遭受攻击，南部的阿拉伯部落寻求库思老的援助。575年，他率步兵和海军舰队南下，进驻阿伯拉哈原来想要攻占的那块领地。

波斯的干预阻止了阿伯拉哈发动第二次进攻的企图。现在，基督教已经没有机会向东扩展至阿拉伯半岛了。麦加不会易主；古莱什部落将继续膜拜天房克尔白；古莱什部落的小孩，包括后人熟知的当时年仅5岁的穆罕默德，也不会在十字架下成长。[13]

面对库思老对阿拉伯政治的干预，查士丁二世并未做出任何挑战。事实上，他似乎已经神志不清了。据以弗所的约翰所说，当他对某人生气的时候，就会张嘴咬他们，只有当侍从们让他坐进一辆小车，拉着他围着宫殿转圈的时候，他才会平静下来。[14]

帝国很长时间都没有出过一个精神不正常的皇帝了：几十年来，皇位上坐的都是狡黠精明的明君。查士丁二世的妻子索菲亚是大名鼎鼎的狄奥多拉的侄女，她说服查士丁二世指定其得力干将，侍从提比略（Tiberius），为他的摄政。查士丁二世同意了，直到578年他去世之前，都由索菲亚和提比略共同统治帝国。查士丁二世的葬礼之后，提比略正式加冕称帝；索菲亚表示，如果他与妻子离婚，她就愿意嫁给他，但是提比略拒绝了。[15]

579年，也就是一年后，在位统治48年的波斯国王库思老一世去世。尽管库思老一世抛弃了马兹达克运动的信条，但他一直努力确保他的统治公平公正。后世历史学家泰伯里对他赞颂不已，罗列了库思老一世的一系列改革举措：血缘关系存疑的儿童仍然享有继承权；违背个人意愿结婚的妇女，如果愿意，可以选择离婚；被定罪的盗贼除接受刑罚外，还应做出赔偿；亲属或城邦必须供养寡妇

时间线 39

印度	非洲	拜占庭帝国	波斯帝国	西哥特人	突厥人	伦巴第人
（伐迦陀迦） **哈里舍纳** （约 475—500）						
				阿拉里克二世 （484—507）		
			喀瓦德一世 （488—531）			
		阿纳斯塔修斯一世 （491—518）				
那罗信诃笈多 （约 497—约 510）			［**札马斯普** （496—498）］			
				阿马拉里克 （511/526—531）		
吐拉摩那 （约 510—约 520）	（阿克苏姆）**迦勒** （约 520—540）					
		亚历山大主教蒂莫西三世 （517—535）				
摩醯逻矩罗 （约 520—528/543）		**查士丁一世** （518—527）				
	（阿克苏姆）**阿伯拉哈** （约 525—约 553）	**查士丁尼大帝** （527—565）				
		《查士丁尼法典》第一卷 （529）				
			库思老一世 （531—579）	**狄乌蒂斯** （531—548）		
		“尼卡暴动”（532）				
		夺取罗马城（536）				
		夺取意大利（540）				
（遮娄其王朝） **补罗稽舍一世** （543—566）		君士坦丁堡发生瘟疫（542）				
		狄奥多拉去世 （548）				

时间线 39（续表）

印度	非洲	拜占庭帝国	波斯帝国	西哥特人	突厥人	伦巴第人
					（突厥汗国）**伊利可汗**（552—553）	
					木杆可汗（553—572）	
				阿塔纳吉尔德（554—567）		
（遮娄其王朝）**诘底跋摩**（566—597）		**查士丁二世**（565—578）		**雷奥韦吉尔德**（568—586）		**阿尔博因**（565—572）
		提比略二世（578—582）				
			霍尔米兹德四世（579—590）			
		莫里斯（582—602）				**奥塔里**（584—590）
			库思老二世（590—628）			**阿季卢尔福**（590—616）
（遮娄其王朝）**补罗稽舍二世**（597/610—642）						
（帕拉瓦）**摩诃因陀罗跋摩**（600—630）						
戒日王（606—647）						

和孤儿。此外，他还征服了新的领地，在波斯修建了运河和灌溉渠道等基础设施，重建了桥梁，修葺了村庄，道路得到精心维护，税务和行政官员都训练有素，军队也兵强马壮。[16]

但是，查士丁尼大帝和库思老一世这两个伟大君主的相继离世，结束了两个帝国的辉煌时代。拜占庭已经开始走下坡路；没有伟大的君主掌舵，波斯能否维持现有的强大，还有待观察。

/ 40

宫相

558 年至 656 年间，法兰克人的领土一分为三，墨洛温王朝的国王们逐渐让出了手中的权力。

到 558 年，法兰克由原来的四方统治再次变回了统一王权。克洛维的三个继承人相继死于疾病或谋害，唯一幸存的子嗣克洛泰尔一世，像他的父亲一样成为整个法兰克王国的统治者。

整个法兰克王国再次臣服于唯一的王权，统一的局面维持了三年。561 年，克洛泰尔在打猎期间高烧不退，一病不起，不久便去世了，此时他已在位 50 年，王位留给了他依然在世的四个儿子。

他本人就经历了兄弟阋墙，但仍下不了决心指定唯一的继承人。而且法兰克武士首领的旧思想也存留了下来：国王之位应属于强者，而不应仅靠血脉继承。克洛泰尔就是因为比兄弟们更加能征善战、机智聪颖才赢得了王位，因此他的四个儿子谁也不能获得法兰克至高王权的免费通行证。

兄弟四人意识到彼此都是竞争对手。因此，从父亲去世那一天起，他们就不是联合统治者，而是并立的，甚至是敌对的国家中各自独立的国王。

567年，二哥查理贝尔特（Charibert）去世，剩下的三个国王随即夺取了他的领土。之后100年，法兰克王国一直保持着三足鼎立的局面。由西吉贝尔特（Sigebert）统治的北部边境，人称奥斯特拉西亚（Austrasia），其都城原本是兰斯，但后来，西吉贝尔特为阻止四处游荡的阿瓦尔人，将都城移至靠近边境的梅斯（Metz）；贡特拉姆（Guntram）统治着勃艮第（Burgundy），数年前，此地被法兰克吞并；希尔佩里克（Chilperic）则统治着法兰克中南部领土纽斯特里亚（Neustria），苏瓦松和巴黎等城市都坐落于此。

勃艮第是三个王国中最小的一个，纽斯特里亚和奥斯特拉西亚在领土和国力方面则不相上下。纽斯特里亚的希尔佩里克和奥斯特拉西亚的西吉贝尔特都觊觎着大王的宝座，因此西吉贝尔特决定通过与西哥特的阿塔纳吉尔德国王之女、公主布伦希尔德（Brunhilda）联姻，以提高自己上位的机会。

阿塔纳吉尔德同意缔结这门婚事，打发女儿从西班牙的家里出嫁，并准备了丰厚的嫁妆。消息一出，纽斯特里亚的希尔佩里克意识到，他的哥哥在这场权力争夺中已占了先机。因此，“虽然他已妻妾成群，”图尔的格列高利写道，“但他仍然求娶布伦希尔德的妹妹加尔斯温特（Galswintha）。”他还承诺，如果国王阿塔纳吉尔德同意这门婚事，他会休掉自己所有的妻子。[1]

西哥特国王一定以为自己真是撞了大运。因此将布伦希尔德送走之后，他将加尔斯温特也送上了出嫁之旅。当她到达希尔佩里克的宫廷之后，希尔佩里克信守承诺，将她奉为自己唯一的妻子。“他深爱着她，”格列高利不带任何感情色彩地写道，“因为她

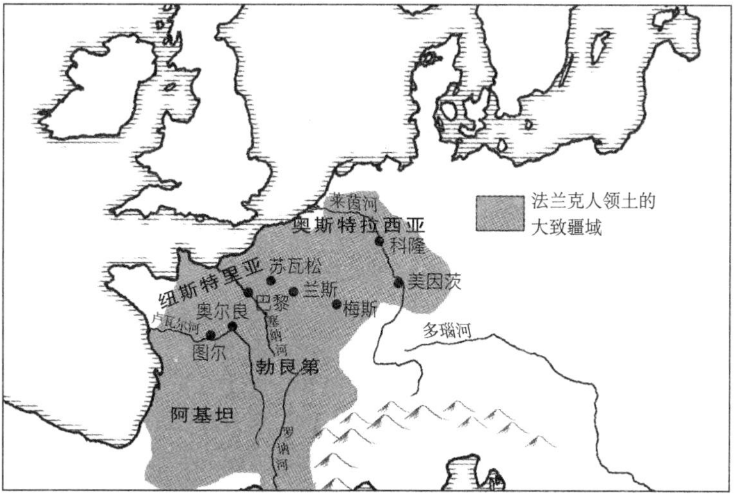

地图 40–1　法兰克领土

嫁妆丰厚。”

但加尔斯温特很快发现，其实自己的丈夫仍然深爱着他的前妻之一，此女名为弗蕾德贡德（Fredegund），尽管名义上她已被希尔佩里克休弃，但仍会定期在国王的寝殿出现。加尔斯温特向他抱怨，他置之不理；她要回娘家，他断然拒绝；终于，有一天早上，有人发现她被勒死在床上。当宫廷诗人万南修·福多诺（Venantius Fortunatus）为她撰写悼词的时候，不得不谨慎措辞。他先是描述了这场婚姻，然后直奔主题，讲述了她从生到死的种种过往，却只字未提她死去时的样子和她的死因。“她与丈夫婚后不久，”他机智地解释说，“却在生活刚刚开始的时候，就被死神夺去了生命。”[2]

她的丈夫希尔佩里克和她的对手弗蕾德贡德两个人都有嫌疑，有可能是他们直接夺走了她的生命，或者至少是他们一手操纵了这件事情。因为缺乏证据（即使希尔佩里克把弗蕾德贡德接回后宫，封她为后），他们逃脱了罪责，未受处罚。但是如今已当上奥斯特拉西亚王后的布伦希尔德从来也没有原谅或忘记自己妹妹惨遭杀害的事实。

随后的战争持续了7年，仍然未分胜负，兄弟之间都没有从彼此身上得到值得一提的收获。希尔佩里克和西吉贝尔特总是针锋相对，但贡特拉姆由于自己的领地较小，立场摇摆不定，谁对他的生命构成的威胁更小，他就选择忠诚于谁。最终，575年，弗蕾德贡德（现已登上纽斯特里亚王后之位）派出两名刺客，到西吉贝尔特的宫殿行刺。刺客假装自希尔佩里克的宫廷叛变，自愿倒戈并奉西吉贝尔特为王，但西吉贝尔特甫一露面，他们就用沾着毒药的刀子刺杀了他——这种长长的斯堪的纳维亚刀具通常是当餐具用的，而不是武器。[3]

西吉贝尔特毒发之后，在痛苦中死去，留下5岁的儿子希尔德贝特二世（Childebert II）继位，由妻子布伦希尔德摄政。如今，布伦希尔德更多了一个憎恨妯娌的理由：她认为弗蕾德贡德应该为她妹妹和丈夫的死负责。

她尽心尽力地辅佐儿子统治王国，并说服膝下无子的叔叔贡特拉姆收养了他。如此一来，希尔德贝特二世小小年纪就既是奥斯特拉西亚的国王，又是勃艮第的王位继承人，等到贡特拉姆死后，他就可以将这两个王国合二为一了。

此外，布伦希尔德还监督奥斯特拉西亚的日常管理。她变成了一个特别能干的统治者，能干得让法兰克贵族们感到恼火。后来的日耳曼史诗《尼伯龙根之歌》（*Song of the Nibelungs*）中，不仅记载了她的人格魅力，还描述了法兰克人对她的不满情绪，在这部史诗中，她远嫁而来（故事中说她来自冰岛）成为日耳曼国王之妻。国王的朋友们提出反对意见，其中一个朋友西格弗里德（Sigfrid）对他说："你这个王后太恐怖了。"[4]但尽管法兰克人敌视他的母亲，但希尔德贝特二世仍拒绝把她送走，即使当他成年之后，他仍让她留在宫里，做他的顾问。

纽斯特里亚这边的弗蕾德贡德也想像自己的妯娌一样掌握大权。584年，希尔佩里克因个人恩怨被一名男子谋杀，他膝下无子，但就在葬礼之后，弗蕾德贡德诏告天下，说她怀上了丈夫的继承人。

消息一出，人们疑心四起。事实上，婴儿刚一出生，贡特拉姆［他通常性情温和，被编年史家弗莱德加（Fredegar）形容为"心地纯良"］便公开表示，孩子的父亲是法兰克朝臣，而不是他已过世的弟弟。因此，弗蕾德贡德召集了三个主教和"三百个有头有脸的人物，他们都发誓说，纽斯特里亚的希尔佩里克国王就是男孩的父亲"。[5]

无奈之下，贡特拉姆被迫让步。他心地太善良了，无法违背主教的话，于是他赶往巴黎参加孩子的洗礼仪式。弗蕾德贡德以小男孩有权有势的祖父（假定这是真的）的名字给他取名为"克洛泰尔二世"，并且以其摄政的身份统治纽斯特里亚。

592年，勃艮第的贡特拉姆去世，把归他统治的那部分法兰克地区留给了侄子兼养子——奥斯特拉西亚的希尔德贝特二世。这意味着，布伦希尔德如今辅佐她的儿子同时统治着奥斯特拉西亚和勃艮第两个王国，而弗蕾德贡德则担任纽斯特里亚的摄政。法兰克的统治权已经落到这两个强大的女人手中，法兰克人弗蕾德贡德和西哥特人布伦希尔德，她们因为个人恩怨彼此厌恶，而且，她们都有权决定自己王国的行动。

这两个人谁都不会允许大权旁落。布伦希尔德的儿子希尔德贝特二世于595年去世，当时他只有20多岁。布伦希尔德立刻将矛头指向弗蕾德贡德，认为是她从远方派人来毒害了她的儿子。然而，儿子的死却正好将她推到统治奥斯特拉西亚和勃艮第两个王国的位置上。她两个年幼的孙子，一个9岁，一个8岁，瓜分了奥斯特拉西亚和勃艮第，而她则顺理成章地成为他们的摄政。

弗蕾德贡德和她的儿子，克洛泰尔二世，立即试图占领巴黎。据法兰克编年史家弗莱德加说，这场战争引发了“大屠杀”，但几乎一无所获。这两个王后之间的仇恨本来有可能会发展成一场全面的战争，这将摧毁法兰克人的王国；但597年，弗蕾德贡德去世了，她的儿子开始独立统治。[6]

两年后，已故的希尔德贝特二世的长子、奥斯特拉西亚的提奥德贝尔特二世（Theudebert II）已年满13周岁。他有资格独立统治了，所以他罢免了祖母布伦希尔德，这一举动赢得了奥斯特拉西亚贵族的大声喝彩。布伦希尔德南下进入勃艮第，希望她的小孙子提奥多里克二世（Theuderic II）能收留她，但显然她在中途迷路了。“有个穷人发现她独自徘徊，”弗莱德加说，“应她的要求，他将她带到提奥多里克面前，提奥多里克热情款待了自己的祖母，并举行了欢迎仪式。”[7]

法兰克王国再次形成三足鼎立、彼此敌对的局面。599年，纽斯特里亚的克洛泰尔二世已满15周岁，他少年老成，试图攻击自己的两个堂侄，占领他们的土地，但两兄弟决定结成统一战线。他们联合勃艮第和奥斯特拉西亚的军队，打败了克洛泰尔二世，夺取并瓜分了他的大部分领土。

布伦希尔德现在居住在勃艮第，其国土面积日益扩大，实力与日俱增。布伦希尔德重返权力之巅，又恢复了昔日专横的作风。据编年史家弗莱德加说，她不但指控数名贵族叛国并将其处死，以夺取对方的土地，而且还策划行刺其他多名重臣。600 年，提奥多里克已年满 13 周岁，但他仍然无法摆脱祖母布伦希尔德，使自己独掌勃艮第大权。他把她迎进了门，结果她却如同一只帽贝，死抓住权杖不放。提奥多里克转眼就满 20 岁了，早已过了一个国王应该结婚生子的年龄，却仍旧孤身一人，受祖母的摆布。

他赶不走她，又不愿意向奥斯特拉西亚的兄长或纽斯特里亚的堂叔求助（三人中他年纪最小，也许是害怕敞开国门之后，搞不好会失去王位），因此他出去找了一个新的盟友。607 年，他派遣使节出访西班牙，请求西哥特国王维特里克（Witteric）将女儿厄明博加（Ermenberga）下嫁于他。

西哥特王国正处于鼎盛时期，若西哥特和勃艮第结成联盟，勃艮第就会成为三个法兰克王国中最强大的一个。但显然布伦希尔德一想到自己会失去宫廷实际控制者这一地位就无法忍受。据历史学家弗莱德加的说法，布伦希尔德故意对提奥多里克说他新娘的坏话，布伦希尔德是个狡诈机智的女人，在她的挑唆下，厄明博加抵达之时，提奥多里克早已失去了对这次联姻的兴趣。他一次都没有与妻子同房，一年后就将她送回了娘家。[8]

取而代之的是，他与纽斯特里亚的堂叔克洛泰尔二世结盟，共同对抗他的哥哥、奥斯特拉西亚的提奥德贝尔特二世。612 年，联军在阿登（Ardennes）森林的边缘袭击了提奥德贝尔特的军队。“战况惨烈，双方伤亡惨重，战死的士兵连倒下的空间都没有，”弗雷德加的记述中这样写道，“他们战死之后，尸首彼此支撑，仍然呈站立姿势，就像仍然活着一样……乡间尸横遍野。”提奥多里克和克洛泰尔二世向科隆进军，掠夺了提奥德贝尔特的财宝，并将他本人俘获。弗莱德加补充说，一个士兵捉住提奥德贝尔特年幼的儿子兼继承人，“用脚踢他，把他往石头上摔，摔得脑浆迸裂”。[9]

布伦希尔德从来没有忘记自己的长孙做出过将她赶出宫廷的决定。她命提奥多里克将自己的兄弟囚禁起来，然后让人在监狱里杀害了这位年轻的国王。提奥多里克将奥斯特拉西亚据为已有，自己当上了奥斯特拉西亚和勃艮第的联合国王，然而，他在之后不到一年就死于痢疾——仍然没有留下一个合法的继承人。

为了避免王国落入布伦希尔德之手，奥斯特拉西亚宫相沃纳哈尔（Warnachar）和勃艮第宫相雷多（Rado）采取了行动。

“宫相”（Mayor of the Palace）是法兰克国王得力助手的头衔，担任这个职位的官员需要负责照看王室庄园，并监管其他政府官员，通常身兼首相和管家之职。当国王年幼、体弱，或是死去之后，他的宫相会暂代其统治。

沃纳哈尔和雷多都不想看着他们的国土由布伦希尔德接管，因此，他们一起请求克洛泰尔二世出兵。613年，克洛泰尔二世同意出兵，他一路上基本未遭到什么抵抗。他俘虏了伯母布伦希尔德，让她饱经折磨之后才处死了她。“他对她怀着满腔的怒火，”弗莱德加在编年史中如是写道，“连续三天，她尝遍了各种酷刑，然后，克洛泰尔二世下令，让她骑着骆驼游街示众。最后，她的头发、一只胳膊和一条腿被绑在一匹未被驯服的马的尾巴上，马蹄乱踏，将她踏成了碎片。”[10]

法兰克王国再次统一，而国王克洛泰尔二世，则是所有国王中唯一有可能跟王室家族没有任何血缘关系的一个。

克洛泰尔二世开始尝试建立某种秩序，整顿眼下混乱的局面。

615 年，他发布了《巴黎敕令》(Edict of Paris)，其中除其他规定外，他还承诺，法兰克国王不会凌驾于奥斯特拉西亚、纽斯特里亚和勃艮第当地王室的权威之上。三个法兰克王国将在克洛泰尔二世的带领下联合起来，但不会有单一的集权政府，宫相这个职位也不会合而为一。相反，每个宫相仍旧管辖自己的领地。[11]

这或许就是宫相沃纳哈尔和雷多当初和他达成的协议的一部分：他们想要他插手干预，但不能以牺牲自己的权力为代价。克洛泰尔二世发兵入侵，帮助这两个宫相除掉了布伦希尔德，使他们的权力变得更加坚固：现在这两个人的权力都比之前在国王手下更大了。两年后，克洛泰尔二世同意宫相采取终身制，这使他们的权力变得更加根深蒂固。

如今，这两个宫相不仅享有相对独立的统治权，而且也不能被免职。克洛泰尔二世做了一个魔鬼交易。他戴上了法兰克王冠，但国土有三分之二处于两位宫相的统治之下——他无法通过法律手段除掉他们，他们在自己的领地拥有立法权，而且如今他们都能独立行事，不用再像过去一样受讨厌的王室子孙及其母亲或祖母的控制。

617 年颁布的法令赋予了宫相终身的权力，这使宫相逐渐转换成了统治者的角色——这种角色转换后来使得法兰克墨洛温王朝的国王没有什么重要性可言了。

几十年来，法兰克王国先后出过三个宫相，他们分别出自奥斯特拉西亚、纽斯特里亚和勃艮第的宫廷。克洛泰尔之所以同意这样的安排，是因为他想要让法兰克政治中强烈的地方性色彩同一个地位更高的大王结合起来。

但这种做法并不完全成功。即使有了独立自主的宫相，奥斯特拉西亚的贵族仍旧试图争取更大的独立性——特别是独立于纽斯特里亚。或许是由于古时候部落间的差异，或是各氏族之间说不清道不明的敌意导致了国家的分裂，总之法兰克王国的东西两部分越来越有可能坚持要求各自的利益分离。西法兰克人将自己的土地称为法兰西亚（Francia），而将东部称为“东部地区”（East Land），或奥斯特拉西亚。反过来，奥斯特拉西亚人则拒绝将西部称为法兰西亚，他们坚持使用纽斯特里亚，或“新西部地区”（New West Land）这样的名称来称呼对方。

623 年，克洛泰尔二世答应让自己 20 岁的儿子达戈贝尔特一世（Dagobert I）担任奥斯特拉西亚的统治者，如此一来，奥斯特拉西亚人不仅有一位独立的宫相，还有一位独立的国王。虽然有两重因素导致达戈贝尔特的独立统治基本如同空中楼阁：一是他牢牢受制于自己的父亲，二是无论如何他朝廷的实权都掌握在宫相老丕平（Pippin the Elder）的手中；但这还是加深了奥斯特拉西亚人想与纽斯特里亚和勃艮第分离的愿望。

629 年，克洛泰尔离世，结束了他长达 45 年的统治，此时，达戈贝尔特才有机会行使一些实权。他同父异母的弟弟查理贝尔特试图执掌纽斯特里亚，但达戈贝尔特起初威逼他撤回到阿基坦那一小块领地上，然后又派人行刺他，将整个王国据为己有。[12]

如今，整个法兰克王国再次处于同一个国王的统治之下，奥斯特拉西亚的贵族则再次表示反对。达戈贝尔特曾经帮助他们维持自己的独立性，但现在显然成了他们的麻烦。

达戈贝尔特被迫沿用父亲的策略。他将自己 3 岁的儿子西吉贝尔特三世（Sigebert III）推上奥斯特拉西亚国王的位子，奥斯特拉西亚王国的实权再次落入宫相手中。法兰克人笨拙地试图平衡国王的权力、王室家族的权力，以及法兰克贵族（以前的氏族首领）想要实现自治的强烈愿望。立个年幼的国王，然后由当地的宫相替他执掌权力，这虽说不算是个稳妥的解决方案，但也是个可行之策。

639 年，达戈贝尔特去世，王国仍旧处于分裂状态：西吉贝尔特三世和他的宫相仍旧掌控着奥斯特拉西亚。与此同时，达戈贝尔特的幼子克洛维二世也在纽斯特里亚和勃艮第加冕称王，在这两个王国，各有一名宫相辅佐他进行统治。

虽然这些国王你方唱罢我登场，但真正重要的并不是哪一个王子登上了王位，而是各国宫相的权力。虽然当时设立宫相这个职位是为了维持法兰克三个王国的独立自主，但宫相们也很注意巩固自己的权力。[13]

老丕平死后将这一职位传给了儿子格林莫尔德（Grimoald）。以前宫相的职权不是世袭的，都是由国王任命的。但如今，宫相也像王位一样，可以由子孙后代来继承了。

这时格林莫尔德又说服了年轻的奥斯特拉西亚国王西吉贝尔特三世，让他同意立格林莫尔德的儿子为王位继承人。如此一来，宫相家族就要被纳入王室了。可惜格林莫尔德的野心没能实现，西吉贝尔特三世很快就有了自己的儿子。

格林莫尔德拒绝尝到失败的滋味。656 年，西吉贝尔特三世意外地英年早逝，格林莫尔德随即发动政变。他下令让西吉贝尔特年仅 6 岁的继承人达戈贝尔特二世（Dagobert II）剃度出家（将他头顶的头发剃光，表明他决心成为神职人员——剃度象征着对肉体的毁损，表示此人打算献身服侍上帝，因此就不适合担任俗世的统治者了），并将他送到了一所修道院里。接着，他把自己的儿子，“被领养的希尔德贝特”（Childebert the Adopted）推上了奥斯特拉西亚国王的宝座。

有鉴于此，纽斯特里亚和勃艮第的国王克洛维二世下令出兵。克洛维的军队俘虏了格林莫尔德和他的儿子“被领养的希尔德贝特”。两人都被处死，奥斯特拉西亚的王位空了下来。

但克洛维二世并没有把剃度出家的合法国王（他的侄子）从修道院接回来，而是任由他的臣子厄西诺德（Erchinoald）宣布他为整个法兰克人领土的王，厄西诺德还同时成为了所有三个王国的宫相。法兰克的宫相们原本意图保留本国王权的独立性，但他们本身却成了对王权的威胁。[14]

克洛维二世成为整个法兰克的国王，但他一年以后就去世了，留下三个非常年幼的儿子，其中两人名正言顺地加冕为奥斯特拉西亚和纽斯特里亚的国王，第三个则在修道院里长大成人。但在接下来的 15 年里，两位年轻的国王几乎毫无建树，而宫相们则为权力争斗不休。后来，编年史家将这些统治者称为最初的“懒王”（rois faineants），即“无为之王”，这一称谓一直伴随着墨洛温王朝直到王朝的最后一位国王。[15]

时间线 40

拜占庭	西哥特人	伦巴第人	法兰克人
亚历山大主教的蒂莫西三世（517—535）			克洛泰尔一世 / 希尔德贝特一世 / 提奥多里克一世 / 克洛多梅尔（511—524）
查士丁一世（518—527）			
查士丁尼大帝（527—565）			克洛泰尔一世 / 希尔德贝特一世 / 提奥多里克一世（524—534）
《查士丁尼法典》第一卷（529）			
	狄乌蒂斯（531—548）		克洛泰尔一世 / 希尔德贝特一世（534—558）
	阿塔纳吉尔德（554—567）		克洛泰尔一世（558—561）
查士丁二世（565—578）		阿尔博因（565—572）	贡特拉姆 / 希尔佩里克一世 / 西吉贝尔特一世 / 查理贝尔特一世（561—567）
	雷奥韦吉尔德（568—586）		贡特拉姆 / 希尔佩里克一世 / 西吉贝尔特一世（567—575）
提比略二世（578—582）			贡特拉姆 / 希尔佩里克一世 / 希尔德贝特二世（布伦希尔德）（575—584）
莫里斯（582—602）			贡特拉姆 / 克洛泰尔二世（弗蕾德贡德）/ 希尔德贝特二世（布伦希尔德）（584—592）
			克洛泰尔二世（弗蕾德贡德）/ 希尔德贝特二世（布伦希尔德）（592— 595）
			克洛泰尔二世（弗蕾德贡德）/ 提奥德贝尔特二世 / 提奥多里克二世（布伦希尔德）（595—612）
	维特里克（603—610）		
			克洛泰尔二世 / 提奥多里克二世（布伦希尔德）（612—613）
			克洛泰尔二世（613—623）
			《巴黎敕令》（615）

时间线 40（续表）		
西哥特人		法兰克人
拜占庭	伦巴第人	
		克洛泰尔二世 / 达戈贝尔特一世（老丕平任宫相）（623—629）
		达戈贝尔特一世（老丕平任宫相）（629—633）
		达戈贝尔特一世（老丕平任宫相）/ **西吉贝尔特三世**（633—639）
		克洛维二世 / **西吉贝尔特三世**（格林莫尔德任宫相）（639—656）
		克洛维二世（厄西诺德任宫相）（656—657）

注　释

01　没落和重建

1. Denis Twitchett and Michael Loewe, eds., *The Cambridge History of China*, Volume I: *The Ch'in and Han Empires, 221 BC–AD 220* (1986), p. 225.
2. Clyde Bailey Sargent, trans. *Wang Mang: A Translation of the Offcial Account of His Rise to Power* (1977), p. 55.
3. Ibid., p. 178.
4. Charles O. Hucker, *China's Imperial Past: An Introduction to Chinese History and Culture* (1975), p. 129.
5. Ban Gu, quoted in J. A. G. Roberts, *The Complete History of China* (2003), p. 57.
6. J. A. G. Roberts, p. 57.
7. Ann Paludan, *Chronicle of the Chinese Emperors: The Reign-by-Reign Record of the Rulers of Imperial China* (1998), p. 45.
8. J. A. G. Roberts, p. 59.
9. Franz Michael, *China Through the Ages: History of a Civilization* (1986), p. 82.
10. Jan Y. Fenton et al., *Religions of Asia* (1993), p. 141.

02　继承问题

1. Suetonius, *Tiberius* 25, in *Lives of the Caesars*, translated by Catharine Edwards (2000), p. 111.
2. Ibid.
3. Suetonius, *Tiberius* 43, in *Lives of the Caesars*, p. 119.
4. Suetonius, *Tiberius* 75, in *Lives of the Caesars*, p. 134.
5. *Acts of Thomas*, 2.4.
6. Ibid., 1.16.
7. Rom. 6:8–14, NIV.
8. Josephus, *Wars of the Jews*, ii, in *The Works of Josephus*, 184–203.
9. Tacitus, *Annals of Imperial Rome*, 12.62, 280.
10. I. A. Richmond, *Roman Britain* (1978), p. 30.
11. Ibid., p. 33.
12. Dio Cassius, *Roman History* (1916), 62.16–1.
13. Tacitus, *Annals of Imperial Rome*, 15.44.
14. Sulpicius Severus, "The Sacred History of Sulpicius Severus," in *Nicene and Post-Nicene Fathers, Second Series*, vol. 11, edited by Philip Schaff and Henry Wace (1974), book 2, chapter 29.
15. Suetonius, *Nero* 57, in *Lives of the Caesars*, p. 227.
16. Suetonius, *Galba*, in *Lives of the Caesars*, pp. 236–237.
17. Finley Hooper, *Roman Realities* (1979), p. 393.

03 罗马世界的边缘

1. Hooper, p. 403.
2. Pliny, Letter 6.20 in *The Letters of the Younger Pliny* (1963).
3. *De Vita Caesarum: Domitianus,* in *Suetonius*, edited by J. C. Rolfe (1914), vol. 2, 339–385.
4. *Domitian* 13, in Suetonius, *Lives of the Caesars*, sec. 13, p. 289.
5. Tacitus, "Life of Cnaeus Julius Agricola," in *Complete Works of Tacitus*, translated by Alfred John Church and William Jackson Brodribb (1964), pp. 707–708.
6. Chris Scarre, *Chronicle of the Roman Emperors* (1995), p. 83.
7. Ibid., p. 88.
8. *Trajan*, in Anthony Birley, *Lives of the Later Caesars* (1976), p. 44.
9. Epictetus, "Discourses 4," in *Discourses, Books 3 and 4*, translated by P. E. Matheson (2004), i. 128–131.
10. Dio Cassius, *Roman History* (1916), p. lxix.
11. Eusebius, *Ecclesiastical History*, translated by A. C. McGiffert, 1890.
12. Ibid.

04 幼主即位

1. J. A. G. Roberts, p. 60.
2. Hucker, p. 131.
3. J. A. G. Roberts, p. 60.
4. John King Fairbank and Merle Goldman, *China: A New History* (2002), p. 60.
5. Hucker, p. 131.
6. Michael, p. 84.
7. Ibid.

05 错误的继承

1. Scarre, p. 110.
2. *Marcus Antoninus* 2, in Birley, p. 110.
3. Birley, *Marcus Antoninus* 7, in Birley, p. 115.
4. Birley, *Marcus Antoninus* 12, in Birley, p. 122.
5. Birley, *Marcus Antoninus* 17, in Birley, p. 125.
6. Marcus Aurelius, *The Meditations of Marcus Aurelius*, translated by George Long (1909), 6.2.
7. Ibid., 30.
8. *Marcus Antoninus* 28, in Birley, p. 136.
9. Scarre, p. 122.
10. *Commodus* 9, in Birley, p. 170.
11. *Commodus* 16, in Birley, p. 175.
12. Rafe de Crespigny, trans., *To Establish Peace*, vol. 1 (1996), p. xi.
13. Ibid., p. 17.
14. Michael, p. 133; Paludan, p. 55.
15. de Crespigny, vol. 1, p. xxxviii.
16. Ibid., vol. 2, p. 396.

17. Hucker, p. 133.
18. *Caracallus* 2, in Birley, p. 251.
19. *Caracallus* 4, in Birley, p. 253.
20. Darab Dastur Peshotan Sanjana. *The Kârnâmê î Artakhshîr î Pâpakân, Being the Oldest Surviving Records of the Zoroastrian Emperor Ardashîr Bâbakân, the Founder of the Sâsânian Dynasty in Irân* (1896), 1.6.
21. Scarre, p. 147.
22. Birley, *Heliogabalus* 5, in Birley, p. 293.

06 帝国拯救者

1. al-Mas'udi, *El Masudi's Historical Encyclopedia, Entitled "Meadows of Gold and Mines of Gems,"* Book 2 (1841).
2. John Curtis, *Ancient Persia* (1990), p. 61.
3. "Yasna 12: The Zoroastrian Creed," translated by Joseph H. Peterson (electronic text at www.avesta.org, 1997), sections 1, 3, 9.
4. Jordanes, *The Origin and Deeds of the Goths*, translated by Charles C. Mierow (1908), 1.9.
5. Jordanes, 2.20.
6. Lactantius, "Of the Manner in Which the Persecutors Died," in *The Anti-Nicene Fathers*, vol. 7: *Fathers of the Third and Fourth Centuries*, edited by Alexander Roberts and James Donaldson (1974).
7. Ibid.
8. Eutropius, *Abridgement of Roman History*, translated by John Selby Watson (Bohn, 1853), 9.13.
9. Ibid., 9.14.
10. Scarre, p. 193.
11. Eusebius, "The Oration of the Emperor Constantine," 24, in *Nicene and Post-Nicene Fathers*, Second Series, Vol. I, edited by Philip Schaff and Henry Wace (1974).
12. Eutropius, 9.18.
13. Ibid., 9.18.
14. Ibid., 9.20.
15. Lactantius, "On the Manner in Which the Persecutors Died."
16. Ibid.
17. Eutropius, 9.23.
18. Ibid., 9.27.
19. Eusebius, "Life of Constantine," in *Nicene and Post Nicene Fathers*, Second Series, vol. 1, edited by Philip Schaff and Henry Wace (1974), 26.
20. Ibid., 28, 29.
21. Ibid., 38.

07 追求天命

1. Luo Guanzhong, *Three Kingdoms*, trans. Moss Roberts (1991), pp. 922–924.
2. John MacGowan, *The Imperial History of China* (1897), p. 154.
3. Ibid., p. 155.
4. Luo Guanzhong, p. 935.

5. C. P. Fitzgerald, *China* (1938), p. 255.
6. MacGowan, p. 160.
7. Ibid., p. 161.
8. Demetrius Charles Boulger, *The History of China*, vol. 1 (1972), pp. 134–135.
9. Franz Michael, *China through the Ages* (1986), p. 90; Ann Paludan, *Chronicle of the Chinese Emperors* (1998), p. 64; Rodney Leon Taylor, *The Religious Dimensions of Confucianism* (1990), p. 14.
10. Thomas J. Barfield, *The Perilous Frontier* (1989), p. 115.
11. Jacques Gernet, *A History of Chinese Civilization*, 2nd ed., trans. J. R. Foster and Charles Hartman (1996), p. 187.
12. Marylin M. Rhie, *Early Buddhist Art of China and Central Asia*, vol. 2 (1999), p. 279.
13. MacGowan, p. 187; Barfield, p.117.
14. Gernet, p. 183.
15. Mohan Wijayaratna, *Buddhist Monastic Life*, trans. Claude Gransier and Steven Collins (1990), p. 3.
16. Michael, p. 101.
17. Kenneth Kuan Sheng Ch'en, *Buddhism in China* (1972), pp. 57–58; William Theodore de Bary et. al., *Sources of Chinese Tradition*, Vol. 1 (1963), p. xxi.

08 上帝统治下的统一帝国

1. 血腥场景的具体描写参见 Lactantius, "Of the Manner in Which the Persecutors Died," chapter 44, in Philip Schaff, ed., *Anti-Nicene Fathers*, Vol. 7 (1896); and in Zosimus, *Historia Nova* (1814), book 2。
2. Zosimus, book 2.
3. Lactantius, "Of the Manner in Which the Persecutors Died," chapter 49, in Schaff, *Anti-Nicene Fathers*, vol. 7.
4. Lactantius, *De Mortibus Persecutoram*, chapter 45, in *University of Pennsylvania, Dept of History: Translations and Reprints from the Original Sources of European History*, vol. 4:1 (1897), pp. 28–30.
5. Eusebius, *Life of Constantine*, 1.41, trans. Averil Cameron and Stuart G. Hall (1999), p. 86.
6. A. A. Vasiliev, *History of the Byzantine Empire*, 324–1453, vol. 1 (1952), p. 47.
7. Eusebius, *Life of Constantine*, 4.61; Vasiliev, pp. 48–49.
8. Chris Scarre, *Chronicle of the Roman Emperors* (1995), p. 215.
9. J. N. D. Kelly, *Early Christian Doctrines*, rev. ed. (1976), pp. 138–139.
10. Ignatius, *Letter to the Ephesians*, 7, in Philip Schaff, ed., *Ante-Nicene Fathers*, vol. 1 (1867).
11. Kelly, *Early Christian Doctrines*, p. 141.
12. Ibid., pp. 227–229.
13. Eusebius, *Life of Constantine*, 2.72.
14. Sozomen, *The Ecclesiastical History*, 4.16, in Philip Schaff and Henry Wace, eds., *A Select Library of the Nicene and Post-Nicene Fathers*, second series, Vol. 2 (1892).
15. Vasiliev, p. 54.
16. Vasiliev, p. 53.
17. Sozomen, *Ecclesiastical History*, 2.3, in Schaff and Wace, vol. 2.
18. Photius, *Epitome of the Ecclesiastical History of Philostorgius*, trans. Edward Walford (1860), 1.9.
19. Vasiliev, p. 59; Sozomen, *Ecclesiastical History*, 2.4, in Schaff and Wace, vol. 2.
20. Eusebius, *Life of Constantine*, 3.47.

09 精神上的帝国

1. Ranbir Vohra, *The Making of India* (2001), p. 28.
2. K. A. Nilakanta Sastri, *A History of South India from Prehistoric Times to the Fall of Vijayanagari*, 3d ed. (1966), p. 92.
3. Romila Thapar, *Early India* (2002), p. 282.
4. Ibid., p. 283.
5. John Keay, *India* (2000), pp. 138–139.
6. Stanley Wolpert, *A New History of India*, 7th ed. (2004), p. 85.
7. Keay, p. 132.
8. Thapar, *Early India*, p. 280.
9. The Kalinga Edict, trans. by Romila Thapar, *Asoka and the Decline of the Mauryas*, 3d rev. ed. (1998), p. 255.
10. Thapar, *Early India*, p. 238.
11. Vasudev Vishnu Mirashi, *Literary and Historical Studies in Indology* (1975), pp. 119–121.
12. Thapar, *Early India*, p. 286; Keay, p. 142.
13. Faxian, *A record of Buddhistic kingdoms*, trans. James Legge (1886), pp. 42–43, 79.

10 来自萨珊波斯帝国的威胁

1. Richard N. Frye, *The History of Ancient Iran* (1983), p. 309; Muhammed ibn Jarir al-Tabari, *The History of al-Tabari*, vol. 5 (1999), pp. 51–52.
2. al-Tabari, *History*, vol. 5, pp. 54–55.
3. Ibid., pp. 52–53.
4. T. D. Barnes, "Constantine and the Christians of Persia," *The Journal of Roman Studies*, 75 (1985), p. 132; also see Eusebius, *Life of Constantine*, 4.8.
5. al-Tabari, *History*, vol. 5, p. 155.
6. Vahan M. Kurkjian, *A History of Armenia* (1958), pp. 119–120.
7. Schaff and Wace, *Select Library*, vol. 13, p. 244; Barnes, p. 128; Aphrahat, "Demonstration XXI: Of Persecution," in Schaff and Wace, *Select Library*, vol. 13, p. 519.
8. Barnes, p. 132; Eusebius, *Life of Constantine*, 4.56–57.
9. Scarre, p. 221; Eusebius, *Life of Constantine*, 4.75.
10. Frye, *The History of Ancient Iran*, p. 310.
11. Christopher S. Mackay, *Ancient Rome* (2004), p. 316.
12. Ibid., p. 317.
13. Frye, *History of Ancient Iran*, p. 310.
14. Ammianus Marcellinus, *The History of Ammianus Marcellinus*, (1982), vol. 1, 18.6.21–22.
15. Ibid., 18.8
16. Ibid., 19.3

11 叛教者

1. Vasiliev, p. 69; Mackay, p. 320.
2. Vasiliev, p. 75.
3. Quoted in E. A. Thompson, *The Huns*, rev. Peter Heather (1999), p. 23.
4. Vasiliev, pp. 72–73.

5. al-Tabari, *History*, vol. 5, p. 59; Ammianus Marcellinus, *The History of Ammianus Marcellinus*, vol. 2 (1986), 23.5.10–11.
6. Ammianus, *History*, vol. 2 (1986), 25.3.15–23; Theodoret, *Church History*, 3.10, in Schaff and Wace, *Select Library*, vol. 3.
7. Ammianus, *History*, vol. 2, 25.5.4–6, 10.14–15; Mackay, p. 321.
8. al-Tabari, *History*, vol. 5, pp. 62–63.
9. Vasiliev, p. 78.
10. Ammianus II (1986), XXV.10.12–15.

12 地震与入侵

1. Zosimus, book 4; Theodoret, *Church History* 4.4, in Schaff and Wace, *Select Library*, vol. 3.
2. Ammianus Marcellinus, *The Later Roman Empire*, trans. Walter Hamilton (1986), 26.4.
3. Ibid.
4. Zosimus, book 4.
5. Vasiliev, p. 79; Socrates, *Church History*, 4.2, in Schaff and Wace, *Select Library*, vol. 2; Zosimus, book 4; Ammianus, *Later Roman Empire*, 26.5.
6. Gavin Kelly, "Ammianus and the Great Tsunami," *The Journal of Roman Studies*, (2004), p. 143.
7. Ammianus, *History*, vol. 2, 26.10.16–18.
8. Ammianus, *Later Roman Empire*, 26.4.
9. Socrates, *Church History*, 4.5 in Schaff and Wace, *Select Library*, vol. 2.
10. Kelly, "Ammianus and the Great Tsunami," p. 143; Libanius, "On Avenging Julian (Or. 24.14)," quoted in Kelly, p. 147.
11. "Letter of Auxentius," trans. Peter Heather and John Matthews, *The Goths in the Fourth Century* (1991), p. 138.
12. Gerhard Herm, *The Celts*, (1976), p. 226.
13. Quoted in Daithi O Hogain, *The Celts* (2003), p. 191.
14. Ibid., p. 205.
15. I. A. Richmond, *Roman Britain* (1955), p. 228.
16. O Hogain, p. 206.
17. Richmond, pp. 63–64.
18. Ammianus, *History*, vol. 3, 29.6.1.
19. Ibid., 29.6.5–6.
20. Ibid., 30.5.13–14.
21. Ibid., 30.6.3.
22. Ammianus, *Later Roman Empire*, pp. 412–415; Thompson, p. 26; Vasiliev, p. 86.
23. In Jordanes, *The Gothic History of Jordanes*, trans. Charles Christopher Mierow (1915), book 24.
24. Genesis 6:1–4.
25. Vasiliev, p. 86.
26. Ammianus, *History*, vol. 3, 31.8.6; Socrates, *Church History*, 4.38, in Schaff and Wace, *Select Library*, vol. 2.

13 重建王国

1. *San-kuo chih* 30, trans. Michael C. Rogers, in Peter H. Lee et al., eds., *Sourcebook of Korean Civilization*, vol. 1 (1993), p. 17.

2. James Huntley Grayson, *Early Buddhism and Christianity in Korea* (1985), p. 19.
3. Chan Master Sheng Yen, *Zen Wisdom* (1993), p. 169; Ch'en, pp. 59–61.
4. Edward T. Ch'ien, "The Neo-Confucian Confrontation with Buddhism," *Journal of Chinese Philosophy*, 15 (1988), pp. 349–350; Ki-baik Lee, *A New History of Korea*, trans. Edward W. Wagner (1984), p. 38; Lee and deBary, p. 35.
5. Lee, *New History of Korea*, p. 37.
6. Grayson, *Early Buddhism and Christianity in Korea*, p. 26.
7. Lee, *New History of Korea*, p. 38; Lee and deBary (1993), p. 25; John Whitney Hall et al., *The Cambridge History of Japan* (1988), p. 361.

14 大公教会

1. Vasiliev, p. 79; Zosimus, book 4.
2. Gregory of Nyssa, "On the Divinity of the Son and of the Holy Spirit," In A. D. Lee, *Pagans and Christians in Late Antiquity* (2000), p. 110.
3. Sozomen, *Ecclesiastical History,* 7.4, in Schaff and Wace, *Select Library*, vol. 2.
4. Vasiliev, p. 80; Codex Theodosianus, 16.1–2, in Theodosius, *The Theodosian Codes and Novels and the Sirmondian Consititutions*, ed. Clyde Pharr, with Theresa Sherrer Davidson and Mary Brown Pharr (1952).
5. Sozomen, *Ecclesiastical History*, 7.12, in Schaff and Wace, *Select Library*, vol. 2.
6. Ibid.
7. Vasiliev, p. 87.
8. Scarre, p. 229.
9. Vasiliev, p. 81.

15 逐出教会

1. John Davies, *A History of Wales* (1993), p. 52.
2. O Hogain, pp. 206–207; Geoffrey of Monmouth, *The History of the Kings of Britain*, trans. Lewis Thorpe 1966), 9.2.
3. Zosimus, book 4.
4. al-Tabari *History*, p. 68.
5. Walter Pohl, "The Vandals: Fragments of a Narrative," in A. H. Merrills, ed., *Vandals, Romans and Berbers* (2004), p. 34; Paulus Orosius, *The Seven Books of History against the Pagans*, trans. Roy J. Defarrari (1964), p. 352.
6. Ambrose of Milan, *The Letters of St. Ambrose, Bishop of Milan*, trans. H. Walford (1881), letter 20; George Huntston Williams, "Christology and Church-State Relations in the Fourth Century (concluded)," *Church History*, 20:4 (1951), p. 5.
7. Sozomen, *Ecclesiastical History*, 7.13, in Schaff and Wace, *Select Library*, vol. 2.
8. Socrates, *Ecclesiastical History*, 5.14, in Schaff and Wace, *Select Library*, vol. 2; Orosius, book 7.
9. "The Memorial of Symmachus," in Ambrose of Milan, *Letters*, letter 7.
10. Ambrose of Milan, *Letters*, letter 8.
11. Sozomen, *Ecclesiastical History*, 7.25, in Schaff and Wace, *Select Library*, vol. 2.
12. Theodoret, *Church History*, 5.17, in Schaff and Wace, *Select Library*, vol. 3.
13. Vasiliev, p. 82.

16 一分为二

1. Orosius, book 7; Sozoman, *Ecclesiastical History*, 7.24 in Schaff and Wace, *Select Library*, vol. 2; Socrates, *Ecclesiastical History* 5.25, in Schaff and Wace, *Select Library*, vol. 12.
2. Finley Hooper, *Roman Realities* (1979), p. 536; Vasiliev, p. 90; Zosimus, book 5; J. B. Bury, *A History of the Later Roman Empire*, vol. 1 (1966), p. 62.
3. Roger Collins, *Early Medieval Europe, 300–1000*, 2d ed. (1999), p. 30.
4. Ibid., pp. 23–24, 39.
5. Bury, *History of the Later Roman Empire*, vol. 1, p. 64; Vasiliev, p. 91.
6. Claudian, "Against Rufinus," in *Claudian* (1922), trans. Maurice Platnauer, pp. 88–89.
7. Ibid., p. 88; Zosimus, book 5.
8. Zosimus, book 5.

17 罗马沦陷

1. Henry Chadwick, *The Early Church* (1967), p. 169; Kelly, *Early Christian Doctrines*, pp. 13–14.
2. Augustine, *Confessions*, trans. Henry Chadwick (1998), 8.12.
3. Norman Cantor, *The Civilization of the Middle Ages* (1984), p. 51.
4. Kelly, *Early Christian Doctrines*, pp. 410–411.
5. Philip Schaff, ed., *A Select Library of the Nicene and Post-Nicene Fathers*, vol. 4, first series (1889), p. 751.
6. Kelly, *Early Christian Doctrines*, p. 411.
7. Schaff, *Select Library*, vol. 4, p. 906.
8. Zosimus, book 5.
9. Procopius, *History of the Wars, Secret History, and Buildings*, trans. Averil Cameron (1967), I.2.
10. Ibid.
11. Claudian, *De Bello Gothico* 26.
12. Thomas Hodgkin, *Italy and Her Invaders* (1892), pp. 721–723.
13. O Hogain, p. 208; Collins, pp. 13, 25.
14. J. B. Bury, *History of the Later Roman Empire*, vol. 1, p. 113.
15. Ibid., p. 117; Collins, p. 14; Gregory of Tours, *The History of the Franks*, trans. Lewis Thorpe (1974), 2.8.
16. Zosimus, book 6.
17. Jerome, "Letter CXXVII," in Schaff and Wace, *Select Library*, vol. 6.

18 一性论与二性论

1. Agathias, *The Histories*, trans. Joseph D. Frendo (1975), 4.26.8.
2. al-Tabari, *History*, vol. 5, p. 71.
3. Thompson, p. 35.
4. al-Tabari, *History*, vol. 5, p. 73.
5. Ibid., pp. 88–89.
6. Procopius, *History of the Wars, Secret History, and Buildings*, I.2.
7. Bury, *History of the Later Roman Empire*, vol. 1, p. 128.

8. George Ostrogorsky, *History of the Byzantine State*, rev. ed., trans. Joan Hussey (1969), p. 58.
9. Ugo Bianchi, "The Contribution of the Cologne Mani Codex to the Religio-Historical Study of Manicheism," in Mary Boyce, *Papers in Honour of Professor Mary Boyce* (1985), pp. 18–20.

19 找寻家园

1. Jordanes, 30.157–158.
2. Ibid., 31.160.
3. Sozomen, *Ecclesiastical History*, 4.14, in Schaff and Wace, *Select Library*, vol. 2.
4. Collins, p. 25; O Hogain, p. 210.
5. J. M. Wallace-Hadrill, *The Long-Haired Kings and Other Studies in Frankish History* (1962), pp. 25–26; Orosius, book 7.
6. Peter Heather, *The Goths* (1996), pp. 148–149.

20 笈多王朝衰落

1. David Christian, *A History of Russia, Inner Asia and Mongolia* (1998), p. 248.
2. Procopius, *History of the Wars, Secret History, and Buildings*, book 3; Wilhelm Barthold, *An Historical Geography of Iran*, trans. Svat Soucek (1984), pp. 19–20; Thapar, *Early India*, p. 286.
3. Radha Kumud Mookerji, *The Gupta Empire* (1969), pp. 70, 74.
4. Sastri, *History of South India* (1966), p. 109.
5. D. K. Ganguly, *The Imperial Guptas and Their Times* (1987), pp. 108–109.
6. H. C. Ray, *The Dynastic History of Northern India (Early Mediaeval Period)*, 2d ed., vol. 1 (1973), p. xxxiii; Mookerji, p. 92; Thapar, *Early India*, p. 286; Hermann Kulke, *A History of India*, 4th ed. (2004), p. 90.
7. Keay, p. 102; Sastri, *History of South India*, p. 444.
8. Sastri, *History of South India*, p. 83.
9. Ibid., p. 117.
10. Michael, pp. 96–97.

21 北方的野心

1. MacGowan (1897), p. 201.
2. Ibid., p. 202.
3. Ibid., p. 208.
4. Gernet, pp. 175–176, 181.
5. Ch'en, p. 61.
6. Fabrizio Pregadio, *Great Clarity* (2005), p. 6.
7. Fitzgerald, *China*, p. 267.
8. MacGowan, p. 211.
9. Paludan, p. 219.
10. MacGowan, p. 214.

22 匈人

1. Jordanes, 24. pp. 86–87.
2. Ammianus, *Later Roman Empire*, 31.2; Thompson, pp. 48, 54.
3. Thompson, p. 68.
4. Jordanes, 35.181–182; Nestorius, *The Bazaar of Heracleides*, trans. G. R. Driver and Leonard Hodgson (1925), 2.2.
5. Leo the Great, "Letter XIV," in Schaff and Wace, *Select Library*, vol. 12.
6. Ostrogorsky, p. 59.
7. Thompson, p. 113.
8. Ibid., p. 116.
9. 普里斯库斯的描述保存于 Jordanes, 24.178–179。
10. Thompson, pp. 144–145.
11. J. B. Bury, "Just Grata Honoria," *The Journal of Roman Studies*, 9 (1919), p. 9.
12. Ibid.
13. Jordanes, 42.224.
14. Bury, *History of the Later Roman Empire*, vol. 1, p. 199.

23 阿提拉

1. Gregory of Tours, 2.6.
2. Ian Wood, *The Merovingian Kingdoms, 450–751* (1994), p. 37.
3. Jordanes, book 38.
4. Hydatius, *The Chronicle of Hydatius and the Consularia Constantinopolitana*, trans. R. W. Burgess (1993), p. 101; Jordanes, book 40.
5. Jordanes, book 42.
6. Otto J. Maenchen-Helfen, *The World of the Huns* (1973), p. 141.
7. Ibid., p. 139; Hydatius, p. 103; Jordanes, book 43.
8. Ibid., book 49.

24 正教

1. Kelly, *Early Christian Doctrines*, pp. 331, 339; Letter 28, "To Flavian, commonly called 'the Tome.'" in Schaff and Wace, *Select Library*, vol. 12.
2. Collins, p. 74.
3. Letter 93, "From the Synod of Chalcedon to Leo"; Letter 104, "Leo, the Bishop, to Marcian Augustus"; Letter 105, "To Pulcheria Augusta about the self-seeking of Anatolius"; Letter 106, "To Anatolius, Bishop of Constantinople, in rebuke of his self-seeking," all in Schaff and Wace, *Select Library*, vol. 12.
4. Yeghishe, *History of Vartan and the Armenian War*, 2d ed. (1952), pp. 4, 11.
5. Ibid., p. 75.
6. al-Tabari, *History*, vol. 5, p. 109.

25 爱尔兰高王

1. O Hogain, p. 211. 奈尔生活的确切时间无法确定，他统治爱尔兰的时间大概在 390—

455 年。

2. Tom Peete Cross and Clark Harris Slover, eds., *Ancient Irish Tales* (1936), p. 510.
3. Ibid., p. 512.
4. Patrick, *Confession*, in Joseph Cullen Ayer, *A Source Book for Ancient Church History* (1913), pp. 568–569; Bede, *Bede's Ecclesiastical History of the English People*, ed. Bertram Colgrave and R. A. B. Mynors (1969), 1.1.
5. Louise T. Moore et al., "A Y-Chromosome Signature of Hegemony in Gaelic Ireland." *The American Journal of Human Genetics*, 78 (Feb. 2006), pp. 334–338.
6. O Hogain, pp. 212–213.
7. Gildas, *The Ruin of Britain and Other Works*, trans. Michael Winterbottom (1978), 19.1.
8. O Hogain, pp. 214, 217 (O Hogain notes that "the sources … are confused and largely unreliable," making this a *probable* sequence of events); Gildas, 23.1.
9. Bede, 1.15; Gildas, 23.4.
10. Geoffrey of Monmouth, 6.10.
11. Gildas, 24.2–3.
12. Nennius, *History of the Britons*, 42, in J. A. Giles, *Old English Chronicles* (1908).
13. M. J. Swanton, trans. and ed., *The Anglo-Saxon Chronicle*, (1998), p. 13.

26 罗马神话的终结

1. C. D. Gordon, *The Age of Attila* (1960), p. 51.
2. Ibid., pp. 51–52; Bury, *History of the Later Roman Empire*, vol. 1, pp. 182–183.
3. Bury, *History of the Later Roman Empire*, vol. 1, p. 235.
4. Procopius, *History of the Wars and Buildings*, trans. H. B. Dewing, vol. 2 (1916), 3.25–26.
5. Bury, *History of the Later Roman* Empire, vol. 1, p. 237.
6. Procopius, *History of the Wars and Buildings*, trans. H. B. Dewing, Vol. 5 (1928), VII.4–13.
7. Hydatius (1993), p. 113.
8. Ibid., p. 115.
9. Collins, p. 33.
10. Sidonius Apollinaris, *Letters*, trans. O. M. Dalton (1915), 1.5.
11. O Hogain, p. 215.
12. Jordanes, 45.237–238.
13. Gordon, p. 122.
14. Jordanes, book 46, p. 119.

27 东哥特

1. Bury, *History of the Later Roman Empire*, vol. 1, pp. 230–231.
2. Ibid., p. 252.
3. Jordanes, 46.243.
4. Collins, p. 33; Bury, *History of the Later Roman Empire*, vol. 1, pp. 278–279.
5. John Moorhead, *Theoderic in Italy* (1992), pp. 16–17.
6. Ibid., pp. 19–20.
7. Anonymous Valensianus, quoted in Thomas S. Burns, *A History of the Ostrogoths* (1984), p. 72.
8. Moorhead, p. 30.
9. Ibid., pp. 73, 100–101, 140–142.

10. Moorhead, p. 60; Procopius, *History of the Wars and Buildings*, trans. H. B. Dewing, vol. 3 (1919), 5.2.
11. Gregory the Great, *The Dialogues of St. Gregory*, ed. Edmund G. Gardner (1911), 2.3.
12. Benedict, *The Holy Rule of St. Benedict*, trans. Boniface Verheyen, OSB (1949), prologue.
13. Gregory the Great, *The Dialogues* (1911), II.12.
14. Henry Bettenson and Chris Maunder, eds., *Documents of the Christian Church*, 3rd ed. (1999), p. 141.

28 拜占庭

1. Joshua the Stylite, *The Chronicle of Joshua the Stylite*, trans. W. Wright (1882), 1.
2. Procopius, *History of the Wars and Buildings*, vol. 1 (1914), 1.3; Joshua the Stylite, 10–11.
3. Procopius, *History of the Wars and Buildings*, vol. 1, 1.4; al-Tabari, *History*, vol. 5, p. 111, 116; Joshua the Stylite, 11.
4. al-Tabari, *History*, vol. 5, pp. 128–129; Joshua the Stylite, 18–19.
5. Mary Boyce, "On the Orthodoxy of Sasanian Zoroastrianism," *Bulletin of the School of Oriental and African Studies, University of London*, 59:1 (1996), p. 23.
6. Ehsan Yarshater, "Mazdakism," in Ehsan Yarshater, ed., *The Cambridge History of Iran*, vol. 3(2) (1983), p. 1019.
7. al-Tabari, *History*, vol. 5, p. 132; Procopius, *History of the Wars and Buildings*, vol. 1, 1.5.
8. Procopius, *History of the Wars and Buildings*, vol. 1, 1.5.
9. al-Tabari, *History*, vol. 5, p. 136; Procopius, *History of the Wars and Buildings*, vol. 1 (1914), 1.6.
10. Bury, *History of the Later Roman Empire*, vol. 1, p. 290.
11. Procopius, *History of the Wars and Buildings*, vol. 1, 1.7; Joshua the Stylite, 53.
12. Procopius, *History of the Wars and Buildings*, vol. 1, 1.10.
13. Samuel Hazzard Cross and Olgerd P. Sherbowitz-Wetzor, trans. and ed., *The Russian Primary Chronicle* (1953), p. 55; Bury, *History of the Later Roman Empire*, vol. 1, p. 294.
14. Evagrius Scholasticus, *Ecclesiastical History*, trans. E. Walford (1846), 38.
15. Timothy Gregory, *A History of Byzantium* (2005), pp. 121–123.
16. Geoffrey Greatrex, "The Nika Riot: A Reappraisal," *The Journal of Hellenic Studies*, 117 (1997), p. 64.
17. Procopius, *The Secret History*, trans. G. A. Williamson (1966), p. 73.

29 渴望

1. Duan Wenjie, *Dunhuang Art* (1994), p. 127.
2. Gernet, pp. 192–193; J. A. G. Roberts, *The Complete History of China* (2003), pp. 68–69.
3. Joseph Needham et al., "Chemistry and Chemical Technology," in *Science and Civilization in China*, vol. 3, part 3 (1976), p. 119.
4. Michael, pp. 96–97; W. Scott Morton and Charlton M. Lewis, *China*, 4th ed. (1995), pp. 77–78.
5. Richard Dawson, *Imperial China* (1972), p. 33.
6. Wong Kiew Kit, *The Art of Shaolin Kung Fu* (2002), p. 19.
7. Norman Kutcher, *Mourning in Late Imperial China* (1999), p. 93.
8. David A. Graff and Robin Higham, eds., *A Military History of China* (2002), p. 33; Roberts, p. 69; Dawson, p. 33.

9. MacGowan, p. 223.
10. Lee, *New History of Korea*, p. 40.
11. Ibid., pp. 38–40.
12. Ibid., p. 43; Keith Pratt, *Korea* (1999), p. 3.
13. Ilyon, *Samguk Yusa,* trans. Tae-hung Ha and Grafton K. Mintz (1972), pp. 67–68.
14. Lee and de Bary, pp. 72–73.
15. Ibid., pp. 77–78.

30 怨恨

1. MacGowan, p. 225; Paludan, p. 72.
2. MacGowan, p. 225.
3. Ibid., pp. 226–227; Paludan, p. 73.
4. MacGowan, pp. 228–229.
5. MacGowan, p. 233; Fitzgerald, *China*, p. 279.
6. de Bary et al., p. 176.
7. MacGowan, p. 237.
8. Mark Elvin, *The Pattern of the Chinese Past* (1973), p. 47.
9. Graff and Higham (2002), p. 31.
10. Gernet, p. 175; Barfield, p. 124.
11. Barfield, p. 25.
12. Boulger, p. 163.
13. Roberts, p. 69.

31 推选的国王

1. Gregory of Tours, 2.18–19; Collins, p. 36.
2. Gregory of Tours, 2.27; Collins, p. 33.
3. Gregory of Tours, 2.30.
4. Ibid., 2.31.
5. Ibid., 2.37; Patrick J. Geary, *Before France and Germany* (1988), pp. 86–87.
6. Collins, pp. 36–37.
7. Geary, pp. 90–91.
8. Geoffrey of Monmouth, *History of the Kings of Britain*, trans. Lewis Thorpe (1966), 6.14.
9. Gildas; 25.3; William of Malmesbury, *Gesta Regum Anglorum,* vol. 1, trans. R. A. B. Mynors et al. (1998), 1.8; Bede, 1.16.
10. Swanton, pp. 14–15.
11. O Hogain, p. 216; Herm, p. 275.
12. Swanton, p. 15.
13. O Hogain, p. 216.
14. Herm, p. 277; O Hogain, p. 217. O. 霍根认为卡姆兰的位置更靠北，在哈德良长城西部的终点。
15. J. M. Wallace-Hadrill, *Early Germanic Kingship in England and on the Continent* (1971), p. 14.
16. Collins, p. 43.

32 敌人入侵与火山喷发

1. Mookerji, pp. 119–120; Kulke, p. 90.
2. T. W. Rhys Davids, trans., *The Questions of King Milinda* (1890).
3. Charles Eliot, *Hinduism and Buddhism*, vol. 3 (1921), p. 198.
4. Thapar, *Early India*, p. 287.
5. Alexander Cunningham, *The Bhilsa Topes* (1854), p. 163.
6. Samuel Beal, trans., *Travels of Fah-hian and Sun-yung, Buddhist Pilgrims, from China to India (400 A.D. and 518 A.D.)*, (1969), p. 197.
7. Ganguly, *Imperial Guptas*, p. 120; Thapar, *Early India*, p. 287.
8. David Keys, *Catastrophe* (1999), pp. 254, 262–269. 爪哇和苏门答腊的陆地可能曾经是连在一起的，不过不完全确定。
9. Ibid., pp. 5, 247, 251; Procopius, *History of the Wars and Buildings*, vol. 2 (1916), 4.14; Charles Cockell, *Impossible Extinction* (2003), p. 121.
10. Cassiodorus, *The Letters of Cassiodorus*, trans. Thomas Hodgkin (1886), pp. 518–520.
11. John Savino and Marie D. Jones, *Supervolcano*, (2007), p. 85.
12. Keys, p. 259.

33 美洲

1. Keys, pp. 5, 189–190.
2. Richard E. W. Adams, *Ancient Civilizations of the New World* (1997), pp. 50–51.
3. Joyce Marcus, "The Origins of Mesoamerican Writing," *Annual Review of Anthropology*, 5 (1976), p. 37.
4. Ibid., pp. 39–40.
5. Elizabeth Hill Boone, *Cycles of Time and Meaning in the Mexican Books of Fate* (2007), p. 14.
6. Keys, pp. 186–87; Adams, pp. 43–44; George L. Cowgill, "State and Society at Teotihuacan, Mexico," *Annual Review of Anthropology*, 26 (1997), pp. 129–130.
7. Saburo Sugiyama, "Worldview Materialized in Teotihuacan, Mexico," *Latin American Antiquity*, 4:2 (1993), p. 105.
8. Richard Haly, "Bare Bones: Rethinking Mesoamerican Divinity," *History of Religions*, 31:3 (1992), pp. 280–281.
9. Ibid., p. 287.
10. Boone, p. 13.
11. Haly, p. 297; Keys, p. 193.
12. Rene Millon, "Teotihuacan: City, State and Civilization," in Victoria Reifler Bricker, ed., *Supplement to the Handbook of Middle American Indians*, vol. 1, pp. 235–238; Norman Yoffee, ed., *The Collapse of Ancient States and Civilizations* (1988), pp. 149ff; Keys, pp. 192–193, 197–198.
13. Ernesto Gonzalez Licon, *Vanished Mesoamerican Civilizations*, trans. Andrew Ellis (1991), pp. 81–83.
14. Ibid., p. 92.

34 伟大神圣的王权

1. John J. Saunders, *A History of Medieval Islam* (1978), pp. 5–6.
2. Karen Armstrong, *Muhammad* (1993), p. 62.

3. Irfan Shahid, *Byzantium and the Arabs in the Sixth Century,* vol. 2, Part 1 (2002), pp. 2–3, 140; Hugh Kennedy, *The Prophet and the Age of the Caliphates*, 2d ed. (2004), p.17.
4. Alois Grillmeier, *Christ in Christian Tradition*, vol. 2, trans. O. C. Dean (1996), p. 306.
5. "The Letter of Simeon of Beth Arsham," quoted in Dionysius, *Chronicle*, part 3, trans. Witold Witakowski (1996), pp. 53–57, and in Stuart Munro-Hay, *The Quest for the Ark of the Covenant* (1996), pp. 60–62.
6. Procopius, *History of the Wars and Buildings*, vol. 1, 1.10; Saunders, *History of Medieval Islam*, p. 13; Armstrong, *Muhammad*, p. 56; Grillmeier, p. 320.
7. Procopius, *Secret History*, 1.1–1.2, 9.15.
8. Ibid., 9.27–30.
9. James Stevenson, ed., *Creeds, Councils and Controversies* (1966), p. 337.
10. Severus of Al' Ashmunein, *History of the Patriarchs of the Coptic Church of Alexandria*, trans. B. Evetts (1904), Chapter 13; Antigone Samellas, *Death in the Eastern Mediterranean (50–600 a.d.)* (2002), p. 41 n. 77.
11. Fred Blume, trans., *Annotated Justinian Code* (2008), 5.4.
12. Gregory, pp. 124–126.
13. Blume, 1.14.
14. Ibid., 1.1.
15. Quoted in Sara Rappe, *Reading Neoplatonism* (2000), p. 197.

35 瘟疫

1. al-Tabari, *History*, vol. 5, pp. 148–149, 398.
2. Procopius, *Secret History*, 13.32.
3. Procopius, *History of the Wars and Buildings*, vol. 1, 1.24.
4. Bury, *History of the Later Roman Empire*, vol. 1, pp. 340–341.
5. Procopius, *History of the Wars and Buildings*, vol. 1, 1.24.
6. Ibid., 1.24.
7. Bury, *History of the Later Roman Empire*, vol. 1, pp. 344–345.
8. Procopius, *History of the Wars and Buildings*, vol. 7 (1940), 1.i.
9. Procopius, *History of the Wars and Buildings*, vol. 2, 3.20.
10. Pohl, "The Vandals," pp. 44–45; Collins, pp. 38–39.
11. Gregory, p. 121; Procopius, *History of the Wars and Buildings*, vol. 3, 5.3.
12. Cassiodorus, p. 444.
13. Gregory, p. 136; Bury, *History of the Later Roman Empire*, vol. 1, pp. 394–395.
14. Collins (1999), p. 198; Burns, pp. 206–207.
15. Procopius, *History of the Wars and Buildings*, vol. 3, 6.6.
16. al-Tabari, *History*, vol. 5, p. 158.
17. Ehsan Yarshater, ed., *The Cambridge History of Iran* (1983), p. 155.
18. al-Tabari, *History*, vol. 5, pp. 157–158.
19. Yarshater, p. 155.
20. Procopius, *History of the Wars and Buildings*, vol. 1, 2.22.
21. Ibid., 2.13; William Rosen, *Justinian's Flea* (2007), p. 223.
22. Evagrius Scholasticus (1846), 29; Procopius, *History of the Wars and Buildings*, vol. 1, 2.23.
23. Bury, *History of the Later Roman Empire*, vol. 1, pp. 434–435.
24. Procopius, *History of the Wars and Buildings*, vol. 1, 2.27.
25. Eusebius, *Ecclesiastical History,* Books 1–5, trans. Roy J. Deferrari (1953), p. 82.
26. Procopius, *History of the Wars and Buildings*, vol. 1, 2:12; Evagrius Scholasticus, 27.

27. Procopius, *History of the Wars and Buildings*, vol. 1, 2.22; Evagrius Scholasticus 29; Rosen, pp. 222–223.

36 天赋王权

1. Lee, *New History of Korea*, p. 43.
2. Ibid., p. 46.
3. Robert Karl Reischauer, *Early Japanese History (c. 40 bc–ad 1167)*, part A (1967), pp. 8–9; Milton W. Meyer, *Japan*, 3d ed. (1993), p. 27.
4. Reischauer, p. 11.
5. Reischauer, p. 134; Richard Bowring, *The Religious Traditions of Japan, 500–1600* (2005), p. 15.
6. Lee, *New History of Korea*, pp. 44–47.
7. Reischauer, p. 134.
8. Bowring, pp. 40–41.
9. Joan R. Piggott, *The Emergence of Japanese Kingship* (1997), p. 75.
10. Reischauer, p. 138.
11. Reischauer, p. 139; Meyer, p. 33.
12. Kuroita-Katsumi, *Prince Shotoku and His Seventeen-Article Constitution* (1940), pp. 20–22.

37 重新统一

1. Yang Xuanzhi, "A Northerner's Defense of Northern Culture," in Patricia Ebrey, ed., *Chinese Civilization*, 2d ed., (1993), pp. 10–110.
2. MacGowan, pp. 240–241.
3. Paludan, p. 75.
4. Yan Zhitui, "Advice to His Sons," in Ebrey, pp. 110–111.
5. Arthur F. Wright, *The Sui Dynasty* (1978), pp. 57–58.
6. Quoted in ibid., p. 58.
7. Ibid., pp. 61–62.
8. Ibid., p. 63.
9. Ibid.
10. Paludan, p. 77.
11. Rayne Kruger, *All Under Heaven* (2003), pp. 184–186; Charles O. Hucker, *China's Imperial Port* (1975), p. 138.
12. Kruger, p. 189.
13. Ibid.; Roberts, p. 104.
14. Roberts, p. 82.

36 南印度国王

1. Thapar, *Early India*, p. 328; Benjamin Lewis Rice, *Mysore Inscriptions* (1983), p. 319.
2. Hermann Oldenberg, *The Religion of the Veda* (1988), p. 250; Wendy Doniger O'Flaherty, ed., *Textual Sources for the Study of Hinduism* (1990), pp. 15–17.
3. Rice, pp. 303, 305.
4. Pran Nath Chopra et al., *History of South India* (1979), p. 61.

5. Sachindra Kumar Maity, *Professor A. L. Basham, My Guruji and Problems and Perspectives of Ancient Indian History and Culture* (1997), p. 189.
6. Bana, *The Harsha Carita*, trans. Edward B. Cowell and F. W. Thomas (1968), chap. 4.
7. Wolpert, p. 94; Bana, chap. 8.
8. Karl J. Schmidt, *An Atlas and Survey of South Asian History* (1995), p. 29.
9. Maity, pp. 189–190; Rice, p. 322.
10. Thapar, *Early India*, p. 330.

39 两位皇帝

1. Gwyn Jones, *A History of the Vikings* (1984), p. 25; Paul the Deacon, *History of the Lombards*, trans. William Dudley Foulke (1974), 1.2.
2. Burns, p. 214.
3. Gregory, p. 137.
4. Collins, pp. 43–48.
5. Michael M. Gunter, *The Kurds and the Future of Turkey* (1997), p. 7.
6. R. N. Frye, "The Political History of Iran under the Sasanians," in Yarshater, p. 156.
7. Bury, *History of the Later Roman Empire*, vol. 2, p. 33.
8. Paul the Deacon, 2.4.
9. Ibid., 1.27.
10. al-Tabari, *History*, vol. 5, pp. 149–150.
11. Saunders, *History of Medieval Islam*, p. 22; Armstrong, *Muhammad*, p. 58–59.
12. Saunders, p. 14; Thomas F. Cleary, trans., *The Essential Qu'ran* (1988), Surah 105.
13. Saunders, *History of Medieval Islam*, p. 14.
14. Bury, *History of the Later Roman Empire*, vol. 2, pp. 76–77.
15. Gregory, p. 150.
16. al-Tabari, *History*, vol. 5, pp. 156–161.

40 宫相

1. Gregory of Tours, 4.27–28.
2. Venantius Fortunatus, *Venantius Fortunatus*, trans. Judith W. George (1995), p. 47.
3. Gregory of Tours, 4.51.
4. Frank Glessner Ryder, trans., *The Song of the Nibelungs* (1962), pp. 95–97, 188, 197.
5. Gregory of Tours, 8.9
6. Fredegar, *Fredegarii Chronicorum Liber Quartus cum Continuationibus*, trans. J. M. Wallace-Hadrill (1960), 4.17.
7. Ibid., 4.19.
8. Ibid., 4.30.
9. Ibid., 4.38.
10. Ibid., 4.42.
11. Geary, pp. 152–154.
12. Fredegar, 4.67.
13. Ibid., 4.85.
14. Ibid., *Continations* 1–2.
15. Geary, p. 180.

授权声明

Union of American Hebrew Congregations: Excerpt from *The Jew in the Medieval World*, edited by Jacob R. Marcus, Copyright © 1938. Used by permission of Union of American Hebrew Congregations.

Liverpool University Press: Two lines from *Venantius Fortunatus: Personal and Political Poems*, translated by Judith W. George, Copyright © 1995. Used by permission of Liverpool University Press.

Michael Marra: Five lines from *The Aesthetics of Discontent: Politics and Reclusion in Medieval Japan*, Copyright © 1991. Published by permission of Michael Marra.

W. W. Norton: Five lines from *Beowulf*, translated by Seamus Heaney. Copyright © 2000 by Seamus Heaney. Used by permission of W. W. Norton & Company, Inc.

Bantam Books: Four lines from *The Divine Comedy by Dante Alighieri: Inferno*, translated by Allen Mandelbaum, Copyright © 1980 by Allen Mandelbaum. Used by permission of Bantam Books, a division of Random House, Inc.

Taylor and Francis Group, LLC: Sixteen lines from *The Anglo-Saxon Chronicle*, translated by Michael Swanton, Copyright © 1998. Used by permission of Taylor and Francis Group, LLC.

Anmol Publications Ltd: Five lines from *The Royal Gurjars: Their Contribution to India*, by Nau Nihal Singh, Copyright © 2003. Used by permission of Anmol Publications Ltd.

The Free Press: Nine lines from "Song of the Six Prefectures," translated by Patricia Buckley Ebrey. Reprinted with the permission of The Free Press, a division of Simon & Schuster, Inc., from *Chinese Civilization: A Sourcebook*, 2nd edition, by Patricia Buckley Ebrey. Copyright © 1993 by Patricia Buckley Ebrey. All rights reserved.

Sh. Muhammad Ashraf Publishers: Nine lines from Surah 34 and eight lines from Surah 93 in *The Holy Qur'an*, translated by Abdullah Yusuf Ali. Used by permission of Sh. Muhammad Ashraf Publishers, Lahore, Pakistan.

White Pine Press: Ch'oe Ch'i Won, "At My Study on Mount Kaya," translated by Kim Jong-Gil, from *Among the Flowering Reeds: Classic Korean Poems Written in Chinese*. Translation Copyright © 1987, 2003 by Kim Jong-Gil. Reprinted with the permission of White Pine Press, www.whitepine.org.

HarperCollins Publishers: Five lines from Surah 105, translated by Thomas Cleary, from *The Essential Koran* by Thomas Cleary. Copyright © 1994 by Thomas Cleary. Reprinted by permission of HarperCollins Publishers.

SUNY Press. Excerpts from *The History of al-Tabari, Volume V: The Sasanids, the Byzantines, the Lakhmids, and Yemen*, by Muhammad ibn Jarir, translated by Clifford Edward Bosworth, Copyright © 1999. Used by permission of SUNY Press.

SUNY Press: Excerpts from *The History of al-Tabari, Volume XV: The Crisis of the Early Caliphate*, by Muhammad ibn Jarir, translated by R. Stephen Humphreys, Copyright © 1990. Used by permission of SUNY Press.

新
思
THINKR

有思想和智识的生活

世界史的故事 4

600 B.C.
—
1100 A.D.

中世纪的到来

6世纪—11世纪

SUSAN WISE BAUER

[美]苏珊·怀斯·鲍尔——著

徐彬 陈幸子 刘在良——译

中信出版集团 | 北京

献给

克里斯托弗

目录

/ 01

格列高利一世

572 年至 604 年，教皇与伦巴第协商派遣基督教传教士出访不列颠。

在意大利，个人仇恨的浪潮也影响了伦巴第的王位传承。

伦巴第国王阿尔博因杀死了格皮德人的国王，迎娶了国王的女儿罗莎蒙德（Rosemund），用武力夺取了他们的领地。572 年，在一场酒气弥漫的宴会上，阿尔博因递给罗莎蒙德一个用她父亲头骨制成的酒杯，用执事保罗（Paul the Deacon）的话来说，“邀请她与她的父亲一起畅饮”。罗莎蒙德积攒已久的仇恨彻底爆发。她勒索一名朝臣，要他趁阿尔博因睡着时行刺他。为稳妥起见，他们预先将他的剑“紧绑在床头上”，显然，阿尔博因睡觉的时候也是剑不离手。

当刺客走进阿尔博因的寝殿时，他醒了过来，抄起房间里唯一的家具，一把木质的踏脚凳进行防卫，但最后还是被刺身亡了。罗莎蒙德和她的帮凶逃到拉韦纳，在这里受到了主教的热情欢迎，因为他希望利用他们对抗伦巴第。但这两个逃亡者抵达拜占庭后没过多久就互相下毒，死在了同一天。[1]

伦巴第人的日耳曼本质再次显现了出来。阿尔博因虽说是个国王，但他更像是一个军队首领；几乎在他整个统治期间，伦巴第一直处于战争和动乱之中。他去世后，有一段时间，整个国家群龙无首。战争领袖掌控了军队，攻占了一座座城池，这些军阀每人都在伦巴第的土地上建立了自己的小王国。30余个这样的小王国及后来的公国并肩而立，这段时期也被称为公爵统治时期（Rule of the Dukes）。

584年，伦巴第诸公爵认定，他们各自独立的公国若能采取共同防御，对彼此都有益无害。他们从自己人当中推选出奥塔里公爵（Duke Authari）来统领伦巴第对所有侵略的抵抗行动。590年，奥塔里死后，基于同样的目的，他们又推选了另一个人：阿季卢尔福（Agilulf）在米兰"被大家推举登上最高权位"，他被高举在盾牌上，这种古老的仪式赋予了他并非与生俱来的权力。[2]

但是也有两位公爵拒绝承认阿季卢尔福的霸主地位。他们俩都来自意大利南方，其领地与伦巴第主体并不相连，因为中间有一个狭长地带仍归君士坦丁堡的皇帝所有。经过数次交战，伦巴第军队在拜占庭的领地上来回穿梭，阿季卢尔福最终迫使这两个公爵承认了他的霸主地位。自此之后，这两个南方的伦巴第政权被称为斯波莱托公国（Duchy of Spoleto）和贝内文托公国（Duchy of Benevento）。尽管他们效忠于伦巴第国王，但仍继续保持着独立自主的小国身份。

阿季卢尔福当选同年，教皇佩拉吉二世（Pelagius II）去世，罗马教士推选了教皇的继任者。他们将教皇之位给了一个名为格列高利的修道士，但其实他本人并不是特别想当教皇。12年前，格列高利曾被派往君士坦丁堡，代表教皇执行外交任务，他在完成任务回到自己的修道院后，才觉得松了一大口气。比起王宫宝殿，他更喜欢修道院的生活。[3]

然而，佩拉吉过世的时候，罗马正陷于无比窘困之中。伦巴第人已切断了罗马与拉韦纳和君士坦丁堡的往来，瘟疫又横扫了整个城市，台伯河也洪灾肆虐，“河水漫过城墙，淹没了大片地区”。罗马的教士们意见一致：格列高利如今已是修道院院长，他能力卓越、经验丰富，知道该如何与君士坦丁堡打交道。他们希望他成为下一任教皇。[4]

格列高利错愕不已，他给君士坦丁堡皇帝写信，恳求他不要批准这项任命，但罗马高官盗取了这封信，又伪造了另一封信，恳请皇帝尽快做出正式任命。皇帝照办了，格列高利发现自己身不由己地被他的教士同伴们推上了教皇的宝座。[5]

他不情不愿、违背本心地掌管起了罗马教会。他是教皇，应该是罗马城的宗教权威，而伦巴第人已割断了罗马城与其上级政权之间的联系（而且，从理论上讲，格列高利是可以随时与上帝进行沟通的，这不受伦巴第军队的限制）；所以他发现，来寻求他指引的不只是教士们，连罗马城的地方行政首脑和官员也都来找他。“现在我在罗马城身不由己，”他在给一位同僚的信中写道，“这个职位就像锁链一样束缚着我。”[6]

格列高利是个能解决问题的人，他擅长协调关系。拒绝他人的求助并不是他的本性，他更倾向于想出办法来处理这些事情。最紧迫的问题是世俗层面的，而非宗教层面的。伦巴第领导人阿季卢尔福正在向罗马南下，急于从拜占庭的统治之下夺取罗马城，而斯波莱托和贝内文托的公爵则正向西挺进，以完成包夹战术。到 593 年，伦巴第军队已兵临罗马城下。

地图 1–1 伦巴第诸公国

格列高利派人送信到君士坦丁堡，告诉皇帝他的危险处境，并乞求增援。582 年，提比略二世去世，将皇位留给了他亲手选出的继任者，他的女婿莫里斯（Maurice）；但皇帝莫里斯正忙于处理西北部的阿瓦尔人入侵，以及东边与波斯人的纠纷。

因此帝国的军队并没有像格列高利期待的那样前来救援。留守城池的士兵也得不到军饷，格列高利只能全靠自己。

他自己想了各种办法。他从教堂金库中拿钱给罗马守军发军饷（“正如在拉韦纳，皇帝设置军需官一职专门负责意大利第一军团一样，”他在给君士坦丁堡的信中诉苦，“在罗马，我就是这个军需官”），他还亲自出面与阿季卢尔福谈判。他同意支付伦巴第国王200多千克黄金，这笔钱同样是从教会的金库里出的，阿季卢尔福收了钱就撤兵了。[7]

格列高利拯救了罗马，这个功绩甚至超过了他宗教方面的成就，为此，他赢得了“大格列高利”（Gregory the Great）的称号。然而按理说，负责意大利境内拜占庭领土的本该是在拉韦纳的总督，于是总督向莫里斯皇帝抱怨说格列高利这是僭越。格列高利则为自己的行为辩护说，他当时别无选择。此外，他还提到，阿季卢尔福也不是不讲道理的人。只要总督同意，阿季卢尔福乐意在拜占庭的所有领土上达成全面和平的局面。他在写给拉韦纳总督的信中说：“他（阿季卢尔福）抱怨说在他的地盘上发生了许多暴力行为，如果仲裁能有合理的依据，发现有任何过错在他一方的话，他承诺会尽全力做出补偿……同意他的要求无疑是合情合理的。”[8]

但总督拒绝了。他的自尊受到了伤害，因此与伦巴第人的僵持直到596年他去世、一个更通情达理的人取代了他的位置后才结束。新任总督卡里尼科斯（Callinicus）同意与阿季卢尔福签署和约。一段时间内，伦巴第和拜占庭领土之间实现了和平。[9]

终于，教皇格列高利一世能够远离政治事务，花时间履行他的宗教义务了。他关于《以西结书》的评注被伦巴第危机打断；现在，他可以继续投入写作了。而且，他还得以履行另一项职责——派教士通过水路出访不列颠，把正统基督教带给当地的人们。

以前，不列颠也曾有过基督徒。帝国后期的罗马人至少在名义上还是基督徒，他们还建造了几座教堂。但是，西罗马政权土崩瓦解之后，不列颠岛上的基督徒就失去了组织。随着未皈依的撒克逊人入侵，南部和东部的教会已经崩溃；尚存的不列颠教会主要集中在北部和西部，已经脱离罗马的母教会100多年了。[10]

格列高利认为，将不列颠岛带回上帝的国度中来是自己的责任，这就需要将基督教福音传播给撒克逊人。公元6世纪末，撒克逊人分布在不列颠岛东部海岸和东南部的大部分地区。埃勒将军的后代仍然统治着南撒克逊王国苏塞克斯，另一支王族后裔也建立了自己的西撒克逊王国，原来领导一支撒克逊突击部队的亨吉斯特的后代则统治着南部的肯特王国，由撒克逊人和盎格鲁人统治的小国家围绕着剩余的布立吞王国，这些王国仍然控制着不列颠岛的西部和北部地区。

为了将所有这些撒克逊人纳入基督教组织，格列高利选择了一个曾在自己以前的修道院任职的修士奥古斯丁。奥古斯丁带领着一大批同伴和充足的补给启程，当远行至法兰克王国的海岸时，他却退缩了（比德说："他的内心十分怯懦，充满了恐惧。"）。596年8月，他回到罗马，请求获准放弃此次行程。然而格列高利拒绝放弃这次传教活动。他派奥古斯丁回到停滞不前的队伍中去，并随附一封劝勉信，信中写道："切勿让旅途的艰辛或恶意诽谤的人阻止你前进的脚步，愿万能的上帝允许我在永恒的国度看到你们的劳动成果；如此，即便我不能跟你们一起历经风雨，我也可以跟你们一起分享回报所带来的喜悦；因为老实说，我是渴望能跟你们一起去努力的。"尽管格列高利仍被困于罗马，但他每日仍以其坚定不移的忠心履行着他的行政职责，渴望着传教带来的令人兴奋的满足感。[11]

奥古斯丁的传教团打起精神，跨越英吉利海峡，于597年年初

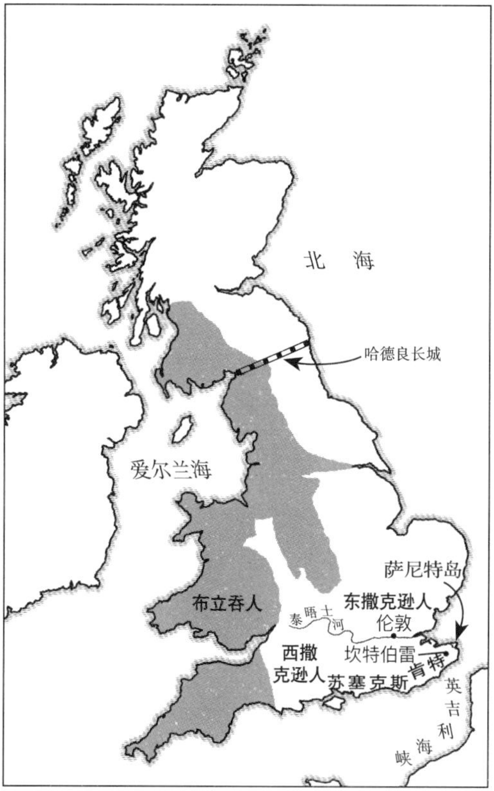

地图 1–2 撒克逊人的王国

登陆萨尼特岛（Thanet Island），这个小岛位于肯特海岸线上，受肯特国王埃塞尔伯特（Ethelbert）统治。[12] 奥古斯丁或许从一开始就将目标瞄准了埃塞尔伯特，因为他的妻子伯莎（Bertha）是法兰克国王克洛泰尔一世的孙女，早就是基督徒了。[13]

当埃塞尔伯特听到奥古斯丁的传教团抵达的消息时，他捎信让他们在岛上原地待命，等他决定如何对待他们。最后，他决定到他们那里去见他们，而不是邀请他们进入自己的王国，因为他心存疑虑，不知道他们执行的是政治任务，还是宗教任务。与他们一番恳谈后，他打消了疑虑，认定他们没有恶意。然而连比德这样急切地展示基督教成就的人，也无法让埃塞尔伯特做出更激动人心的回应：听完奥古斯丁的话，国王说："我不能带领整个英格兰民族放弃已有的信仰，但是我不会伤害你们，我也不阻止你们进行传教，你们说服多少人改变信仰都可以。"[14]

最终，埃塞尔伯特同意接受洗礼。597 年的圣诞节，格列高利写信给亚历山大的主教，告诉他传教活动大获成功。"偏居世界一隅的盎格鲁人，长久以来一直信奉异教邪说，崇拜大树和巨石，"他欢欣鼓舞地说，"而我修道院的一名修士……前往……世界尽头，去到他们那里；我们已收到他的消息，他现在安然无恙，工作进展顺利……据说已有 1 万多名盎格鲁人接受了洗礼。"601 年，格列高利又派出更多教士前去传教。埃塞尔伯特将坎特伯雷破败的教堂交给奥古斯丁，作为他的座堂，格列高利则任命奥古斯丁担任坎特伯雷的盎格鲁人的主教。[15]

格列高利的书信里留有奥古斯丁向他反馈的问题。罗马来的修士全都训练有素，都是老资格的基督徒，他们真的要跟那些新皈依的信众一起生活吗？能提出这个问题，说明罗马传教团其实是看不起撒克逊人的，对于这种态度，格列高利立刻表示了谴责。他回信说："在盎格鲁人的教堂里，你们不应该与新来的、受上帝指引最近才开始信主的教士分开居住……要采取教会初创时期神父们的生活态度，他们之中没有人说任何东西是自己所有的，所有东西都是大家共享的。"撒克逊人皈依了基督教，在格列高利眼中，这意味着他们已经与罗马的信徒融为一体，成为基督教普世事业的一部分。[16]

时间线 1

法兰克人	英格兰	拜占庭	西哥特人	伦巴第人
		查士丁一世（518—527）		
克洛泰尔一世 / 希尔德贝特一世 / 提奥多里克一世（524—534）		查士丁尼大帝（527—565）		
		《查士丁尼法典》第一卷（529）		
克洛泰尔一世 / 希尔德贝特一世（534—558）			狄乌蒂斯（531—548）	
克洛泰尔一世（558—561）			阿塔纳吉尔德（554—567）	
贡特拉姆 / 希尔佩里克一世 / 西吉贝尔特一世 / 查理贝尔特一世（561—567）		查士丁二世（565—578）		阿尔博因（565—572）
贡特拉姆 / 希尔佩里克一世 / 西吉贝尔特一世（567—575）			雷奥韦吉尔德（568—586）	
贡特拉姆 / 希尔佩里克一世 / 希尔德贝特二世（布伦希尔德）（575—584）		提比略二世（578—582） 教皇佩拉吉二世（579—590）		
贡特拉姆 / 克洛泰尔二世（弗蕾德贡德）/ 希尔德贝特二世（布伦希尔德）（584—592）		莫里斯（582—602）		奥塔里（584—590）
克洛泰尔二世（弗蕾德贡德）/ 希尔德贝特二世（布伦希尔德）（592— 595）		教皇格列高利一世（590—604）		阿季卢尔福（590—616）
克洛泰尔二世（弗蕾德贡德）/ 提奥德贝尔特二世 / 提奥多里克二世（布伦希尔德）（595—612）				
	奥古斯丁出使英格兰（597）		维特里克（603—610）	
克洛泰尔二世 / 提奥多里克二世（布伦希尔德）（612—613）		希拉克略一世（610—641）		
克洛泰尔二世（613—623）				
《巴黎敕令》（615）				
克洛泰尔二世 / 达戈贝尔特一世（老丕平任宫相）（623—629）				
达戈贝尔特一世（老丕平任宫相）（629—633）				
达戈贝尔特一世（老丕平任宫相）/ 西吉贝尔特三世（633—639）				
克洛维二世 / 西吉贝尔特三世（格林莫尔德任宫相）（639—656）		君士坦斯二世（641—668）		
克洛维二世（厄西诺德任宫相）（656—657）				

基督教的普世事业发展缓慢。埃塞尔伯特不是克洛维，他从不要求臣民们皈依，也从不举行集体洗礼。然而，据比德说，他对接受洗礼的人表现出“更多的支持”和“喜爱”——因此，不可避免地，拥有政治野心的那些社会上层人士就有心皈依。埃塞尔伯特的侄子，也是东撒克逊国王，于 604 年皈依了基督教，这种信仰由此开始在撒克逊社会中流传。十字架的风潮已经开始在整个不列颠岛上蔓延开来。[17]

/ 02

波斯圣战

589 年至 632 年，一个北非人登上皇位，波斯人围攻君士坦丁堡，与此同时，斯拉夫人和保加尔人的新王国诞生。

在格列高利一世对抗伦巴第人的同时，拜占庭皇帝莫里斯正忙于应付萨珊波斯人——波斯人的威胁始终存在，这使莫里斯一直无暇顾及他剩余的西部领地所遭受的困境。

莫里斯在位初期有十几年的时间，库思老一世的儿子兼继承人霍尔米兹德四世（Hormizd Ⅳ），一个雄心勃勃、争强好斗的年轻人，不断攻打拜占庭边疆，这让莫里斯头痛不已。战争耗时长久，双方僵持不下，百姓苦不堪言，结局代价惨重，莫里斯对此感到十分厌倦。同样，波斯人也讨厌这场战争，波斯军队没有得到任何实质性或永久性的好处，而泰西封宫廷的贵族们也因战争僵局深感窘迫。霍尔米兹德多方拉拢波斯的基督徒，这又进一步疏远了贵族们与他的关系。（“正如我们的王座，只靠前面的两条腿是站不住的，后面的两条腿也要同时着地才行，”他曾在宫中对拜火教教徒如是说，

“如果让基督徒与我们敌对，那我们的帝国就不能巍然屹立，或者说就坚持不了多久。”）[1]

最后，霍尔米兹德手下的一名将领起兵造反。他名叫巴赫拉姆 · 楚宾（Bahram Chobin），因击退了突厥人对东部边境的入侵而广受赞誉。满怀着对胜利的期待，霍尔米兹德派遣巴赫拉姆前往拜占庭边境迎战莫里斯的军队，然而 589 年，巴赫拉姆却在阿拉克斯河（Araxes）岸边的一场战役中败给了拜占庭军队。对此，霍尔米兹德勃然大怒。他寄给巴赫拉姆一条裙子，并随附了一封侮辱信，信中写明要将他从军中革职。[2]

巴赫拉姆不肯放弃自己的职位，于是霍尔米兹德派兵强行将他驱逐。结果部队立刻站到了巴赫拉姆一边，在他的带领下向泰西封进军。当他到达时，宫廷贵族早已抓获了霍尔米兹德，并弄瞎了他的眼睛（不久后，他在牢里被杀），之后把他的儿子库思老二世（Khosrau II）送上了王位。

这样的情况出乎巴赫拉姆的意料，他威胁年轻的库思老二世放弃王位，否则就要取其性命。大部分士兵都站在他这一边，无奈，库思老二世只得逃离泰西封，进入了拜占庭的领地。在各国君主中，只有莫里斯实力强大，能够与巴赫拉姆抗衡，于是库思老刚越过边境便写信给君士坦丁堡，向莫里斯寻求帮助。

莫里斯看准时机，打算一劳永逸地了结与波斯的战争。他派出一支拜占庭军队与库思老二世一起返回泰西封。经过一场旷日持久的战斗，巴赫拉姆被迫弃城。他向东逃到突厥人那里，突厥人起先对他表示欢迎，不过后来又协助库思老二世将他暗杀，于是库思老二世夺回了自己的王位。[3]

作为交换条件，库思老二世同意与莫里斯休战，并将几十年前波斯人占领的一些边境城市归还给莫里斯。两位君主还达成了联姻协议：莫里斯将他的一个女儿送到泰西封，与库思老二世成亲。但由于库思老二世对女色贪得无厌（有个波斯作家认为他的后宫佳丽数以万计），所以联姻一事似乎意义也不是很大。虽说如此，近20年来，两国边境还是第一次实现了和平。

莫里斯终于可以将部分精力放在西部地区了。他在意大利和北非地区还有一些领地，这两处地方的军政长官被称为总督；在迦太基也设有一个总督职位，其职权与拉韦纳的总督类似，两人都有权指挥莫里斯调拨的士兵作战，并且有权制定与实施法律。同时，在多瑙河边境也有些棘手的问题。当时这些总督还没有遇到什么迫在眉睫的危机，因此，莫里斯决定先解决多瑙河的问题。[4]

当时，斯拉夫人（Slavs）的军队正乘船渡河，突袭对岸的拜占庭领地。莫里斯开始领兵奔向新的战场，但在去往多瑙河的中途，他又改变主意，返回了君士坦丁堡。对于远离家乡、与敌军进行激烈对抗的士兵而言，这样的领袖不值得爱戴。斯拉夫人早就让人闻风丧胆，被冠上了像匈人一样的名声。“他们拒绝为奴，不愿受人管控，”用莫里斯本人的话说，“他们不畏严寒酷暑、风吹雨打，不惧衣不蔽体、食不果腹。”[5]

尽管莫里斯从前线撤退了，他还是对敌军有了些了解。他为自己的手下写了一本兵书《战略》（*Strategikon*），书中记述了当时的将领们对斯拉夫人所了解的一切情况。他警告他们，如果可能，要在树叶落尽的冬天突袭，因为斯拉夫人精通游击战术，偏爱在密林深处作战；他还告诉他们，要提防河中那些茂密的芦苇丛，因为斯拉夫人可能会趴在河底，靠空心的苇秆呼吸；他还建议，由于斯拉夫人由多个首领而非一个国王统治，因此或许可以设法贿赂一些人来对付其他人。

也说不清这些点子是否行之有效，因为斯拉夫人还是继续向多瑙河进军。阿瓦尔人紧随其后，也开始了侵略行动，定期发动攻击。帝国西北边境的这场战争持续了整整 10 年，军队疲于奔命，焦头烂额。莫里斯也越来越不得人心。599 年，阿瓦尔人的首领同意释放 1.2 万名拜占庭战俘，以换取巨额赔偿；但莫里斯拒绝了，于是阿瓦尔人处决了所有的俘虏，这一举动，令全军上下士气更加低迷。

随后，602 年，国库想必已被掏空的莫里斯向前线传达军令：像往常一样，大军整个冬季不得返回家乡。相反，为了节省行程开支和补给，他们需要横渡多瑙河安营扎寨，在敌方领土寻觅粮草果腹。[6]

军队拒绝执行命令。他们选出一位名叫弗卡斯（Phocas）的军官，推举他为新的将军。弗卡斯上任之后，下达的第一个命令就是让大军启程返乡，并带兵向君士坦丁堡挺进。

莫里斯在军队中没有了追随者，只好召集“蓝党”和“绿党”，给这些人配备武器，让他们去抵御进击的军队，保卫城池。显然，他认为弗卡斯意图夺权；事实上，军队已经写信给莫里斯的儿子兼继承人狄奥多西（Theodosius），想要他从他父亲的手中接过权力的缰绳。不过狄奥多西拒绝了。对于莫里斯到底身陷多大的困境之中，我们也不得而知。但给“蓝党”和“绿党”配备武装却给他带来了一系列新的危机。即便这两党人数比查士丁尼大帝在位时有所缩减，他们仍旧是一群暴徒。他们在城墙上驻扎，行为举止如同驻军，但仅仅一天半的时间，彼此之间就开始掐架了。暴民放火烧了一个元老的房子。整个城里骚乱四起。[7]

那天晚上，莫里斯决定弃城逃离。他患有痛风，因此他逃向港口的行程缓慢而痛苦。最终，他总算带着妻儿登上了一艘船，一家人穿过海峡，逃到了卡尔西登。莫里斯在那里停下了逃亡的脚步。但他派儿子狄奥多西前往波斯，随身带着一封给库思老二世的信，请求他保护这位拜占庭皇储，以报答莫里斯早在 10 年前协助他夺权一事。

与此同时，弗卡斯抵达君士坦丁堡，军队和“绿党”已宣布拥其为帝。而实力较弱的“蓝党”却反驳说，由于莫里斯还活着，别人是不能加冕称帝的。因此弗卡斯决定解决这个麻烦。他派一名可靠的军官过河前往卡尔西登，在那里找到并杀死了莫里斯和他的 4 个儿子。另一名刺客则一路跟着年轻的狄奥多西前往泰西封，在尼西亚追上并杀死了他。[8]

这 6 个人的头颅都被带回君士坦丁堡，挂在木桩上示众，根据当时的《狄奥法内斯编年史》(*Chronicle of Theophanes*) 记载，一直挂到“头颅开始腐烂发臭”。弗卡斯这种做法理由充分、切乎实际：因为他想要确保每个人都知道莫里斯及其继承人的死讯。但是即便如此，仍然有传闻说狄奥多西已经到达波斯，来到了库思老二世的宫廷；毕竟这位皇位继承人的头颅已血肉模糊，人们难以轻易辨识他的身份。[9]

起初，弗卡斯深得人心，原因很简单，因为他不是莫里斯。整个大军备感欣慰，因为是军人掌权；君士坦丁堡的百姓则求变心切；此时，罗马的格列高利一世写了一封谄媚的信，欢迎新帝即位。“荣耀归于至高的上帝，”他说，“他让时代变换、王国更替……我们很庆幸，你虔诚的善举给你带来了至高无上的皇权。上帝深感欣喜，大地为之喝彩，此前一直受苦受难的所有民众为之欢欣鼓舞。”莫里斯放弃了罗马，虽然弗卡斯也随之放弃了多瑙河边境（这块土地如今落到了斯拉夫人的手中），但格列高利希望新任的皇帝能给他们带来好运。[10]

但紧接着，弗卡斯又陷入了另一场战争，这一次是与波斯的较量。近年来，库思老二世一直加强控制他的帝国，此时他看到了扩张领地的契机。他对弗卡斯宣战，声称莫里斯的儿子狄奥多西确实还活着，而且就在波斯军队中。

许多小规模冲突沿边境爆发，605年，波斯军队越过边境；库思老派兵驻扎在亚美尼亚，入侵叙利亚，在小亚细亚攻城陷阵。与此同时，弗卡斯由于担心自己皇位不保，因此将可能威胁到他皇位的人逐一处死。他将莫里斯的旧部纳尔西斯将军活活烧死，因为纳尔西斯曾反对自己的统治，但过去正是纳尔西斯带兵击败了波斯人；狄奥法内斯（Theophanes）说，波斯的孩子"一听到纳尔西斯的名字就会吓得发抖"，还说"罗马人对他的死痛心不已，但波斯人却欣喜若狂"。弗卡斯处死了莫里斯所有的男性亲属，以谋反之罪杀害了他的护卫统领，然后又处死了莫里斯的妻子和她的三个女儿。后来，"绿党"转而与他为敌，他的反击则是禁止任何与"绿党"有关系的人士参与政务。[11]

就在此时，北非发生了叛乱。

叛乱领袖不是别人，正是迦太基的总督。他是一个上了年纪的终身制政府官员，他见证了帝国在他眼前分崩离析的场景。色雷斯和潘诺尼亚先后脱离，波斯军队踏平小亚细亚，几乎一路攻入卡尔西登。610年，总督组建了一支军队，大军在其子希拉克略（Heraclius）的指挥下前往君士坦丁堡作战。

在埃及亚历山大港，当拜占庭指挥官听闻此次远征行动时，他也选择参战。10月4日，联合舰队驶进君士坦丁堡港，他们发现国

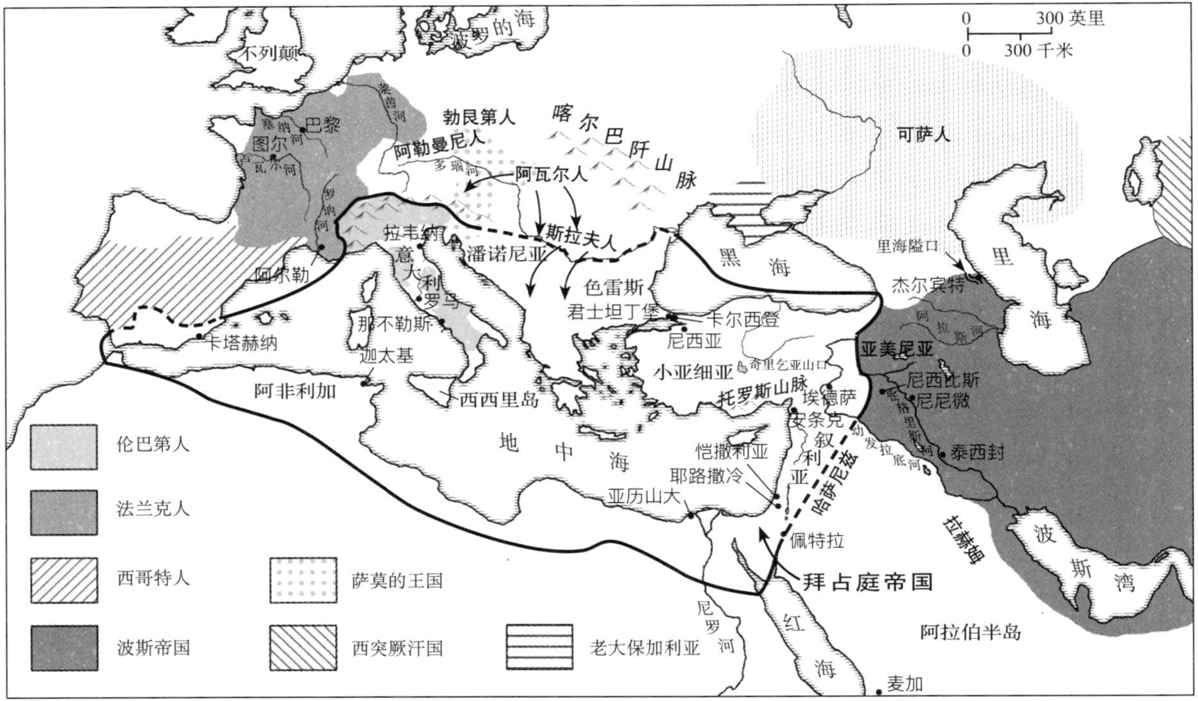

地图 2–1 帝国版图的缩小

门大开，百姓正等待着他们，而弗卡斯早已被百姓抓获。希拉克略进城之时，弗卡斯已经在集会场所被活活烧死了。[12]

随后，希拉克略加冕称帝。他发现自己领导的国家一片狼藉。“他发现，”狄奥法内斯告诉我们，“整个罗马人的国家早已凋敝萧条。阿瓦尔人正毁灭着欧洲，波斯人也在战斗中摧毁了罗马军队。”军队中没有几个老兵能够幸免于难。[13]

波斯人几乎不受阻碍地征服了埃德萨，他们抢走了城中的圣物——曼德兰布，并将其置于泰西封档案馆中。第二年，恺撒利亚也落入波斯人之手。与此同时，帝国在西部的最后残余势力也土崩瓦解了。612年，西哥特贵族西斯普特（Sisebut）武力夺取了西哥特王国的王位，并着手迫使拜占庭人离开他们在伊比利亚海岸的土地。随后，他占领了沿海的帝国城市，用法兰克编年史家弗莱德加的话来说，“将其夷为平地。他的手下屠杀罗马人的行径引起虔诚的西斯普特悲叹：‘悲哀呀，在我的统治之下竟发生如此大规模的流血事件！’”但即便如此，他良心上受到的谴责也没能让他将土地归还。他重新夺回了半岛地区，西哥特王国的权力达到了巅峰。[14]

希拉克略决定求和，不惜答应对其不利的条款。他派使臣拜见库思老二世，提出交纳贡金以结束这场战争。然而，库思老二世眼看取胜在即，拒绝和谈。他已处死拉赫姆国王并将其王国吞并，从而巩固了自己在阿拉伯半岛的势力；614年，他一路横扫至阿拉伯半岛的西北部，打败了阿拉伯的加萨尼人，他们曾以君士坦丁堡的名义帮助保护叙利亚。

然后他带兵包围了耶路撒冷。这座城市也沦陷了。攻城持续数日，战况激烈，破城之日，波斯人怒气冲冲地闯入城内，屠杀民众。“谁能说出那里的一切有多么恐怖呢？”安条克将军（Antiochus Strategos）写道。他根据目击者的描述，将整个场景拼凑起来：“不管男女老少，波斯人都像对待动物一样将他们屠杀殆尽，还将他们的头颅砍下，将他们的尸体剁得粉碎。”一个个家庭被赶进城市周围的壕沟，波斯人派兵将他们看守起来，让他们活活渴死、热死。总共有将近 6.7 万名男人、妇女和儿童死在波斯人剑下。耶路撒冷最宝贵的遗迹，耶稣受难十字架（True Cross）的一块残片，也跟曼德兰布一起被放进了波斯档案馆。[15]

希拉克略再次求和。库思老再次拒绝。“我对你不会有怜悯之心，”据传，他这样说道，“除非你宣布抛弃被钉在十字架上的耶稣并转而崇拜太阳。”耶稣受难的十字架被夺已伤透了拜占庭人民的心，似乎上帝已完全不再眷顾这个国家了。现在，波斯人正从东边向君士坦丁堡进军，与此同时，阿瓦尔人和斯拉夫人也从西北逼近。拜占庭全军上下已疲惫不堪，北非和埃及也不再给他们补给粮饷。[16]

希拉克略找不到任何救国之策。他将君士坦丁堡所有的金银珠宝都装上船，运往北非保管，并开始计划弃城逃命。他打算回到迦太基这座承载着他青春的城市，在那里统治拜占庭剩余的领地。

这些计划一直秘密进行，直到 618 年，满载着拜占庭财宝的船刚离开金角湾不久就在暴风雨中沉入了海底。君士坦丁堡的百姓听说这个灾难性的消息，产生了巨大的恐慌。他们没有想到情况已经如此糟糕，也没想到希拉克略居然会想要弃城逃跑，让这个城市就这样毁灭。君士坦丁堡牧首塞吉阿斯（Sergius）将臣民们的恐惧传达给希拉克略，他说服这位皇帝，让他意识到保卫新罗马是他神圣的职责。在圣索非亚大教堂的祭坛上，希拉克略在上帝面前起誓会留在新罗马城。[17]

现在，他已别无他法，必须自己寻求出路，走出绝境。希拉克略还算幸运，库思老二世给他写了一封措辞非常直接的信，要求他投降：

> 最高贵的神，全世界的王和主，致卑鄙邪恶、麻木不仁的希拉克略……你说你相信上帝：那为什么他没有让你从我手中夺回恺撒利亚、耶路撒冷和亚历山大？难道你不知道我已将陆地和海洋统统纳入自己的统治之下？难道我不能同样摧毁君士坦丁堡吗？但我并不打算这么做。如果你带着妻儿一起到这里来，我就原谅你所有的过错。我会赐予你土地、葡萄树和橄榄树，这将保你衣食无忧；我会照顾你，亲切待你。不要妄图欺骗自己，指望着耶稣基督会来救你，他连自己都救不了，无法逃脱犹太人将他钉死在十字架上的命运。[18]

这封信对于库思老来说是一大失策。拜火教是波斯贵族的宗教，将这场战争视为宗教冲突，并不能坚定库思老的士兵们作战的决心。但当希拉克略告诉君士坦丁堡的百姓，说波斯人亵渎基督的时候，百姓顿时满腔怒火，参军的人越来越多。君士坦丁堡牧首塞吉阿斯融掉了君士坦丁堡教堂的财宝，把它们铸成金币，交给了希拉克略。[19]

这场战争已然演变成一场圣战。

希拉克略用教堂筹到的钱给新军发放粮饷、装备新式武器，还组建了舰队。他还拿出钱来与阿瓦尔人缔约换取暂时的和平，保护自己的西侧免受攻击，以免双线作战。与此同时，波斯大军在卡尔西登停滞不前；希拉克略已派舰队守卫博斯普鲁斯海峡，而波斯人则没准备好横渡海峡去发动一场海上的全面进攻。

622 年，复活节当天，在圣索非亚大教堂举行了一场盛大的复活节弥撒仪式，希拉克略从塞吉阿斯手中领取圣餐。这个弥撒仪式同时也是一个送别仪式；复活节次日早上，希拉克略带领大军启程，他是自狄奥多西一世之后，第一位骑马亲临前线的拜占庭皇帝。他走时留下了牧首塞吉阿斯和市政官员博努斯（Bonus）负责君士坦丁堡事务，共同担任他年仅 10 岁的儿子君士坦丁的摄政。

他并不打算直接渡海前往卡尔西登，毕竟波斯人就等在那里。相反，他命令全军先乘船向南，从小亚细亚绕个弯，然后登临托罗斯山脉的隘口奇里乞亚山口（Cilician Gates）。高山可以保护部队免遭突袭，而且从叙利亚过来的难民也可以登陆，加入战斗。

整个夏天，他都在小亚细亚操练大军。显然，他手下有不少士兵之前从未打过仗。“他发现，全军上下懒散怠惰、胆小怯懦、组织涣散，但遵守纪律。”狄奥法内斯这样写道。因此，他将部队组织起来，让他们用木剑彼此过招，学习实战技巧：“就好比身临其境地目睹令人恐惧的可怕景象，却没有致命的危险；也好比人们聚集起来，展开了一场不流血的厮杀。每个人以这场没有危险的杀戮为开端，之后其安全才能得到更大的保障。”[20]

想让这些新兵打败久经沙场的波斯军队是不太可能的，但希拉克略还是决定放手一搏。到了秋天，他开始向亚美尼亚进军。波斯人被迫从卡尔西登开拔，去迎接这场挑战。两军在亚美尼亚边界以南的某地相遇；确切战场不得而知，但希拉克略的士兵攻破了波斯阵线，令波斯军队在慌乱中撤退了。[21] 希拉克略亲自领兵，“冲锋陷阵无处不在，战斗对敌无畏勇敢”。他手下的战士们紧随其后，“谁能想到，战无不胜的波斯军队竟然会在罗马人面前转身撤退？”狄奥法内斯惊叹不已。[22]

战争局势扭转了。在接下来的3年中，波斯先遣军被逐一歼灭，希拉克略率军将波斯人逼退到尼尼微（Nineveh）。拜占庭军队收复了小亚细亚以及亚美尼亚和叙利亚的部分地区；再往南去，耶路撒冷仍旧在波斯人手中，但即便如此，士兵们心中仍然一片火热，坚信上帝与他们同在，要为圣子所遭受的羞辱复仇。

到626年，库思老认定，必须要采取激烈措施，结束这场战争。他准备围攻君士坦丁堡。

他在发动攻击之前，用了一点幕后的外交手段。他派遣使节造访阿瓦尔人，开出比希拉克略更好的条件缔结友谊，于是阿瓦尔人同意转投库思老一方。他们是珍贵的盟友［“名声显赫，精神可嘉。”《往年纪事》（全称《往年纪事——古罗斯第一部编年史》）如是记载］，库思老安排他们发动对君士坦丁堡西城墙的攻击，与此同时，波斯人越过水域，围困君士坦丁堡东城。[23]

库思老还用金钱收买了斯拉夫人为他效忠，帮他增援进攻西城墙的军队。斯拉夫人和阿瓦尔人原本并非盟友。事实上，阿瓦尔人已经开始压制斯拉夫人，迫使他们纳贡，而且据弗莱德加说，“还奸淫他们的妻女”。623年，在一名到多瑙河以北的斯拉夫人领地做过生意的法兰克商人萨莫（Samo）的带领下，一些不得志的斯拉夫人部落团结起来。显然，与其说萨莫是个商人，不如说他是一名出色的将领。他丢弃了自己的货品，带领斯拉夫人上阵对抗他们的阿瓦尔统治者。“他谨慎勇敢，常战常胜。”弗莱德加告诉我们。当然，萨莫也得到了实实在在的回报：他迎娶了12房斯拉夫妻子。[24]

萨莫的王国仍然与阿瓦尔人为敌，但库思老二世的财富至少劝服了部分斯拉夫人与他们的阿瓦尔邻居一道攻打君士坦丁堡。626

年 7 月的最后一周，斯拉夫人和阿瓦尔人向君士坦丁堡城进军，而波斯人则准备从对岸起航。此时希拉克略所率的大部分兵力还远在波斯北部边境，于是守卫城池的任务落在了留守的士兵们肩上，由博努斯和牧首塞吉阿斯指挥。[25]

牧首代表狄奥多若（Theodore）在后来的布道中提到了这次攻城的具体细节。攻城第一天，城池被完全包围，城外所有的建筑物都被放火烧毁，君士坦丁堡四周被火海环绕。攻城器械和石弩被搬到城下，弓箭手则在城墙上不断放箭，就像下冰雹一样。阿瓦尔人和斯拉夫人联军至少有 8 万人，一望无际。“陆地和海上到处都挤满了人，个个兴奋难耐。”狄奥多若说。[26]

长官博努斯组织驻军防守，牧首塞吉阿斯则开始定时组织布道、守夜祈祷、宗教仪式和宗教游行。他意在提醒百姓，他们所进行的是一场宗教圣战。据说，圣索非亚大教堂时刻都在举行礼拜仪式，整个城市热血沸腾，百姓就算遭受更长时间的围城也能坚持得住。[27]

在围城的第十天，负责袭击的波斯将领派遣整个舰队进入海峡。他的计划是让阿瓦尔人和斯拉夫人占据要塞，这样一来，他的船经水路前来时就无须面对更多敌人。但事实证明，拜占庭海军比他预想的要强得多。君士坦丁堡的战船击退了波斯舰队，让波斯人的船只沉没、船员溺亡。“可以说走过整个海湾都打不湿鞋，因为湾里堆满了尸体。”狄奥多若这样说。[28]

东边的攻击结束之后，驻军得以集中精力击退西边阿瓦尔人和斯拉夫人的突袭。成千上万的阿瓦尔人和斯拉夫人阵亡，盟军开始在无序和混乱中撤退。围攻宣告失败。波斯人饱受耻辱地撤退了；波斯指挥官被迫撤离君士坦丁堡，后退到叙利亚。

希拉克略还在很远的地方，他立即采取行动，巩固拜占庭的地位。因为他已经失去了阿瓦尔人和斯拉夫人这两个盟友，所以只好派使者向北寻求另外一个游牧部族的帮助。

像阿瓦尔人一样，这些游牧民已经被突厥人向西赶到了拜占庭边境，他们在黑海北部的山区建立了家园。他们就是可萨人（Khazars）。希拉克略遣使一事是历史上首次出现的有关可萨人的记载。

可萨人同意加入战斗。可萨人战士和希拉克略的军队联合起来，开始一路向南攻入波斯境内，他们在黑海和里海之间向前推进，进入库思老二世名下的土地。可萨人洗劫了杰尔宾特城，同时，希拉克略继续向尼尼微进军。到628年，拜占庭军队（没跟可萨人一起，后者留在更靠近他们北方家园的地方）已经兵临泰西封城下。[29]

泰西封的守军中没有像塞吉阿斯牧首那样的宗教领袖能用宗教狂热将他们团结起来。相反，他们对库思老二世反戈相向。他试图逃跑，但他自己的儿子和臣子抓住了他，并将他钉死在十字架上——对于一位国王来说，这是一个痛苦不堪、极为屈辱的结局，他在臣民眼中丧失了所有的尊严。

628年，他的儿子登基即位，史称喀瓦德二世（Kavadh II）。刚一即位，他就派人拜访希拉克略，寻求和谈。随后签订的条约将所有被库思老二世征服的土地全部归还给希拉克略，也将波斯人从耶路撒冷劫来的耶稣受难十字架残片归还给希拉克略。希拉克略一路得意扬扬地从泰西封行军至耶路撒冷。630年3月21日，他亲手奉还耶稣受难十字架。[30]

战争结束了，形势发生了变化。拜占庭再次恢复了原有的版图，波斯帝国则沦为一个弱小又不稳定的国家，统治者也不断更替。喀瓦德二世在位几个星期后就去世了，死因不明。接下来的 4 年时间，波斯由“统治者、皇位觊觎者以及篡权者短暂地”接连掌权，他们当中没有人能连续执政超过几个月。[31]

黑海以北，可萨人已扩大为一股不可忽视的政治力量。阿瓦尔人由于败给君士坦丁堡而势力遭到削弱，又被萨莫领导的斯拉夫王国夺取了更多领地，因此他们的威胁开始变弱。亚速海以北的保加尔人以前曾受阿瓦尔人统治，但现在，他们的领袖，一位名叫库布拉特（Kubrat）的年轻人，直接送信给希拉克略，要求以一个独立主权国的身份与其进行谈判。希拉克略同意承认库布拉特的王权，自 635 年起，这位保加尔人的首领以首个保加利亚王国国王的身份执政，这个王国就是老大保加利亚（Old Great Bulgaria）。

希拉克略凯旋君士坦丁堡，拯救了整个帝国。他摆脱了波斯人的威胁，几乎凭借一己之力缔造了两个新的国家，并归还了十字架。库思老二世屈辱而死，而希拉克略则被捧上了天，几乎神圣不可侵犯。“这位皇帝用了 6 年时间推翻了波斯，”狄奥法内斯写道，“第 7 年，他满心欢喜地回到君士坦丁堡。上帝用 6 天时间创造了万事万物，并将第 7 天规定为休息日。同样，希拉克略用时 6 年完成了大量工作，并在第 7 年带着平安与喜悦归来，让人们休养生息。”[32]

希拉克略完成了他所梦寐以求的一切，扫除了横亘在他的帝国和南方的阿拉伯人之间的所有障碍。

时间线 2

西哥特人	伦巴第人	保加尔人	拜占庭	波斯帝国	突厥人
			查士丁一世（518—527）		
			查士丁尼大帝（527—565）		
			《查士丁尼法典》第一卷（529）		
狄乌蒂斯（531—548）				**库思老一世**（531—579）	
					（突厥汗国）**伊利可汗**（552—553）
					木杆可汗（553—572）
阿塔纳吉尔德（554—567）					
	阿尔博因（565—572）		**查士丁二世**（565—578）		
雷奥韦吉尔德（568—586）					
			提比略二世（578—582）		
			教皇佩拉吉二世（579—590）	**霍尔米兹德四世**（579—590）	
			莫里斯（582—602）		
	奥塔里（584—590）				
	阿季卢尔福（590—616）		教皇格列高利一世（590—604）	**库思老二世**（590—628） 吞并拉赫姆	
			弗卡斯（602—610）		
维特里克（603—610）					
			希拉克略一世（610—641）		
西斯普特（612—621）			牧首塞吉阿斯（610—638）	加萨尼被击败	
			君士坦丁堡被围（626）	**喀瓦德二世**（628）	
		（老大保加利亚）**库布拉特**（约635—约665）			

/ 03

先知

590 年至 622 年，先知穆罕默德聚众而居，并统领聚居之城。

沙漠将南方的阿拉伯部落与北方的激烈争斗隔绝开来，他们在一片环境恶劣的干旱土地上挣扎求存。严格来说，地处半岛西南角的希木叶尔是归波斯人统治的，但对阿拉伯半岛的多数地区来说，波斯人的侵略野心和拜占庭的东征都是无关紧要的事情。他们只是忙着彼此争斗，同时还要与天斗。

590 年，南方很远的地方发生了一场灾难，改变并打破了现有的敌友格局。

早在赛伯邑王国（Sabean kingdom，《圣经》称示巴王国）时期，在希木叶尔的中部，靠近马里卜（Marib）的地方，就建成了一座人造大坝。大坝阻断了达纳干河*（Wadi Dhana），雨季时分，雨水从附近的山

* 干河是没有水的河谷，下雨期间，谷底会形成一条河流或小溪。

上奔泻而下，汇聚在这里（通常只在4月以及7、8两月中的30天时间）。大坝建成之后，通过连接河谷的灌溉系统，马里卜居民得以用蓄积的雨水灌溉农田。正是由于马里卜大坝的建成，城市人口数量已增至5万左右。阿拉伯半岛鲜有大城市，原因是这里食物匮乏，水量稀少，无法支撑大量人口在一个地区长期居住。不过，马里卜是个例外。[1]

6世纪30年代至40年代，天气变幻莫测，有两次突降暴雨，大坝未能阻拦径流，最终溃决。这两次洪水都造成了严重的损失。“大量洪水倾泻而下，引起极大的恐慌。”贝斯阿萨姆的西缅（Simeon of Beth Arsham）如实写道。他就职于波斯政府，负责编纂希木叶尔史。“突如其来的洪水淹没了村庄，冲走了村民和家畜，摧毁了挡在它面前的一切。许多村落社区惨遭摧毁。”[2]

大坝被修缮过两次。然而，其整体系统已被严重削弱。590年，大坝第三次溃决，这一次造成了一场毁灭性的洪灾。大坝下游的村庄永远消失了；继上次大坝溃决之后，马里卜的城市规模已经缩小，这次几乎荒无人烟了。原本在此依水而居的南方部落，沿半岛东北部迁到更为舒适宜居的绿洲去了。

大坝崩塌的瞬间留在了他们的记忆中，洪水来袭之前的几年则成了神话般的辉煌时期，也是南部阿拉伯文明的极盛时期。大坝最终崩塌的那一刻，辉煌时期终结，后世将永难忘怀。《创世记》中记载了古代近东的特大洪水，同样，马里卜大坝的崩塌也在《古兰经》中留下了回响：

> 赛伯邑族，在他们的居处，确有一种迹象：两个园圃，分列左右。
>
> “你们可以吃你们的主的给养，你们要感谢他。一个肥美

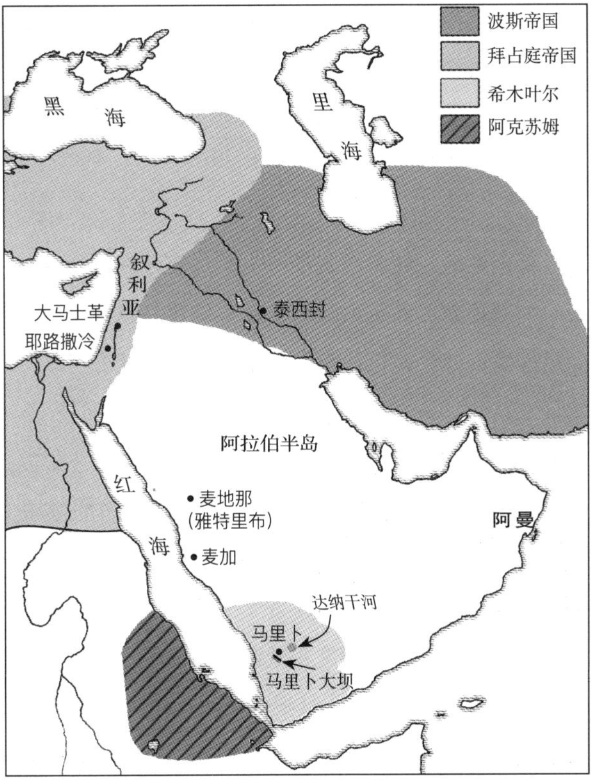

地图 3-1 穆罕默德时期的阿拉伯半岛

的地方，一个至赦的主宰。”

随后，他们悖逆，所以我们*使水库的急流去淹没他们，

---

* 《古兰经》中，第一人称单数和第一人称复数都代指真主安拉。这里的“我们”并不代表第一人称复数形式；在阿拉伯语中，如古英语中国王自称“我们”一样，“我们”表示一种权威和命令，有时也被称为“君尊复数”。有些阿拉伯方言在口语中也将第一人称单数和第一人称复数混合使用。见：Abd Allah ibn Umar Baydawi et al., *Nature, Man and God in Medieval Islam* (Brill, 2001), p. 894; William C. Chittick, *The Sufi Path of Knowledge* (SUNY Press, 1989), p. 385; Abd Allah b.Buluggin, *The Tibyan* (Brill, 1997), p. 11。

我们把他们的两个园圃，变成两个只生长苦果、柽柳，和些微的酸枣树的园圃……

我在他们与我所福佑的那些城市之间，建设了许多显著的城市，我均分各站间的距离。[3]

部落北迁意味着，麦加——天房克尔白的所在地——已不再只是一个部落聚居的较大城镇。麦加确实从迁移中获益；有一条商路经过这里，如今，再往南去几乎没有什么地方可以与麦加比肩。但传统上认为，许多南方难民最终定居在麦地那城（Medina），这是北方一块土壤肥沃、人群聚居的地方。麦地那不如麦加繁荣，但它也有其自身的重要性：这是一座多民族杂居的城镇，多年前移居阿拉伯的犹太人和阿拉伯本地人生活在一起，两族彼此通婚，日渐融合。[4]

人群纷纷北上，令这些城镇压力倍增。麦加的阿拉伯人，与其他城镇的阿拉伯人一样，从根本上说首先是氏族［巴努（banu）］成员，由通婚结成的血脉纽带彼此相连，其所属氏族则与其他氏族松散联合，形成更大的族群或部落。麦加的统治者是由最有权势的氏族族长们组建的委员会。这些氏族包括哈希姆氏族（Banu Hashim）、泰姆氏族（Banu Taim）和马克祖姆氏族（Banu Makhzum），他们都隶属于古莱什族部落；古莱什族部落在麦加居于统治地位，其氏族成员控制着麦加委员会。

但并非一切都那么顺风顺水。古莱什族的优势地位引起了其他部落的不满。事实上，就在马里卜水坝垮塌的 5 年前，为维护自己在城中的权势，古莱什族就被迫与盖斯部落（Qays）展开了一场血战。这场战争史称亵渎之战（Sacrilegious War），因为战事发生在禁月*；比起宗教信仰，麦加的控制权以及城中的资源才是重中之重。[5]

而古莱什族内部各氏族之间的敌对情绪也日益严重。阿拉伯人几个世纪以来的管理方式是从游牧时代演变而来的，当时，氏族间的合作关乎部落的生存，必不可少。在干燥难耐的沙漠中，氏族之间的战争可能意味着彼此族群的灭绝；他们目标一致，就是找寻食物、发现水源和维持生存。如今，麦加日益富足，氏族间已不是必须合作才行了。相反，他们一直在争夺麦加的财富，而在这一方面，有些氏族略胜一筹，他们的个人财富呈增加趋势。而孤儿寡妇，由于失去了家庭的顶梁柱，就会处处受欺负。[6]

若是有一位强势的国王，那么有些由于平等执政引起的棘手问题或许都能得到解决，但阿拉伯人天生反对国王体制，因为数百年来，他们一直相互依靠，已无法将全部的信任交到任何单独一个人的手中了。[7]

哈希姆氏族是比较贫困的氏族之一，族人不满情绪较重。穆罕默德就出生在这个氏族。**他的父亲在他出生前就过世了，他 6 岁那年母亲也去世了，他成了一个无父无母的孤儿。两年后，他的祖父也去世了，穆罕默德由他的伯父艾布·塔利卜（Abu Talib）抚养长大。艾布·塔利卜是一个雄心勃勃的人，曾参加过古莱什族的亵渎之战，在他的人生中，让侄子过上舒适的生活从来就不是需要优先考虑的事情。穆罕默德从小就挣扎在生存线的边缘，跟随伯父的商

---

* 阿拉伯部落每年有 4 个禁月：11 月（都尔喀尔德月）、12 月（都尔黑哲月）和 1 月（穆哈兰姆月）连续 3 个月禁止打斗，再加上 7 月（赖哲卜月）。阿拉伯旧历属于阴历，因此禁月的起始时间每年都不固定，部落酋长们若是有仗没打完，就会相当随意地推迟禁月的开始日期。

** 为方便起见，通篇我都会将先知穆罕默德称为“穆罕默德”，尽管这并非他的本名。

队在各城市间辗转，以维持生计。[8]

25岁那年，他决定出来碰碰运气，领导另一支古莱什族商队；这支商队属于一个名叫赫蒂彻（Khadijah）的寡妇，她一个人干不了这事。穆罕默德带领的第一趟商队直达叙利亚，他管理得十分出色，寡妇的本钱翻了一番。据8世纪时为穆罕默德立传的伊沙克（Ishaq）称，当他赚了钱回到麦加后，赫蒂彻抓准时机，提出与他结婚，穆罕默德同意了。当时赫蒂彻40岁，比穆罕默德大15岁，但她婚后给他生了3个孩子*，而且穆罕默德在她在世时从未迎娶其他妻子（这有些悖于当地习俗）。

赫蒂彻的商队带来的财富让穆罕默德和他新组建的家庭跻身麦加的上流社会，但城里日益拉大的贫富差距，以及族人无所顾忌的奢靡之风，似乎令他十分烦恼。结婚10年后，穆罕默德参与重建了天房克尔白四周的围墙——这很有必要，因为“有人窃取了部分宝藏”。在贪婪之心面前，就连圣地也无法幸免。[9]

穆罕默德天性虔诚，每年都主动将一个禁月的时间花在扶贫济困上：他的传记作家伊沙克告诉我们，他会祈祷，然后把食物分给向他求助的所有麦加城的穷人，之后步行绕着天房克尔白转7圈。610年，正值他的服务月，天使加百列（Gabriel，《古兰经》中称“吉卜利里”）给予穆罕默德一次启示。他的讲述口口相传，传到伊沙克这里，被他记录了下来。

> 他在我睡觉的时候来到我身边，拿着一床织锦的被单，上面绣着一些文字，他说：“读！”我说：“读什么？”他用被

---

* 伊沙克在书中提到了7个孩子，但考虑到赫蒂彻的年龄，有可能其中的4个孩子要么是赫蒂彻领养的孤儿，要么就是她和前两任丈夫所生的孩子。

单紧紧地压着我，我以为我要死了；然后他放开我，又说："读！"我说："读什么？"他又压着我，我以为我要死了；然后，他又放开我，说："读！"我说："读什么？"他第三次压着我，我以为我要死了，他又说："读！"我说："我到底要读什么？"我边说边离他远一点，生怕他再次压向我……等我读完，他就转身离开了。然后我从睡梦中醒来，好像这些话已印在了我的心中。[10]

第二天，他又看见了那个天使，收到了剩下的启示：他是神的先知，受命将天使的启示传递给其他世人。

毫无疑问，这番叙述并非原封不动照搬过来的。终其余生，穆罕默德一直都在努力接收、解释并传递神的启示。610 年当他第一次收到启示时，他得到的只是后来他终于找到的那种宗教的种子，而这些种子很简单：他要去崇拜唯一的真主——造物主安拉（Allah，阿拉伯人当时已知的一位神），他要去追求个人的纯洁、虔诚和道德，所有这些在阿拉伯人的神圣实践中都有所规定。他用"al-mar'ruf"一词表示义行，这个词的本义是"已知的"。麦加社会的问题并非缺乏启示，它缺乏的是美德：人们不愿意去做那些部落居民（就像穆罕默德一样）肯定早就知道的正确行为。[11]

收到启示之后的 3 年里，穆罕默德只将此事告诉了自己的家人和亲友。穆罕默德的第一批追随者有他的妻子赫蒂彻；一个名叫扎伊德（Zayd）的仆人，他曾在一次部落战斗中被俘，后与当地的族人结婚；还有穆罕默德的堂弟阿里（Ali），也就是抚养他长大的伯父的儿子；以及他的密友艾布·伯克尔（Abu Bakr）。直到 613 年，他才开始向麦加的其他人宣讲他的神示。此时，神示的内容已变得更加具体。其间他曾怀疑神示的真实性，经历了痛苦的沉默，随后，启示又出现了，最基本的神圣真理也变得清晰起来。

> 你的主没有弃绝你，也没有怨恨你；
> 后世于你，确比今世更好……
> 难道他没有发现你伶仃孤苦，
> 而使你有所归宿？
> 他曾发现你徘徊歧途，
> 而把你引入正路；
> 他曾发现你家境寒苦，而使你衣食丰足。
> 至于孤儿，你不要压迫他；
> 至于乞丐，你不要呵斥他；
> 至于你的主所赐你的恩典呢，你应当宣示它。[12]

启示的核心简单明了：崇拜真主、照顾孤儿、救济穷人、分享神授的财富。穆罕默德教义的根源始终离不开他孤儿时期的记忆。

当他开始对外宣讲时，穆罕默德的追随者越来越多——主要是一些弱者、穷人和被剥夺了继承权的人。他在麦加的上层阶级新贵中并不怎么受欢迎。古莱什族的氏族首领抱怨说，穆罕默德在侮辱和嘲笑他们的生活方式。“要么你来阻止他，”他们警告他的伯父艾布·塔利卜道：“要么就让我们来做，因为你和我们一样，都处在他的对立阵营，我们可以帮你摆脱他。”[13]

为了荣誉，艾布·塔利卜拒绝背叛自己的家人，哪怕不如此就保护不了自己的财富，他也不会这样去做。眼看着在魅力超群、颇受欢迎的穆罕默德的身后，下层阶级的反抗呼之欲出，其他氏族领袖开始进行恐怖活动，打击任何接受穆罕默德说法的氏族成员。他的追随者在麦加的小巷里遇袭，然后被以莫须有的罪名关押起来，不给吃也不给喝，最后被赶出麦加城。一些新信徒担心性命不保，横渡红海投奔基督教王国阿克苏姆，在那里，他们受到了阿克苏姆国王阿尔玛（Armah）的欢迎，因为他们也相信唯一的上帝。其他人则逃到了更北边的麦地那。留在麦加的穆罕默德追随者（哈希姆氏族）则被迫住进贫民窟，而且当局还颁布了针对他们的禁令：禁止人们与他们做买卖，这切断了他们的生活来源。

在这样的困境下，穆罕默德的妻子赫蒂彻和伯父艾布·塔利卜相继病死了。而正是在这样的困境中，穆罕默德收到了新的启示：真主允许那些蒙冤受屈、被赶出家园的人们进行反击。[14]

在麦加城外，穆罕默德追随者的处境略好一点。麦地那的部落正在设法解决城内的动荡不安以及部落间的战争问题；他们从逃离麦加，来到麦地那街巷间的逃难者那里听说了穆罕默德得到的神示，于是派代表来拜访先知穆罕默德，想听听他的说法。有些人就此皈依；穆罕默德称这些皈依者为“辅士”（Ansar），意思是“助手”，后来，这个称呼常被用来指那些不是麦加居民，也不属于穆罕默德所在氏族的真主信徒。

穆罕默德认为真主还没有同意他离开自己的家乡，因此他在几乎所有信徒都逃走之后还在麦加待了很久。他们的离去使他处于更加危险的境地。他在麦加城中孤立无援，而神示允许他的追随者进行反击，这令古莱什族的领袖比以前更加怀疑他。“当古莱什人看到在他们的部落之外有一伙先知的追随者时，”伊沙克写道，“他们担心先知会与这伙人会合，因为他们知道他已决定与他们战斗。”[15]

因此，古莱什族计划每个氏族派一个代表，一起去刺杀穆罕默德。这样一来，就没有哪个氏族需要对穆罕默德的死单独负责了。“就在这时，”伊沙克断定，“真主允许他的先知离开麦加。”

此时仍与穆罕默德一起留在麦加的只有他的堂弟阿里和他的老朋友艾布·伯克尔。在夜色的掩护下，艾布·伯克尔和穆罕默德从被监视着的艾布·伯克尔家的后窗逃走，前往麦地那，而阿里则留下来确保先知的所有债务都已解决。穆罕默德逃离麦加这一事件，也就是“徙志”（Hijra），开始时间是公元 622 年 9 月 24 日。后来，穆罕默德的追随者——现在被称为穆斯林——将此后所有的日期都称为“徙志之后”。*

“徙志”开始的那一天是新的伊斯兰教历的元年元旦。这一天并非穆罕默德首次得到神示的日子，而是穆斯林开始明确身份的日子。直到穆罕默德来到麦地那之后，信徒的面貌才开始焕然一新。他和君士坦丁一样，发现了一条可以维系一群阿拉伯人的纽带，这些阿拉伯人都不会自然而然地把自己算作某一个氏族、某一个城市或某一个国家的成员。他们怀有同一种信仰，相信只有一个造物主，奉主之名恪守一种公正纯洁的生活，这种信仰将所有信徒联合起来。所有追随穆罕默德的人聚在一起则被称为“乌玛”（umma），意思是“一个属于所有被排斥的人的共同体”。[16]

乌玛成了麦地那迄今为止最强大的族群，作为他们的领袖，穆罕默德是城市事实上的统治者。但并非所有麦地那的居民都是乌玛成员，有些阿拉伯人和全部犹太人都在乌玛之外。穆罕默德的首要任务之一就是捍卫他们的权利。他不想重复家乡的阶层体系，让一个部族的成员去主宰其他人的权益。他开始用启示来解决这个问题：

---

* 英语中表示伊斯兰纪元的 AH 是拉丁语 Anno Hegirae（徙志之后）的缩写。

在麦地那居住的所有男人和女人都享有平等的权利，无论他们是否崇拜真主。

几乎从他到达麦地那的那一刻起，穆罕默德所扮演的角色就不再只是信徒的先知，他还掌管着非信徒的民政事务。麦地那和麦加一样，也因氏族和部落之间的冲突而支离破碎；但不同于麦加的是，统治这里的不是一个必要时能团结起来对抗那些威胁到自身利益的强权集团，穆罕默德给这座城市指出了一条和平发展的道路，这一点得到了认可。他开始掌握政权，这种权力不是通过征服，而是通过他闻名远近的智慧得来的。

打从一开始，伊斯兰教在这一点上就不同于基督教。耶稣的信徒都没有自己的城市，也没有国家，更不用说保罗的门徒和早期的主教了。直到君士坦丁跨过米尔维亚桥，将基督教思想带到罗马，基督教才成为帝国的宗教信仰。在耶稣与君士坦丁之间，基督教经历了几个世纪的信仰的探索、神学的构建以及对镇压的反抗。

而穆罕默德手中却掌管着一座城市。从“徙志”第一天开始，他的启示就主宰着信徒信仰的纯洁和德行，这些启示与制定麦地那民事法规的需要混合在一起。从一开始，由于需要建立政治秩序，他的教义就受到了这种需要的影响。穆罕默德先后失去了父母双亲、家庭、妻子，最终又失去了家园，如今他从聚在一起的信徒中找到了新家。他最关心的是让这些信徒合为一体，让他们互相团结、彼此忠诚、目标一致，为此，他不仅需要公正的天平，也需要一把正义之剑。

时间线 3

波斯帝国	拜占庭帝国	阿拉伯	北非
	查士丁一世（518—527）		
			（阿克苏姆） **迦勒** （约 520—540）
			（阿克苏姆） **阿伯拉哈** （约 525—约 553）
	查士丁尼大帝（527—565）		
	《查士丁尼法典》 第一卷（529）		
库思老一世（531—579）			
	查士丁二世（565—578）		
		穆罕默德出生（约 570）	
	提比略二世（578—582）		
霍尔米兹德四世（579—590）			
	莫里斯（582—602）		
		亵渎之战（约 585）	
库思老二世（590—628）		马里卜大坝的崩塌（590）	
			（阿克苏姆） **阿尔玛** （约 600—约 640）
吞并拉赫姆	**弗卡斯**（602—610）		
	希拉克略一世（610—641）	穆罕默德收到启示（610）	
	牧首塞吉阿斯（610—638）	加萨尼被击败	
		徙志（公元 622 年 / 伊斯兰历元年）	
	君士坦丁堡被围（626）		
喀瓦德二世（628）			

/ 04

大唐盛世

622 年至 676 年，唐朝与吐蕃、突厥作战，并试图兼并新罗王国，日本的大和王朝也参与了战事。

到 622 年，中国的新皇帝唐高祖已与高句丽言和（结束了隋朝发动的漫长的流血冲突），并开始填补帝国国库的亏空（连年的战争以及运河的修建已掏空了国库）。尽管小规模叛乱频发，国家仍然动荡不安，但唐朝正试探性地寻找国家稳定之路。

唐朝最大的难题来自北方的突厥人。突厥汗国的建立者伊利可汗逝世后，突厥人内乱不断，国家最终分裂为东西两个独立的汗国。

东突厥汗国与唐朝相邻，有一段时间，唐高祖与可汗之间的关系相当不错。唐高祖的家庭在风俗习惯方面与突厥人并没有太大的区别。高祖在中国北方长大，那里混居着中国人和突厥人。他的母亲体内流着游牧民族的血液，他自己的儿子们也是被当成猎人和战士来培养的，比起儒家经书，他们对马匹和猎犬更感兴趣。[1]

但是后来，争强好胜的颉利可汗掌管了东突厥汗国。在颉利可汗之前的几十年里，东突厥平均大约每三年袭扰一次唐朝边境；而颉利可汗掌权之后，突厥人开始每隔两三个月就对中国北疆发动一次袭扰。624年，东突厥汗国的军队一路南下，渡过黄河后兵锋直抵豳州。唐朝军队惊慌失措；幸亏有二皇子李世民在军中坐镇，军队才没有四散奔逃。李世民打马而出，向颉利可汗及其侄突利可汗下战书，要求与他们二人单挑——这在中国汉族的皇子中是绝无仅有的——颉利可汗认为这说明李世民胜券在握。于是他开始怀疑手下有人与李世民勾结，这次决斗恐怕有诈。因此他拒绝应战。李世民凭借自己对突厥人习俗的了解，提出与突利可汗结拜，颉利可汗答应了。颉利可汗接受了巨额赔款并下令撤兵。[2]

唐朝的开国皇帝唐高祖没能继续统治多久。他终结了前朝荒淫无道的统治，但这一角色无法使他自然而然地成为当之无愧的、长期实行德治的天命所归之人。他的儿子李世民继承了唐高祖的皇位，在位统治20余年，令唐朝的统治名正言顺。

李世民帮助父亲打下了天下，使唐高祖坐上皇位；在与突厥人的骁勇作战中，他又为自己赢得了手下的忠心。626年，他杀害了自己的兄长（可能出于自卫）——新成立的唐朝的皇太子——并要求父亲立他为太子。唐高祖应允了。几个月后，高祖退位，将皇位传给儿子李世民。李世民即唐太宗，唐朝的第二任皇帝。和他的父亲一样，他也通过暴力夺权，但他这种暴力没有那么明显，因为他的父亲决定不再挣扎，和平传位给他。[3]

他刚一当上皇帝，东突厥就再次入侵。李世民又开始领兵征战。“突厥所以扫其境内，直入渭滨，应是闻我国家初有内难，朕又新登九五，将谓不敢拒之，”他对其臣下说，“朕若闭门，虏必大掠，强弱之势，在今一举。朕故独出，以示轻之；又耀军容，使知必战。”[4]

事实上，唐朝驻扎在长安的兵力太少，是无法击败突厥人的，但唐太宗依然带着6名骑从来到渭河边（就在城北），指责颉利违背了早先的和平协定。随后，唐军相继而至，颉利可汗见唐军军容大盛，心生畏惧，请和而退。[5]

突厥人打道回府了。但唐太宗刚与颉利可汗结了盟，就努力煽动颉利的臣民举兵造反，其实这与他对待自己亲兄弟的态度并没有多大差别：有两个亲兄弟都为他所杀，成为他走向帝位的垫脚石。他还怂恿突利可汗发动政变。叔侄之间的内战始于629年，唐朝军队前往“助阵”，到630年，唐太宗已迫使颉利可汗流亡他乡，并接受了突利可汗的请降，被尊为“天可汗”。大唐帝国的版图迅速扩张——唐太宗再次彰显出了他对北方事务的熟悉，他让部落首领在大唐朝廷任职，成功得到了这些新臣民的拥戴。[6]

之后的近20年里，唐太宗治理的唐朝对内稳定，对外扩张。他倒并未做出多少伟大的创新，而是很好地沿袭并完善了隋朝时已初具规模的政府管理体系；他带领军队在北方、西北（在他新收服的东突厥臣民的帮助下，他在这里征服了西突厥汗国的东部领土）和西南都扩大了统治范围。他不相信学者，却相信和他一样懂得北方作战之法的人。唐朝诗人李白这样描写唐朝士兵：“边城儿，生年不读一字书，但知游猎夸轻趫。”[7]

在西南部，唐朝武将遇到了另一个开国之君。但他与唐太宗不同，唐太宗是在前人基础上使帝国发展壮大，而这位国君却是自己打下基业。他就是松赞干布，他居住的地方位于亚洲中部，地势很高，也就是我们所称的青藏高原。几千年前，吐蕃部落与中原人本属同源，但当中原人已经开始从事农耕和城镇建设时，吐蕃人还一

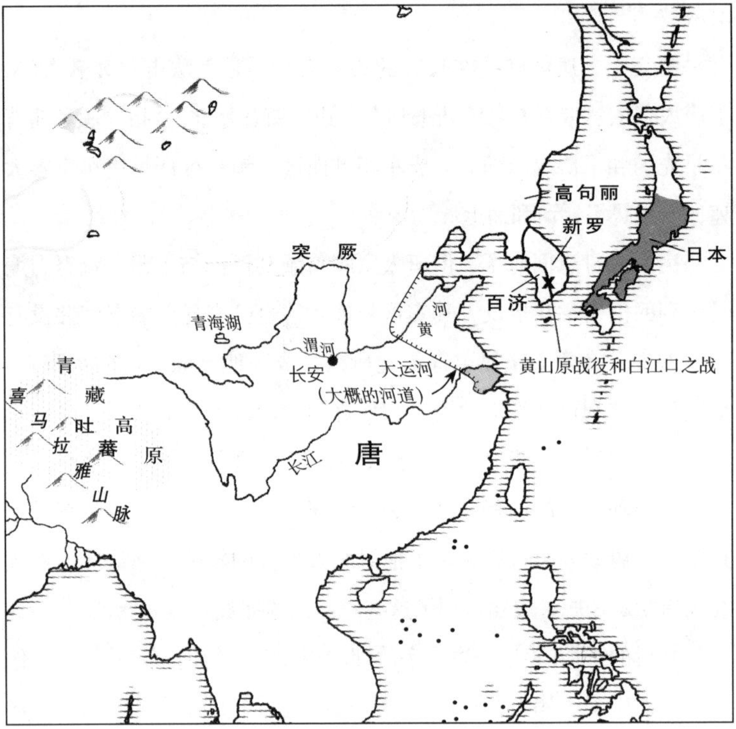

地图 4–1 7 世纪的东方

直沿袭着游牧民族的生活方式。松赞干布的父亲囊日论赞是吐蕃一个部落的首领。大约 629 年，他去世的时候，已经试探着迈出了支配邻近部落的第一步，他的儿子，当时可能只有 12 岁的松赞干布，继承了他的赞普之位。

如同远在西方的法兰克人克洛维或阿尔泰山区的突厥人伊利可汗一样，松赞干布也开始致力于将各部落合而为一，缔造一个统一的王国。和大多数当上国王的部落首领一样，他选择对外征战，以此作为凝聚新领地的方式。630 年之后，他征服了附近的部落，随后又在东北方向的青海湖畔与游牧部族吐谷浑开战，其目的可能是分散其他部落首领的注意，令他们忘掉自己已归他统治这个令人不快的事实。他派军队西至印度，东到唐朝边境，但他想的不只是征服领地，他还设法与邻邦结盟，在吐蕃历史上首次确立了外交政策。[8]

634 年，他派遣使臣捎信给大唐朝廷：他想与唐朝皇家联姻。

唐太宗对此不怎么感兴趣。在吐蕃，松赞干布是天纵奇才的政坛巨星，在不到一代人的时间里就令自己的臣民脱离了杂乱无章的部落体制，建成了一个统一的王国。但在唐朝帝王的眼里，他只是一个自命不凡的蛮族之王罢了。

唐朝皇帝拒绝送公主西去和亲，于是松赞干布立即入侵唐朝西南边疆，也就是今天的四川地区。唐朝守军设法将他驱赶出境，但唐太宗还是对他的进攻能力感到惊讶，并决定对此人还是怀柔为宜。后来，他派了一个宗室女子文成公主西去吐蕃和亲，她与松赞干布于 641 年完婚。

与文成公主一起到来的似乎还有些佛教僧侣、佛经，以及中原人的生活习惯，包括饮用茶和酒，以及夜观星象。她临行前还向唐太宗要求带去能工巧匠，这些中原来的能工巧匠教吐蕃人如何酿酒、造纸、养蚕，如何建磨坊磨面，以及中医治病救人的方法。中原文化渗透到了松赞干布的王国。印度文化也传入了吐蕃。文成公主建议她的丈夫派遣一位大臣前往印度北部，带回梵文佛经。吐蕃人以前没有文字，但到松赞干布统治结束时，吐蕃人已经有了以梵文为基础的吐蕃文字。[9]

松赞干布逝世于 650 年，他用一生的时间缔造了一个完整的国家。就像许多基于个人号召力建造的帝国一样，在他死后，吐蕃王国也开始动摇。他的继承人是他年幼的小孙子芒松芒赞，而王朝的实际掌权者是摄政王、丞相禄东赞。有一段时间，吐蕃不再对外扩张，也不再向外国派遣使节，矛盾的焦点再次集中于国内的权力斗争，以及佛教信徒与古老的游牧民族宗教信徒之间的冲突上来。

松赞干布去世前一年，唐太宗也驾崩了。他的皇位继承人是他最喜欢的儿子李治，即唐高宗，此时高宗已成年，曾在父亲临终前斋戒哭泣。

唐高宗登基称帝后不久，他的后宫新添了一位妃子。他将父皇的嫔妃武则天从太宗去世后被送去修行的佛教寺院中接了出来。显然，这两人暗通款曲已有多时。655年，唐高宗不顾群臣反对，废了他的原配王皇后，改立武则天为后，次年又立她4岁的儿子为储君。[10]

唐高宗在位前期，唐朝对外征战不断。西突厥汗国国内因争夺可汗之位爆发内战，657年，唐军行军至此，突袭了正在彼此交锋的可汗们。镇守西部边境的将领苏定方，在暴雪天集合部队，命令他们踏过深达半米的积雪袭击突厥。“虏恃雪，”他告诉士兵们说，“方止舍，谓我不能进，若纵使远遁，则莫能擒。”毫无防备的西突厥将士遭遇惨败，汗国领地成了唐朝的属国。[11]

如今，大唐疆域一路延伸到了波斯边界。然而，正在大唐统治空前鼎盛时，唐高宗却病倒了。当时的记载告诉我们，他患了严重的头痛病和晕眩症，有一段时间还丧失了视力。他可能是得了中风，他在体弱多病的时候，十分依赖聪慧过人、受过良好教育的武则天。他让她给他读奏折，并准许她以他的名义做出决定。[12]

朝鲜的新罗国使节到来之际正值武则天掌权，他们来大唐是寻求援助的。新罗国王武烈王仍统治着朝鲜半岛最强盛的王国，但他注意到，他的邻邦高句丽与百济已与日本的倭人建交，三国同盟的局势使他坐立不安。

武则天同意派遣一支10余万人的大军，去帮助新罗对抗百济。在两国边界的黄山原一役中，百济军队惨遭重创。百济国王义慈王投降求和、束手就擒，沦为了唐朝的阶下囚，而非新罗的。武则天一直关注朝鲜半岛，唐朝向新罗派出援军，其实也是对朝鲜土地的一次试探。

武烈王宣称自己是新罗和百济的国王，但百济叛军已经在组织抵抗了。黄山原战役的幸存者逃亡日本，被俘的百济国王有一个儿子早就住在那里了；几年前，他作为日本与百济联盟的人质来到了日本。

在那里，他们请求大和王朝的皇太子中大兄皇子帮助他们夺回自己的国家。

642年，日本女天皇皇极天皇在丈夫死后继承了皇位。她的儿子中大兄皇子时年16岁，也许更适合继位，但强大的苏我氏家族站在了皇极天皇身后，因为比起她那精力充沛的儿子，她较少主见，更易操纵。593年，苏我氏家族曾做过类似的事，让前任天皇的妻子继位，自己则在幕后操纵。现在，他们重复这种做法，让皇极成为第二个女天皇，也是第二个需要依靠苏我氏来掌权的人。

中大兄皇子已经成年，足以掌权，他也有足够的雄心壮志反抗这一切。他没有责怪自己的母亲，而是把矛头直指苏我氏，开始制订计划，削弱他们的权势。他在与苏我氏敌对的中臣氏家族中找到了一名自愿与他联盟的重要成员，这个人就是中臣镰足。另外还有一个苏我氏本族的年轻人也对家族心怀不满。几人密谋暗杀苏我氏豪门中最有权势的成员，来摆脱苏我氏的影响。他们的首要目标是苏我入鹿，苏我入鹿与其父苏我虾夷曾是女天皇即位的幕后主使，父子二人通过控制天皇得到了最高的权力。

此事密谋了好久才得以实行。645 年，即乙巳年的 6 月 12 日，密谋有了结果。当日，朝鲜使臣要向天皇进赠礼品。苏我入鹿像往常一样佩剑上朝（据日本编年史《日本书纪》记载，他"为人多疑"），但中臣镰足早已雇好俳优，上演了一场精心编排的表演，说服他解除了武装。苏我入鹿一辈子生性多疑，但在他最需要怀疑的时候却轻信了他人；他哈哈大笑着解下了佩剑，进殿面见女天皇。19 岁的中大兄皇子悄悄下令让皇宫禁卫封锁出入宫殿的 12 个入口。他把暗杀苏我入鹿的任务交给了密谋小组的其他三名成员，但当这三人站在大殿内，听着苏我入鹿的堂兄弟宣读朝鲜使臣的上表时，很显然，这三名剑客逐渐丧失了勇气。[13]

他们都不敢袭击刺杀目标，于是中大兄皇子飞身一跃，向苏我入鹿发出了第一击。这位受伤的政治家摇摇晃晃地走到女天皇面前，向她求饶；但皇极天皇只是起身离殿，走进了宫殿深处，这样她才能对发生的事情不闻不问。皇子的三个同伙随即采取行动，杀死了已经受伤的苏我入鹿。苏我入鹿的父亲苏我虾夷听到这个消息之后，自杀身亡。[14]

这次"乙巳之变"，给了苏我氏毁灭性的打击。但在随之而来的权力真空期，权力的洗牌却有些令人费解。当时转身而去的皇极天皇随即退位，但中大兄皇子并没有继承皇位。取而代之的是他的舅父——女天皇的弟弟。他继任天皇，称孝德天皇，在位统治 9 年。在他死后，皇极重登天皇之位，改称齐明天皇，自 655 年至 661 年又统治了一段时间。

甚至在她死后，中大兄皇子也没有继任天皇，而是以皇太子名义称制。在他舅父和母亲统治期间，中大兄皇子在大和朝廷中行使着诸多权力。事实上，当百济幸存者第一次寻求帮助时，齐明天皇仍然在位，但答应支援的是中大兄皇子，他同意派遣日本战船参战，对抗新罗国的占领者。

战争爆发之前，齐明天皇去世。此时，中大兄皇子实际统治着日本，但他再次拒绝继任天皇。他治而不统。后来人们才弄清楚，他这样做是因为相信大殿上的谋杀事件对他来说是一种亵渎。在天皇面前抛洒鲜血，会玷污抛洒之人。当初中大兄皇子联合三个同伙就是出于这个目的，因为如此才不会让他自己的双手染血。但同伙的胆怯迫使他只能亲自出手。[15]

然而，即使没有神圣的称号，中大兄皇子仍然担任着日本军队的总指挥官。日本舰队驶向百济，声称百济王子扶余丰才是百济的合法国王。此人原是流放外国的质子，现在成了傀儡。

就在日本舰队抵达百济海岸前，新罗国王武烈王去世了。他的继承人文武王登基，发现自己面临着他国的入侵。但他进行反击的能力非常强。在与百济激战时，他就曾为父亲指挥一支水军。

663 年，百济-日本盟军以日本的中大兄皇子和百济王子扶余丰为首，与唐-新罗联军展开了白江口之战，战斗地点距三年前黄山原战役的所在地不远，唐-新罗联军大获全胜，中大兄皇子回到日本，加强防御，防止敌军入侵。扶余丰则逃到了高句丽。百济已无力回天。

唐朝仍然向新罗增派援军，于是新罗又开始入侵高句丽。668 年，高句丽遭受重创。扶余丰被俘后，就像之前的义慈王一样，也被送往唐朝，在历史记录中再也找不到他的消息。

如今，文武王统治着整个朝鲜半岛。在唐朝的协助下，新罗获得了胜利。三国时期转换为统一新罗时期，这一阶段一直持续到935年。

几乎就在同一时期，新罗与唐朝结盟开始变得对新罗国不利了。武则天原本就计划将唐朝的疆域一路延伸到朝鲜半岛，而不是将权力交给三个国王之一。现在，她的丈夫唐高宗身体康复了不少（尽管他余生常犯心脏病），夫妻二人将朝鲜半岛划为多个行政区，统归唐朝管辖。他们册封新罗文武王为大都督，行使唐朝的统治，并设立了“安东都护府”。[16]

文武王并不以此为喜，因为他突然发现原本帮助自己取胜的力量，自己如今却必须向其臣服。为了寻找一个解决困境的办法，他决定求助于高句丽的战士——就是那些几个月前还在与他作战的人，如今他们是仅剩的反唐朝统治的势力了。文武王的军队和高句丽的叛军缔结了新的联盟，共同抗击唐朝。

在5年的时间内，之前的三个国家都有叛军在抗击唐朝的军队。676年，在汉江流域吃了一系列败仗之后，武则天和唐高宗决定把唐朝统治下的一大片土地让给文武王管理，并将安东都护府驻地向西北迁至位于朝鲜半岛之外的辽东城。[17]

唐朝的统治已扩展到突厥人的领土之内，进入青藏高原，但大和仍在唐朝的势力范围之外。而文武王的抵抗则意味着，一段时间内，统一新罗会从唐朝脱离。

时间线 4

北非	阿拉伯人	突厥人	南北朝	吐蕃	新罗	百济	日本
		木杆可汗（553—572）				**威德王**（554—598）	
			周武帝（561—578）				
	穆罕默德出生（约570）						**敏达天皇**（572—585）
			北齐灭亡（577）		**真智王**（576—579）		
			周宣帝（578—579）				
			周静帝（579—581）		**真平王**（579—632）		
			北周灭亡 / 隋朝建立（581）				
			隋朝				
			文帝（581—604）				
	亵渎之战（约585）						**用明天皇**（585—587）
	马里卜大坝的崩塌（590）		隋朝重新统一中国（589）				**崇峻天皇**（587—592）
							推古天皇（592—628）
							圣德太子（593—622）
（阿克苏姆）**阿尔玛**（约600—约640）							《十七条宪法》（604）
	拉赫姆被吞并		**炀帝**（604—618）				
	穆罕默德收到启示（610）						
	加萨尼被击败		隋朝灭亡 / 唐朝建立（618）				
				囊日论赞（618—629）			

时间线 4（续表）

北非	阿拉伯人	突厥人	唐朝	吐蕃	新罗	百济	日本
			高祖 （618—626）				
		颉利可汗 （约 620—630）					
	徒志（公元 622 年 / 伊斯兰历元年）		**太宗** （626—649）				
		东突厥汗国灭亡（630）		**松赞干布** （629—650）			**舒明天皇** （629—641）
					善德女王 （632—647）		
						义慈王 （641—660）	
							皇极天皇 （642—645）
							孝德天皇 （645—654）
					真德女王 （647—654）		
			高宗 （649—683）				
				芒松芒赞 （650—676）			
		西突厥汗国灭亡（657）			**太宗武烈王** （654—661）		**齐明天皇** （655—661）
					文武王 （661—681）		中大兄皇子 （661—668）
					统一新罗 （668—935）		

/ 05

以信仰为纽带的族群

622 年至 642 年，追随穆罕默德的信徒们聚居在一起，形成一个族群，随后，艾布·伯克尔带领族人征服阿拉伯半岛，而欧麦尔则带领他们跨越了半岛的边界。

在麦地那，乌玛的领袖穆罕默德担任着非信徒之间冲突的审判官。即便他从未争过这些头衔，却发现自己在生活的城市里同时担任着先知和国王两个角色；很快，他不得不处理好几个现实的困难，这些困难紧紧压迫着他所创造的理想社会。

一方面，在习惯于认为自己首先归属于某个氏族和部落的人中，很难维持基于信仰的统一。穆罕默德也承认他的信徒是有区别的：他称呼麦地那的阿拉伯人为“辅士”，意思是“帮手”；而称呼从麦加追随他而来的阿拉伯人为“迁士”（Muhajirun），意为“移居者”。他本人与他的亲密支持者缔结了传统的亲属关系；赫蒂彻死后，他与艾布·伯克尔年仅 6 岁的女儿定了亲（虽说直到这个小女孩长大，两个人才举行了婚礼）。他那基于相同的信仰结成的“新族群”仍是他未来计划的重心，但血缘关系和亲情纽带仍在他考虑之内。[1]

在其他方面，新族群的发展也出乎他的意料。穆罕默德对麦地那的愿景是让整个城市成为一个乌玛共同体。他一直真心真意、宽厚仁慈地细心保护着非穆斯林的各种权利，但这毕竟是暂时的打算，最终他们无疑还是应该蒙主感召，成为安拉的信徒。然而，日趋明了的现实是，麦地那的犹太人总是把自己单列出来。

万分沮丧的穆罕默德再次得到启示，这件事记录在《古兰经》第二章里。《古兰经》中一次又一次地表明，安拉与亚伯拉罕所崇拜的上帝乃是同一位神：是安拉“把经典赏赐穆萨（摩西），并在他之后继续派遣许多使者；把许多明证赏赐给麦尔彦（马利亚）之子尔撒（耶稣），并以玄灵扶助他”。犹太人和基督徒坚持认为“除犹太人和基督徒外，别的人绝不得入乐园”。“这是他们的妄想……凡全体归顺真主，而且行善者，将在主那里享受报酬，他们将来没有恐惧，也没有忧愁。”对于穆罕默德而言，犹太人和基督徒实际上已经隶属于乌玛，他不明白他们为何还要继续与穆斯林隔离。[2]

而且他也不是对所有皈依安拉的阿拉伯人都感到满意。因为乌玛现在是麦地那最强大的“族群”，整个城市的作息时间都围绕着穆罕默德要求忠实信徒进行的每日五次的祷告重新安排。斋戒和救济穷人已写入城市的法规，穆罕默德建造的宗教场所（清真寺）也成了城市的中心。在政治上，成为穆斯林是有利可图的，于是有些阿拉伯人就皈依安拉，以便借此谋利。[3]

但最大的难题来自麦加。“于是信徒准备作战，”穆罕默德的传记作者伊沙克实事求是地说道，“遵循真主的谕示，攻打他的敌人……真主命令他去战斗。”穆罕默德在麦加收到的神示是，允许穆斯林反抗那些把他们逐出家园的人，尽管麦加的敌人如今相距遥远，但神示仍然奏效。于是从623年开始，也就是“徙志”的第二年，穆罕默德开始派遣辅士和迁士作为先头部队离开麦地那远征。他的首要目标并非麦加，而是在麦加和北方之间往返时会途经麦地那的商队。[4]

严格来讲，偷袭商队算不上是战争行为。数百年来，阿拉伯人一直将其他部落的商队当作理所当然的猎物。从路过的商队那里掠夺宝贵的食物和水肯定能让麦地那人的生活轻松一些。但穆罕默德他们准备袭击从麦加来的商队，对方几乎都是古莱什族人，这一行动也是在发出一条信息，这说明，对乌玛的忠诚已经取代了原来对部落的忠诚，血缘关系的纽带已被打破，取而代之的是共同信仰的纽带。[5]

连续数月，麦地那远征军的任务只是刺探、报告，偶尔也与商队的头目进行谈判。没有一个人受伤，直到麦地那有一伙人盯上了一个庞大而富有的古莱什族商队，他们决定发动突袭，夺取商队货物。在混战中，有一名古莱什族商人被麦地那人的弓箭射死了。

当远征军带着战利品回到麦地那时，穆罕默德勃然大怒——倒不是因为有人丧命，而是因为这事发生在禁月期间，一切争斗这时都是被禁止的。正是这种对古老的宗教传统的无视，导致了麦加社会的腐败和颓废，而他不打算让麦地那重蹈覆辙。[6]

他的愤怒使新形成的社会群落面临解体。乌玛的其他成员也开始窃窃私语，认为发动突袭的这伙人该死；麦地那城外，古莱什族则散布消息，说穆罕默德亵渎了神明。穆罕默德收到另一个神示后，城市才恢复和平。神示说：打破禁月禁忌糟糕透顶，但麦加人的罪孽更重。《古兰经》第二章记载道：“禁月内作战是大罪，妨碍主道，不信真主，妨碍朝觐禁寺，驱逐禁寺区的居民出境，这些行为，在真主看来，其罪更大。迫害是比杀戮还残酷的。如果他们能力充足，势必继续进攻你们，务使你们叛教。”[7]

这一神示缓解了麦地那的紧张局势，突袭队也如释重负，回到家中。但这件事的连锁反应牵涉更大。神示起初许可信徒在被人加害时进行反击，不知不觉间，许可的范围扩大了。现在信徒得到允许，打击那些一有机会还会继续加害信徒的人。

神示给穆罕默德和他的信徒对麦加商队发动全面攻击提供了所需要的正当理由。624年，一支大型商队从叙利亚满载而归，途经麦地那。他们的领队是穆罕默德的一个宿敌——阿布·苏富扬（Abu Sufian）。他带领商队走的这条路经过白德尔水井（Wells of Badr），这是麦地那南边的一片绿洲，有饮水池。穆罕默德集结300人（人数众多，击垮一支商队不在话下）前往水井，准备在那里拦截他们。

阿布·苏富扬早就料到会有麻烦。他的侦察队在前面探路，打听任何有动作的大型团体，他们带回了麦地那人计划突袭的情报。阿布·苏富扬送信回麦加寻求支援，结果麦加派出了一支庞大的军队——有上千人，古莱什族的每个氏族都派出了代表。穆罕默德的新宗教和旧制度之间的矛盾到了紧要关头。[8]

624年3月17日，在白德尔水井处，从麦加赶来的古莱什族军队与一小股麦地那的部队相遇了。敌众我寡，穆罕默德给自己的手下打气，向他们保证，要是他们勇敢作战，英勇牺牲的人一定都会上天堂。麦地那军怀着对穆罕默德的忠诚、对宗教的狂热、对敌人的仇恨，以及担心失去所有的恐惧，以弱胜强，打败了对方的大部队。战死的古莱什族人只有50个左右，但其余的人都被赶回了麦加。穆罕默德和他的部下带着缴获的商队货物（阿布·苏富扬逃脱了，带回麦加一部分货物），战胜而归。

这是伊斯兰教的首战，是乌玛生活的一个转折点。624 年至 630 年，战争升级。麦地那的乌玛使用武力驱逐了两个拒绝承认穆罕默德权威的犹太部落。麦加和麦地那军队间的战斗主要发生在 625 年和 627 年；第二次战役，即壕沟战役（Battle of the Trench，因麦地那民众在城外挖壕沟据守，故名）之后，最后一个犹太人部落也遭到驱逐。这是因为他们拒绝参战，违反了穆罕默德所宣布的无论是和平还是战争，犹太人和阿拉伯人都要相互扶持的规定。壕沟战役最终打了个平局——寒冷的天气迫使麦加人收兵撤退——其实犹太人参战可能也起不到多大作用。然而，城里的穆斯林认为犹太人与城外的敌军勾结，对这种背信弃义的行为深感愤怒。

犹太人被围困在家中，最终被迫投降。他们可以做出选择——要么皈依伊斯兰教；要么被处死、被奴役——他们选择了后者："我们绝对不会背弃摩西律法的信条，也不会改投他教。"伊沙克记下了他们的说法。穆罕默德委派法官宣读判决，这个法官名叫萨德（S'ad），是一名改投伊斯兰教的犹太人。萨德宣布，将犹太人男子处死，妇女和儿童沦为奴隶。伊沙克的记载毫无粉饰：

> 使者走向麦地那的集市（至今仍然保留），并在里面挖了壕沟。然后，他让人将他们分批带出来，在那些壕沟里砍下他们的头颅……足有六七百人之多，也有人说有八九百人。[9]

当麦地那这个新型社会遭到来自外部的攻击时，过去的宽松气氛就不复存在了。在麦地那，中立者再无立足之地。

630 年，麦地那的乌玛规模日趋庞大，势力日益增强，穆罕默德已有实力组建一支万人大军：来自边远部落的辅士、迁士和众多士兵，要么早已信奉伊斯兰教，要么自愿与之联合起来。他率领这支军队最后一次向麦加进军。他又为这次袭击找到了正当的理由。古莱什族的游牧部落盟友袭击了穆斯林的游牧部落盟友，这是对虔信之人的敌对行为，穆斯林只得进行反击。[10]

随着穆斯林的势力日益壮大，麦加人早已开始与其北部的强大邻国讲和（事实上，在过去10年里，两国间缔结的两个条约早已允许穆斯林不时出入该城，参拜天房克尔白了）。即使是在白德尔水井一战中遭袭的商队主人阿布·苏富扬，如今也赞同休战。当天边出现穆罕默德及其部队的身影时，事情已经十分清楚了：要想休战就得投降。

阿布·苏富扬站在城墙上，要求穆斯林承诺进城之后保证不发生流血事件。穆罕默德同意了，城门随即打开。他们信守了承诺，所采取的唯一暴力行为是砸毁并推倒了市内各处的神像。穆罕默德本人在天房克尔白礼拜了安拉。阿布·苏富扬已同意皈依伊斯兰教，也和他一起做了礼拜。

从此以后，麦加成了伊斯兰教的中心，是所有穆斯林礼拜安拉最虔敬的地方。穆罕默德以此地为中心，在接下来的两年里，他都以麦加为总部指挥各种战役。更多的阿拉伯部落开始皈依伊斯兰教。他的征服之路一直向南方延伸，希木叶尔也无法抵挡，向他臣服。乌玛社区正在逐步变成一个王国。

但穆罕默德不是国王。他赋予阿拉伯人一个共同的身份；他为阿拉伯人所做的，与阿拉里克为哥特人或克洛维为法兰克人所做的事情一样。他将各式各样、彼此对抗的部落团结在一起，给他们提供了一种方法，让他们认为自己是一个群体。阿拉伯人憎恶王权，

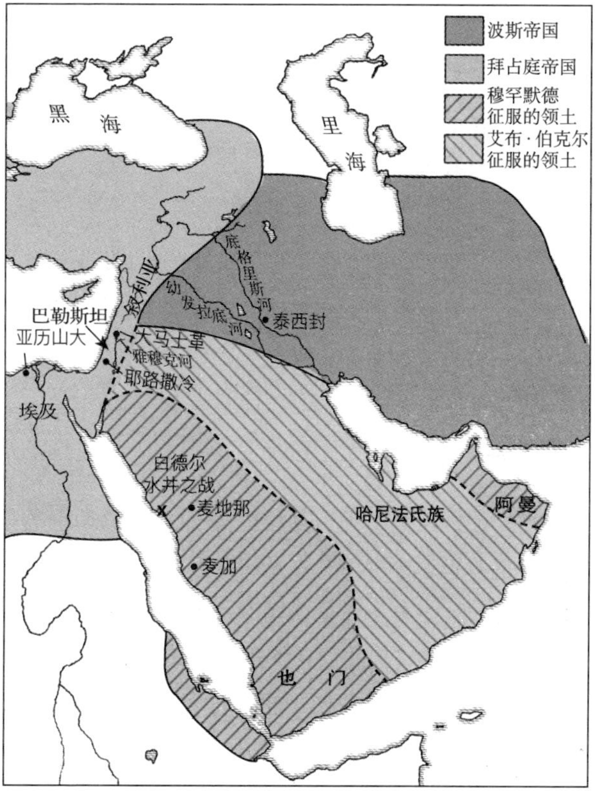

地图 5-1 穆罕默德与艾布·伯克尔的征服疆域

这意味着他既不能像阿拉里克那样当勇士之王，也不能像克洛维那样当基督徒的国王，而是作为先知，缔造了一个新的民族。

632 年，在他离世之前，他发表了辞朝演说，提出了帮助这个新民族形成的宗教和民事法规：

安拉禁止你们放高利贷谋利。

你们的女人有权得到善待，吃饱穿暖。

你们要礼拜安拉。

每日五次礼拜。

斋月当守斋戒。

将你们的财富用于慈善。

如果你们能负担得起，就去朝觐（去麦加朝圣）。

阿拉伯人不比非阿拉伯人优越。

白人不比黑人优越。

在我之后，不会再出现新的使者，也不会有新的信仰产生。[11]

辞朝演说之后不久，穆罕默德病倒，几天之内就去世了。

他没有给他的继任者留下任何指引——没有人受命接掌他的精神领袖之位，没有人接替他成为乌玛的统治者，也没有人能领导下一步的战斗。或许他并没有想到，在他身后会出现一个伊斯兰王国。当然，他也没打算留下某种世袭王权去统治他的信徒。他巨大的成就也有消极的一面：信徒的皈依与他的个人魅力息息相关，因此在他去世后，新的穆斯林聚居区立刻就开始分崩离析。对旧部落的忠诚从他几乎具有催眠作用的个人魅力中解脱出来，重新出现。

他的老友艾布·伯克尔，也是他的少妻阿伊莎的父亲，在麦地那的一次穆斯林集会中当选为他的继任者。但这次选举的结果充满争议，其他的穆斯林，主要是麦加的穆斯林，想要推举阿里·伊本·阿布·塔利卜（穆罕默德的堂弟和女婿）。就在聚会推选艾布·伯克尔为继任者的同时，伯克尔正忙于清洗穆罕默德的身体，哀悼他的死亡。

阿里本人是如何看待自己的处境的，我们并不是特别清楚。有一种说法是，阿里并没有对艾布·伯克尔当选穆斯林的下一任领袖认真地表示异议；他退出争斗，慎重考虑之后，最终表示支持穆罕默德的朋友当选。但根据其他的说法，他深信自己应该继承穆罕默德的职位，并对艾布·伯克尔的当选提出了异议。*

事实就是有许多阿拉伯人反对艾布·伯克尔掌权，无论阿里支不支持都一样。艾布·伯克尔不是以一个先知，而是以一位将军的身份做出了回应。他把自己的追随者分成 11 支武装队伍，各配有一名指挥官，并下令让他们武力镇压那些显然不服从他领导的地区。[12]

镇压行动大获全胜；艾布·伯克尔成为穆罕默德权力的唯一继承人，即安拉使者的继承者（Khalifat ar-rasul Allah），简称哈里发（Caliph），是替真主的先知传递消息的人。（其实，他起初的头衔是“安拉使者的代位者”，这显示了他在启示传递中排在第二名的地位。）[13]

但这些武装队伍所行之事远比镇压叛乱要多得多。后来的记载将反抗艾布·伯克尔的行为统称为叛教（ridda），并认为能将穆罕默德所征服的地方维系在一起，全靠艾布·伯克尔。事实上，艾布·伯克尔的将军和得力助手哈立德（Khalid）统领下的这 11 支军队，征服了附近尚未归顺穆斯林统治的部落，使国土呈扇形展开，扩大了伊斯兰王国的疆域。征服范围日益扩大。在艾布·伯克

---

* 尚不清楚的是，阿里本人是否认可艾布·伯克尔的合法性，也许他只是为了维护伊斯兰部落的团结才停止夺权的。在穆斯林的口头传说中，这两种说法都有。接受前一种说法的人自称为逊尼派穆斯林。他们认为，将哈里发之位传给艾布·伯克尔是合法的，因此，在他之后继承哈里发位的哈里发们也是合法的。那些反对艾布·伯克尔并支持阿里为真主选定的穆罕默德的继承人的穆斯林则被称为阿里什叶，即“阿里派”——今天被称为什叶派穆斯林。伊斯兰教直到晚些时候才出现这种分歧，但其根源就是 632 年的事件。

尔的带领下，半岛剩余地区相继被攻克，一个接一个部落，一片接一片绿洲，都臣服于哈里发的统治。短短一年内，他统一了整个阿拉伯地区。[14]

这样一来，艾布・伯克尔成了一支庞大的军队的领袖，而这支军队不同于先前麦地那和麦加的武装，他们并不绝对信奉伊斯兰教的真理。借用历史学家约翰・桑德斯（John Saunders）的话说，王国里到处都是“皈依不久、半心半意、动摇不定的信徒”，这就是一个炸药桶，盖子上坐着艾布・伯克尔。[15]

艾布・伯克尔决定将炸药桶的威力引到外面去。在与外敌拼杀的同时，麦地那城内一片繁荣；没有什么能像战争一样让人紧密地团结在一起。

633 年，他派哈立德将军攻打半岛以外的首个敌人：萨珊波斯帝国。波斯在与拜占庭的长期战争耗损了国力，又由于不断的王位争夺而愈加衰落。最后，被钉死在十字架上的库思老二世的孙子——伊嗣俟三世（Yazdegerd III，泰伯里说他是“一个头发卷曲、双眉相连、牙齿整齐的人”），争取到希拉克略的支持，从而登上了王位。[16]

他统治波斯剩余领土仅有一年，哈立德及其麾下的阿拉伯军队就出现在了幼发拉底河的对岸。与此同时，其余的阿拉伯军队在另外四位指挥官的带领下，也正在向拜占庭的巴勒斯坦和叙利亚行省进发。

拜占庭军队奋起反抗，其战斗力之强超出了艾布・伯克尔的预料。正当哈立德准备攻打波斯人时，艾布・伯克尔将其召回，派他去西边的巴勒斯坦前线增援。伊嗣俟三世得到暂时的喘息，替他承担压力的是希拉克略。拜占庭和波斯一样，长期遭受战乱之苦，士兵们个个疲惫不堪。阿拉伯联军连续打了两场胜仗，夺取了大马士革，并经巴勒斯坦进入叙利亚境内。[17]

当征服之势如火如荼之际，艾布·伯克尔去世了。他担任了两年的哈里发，当时已是一个61岁的老人了。对于由谁来继位的问题，他一直十分注意留下严格的指示。他希望由欧麦尔（Umar）继位，后来，欧麦尔在麦加顺利登基。在前线，军队一刻不停地向前挺进。

欧麦尔知道，自己继任后的第一个任务就是继续战斗。泰伯里告诉我们，他刚登基时，人们尊称他为"真主信使的哈里发的哈里发"。"太啰唆了，"欧麦尔说，"等下一个哈里发上任时，你们再怎么称呼他呢？要称他为真主信使的哈里发的哈里发的哈里发吗？你们是忠实的信徒，而我是你们的指挥官。"这是个转折的时刻。作为忠实信徒的指挥官，欧麦尔已不再只是穆罕默德的继任者了，他同时也是一个崭新的、扩张中的帝国的总指挥官。[18]

此时此刻，希拉克略意识到，自己过于轻敌了。这并不仅是一场令人困扰的袭击，而且是对他手中权力的一场严肃又可怕的挑战。为了迎接这个挑战，希拉克略召集了一支庞大的联军：他自己的部下、亚美尼亚士兵、黑海以北的斯拉夫人、加萨尼王国的阿拉伯人，以及其他任何他能找来的人。通过这种方式，他成功组建了一支15万人的大军。

他指挥的联军在叙利亚的雅穆克河（Yarmuk river）碰上了入侵的阿拉伯军队。战斗持续了整整6天。有关这次战斗，各方说法不一，但结局都是一样的：拜占庭军队溃不成军，希拉克略被迫放弃叙利亚和巴勒斯坦行省，这两处地方是他刚从波斯人手中夺回来的。直到637年底，耶路撒冷战争才告一段落，希拉克略唯一的胜利是在耶路撒冷被迫臣服于阿拉伯占领军之前，成功地将"真十字架"

的残片偷运出城，带回了君士坦丁堡。[19]

同时，哈立德转身向东，朝波斯进军。他一路突进至泰西封，这里与耶路撒冷在同一年投降。在攻城战中，伊嗣俟三世幸存下来，向东逃窜，虽性命无虞，但丢掉了都城。[20]

征服之路仍在继续。639年，阿拉伯军队入侵埃及的拜占庭领土。到640年，希拉克略手下所有的埃及领土，除亚历山大外，全部臣服于阿拉伯人的统治。希拉克略本人的身体每况愈下。他将帝国从毁灭的边缘拯救下来，但当南方意外爆发出一股不可阻挡的力量时，却只能眼巴巴地看着它再次倾倒。他已无力组织反攻，最后于641年死于中风。[21]

君士坦丁堡此时正处于生死关头，形势十分严峻。希拉克略将统治权交给了儿子君士坦丁三世（Constantine Ⅲ），这个儿子常年疾病缠身（他患有癫痫症）。为防君士坦丁三世突然离世，希拉克略生前让幼子充当共治皇帝。希拉克略的这个小儿子名叫赫拉克洛纳斯（Heraklonas），是君士坦丁三世的异母兄弟，其生母为希拉克略的第二任妻子、他的侄女玛蒂娜（Martina）。

希拉克略的第二段婚姻一直不被君士坦丁堡人看好，人们一贯视其违反《圣经》律法。君士坦丁三世加冕才几个月就去世了（正如他父亲所担心的那样），于是赫拉克洛纳斯成为唯一的皇帝，但他当时年仅15岁，因此由他的母亲玛蒂娜做他的摄政。军队不服他的统治，在瓦伦丁（Valentinus）将军的率领下起义造反，俘虏了赫拉克洛纳斯和玛蒂娜。根据惯例，两人流放前遭到割刑：他们割掉了赫拉克洛纳斯的鼻子和玛蒂娜的舌头。[22]

割刑作为一种仪式性的惩罚手段，使谋求皇位的人丧失登基资格，已屡见不鲜。但这在君士坦丁堡却是史无前例的事情，况且这其实也并不是万无一失的，即使割掉了赫拉克洛纳斯的鼻子，也完全不影响其执政能力。不过，这似乎不合《旧约》的要求——《旧约》规定身体残缺的祭司不得供职于圣殿。*君士坦丁堡突然出现割刑，这表明皇帝的作用已远远不只是一国之君，他同时也是某种神赐恩典的担保人，是上帝慈悲惠及信众的渠道。君士坦丁堡民众视希拉克略的乱伦婚姻为一种罪孽，认为这是他们的报应。南方新兴起的宗教正向他们传来，此时他们急需一位君主给他们带来救赎。

他们的选择十分有限，最终元老院选中了君士坦斯二世（Constans II，死于癫痫的君士坦丁三世之子）。他时年 11 岁，继位时，他向元老院宣读了一份声明，结论是："为了我的臣民们的福祉，我请求你们协助，献言献策。"[23]

毫无疑问，这段话是有人替他写好的。元老院的人希望君士坦斯二世只挂个虚衔，作为上帝的象征继续留在君士坦丁堡的宫殿里，但是实权，他们打算自己掌握。

象征也好，实权也罢，似乎都没什么作用。帝国的疆域自西向东都在日益萎缩。642 年，也就是君士坦斯二世加冕的第二年，伦巴第国王罗泰利（Rothari）展开了快速而野蛮的入侵，征服了拜占庭在意大利的剩余领土，只有拉韦纳沼泽还留在君士坦丁堡的控制之下。在意大利的为数不多的拜占庭军队阵亡 8000 余人，余者皆四散而逃。[24]

与此同时，亚历山大也被阿拉伯人攻陷。埃及完全脱离了拜占庭，伊比利亚多年前就失去了，意大利也几乎遥不可及，北非则与帝国的其余地区隔绝。唯有小亚细亚和君士坦丁堡周围的领土还归

* 《利末记》第 21 章，16—23 节。

拜占庭所有。

阿拉伯的新任哈里发欧麦尔的征服野心更大了。他派兵穿过曾被波斯征服的土地，向东远去，一路直抵莫克兰沙地（Makran），这里已超过了波斯东部边境，土地荒芜。近千年前，亚历山大大帝的军队从印度远征归来，途经此处，被莫克兰人残杀了四分之三的将士。莫克兰位于阿拉伯海沿岸，这里房屋零落、人烟稀少，百姓缺水缺粮，靠捕鱼为生，只有人迹罕至的沙滩和礁石。

但是，这片几乎摧毁了传奇的亚历山大军队的沙地对阿拉伯人来说却并不陌生。他们知道如何在干旱的沙地上生存，因此他们得以坚持穿越了莫克兰沙地，一直来到泰伯里所说的“河流”面前。他们已经到达了印度河，这里已是印度的边缘。[25]

时间线 5

南北朝	吐蕃	新罗	百济	日本	阿拉伯	波斯帝国	拜占庭
					穆罕默德出生（约 570）		
				敏达天皇（572—585）			
北齐灭亡（577）		**真智王**（576—579）					
周宣帝（578—579）							**提比略二世**（578—582）
周静帝（579—581）		**真平王**（579—632）				**霍尔米兹德四世**（579—590）	
北周灭亡 / 隋朝建立（581）							
隋朝							
文帝（581—604）							**莫里斯**（582—602）
				用明天皇（585—587）	亵渎之战（约 585）		
隋朝重新统一中国（589）				**崇峻天皇**（587—592）	马里卜大坝的崩塌（590）	**库思老二世**（590—628）	
				推古天皇（592—628）			
				圣德太子（593—622）			
炀帝（604—618）				《十七条宪法》（604）		吞并拉赫姆	**弗卡斯**（602—610）
					穆罕默德收到启示（610）		**希拉克略一世**（610—641）
					加萨尼被击败		牧首塞吉阿斯（610—638）
隋朝灭亡 / 唐朝建立（618）							
	囊日论赞（618—629）						

时间线 5（续表）

唐朝	吐蕃	新罗	百济	日本	阿拉伯	波斯帝国	拜占庭
高祖（618—626）							
					徙志（公元 622 年 / 伊斯兰历元年）		
					白德尔水井战役（624）		
太宗（626—649）							君士坦丁堡被围（626）
					壕沟战役（627）		
						喀瓦德二世（628）	
	松赞干布（629—650）			**舒明天皇**（629—641）	穆罕默德去世（632）		
		善德女王（632—647）			艾布·伯克尔当选为哈里发（632—634）	**伊嗣俟三世**（634—651）	
					欧麦尔（634—644）		
					占领耶路撒冷（637）		
							君士坦丁三世（641）
			义慈王（641—660）				**君士坦斯二世**（641—668）
				皇极天皇（642—645）			
				孝德天皇（645—654）	**奥斯曼**（644—656）		
高宗（649—683）		**真德女王**（647—654）					
	芒松芒赞（650—676）						
		太宗武烈王（654—661）		**齐明天皇**（655—661）	**阿里**（656—661）		
		文武王（661—681）		中大兄皇子（661—668）			
		统一新罗（668—935）					

/ 06

转折关头

640 年至 684 年，阿拉伯人从印度北部撤军，分裂的印度南部地区团结起来。

在印度河边，阿拉伯军队发现，印度人已集结了一支大军，正在那里等着他们。据泰伯里记载，“莫克兰大军”与国王拉西尔（Rasil）在河岸边集结，显然试图阻止阿拉伯人过河，而且“信德（Sindh）的首领”也已过河与他结盟。[1]

它们都是当地的印度教王国，独立于更东部由戒日王统治的庞大王国。莫克兰和信德的王国一直独立于戒日王的统治之外，更北边的夏希国（Shahi）也是如此。夏希是个佛教王国，已在北部山区存在了数百年时间，据守着开伯尔山口，其都城位于喀布尔。他们从伟大的邻邦借用了波斯人的头衔“王中之王”（波斯语 shahi-in-shahi），但波斯统治的疆域从未到达过印度河。自亚历山大时期以来，还未曾有军队像阿拉伯人一样到达过如此遥远的东方。[2]

夏希目前尚未面临被征服的威胁，并没有南下协助莫克兰和信德国王的军队，最终他们一败涂地。阿拉伯人一路追赶他们来到印度河，将他们赶过河去。于是，渡河之前，指挥官哈卡姆（al-Hakam）在莫克兰安营扎寨，并派使者回到欧麦尔哈里发那里，将战利品带回去了五分之一，并请示下一步的行动。

据泰伯里所说，当使者抵达后，欧麦尔询问了莫克兰土地的情况。他得到的回答让人有点泄气："在这个地方，山区就算是他们的平地，唯一出产的水果是劣质椰枣，出不了一个英雄好汉，这里萧条贫瘠，邪恶长期存在；该多的东西少，该少的东西无；翻过山去，情况更是糟糕至极。"[3]

因此欧麦尔决定，无论是莫克兰还是信德，都不值得他们再耗费任何精力了。他回信给哈卡姆，下令禁止他渡河。于是，阿拉伯军队班师回朝。日益壮大的伊斯兰王国，其东部边境暂时定在了莫克兰沙地。哈卡姆感到挫败，他写诗明志："军队不能责怪我的行为，也不能怪罪我的长剑……要不是领袖的阻拦，我们定当渡河！"[4]

若是欧麦尔当时知道再往东去还有一个伟大的帝国，或许阿拉伯人还会继续进击。此时，戒日王的北部印度王国比萨珊波斯帝国更加富有和强盛。早些年，在遭受遮娄其的重创之后，戒日王向南方扩张的脚步停在了讷尔默达河，但扩张战争仍在继续，直到整个北部和东北部都掌握在他的手中。至少有一段时间，信德的国王和夏希的首领可能都成了他的附庸。这两个独立的王国地处他与西方入侵者之间，形成了有效的缓冲。

如今，戒日王已近不惑之年，成熟睿智。他的都城曲女城已发展为印度北部首屈一指的城市。他不止一次派出使节与其东方邻国唐朝朝廷构建友好关系。据唐朝取经人玄奘称，印度没有苛捐杂税，

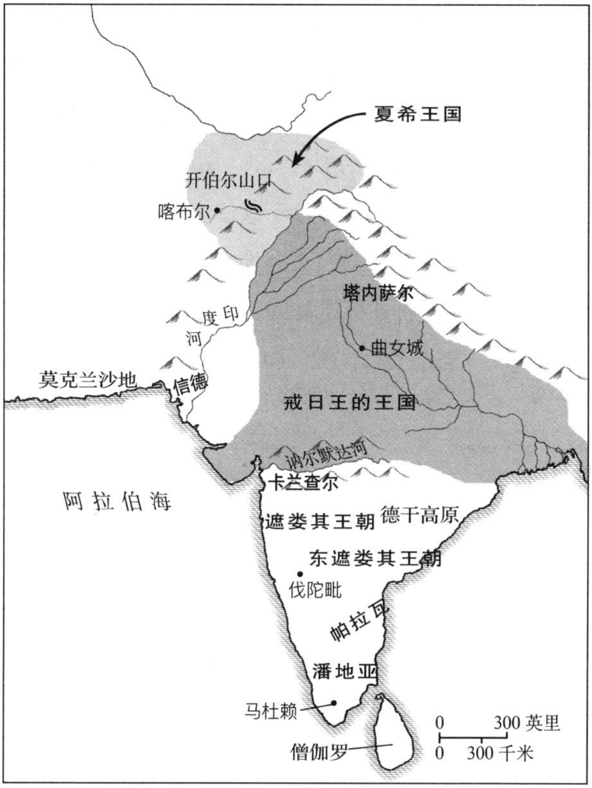

地图 6–1 7 世纪印度的诸王国

如果国王强制人民修路或挖河，他会按时间支付报酬。这一点给玄奘留下的印象尤其深刻，因为他在隋朝长大，曾见证修建大运河时人民所受的苦难。[5]

戒日王的妹妹仍然与他共治，此时印度教有一个凸显女性权力的特殊教派——性力女神夏克提派（shakti）——正在兴盛，这有可能并非巧合。奉行印度教这一教派（众教派之一）的信徒被称为湿婆教徒（Shaivas），他们信奉湿婆神（Shiva）及其配偶女神。对他们而言，智慧自湿婆神流向女神，然后再从女神那里降临人世间。戒日王曾亲自执笔写过一出名叫《龙喜记》（*Nagananda*）的戏剧，该剧的主角是湿婆神的配偶女神。剧中一个国王因儿子兼王位继承人死去而悲伤不已，她救活了这位王位继承人并赐予他王权。戒日王年轻时，曾将妹妹救出火葬堆；在剧中，女神从火葬堆中托举起死去的年轻男子，并把他救活。[6]

但戒日王也信奉佛教。644年，也就是阿拉伯军队从印度河撤军的第二年，他在都城举行了一场盛大的集会，数千人在那里聆听了玄奘讲道；这位僧人给他留下了深刻的印象，根据当时的记载，他还集合了4000名印度僧人去听玄奘讲道。戒日王临终前，越来越崇尚大乘佛教，动用了更多的国库资金来修建佛教寺院。尽管他戎马一生，却颁布法令称，在他的领土之内不得杀生，也不得吃肉。[7]

647年，戒日王离世。他是否结过婚至今尚不清楚，反正他没有留下子嗣。他的大臣夺取了王位，但只在位几个星期而已。帝国很快就四分五裂，分成了若干个彼此征战不休的小国，之后的几十年里，印度王国的历史记载都混乱不堪。他是能在北方建立帝国的最后一个印度国王，印度北部的下一任统治者是外来者。[8]

在此期间，南方的遮娄其王朝也陷入了困境。

补罗稽舍二世逝世于642年，他的儿子们随之开启了长达13年的内战，这削弱了王国实力，令外敌帕拉瓦趁虚而入。补罗稽舍二世曾将帕拉瓦驱逐出他们北方的家园文吉。655年，当他的三儿子超日王一世（Vikramaditya I）击败两个兄长夺得王位时，帕拉瓦军队已夺回了文吉。超日王一世虽然夺得了王位，但他丢掉了父亲向外扩张所获的土地。

他还失去了王国东部的领土。补罗稽舍二世当时将此地交给自己的弟弟，即超日王一世的叔叔，让他担任总督。补罗稽舍二世死后，超日王的叔叔在东部领地自立为王。遮娄其四分五裂；从那时起，遮娄其国王管辖伐陀毗，而东遮娄其国王则统治沿海地区。

与此同时，在遥远的西南方向，有一个已经衰败的古老王国正在经历一场复兴。古时候，潘地亚王朝（Pandya dynasty）统治着南部海岸；希腊和罗马的地理学家隐约知道他们都是商人和渔民。他们的势力早已衰落，但是好在其氏族本身延续了下来。过去这几十年，潘地亚又开始重整旗鼓，其部族的人先是担任马杜赖城（Madurai）的城主，后来又成为周边村落的统治者。

100年后，有记载显示，马杜赖此时是森格姆（Sangam）的总部所在地，森格姆是诗人及其庇护人聚在一起读书著文的学院。他们用南印度的泰米尔语（Tamil）撰写诗歌和史诗，也会将摩诃婆罗多语（Mahabharata）的著作译成泰米尔语。学院在马杜赖开设了一个半世纪之久，时间跨度从公元600年至750年。[9]

670年，遮娄其的超日王一世在位15年后，再次袭击了帕拉瓦。潘地亚先前被迫臣服于帕拉瓦，现如今也不情不愿地与帕拉瓦结盟，再次被卷入了冲突。尽管帕拉瓦有了潘地亚的援助，遮娄其军队还是令帕拉瓦国王波罗密首罗跋摩一世（Paramesvaravarman I）的军队惨败。争斗仍在继续，4年后，帕拉瓦国王又还以颜色，入侵并发动了另一场大战。这一次，命运开始反转，遮娄其士兵战败，被迫撤兵回国。[10]

680年，遮娄其国王超日王一世去世。他的儿子律日王（Vinaya-ditya）继位。虽然遮娄其与帕拉瓦王国的敌对局势仍在继续，但律日

时间线 6				
阿拉伯	**波斯帝国**	**拜占庭**	**印度**	
				(遮娄其王朝) **补罗稽舍一世** (543—566)
			夏希的兴起	
				(遮娄其王朝) **诘底跋摩**(566—597)
穆罕默德出生 (约 570)				
		提比略二世 (578—582)		
	霍尔米兹德四世 (579—590)			
亵渎之战 (约 585)		**莫里斯** (582—602)		
马里卜大坝的 崩塌(590)	**库思老二世** (590—628)			
				(遮娄其王朝) **补罗稽舍二世** (597/610—642)
	吞并拉赫姆	**弗卡斯** (602—610)		(帕拉瓦) **摩诃因陀罗跋摩** (600—630)
				森格姆学院在 马杜赖开办 (约 600—750)
穆罕默德收到 启示(610)		**希拉克略一世** (610—641) 牧首塞吉阿斯 (610—638)	**戒日王** (606—647)	
加萨尼被击败				
徙志(公元 622 年 / 伊斯兰历元年)				
白德尔水井 战役(624)				
壕沟战役(627)		君士坦丁堡 被围(626)		
	喀瓦德二世(628)			
穆罕默德去世 (632)				
艾布·伯克尔 当选为哈里发 (632—634)	**伊嗣俟三世** (634—651)			

时间线6（续表）

阿拉伯	波斯帝国	拜占庭	印度
欧麦尔（634—644）			
占领耶路撒冷（637）			
		君士坦丁三世（641）	
		君士坦斯二世（641—668）	
奥斯曼（644—656）			击退阿拉伯人的侵略
			东遮娄其王朝独立
阿里（656—661）			（遮娄其王朝）**超日王一世**（655—680）
			（帕拉瓦）**波罗密首罗跋摩一世**（670—700）
			（遮娄其王朝）**律日王**（680—696）
			（僧伽罗）**摩那梵摩**（约684）

王在他16年的统治期间总算成功避免了重大冲突的出现。遮娄其的势力如今延伸到了次大陆的中心，弥补了先前的损失。

与此同时，帕拉瓦则将自己的势力范围扩大到了南方。地处印度东南海岸之外的岛屿僧伽罗（今斯里兰卡），曾于不同时期臣服于南印度的不同统治者，但往往同一时间，它还主导着几个的小规模的独立王国。684年，一个名为摩那梵摩（Manavamma）的勇士向帕拉瓦借兵，请求帕拉瓦帮助他成为整个僧伽罗岛屿的国王。最终，摩那梵摩如愿以偿——但借兵的代价是，他被迫臣服于帕拉瓦。和遮娄其国王一样，帕拉瓦王朝也将其统治范围扩大到了周边领地——经水路远至南部岛屿。

/ 07

帝国动荡

643 年至 661 年，穆斯林建立帝国，同时也遭遇了权力争斗、暗杀和社会动荡。

643 年，穆斯林军队在哈里发欧麦尔的带领下不断征服新的土地，其扩张速度及幅度均为亚历山大大帝以来之最。然而，到 644 年，欧麦尔停下了迅速扩张的脚步，因为他在麦地那组织晨祷会时，被一名波斯战俘奴隶连刺了 6 刀。奴隶事后立刻自我了断；欧麦尔气息奄奄，几天后不治身亡，但这段时间足够他安排后事、传位给下一个继任者了。他没有自己挑选，而是任命麦加的 6 位圣门弟子组成协商会议，挑选下一任哈里发。[1]

穆罕默德的堂弟和女婿阿里的支持者再次提议他为哈里发，但这一次，阿里又落选了。协商会议推选了穆罕默德的另一位老友奥斯曼（Uthman）接任，他和他们一样是麦加人，出身古莱什族。穆罕默德死后的几年里，阿里大部分时间都在和非古莱什族的穆斯林打交道，而协商会议却希望保持古莱什族掌权的地位。乌玛中的部落忠诚尚存。

作为哈里发，奥斯曼开始将扩张征服的土地建成一个类似中央集权帝国的国家。欧麦尔已经奠定了阿拉伯帝国的根基，这个帝国和罗马帝国一样，在同一面大旗下，汇聚了大量的土地和多种语言。但阿拉伯帝国是在短短几年的时间里迅速兴起的，没有历经数百年的洗礼，帝国并未充分同化，不能保证外来人口得到他们渴望享有的公民权——在伊斯兰教笼罩下，阿拉伯人也几乎没有时间适应帝国这个新事物。

艾布·伯克尔让新皈依的信徒去对抗外敌，如此形成的凝聚力并不算强。欧麦尔临终前，在整个帝国范围内实行一种等级制度——saqiba，即“伊斯兰教的优先级”，其依据是入教时间，让那些最早成为穆斯林的信徒享有最高的地位。[2]

这种制度若能持续，坚守信念的信徒有朝一日就有希望掌权；长期对伊斯兰教的忠诚，可能成为联结新旧领地的纽带。不过，奥斯曼属于守旧派。他打算将全部征服区域都保持在古莱什族的严格控制之下——事实上，他要把它变成麦加的一面巨大的镜子，而这需要自上而下的管控。他将统治中心设在麦地那，任命总督赴帝国周边各地任职，管理当地事务；他本人则严密管理最重要的军政大员，亲自任免他们，并规定他们只对他本人负责。

在他的领导下，征战仍在持续。阿拉伯军队已占领亚历山大。如今，他们可以借助当地的海军，以加强本国的陆军实力。他们拥有了极其重要的新权力：海域使用权。[3]

他们在沙漠里十分顽强，得以穿越莫克兰沙地，然而他们对海事全然无知。欧麦尔惧怕海洋，因而禁止军队走水路：“以赐予穆罕默德真理的真主之名，我永远不会让穆斯林下海。”在权力巅峰期，他这样写道。叙利亚的阿拉伯总督穆阿维叶（Muaniyah）曾恳求他改变主意，但他拒绝了。[4]

另一方面，奥斯曼允许穆阿维叶组建海军，前提是只能招募志愿者担任水手。但从零开始组建海军是个缓慢的过程。俘获亚历山大舰队使阿拉伯人掌控海洋的能力向前跃进了好几十年。穆阿维叶成了阿拉伯海军舰队司令，他着手训练新军横渡地中海，向更远的目标航行。

同时，新上任的掌管埃及的阿拉伯人总督命令部下洗劫亚历山大，摧毁其城墙。他们另选了一座新城福斯塔特（Fostat，今开罗）作为新的首府。这是埃及新兴的势力，一个新的开始。一支地面部队自埃及向西，穿过利比亚的古罗马地区。他们止步于迦太基，但包括近海岸由罗马控制的和深入内陆非洲本土的城镇在内，所有的北非城镇都落入了阿拉伯人的统治。被征服的城镇向征服者敬献奴隶，阿拉伯人将埃及以西的所有北非土著均称为“柏柏尔人”（Berbers，非洲人从不将这个称呼用于自称），柏柏尔奴隶被强征进军队，军队规模日渐扩大。[5]

到649年，穆阿维叶的海军整装待发。他派出一支由1700艘船组成的舰队下水，向西航行了一小段，停靠在塞浦路斯岛。塞浦路斯此时仍归拜占庭统治，但几乎立刻就陷落了。[6]

这支新建的海军开始沿小亚细亚海岸向拜占庭各城市发动袭击。同时，一支强大的地面军队经亚美尼亚向高加索山脉进军，力图绕过黑海，自北向南占领君士坦丁堡。君士坦丁堡一直是扩张战争的最终目标。即使是征服北非，最终也是为了将阿拉伯军队带到新罗马城下。“只有穿过西班牙，才能攻占君士坦丁堡。”奥斯曼告诉他手下的将领们。[7]

但绕道黑海的企图最终失败；可萨人开始反击，阻碍了意图穿越的阿拉伯军队。

在此期间，萨珊波斯国王伊嗣俟三世一直潜逃，他被身后的阿拉伯士兵追着一路向东逃窜，但仍然自称是波斯剩余领土的统治者。整个7世纪40年代，他似乎一直躲在法尔斯（Fars），领导着小规模的抵抗运动。直到40年代末，奥斯曼调派一队人马，才镇压了抵抗运动。士兵们追击伊嗣俟向北进入基尔曼（Kirman），但阿拉伯军队遭遇了暴风雪，天寒地冻，寸步难行。“积雪足有矛枪那么高。”泰伯里说。最终，只有指挥官本人、一名士兵和一个奴隶女孩活了下来。女孩能幸存，是因为她的主人剖开骆驼的肚子，把她包在里面取暖。[8]

伊嗣俟显然打算继续抵抗，但他并没有预料到国内经济形势的变化。他来到离阿拉伯边境更远一点的地方锡斯坦（Sistan），在这里，他下令总督上交去年未交的税款。总督愤怒拒绝，伊嗣俟无奈北上来到呼罗珊，这里也许是他唯一能够据而防守、御寒过冬的地方。

不过，与他随行的还有宫廷里的各种人员——约4000名大臣、无家可归的官员、宫殿侍从以及他们的家眷。一个与以前的贸易伙伴断绝了往来的山区省份，是无法养活这么多闲散人员的。呼罗珊总督没有拒绝让国王留下，但他雇了几个杀手，打算杀掉他。受雇的杀手在半夜抵达，解决了伊嗣俟的贴身侍卫。国王本人则向东逃跑，与一名石匠一起躲在了穆尔加布河（Murghab）岸边。当他疲惫得要入睡之际，石匠杀死了他，将尸体扔进了河里。[9]

伊嗣俟三世的国家已经不复存在，现在，他本人也死在了复国的路上。随着他的去世，中世纪的萨珊波斯国家彻底灭亡。波斯帝国已成过往。

奥斯曼把自己占领的土地变成一个国家的尝试如今陷入了低迷期。

在他担任哈里发的前 6 年，即 644 年至 650 年，他致力于对外征服，一切进展顺利，但后 6 年的形势却越来越困难了。据记录他统治历史的阿拉伯历史学家的说法，他命运的转折点是丢失先知的图章戒指一事。这枚戒指是银制品，上面刻有"穆罕默德，真主的使者"的字样，曾被穆罕默德用来封缄其与非阿拉伯人的往来书信。根据泰伯里所说，穆罕默德把戒指传给艾布 · 伯克尔后，伯克尔又继续传给欧麦尔，最后传到了奥斯曼手中。有一天，奥斯曼坐在麦地那的井沿上：

> 他开始摆弄戒指，拿它绕着手指转来转去。突然戒指从他的手上滑落，掉进了井里。他们找啊找啊，甚至抽干了井水寻找戒指，但还是一无所获……他绝望地寻找图章戒指的同时，又定制了一个形状和款式类似的戒指，材质也是银的，完全符合他的要求。上面仍然刻有"穆罕默德，上帝的使者"的字样。然后，奥斯曼就将它戴在了手指上，直到去世。[10]

这个故事说明，奥斯曼作为先知继任者的合法性不仅遭到了质疑，甚至最终被证明是个幻觉。

此时他面临重重困难。他已经无法阻止被征服的波斯城市的不断反抗，而且适应沙漠环境的阿拉伯军队不擅在波斯各省的山地作战。在那里，波斯贵族继续存在，波斯的宗教、语言和习俗保留了

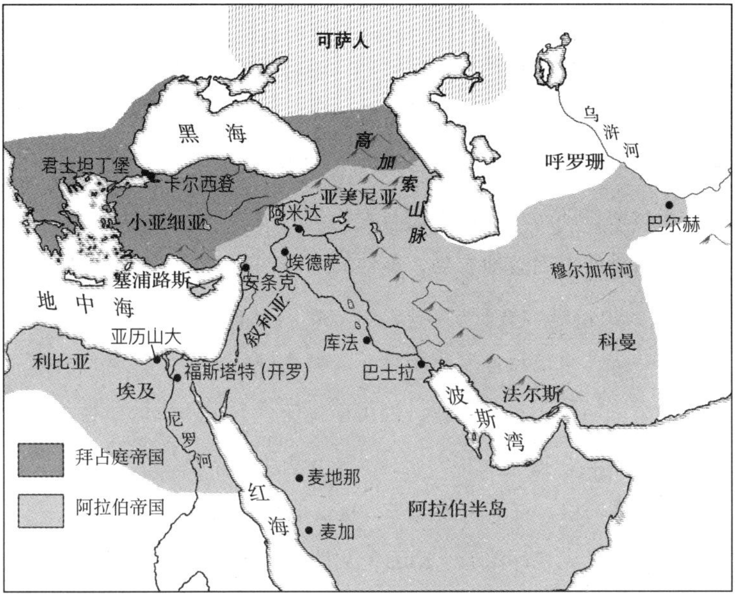

地图 7-1 阿拉伯帝国的扩张

下来，没有受到什么干涉。在西部征服的土地上，并未形成任何形式的统一帝国，反而是沿着北非海岸，存在着分散的、高度固化的阿拉伯势力，而且这些飞地之间的通信需求也要求阿拉伯军队继续征服，将飞地周遭的土地也夺到手中。[11]

奥斯曼希望他的帝国不是仅仅建立在刀剑之上，为此，他做出了努力。他已经开始收集穆罕默德所有教义的权威版本。先知没有亲自动笔写，他的启示都是口口相传，由信徒们记录下来的，有时记载的形式多种多样。随着帝国的不断扩张，地理位置上相隔甚远的穆斯林们也开始编纂各自的版本，它们彼此并不一致，奥斯曼也知道，倘若没有一本统一的圣书，帝国领土的扩张就可能破坏领土内教众的伊斯兰身份认同。

但是，这件事情需要耗费时间，也需要有一定程度的和平才能完成。《古兰经》的权威版本完成后，还必须将其复制，然后带到帝国边缘地区——有一半时间，这些书因战事无法运达。

民众对奥斯曼统治的不满日益增加。边远的占领区时常爆发起义。奥斯曼送信给各地总督，称他们应该“对其治下的人民保持严格管理”并“借助各种活动约束民众”，这样才能避免招惹麻烦。而这样一来，事情反而变得更糟了。拜占庭、波斯，甚至是法兰克人的几个王国都不排斥强权，但奥斯曼应该只是一个穆斯林，大家彼此都是兄弟，他不应该是个国王。654 年，据泰伯里说，奥斯曼的敌人互通书信，计划聚集起来，抗议他行为失当。[12]

实际起义先在库法城（Kufa）发动，该城位于幼发拉底河西岸。它是阿拉伯人为攻占波斯而建立的军事总部，后来发展成一个熙熙攘攘的穆斯林大城市。阿拉伯人从世界各地的阿拉伯国家迁来此处。然而按照奥斯曼的政策，只有古莱什族人能得到提拔［而且奥斯曼特别偏爱他的本家氏族——倭马亚家族（Banu Umayya）的族人］。当奥斯曼下令将全城所有盈余收入拨给麦地那，供那里的阿拉伯人使用时，民怨进一步加深。

此时，穆罕默德的女婿阿里·伊本·阿布·塔利卜又出现在大家的视野中，他受一群心怀不满的穆斯林委派，替他们去与奥斯曼交涉。他和奥斯曼一样，也在麦地那，这里是奥斯曼所倚重的高度集权的政府所在地。双方争论的焦点在于，奥斯曼任命他的亲戚，一位埃米尔在库法城政府担任要职，这个人很不受欢迎。“我就是偏爱亲戚，”奥斯曼厉声道，“这又有什么不对的呢？”阿里回答道：“你对亲戚太好了，总是对他们言听计从。”“他们也是你的亲戚。”奥斯曼说。但阿里反驳道：“他们和我关系很近，这并不假，但其他人身上才有美德。”[13]

阿里仍然替那些被剥夺了公民权的人发言。一年后，也就是655年，库法民众罢免了这个不受欢迎的地方官。阿拉伯叛军从库法出发，向麦地那挺进，包围了奥斯曼的住所。麦地那人也加入叛军的行列，因为他们苦恼于奥斯曼对本家倭马亚氏族的偏爱。

奥斯曼请求阿里·伊本·阿布·塔利卜代他向民众求情。阿里与奥斯曼一番恳谈后，同意知会大家，3日之内，奥斯曼将秉行“正义，无论正义针对的是他自己还是其他人，他将惩罚一切被大家憎恶的行径，解决大家所有的诉求”。

> 随后，他起草了一份文件……给了奥斯曼3天的宽限期，以根除一切不公正的行径，罢免所有他们不认可的地方官员……阿里让带头的迁士和辅士共同见证了这份文件。就这样，叛军调转方向，撤军了，等着他履行随意许下的承诺。然而奥斯曼却开始集合军队备战……3天过去了，他没有改变任何民众反感的行为，也没有罢免任何官员，民众再次起义反抗。[14]

奥斯曼的敌人包围了他的家，打算杀了他。统治期间，他不是作为真主的先知，而是作为信众的首领进行统治的，尽管他声称自己的权力来自真主的授意，但信众的支持才是决定他的统治地位的终极力量。然而，他已经失去了这种支持。

他站在自家的围墙上，警告杀手：“你们要是杀了我，将会永远不能和大家一同祷告，真主也不会消除你们彼此之间的纷争。”他们回答说：“你原本是称职的，但后来你变了。”[15]说完，他们闯进他家，像手握长矛一样握着铁箭刺死了他。

奥斯曼的尸体并没有依穆斯林习俗被立即掩埋，而是被扔进庭院，曝尸三日。他的家人不得不恳求阿里（他成了城市的实际统治者），取回尸体。后来，奥斯曼被葬在一个犹太人的公墓里。没有一个穆斯林墓地愿意安放他。

没过多久，阿里的支持者们，包括叛军和非倭马亚氏族的许多古莱什族人集会一堂，宣布阿里为下一任哈里发。他肯定早就料到了这一天的到来。然而，他犹豫了。另一种抗议声响起，声音强而有力——这是阿伊莎的声音，她是先知的遗孀，也是第一任哈里发艾布·伯克尔的女儿。她坚持认为阿里无权统治，整个穆斯林社会（目前十分分散）的领导权应该归于与穆罕默德本人有血缘关系的倭马亚氏族。

阿里发现自己处境尴尬。他不怎么想与先知的妻子起冲突。另一方面，她的说法也不是无懈可击。倭马亚氏族与穆罕默德有关系，但关系疏远：倭马亚氏族和穆罕默德的嫡系氏族哈希姆氏族有一个共同的祖先。而阿里却是哈希姆族人。他不仅是穆罕默德的女婿，也是他的堂弟；他的儿子哈桑（Hasan）是先知的外孙，是穆罕默德的女儿法蒂玛的孩子。

然而，众所周知，阿里无意代表两个氏族所属的古莱什族，进而让这个大氏族继续独霸大权。阿伊莎坚称奥斯曼的氏族，而非穆罕默德的嫡系氏族，是伊斯兰帝国的“皇室家族”，她努力想把权力留在自己的氏族手中。

最终，阿里决定接受哈里发的头衔。后来，他把自己的决定写信告知了同为穆斯林的埃及总督：“简直无法想象，阿拉伯人会从神圣先知的家族和后代那里夺取哈里发的位置，而且他们居然会把外人当作哈里发来宣誓效忠。在每一个阶段，我一直让自己在霸权和强权政治的斗争中保持超然的态度，直到我发现异端分子已明目张胆地采取了异端和分裂行径，正试图削弱并破坏我们神圣先知所宣扬的宗教教义。”他认为，在倭马亚氏族中设立哈里发一职将使氏族明确政治地位，破坏其与穆罕默德及其使命的密切联系。[16]

然而，为了防止发生这样的事情，他被迫战斗。阿伊莎及其支持者早就离开了麦地那，前往位于波斯湾岬角处的巴士拉（Basra），他们希望在那里召集更多事业上的支持者。阿里集结士兵，紧随其后。656 年 12 月，上任半年后，阿里在骆驼之战中与敌人在巴士拉城墙外相遇。更多的阿拉伯人从库法赶来增援他，他速战速决，大获全胜。阿伊莎的支持者都死了，她无奈之下，只得退出公共视野。[17]

然而这场争夺哈里发之位的首场战役打响了教派内战——菲特纳（Fitna），这是一场“考验”。阿里将哈里发驻地从麦地那搬到了库法；库法更接近这个新征服帝国的中心，而且是他的坚强后盾。他派遣支持他的新总督去接管反叛省份的管理事务。但是前任总督中有一位拒绝让位。他就是穆阿维叶，阿拉伯海军的创始人，他仍然担任叙利亚总督，奥斯曼是他的表兄。他不愿让位，威胁称要反击，除非将杀害奥斯曼的凶手处以死刑。[18]

尽管阿里并没有直接参与流血事件，但疑犯却是他的一些铁杆支持者，处决他们是不可能的。他无视穆阿维叶的提议，回信指责穆阿维叶所寻求的所谓正义都是为自己谋取私利，甚至说穆阿维叶当初皈依伊斯兰教也是出于同样的目的：

> 当你看到阿拉伯半岛所有的大人物都信奉伊斯兰教，并聚集在先知的旗下时，你也加入其中……真主保佑，我太了解你

了，不屑与你争论或给你建议。背教与贪婪在你脑海中早已根深蒂固，你心智紊乱，不能区分到底什么是对你好的，什么不是……你也写过许多有关杀害哈里发奥斯曼的凶手的事情。你应该做的是像其他人一样宣誓效忠于我，案件则应提交法庭审理，然后，我会根据神圣的《古兰经》的教义做出审判。[19]

穆阿维叶根本无意发誓效忠。两人往来书信的言辞越来越激烈（“我收到你的来信，”阿里写道，“我认为信里全是愚蠢至极的胡言乱语。”），到最后，两人之间的问题显然只有通过武力对抗才能解决了。[20]

657年7月，两人各领一支军队，在幼发拉底河上游相遇。两位指挥官似乎都不太愿意让两伙穆斯林交战。“不要主动出战，”阿里告诉他的手下，“让他们先动手，降兵就不要再打了。”战斗真正打响之后，拖了3天，也没有分出胜负。最后，穆阿维叶的部队撤退，将《古兰经》的书页扎在长矛的矛尖上，他们坚持认为双方头领应依据伊斯兰律法解决他们的分歧。阿里的士兵也同意这一点，双方停战是必然的。[21]

双方通过形形色色的中间人进行了谈判，然而谈了许久，双方都不满意。最终，阿里保留了哈里发的头衔，在库法执政；穆阿维叶则留在叙利亚，没有头衔但独立执政。实际上，帝国已经分裂，它由一位哈里发统治的说法只是一个权宜的神话。

阿里担任哈里发期间，依然麻烦不断。奥斯曼遭谋杀一事使他的阵营里始终流动着一股负罪感的暗流。658年，他的军队中有一部分人叛离，他们指责阿里不公，借口是他没有为奥斯曼的死报仇。他的不公正导致他颁布的法令没有人遵守，不白之冤的存在意味着他无法作为真正的哈里发进行统治。

阿里起初试图对这些叛乱分子进行仲裁，他的其他的部队称叛乱分子为“脱离派”（kharijis）。随后他又向他们发动了攻击。但他除不掉他们，仍然效忠于他的士兵们渐渐厌恶了不断的同胞相残。他的势力逐渐遭到削弱。[22]

661年，一名“脱离派”刺客在阿里的营地中将阿里刺杀。他余下的支持者试图推举他的儿子哈桑（先知的外孙）继任哈里发。但选择站在穆阿维叶一边的阿拉伯人多得多。哈桑当时已经是个年近40岁的成年人了，并不想自己找死，于是他同意与穆阿维叶（及其6万大军）达成和解。他愿意在麦地那安然退隐；作为回报，穆阿维叶承诺，如果自己死在哈桑前边，就将哈里发之位传回给哈桑。

这场伊斯兰内战结束了，倭马亚氏族大权在握：穆阿维叶是先知穆罕默德之后的第五任哈里发，他是倭马亚族人。但像他的前任一样，他也被迫不断与那些憎恶他掌权的叛军作战。

伊斯兰帝国曾一度以信众社群为中心，如今开始变得越来越像其他中世纪帝国：民众处于统治者的控制之下，其中有些人不断制造叛乱，高层不断争权夺利，整个国家始终有四分五裂的趋势。通过派遣第一批阿拉伯战士对外作战，艾布·伯克尔维持住了乌玛的统一。然而，胜利和征服已经开始从内部对其造成破坏了。

时间线 7

印度	阿拉伯	波斯帝国	拜占庭
（遮娄其王朝）**补罗稽舍二世**（597/610—642）			
（帕拉瓦）**摩诃因陀罗跋摩**（600—630）		吞并拉赫姆	
森格姆学院在马杜赖开办（约 600—750）			
			弗卡斯（602—610）
戒日王（606—647）			
	穆罕默德收到启示（610）		**希拉克略一世**（610—641） 牧首塞吉阿斯（610—638）
	加萨尼被击败		
	徙志（公元 622 年 / 伊斯兰历元年）		
	白德尔水井战役（624）		
			君士坦丁堡被围（626）
	壕沟战役（627）		
		喀瓦德二世（628）	
	穆罕默德去世（632） 艾布·伯克尔当选为哈里发（632—634）		
	欧麦尔（634—644）	**伊嗣俟三世**（634—651）	
	占领耶路撒冷（637）		
			君士坦丁三世（641）
			君士坦斯二世（641—668）
击退阿拉伯人的侵略	**奥斯曼**（644—656）		
东遮娄其王朝独立			
（遮娄其王朝）**超日王一世**（655—680）	**阿里**（656—661）		
	第一次“菲特纳”（656—661）		
	穆阿维叶一世（661—680）		
			君士坦丁四世（668—685）
（帕拉瓦）**波罗密首罗跋摩一世**（670—700）			
（遮娄其王朝）**律日王**（680—696）			
（僧伽罗）**摩那梵摩**（约 684）			

/ 08

法律与语言

643 年至 702 年，皇帝试图离开君士坦丁堡，伦巴第人和保加尔人开始建国，北非则落入穆斯林军队的手中。

意大利的伦巴第人并没有因为东方阿拉伯人的入侵而遭受任何不便。事实上，正是由于东方有这些战争，才使得 636 年当选的伦巴第国王罗泰利有可能摆脱拜占庭几乎所有的残余控制。当拜占庭皇帝疲于应付穆斯林军队时，罗泰利却忙着有条不紊地将皇帝在意大利的领地逐一收回——只剩下拉韦纳的飞地和四面城墙环绕的罗马城。

得到这些斩获，意味着时机已经成熟，伦巴第人起初本是攻无不克的入侵者，现在已经可以建立国家了。

伦巴第人一部分是古老的日耳曼神的信徒，一部分是阿里乌斯派基督徒，还有一部分是天主教基督徒。共同的宗教信仰可以增加他们的凝聚力，但罗泰利是个有远见的人，除了凝聚力之外，他还想给他们别的东西，想让他们建立独立的国家。因此，643 年，他制定了一部成文法，这是伦巴第人前所未有的举动。据执事保罗的记载：“罗泰利国王在一系列著作中，将伦巴第人以往只保存在记忆和习俗中的法律汇集起来，并将其定名为《法典》(Edict)。”

罗泰利的《法典》共有388章，虽以拉丁语写就，但法条是伦巴第式的：在罗马式的外壳下栖息的是日耳曼精神。揪男人的胡子在日耳曼战士之间被认为是一种侮辱，会被处以高额罚款；在战斗中抛弃战友会被判处死刑；要是想将财产过户给别人，必须召集一些自由人作为见证。[1]

伦巴第王国以前没有明确的边界，这些法律帮助他们将边界确定了下来。罗泰利下令：“所有的战士(waregang)，只要是从外面进入我们王国的边界的，都应当遵守伦巴第的法律。”他这里指的是定居在伦巴第土地上的外国勇士。意大利伦巴第人的土地就这样逐步成为伦巴第王国，一个让那些浪迹天涯的伦巴第人可以称为家乡的祖国。[2]

在形成国家的过程中，伦巴第人开始信奉正统天主教。其首领信奉的阿里乌斯派基督教是他们的日耳曼血统的印记，是从他们还不曾进入正统教派和政治权力中心的日子里遗留下来的。罗泰利的继任者，阿里佩特一世(Aripert I)，成为伦巴第王国的第一个天主教国王，这使这个意大利王国更加接近政治主流了。

661年，阿里佩特死后，他的两个儿子之间爆发了短暂的战争。最后他的儿子们一个死了，另一个跑了，王位则落入贝内文托公爵格里莫尔德(Duke Grimoald of Benevento)手中，他是个半独立的伦巴第人首领，本来应该是忠于伦巴第国王的。

在遥远的君士坦丁堡，君士坦斯二世决定插手。君士坦斯11岁登上皇位，眼看着意大利逐渐脱离，埃及和北非也落入阿拉伯人手中。现在，661 年，他已年满 30 岁，是 3 个儿子的父亲，因为胡子特别浓密而得到“大胡子君士坦斯”（Constans the Bearded）的绰号，并已控制了整个帝国。看到伦巴第的内战，他想出了一个计划。阿拉伯人的攻击看起来可能势不可当，但意大利是比较好对付的，因此君士坦斯二世决定离开君士坦丁堡，在塔兰托（Tarentum）设立作战指挥部，位置就在意大利靴形版图上脚背的位置，然后重新征服这个半岛。[3]

君士坦斯二世在君士坦丁堡并不受欢迎，这无疑使他更加想要在罗马重建皇权，但这个计划也揭示了拜占庭人在多大程度上仍然认为自己是罗马人。他们几乎没人到过这座“永恒之城”，好几代皇帝都没去过罗马，意大利早就不在拜占庭人的手里了。但不知何故，罗马在他们心中仍然占有一席之地。君士坦斯二世向着罗马出发，要去重新实现过去的辉煌。

到 663 年，君士坦斯二世已在塔兰托立足，对南方伦巴第领土发动的战争也进展顺利。许多南方城市都向他投降，他很快就逼近了格里莫尔德的故乡贝内文托城外。国王格里莫尔德此时正远在北方的伦巴第首府帕维亚，留下来掌管贝内文托的是他的一个儿子。他的儿子派人向他求助，于是格里莫尔德率领王家卫队启程南下。

这肯定是一支庞大的军队，因为君士坦斯二世听说格里莫尔德快要到来的消息时，感到“十分惊慌”。他撤退了，先是撤到沿海城市那不勒斯（该城已同意接纳他；这座城市自从 536 年被贝利萨留从东哥特人手中夺过来之后，一直效忠于君士坦丁堡），然后又撤到罗马（这是自罗慕路斯·奥古斯都被废黜以来首次有皇帝来到罗马这座古城）。他只在罗马待了 12 天，出席了由教皇主持的礼拜仪式，将城中剩余的所有金制或铜制饰品劫掠一空，以便将其熔化，为战争提供资金，之后就启程前往西西里岛了。他登岛之后，来到锡拉库萨（Syracuse），并宣布在此建都。他第一眼看到罗马就放弃了将其收回的打算。他一直在想象罗马的辉煌，但他真正看到的罗马却是一幅破旧不堪、人口凋敝、萎靡不振的景象，似乎无法再恢复旧时模样了。[4]

从锡拉库萨出发，他再次开始发动对意大利南部的攻击。他就像从前的皇帝一样统治西西里岛：暴虐、苛刻又专横。他还派人将妻儿接来，这清楚表明，他打算留在西部，远离君士坦丁堡。[5]

由于他的努力，拜占庭保住了意大利南部海岸的控制权。但他的残暴行为使他十分不得人心；他明显遗弃了新罗马，这又使他失去了更多民心。668 年，他的一个家仆（毫无疑问参与了一个更大的阴谋）用肥皂盒猛击他的头部，直到把他打死。他的儿子君士坦丁四世（Constantine IV）在君士坦丁堡继位，他接受父亲的教训，一直待在那里没有离开过。[6]

670 年，君士坦丁四世继位两年后，阿拉伯人再次开始沿着北非海岸向前推进。与此同时，阿拉伯人向东部的拓展也在继续。在印度北部山区，阿拉伯军队将夏希国王赶出了都城喀布尔；夏希王国仍然保有开伯尔山口的控制权，但被迫向东迁都至乌铎迦汉荼城（Udabhandapura）。[7]

674 年，阿拉伯军队多管齐下的扩张终于抵达了君士坦丁堡，他们开始围攻这座城市。围攻持续了 4 年，但君士坦丁堡能够通过海路不断补充给养，所以情况从未恶化到令人绝望的程度。678 年，阿拉伯海军发起了最后的海上攻击，但拜占庭舰队使用了他们著名的“希腊火”（Greek fire），这是一种化学混合物，用炮筒发射，遇水仍能继续燃烧，最后阿拉伯舰队撤退了，不久之后陆军部队也随之撤退。[8]

就在拜占庭皇帝带领手下忙着保卫君士坦丁堡的时候，保加尔各部落得到了扩张的空间和时间。

30年前，希拉克略皇帝已经承认了亚速海以北的保加尔人首领库布拉特的王位。库布拉特死于约665年。之前他长期在位，将老大保加利亚的边界向外拓展，北至顿涅茨河（Donets），南至多瑙河。就像法兰克人的首领一样，他死后将王国留给5个儿子共同继承。

在史书《世界编年史》（*Chronographikon syntomon*）中，9世纪的牧首尼斯福鲁斯（Nicephorus）写道，库布拉特在临终前，将儿子们叫到身边，让他们每个人都试着赤手空拳折断一捆树枝。儿子们全都失败了，于是他把这捆树枝拆开，很容易就一根一根地都折断了。“要保持团结，”他告诉儿子们，“因为抱成一捆就不容易折断。”[9]

可事实上，在他死后，这5个儿子几乎立刻就分道扬镳了。次子科特拉格（Kotrag）率领其追随者向北迁至伏尔加河，他们被称为银色保加尔人（Silver Bulgars）。三子阿斯巴鲁赫（Asparukh）率领3万余名追随者在德涅斯特河（Dniester）和普鲁特河（Prut）之间安顿下来。四子库伯（Kouber）率领一小支保加尔人先到了潘诺尼亚，然后又折回到马其顿；五子阿尔塞克（Alcek）则率众直抵意大利，在那里保有了一块小小的保加尔人飞地。长子巴颜（Bayan）则留在家乡，统治着弟弟们率众远走之后大为减少的人口。库布拉特临终的警告充满智慧，这一点很快就显现出来：可萨人几乎立刻就开始攻打巴颜，将其王国夷为平地，吞噬了他的领地，终结了最初的老大保加利亚王国。

君士坦丁四世试图效仿可萨汗王。679 年，他刚从围攻君士坦丁堡中有所恢复，就开始出兵攻击位于拜占庭西部边境的阿斯巴鲁赫所率领的 3 万保加尔人。起初他获得了成功，但据狄奥法内斯所说，他后来因为患有痛风症而被迫撤离前线，其部队则士气低迷，纷纷四散逃跑。[10]

保加尔人的首领阿斯巴鲁赫随即与附近的斯拉夫部落结成联盟，一路打到色雷斯，让西北边境的拜占庭军队头痛不已。到了 681 年，君士坦丁四世决定最好还是停战讲和。于是他与阿斯巴鲁赫缔结了和约，甚至同意每年向保加尔人纳贡。

征服拜占庭，接受其贡品，使阿斯巴鲁赫不仅暂时安顿下来，而且因为有了君士坦丁堡的贡金支持，他甚至带领着一群难民建立了保加利亚第一帝国（First Bulgarian Empire）。

多少有些出人意料的是，与保加利亚第一帝国缔结和约之后，君士坦丁堡与阿拉伯人之间也实现了和平。

先知穆罕默德之后的第五任哈里发穆阿维叶逝世于 680 年。在他之后，是一连串短命的哈里发：五年之内就换了三个。最后，685 年，一位既有能力指挥作战，又有办法管理日益混乱的帝国的哈里发即位，他就是阿卜杜勒 · 马利克 · 伊本 · 马尔万（Abd al-Malik ibn Marwan）。执政伊始，他无情地镇压了那些支持其他哈里发候选人的阿拉伯人。清除反对派一共花了他六年的时间——这六年，他更多的精力是用来与其他阿拉伯人，而不是与阿拉伯人以外的其他人进行斗争——同时，他还得面对叙利亚的饥荒和疾病的暴发，这有可能是一场轻微的瘟疫。[11]

他写信给君士坦丁四世，主动提出纳贡以确保和平，君士坦丁

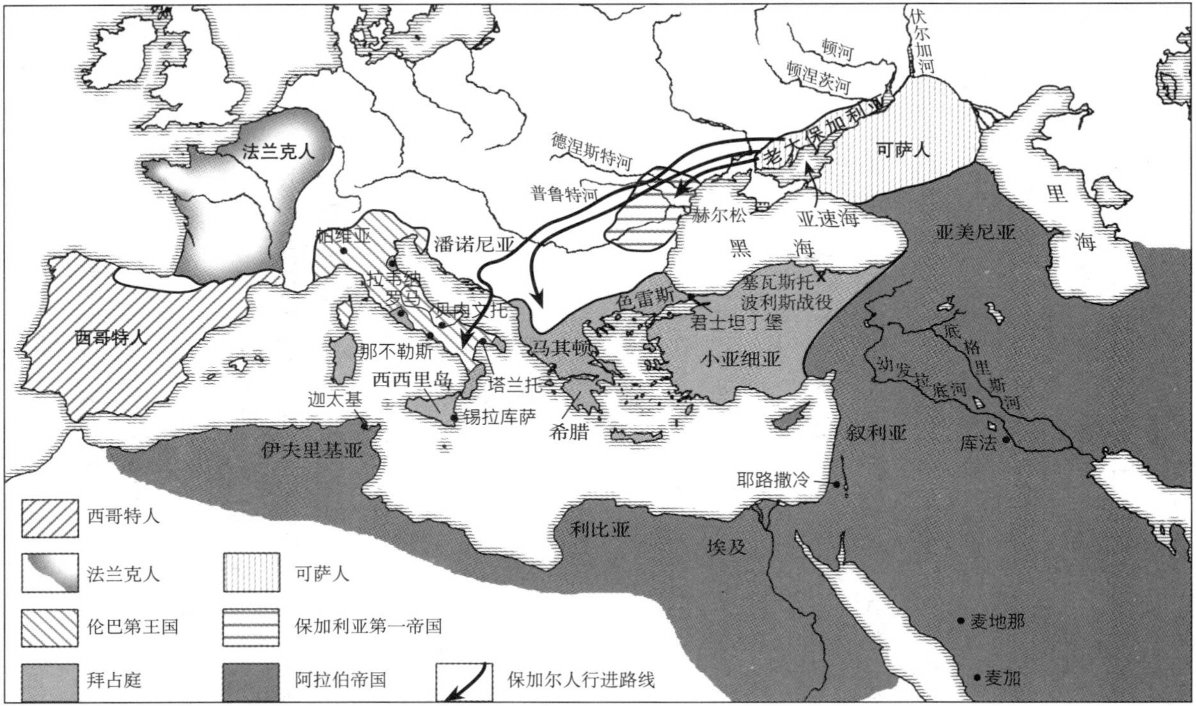

地图 8–1　拜占庭、阿拉伯人和保加尔人

四世同意了他提出的条款。不久之后，君士坦丁四世过世，将君士坦丁堡的宝座留给了儿子查士丁尼二世（Justinian II）。[12]

查士丁尼二世当时只有16岁，就这样继承了这个在过去几十年的慢慢整顿后已经变得更为高效、更加易守难攻的帝国。拜占庭如今已不是被划分为早先那样的庞大不便的行省，而是被划分为不同的“军区”（themes）。保护这些军区的不是从首都派遣的、由不熟悉自己领地的军官指挥的部队，而是本地的士兵。自从希拉克略以来，历代帝王逐渐将各军区的土地作为奖励赠予官兵，以换取他们终身服役。税收制度也在逐步进行整顿，让每个军区的公民直接向当地的部队纳税，而不是将税金交往首都，这些钱要是交到首都的话，就可能会也可能不会花到原本应该花的地方。

这样一来，每个军区的军队就有很强的积极性去保护这个地区。对于地方的效忠之心原本有可能会让一个统一的帝国四分五裂，但现在对其加以引导之后，却可以用其来更好地保卫国家。小亚细亚有四个军区，色雷斯也有一个，还有两个在希腊和西西里岛。[13]

查士丁尼二世也继承了与阿卜杜勒·马利克的和约，他同意继续执行这些约定。这给了查士丁尼二世时间让他适应皇帝的角色，而阿卜杜勒·马利克则可以腾出手来平定那些反对他继任哈里发的叛乱。到692年，他已经制服了敌人，没有了其他对手，成为穆斯林唯一的哈里发。

现在，这两个人都想破坏和约：阿卜杜勒·马利克想要继续征服大业，而查士丁尼二世则想证明自己不愧是个皇帝。692年年末，阿卜杜勒·马利克在支付贡银时用了阿拉伯的货币而不是拜占庭的，这为两人提供了一个很好的借口。

阿卜杜勒·马利克当时一直想要稳定金融事务，已经花了一段时间创建了一套标准的阿拉伯货币制度。他向查士丁尼二世缴纳的就是这种货币。查士丁尼二世立刻宣布这些货币是假币，不能接受，然后就向对方宣战了。为了加强自己的军队，他曾花钱请了约 3 万名保加尔人当雇佣兵。“他征募了 3 万人，将他们武装起来，并命名为‘特种部队’。”狄奥法内斯写道。他“对他们有信心”，相信自己一定能在与阿卜杜勒·马利克的战斗中获胜。[14]

但他想错了，阿拉伯军队进占了拜占庭的领土。当两军于 692 年在黑海南岸的塞瓦斯托波利斯战役（Battle of Sebastopolis）中相遇时，保加尔人背信弃义，掉头就跑，原因是阿卜杜勒·马利克在背后给他们送了钱，并且答应如果战斗一开始他们就立即撤退，还会再给他们更多的钱。没有了盟友的支持，拜占庭军队守不住前线，只好撤退。阿卜杜勒·马利克受到胜利的鼓舞，开始沿拜占庭海岸四处侵袭。

查士丁尼二世当时还只有 23 岁，他向那些背信弃义的保加尔人复仇，屠杀他们的妻子和孩子。但他的军队却认为责任在他，而不在那些雇佣兵。695 年，军官哗变，抓住了他，割了他的鼻子，拔了他的舌头，用铁链将他锁着送到赫尔松（Cherson），那是一座堡垒，军事犯都被关在那里潦倒等死。他们拥立一位将领，利昂提奥斯（Leontios），代替他成为皇帝。

在利昂提奥斯的带领下，帝国在迦太基吃了最后的败仗，该地被阿拉伯军队彻底占领，就此结束了罗马人在北非 800 年左右的统治。哈里发阿卜杜勒·马利克任命一个名叫穆萨·本·努萨伊尔（Musa bin Nusair）的阿拉伯地方长官前去统治新的穆斯林行省——伊夫里基亚（Ifriqiya，今突尼斯）。回到君士坦丁堡后，利昂提奥斯将军为惨败付出代价，这回轮到他被推翻了。698 年，他被关押，受割刑，并被发配到一个修道院里，军队又选了另一名军人当皇帝。[15]

702 年，伊斯兰势力几乎已完成了对北非的征服。北非原住民柏柏尔人大量皈依伊斯兰教。他们的部落结构使得皈依更像是一个群体性事件，而不是个人的决定。当一个部落的首领皈依时，部落里的其他人都跟着他一起皈依。

阿拉伯王国本身在阿卜杜勒 · 马利克老练的治理下，凝聚力也开始变得比以前更强。他已经推出了本位货币；他派自己所信任的兄弟担任最重要的地方长官；他还开始在耶路撒冷建造一座新的清真寺，以提供一个比麦加的天房克尔白更加重要的礼拜和朝圣场所（虽然麦加仍然很重要）。这个清真寺就是圆顶清真寺（Dome of the Rock），建立在被毁坏的犹太人第二圣殿的旧址上*；寺中保藏着一块岩石，据说穆罕默德就是踏着这块岩石升天的。

阿卜杜勒 · 马利克还下令将阿拉伯语当作帝国的官方语言，这是以前所有的哈里发都没有做过的事。这为日益溃散的国家提供了一种迫切需要的黏合剂。伊斯兰教和阿拉伯语是所有阿拉伯人征服的土地上一成不变的两个重要元素；基督教和拉丁语已经多少开始分道扬镳，因为法兰克人、西哥特人、伦巴第人和希腊人都将基督教教义翻译成他们自己的语言，但伊斯兰教和阿拉伯语（以及伊斯兰教和阿拉伯文化）却将继续被紧密捆绑在一起。

* “第二圣殿”建于公元前 6 世纪，取代被巴比伦人摧毁的所罗门圣殿。

时间线 8

波斯帝国	阿拉伯帝国	拜占庭	伦巴第人	保加尔人
吞并拉赫姆		**弗卡斯**（602—610）		
	穆罕默德收到启示（610）	**希拉克略一世**（610—641）		
	加萨尼被击败	牧首塞吉阿斯（610—638）		
	徙志（公元 622 年 / 伊斯兰历元年）			
	白德尔水井战役（624）			
喀瓦德二世（628）	壕沟战役（627）	君士坦丁堡被围（626）		
	穆罕默德去世（632） 艾布·伯克尔当选为哈里发（632—634）			
伊嗣俟三世（634—651）	**欧麦尔**（634—644）			
				（老大保加利亚） **库布拉特**（约 635—约 665）
	占领耶路撒冷（637）		**罗泰利**（636—652）	
		君士坦丁三世（641）		
		君士坦斯二世（641—668）		
	奥斯曼（644—656）		罗泰利《法典》（643）	
			阿里佩特一世（653—661）	
	阿里（656—661）			
	第一次“菲特纳”（656—661）			
	穆阿维叶一世（661—680）			
			格里莫尔德（662—671）	

时间线 8（续表）

波斯帝国	阿拉伯帝国	拜占庭	伦巴第人	保加尔人
		君士坦丁四世（668—685）		保加尔人统治的分裂 / 老大保加利亚毁灭（668）
	围困君士坦丁堡（674—678）			保加利亚第一帝国的扩张
	阿卜杜勒·马利克（685—705）	**查士丁尼二世**（685—695）		
		利昂提奥斯（695—698）		

/ 09

创造历史

646 年至 714 年，日本天皇颁布《改新之诏》，发布了律法，书写了一段传奇的历史。

每个中世纪国家的国内政治几乎都是由军队如潮汐般一波又一波的进攻和撤退塑造的，只有日本是个例外。日本人生活在大小不一的岛屿上，西边是大海，东边更是广袤无际的大洋，天皇就在这里实行统治，他们的权力边界有些模糊，很少需要使用武力征服，其注意力专注于国内。

虽然唐朝的军舰从未在大和民族统治者的港口停泊，大唐还是侵入了这个国家，这是一种缓慢的、在不知不觉中发生的思想渗透。

645 年，皇极天皇因一场宫廷政变退位，由其同母弟孝德天皇继位，其子中大兄皇子为皇太子，主持朝政。654 年孝德天皇去世，皇极天皇再次即位，改号齐明天皇。齐明天皇第二次即位之后，于 661 年过世，将天皇皇位留给了她的儿子。中大兄皇子最终站上了权力金字塔的顶端，他有一个长期的盟友名叫中臣镰足，是他的左膀右臂。但母亲去世后有 7 年的时间，中大兄皇子一直以皇太子的名义称制摄政。直到 668 年，他才最终正式即位，称天智天皇。那年他 42 岁。他花了 23 年的时间等待因刺杀苏我氏而沾满双手的鲜血褪色，之后才敢拿起权杖。

天智天皇正式即位之后不久，为了犒劳中臣镰足对他终生的忠诚，赐予他一个新的姓氏：藤原氏。他用这个办法让自己的朋友成为一个新氏族的族长、一个新家族的创始人。后来藤原氏的权势稳步增长，最后其影响比元气大伤的苏我氏更大。

中大兄皇子试图参与外国政治，他试图帮助百济国王夺回王位，但结果是灾难性的：唐朝和新罗结成联盟，日军惨败。这次尝试失败之后，大和民族更加一心关注国内事务了。当时大和民族还是由一系列关联松散的氏族构成，各氏族首领小心翼翼地维护着自己的权威。而天智天皇身为皇太子的时候，就在中臣镰足的帮助下，拟定了一系列的改革措施，并尝试着将其付诸实施，目的是改变国家统治现状，将原本由一系列氏族部落相连而成的、由维护自身权威的氏族首领统治的国家统一起来，建立一个没有纷争、由一名君主单独统治的君主国。早在 646 年，中大皇子就开始主持改革，颁布了著名的《改新之诏》，这标志着“大化改新”的开始。诏令宣布大和民族的所有领地成为一个统一的国家，由天皇代表人民进行统治。私有财产与世袭的家族权利全部被废除。旧的所有权体系也同样被废除。第一条改革诏令这样宣布：“罢昔在天皇等所立子代之民，处处屯仓，及别臣、连、伴造、国造、村首所有部曲之民，处处田庄。”[1] 以前的氏族首领和村长们不再拥有自己的土地和贵族头衔，而是被授权管理土地，这些土地现在都由大和统治者所有。他们也不再拥有贵族头衔，而是将在新成立的官僚机构中被授予各种不同级别的官职。

《改新之诏》的内容不是大和民族发明的，而是从中国远渡重洋传来的。中大兄皇子向唐朝派出了许多学者和僧侣，让他们去学习中国皇权的悠久历史，研究唐朝政府的结构，然后将他们所学到的东西带回日本来。《改新之诏》试图创造的新世界模仿的是古代中国所设想的世界：一组同心圆，皇帝位于核心，其权力无所不包，外围边缘处则是皇帝的代理人，替他行使这些权力。《改新之诏》中有的字句完全就是中大兄皇子派出的遣唐使从他们带回来的中国史书中逐字逐句照搬过来的。无论定都洛阳还是长安，几百年来的改朝换代并没有什么不同。中国皇帝总是声称自己传承的是有史以来即已存在的源远流长的皇权传统，大和民族也渴望加入这个古老的源流。[2]

原来的中大兄皇子如今已成为天智天皇，他决心要建立一个朝廷，在这个朝廷里，他要像中国的皇帝一样，不仅仅担任战争领袖和最高将领（这种位置很容易受到战争胜败的影响），而是要成为整个文化的代表、文明的领袖、宇宙秩序的守护者。历史学家琼·皮戈特（Joan Piggott）借用孔子的话，将这种体制称为“北极星君主制”（polestar monarchy）。孔子在《论语》中说，君主“为政以德，譬如北辰，居其所而众星拱之”。意思是说君主以道德教化来治理政事，就像北极星那样，自己居于一定的方位，而群星都会环绕在它的周围。天智天皇努力要成为日本文化的校准点，因此他将历史学家和诗人带到自己的朝廷上，创办了一所太学。他带着朝廷上下阅读中国经典，这些是660年由一名行脚僧带到日本的。天智天皇带领朝廷效法中国的礼仪，认为这样就可以将天国的秩序带到人间，让尘世和平安宁。[3]

根据他的传记作者的描写，天智天皇还下令让大臣们收集日本法律，编纂内容不同于《改新之诏》的成文法。日本当时列国分立，很久以来一直没有一套统一的成文法典，天皇的统治在许多方面都是名义上的，并不亲力亲为。不过，因为日本与中国唐朝和统一新罗的接触，也因为天智天皇认为天皇的权力应该更大一点，编制成文法的时候到了。

不过这套法典似乎从来也没有完成过。因为天智天皇仅仅正式统治了 3 年就一病不起，编制的法典无论已经完成了多少，都因此停滞下来。在最后的日子里，疾病给天智天皇带来无法缓解的痛苦。最后，死亡终于抵消了他刺杀苏我入鹿的罪过。[4]

天智天皇的孙子文武天皇于 697 年继位，时年 14 岁，还是个孩子。他继续进行天智天皇已经开始的任务，并于 701 年颁布了日本存世的第一套法律。这就是《大宝律令》，其中包括天智天皇时已开始的立法。它勾画出一个治理得十分严格的国家，其权力布局是精心规划的一系列官僚机构，每个机构的分支都有自己的一套等级和官职设置。[5]

这套律令结构完美，设想出的世界就如同《改新之诏》中所规划的权力同心圆一样秩序井然。但尽管几代天皇都热切地学习唐朝，这些律令却仍然更多地存在于纸面上，而不是现实中。唐朝的模板已经在日本列岛奠定了基础，但在表面上的模板之下，国内大片广袤的土地上还是继续着以前的做法。氏族的首领所拥有的可能是官衔，而不是贵族头衔，但他们仍然行使同样的权力；土地可能名义上属于天皇所有，但在上面经营、分配、耕种和规划的，都还是改新以前土地的旧主人。

文武天皇颁布律令之后没过多久就过世了，终年 24 岁，皇位由他的母亲继承。她就是元明天皇，天智天皇的女儿，是数十年来第四个坐上天皇宝座的女人——有如此多的女性统治者，这在中世纪世界的其他地方几乎都是不可想象的。这是因为，天皇就像一座古老金字塔的塔尖一样，可以接触到上苍，并将其与位于塔基的老百姓们联系起来。至于占据金字塔塔尖位置的究竟是男人还是女人，这相对来说并不重要。而在中国唐代的文化中，贸易路线和食物供应都在皇帝的职权范围内，女人只有在行政和管理方面具备异乎寻常的才华，才能令朝堂臣服，让朝臣们认为她值得效忠。尽管元明天皇的朝廷采纳了唐朝所有的习俗，但她毕竟不是唐朝的君主，所以不管她是男是女，都可以充当人民的北极星。

在元明天皇统治第四年的时候，她正式宣布迁都奈良。原本文武天皇就打算迁都到这个城市来，但该计划因为他的去世而中断了。迄今为止，大和统治者的都城一直都不固定，每个统治者都宣称自己的住所是政府新的中心。但元明天皇的新都是一个创举。当时该城名为平城，意思是“和平之城”，后来当了 70 多年（日本的“奈良时代”）的都城。她还有些新的计划，要将该城扩建并进行美化，这些计划（很自然地）是以唐朝的都城长安为范本制定出来的，因为长安的辉煌给那些到访过这座都城的日本人都留下了极为深刻的印象。[6]

过去，天皇的居所一直是小事一桩，因为天皇所代表的是上天的权力，而不是世俗的权力。世俗的权力没有必要体现在具体的地方，没道理必须建造石质的元老院、宫廷，甚至是皇座来将天皇的统治与尘世联系起来。但在接下来的几十年里，她一直留在奈良进行统治，天皇与政治体制之间的联系变得稍微频繁了一些。天皇这

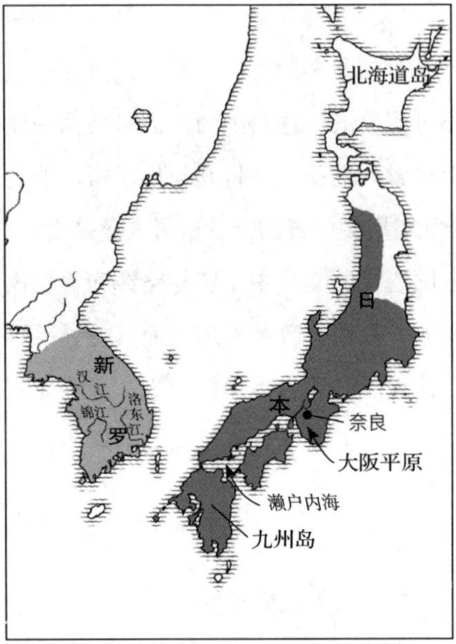

地图 9-1 奈良时代的朝鲜与日本

颗北极星将不只是发光照亮，她还会伸出爱管闲事的双手，干预尘世的事宜。

与此同时，这颗北极星也变得越来越神圣。元明天皇于715年退位，传位于女儿元正天皇。而在其在位的9年期间，元正天皇主持颁布了《养老律令》。这套律令表达了一种越来越深入人心的想法：天皇不仅能够接触天上的神祇，而且她本人就如同女神一般。北极星不是传递天上的光明，它自己就是光的来源。[7]

在下一任天皇、元正天皇的弟弟圣武天皇在位期间，日本皇室特权结构虽仍根基不稳，但已初具体系，而且在其表面之下，又精心打造了一层新的基础。作为一名大和君王，圣武天皇的统治“空前显赫”，他的手下有一个苦心经营的朝廷，大小官员人满为患，皇权的各种排场应有尽有。他也将天皇的历史追溯到古老的过去。在他登基之前，关于日本君权的两部神话历史——《古事记》和《日本书纪》已经编写完成。[8]

根据这些记载，第一任天皇是海神之女丰玉姬的儿子、天照大神的玄孙。这个男孩就是神武天皇，他的血管里流淌着大海和天空的血液，因此成为领袖，统治人民。后来他长大成人，做了父亲。一天，他将儿子们召集到一起，给他们布置任务。他告诉儿子们说，很久以前，世界上到处都是一片荒凉，到处都是黑暗、混乱和沮丧。但随后，众神给了人类一个礼物——皇室的领导。在天皇的统治之下，黑暗和混乱让位给美好和秩序，土地也变得肥沃，世间充满光明，庄稼长势喜人，日日夜夜都平静安宁。“而辽遥之地，犹未沾于王泽。”他告诉他们。“遂使邑有君，村有长，各自分疆，用相凌跞……彼地必当足以恢弘大业，光宅天下，盖六合之中心乎。厥飞降者，谓是饶速日欤。何不就而都之乎？”他们果然做到了，打着君权神授的旗号一路高歌猛进，消除了混乱和黑暗。[9]

那时，为日本君权奠定一个神话基础已是势在必行，即使这个神话基础必须有一部分是无中生有也在所不惜。日本君权的历史缔造出一段充满正义战争和君权神授的过去，这段过去为现在和未来精心奠定了基础。它重写了日本大和民族的历史，将日本变成一个建立在英雄主义、丰功伟绩和神灵恩宠基础上的国家。

时间线 9

拜占庭	伦巴第人	保加尔人	日本	隋朝	吐蕃
弗卡斯（602—610）			《十七条宪法》（604）		
				炀帝（604—618）	
希拉克略一世（610—641）					
牧首塞吉阿斯（610—638）				隋朝灭亡 / 唐朝建立（618）	
				唐朝	
				高祖（618—626）	
君士坦丁堡被围（626）				**太宗**（626—649）	
			舒明天皇（629—641）		**松赞干布**（629—650）
		（老大保加利亚）**库布拉特**（约 635—约 665）			
	罗泰利（636—652）				
君士坦丁三世（641）					
君士坦斯二世（641—668）			**皇极天皇**（642—645）		
	罗泰利《法典》（643）				
			孝德天皇（645—654）		
			大化改新开始		
				高宗（649—683）	**芒松芒赞**（650—676）
	阿里佩特一世（653—661）		**齐明天皇**（655—661）		
	格里莫尔德（662—671）		**天智天皇**（中大兄皇子）（661/668—672）		
君士坦丁四世（668—685）		保加尔人统治的分裂 / 老大保加利亚毁灭（668）	藤原氏兴起		
		保加利亚第一帝国的扩张		**中宗**（683—684）	

时间线 9（续表）

拜占庭	伦巴第人	保加尔人	日本	唐朝	吐蕃
				睿宗（684—690）	
查士丁尼二世（685—695）					
利昂提奥斯（695—698）					
			文武天皇（697—707）		
			元明天皇（707—715）		
			奈良时代（710—794）		
			元正天皇（715—724）		
			《养老律令》		
			圣武天皇（724—749）		

/ 10

女皇当道

683 年至 712 年，皇后武则天成为天子。

683 年，病重的皇帝唐高宗徘徊在死亡的边缘，他挚爱的皇后武则天守在身边。尽管他已多次中风，头脑却依然清醒。他在贞观殿召见大臣，宣布自己最终选定的继承人，就皇权的传递发布遗诏。12 月 27 日晚上，他在贞观殿去世。当时他的身体过于虚弱，无法移动，已不能再回寝殿去了。[1]

他选择传位于自己 27 岁的儿子唐中宗，之前还册立中宗的儿子李重照为“皇太孙”。这个举动极不寻常，说明他很担心唐朝根基尚浅，李氏王朝的基业还不够稳固。他的遗诏中还发布了最后的诏令：新皇“军国大事有不决者，取天后处分”。[2]

他上了这样的三重保险，目的是要维护唐朝的统治，这一点最后也确实做到了，虽然过程与他原本的设想有些不同。丈夫遗诏赋予武后做出最终决断的权力，仅仅两个月后，她就将自己的儿子赶下了皇位。他的过错很简单：他想任命皇后韦氏的父亲为侍中，并明确地暗示母亲，她是时候体面地隐退了。

武后却不打算这样做，所以她趁唐中宗大会文武之际，派出宫廷侍卫将其包围。他们捉住了皇帝，将其与怀有身孕的韦氏一起带走，软禁起来。然后，武后不立名正言顺的皇太孙为帝，而是立自己的幼子、中宗的弟弟睿宗为唐朝新君。

唐睿宗此时 20 岁出头，聪明过人，但有些羞涩，并患有严重口吃。他别无选择，只好让母亲替他临朝称制。"政事决于太后，"一位后世史官如此记载道，"居睿宗于别殿，不得有所预。"[3]

这些做法都不完全合理合法，但也并非完全不合礼法。武后毕竟没有登上皇位——虽然睿宗"继位"半年之后发布的一系列诏令加深了人们对她的怀疑，认为她是有这样的打算的。她诏令大赦天下，改变帝国旗帜的颜色，更改了一些官名和官服的颜色。这是统治者创建新的王朝时才会采取的行动，是变革的象征。

人们都在嘀咕，但唐代中国暂时呈现出一片繁荣与和平的景象，农民们衣食无忧，没有产生民变所必需的普遍不满情绪。针对她事实上已篡夺了的政权的武装反叛确有发生，为首的是一名不久之前被贬官的贵族子弟，但这次反叛不到三个月就被武后派兵镇压了。

随后五年间，武后的势力越来越强。她的丈夫在位时，她在其身后行使权力，已经证明自己是一个有能力的管理者、军事家和立法者。然而，尽管她明显能力卓越，朝廷上的达官贵人们却仍然感到愤愤不平，因为她以前只不过是皇帝的众妃之一，现在却登上了他们做梦也不敢想的权力巅峰。

所以武后开始培植自己的人，她从下层阶级选拔官员，提拔那些能力虽强，之前却由于出身不好而无法得到进一步发展的人。士族们绝不会是她的朋友，但他们就算不情愿，也不得不承认她作为统治者的强大实力。现在，普通老百姓成了她忠实的支持者，因为他们只要有才华，就有机会出人头地，为此他们心怀感激。

但这并不是她唯一的权力基石。她还缔造了一个秘密警察网络，领头的是两个著名的酷吏周兴和来俊臣（审讯手册《罗织经》一书的作者）。

> 这两个人臭名昭著，就像现代的纳粹希姆莱（Himmler）及其帮凶一样。他们成立了学校，专门将他们那一套传授给弟子们，还写了一本书进行说明指导，书中详述了许多用于刑讯逼供的新式酷刑，桩桩令人发指。他们给这些酷刑都取了充满诗意的名字，新抓来个犯人，他们就向其展示这些可怕的刑具，为了避免承受这些酷刑的折磨，犯人往往什么罪都认下来。[4]

支持武后的不仅仅有因为有机会出人头地而心怀感激的人，也包括那些被酷吏所震慑而不敢表示反对的人。

690年，武后迈出了最后一步。一名朝官上表，请其登基称帝，成为天子。如同隋朝的第一任皇帝隋文帝及之前的许多篡位者一样，她拒绝了——这是惯例，说明不了什么。第二次上表请愿有6万臣民签名，她再次拒绝了。此时，幽居别殿的唐睿宗意识到自己正处在悬崖边缘。

唐睿宗也亲自上表，请求武后同意他退位，然后自己荣登大宝。武后准其所请，风度优雅仁慈。她于690年秋天正式登基，睿宗则被降为皇嗣。正是由于睿宗情愿让权，他才在政治旋涡中得以平安。[5]

这回武后的权威得到了正式承认，她终于当上了皇帝。然而，一个女人想要声称自己是真正的天命所归，并无古制可依。为了支撑她真正的政治权力，使其神圣不可侵犯，武后必须要扮演一个新的角色：她要像之前的所有皇帝一样，成为天子。

因此，上朝的时候，她显得特别具有阳刚之气：她并没有改变自己的穿着或外表，没有试图使自己看起来像男性，但她塑造出一种男性的形象，让全国上下能够接受，因为他们实在无法把一个女性统治者摆到过去那种既定的统治者高位上去。她自称是一个新的王朝——周朝——的第一个皇帝，这样她就成了一名家长式的人物；她将都城迁回到洛阳，这样就将她现在的皇帝身份和以前的皇后身份分隔开来。

这是一个以前在中国从来没有上演过的剧本。新皇是新近历史上治国能力最强的人之一，她起用了许多才华横溢、训练有素、精明能干，却出身低微的人。尽管在她的执政中也交织着一道恐怖的阴影，但女皇显然有能力保持唐代中国繁荣富强的局面。然而，武后要想登上皇位似乎别无他法，只能用这个新的天子身份。百姓愿意接受她为天子，这不仅揭示了天子身份建构的力量，也说明了这种建构有多么脱离现实。

女皇帝武则天统治新朝大周的头五年，中国更加繁荣昌盛——虽然不时也会有些士族怨恨抱怨，因为他们被武皇提拔上来的新人挤下原位，丧失了权力，但被提拔上来的平民仍然十分忠诚，而且武皇也知道如何寻找事业同盟，无论是政治上的，还是个人生活上的。

她找了个情人，一个卖药郎，名叫薛怀义，他造成了一些麻烦。按照旧礼，皇帝当然没有纳男妃的道理，所以武皇任命他为一家寺院的住持，这样他就可以名正言顺地出入宫闱了。结果他恃宠而骄，变得爱嫉妒，还充满占有欲，最终一怒之下烧毁了城中最大的一所佛寺。皇帝选出朝中最强壮的侍从女官，派她们前去包围薛怀义，并将其绞杀。当时朝中的女子长期遭受皇家男性的欺压，所以女皇不费吹灰之力就找到许多女官自愿前往。[6]

695年，她面临北方三处叛乱。北方的游牧民族，人称契丹（Khitan），原先住在辽河流域某处，后来南下至唐朝边界，现已来到北方城市幽州（今北京）附近，这里是北方军事重镇。而此前已经重建的东突厥汗国也在袭扰北方边境。这些东突厥人对于自己在唐朝社会中的地位感到越来越不满意，他们放弃了自己的汗国，参加唐朝的军队，为唐朝而战，然而，这些付出没有得到什么回报，有的只是别人对他们的鄙视和不屑一顾。他们以前的王室后裔仍然在世，其中有一个封号为默啜的人成了东突厥人的领袖。当契丹人入侵幽州时，突厥人在默啜带领之下，也正在袭击大周朝的西北边境。[7]

与此同时，吐蕃人则开始了对大周朝领土塔里木盆地的进攻。吐蕃赞普芒松芒赞在摄政大相禄东赞的辅佐下，排除万难，平安度过了幼年时期，却英年早逝。此时禄东赞也已经死了，把持吐蕃政权的是禄东赞的儿子论钦陵，他当时是芒松芒赞的小儿子赤都松赞的摄政大相。这种双重的权力交替——大相传大相，赞普传赞普——使吐蕃王国的政治形势能够保持稳定，也使赤都松赞的曾祖父松赞干布那个时候所开创的征服大业得以继续。[8]

三个敌人同时向大周朝发动袭击，这说明他们彼此之间具有某种形式的联系。三者背后的主要推手可能就是东突厥可汗默啜，他开始设法利用形势为自己谋利。他先是趁契丹人进攻大周朝之机，给武则天皇帝送信，主动提出要替唐朝对抗契丹，以索取巨额回报。武则天同意了这个计划，于是默啜于696年进攻并击败了契丹。然后，从唐朝手中拿到酬金之后，他马上倒戈再次攻打唐朝。几年之内，他已经设法重建了东突厥汗国的力量。而与此同时，吐蕃人则征服了塔里木盆地南部。吐蕃军队长驱直入唐境，一直打到长安城以西仅300千米左右的地方。但他们最远只能打到这里，再远就面临溃败的危险了，所以他们接受了武则天皇帝的收买，拿了钱，就撤兵了。[9]

大周朝军队在战场上的失利，使得武则天更难维持她就是天子的幻象。于是她也像之前许多年华老去的皇帝一样（此时她已年过70岁），通过肉体享乐来证明自己的能力和权力。她开始与张氏兄弟二人同时展开风流韵事。她给了他们许多恩宠，使他们成为朝中两个最招人忌恨的男人，朝官们开始担心，这两兄弟说不定会说服女皇让他们继承她的皇位。越来越多的朝官开始进言，说应该让退位的中宗重新出山，重登皇位。为了让他们闭嘴，武则天皇帝结束了对中宗14年的软禁，将其立为太子，以便将来继承自己的皇位（尽管他其实已经当过一次皇帝了）。中宗此时已经40多岁了，一直与妻儿过着半隐居的平静生活。他之所以能活到现在，完全是由于生性友善，所以他接受了太子的头衔，别的也没多要。[10]

武则天的健康和体力保持得异常长久，但也开始衰弱了。699年，她得了人生第一场重病，尽管喝了太医开的一剂又一剂汤药，她的病还是越来越重了。到705年，女皇已经年过80岁，准备好要退位了。她将皇冠交到儿子中宗手中，就卧床不起了。

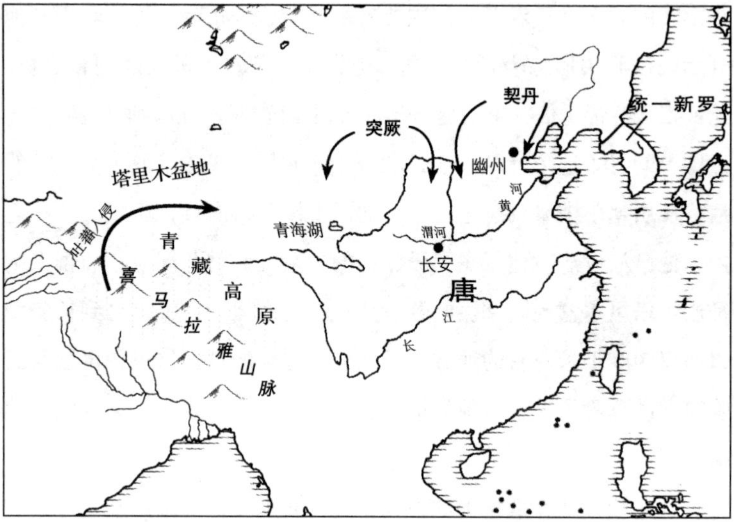

地图 10–1 唐朝面临的外族入侵

她在病床上又躺了不到一年，显然还很受人民爱戴，在病床上也备受瞩目，她就像全国人民的祖母一样，年高德劭，直至去世。[11]

女皇一退位，朝廷史官们不约而同地全都忽略了她想要建立一个新王朝的努力，立刻就恢复了唐朝纪年。唐中宗复位，成为唐朝第五任统治者（或者说是第六任，取决于当初 683 年的时候，他当的那两个月皇帝到底算不算作一个单独的任期）。

他得以保命的友善随和并没有使他成为一个好皇帝。他在位的 5 年，从 705 年到 710 年，唐朝的朝政是由他的妻子韦皇后，以及皇后的情人，也是武则天的侄子武三思一起把持的。[12]

韦皇后野心勃勃，想像婆婆一样成为一代女皇，但她缺乏武则天的智慧与能力。5 年之内，朝廷就腐败得一塌糊涂，不可救药了。韦后于 710 年毒杀丈夫中宗，又为这一切雪上加霜。中宗这个不幸之人，在几十年的各种宫廷阴谋中都幸存下来，却死在了一盘点心上。

韦皇后的想法也没有什么出奇之处，她试图立丈夫的幼子（妃嫔所生）为帝，这样她就可以临朝称制——就像武后 30 年前所做的那样。但朝廷现在已经熟悉了这个套路，中宗的妹妹和侄子发动了宫廷政变，结果小皇帝被监禁，韦皇后则与其亲属以及支持者一起被斩杀于宫中。

政变者拥立中宗的弟弟唐睿宗继位成为下一任皇帝。睿宗当时已 48 岁，（像他的哥哥一样）已经当过一次皇帝。早在 684 年，他 22 岁的时候就登基过一次，在母亲武则天的控制之下统治了 6 年的时间，直到母亲将其废黜，自己当上女皇为止。

睿宗离开皇帝的宝座之后，得以重享私人生活。他喜欢默默无闻，不想再回宫中继续勾心斗角，但他终于还是被说服重登皇位。710 年，他再次登基，但 712 年，他又厌倦了宫廷的复杂阴谋。因此，当天空中出现彗星的时候，他说这是一个预兆，顺势退位了。

他把皇冠交给了儿子，即后来的皇帝唐玄宗。唐玄宗精力充沛、成熟稳健，他开始收拾父亲留下来的烂摊子。他降低了政府对佛教寺院减免税收的幅度，这迫使一些和尚和尼姑还俗，重新回到平民百姓缴纳赋税的生活；他改革了儒家通过科举考试选官的体系，削弱了士族们往往通过出身特权来垄断朝官位置的权力；他赶走了吐蕃人，迫使他们求和；他在战乱频发的地方设立了一系列节度使辖区，赋予节度使巨大的权力，以应付各种困难，借此稳定了边

时间线 10

拜占庭	伦巴第人	保加尔人	日本	唐朝	吐蕃
				隋朝灭亡 / 唐朝建立（618）	
				高祖（618—626）	
君士坦丁堡被围（626）				**太宗**（626—649）	
			舒明天皇（629—641）		**松赞干布**（629—650）
		（老大保加利亚）**库布拉特**（约 635—约 665）			
	罗泰利（636—652）				
君士坦丁三世（641）					
君士坦斯二世（641—668）					
	罗泰利《法典》（643）		**皇极天皇**（642—645）		
			孝德天皇（645—654）		
			大化改新开始		
				高宗（649—683）	**芒松芒赞**（650—676）
	阿里佩特一世（653—661）		**齐明天皇**（655—661）		
	格里莫尔德（662—671）		**天智天皇**（中大兄皇子）（661/668—672）		
君士坦丁四世（668—685）		保加尔人统治的分裂 / 老大保加利亚毁灭（668）	藤原氏兴起		
					赤都松赞（676—704）
				东突厥汗国重建	
		保加利亚第一帝国的扩张		**中宗**（683—684）	
查士丁尼二世（685—695）				**睿宗**（684—690）	

时间线 10（续表）					
拜占庭	伦巴第人	保加尔人	日本	唐朝	吐蕃
				武则天（690—705）	
利昂提奥斯（695—698）			文武天皇（697—707）		
提比略三世（698—705）					
查士丁尼二世（第二次执政，（705—711）				中宗（第二次执政，705—710）	
			元明天皇（707—715）		
			奈良时代（710—794）	睿宗（第二次执政，710—712）	
				玄宗（712—756）	
			元正天皇（715—724）《养老律令》		
			圣武天皇（724—749）		

疆；他将都城迁回长安，而长安则（由于他新的税收政策和边疆的相对和平）再次开始吸引来自远方的商队，其中最远的来自君士坦丁堡。[13]

唐玄宗不像女皇武则天，他能够将自己的全部精力投入治国，不需要费力维护自己执政的合法性。他统治了将近半个世纪，将唐朝从崩溃的边缘带回到辉煌的顶峰，后世人称其为“唐明皇”。

/ 11

通向欧洲的道路

705 年至 732 年，阿拉伯军队击溃了西哥特人，但没能占领君士坦丁堡，还被阿基坦的奥多（和查理·马特）赶出了法兰克人的土地。

君士坦丁堡最近的一位将军出身的皇帝提比略三世（Tiberius Ⅲ）通过军事政变夺得政权之后，在皇帝的宝座上坐得并不安稳。他收到一个坏消息：被赶下皇位，并被处以割刑的年轻皇帝“被劓鼻者查士丁尼”（Justinian the Noseless），从位于赫尔松的关押他的监狱中逃了出来。他正躲在可萨人的宫廷中，谋划着要夺回皇位。

可萨汗国曾逼退阿拉伯人，征服老大保加利亚，因此目前可萨可汗布希尔·格拉万（Busir Glavan）是远近最为强大的盟友。但可萨人自从希拉克略大帝时代起就一直是正统拜占庭皇帝的盟友。为了说服布希尔·格拉万同意帮他推翻目前坐在宝座上的提比略三世，“被劓鼻者查士丁尼”向他许诺了他至今不曾拥有，也无法通过战斗获取的东西：让他成为拜占庭的皇亲国戚。他提出迎娶布希尔·格拉万的妹妹，条件是布希尔·格拉万帮他夺回皇位。

布希尔·格拉万同意了。但不久之后，从君士坦丁堡的提比略那里又传来秘信：他愿意支付可汗丰厚的报酬，让可汗暗杀查士丁尼二世。布希尔·格拉万是一个现实主义者。查士丁尼二世必须要努力奋斗才有可能夺回皇位，就目前来说，与提比略三世结成政治联盟比跟一个将来不知哪天才有可能成为皇帝的人结亲更为合算。因此他收下了提比略的钱，派了两个可萨士兵去谋杀他的新妹夫。

但他低估了查士丁尼二世。他妻子警告他说有人正在鬼鬼祟祟地谋划些什么事情，于是查士丁尼二世把那两名士兵叫到他家，可能是以聘请他们当保镖为幌子。查士丁尼把他们让进屋里，等他们放松下来，就用一根绳子把两人都勒死了。然后，他再次逃离，这次是乘一艘渔船逃离了可萨的领地。

他设法驾驶小船向北到达德涅斯特河，像上次那样过河进入保加利亚第一帝国。现在统治保加尔人的是阿斯巴鲁赫的儿子泰尔韦尔（Tervel），他与可萨人为敌，因为对方毁掉了保加尔人原来居住的更靠东方的家园。查士丁尼二世承诺与泰尔韦尔结盟，给他钱，还答应以后要把自己的女儿嫁给他，以此争取泰尔韦尔的支持。到705年，查士丁尼二世得以率领一支保加利亚军队，兵临君士坦丁堡城下。[1]

他们花了三天时间试图通过谈判协商进城，三天之后，查士丁尼二世失去了耐心。他很熟悉君士坦丁堡的给排水系统，所以就带领军队通过给水总管进了城。他们冲进皇宫，擒获了提比略。查士丁尼重新夺回皇位，并下令将提比略处死。他还刺瞎了曾支持提比略统治的牧首，以报复当初他们对自己的残害。

查士丁尼二世第二次当皇帝当了六年，从705年当到711年。他是唯一一位遭受割刑之后又重新执政的皇帝。他戴着一个银质的假鼻子，盖住自己鼻子被割掉之后留下的伤疤，君士坦丁堡的居民发现最好是假装相信他这个假鼻子是真的。[2]

但他第二次登上皇位之后，别无建树，只是在一心一意地抓捕那些曾经背叛他的人，为自己报仇。他这六年的统治带来了一场腥风血雨，他下令将敌人和疑似敌人的人吊死在城墙上，将他们扔在竞技场上让马匹将其践踏至死，把他们装进麻袋扔进海里淹死，给他们服毒，把他们砍头。711 年，军队起而造反，查士丁尼二世被杀。[3] 此时，在君士坦丁堡，既没有正当的皇位继承人，也没有哪个将军的势力足够强大，所以没人能掌握权力的缰绳。711 年至 717 年间，有三个短命的皇帝走马灯般轮番登上又迅即失去君士坦丁堡的皇位。

但穆斯林军队正忙着别的事情，并未乘虚而入。哈里发阿卜杜勒 · 马利克于 705 年过世，他的儿子瓦利德一世（Walid I）继承了他的哈里发之位。在瓦利德一世执政期间，阿拉伯军队开始撤离北非海岸。

穆萨 · 本 · 努萨伊尔被任命为北非伊斯兰行省伊夫里基亚的总督，他又任命了一个名叫塔里克 · 伊本 · 齐亚德（Tariq ibn Ziyad）的柏柏尔战士做自己的军事指挥官。塔里克曾经为奴，但已通过服兵役赢得了自由。总督和新任指挥官一起领兵对海滨城市丹吉尔（Tangiers）发起了进攻。他们希望丹吉尔可以成为阿拉伯军队越过地中海海口，进入西哥特人的伊比利亚王国的中转站。[4]

西哥特王国已经开始走下坡路了。

近百年来，西哥特人一直在努力维持王国的完整。早在 636 年，他们已经开始遇到困难，败象初现。当时第五次托莱多会议——一个由教士、学者和官员共同商定国家法律的集会——颁布法令，规定只有具有哥特人血统的哥特贵族才有可能成为国王。653 年，第八次托莱多会议又增加了一个新的规定：国王不仅必须是哥特人，而且要由“达官显贵”，也就是执掌重权的哥特贵族世家选出。[5]

这样一来，选举战士做国王的日耳曼人的旧式习俗就被写进了法律——这种做法在其他大部分日耳曼王国中都已经逐渐被抛弃了。这是一种充满活力的做法，非常适合游牧民族，但在具备各种习俗和法律的定居民族的国家，通过选举确立王权会带来不稳定。因为当选的首领知道自己的权力是有限的，任期也很短暂，所以行使职权时十分谨慎。经选举产生的国王进入一种没有持久性的管理体制，并开始行使专制权力，这样很容易给自己树敌。

从托莱多法令中可以看出，西哥特王国没有将保持稳定性的希望，即保持管理体制的连贯性和持续追求共同目标的希望，寄托在法律、习俗或王室的存续上，而只是寄托在保证国王有哥特人的血统上。但随着阿拉伯军队的逼近，这种稳定性变成了泡影。

694 年，西哥特人的国王埃基克（Egica）册封 8 岁的儿子维提扎（Wittiza）为自己的共治国王，并在随后的公元 700 年前后，当维提扎成年时（14 岁左右），为其举行了正式加冕仪式。埃基克已经不得人心了，因为他将一些专供国王使用的土地当作自己的个人财产，这种做法混淆了国王作为一名统治者的权利和他的私人权利之间的界限。而如今埃基克又为自己的小儿子加冕，这明确表明他企图将王位世袭制引入西哥特。这种做法使得无论是那些十分珍视自己选举国王的权利的贵族，还是那些觉得自己有可能获选国王的贵族，都感到十分憎恶。但他们反抗放肆无耻的埃基克的怒火被暂时浇熄了，因为此时暴发了十分严重的瘟疫，只要是花得起钱、能走得了的人，全都逃离了都城。埃基克和维提扎于 701 年离开托莱多，埃基克不久就去世了，很可能就是因为染上了这种瘟疫。

虽然我们对维提扎的单独统治知之甚少，但有一部当时的编年史提到，他将父亲宣称归自己所有的土地归还了“王家国库”，将其从他自己的私人财产恢复成以前那样只是由现任国王使用。他虽然年轻，但他一定是看到了人们对于父亲的新做法的抗拒。[6]

不过就算他做出这个姿态也救不了他。711年，维提扎已从历史记录中消失，他的命运仍然是一个谜。在哥特贵族的支持下，名叫罗德里克（Roderic）的国王坐上了王座。随后发生了什么事情不是很清楚，因为历史记载混乱且自相矛盾。但有材料提到伊比利亚不同地区的其他两个国王，这说明在哥特贵族之间，对于是否支持罗德里克也没有达成一致，而且当时还爆发了内战。选举制度的目的是把有能力的国王推上宝座，同时避免王权世袭，但当有侵略军来袭时，就会难以为继。[7]

这是一支阿拉伯人和柏柏尔人混合组成的军队，由柏柏尔人塔里克·伊本·齐亚德指挥。在西哥特南部的沿海城镇，袭击已经开始。罗德里克尽其所能地召集了防守部队，但有资料显示，与他竞争王座的对手已经与入侵者结盟，甚至可能帮助塔里克进入了伊比利亚。如果是这样，那他们就高估了这些新来的人的好意。711年7月19日，塔里克·伊本·齐亚德率部在瓜达莱特河战役（Battle of Guadalete）中与罗德里克遭遇，罗德里克被打得落花流水，他手下的贵族和军官被全部歼灭。“上帝杀死了罗德里克和他的同伴，将胜利赐予穆斯林，”阿拉伯史学家伊本·阿卜杜勒·哈卡姆（Ibn Abd al-Hakam）写道，“西方世界从未有过比这次更加血腥的战斗。”[8]

这次战争使西哥特王国在西班牙的统治戛然而止，其原因不是国王死了，而是几乎整个贵族阶层，那些有选举君主权利的人，全都被消灭了。再也没有国王了——更严重的是，也没人有权安排一名合适的国王人选。面临侵略的时候，没人能组织抵抗或与对方谈和。

在接下来的 7 年时间里，阿拉伯人和柏柏尔人的军队一路占领了整个国家，直接领导地方官员，与他们进行各种交涉。仅仅过了一年，塔里克本人即被召回，离开了伊比利亚，这片新征服的领土——现在被称为伊斯兰安达卢斯行省（Al-Andalus）——被交到北非总督的治理之下。

715 年，哈里发瓦利德一世去世，当时阿拉伯人已进入欧洲，这是他给后人留下的遗产。他的弟弟苏莱曼（Sulayman）继承了哈里发的衣钵，之后立即将穆斯林军队的力量重新聚集在拜占庭边境。

拜占庭还在遭受最高领导人频繁更换的痛苦。目前坐在宝座上的是三名昙花一现的短命皇帝中的第三个——狄奥多西三世（Theodosius Ⅲ）。* 他本是个与世无争的税务官，根本就不想当什么皇帝（事实上，据狄奥法内斯所说，他发现手下们正计划推举他为皇帝时，甚至躲进了树林里），他也没有意愿面对阿拉伯人越来越强的攻击。717 年，当尼西亚的军队拥立他们的一位将军，叙利亚人利奥（Syrian Leo）为皇帝时，狄奥多西松了口气，赶紧退位，进了修道院。在那里，他接受训练，成为一名神职人员，并最终成为以弗所（Ephesus）主教。相比之下，他更喜欢这份工作。[9]

战士利奥，现在成了皇帝利奥三世（Leo III），结束了君士坦丁堡的混乱。他立刻准备应对阿拉伯人随时可能发动的袭击。没过几

---

* 三位短命皇帝中的第一个是市政行政长官菲利皮科斯（Philippikos，711—713 年在位），他被他的秘书阿纳斯塔修斯二世（Anastasios II，713—715 年在位）取代，然后阿纳斯塔修斯二世又被税务官狄奥多西三世（715—717 年在位）取代。

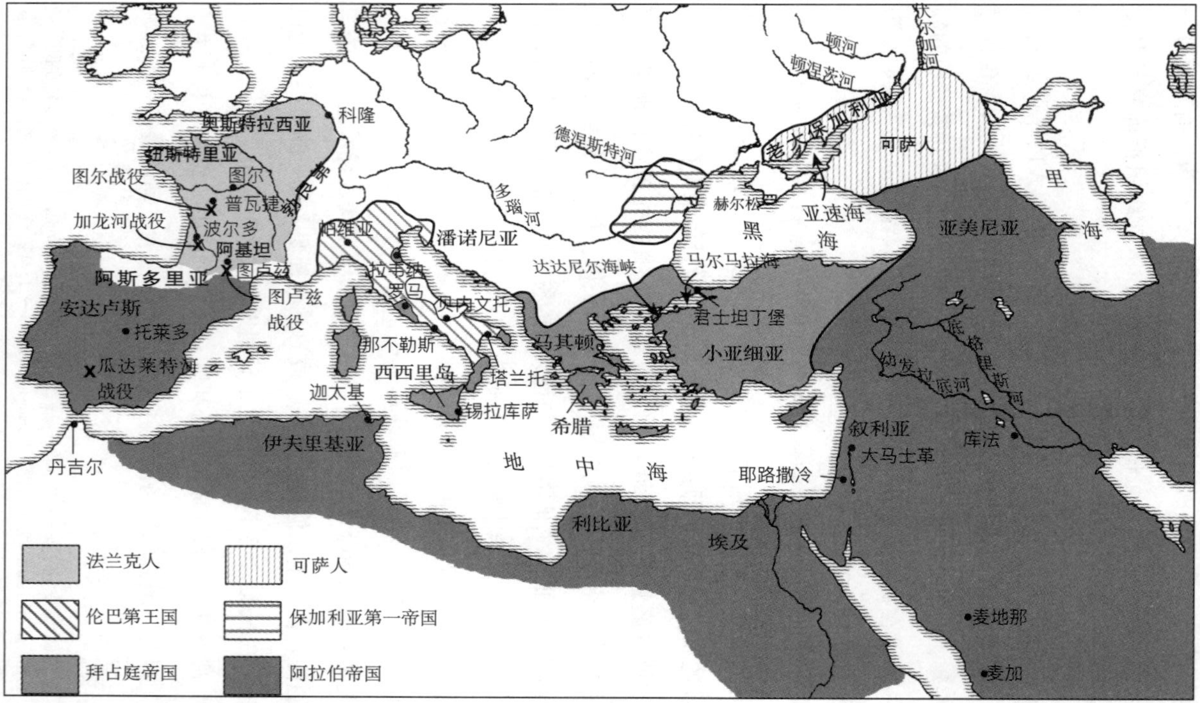

地图 11-1　阿拉伯人前进的步伐

个月，阿拉伯人的舰队开来了，这支舰队由 1800 艘船组成，穿越了马尔马拉海（Marmara）远端的达达尼尔海峡（Dardanelles）。他们都在新任哈里发苏莱曼的指挥之下。与此同时，苏莱曼还派出一支约有 8 万人的地面部队穿过小亚细亚袭来。正当地面部队从东边来到君士坦丁堡时，舰队也从南边靠近。[10]

君士坦丁堡的海港是金角湾的入口，周围由一道巨大的锁链防护。地面部队必须奋勇向前，抬起锁链，才能让船驶入港口。但没等他们办到，利奥三世就发起了一次进攻，他向敌人正在驶近的船队放出许多火船，船上燃着遇水不灭的“希腊火”。风也帮了他的忙，几百艘阿拉伯战船被火点燃，要么沉没，要么搁浅。

苏莱曼重组剩余的船只，此时利奥三世本人亲自解开了封锁金角湾的铁链，打开了入港之门。“阿拉伯人以为他想诱敌深入，然后还会围上锁链，把他们锁在里面，”狄奥法内斯写道，“因此他们不敢进港锚泊。”他们撤退了，在附近的一个小湾抛锚停泊。可是，他们还没能重新组织进攻，就遇到了两大灾祸：先是异常严寒的冬天突然降临（“积雪覆盖大地，足有百日之久。”狄奥法内斯写道），接着苏莱曼病逝了。[11]

他的堂弟欧麦尔（Umar）在倭马亚王朝当时的都城大马士革宣布继任哈里发，成为哈里发欧麦尔二世。他从埃及派出了新的舰队司令，新司令于春天到达君士坦丁堡，重新发起攻击。但利奥三世已经与保加尔人订立了新的盟约，保加利亚军队于盛夏抵达，帮助他们解除了封锁。

据狄奥法内斯所说，有 2.2 万名阿拉伯人在战斗中死在了城墙之下。欧麦尔二世捎话来说应该放弃攻城，于是，718 年 8 月 15 日，阿拉伯人“十分丢脸地撤退”了。君士坦丁堡再次顶住了阿拉伯军队的洪流。这里仍然是阿拉伯军队无法征服的地方，挡住了他们从东边进入欧洲的道路。[12]

但事实证明，对阿拉伯军队来说，西边的道路要好走得多。西哥特人几乎没有对他们造成任何困难。718 年，出现了短暂的抵抗。一个名叫佩拉约（Pelayo）的西哥特贵族带领手下撤到北部山区，自立为基督教王国的国王。阿斯多里亚王国（Kingdom of Asturias）国土狭小，人民生活贫困，却在阿拉伯人的反复进攻之下幸存，这要归功于山区的天险，但它没能阻止阿拉伯人前进的步伐。在安达卢斯的新任总督萨姆（al-Samh）的带领下，穆斯林军队抵达以前西哥特人土地的边缘，紧邻着法兰克人领土阿基坦的地方。

此时的法兰克人就像西哥特人和拜占庭人一样，也在让谁当领袖的问题上遇到一些麻烦。

墨洛温王朝无为而治的“懒王”们受制于一连串野心勃勃的宫相已经有 40 年左右的时间了。680 年，奥斯特拉西亚的贵族们选择了一个名叫“胖子丕平”（Pippin the Fat）的法兰克官员为宫相。他是“老丕平”的孙子，643 年的时候，就是当时的宫相“老丕平”首次尝试将宫相变成世袭的职位。“胖子丕平”当选的时候，奥斯特拉西亚的王位空缺，最后一任“懒王”刚刚去世。“胖子丕平”[后来被称为“中丕平”（Pippin the Middle），因为他孙子的名字也是丕平]拒绝支持新的人选来做奥斯特拉西亚国王。法兰克贵族也没有反对，所以“胖子丕平”就成了奥斯特拉西亚事实上的国王，统治着这个国家。

这件事让墨洛温王朝的国王感到十分不快。当时坐在纽斯特里亚王座上的是提奥多里克三世（Theuderic Ⅲ），他是克洛维二世的小儿子，在两个哥哥死后被从修道院接回来继承了王位。687 年，提奥多里克三世开始攻打奥斯特拉西亚，但“胖子丕平”的军队将其彻底击败，因此提奥多里克不得不同意让“胖子丕平”担任全部三个国家的联合宫相。这三个国家就是奥斯特拉西亚、纽斯特里亚和勃艮第。

在此之后，“胖子丕平”开始自称为“全法兰克王国的公爵首领”（dux et princeps Francorum）。他既不是国王，也不是国王手下的官员。他回头采用日耳曼人旧式的说法来描述自己的权力，称自己为许多公爵的首领。他在奥斯特拉西亚作为“公爵首领”统治了将近 30 年，历经数位墨洛温家族的傀儡国王，* 最终死于 714 年，享年约 80 岁。当时正是阿拉伯军队对法兰克边境发动暴风雨般袭击的时候。

这个时机非常糟糕。戴上法兰克王冠的几个王室宗亲都不够强大，没有能力指挥任何有效的防御，而丕平死后，宫相的位置也空出来了。他的两个由妻子普来克特鲁德（Plectrude）所生的嫡子都死在了他的前面。他还有两个私生子，均由情妇阿尔派达（Alpaida）所生。但普来克特鲁德憎恨阿尔派达和她的两个儿子，不同意让他们继承丕平的权力。

相反，她坚持说，宫相这一职位真正的继承人应该是她的孙子，她死去的两个儿子的孩子们。为了确保不让阿尔派达的两个儿子得到权力，她将阿尔派达的长子，也是最有野心的儿子查理·马特（Charles Martel）捉住，在科隆（Cologne）囚禁起来。

但是查理·马特几乎立刻就从狱中逃脱，回到了纽斯特里亚。他

---

* 这些傀儡国王包括纽斯特里亚的提奥多里克三世，然后是提奥多里克的两个儿子，克洛维四世（691—695 年在位）和希尔德贝特三世（Childebert III，695—711 年），之后还有希尔德贝特的儿子达戈贝尔特二世（Dagobert II，711—715 年在位）。

在那里迎战普来克特鲁德（替她年幼的孙子摄政）以及其他几个也想当宫相的人。内战持续了两年，到717年，查理 · 马特成功当上了奥斯特拉西亚的宫相，并将一个王室宗亲抬上宝座来当“懒王”。

他的统治虽然还不很稳定，但已覆盖法兰克王国的大部分地区。不过在南方，当地有个名叫奥多（Odo）的贵族拥有世袭统治阿基坦地区的权力，他抓住内战这个机会为自己争得了部分独立。照理说他应该是忠于法兰克人的，但他将自己的忠诚留给了“懒王”；他对查理 · 马特的野心有所怀疑，因此与宫相保持了一定的距离，不与其结盟。

于是当阿拉伯军队出现在他的南部边境时，阿基坦的奥多没有强大的盟友来帮助他。721年6月9日，在奥多的指挥下，阿基坦弱小的军队——增援他们的只有来自阿斯多里亚山区的少数抵抗力量——与阿拉伯军队在图卢兹战役（Battle of Toulouse）中相遇。

法兰克人自恋得惊人，他们只关心自己的事情，所以他们的编年史中几乎没有提及这场战役。他们光顾着记录查理 · 马特的崛起，在他们眼里，阿基坦的奥多只是查理 · 马特的敌人，而不是法兰克人的救星。但是奥多在图卢兹战役中击败了阿拉伯人，在战斗中杀死了安达卢斯的总督，阻挡了阿拉伯人进入欧洲的脚步。这是所向披靡的穆斯林军队遭受的最严重的（也是最意想不到的）失败之一。“他将萨拉森人（Saracen）赶出了阿基坦。”编年史中如此写道，措辞十分简洁，他因此得以将法兰克人的文化保留下来。[13]

取代死去的安达卢斯总督的是哈里发新任命的继任者，军人出身的阿卜杜勒 · 拉赫曼 · 伽菲奇（Abdul Rahman al-Ghafiqi），此后阿拉伯人一度从法兰克边境撤退。伽菲奇用了8年左右的时间治理安达卢斯，然后于732年带领军队开回了东北地区。

阿基坦的奥多再次披上战袍应对阿拉伯人的攻击。这一次，奥多在加龙河（Garonne）战役中遭到惨败。他被迫退回到阿基坦，而阿拉伯军队则过了河，先来到波尔多（Bordeaux），然后到了普瓦捷（Poitiers）。根据弗莱德加在编年史中的记载，他们一路上烧毁教堂、屠杀市民。[14]

无奈之下，奥多派人去找查理·马特，提出若查理·马特能派兵增援，就发誓向他效忠。似乎直到此时，法兰克人还没有完全认识到阿拉伯人的前进有多么危险。但过去这10年，他们已经睁开了双眼，查理·马特立刻南下，任命奥多为其将领，全权负责指挥军中的阿基坦部队。

10月，伽菲奇率领的阿拉伯人和查理·马特率领的法兰克人在普瓦捷附近相遇。战斗持续了一个多星期，双方均无明显的优势。

连续多日的战斗之后，伽菲奇丧命。他死后，阿拉伯军队开始撤退，查理·马特紧追不舍。弗莱德加的编年史明显偏袒查理，轻视奥多，他声称马特追击撤退的阿拉伯人是为了把他们的兵力化整为零，各个击破，进而将其彻底消灭。其实不完全是这样的，阿拉伯人虽已战败，但并没有被彻底击败；他们一路上烧杀抢掠回到安达卢斯，几乎如入无人之境，而查理·马特跟着也来了。[15]

732年的普瓦捷战役，法兰克历史学家将其记为图尔战役（Battle of Tours）永久流传，这一战的确击退了阿拉伯人的进攻。伊斯兰帝国止步于阿基坦边界，没有再向前推进。查理·马特赢得胜利是因为他领导有方、精心策划。但他的绰号“铁锤”（The Hammer）——说他像铁锤一样猛击敌人，将其粉碎——却有些言过其实了。其实，现在沦落到需要向宫相效忠的阿基坦的奥多才是这场胜利的策划者。但查理·马特有最好的宫廷史官。

时间线 11

唐朝	吐蕃	拜占庭	保加尔人	可萨人	西哥特人	阿拉伯帝国	法兰克人
			（老大保加利亚）**库布拉特**（约 635—约 665）				
						欧麦尔（634—644）	
					第五次托莱多会议		
							克洛维二世（639—657）
		君士坦丁三世（641）					
		君士坦斯二世（641—668）					格林莫尔德（643—656）
						奥斯曼（644—656）	
							厄西诺德（641—658）
高宗（649—683）	**芒松芒赞**（650—676）				第八次托莱多会议		
						阿里（656—661）	
						第一次“菲特纳”（656—661）	
						穆阿维叶一世（661—680）	
		君士坦丁四世（668—685）					
			保加尔人统治的分裂 / 老大保加利亚毁灭（668）				
		君士坦丁堡被围（674—678）					**提奥多里克三世**（675—691）
	赤都松赞（676—704）						
东突厥汗国重建			**阿斯巴鲁赫**（约 680—约 701）保加利亚第一帝国的扩张				胖子丕平（680—714）
中宗（683—684）							
睿宗（684—690）		**查士丁尼二世**（685—695）				**阿卜杜勒·马利克**（685—705）	

时间线 11（续表）

唐朝	吐蕃	拜占庭	保加尔人	可萨人	西哥特人	阿拉伯帝国	法兰克人
					埃基克（687—约702）		
武则天（690—705）				布希尔·格拉万（约690—约715）			
		利昂提奥斯（695—698）			维提扎（694—约710）		
		提比略三世（698—705）					
			泰尔韦尔（约701—约718）				
中宗（第二次执政，705—710）		查士丁尼二世（第二次执政，705—711）				瓦利德一世（705—715）	
睿宗（第二次执政，710—712）					罗德里克（约711） 瓜达莱特河战役（711）		
玄宗（712—756）							
		狄奥多西三世（715—717）				苏莱曼（715—717）	
		利奥三世（717—741）				欧麦尔二世（717—720）	查理·马特（717—741）
							图卢兹战役（721）
							图尔战役（732）

/ 12

南方的吉罗娑神庙

712 年至 780 年，阿拉伯军队在信德设立了行省，南方的罗湿陀罗拘陀王国照原样模仿备受推崇的北方。

阿拉伯军队在君士坦丁堡和普瓦捷相继受阻，但在印度河流域的运气还不算差。

对信德的征服早在 643 年就开始了，但当哈里发欧麦尔意识到该地区是何等荒凉时便中止了。现在，伊斯兰帝国东部地区的总督哈贾杰（al-Hajjaj）将女婿穆罕默德·本·卡西姆（Muhammad bin Qasim）从法尔斯的军职上召回，派他回到印度去完成这项征服事业。本·卡西姆的第一个目标是港口城市德巴尔（Debal），就在莫克兰沙地的东部边缘。

当时，统治该港口的似乎是一个名叫达希尔（Dahir）的部落首领。在他统治之下的不仅有他自己的部落，还有周边的一些部落。我们是从阿拉伯史书《信德编年史》（*Tarikh-i Hind wa Sindh*）中了解到他的，该书写于 8 世纪之后的某个时候，用的是阿拉伯语，又于13世纪初由阿拉伯语翻译成波斯语。根据该书的佚名作者所述，712年，当卡西姆向德巴尔进军时，达希尔刚刚自父亲手中继承了对这个港口城市的统治。他并不是一个举足轻重的统治者，但他站在莫克兰的阿拉伯人和东方更远的土地之间，形成了一道障碍。[1]

哈贾杰和卡西姆没有直接出手向他发动攻击，而是先为自己的侵略制造了一个借口。海盗曾袭击自莫克兰海岸出发的阿拉伯船只，于是哈贾杰坚持让达希尔出面惩罚这些海上的凶徒。达希尔收到这个消息之后，开口反驳说，他没有权力对这些海盗发号施令，毫无疑问他说的是真话，他的权力根本就不像那些阿拉伯人认为的那样大。但哈贾杰说达希尔的回答怀有敌意，并指派他的女婿发起攻击。这两个人其实就是想找个理由以便开始侵略——这表明入侵印度这件事可能并未得到大马士革的哈里发的完全批准。

穆罕默德·本·卡西姆从陆路逼近德巴尔，援军和攻城器械则由海路抵达。哈贾杰通过书信监督攻城行动；《信德编年史》中说，他每三天写一封信，在信中发出指令，考虑到8世纪时交通不便的状况，这已经是他所能做到的对战况最为密切的关注了。

在全面的围攻之下，德巴尔被攻陷了。达希尔看到城市已失陷，于是撤回了大部分手下，卡西姆则屠杀了剩余的守城力量。他下令在德巴尔修建清真寺，留下兵力在港口驻守，然后继续挥师东进。

达希尔逃到印度河对岸，放弃了港口和内河之间的土地（所有的村庄一看到卡西姆要来，都向他投降了）。阿拉伯历史学家告诉我们，达希尔不相信卡西姆会试图过河，但卡西姆下令搭了一座横跨印度河的浮桥（将船用绳子绑在一起，形成一条摇摆不定的木制通道），桥头的船上载满弓箭手，后面每多绑上一艘船，桥头的这艘小船就多往前推进一点。弓箭手将达希尔的手下困住，直到这座由许多小船联结而成的浮桥一直伸到了河对岸。[2]

然后卡西姆让手下从这座摇摇晃晃的浮桥上过河。“随之而来的是一场可怕的冲突。”历史学家写道。达希尔及其手下的士兵骑着大象，阿拉伯士兵则将燃烧的箭矢射入象轿，也就是装在大象背上的固定座椅。傍晚，达希尔被一箭射中，从大象背上摔落在地，地面上有个斧头兵砍下了他的头。[3]

达希尔的部下撤退到河的上游，在东北方向的婆巴门巴里亚（Brahmanabad）重整旗鼓。但在随后 3 年的时间里，卡西姆征服了印度河两岸的大片土地，其中包括婆巴门巴里亚，并将此设为首府。后来证明这个新的印度行省是帝国东部的一座宝库，在这块被征服的土地上，各部落定期向占领者支付昂贵的贡品。9 世纪的波斯历史学家拜拉祖里（al-Baladhuri）写道，总督哈贾杰估算了一下第一年收到的贡品价值，获得的利益是战争花费的两倍。[4]

印度北部的土地一直不断地受到外来侵略者困扰，他们要么是跨过印度河向东而来，要么是翻越群山南下而来。但数百年来，在印度南部，本地人一直在进行着周而复始的奋力拼杀，几乎完全不受外部势力的影响。南方的王国依然存在，其边界时而扩张，时而收缩，每个王朝都竭力抓住权力不放，但他们的权力范围几乎每年都在发生变化。

8 世纪时，遮娄其再次扩张，在国王超日王二世（Vikramaditya II）的统治之下控制了南部的中央平原。这不是什么新鲜事，超日王二世的征服只是将王国的边界恢复到与 100 年前补罗稽舍二世统治时期一样而已。

但在 745 年，一个新的南方国家崛起了，其国王不仅北上迎击

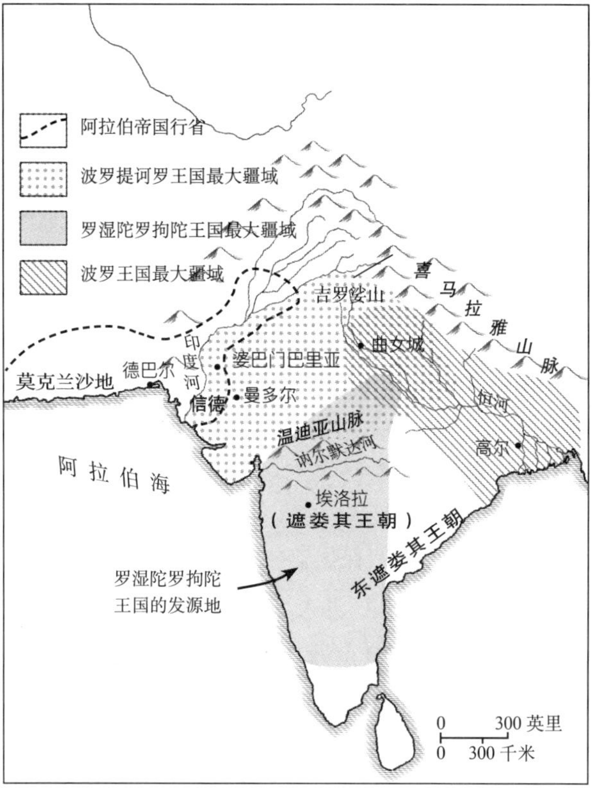

地图 12-1 8 世纪的印度王国

外来侵略者，还试图在南部再现北部的繁荣景象。

他就是丹提杜尔迦（Dantidurga），745 年，他继承了南方部落的统治权。他的母亲是遮娄其贵族小姐出身，他的父亲将其绑架，并强行与其成亲。所以无论丹提杜尔迦多么不情不愿，他的血管里也流淌着遮娄其的血液。他那渴望征服的冲动显然就来自这种血脉。他先是与相邻的部落开战，获得越来越大的成功。753 年前后，他觉得自己已强大得足以与诘底跋摩二世（Kirtivarman II），也就是遮娄其国王超日王二世的儿子与继承人对抗了。有一首诗记录了这次战斗的结果。显然是丹提杜尔迦以少胜多，取得了这场战役的胜利：

仅有几个人的帮助
仿佛只是将眉毛一蹙
他就这样将其征服
征服那不知疲倦的皇帝（诘底跋摩二世）
他的武器锐利如初[5]

诘底跋摩二世只保住了一小块父亲传下来的领土，其余的部分都被丹提杜尔迦拿下，并入了丹提杜尔迦的国土。

紧接着，丹提杜尔迦又一路向北跨过讷尔默达河。诘底跋摩二世是他在南方最大的敌人；在北方，他的目标自然是波罗提诃罗（Pratihara）的首领，其统治的范围以曼多尔（Mandore）为中心，一直延伸到信德。

丹提杜尔迦一过河进入信德，就与一支驻扎在那里的阿拉伯军队相遇，但他将他们击退，一路直向曼多尔进军。754 年，他来到该城，并将其占领，迫使波罗提诃罗国王纳加巴塔一世（Nagabhata I）投降。

但北方并没有沦陷，因为丹提杜尔迦显然派不出人手，或者说是没有适当的官僚机构，去统治这样一个遥远广袤的帝国。于是他从纳加巴塔那里收了些贡品，然后就回到了南方。他一回到讷尔默达河南岸，纳加巴塔后脚就跟着来了，又重新夺回了北方的全部领土。

丹提杜尔迦下一步可能会有什么打算永远也不会有人知道了。他两年后就死了，终年 32 岁，亚历山大大帝也同样死于 32 岁的年纪。但是丹提杜尔迦勾画出了一个伟大的印度政权——罗湿陀罗拘陀王国（Rashtrakuta）——的边界。[6]

他很年轻的时候就成为部落的首领，无休止的作战显然让他无暇娶妻生子，因此他死后，部落首领和国王的角色由叔父克里希那一世（Krishna I）继承。克里希那一世用了将近 18 年的时间通过不断的战争来填充侄子画出的轮廓。他最大的成就是扳倒了遮娄其国王，并将遮娄其剩余的土地据为己有。

克里希那从来没像他的侄子那样敢走到那么远的北方，但北国风光显然占据了他的脑海。为了庆祝自己的胜利，他让人在埃洛拉（Ellora）石窟群中修建了一座新的寺庙：这座寺庙就是吉罗娑神庙（Kailasa 或 Krishnesvara），是在岩石中整体雕刻出来的，一个接缝都没有。正如记载克里希那的一处铭文所描述的那样，这是“一座惊人的雄伟庙宇”，“众神之神”也会为之惊叹不已。[7]

不仅如此，它还是北方的一面镜子。吉罗娑不是一个普通名字，它是北方冈底斯山脉一座山峰的名字，* 印度教认为生命之源恒河就发源于此。吉罗娑山位于山脉的最高处，是最神圣的地方，世界万物都从这里诞生。克里希那在讷尔默达河河谷两侧耸立的山崖上建造印度北方的镜像，相当于宣称自己在南方就等同于古时候那些古老、神圣的统治者，就像印度北方那些充满神话色彩的君主一样。他把温迪亚山脉低矮的山丘坡地变成了“德干高原上的喜马拉雅山

---

* 吉罗娑山（Kailash）即冈仁波齐峰，海拔 6656 米，是冈底斯山脉的主峰。——编者注

脉”，一个新的神圣边界。[8]

克里希那死后，他的儿子德鲁瓦（Dhruva）再次入侵北方，这是他父亲从未做过的事情。786 年，德鲁瓦永久占领了曼多尔城，然后继续北上，直奔曲女城。

曲女城并没有立刻落入他的手中。这座城市坐落在三个王国交界的地方：他自己的罗湿陀罗拘陀王国，疆域从南方延伸而来；波罗提诃罗王国，其疆域在北部和东部略有改变，现在延伸到了恒河流域；还有波罗王国（Pala），其都城是高尔城（Gaur），离恒河三角洲更近，但向西已推进至曲女城。

在之后一个世纪的时间里，曲女城一直位于这三个王国之间硝烟弥漫的战场上。但即使没有占领这座北方的城市，德鲁瓦仍然成功地将北方和南方的土地统一在一个王权之下。当他跨过恒河的时候，他实现了父亲的宏愿：罗湿陀罗拘陀王国的边界终于横跨圣河两岸了。

时间线 12

拜占庭	保加尔人	可萨人	西哥特人	阿拉伯帝国	法兰克人	印度
						（遮娄其王朝）**补罗稽舍二世**（597/610—642）
				欧麦尔（634—644）		
			第五次托莱多会议			
					克洛维二世（639—657）	
君士坦丁三世（641）						击退阿拉伯人的侵略
君士坦斯二世（641—668）					格林莫尔德（643—656）	东遮娄其王朝独立
				奥斯曼（644—656）		
			第八次托莱多会议		厄西诺德（641—658）	（遮娄其王朝）**超日王一世**（655—680）
				阿里（656—661）		
				第一次“菲特纳”（656—661）		
				穆阿维叶一世（661—680）		
君士坦丁四世（668—685）						
	保加尔人统治的分裂/老大保加利亚毁灭（668）					（帕拉瓦）**波罗密首罗跋摩一世**（670—700）
君士坦丁堡被围（674—678）					**提奥多里克三世**（675—691）	
	阿斯巴鲁赫（约680—约701）				胖子丕平（680—714）	（遮娄其王朝）律日王（680—696）
	保加利亚第一帝国的扩张					
查士丁尼二世（685—695）				**阿卜杜勒·马利克**（685—705）		（僧伽罗）**摩那梵摩**（约684）
			埃基克（687—约702）			

时间线12（续表）

拜占庭	保加尔人	可萨人	西哥特人	阿拉伯帝国	法兰克人	印度
		布希尔·格拉万（约690—约715）				
利昂提奥斯（695—698）			**维提扎**（694—约710）			
提比略三世（698—705）						
	泰尔韦尔（约701—约718）					
查士丁尼二世（第二次执政，705—711）				**瓦利德一世**（705—715）		
			罗德里克（约711）			
			瓜达莱特河战役（711）			（德巴尔）**达希尔**（约712）
狄奥多西三世（715—717）				**苏莱曼**（715—717）		阿拉伯人侵略印度北部
利奥三世（717—741）				**欧麦尔二世**（717—720）	查理·马特（717—741）	
				耶齐德二世（720—724）	图卢兹战役（721）	
				希沙姆（724—743）		
						（波罗提诃罗）**纳加巴塔一世**（约730—约760）
					图尔战役（732）	（遮娄其王朝）**超日王二世**（733—746）
君士坦丁五世（741—775）				**马尔万二世**（744—750）		（遮娄其王朝）**诘底跋摩二世**（746—757） （罗湿陀罗拘陀）**丹提杜尔迦**（约745—约756）
						（罗湿陀罗拘陀）**克里希那一世**（约756—774）
						（罗湿陀罗拘陀）**德鲁瓦**（780—793）

/ 13

净化运动

718 年至 741 年，哈里发试图严格遵循穆罕默德的教义，拜占庭皇帝奋力破坏偶像，而教皇则得到了一个属于自己的王国。

在 718 年围攻君士坦丁堡失败后，哈里发欧麦尔二世带领倭马亚王朝进行了第一次改革。帝国的历史尚不足百年，但国内的紧张局势已近临界点。

大约在围攻君士坦丁堡的同时，欧麦尔二世已经注意到，在帝国的管理中出现了一个令人伤脑筋的问题。很久以前，穆罕默德就制定了“人头税”政策，规定居住在穆斯林聚居区内的基督徒和犹太人需要缴纳一定的费用，以换取伊斯兰国家的保护。从理论上说，只要这些人皈依伊斯兰教，即可立即免于缴纳人头税。但穆罕默德之后的历任哈里发，管理着一个穆罕默德或许从未预见到的蓬勃发展的新兴帝国，他们不愿意放弃这样一个利润丰厚的税收项目。地方官员越来越频繁地“忘记”免除新皈依者的人头税，于是新皈依者就得继续缴纳。

结果是国内几乎所有的非阿拉伯裔穆斯林都在向大马士革缴纳人头税。欧麦尔二世是一个力求严格遵守先知谕示的激进分子，他认为这是腐败行为，因此他宣布，所有的穆斯林，不管他们出身于哪个种族，皈依伊斯兰教有多长时间，都应免征其人头税。

这使他广受拥戴，但这种做法破坏了帝国的税收基础——特别是由于当时广大被征服民族突然开始大批皈依以避税。然而，欧麦尔二世无须处理这项改革所带来的后果。他于 720 年寿终正寝，而他的继任者耶齐德二世（Yazid II）则在帝国崩溃之前立即重新征收此税。[1]

耶齐德二世的声望因此一落千丈，新皈依者人数最多的是呼罗珊的非阿拉伯部落，他们造反了，还派人送信给东突厥汗国的可汗——默啜的侄子兼继承人默棘连（Mo-chi-lien），向其求助。默棘连继续叔父的征服大业，让东突厥汗国向阿拉伯边境扩张，将原本属于西突厥汗国的土地吞并，重新建立了一个统一的突厥帝国。默棘连很高兴有个借口可以进一步向西南方向推进，于是他向乌浒河出兵，突厥和穆斯林军队在呼罗珊地区的 10 年战争就此展开。[2]

阿拉伯军队在忙其他地方的事情时，拜占庭皇帝利奥三世趁机也在国内进行了一番清理。他下令要求帝国境内所有的犹太人都要受洗成为基督徒。有些人遵命受洗了，但更多的人却逃走了，有的去了阿拉伯人的领地，其他人则北上来到可萨人的土地上。然后利奥三世又着手开展了一场反对在基督教的礼拜活动中使用圣像的运动，这种做法他早就看不顺眼了。

君士坦丁堡充斥着各种各样的圣像——圣徒、圣母马利亚，甚至是基督本人的画像。一幅圣像（icon，源自希腊语 eikon，意思是

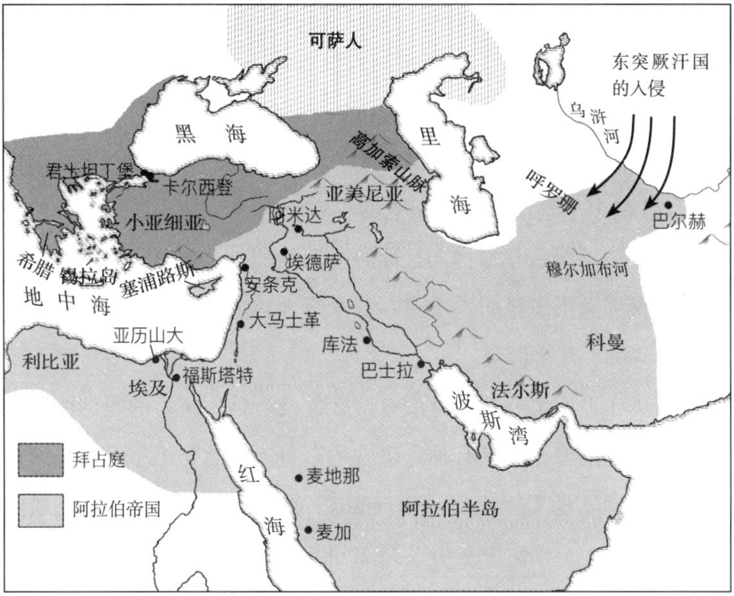

地图 13-1 呼罗珊地区的战争

“影像”或“肖像”）不只是一个符号，却也算不上一个偶像：圣像是进入神圣之地的一个窗口，是礼拜者可以站在那里，并接近神圣之地的一道门槛。

数百年来，基督徒一直使用圣像作为祈祷和冥想的一种辅助手段，但从一开始，基督教中就有一种对这些圣像的隐隐不安。在最早的使徒时代，基督徒与旧式罗马宗教信徒最主要的区别就在于他们拒绝崇拜偶像，在 2 世纪和 3 世纪的神学家看来，使用圣像接近于偶像崇拜，这是十分危险的。

古罗马的习俗完全消亡之后，基督徒受其引诱的风险也随之消失，因此使用圣像的危险性也大大降低了。但基督教的神学家们仍然反对使用圣像，这倒不是因为有偶像崇拜的危险，而是由于绘制基督的肖像，突出了上帝之子的人性，而不是其神性。上帝是灵，是无法用画笔描绘的；如果基督可以描绘，那岂不是说他并非真正的上帝吗？难道不能说，基督的形象“将其肉体从其神性中分离出来”，并赋予了其肉体一个独立的存在吗？关于是否使用圣像的争论变成了关于耶稣基督神人二性的争论中的一个部分。尽管有许多宗教会议都做出了声明，希望一劳永逸地解决这个问题，但这一争论还是持续了几个世纪。[3]

利奥三世所关心的问题没有这么复杂：他所担心的是他的臣民们有可能把圣像当成具有神奇魔力的东西。在君士坦丁堡被围困期间，牧首日耳曼（patriarch Germanos）就曾经手捧君士坦丁堡最受尊崇的圣像，一幅据说是由《路加福音》的作者路加（Luke）亲手绘制的圣母马利亚的肖像，带领教徒沿着城墙游行。[4] 围城解除后，太多君士坦丁堡的市民将胜利归功于这幅圣像［将它称为赫得戈利亚（Hodegetria）］，就好像它是巫师向着敌人挥舞的魔杖一般。这种想法在基督教中没有立足之地。

也许利奥三世是看到自己来之不易的胜利被归功于一幅圣像而感到有些愤慨吧，这也是情有可原的。但是他在之后几年中所采取的行动却差点使他失去皇位，这些行动是不能实现其自身最大利益的，只有坚定的信仰可以解释他的这些行动。[5]

726 年，利奥决定让人民戒除认为圣像具有魔力的想法。据狄奥法内斯所说，激发他采取行动的是锡拉岛上火山的一连串剧烈喷发。“海面上到处是一块块的浮石，”狄奥法内斯写道，“利奥认为这是上帝在对他表示愤怒。”他反对使用圣像的第一个试探性的动作是，派出一队士兵取下了挂在青铜大门上方的基督圣像，这里是进入皇宫的主要入口之一。[6]

他担心人民对圣像依赖过度，这种担心很快被证明是有道理的。大批民众聚集起来，想弄清发生了什么事，当圣像被取下时，人群骚乱，士兵遭袭，至少有一名士兵被打死。利奥进行了报复，将暴民逮捕，鞭打他们，对他们处以罚款。冲突以惊人的速度迅速蔓延到帝国更加偏远的地区。希腊军区的军队反叛，并推举了自己的皇帝，声称他们不能遵从一个侵害圣像的人的领导。

叛乱是短暂的，新皇帝被抓获并被斩首，但人民的情绪仍然十分激昂。在全国各大城市里，反崇拜圣像者（iconoclasts，即圣像破坏者）和卫护圣像者（iconodules，也叫“圣像奴”，意思是圣像爱好者）在彼此争论；而在君士坦丁堡，利奥三世也在传道，反对“偶像崇拜”。反崇拜圣像的主教们将圣像从他们的教堂里搬走，而卫护圣像者则写了很长的文章来捍卫使用圣像的做法。“对他那血肉之躯的形象记忆深深地烙印在我的灵魂里，”大马士革的修道士约翰写道，“要么拒绝崇拜任何物质，要么停止你们的革新。”[7]

对于一名卫护圣像者来说，圣像破坏运动的背后有一个哲学基本问题，就是它对于物质的怀疑态度，它想要把基督教完全归入精神领域，而将尘世的存在当作具有根本性缺陷的存在并将其排除在外。而且，就像所有的神学争论一样，使用圣像还有一个政治上的考虑：卫护圣像者们指责利奥三世过于同情那些拒绝使用生物肖像的穆斯林。卫护圣像者狄奥法内斯中伤他说，他受“他那些阿拉伯老师”的影响太深了。[8]

在西方，教皇格列高利二世（Gregory II）十分愤慨。他本人支持使用圣像，但与是否使用圣像这个问题相比，更根本的问题是利奥三世居然自行发布了神学上的敕令。教皇写了一封措辞严厉的信，拒绝承认利奥的敕令。“整个西方……依赖于我们和使徒之首圣彼得，而你竟然想要毁坏他的肖像，”他写道，“你没有权力发布基本教条，你对于教条没有正确的认识；你的想法太粗糙、太好战了。”[9]

而对利奥来说，更为严重的则是教皇对其教众下令，让他们不要理睬皇帝下达的毁坏圣像的命令。此时，意大利只有少数城市仍然对拜占庭皇帝保持忠诚，其中包括南部城市那不勒斯、北亚得里亚海岸的港口城镇威尼斯，以及罗马和拉韦纳，这些地方都还驻有拜占庭总督。意大利的其余部分则大多都在伦巴第国王柳特普兰德（Liutprand）的统治之下。教皇格列高利二世的谴责意味着，这些领土上的人民现在有了一个宗教上的理由，可以最终抛弃君士坦丁堡了。[10]

意大利诸城邦受越来越高的帝国税收之苦已经有一段时间了，所以人民都很欢迎有这样一个理由。那不勒斯公爵试图执行皇帝的命令，毁坏城里的圣像，结果被愤怒的暴民打死了。在拉韦纳，总督也死在自己的臣民手中。在罗马，教皇则越来越无视皇帝的威严。

伦巴第国王柳特普兰德看准时机，侵吞皇帝的领地，积极扩大自己的势力。他进攻拉韦纳，把港口据为己有，但市民们积极抵抗，柳特普兰德无法深入滩涂；拉韦纳现在成了无主之地，既无法与君士坦丁堡联络，也不归哪个总督治下。教皇对此并无异议，他已决定将柳特普兰德和伦巴第人看作反对皇帝暴政的同盟，而柳特普兰德也愿意促成他的这种看法。

当利奥三世任命的新总督从君士坦丁堡来到这里时，教皇和柳特普兰德之间越来越紧密的联盟得到了进一步的加强。这位总督名叫优迪基乌（Eutychius），他在那不勒斯登陆后（拉韦纳港现在无法

地图 13-2　第一个教皇国

通航），给柳特普兰德送去了许多礼物和金钱贿赂，并答应说如果这位伦巴第国王能帮助自己刺杀皇帝，还会给他更多回报。[11]

柳特普兰德拒绝了。相反，他南下至罗马，控制了附近的拜占庭领土——苏特里城（Sutri）及其周围的土地。728 年，他主动把这块土地交给教会管辖——这是一个“礼物”，后来被称为“苏特里捐赠”（Sutri Donation）。事实上，这不算是捐赠，教皇格列高利二世为此从教会的金库中支出了巨额的款项。但每个人都从中受益了。柳特普兰德收回了进攻拉韦纳所花费的大笔金钱，而教皇现在则首次拥有了属于自己的小王国。这是教皇的统治第一次延伸至罗马的城墙之外：第一个教皇国出现了。[12]

利奥三世并没有被各种批评吓住，他也不惧怕在意大利遇到的困难。730 年 1 月，他颁布了一项正式法令，命令在整个帝国范围内毁坏圣像。当牧首日耳曼拒绝支持该法令时，利奥将其废黜，并任命了一位新牧首接替他的职位。[13]

不久之后，教皇格列高利二世去世。其继任者教皇格列高利三世于 731 年召集了一次宗教大会，把所有圣像破坏者都逐出了教会。而利奥三世对此的回敬则是，宣布意大利为数不多仍属于拜占庭的领地不再听命于教皇，而改由牧首管辖。教会的东部和西部分支就此渐行渐远。

利奥三世死于 741 年，身后留下的是失去的土地、被破坏的圣像和流离失所的人民。但在他死后，帝国的状况也没有得到任何改善。他的继承者是他时年 23 岁的儿子君士坦丁五世（Constantine V），他精力充沛，比他父亲更加狂热地反对崇拜圣像。

时间线 13

印度	拜占庭	突厥人	阿拉伯帝国	伦巴第人	法兰克人
					厄西诺德（641—658）
（遮娄其王朝）**超日王一世**（655—680）			**阿里**（656—661）	**阿里佩特一世**（653—661）	
			第一次“菲特纳”（656—661）		
		西突厥汗国灭亡（657）			
			穆阿维叶一世（661—680）		
				格里莫尔德（662—671）	
	君士坦丁四世（668—685）				
（帕拉瓦）**波罗密首罗跋摩一世**（670—700）	君士坦丁堡被围（674—678）				**提奥多里克三世**（675—691）
（遮娄其王朝）**律日王**（680—696）					胖子丕平（680—714）
（僧伽罗）**摩那梵摩**（约684）					
	查士丁尼二世（685—695）		**阿卜杜勒·马利克**（685—705）		
		（后突厥汗国）**默啜**（695—716）			
	利昂提奥斯（695—698）				
	提比略三世（698—705）				
	查士丁尼二世（第二次执政，705—711）		**瓦利德一世**（705—715）		
（德巴尔）**达希尔**（约712）阿拉伯人侵略印度北部				**柳特普兰德**（712—744）	
	狄奥多西三世（715—717）		**苏莱曼**（715—717）	教皇格列高利二世（715—731）	

时间线13（续表）

印度	拜占庭	突厥人	阿拉伯帝国	伦巴第人	法兰克人
	牧首日耳曼（715—730）				
		（后突厥汗国）**默棘连**（716—734）			
	利奥三世（717—741）		**欧麦尔二世**（717—720）		查理·马特（717—741）
	君士坦丁堡被围（718）		**耶齐德二世**（720—724）		
					图卢兹战役（721）
			希沙姆（724—743）		
				苏特里捐赠（728）	
（波罗提诃罗）**纳加巴塔一世**（约730—约760）				教皇格列高利三世（731—741）	
（遮娄其王朝）**超日王二世**（733—746）		（后突厥汗国）**登利可汗**（734—741）			图尔战役（732）
	君士坦丁五世（741—775）				
（遮娄其王朝）**诘底跋摩二世**（746—757） （罗湿陀罗拘陀）**丹提杜尔迦**（约745—约756）			**马尔万二世**（744—750）		**希尔德里克三世**（743—751）
				艾斯图尔夫（749—756）	
（罗湿陀罗拘陀）**克里希那一世**（约756—774）					
（罗湿陀罗拘陀）**德鲁瓦**（780—793）					

/ 14

阿拔斯王朝

724 年至 763 年，可萨人皈依犹太教，倭马亚家族失去了哈里发之位，而新的阿拔斯王朝的哈里发们则放弃了西部地区。

哈里发耶齐德二世一直维系着倭马亚王朝使其免于崩溃，但他只在位 4 年就去世了，当时帝国边境地区正处于一片混乱之中。他的兄弟希沙姆（Hisham）继位，开始在动荡的帝国实行铁腕统治：他派遣突击部队进入呼罗珊和亚美尼亚地区镇压反叛的皈依者，同时也派兵与北部的可萨人作战。

在亚得里亚海以东的土地上出现了三足鼎立的局面。权力三角的一个顶点由拜占庭皇帝占据，哈里发占据着另一个顶点，而在这个三角形的顶端则是可萨人的汗王——比哈尔可汗（Khan Bihar）。他一直在稳步征服周围的土地，如今他的领土从黑海延伸到里海，一直延伸至更远的北部地区——这是一个幅员辽阔的帝国，是世界上面积最大的国家之一。可萨人从阿拉伯人手中夺取了阿达比尔城（Ardabil）；作为回应，阿拉伯人入侵了伏尔加河沿岸的可萨领土；

两军为争夺杰尔宾特的控制权而战，这是一个里海沿岸的港口城市，位于两国之间。[1]

同时，比哈尔可汗结成了一个极为有利的联盟。732 年，他的女儿齐齐格（Tzitzak）同意受洗成为基督徒，取教名为伊琳娜（Irene），并嫁与君士坦丁堡的君士坦丁五世为妻。

尽管结成了这样的联盟，可萨人还是十分珍视自己的独立——这一点在 8 世纪中叶可汗决定让全国人民都皈依犹太教一事上表现得十分清楚。关于可汗是如何发现犹太教的，并没有什么神秘之处。在利奥三世试图逼迫犹太人皈依基督教的时候，许多犹太人逃到了可萨人的领地，而在这之前，犹太商旅早就到过可萨人的各大城市了，这是毫无疑问的。但我们还是必须从字里行间仔细推敲，才能发现他这样做的动机。10 世纪的一则记载中写道，无论是拜占庭的皇帝，还是阿拉伯的哈里发，都被可汗皈依犹太教的决定“激怒”。后来又有一位信仰犹太教的可萨汗王写道：

> 拜占庭和阿拉伯的君主听说此事后，分别派遣特使和大使带着大量财富和礼物送给汗王，他们还派来一些智者，试图说服汗王皈依他们自己的宗教。但汗王……认真地进行了各种研究、询问和调查，还找来了一位神父、一位拉比（rabbi，犹太教律法专家）和一位卡迪（qadi，伊斯兰教律法专家），让他们辩论，一展各自宗教所长……他们开始辩论，但没有达成任何结论，直到汗王对基督教神父说：“你觉得犹太人和穆斯林的宗教怎么样？哪种更好？”神父回答说：“以色列人的宗教比穆斯林的好。”汗王于是问卡迪：“你怎么说？以色列人的宗教更好吗？还是基督徒的更为可取？”卡迪回答道：

"以色列人的宗教更可取一些。"听到这里，国王说："既然如此，你俩都亲口承认以色列人的宗教更加可取，因此，相信上帝和全能真主的仁慈，我选择以色列人的宗教，也就是亚伯拉罕的宗教。"[2]

也许更重要的是，他并没有选择两个强大邻国的宗教；就像250年前阿拉伯的德·努瓦斯一样，他找到了一条中间路径。

到743年，希沙姆已经制服了境内所有的叛乱和入侵。但他为得到这个胜利消耗了巨额财富，而且虽然呼罗珊的局势已经得到控制，却仍然不太稳定。[3]

当希沙姆死于白喉之时，倭马亚王朝也开始走向衰亡。他的继任者是他侄子瓦利德二世（Walid II），一个酒鬼诗人，他继任哈里发不到一年即被表弟谋杀；这位表弟，耶齐德三世（Yazid Ⅲ），也上任半年就病倒了。他临死的时候指名让弟弟易卜拉欣（Ibrahim）当继承人，但易卜拉欣还没能巩固自己的权力，马尔万（Marwan）将军就从亚美尼亚率军而下，一路破敌（易卜拉欣谨慎小心，主动投降并加入了马尔万的队伍），并于744年在大马士革的清真寺自立为哈里发，称为马尔万二世（Marwan II）。然后，他将倭马亚王朝的都城迁至哈兰（Harran），这里更接近他以前在亚美尼亚的领地。[4]

他差点就能将帝国重新统一起来了，因为当时国家处于领导不力情况下的时间还不是很长，而且他还有希沙姆20年安定统治的良好基础。但君士坦丁五世趁此机会发起了攻击。马尔万在国内的统治还不稳固，君士坦丁五世就入侵了叙利亚，并于747年在一场海战中重创阿拉伯海军。

这次战败给国内反对马尔万统治的情绪火上浇油。马尔万像他的历届前任一样，也出自倭马亚一族。自从661年穆罕默德的女婿阿里死后，哈里发的位置就一直掌握在倭马亚一族手中，这是穆罕默德的老朋友奥斯曼所在的家族。身为阿拉伯人的倭马亚哈里发统治着阿拉伯帝国。近一个世纪以来，将伊斯兰征服地区联结在一起的最强力的黏着剂就是阿拉伯文化，包括阿拉伯语、身居高位的阿拉伯官员，以及通过重新向非阿拉伯裔征收人头税而养活的官僚机构。当然，对真主的崇拜与阿拉伯语和阿拉伯文化都有着千丝万缕的联系。但深入分析的话，倭马亚的哈里发，与其说他们是先知，不如说他们是政客；与其说他们是礼拜者，不如说他们是战士。

因此，当他们在政治和军事上都不走运的时候，他们对权力的掌控就随之支离破碎了。“在阿里死后的90年里，”历史学家休・肯尼迪（Hugh Kennedy）写道，“许多心怀不满的穆斯林普遍认为，社会问题永远都不会得到解决，除非领袖由神圣家族的成员担任”——也就是由穆罕默德本人所属家族的成员来担任。[5]

在海军惨败的同一年，马尔万同时面临着叙利亚的起义和呼罗珊的另一场叛乱。有些叛军希望由阿里的后代来担任哈里发。自从阿里死后，阿拉伯人内部就有一股强大的潜流，许多人坚持认为，只有阿里的后代才配当他的继任者（持有这种观点的人认为，阿里的继任者是十分合适的精神和超自然的统治者；他们被称为“阿里什叶”，即阿里派，又被称为什叶派）。其他人则愿意放宽标准，他们认为哈里发只要出自穆罕默德的氏族，即哈希姆氏族即可。他们一般被称为哈希姆派（Hashimites）。[6]

呼罗珊的叛乱很快就蔓延到整个行省，使其脱离了马尔万的统治。749年年底，哈希姆派齐聚库法，选举穆罕默德家族的一名成员，艾布·阿拔斯（Abu al-Abbas），担任他们的哈里发。艾布·阿拔斯的血统能够追溯到穆罕默德的叔父身上，但他的当选并不是大家一致同意的。什叶派叛军仍然希望选择阿里的后裔，拒绝支持他当选。但即使没有什叶派的支持，艾布·阿拔斯也能够在身后聚集起庞大的叛军队伍。

马尔万二世纠集10万余人，从都城哈兰出发，向呼罗珊进军。750年年初，他与艾布·阿拔斯及其支持者在底格里斯河东岸相遇。叛军认为自己是为某种正义事业而战的，而马尔万的士兵则大多是不情不愿应征入伍的新兵，所以倭马亚军队被逼退并被打散了。马尔万本人也被迫逃亡。他先是逃往叙利亚地区，然后向南来到巴勒斯坦，然后又继续向南进入埃及，试图再次聚集战斗力量。

同时，艾布·阿拔斯派出许多骑兵，他们的使命是找到并杀死剩余的倭马亚家族成员。希沙姆的孙子和哈里发之位继承人、时年19岁的阿卜杜·拉赫曼（Abd al-Rahman）与家人一起生活在大马士革。听说了马尔万战败的消息，他和弟弟带着一名希腊仆人一起东逃，显然是希望能在古老的波斯土地上找个不起眼的小村庄隐藏起来。阿拔斯的手下在幼发拉底河畔追上了他们，阿卜杜·拉赫曼跳入水中，向对岸游去，但他弟弟犹豫了。阿拔斯的士兵将其就地斩首，曝尸岸边。[7]

但阿卜杜·拉赫曼游到了对岸，他的希腊仆人也跟他一起。两个人脚步不停，继续逃亡。他们显然改变了路线，很快就到了埃及，然后继续向西穿过伊夫里基亚，因为埃及并不安全。750年8月，正在埃及试图重整旗鼓的马尔万二世在一座清真寺里睡觉的时候被围住了。他的多数追随者都弃他而去，于是他只身冲向迎面而来的阿拔斯士兵，结果被杀死在门前。他的人头被送回到阿拔斯那里，此时，阿拔斯已经赢得了“萨法赫”（Al-Saffah）的绰号，意思是“屠夫”。[8]

阿拔斯以库法为中心统治着他的哈里发帝国，尽自己所能确保新生的阿拔斯哈里发王朝的安全。他承诺，倭马亚家族的所有幸存成员都将得到特赦，而且如果他们回来，并宣誓向他效忠，就把他们的家族财产都还给他们。当时的一部编年史告诉我们发生了什么事：有 90 个毫无防备的男人和女人现身，并在一个欢迎宴会上就坐，但没等他们开始就餐，阿拔斯的卫兵就包围了宴会厅，把他们全都杀死了。[9]

新的阿拔斯哈里发不得不面对来自领土最东边和最西边的两处攻击。

第一个威胁来自东方。若干年来，唐玄宗手下的将军高仙芝，一直领兵缓慢地横跨亚洲的高原，几乎一路推进到伊斯兰帝国东部的粟特（Sogdiana）地区，就在乌浒河的东边。倭马亚哈里发的统治越来越无力，越来越无序，一直没能阻止他的前进。如今，10 万阿拔斯大军向东进军，目的就是解除这个威胁。

高仙芝远离故土、装备不足，他的 3 万兵力根本不是阿拔斯的对手。在 751 年的怛罗斯战役（Battle of Talas）中，阿拔斯王朝打败了唐朝的军队，终止了唐朝夺取中亚地区控制权的企图。唐朝的部队大败，只有几千人幸存。高仙芝没有足够的人手可以发动反击，只好打道回府。

“屠夫”阿拔斯死于 754 年，他的弟弟曼苏尔（al-Mansur）接替他成为哈里发。阿拔斯的统治中心是库法，但曼苏尔将都城迁到了巴格达。这里是积累帝国财富的战略要地。“这里是底格里斯河，我们和中国之间没有什么障碍，所有经海路来的物品都可以直接抵

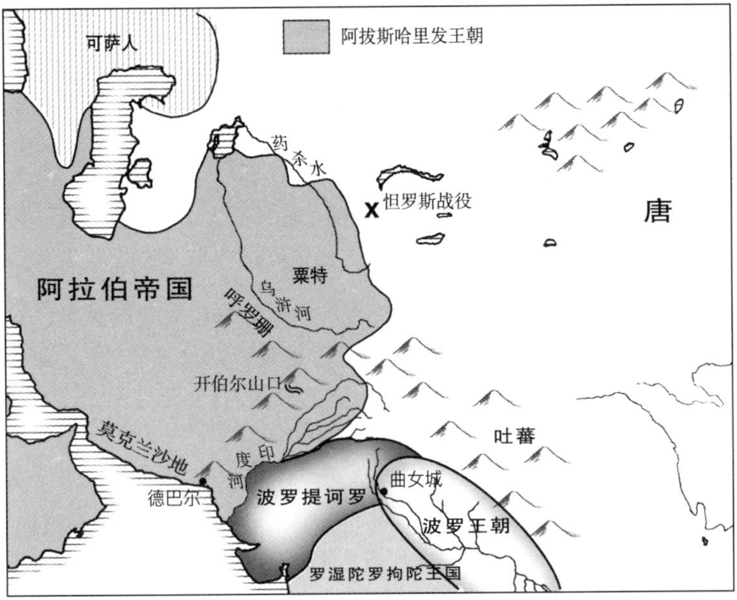

地图 14-1 怛罗斯战役

达，”他告诉手下的军官说，“那里还有幼发拉底河，所有从叙利亚及其周边地区来的物品也都可以到达。”他开始建设，将一个小村镇改造成帝国的都城。[10]

此举表明帝国的重心在东移，而当哈里发帝国的西部边界出现另一个问题时，曼苏尔并没有特别认真地去努力解决。756 年，流亡的倭马亚王朝继承人阿卜杜·拉赫曼抵达安达卢斯。他用了长达 6 年的时间，横跨北非来到伊斯兰世界残留的最后一个倭马亚行省的边境。

他传话给倭马亚的安达卢斯总督优素福·菲赫利（Yusuf al-Fihri），宣布他已抵达，并要求承认安达卢斯是其合法领地。这个消息并不受欢迎。在阿拔斯人夺取政权之后，优素福·菲赫利立刻开始作为一个独立的倭马亚统治者进行统治。他很不高兴看到这么一个比他更有资格的人统治安达卢斯，因此他拒绝将领土交给阿卜杜·拉赫曼。

于是，两人在科尔多瓦（Cordoba）城外交上了手。阿卜杜·拉赫曼取得了胜利。他击败了优素福·菲赫利，并将其斩首，自己则成为安达卢斯地区事实上的哈里发。但他并未自立为哈里发，而是采用了一个次一级的头衔——“科尔多瓦的埃米尔”（Emir of Cordoba），意思是王公，而不是国王。但他仍然是科尔多瓦第一个伊斯兰王朝的统治者，完全独立于哈里发的统治之外。

763 年，曼苏尔派出一支阿拔斯军队前往安达卢斯，意图将其收回阿拔斯王朝手中。阿卜杜·拉赫曼进行反击并将其击败后，曼苏尔决定，最明智的做法是放弃安达卢斯，把这里让给倭马亚家族，以保证东部的兵力充足。

倭马亚王朝的哈里发已将其权力基础逐渐转移到越来越靠近地中海的地区，向东一直延伸到叙利亚，这里更接近伊斯兰帝国的中心。而阿拔斯王朝则将权力基础重新集中到原来的波斯领土上，在自己和西部地区之间留出了一段距离。[11]

他们也变得越来越专制。曼苏尔和他哥哥一样，以杀人开始了他的哈里发统治。他安排人刺杀了一些曾拒绝支持阿拔斯执政的著名什叶派领袖。他继续进行残酷无情的独裁统治，利用间谍网络铲除持不同政见者，并下令殴打、监禁、处死他的敌人。他的情报人员效率极高，令人畏惧，以至于有传言说他有一面神奇的魔镜，可以告诉他谁效忠于他，谁又在谋反。[12]

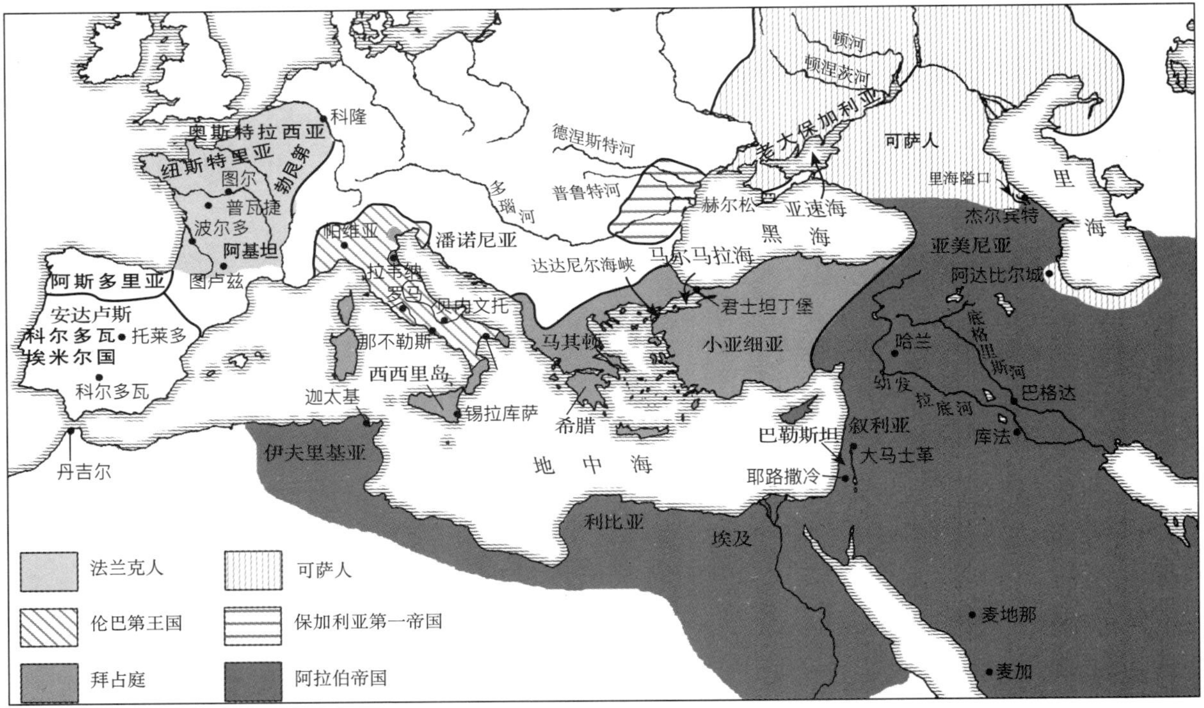

地图 14–2　早期的阿拔斯哈里发帝国

时间线 14

拜占庭	突厥人	伦巴第人	法兰克人	阿拉伯帝国	可萨人	唐朝
		格里莫尔德（662—671）		**穆阿维叶一世**（661—680）		
君士坦丁四世（668—685）						
			提奥多里克三世（675—691）	围攻君士坦丁堡（674—678）		
			胖子丕平（680—714）			
						中宗（683—684）
查士丁尼二世（685—695）				**阿卜杜勒·马利克**（685—705）		**睿宗**（684—690）
	（后突厥汗国）**默啜**（695—716）				**布希尔·格拉方**（约 690—约 715）	**武则天**（690—705）
利昂提奥斯（695—698）						
提比略三世（698—705）						
查士丁尼二世（第二次执政，705—711）						**中宗**（第二次执政，705—710）
						睿宗（第二次执政，710—712）
		柳特普兰德（712—744）				**玄宗**（712—756）
狄奥多西三世（715—717）		教皇格列高利二世（715—731）		**苏莱曼**（715—717）		
牧首日耳曼（715—730）						
	（后突厥汗国）**默棘连**（716—734）					
利奥三世（717—741）			查理·马特（717—741）	**欧麦尔二世**（717—720）		
				围攻君士坦丁堡（718）		
			图卢兹战役（721）	**耶齐德二世**（720—724）		
				希沙姆（724—743）		

时间线 14（续表）

拜占庭	突厥人	伦巴第人	法兰克人	阿拉伯帝国	可萨人	唐朝
		苏特里捐赠（728）			**比哈尔**（约 730—约 742）	
		教皇格列高利三世（731—741）				
			图尔战役（732）			
	（后突厥汗国）**登利可汗**（734—741）					
君士坦丁五世（741—775）			**希尔德里克三世**（743—751）	**瓦利德二世**（743—744）		
				耶齐德三世（744）		
				马尔万二世（744—750）		
		艾斯图尔夫（749—756）		**阿拔斯**（750—754）		
				阿拔斯王朝（750—1258）		怛罗斯战役（751）
				曼苏尔（754—775）		
				（科尔多瓦）**阿卜杜·拉赫曼一世**（埃米尔，756—788）		

巴格达市中心有他精心打造的哈里发家族居所，这里建起了越来越华丽的建筑，哈里发和他的整个家族都住在这里，极尽奢华。在曼苏尔的手中，哈里发的宗教权威与其政治野心相比无疑是处于第二位的，阿拔斯王朝的哈里发开始变得越来越像是一个帝王了。[13]

/ 15

查理曼

737 年至 778 年，教皇膏立法兰克国王，法兰克国王保护教皇，伦巴第铁王冠则戴到了查理曼的头上。

737 年，法兰克的“懒王”提奥多里克四世死后，查理·马特没有费心去指定另一个统治者。他是法兰克人的宫相，“全法兰克王国的公爵首领”，全罗马旧土上最显赫的基督教勇士，而且他的权力比西方任何人都大——只有伦巴第国王柳特普兰德可能是个例外。

因此，当教皇格列高利三世于 738 年和柳特普兰德反目之时，他就向查理·马特求助去了。纷争是由斯波莱托公爵引发的，他违抗伦巴第国王的命令，然后逃到罗马去寻求庇护。当教皇拒绝将他交给国王时，柳特普兰德收回了新成立的教皇国的部分土地，以示不满。格列高利已经跟君士坦丁堡断绝了来往，所以找不到人帮忙，于是他孤注一掷，向查理·马特发出了求助的信息。“在巨大的灾难面前，我们认为有必要给你写信，”格列高利开始写道，“我们再也无法继续忍受伦巴第的迫害……你，哦孩子，如果你能迅速出动，帮助教会，帮助我们，那么现在和将来，在上帝面前，你都将获得使徒之首圣彼得的眷顾，因为你捍卫圣彼得，保护我们和上帝的选民，所有的人都看得出你的信仰多么虔诚，你的爱多么深沉，你的目的多么单纯。如果你能这样做，必将在人世间留得美名，并且可以升入天堂，得到永生。”[1]

从这封信中可以看出，是格列高利三世首先提出了后来激励着十字军战士的目标之一——救赎。这是那些以教会的名义四处征战的人常打的旗号。不幸的是，这对查理·马特不起作用。“全法兰克王国的公爵首领”给格列高利回了礼，但拒绝卷入他们的争端。他和柳特普兰德不止一次并肩作战，与伦巴第为敌对他来说绝对没有任何好处（显然，他并没有被格列高利那套有关救赎的说辞所打动）。[2]

意大利的僵局又拖了好几年，最后相关各方相继死去，问题才得以解决。查理·马特和教皇格列高利三世均死于741年，柳特普兰德则死于744年，这时他已当了32年的伦巴第国王，在位时间长得惊人。这次政治纠纷其实不大，但格列高利向查理·马特求助一事揭示了局势的转变。没有了拜占庭皇帝的保护，罗马教皇只有自己可以依靠，所以必须与任何有可能愿意保护自己的人结盟。

751年，拜占庭皇帝在意大利就连名义上的统治也不复存在了。伦巴第在其咄咄逼人的新任国王艾斯图尔夫（Aistulf）的领导下占领了拉韦纳，并俘虏了此地最后一任拜占庭总督。还有几块意大利的土地仍然忠于皇帝——特别是威尼斯城，宣布自己仍然属于拜占庭——但现在整个意大利半岛上都没有拜占庭的政府了。君士坦丁堡没有派代表来，威尼斯和其他拜占庭城市只好自治，教皇也全靠自己了。

不过，新的“全法兰克王国的公爵首领”不像查理·马特，他愿意保护罗马，对抗好战的伦巴第人，希望以此得到些好处。

查理·马特死后，他的两个儿子卡洛曼（Carloman）和小丕平（Pippin the Younger，又被称为“矮子丕平”）继承了他的权力，卡洛曼在奥斯特拉西亚，小丕平则在纽斯特里亚，分别担任宫相。兄弟二人决定把一个傀儡国王推上法兰克已经空了7年的宝座。他们选择的是希尔德里克三世（Childeric III）。他是前国王的儿子，但他的血统无关紧要，因为他根本不参与执政。

几年之后，卡洛曼也退出了政治舞台。747年，在他32岁的时候，他将妻儿留给弟弟照顾，自己去罗马受祝圣之礼，成了一名修道士。他就这样实现了毕生的梦想。据弗莱德加所说，尽管他在奥斯特拉西亚当了那么多年的宫相，但他一直“对宗教冥想的生活有着火热的激情”。根据查理曼的传记作者艾因哈德（Einhard）的记载，卡洛曼本欲在罗马附近的一座修道院里生活，但不断有法兰克贵族前来探望，使他不堪其扰，因此他在祝圣仪式之后不久即前往卡西诺山，进了修士本笃亲手创建的修道院，那里严格执行沉默与隔绝的院规。“在那里，”艾因哈德写道，“他在宗教生活中度过余生。”[3]

如此一来，小丕平就成了唯一的宫相。751年，他决定让希尔德里克三世下台，自己称王。然而，王室血统的问题挥之不去，他需要寻找比自己更有分量者的认可来支持他篡夺王位。

于是他派了两个人南下罗马，给教皇格列高利三世的继任者扎迦利（Zachary）送去一封短信。法兰克国王的官方记录《法兰克王国编年史》（*Annales Regni Francorum*）中给我们留下了这样一段简短的记录：

> （他们）被派去扎迦利处，询问当时在法兰克是否允许不掌握任何实权的国王存在。教皇扎迦利告诉丕平，说与其让没有实权的人做国王，不如让执掌实权的丕平本人称王更好。为使社会不至于陷入混乱，他借助教皇的权威，下令让丕平登上王位。[4]

扎迦利正面临着艾斯图尔夫的敌对，因此他愿意用教会的支持来换取小丕平的保护，抗击伦巴第人。

丕平下令让希尔德里克三世出家，并将其送往修道院，4 年之后，这位墨洛温王朝的末代皇帝就死在那里。丕平在苏瓦松加冕为加洛林王朝（Carolingian dynasty）* 的首任国王，他举行了全新的加冕仪式，加冕时还像《旧约》中政教合一的神权国王那样受了圣膏。

扎迦利死于 752 年，但他的继任者教皇斯德望二世（Stephen II）十分精明地从这次加冕中得到了好处。754 年，他北上来到法兰克人的领地，举行了更加复杂的仪式，再次为丕平涂膏加冕，同时还恩膏丕平的两个儿子——12 岁的查理和 3 岁的卡洛曼——为丕平的继承人。"与此同时，"某佚名人士对图尔的格列高利写下的法兰克历史进行了补充，"他让所有的法兰克王公保证，今后绝不从未受教皇祝福、未行圣礼的人中推举国王，违者将受到停止教权、逐

* 加洛林王朝的名称来自卡罗勒斯（Carolus）一词，这是查理·马特的拉丁语名字。

出教会的处罚。”[5] *

他将法兰克国王的权力与教皇的权威捆绑在一起。作为回报，国王丕平则派兵翻越阿尔卑斯山进军意大利，将艾斯图尔夫逐出教皇的土地和一度处于拜占庭总督管辖之下的土地，并将这些土地全部交予教皇。艾斯图尔夫的军队惨败，被迫奉丕平为主。756 年，在艾斯图尔夫因打猎时不慎坠马，一命呜呼之后，丕平选择让伦巴第贵族德西德流斯（Desiderius）成为意大利的下一任国王。5 年之内，丕平不仅成为法兰克国王，还成了意大利事实上的统治者。[6]

教皇斯德望二世同样表现不俗。他如今统治的教皇国面积扩大了很多，既包括罗马，又包括以前帝国的中心拉韦纳。为了证明他理当拥有这些土地，他向丕平提供了一份文件，声称该文件为君士坦丁大帝亲笔手书，一直由教会保管。在这份文件中，君士坦丁解释说，4 世纪的教皇西尔维斯特（Sylvester）治好了他一直隐瞒的麻风病。为表达感激之情，他下旨说教皇之位“应当比我们的帝国及俗世宝座更加光荣崇高”，教皇从此应高于“安条克、亚历山大、君士坦丁堡和耶路撒冷这四大主教，也高于全世界的所有教会”，并表示君士坦丁本人要将“罗马城及意大利所有的行省、地区和城市全部拱手交予教皇……我们放弃这些土地，这是我们神圣的礼物，将其赠予教皇及其继任者，以实现他们的权力和影响力”。[7]

这份文件是由某个颇有才能的教士伪造的，上面的墨迹当时还没干透。丕平不是白痴，无疑也看透了这是怎么回事。但教皇将他所渴望的权力给了他，作为回报，他也愿意让教皇掌管罗马及其

---

* 将一个人逐出教会就剥夺了他参加教堂圣礼的权利，停止教权则适用于整个教区的所有教民。当教会宣布停止一个国家或地区的教权时，这个国家或地区的所有人都不能行圣礼，所有的公众礼拜活动都要停止。

周边的土地。这份伪造文件被称为“君士坦丁献土”（Donation of Constantine），它给权力的移交披上了合法性的外衣。

但只要没人对此事较真，这件合法性的外衣就完全能够满足有关各方的需求。

在安达卢斯完全独立于巴格达5年之后，法兰克国王丕平过世。

他将王冠留给两个儿子联合继承，他们是时年26岁的查理和17岁的卡洛曼，* 这两个年轻人都于754年和父亲一起涂过圣膏，所以都可以说是上帝认可的统治者。他们将帝国一分为二，各自治理，但不是按照传统的分法分成纽斯特里亚和奥斯特拉西亚两个部分，而是由查理统治北部和沿海地区，卡洛曼则统治南部地区。

查理登基两年之后，迎娶了伦巴第国王德西德流斯的女儿，丕平曾一手包办这位国王的登基。艾因哈德写道：“没有人知道他为什么要这样做，但他在一年后抛弃了这个妻子。”然后他又娶了一个阿勒曼尼姑娘取代她的位置，这个姑娘名叫希尔德加德（Hildegard），当时年仅13岁。这使他和帝国东部地区不时侵扰的阿勒曼尼人产生了联系，这对他很有好处。当然，这件事激怒了伦巴第国王，他向卡洛曼提出建议，说可以联合起来消灭查理。但是771年，他们的计划尚未成形，卡洛曼就死了。[8]

查理现在成了全法兰克领土上唯一的君主。他几乎立刻开始通过军事征服进行扩张。772年，他出兵攻打莱茵河对岸的撒克逊人。此时他尚未考虑南部的问题，在那里，伦巴第国王德西德流斯还在谋划着进攻的事情。查理打算先将帝国领土向北方扩张，因为莱茵河两岸的土地十分富饶，而且撒克逊人的各个部落也不怎么团

---

* 查理的出生年份不是很确定，习惯上说是742年，但更有可能是在747年或748年。

图 15–1 伦巴第铁王冠

由黄金和宝石制成，内部可以看见铁环（据说本是基督的十字架上的一枚钉子）。
图片来源：Scala/Art Resource, NY

结。他们分成三个部分：位于中部的撒克逊人在威悉河（Weser）沿岸，伊斯特伐利亚人（Eastphalians）在易北河沿岸，威斯特伐利亚人（Westphalians）在靠近海岸的地方。但他们很少联合作战。[9]

查理于 772 年推进到撒克逊人的领地，打破撒克逊人杂乱无章的抵抗，进入条顿堡森林（Teutoburg Forest）。在这里，他命令手下毁掉了撒克逊人最神圣的圣物——圣树伊尔明苏尔（Irminsul）。它象征着支撑天堂拱顶的神树。他这样做，意在向撒克逊人表明，作为上帝指定的基督教国王，他既能主宰撒克逊人，也能支配他们的神。但破坏伊尔明苏尔这件事后来使他不堪其扰。虽然撒克逊人在政治上不够团结，无法组织坚强的防御，但他们都有一套相同的宗教信仰，过了几十年，他们依然无法忘怀伊尔明苏尔被毁一事。[10]

暂时制服撒克逊人之后，查理回国准备进军意大利。第二年，他越过阿尔卑斯山，准备惩罚德西德流斯的阴谋，意在将意大利据为己有。

德西德流斯率领伦巴第军队在意大利北部与他相遇，但查理将伦巴第国王逼回了首都帕维亚，并将其包围。围攻持续了将近一年，查理（用他传记作者的话说）“直到将德西德流斯拖垮，打到他投降才作罢”。[11]

查理并没有处死德西德流斯，而是将其囚禁在法兰克北部的一座修道院里。德西德流斯的儿子和继承人则逃到君士坦丁堡，在那里的朝廷避难。时年 32 岁的查理当上了全法兰克以及意大利伦巴第的国王。774 年，他戴上了伦巴第传统的铁王冠（这个名字的由来是伦巴第人相信其内侧的铁环是用基督十字架上的一枚铁钉打制而成的），伦巴第王国自此不复存在。这是查理在帝国扩张过程中获得的一系列伟大胜利中的第一次，这些胜利为他赢得了查理大帝或“查理曼”（Charlemagne）的称号。

受到在东北和东南方向取得的胜利的鼓舞，查理曼接着将目光转向了西南方向。

阿卜杜·拉赫曼得到了科尔多瓦的埃米尔之位，但此事并未得到安达卢斯所有穆斯林的支持。778 年，在安达卢斯东北部，一些持不同政见者，以该地区行政长官苏莱曼·阿拉比（Sulayman al-Arabi）为首，邀请查理曼来帮助他们摆脱倭马亚家庭的统治。他们向查理曼许诺，埃米尔辖地深处的萨拉戈萨（Zaragoza）将打开城门欢迎他，他可以将此地作为行动基地。

当时这看起来一定是个不错的主意，但结局却是灾难性的。查理曼率部向萨拉戈萨进军，心里想着要征服安达卢斯。然而，当他来到城墙边时，该市的长官此前虽然一直与苏莱曼及其他持不同政见者结盟，此时却改变了主意，拒绝让他进城。查理曼在城墙外扎营数周，但城门一直没有打开。没有一座四面有城墙的城市可以为他提供庇护，他最终被迫穿越比利牛斯山脉撤退。他怒不可遏，在回程经过潘普洛纳（Pamplona）要塞时洗劫了这个地方。

这就像他破坏伊尔明苏尔一样，属于判断错误。潘普洛纳并不在科尔多瓦埃米尔的牢固控制之下，而是法斯康人（Vascone）的家乡，这个部族在罗马人到达之前就生活在伊比利亚，在罗马人占领、西哥特人接管以及阿拉伯人到来时，他们借助山区优势，始终屹立不倒。* 他们十分坚忍独立，而且足智多谋，他们在查理曼翻山越岭回自己王国的路上对他进行了报复。在龙塞斯瓦耶斯关口（Pass of Roncesvalles），法斯康人袭击了法兰克人军队的队尾，毁掉队伍的辎重，消灭了后卫部队。他们轻装上阵，熟悉山上的地形，大肆屠杀之后，便借助崎岖的地势消失不见了。法兰克人却被自己的武器和盔甲所累，无法追击他们。[12]

这次伏击对查理曼造成了毁灭性的打击，因为当法斯康人来袭时，他有许多手下的官员和私交甚笃的朋友都在队尾。其中有一个人被艾因哈德称为"罗兰，布列塔尼边区总督"（Roland，Lord of the Breton Marches）——这位贵族管辖着法兰克西部海岸的领土，就在卢瓦尔河河口的北面。据说这一仗开始只是场小埋伏，后来却变成了关键一战。罗兰也成为法国第一部史诗——12 世纪的《罗兰之歌》（*Song of Roland*）——中的英雄主人公，故事将这场流血事件描写成萨拉戈萨的阿拉伯人和查理曼自己阵营中的一名叛徒共同

* 法斯康人很可能是今天仍然住在同一个山区的巴斯克人（Basque）的祖先。

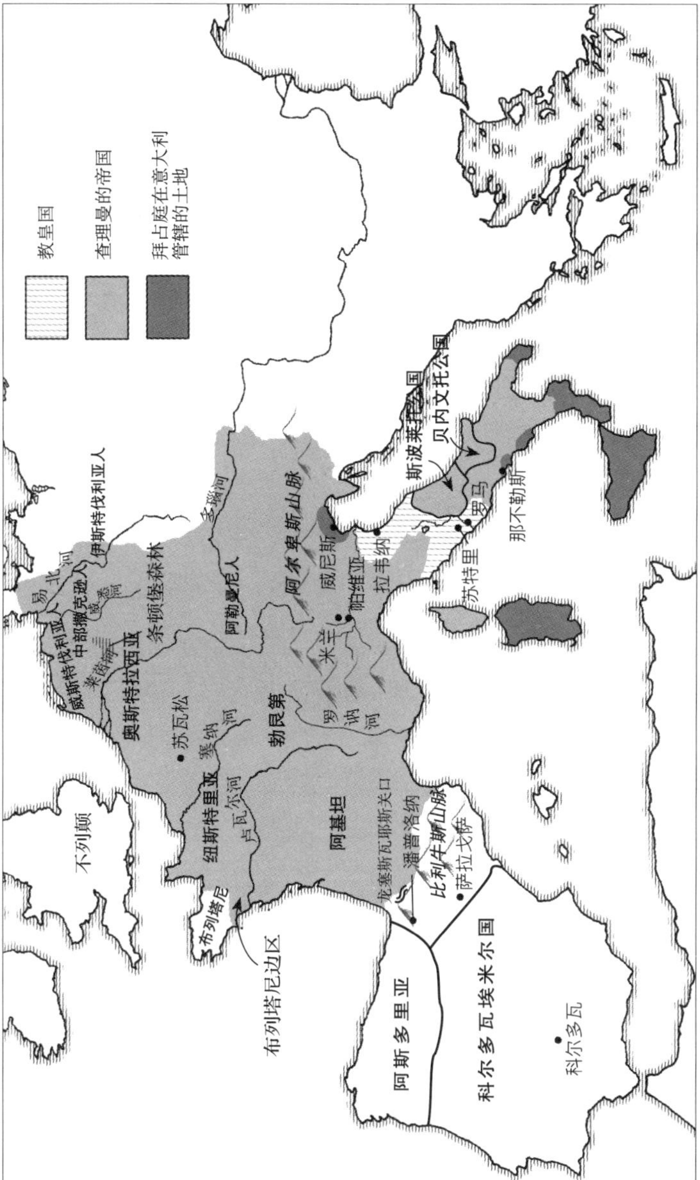

地图 15-1 查理曼的帝国

谋划的一个重大阴谋。在这部史诗中，40 万阿拉伯大军从天而降，袭击了法兰克军队的队尾，罗兰战至最终力竭才吹响了求援的号角。当他终于吹响号角时，查理曼策马扬鞭，从队伍前方赶来援救，但号角声音太响，震裂了罗兰的头骨。

后来查理曼在上帝的帮助下向阿拉伯人复仇：

> 上帝为查理曼创造了伟大的奇迹：
> 让太阳停在天上不落。
> 异教徒在逃窜，法兰克人紧追不舍，
> 穿过暗影笼罩的山谷，敌人就在前方；
> 在萨拉戈萨奋力赶上敌人，
> 将他们击杀砍伤。[13]

但在现实中，龙塞斯瓦耶斯战役终止了查理曼对安达卢斯的野心。他此后再也没有试图穿越比利牛斯山脉。

时间线 15

阿拉伯帝国	唐朝	可萨人	法兰克人	拜占庭	突厥人	伦巴第人
			提奥多里克三世（675—691）			
			胖子丕平（680—714）			
	中宗（683—684）					
	睿宗（684—690）					
阿卜杜勒·马利克（685—705）				**查士丁尼二世**（685—695）		
	武则天（690—705）	**布希尔·格拉万**（约690—约715）			（后突厥汗国）**默啜**（695—716）	
				利昂提奥斯（695—698）		
				提比略三世（698—705）		
	中宗（第二次执政，705—710）			**查士丁尼二世**（第二次执政，（705—711）		
	睿宗（第二次执政，710—712）					
	玄宗（712—756）					**柳特普兰德**（712—744）
苏莱曼（715—717）				**狄奥多西三世**（715—717）		教皇格列高利二世（715—731）
				牧首日耳曼（715—730）		
					（后突厥汗国）**默棘连**（716—734）	
欧麦尔二世（717—720）			查理·马特（717—741）	**利奥三世**（717—741）		
围攻君士坦丁堡（718）						
耶齐德二世（720—724）			图卢兹战役（721）			
			提奥多里克四世（721—737）			
希沙姆（724—743）						
		比哈尔（约730—约742）				苏特里捐赠（728）

时间线15（续表）

阿拉伯帝国	唐朝	可萨人	法兰克人	拜占庭	突厥人	伦巴第人
			图尔战役（732）			教皇格列高利三世（731—741）
			卡洛曼（741—747）/小丕平（741—751）	**君士坦丁五世**（741—775）		教皇扎迦利（741—752）
瓦利德二世（743—744）			**希尔德里克三世**（743—751）			
耶齐德三世（744）						
马尔万二世（744—750）						
						艾斯图尔夫（749—756）
阿拔斯（750—754）						
阿拔斯王朝（750—1258）						
	怛罗斯战役（751）		**小丕平**（751—768）			
曼苏尔（754—775）			加洛林王朝开始			教皇斯德望二世（752—757）
（科尔多瓦）**阿卜杜·拉赫曼一世**（埃米尔，756—788）						**德西德流斯**（756—774）
			查理（768—814）/**卡洛曼**（768—771）			
						查理（774—814）

/ 16

安史之乱

745 年至 779 年，唐明皇爱上了自己的儿媳，又失去了她，连同皇位一起，唐朝的国运也由盛转衰。

高仙芝在怛罗斯战役之后回到家乡，却发现皇帝遇到了麻烦。

唐玄宗在位已近 40 年，领导着唐朝进入了有史以来最为辉煌的时代。帝国在国力和国土面积上都达到了顶峰。文化艺术蓬勃发展。唐朝的瓷器像玻璃一样轻薄透亮，通过丝绸之路被卖到西方各国，所到之处，无不受到欢迎。唐朝画家吴道子所绘制的肖像画和壁画都令人屏息惊叹，甚至有传言说他在一幅风景画上画了一扇门，然后就开门走了进去。唐朝诗人也创作了可以流传千古的诗句。李白的名声传遍全国，他写的诗豪迈奔放、想象丰富：

抽刀断水水更流，
举杯消愁愁更愁。
人生在世不称意，

明朝散发弄扁舟。[1]

诗人和画家王维，擅写绝句——只有四行的“截短”了的律诗，这种诗言简意赅，却意境深远，让读者回味无穷。

渭城朝雨浥轻尘，
客舍青青柳色新。
劝君更尽一杯酒，
西出阳关无故人。[2]

但文学艺术的繁荣不能掩盖朝廷根源上的腐败。唐明皇年近 60 岁时迷上了自己年轻的儿媳杨玉环。他强迫儿子休妻，自己纳其为贵妃。杨国忠是杨贵妃的族兄，通过她的关系，在朝廷上官运亨通、权势日盛；杨贵妃十分喜爱（也许是过分喜爱）军官安禄山，唐明皇很听她的话，授予安禄山的权力也越来越大。他罢免了通过科考登上官场的丞相张九龄（他以智慧、自律和严格的道德标准闻名于世，曾撰谏文作为寿礼进献给唐玄宗），并任命专断的宗室权贵李林甫接替其相位。[3]

而且帝国的扩张也并非没有付出代价。唐明皇穷兵黩武，招致民怨。“古来唯见白骨黄沙田，”在一次对北方胡人的持久战结束后，李白这样写道：

烽火燃不息，
征战无已时。
野战格斗死，

败马号鸣向天悲。
……
士卒涂草莽，
将军空尔为。
乃知兵者是凶器，
圣人不得已而用之。[4]

皇帝日益耽溺于个人享乐，而边关却战事不断，这意味着边关将领的自主权越来越大。751 年，正当高仙芝与阿拉伯人在遥远的西方苦战之时，契丹人再次入侵北方，唐朝与契丹的对抗开始了。与吐蕃之间的和平也遭到破坏，吐蕃人对唐朝中亚边境的攻击和劫掠愈演愈烈。

同年末，唐朝西南属国南诏发生叛乱。南诏王国由洱海周围白族的六个部落合并而成。就像许多其他的新兴国家一样，南诏王国的存在也可以追溯到某一个人的征服本能上去，这个人就是白族首领皮逻阁。738 年，皮逻阁不但取得了所有六个部落的统治权，而且还活活烧死了其他五个部落的首领。

唐明皇看到，皮逻阁统治的加强，可以在唐朝和吐蕃边界的敌对形势下形成缓冲，这对唐朝有利，因此他给皮逻阁封王。但皮逻阁继任者阁逻凤却看到了唐朝的弱点，并趁机对唐朝发动进攻。唐朝剑南节度使出兵回击，但阁逻凤和白族军队使唐军意外落败，颜面扫地。[5]

752 年年底，宗室出身的宰相李林甫过世，杨贵妃利用自己的影响力使族兄杨国忠升任唐朝的下一任宰相。这不是一件坏事，杨国忠虽然野心勃勃，常会利用家族关系谋利，但他忠于皇帝。一旦

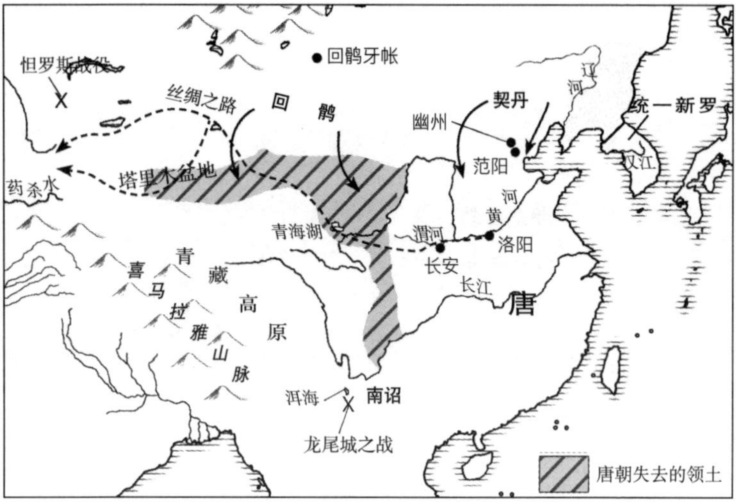

地图 16–1 唐朝与周边民族政权并立形势图

进入了朝廷的权力核心，他变得越来越担心族妹对安禄山将军的明显偏爱之情。在他看来，安禄山不仅野心勃勃，而且毫无原则，他担心这位将军正在计划谋反。[6]

754 年，南诏的第二次胜利给安禄山将军提供了机会。阁逻凤居然战胜了唐朝西南边陲的军事力量，因此皇帝派了另一个将军率领大军前往南方去惩罚他。但在龙尾城之战中，唐朝军队惨遭屠戮。幸存者又几乎全部在狼狈撤回的路上死于瘴疫。据说前后共有 20 万士兵在与这个南方小国的战争中身死。3 年前唐军在怛罗斯战役中战败时就已颜面尽失，军中也因此产生了一股愤怒和不满的情绪，这回，这种情绪又进一步加剧了。

755 年，安禄山与另一位将领史思明联合宣布反唐，定都范阳。这是一处北方军事要塞，他已在此驻守多年，手下兵马有 10 余万人，由训练有素的士兵和从契丹招募的北方骑手混合而成。他们跟着他一路沿黄河南下，直抵洛阳城下，这是帝国东部的政治中心，他们不费吹灰之力就将其攻克。安禄山在此地停顿下来，休整军队，准备进攻长安。[7]

唐明皇震怒。他给怛罗斯战役的指挥官高仙芝下令，命其迎战安禄山，但这名老将未能迅速获胜，皇帝一怒之下将其处斩。为了平息圣怒，忠于皇帝的宰相杨国忠策划正面迎敌。这与统兵将领的意见相左，后者建议据守潼关，然后派一支军队去袭击安禄山的老巢范阳，让叛军自溃。

洛阳沦陷半年多后，在756年7月的酷暑之下，唐朝的皇家军队正面迎击叛军，结果惨败。长安城无人防守，唐明皇和宰相杨国忠西逃避难。战斗结束后不久，安禄山兵临长安城下，很快即将其占领，几乎没有遇到任何反抗。

在逃亡途中，唐明皇手下禁军哗变，他们把矛头指向了宰相杨国忠，指责他带来了灾难，尽管皇帝反对，他们还是包围并诛杀了杨国忠和他的儿子。然后，他们又要求唐明皇交出他的宠妃，美丽的杨贵妃，并将其处死。因为她帮杨国忠步步高升，在他们眼里，就是因为她既偏向族兄，又偏向安禄山，才导致唐朝江山岌岌可危。

皇帝先是敷衍，继而表示反对，拒绝这样做，但他最后终于意识到，自己已别无选择。他不愿将贵妃交到愤怒的士兵们手中，最后接受了一名亲信宦官的建议，将杨贵妃赐死。半个世纪后，在诗人白居易的笔下，他的悲伤被传唱天下：

> 君王掩面救不得，
> 回看血泪相和流。

黄埃散漫风萧索，
……
天长地久有时尽，
此恨绵绵无绝期。[8]

唐明皇退守南方城市成都，一路上都在悼念他的爱妃。

安禄山叛乱的结果对唐明皇和叛臣安禄山来说都不是太妙。756年，唐玄宗的太子李亨，迫使年迈体衰的老皇帝退位，自己（在流亡中）登上了皇位，是为唐肃宗。不久之前，安禄山也在洛阳僭位称帝，定国号为大燕。但他染上了某种疾病，导致他身上长满毒疮，极其痛苦，因此他的脾气也变得越来越暴躁、偏执。他变得喜怒无常、凶狠残暴。几个月后，757年的某日夜半时分，他被自己的儿子派出的一名家奴刺杀身亡。[9]

安禄山的儿子接过了他的权力，但同年，唐肃宗派兵再次攻入长安，把残余的叛军赶走了。不过战斗并未就此结束，在旷日持久的一场接一场战斗中，叛军的抵抗又持续了6年。唐肃宗于762年病逝，763年，他的儿子唐代宗才终于肃清了安禄山叛乱最后的余孽。[10]

但唐朝已经丧失了那种令全世界畏惧的力量。几乎所有的戍边部队都被内战双方分别召回参与战斗，帝国的边疆开始破碎。763年末，当新皇唐代宗正带着手下大将在洛阳镇压叛军余孽的时候，吐蕃人一路疾驰攻进长安，将其洗劫一空，然后撤军。之后10年的时间里，吐蕃年年都会从西南向大唐发动攻击。[11]

在北方和西北地区，唐朝边境遭受回鹘部落的入侵也同样严重。回鹘人一直是东突厥汗国的附属部落，但是他们已经脱离领主，建立了自己的汗国，王庭（牙帐）设于鄂尔浑河流域。唐肃宗和他的儿子唐代宗都曾雇用回鹘佣兵来帮助他们打击叛军，皇帝支付的重金大大加速了回鹘人的财富积累。佣兵将汉语文字的一些知识（连同自长安和洛阳劫掠的战利品一起）带回了家乡，这成为回鹘文字体系的基础。他们引进的文化引发了一场变革，使一个能征善战的游牧部落逐渐变成一个更加稳定的汗国。[12]

在帝国的东北方向，统一新罗王国正在景德王的领导下统治着半岛大部分地区，他们也受到了唐朝内战的刺激。新罗的历代国王在唐朝势力的帮助下维持着国家统一，他们需要唐朝的支持，因为他们的力量在朝鲜半岛并不是不可动摇的。高句丽王国已被摧毁，但其残余部族已逃往北部，并在那里定居下来，他们与半游牧部族靺鞨人通婚，形成了一个新的王国，人称渤海国。在安禄山叛乱发生之后，渤海文王大钦茂趁着唐朝影响的降低征服了周围的领土，渤海国领土增至比其南边的统一新罗还大。[13]

由于各处边境都在打仗，大唐帝国的人口纷纷远离北方和西部，而迁往中原和南方地区。北方的古老城市走向没落。等到779年唐代宗去世的时候，大唐已失去中亚地区的全部领土。西去的贸易路线也受阻中断了。帝国的边疆地区日渐缩小，负责戍守的将军们手中的权力却越来越大，无论是唐朝皇帝还是他的大臣们都无法遏制他们日益增长的独立性。周围各民族——吐蕃、南诏、回鹘、渤海、统一新罗——都蠢蠢欲动起来。安史之乱所影响的不仅仅是中国唐朝的政治格局，而且是整个亚洲大陆的政治格局。[14]

时间线 16							
法兰克人	拜占庭	突厥人	伦巴第人	唐朝	南诏	统一新罗	阿拉伯帝国
	查士丁尼二世（第二次执政，705—711）			**中宗**（第二次执政，705—710）		**圣德王**（702—737）	
				睿宗（第二次执政，710—712）			
			柳特普兰德（712—744）	**玄宗**（712—756）			
	狄奥多西三世（715—717）		教皇格列高利二世（715—731）				
	牧首日耳曼（715—730）						**苏莱曼**（715—717）
		（后突厥汗国）**默棘连**（716—734）					
查理·马特（717—741）	**利奥三世**（717—741）						**欧麦尔二世**（717—720）
							围攻君士坦丁堡（718）
							耶齐德二世（720—724）
图卢兹战役（721）				吴道子			
提奥多里克四世（721—737）							**希沙姆**（724—743）
			苏特里捐赠（728）		**皮逻阁**（728—748）		
图尔战役（732）			教皇格列高利三世（731—741）				
		（后突厥汗国）**登利可汗**（734—741）					
				李白 王维		**孝成王**（738—742）	

时间线 16（续表）

法兰克人	拜占庭	突厥人	伦巴第人	唐朝	南诏	统一新罗	阿拉伯帝国
卡洛曼（741—747）/小丕平（741—751）	**君士坦丁五世**（741—775）		教皇扎迦利（741—752）				
						景德王（742—765）	
希尔德里克三世（743—751）							**瓦利德二世**（743—744）
							耶齐德三世（744）
							马尔万二世（744—750）
			艾斯图尔夫（749—756）		**阁逻凤**（748—779）		
小丕平（751—768）				怛罗斯战役（751）			**阿拔斯**（750—754）
加洛林王朝开始			教皇斯德望二世（752—757）				阿拔斯王朝（750—1258）
				龙尾城之战（754）			**曼苏尔**（754—775）
				安史之乱（755—763）			
			德西德流斯（756—774）	**肃宗**（756—762）			（科尔多瓦）**阿卜杜·拉赫曼一世**（埃米尔，756—788）
				代宗（762—779）			
						惠恭王（765—780）	
查理（768—814）/**卡洛曼**（768—771）							
			查理（774—814）				

/ 17

奥古斯都皇帝

775 年至 802 年，皇后伊琳娜在君士坦丁堡夺权，而查理曼则为基督教王国征服邻国，并让自己加冕为帝。

君士坦丁五世在拜占庭当了 30 多年的皇帝，其间，卫护圣像者和圣像破坏者之间争执不断；他经历了倭马亚哈里发王朝的终结和阿拔斯王朝统治的兴起；他目睹了拜占庭在意大利统治的崩溃，罗马终于摆脱了君士坦丁堡的掌握；他听说了小丕平加冕成为加洛林王朝的首任国王，也见证了查理曼的崛起。他娶了一个可萨人妻子，还一直受到阿瓦尔人突袭和阿拉伯军队入侵的困扰。

775 年是他在位第 35 年，他开始计划攻打保加利亚第一帝国。

保加尔人自 718 年泰尔韦尔及其手下帮助利奥三世解除对君士坦丁堡的围攻以来，一直或多或少算是拜占庭的盟友。但君士坦丁五世习惯将俘虏们（大多来自他与阿拉伯人之间的战斗）安置在色雷斯，这导致保加利亚边境人满为患，惹恼了保加利亚汗王。

为了报复，保加利亚军队开始劫掠拜占庭的土地。君士坦丁五世认为，需要让保加尔人认清形势，回到自己的位置上去。但775年9月，正当他准备展开对保加尔人作战时，自己却病倒了，狄奥法内斯描述说是他的腿上感染了“极为严重的炎症”，导致高热不退。当月14日他就病死了，死前尖叫着说自己好像要被活活烧死一样。[1]

入侵保加利亚的计划因此被暂时搁置了下来。君士坦丁五世的继任者是他有着一半可萨人血统的儿子利奥四世（Leo Ⅳ），利奥放弃了攻打保加利亚的计划，以确保自己的皇位不失。他有五个同父异母的兄弟，都是他父亲在第三段婚姻中所生的儿子，他们对他的权力是有力的威胁，一当上皇帝，他立刻就放逐了五个兄弟中的两个，因为他发现他们正在密谋将他从皇帝的宝座上赶下来。然后，他开始计划对叙利亚的阿拉伯人发起进攻，他认为这比与保加尔人作战更加紧急。[2]

但他未能派兵投入战争，780年，他在皇位上只坐了5年就死了，留下年仅9岁的儿子登基成为皇帝君士坦丁六世（Contantine Ⅵ）。这个小男孩的母亲替他摄政，她的名字叫作伊琳娜（Irene），和她的可萨人婆婆同名，但她来自一个古老的雅典家族。

君士坦丁堡的皇帝如此年幼，又由一个女人摄政，这使得曼苏尔的儿子，新兴的阿拔斯王朝的哈里发马赫迪（al-Mahdi）觉得，拜占庭出现了致命弱点。于是他对小亚细亚发动了新的攻势，以雷霆之势将拜占庭守军驱散，一路席卷至博斯普鲁斯海峡，在港口城市克利索波利斯（Chrysopolis）安营扎寨，这里与君士坦丁堡只有一水相隔。[3]

这令摄政的伊琳娜十分为难，她为了让马赫迪撤军，同意付给他巨额的赎金，并且每年都向他进贡。也许是感觉有必要结成强大的联盟以获取支援，782年，伊琳娜派了两名使者穿越整个法兰克王国，请求查理曼将一个女儿许配给时年11岁的皇帝君士坦丁六世。

到这个时候，查理曼很容易认为自己跟君士坦丁堡的摄政是平起平坐的。他控制着法兰克和意大利的土地，创建了一个王朝；他让三儿子丕平*做意大利之王，四儿子“虔诚者路易”（Louis the Pious）做法兰克领土阿基坦之王，他自己则如同统治诸侯的皇帝一样管理着自己的这两个儿子。他的二儿子，“小查理”（Charles the Younger），则被指定继承法兰克王国的王位。查理曼已经担起了保护和划定教皇国的责任（教皇的领地如今从罗马横跨意大利，包括罗马、苏特里，还有以前在拉韦纳总督治下的拜占庭领土），这使他成为基督教信仰的后盾。

他是西方最强大的君王，也是在帝国疆域扩张的过程中最重视基督教传教活动的君王。加洛林王朝和拜占庭皇帝之间的联盟不仅会形成一道对抗阿拉伯人的统一战线，而且会创造一个精神的帝国：这将是东方的帝国在西方的一面镜子，是快速崛起的伊斯兰王国在基督教世界的对立者。

查理曼有不少女儿可以用来结成有益的联盟（他还有许多儿子，在他漫长的一生中，一共娶了4个妻子，另外还有6个情妇，生了20个子女），他答应将三女儿罗特鲁德（Rotrude）许配给君士坦丁六世。小姑娘当时才8岁，所以订婚只是名义上的，两个孩子仍与各自的父母一起生活。[4]

从理论上说，这场婚姻很有可能在罗特鲁德长大之后成为现

---

* 查理曼的长子驼背丕平（Pippin the Hunchback）与他反目，被剥夺了继承权，于是查理曼将三儿子卡洛曼改名为“丕平”，这样，家系里面仍然能有一个叫丕平的。

实——什么时候算是长大了，这在 8 世纪界定是相当宽泛的。当然，在君士坦丁六世 16 岁那年，也就是 787 年，他本来是可以要求把 13 岁的罗特鲁德送到他身边来的。但是，他的母亲伊琳娜破坏了婚约，因为现在她的位置坐稳了，不再需要与法兰克国王结盟了。事实上，查理曼的势力不断增长，已威胁到意大利半岛上仍忠于拜占庭的剩余几块飞地。

婚约破裂对查理曼来说是一种侮辱，不仅他手中的权力日益增长，他作为一名基督教国王的角色也逐渐强化。当一名宫相、甘愿不完全掌握王权的日子早已成为历史了。在查理曼的周围，聚集了一批王家学者和神职人员，他们填补着他早年受教育不足的缺口（他从父亲那里得到的更多是军事训练，而不是书本知识，他从来就没有学会写字）。他们不仅与他讨论神学、哲学和语法的细微之处，也用《旧约》中上帝精心挑选出来领导选民的君主“大卫王”的称号来称呼他。* 他有一个私人教师，名叫阿尔昆（Alcuin），是一名英格兰教士，查理曼让他来教自己的儿子，在这个私人教师的指导下，法兰克国王的传教意识越来越强了。在他自己的眼中，他的征服是强力的福音传道：给那些顽固的异教徒带来福音，他们需要被拯救的不仅是罪孽，还有对福音听而不闻的态度。[5]

前几年，他正是带着这种信念与撒克逊人作战。撒克逊人的抵抗使他的军队多有伤亡，这激怒了他，于是，在 782 年，他下令屠杀了 4500 名撒克逊战俘。他们的领袖维杜金德（Widukind）逃脱，但流亡 3 年后，他终于还是被迫投降了。作为投降的条件之一，维

---

* 查理曼的求知欲和他私人教师的教学相结合，激发出一场文艺复兴，通常被称为“加洛林文艺复兴”（Carolingian Renaissance）。这一时期美术、音乐、建筑、书法的创新，都可以追溯到查理大帝的支持。

杜金德不得不同意接受基督教的洗礼，之后查理曼下令，任何“未受洗的撒克逊人若是隐瞒自己的情况，拒绝受洗，仍然选择当异教徒的，必被处死”。撒克逊人若是在教堂里盗窃，或是对神父施暴，或是举行以前的撒克逊礼拜仪式，而不是基督教的礼拜，都要被处死。任何在大斋节期间不严格遵守斋戒的撒克逊人也都要被处死。[6]

阿尔昆对此表示反对。他对国王说：“不要总是威胁恐吓，不要总是强迫他们，就等到信仰在他们心中彻底扎下根来吧。”[7]查理曼考虑之后同意了他的意见，取消了死刑规定。但这并没有降低他的责任感。他给西方世界带来的不仅是救赎，还有正确的教义和实践。

拜占庭的伊琳娜却没有把查理曼看作西方基督教世界之王。在她看来，她自己才是上帝恩准的全世界最高的权威。在她破坏了与君士坦丁六世的婚约之后，又拒绝把权力交给儿子，尽管他已经长大，足以独立统治了。她不是只以摄政的身份，而是以女皇之名进行统治。以女皇的名义，她召集了一次教会大会——第二次尼西亚公会议（Second Council of Nicaea）——推翻了利奥三世及其继任者统治期间发布的所有反圣像崇拜的诏令。[8]

伊琳娜作为女皇勉力统治了 3 年，但君士坦丁堡怨恨她篡权的男人太多了，790 年，军队强迫她将权力移交给君士坦丁六世。不幸的是，事实证明，这个合法的皇帝残酷成性、软弱无能。791 年，他开始继续祖父曾计划进行的保加利亚战役，结果两次被保加利亚汗王卡尔达姆（Kardam）击败：“他没有考虑清楚就贸然发动战争，”狄奥法内斯写道，“因而遭到惨败。损失了许多手下之后，他潜逃回城。”帝国卫队认定自己犯了一个错误，于是又开始谋划叛乱，打算将君士坦丁六世的叔父尼基弗鲁斯（Nikephorus）——当初曾参与密谋推翻君士坦丁六世父亲的那几个同父异母的兄弟之一——推上宝座。[9]

像他父亲一样，君士坦丁六世也发现了这个阴谋。但他不像父亲那样对这些阴谋家手下留情，只是将其放逐而已，相反，他将五个叔父全部逮捕并送上了法庭。他刺瞎了尼基弗鲁斯（他甚至可能不是这一阴谋的主要参与者），并且十分残忍地割掉了其他四个叔父的舌头。

然后，他又莽撞轻率地回到与保加利亚的战斗中去。这一次，汗王卡尔达姆威胁说，除非君士坦丁六世向他纳贡，否则就要入侵色雷斯。"皇帝用毛巾包着马粪，"狄奥法内斯写道，"给他送了封信，说'我给你上的这个贡配你正合适'。"但在侮辱了卡尔达姆之后，他又失去了勇气，当保加利亚汗王领兵前来的时候，君士坦丁六世倒屣相迎，终于还是同意向其纳贡了。[10]

这对军队来说实在是无法接受，于是伊琳娜成功地说服了朝廷官员和军队的主要将领，密谋推翻她自己的儿子。在797年4月的一天早晨，君士坦丁六世刚看完赛马，正要离开竞技场的时候，看到有些宫廷侍卫向他走来。他立刻就意识到他们要来抓捕他。于是他奔跑着穿过城市的街道，一直跑到港口，登上一艘战舰打算逃跑。但船上的人已经被他母亲收买了，他们把他带回城里，领他进了皇宫，并把他关在自己当年出生的地方：紫色寝宫（Purple Room），这是为皇后分娩准备的房间。狄奥法内斯告诉我们："按照他的母亲及其谋臣的意思，在被关起来差不多第九个钟头的时候，他被挖去了双眼，他的眼伤很重，无法治愈，他们的目的就是要他死……就这样，他的母亲伊琳娜又上台了。"[11]

对查理曼而言，君士坦丁堡的宝座现在是空着的。伊琳娜是个女人，而且她也不能合法地登上拜占庭皇位。查理曼热切维护正统教义，认为伊琳娜支持圣像崇拜的做法不可接受。虽然教皇向他保证，说圣像不是“偶像”，但他并不信服。他甚至成立了自己的神学委员会，专门研究第二次尼西亚公会议的报告，并撰写了反驳书。[这份反驳书被称为《加洛林书》(*Libri Caro-lini*)，被送往罗马，但显然被教皇无视了。] 在他眼中，伊琳娜不仅是一名女性，一个篡位者，也是一个偶像崇拜者。[12]

与此同时，查理曼在西方的各个王国不断得到自己地位崇高的证明。798 年，安达卢斯北部山区的基督教王国阿斯多里亚的统治者向他派出了正式的使团，请求他承认自己是合法的国王。718 年，阿斯多里亚开始的时候还是一个渺小、贫困的反抗穆斯林统治的王国，如今这个国家已经发展壮大，阿斯多里亚国王阿方索二世（Alfonso II）现在统治的领土包括了邻近的莱昂城（Leon）和沿着海岸一直延伸到里斯本（Lisbon）的区域。阿方索二世希望查理曼认可自己王位的合法性，因为他是西方世界最伟大的基督教国王。查理曼从来不怀疑自己有这样的权力，所以就表示了认可。

次年，他被请求承担更加崇高的责任。利奥三世于 795 年在罗马登上了教皇的宝座，现在他遇到了麻烦。他在罗马不是特别受欢迎，因为他既不是贵族出身，为人又不诚实道德。其实没有证据可以证明对他的后一项指责，因此很难追查这种坏名声究竟从何而来。无论出于何种原因，对他的敌意在罗马逐渐累积，直到 799 年，他的敌人在宗教游行的时候向他发动攻击，并试图挖出他的眼睛，割掉他的舌头。[13]

与在君士坦丁堡有过同样遭遇的不幸的尼基弗鲁斯不同，利奥三世设法逃脱了，他的脸被割伤，但保住了眼睛和舌头。他逃到查理曼那里，恳求国王帮他将敌人赶走。

在利奥三世以教皇的身份为他涂油加冕的时候，查理曼曾承诺要保卫他。“我虔诚敬奉上帝，任务就是处处捍卫基督的教会，”他曾给利奥写信这样说道，“在国外，使用武力反击异教徒的入侵，防止由于背弃信仰而带来劫难；在国内，则在传播天主教信仰的同时保护教会。”他没想到利奥会需要他在国内使用武力保护教会，而由于他的大部分法兰克将领都认为对利奥的指控确有其事，情况就变得更加复杂了。[14]

但利奥三世究竟是否有罪几乎可以说只是个题外话。罗马主教的地位不容置疑。如果教皇为上帝代言，那么他就不能像君士坦丁六世那样被尘世的阴谋诡计赶下台，落得一个悲惨的结局。为了避免教皇也成为靠武力竞争就能夺取的位置，查理曼将不得不以武力支持教皇。

他没有马上采取行动，而是先进行了彻底而全面的思考。最后，似乎是他的谋士阿尔昆影响了他。阿尔昆指出，查理曼现在是上帝在这个世界上仅存的代表，只有他才有权力伸张正义：

> 迄今为止，世界上一共有三个伟大的杰出人物。第一个是教皇，他是圣彼得的继承者……你已经告诉过我他出了什么事；第二个是统治着第二罗马帝国的皇帝——这样一个帝国的统治者是怎样被无情地废黜的，这件事已经众所周知了……第三个就是由我主耶稣基督扶上王位的你，是他让你统治我们基督教人民。与前面说的两个贵人相比，你的力量更加强大、洞

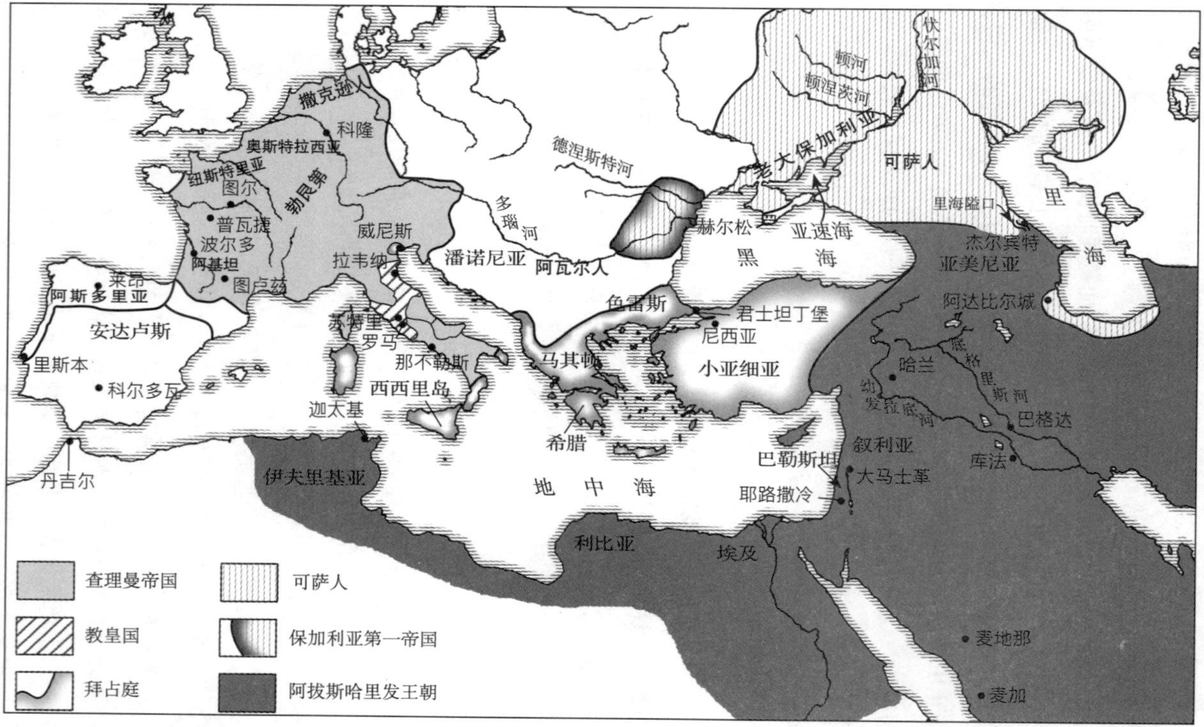

地图 17-1　查理曼的帝国

察力更加敏锐、权力更为尊贵。基督教会安全与否全都指望你一个人了。[15]

作为教会的最终保护者，查理曼的责任十分明确。

因此，公元 800 年，查理曼派军护送教皇回到罗马。他本人则紧随其后，全副武装地率军入城。当他赶到时，利奥三世把手放在圣彼得大教堂的福音书上，当着围观的众人，发誓自己没有过任何不当行为。有查理曼和他的士兵们站在旁边做见证，这个誓言是有效的。[16]

查理曼在城里一直待到圣诞节。圣诞节那天他去参加晨间弥撒，跪下祈祷，当他正要起身的时候，利奥三世突然上前，将金冠戴在了他的头上。人群欢呼起来，这都是预先准备好的。“祝查理长命百岁、战无不胜，他是最虔诚的奥古斯都，是由上帝加冕的、爱好和平的伟大皇帝！”他被加冕为皇帝和奥古斯都，这两个头衔都归罗马皇帝所有——在拜占庭朝廷的眼中，这两个头衔早就转移到君士坦丁堡了。[17]

但在查理曼的眼中，皇帝的称号一直无人占据，直到他加冕为止。对本次事件的官方记载是由一名法兰克神父事后书写的，他解释道：“在希腊人的土地上，没有人当皇帝，导致皇权掌握在女人手中，这时候，对教皇利奥本人和……全体基督教徒来说，似乎将皇帝的头衔赋予法兰克人的皇帝查理最为恰当。”[18]

查理曼的传记作者艾因哈德声称，查理曼对于为自己加冕的计划一无所知，并否认自己曾经想过要这个皇帝的称号。但他是唯一一个认为如此头脑敏锐、谨慎警惕的国王会对这样的大事一无所知的作者。圣诞节的加冕只不过是正式承认了查理曼一段时间以来一直宣称拥有的无上权威，也就是他作为信仰的保护者、文明的保证人和基督教世界最高世俗力量的权威。

在君士坦丁堡，这次加冕被嗤之以鼻。但是伊琳娜想要捍卫自己作为真正的信仰保护者、文明保证人的地位却有些力不从心。她的统治混乱不堪、杀机四伏、效率低下。802 年，她的财务大臣带人发动政变，将她赶下了皇位。他将女皇流放到之前她曾命人建造的一处遥远的修道院里，而自己则接替她的位置加冕做了皇帝，称为尼基弗鲁斯一世（Nikephoros I）。[19]

次年，尼基弗鲁斯一世派遣特使去见查理曼，提议缔结和约，希望能保住仍然忠于拜占庭的威尼斯城，使其免于被法兰克人占领。最终，双方缔约，即《尼斯弗利条约》（Pax Nicephori）。尼基弗鲁斯一世和拜占庭将继续控制威尼斯及其重要港口，作为回报，查理曼将每年获得优厚的补偿。

条款说得很清楚，这是个平等的条约。但在签约时，尼基弗鲁斯一世自己保留了皇帝的称号，却不肯称查理曼为“皇帝”。

时间线 17

唐朝	南诏	统一新罗	阿拉伯帝国	法兰克人	拜占庭	保加尔人	阿斯多里亚	伦巴第人
						泰尔韦尔（约 701—约 718）		
		圣德王（702—737）						
玄宗（712—756）								**柳特普兰德**（712—744）
			苏莱曼（715—717）		**狄奥多西三世**（715—717）			教皇格列高利二世（715—731）
					牧首日耳曼（715—730）			
			欧麦尔二世（717—720）	查理·马特（717—741）	**利奥三世**（717—741）			
			围攻君士坦丁堡（718）				**佩拉约**（718—737）	
			耶齐德二世（720—724）	图卢兹战役（721）				
吴道子			**希沙姆**（724—743）	**提奥多里克四世**（721—737）				
	皮逻阁（728—748）							苏特里捐赠（728）
				图尔战役（732）				教皇格列高利三世（731—741）
李白 王维		**孝成王**（738—742）		卡洛曼（741—747）/小丕平（741—751）	君士坦丁五世（741—775）			教皇扎迦利（741—752）
		景德王（742—765）						
			瓦利德二世（743—744）	**希尔德里克三世**（743—751）				
			耶齐德三世（744）					
			马尔万二世（744—750）					

时间线 17（续表）

唐朝	南诏	统一新罗	阿拉伯帝国	法兰克人	拜占庭	保加尔人	阿斯多里亚	伦巴第人
	阁逻凤（748—779）		**阿拔斯**（750—754）					**艾斯图尔夫**（749—756）
怛罗斯战役（751）			阿拔斯王朝（750—1258）	**小丕平**（751—768）				教皇斯德望二世（752—757）
龙尾城之战（754）			**曼苏尔**（754—775）	加洛林王朝开始				
安史之乱（755—763）			（科尔多瓦）**阿卜杜·拉赫曼一世**（埃米尔，756—788）					
肃宗（756—762）								**德西德流斯**（756—774）
代宗（762—779）								
		惠恭王（765—780）						
				查理（768—814）/ **卡洛曼**（768—771）				
			马赫迪（775—785）		**利奥四世**（775—780）			**查理**（774—814）
						卡尔达姆（777—约 803）		
德宗（779—805）					**君士坦丁六世** / 伊琳娜（780—797）			
				虔诚者路易（分封国王，781—813）				丕平（分封国王，781—810）
					第二次尼西亚公会议（787）			
							阿方索二世（791—842）	
					伊琳娜（797—802）			教皇利奥三世（795—816）
				查理曼加冕（800）				
					尼基弗鲁斯一世（802—811）			

/ 18

西拿基立第二

786 年至 814 年，阿拔斯商人遍布西方，查理曼成为耶路撒冷宗教信仰的保护者，保加利亚的克鲁姆汗则几乎推翻了君士坦丁堡的统治。

阿拔斯王朝的哈里发哈伦·拉希德（Harun al-Rashid）比尼基弗鲁斯一世更乐于向查理曼献殷勤以博取其欢心。作为阿拔斯王朝的盟友，查理曼不仅可以阻止拜占庭向西扩张，而且也可以维护阿拔斯王朝的利益，打击安达卢斯的倭马亚领地——科尔多瓦的埃米尔国。

这些利益更多是与贸易路线有关，与征服关系不大。786 年，哈伦·拉希德在父亲马赫迪死后继任哈里发，并很快为自己赢得了“正义者”的称号。他当上哈里发后最先采取的行动之一就是亲自领导一年一度的麦加朝圣之旅，他一到阿拉伯半岛，就给了麦加和麦地那的长官数额巨大的礼金。“通过哈伦之手，光明照进每个地方，”他的一名宫廷诗人这样写道，“由于他的行为公平公正，康庄大道已经铺就。作为领袖，他最关心的是搜捕异教徒，还有就是朝圣之旅。”[1]

实际上，拉希德对贸易活动比对搜捕异教徒更感兴趣。他并没有完全忽视与拜占庭之间正在进行的战争，但在他担任哈里发的前 15 年里，他更关心的是安全与繁荣，而不是征服；他把大部分精力都投入到建立和守护贸易路线上了。就任 10 年之后，他将都城由巴格达迁到了拉卡（Ar Raqqah），因为这里更接近北方通向可萨人领土的贸易路线。由于他们与可萨可汗之间保持半和平状态，所以阿拉伯商人现在可以向北行进，穿过里海隘口（穿越里海以西群山的路径），到达伏尔加河，在那里他们不仅可以与可萨人，也可以与斯堪的纳维亚商人进行交易。到了 8 世纪，来自斯堪的纳维亚北方王国的冒险者已越过波罗的海，沿着河流深入欧洲内陆，建立了一些小商栈。他们向阿拉伯买主提供充满异域情调和奢侈气息的皮草，而他们自己则希望得到本国所缺乏的金币和银币。[2]

拉希德对贸易路线的关注，意味着阿拉伯人已将手伸到武力征服所不曾触及的遥远土地。在查理曼的宫廷和拉希德位于拉卡的宫廷之间，使节们来回穿梭。阿拉伯使节走的是从地中海沿岸出发的海上航线，他们向南绕过意大利，来到港口城市热那亚，然后向北走陆路到达查理曼位于亚琛（Aachen，他新选的都城）的宫廷。拉希德派这些使节送出礼物：水力驱动的时钟、国际象棋、香料，还有一头名为阿布尔 · 阿巴斯（Abu'l-Abbas）的白象，是从一位印度国王那里获得的。查理曼喜欢在战争中使用战象这个主意。他带着这头大象参加了与北方入侵的斯堪的纳维亚人之间的战斗，吓了他们一大跳。[3]

拉希德的钱币所到的地方，甚至比他的大象更远。在 8 世纪和 9 世纪之交的某个时候，阿拔斯的一个商人将一枚第纳尔金币付给一个斯堪的纳维亚商人，后者把这枚金币带回北方，用它从一个盎格鲁–撒克逊商人手中购买货物，这个盎格鲁–撒克逊商人又带着这枚金币乘船回家，在英格兰麦西亚王国（Kingdom of Mercia）的一个港口登岸。此时，麦西亚已扩张至覆盖英格兰东南相当大的一部分地区，其统治者是国王奥法（Offa），一位基督教君主，他认为自己差不多像查理曼一样尊贵。* 奥法甚至发出外交信函，建议让他的儿子兼继承人与查理曼的女儿结亲——查理曼认为他太放肆了，下令法兰克港口暂时向麦西亚船只关闭。[4]

这个商人一到麦西亚，就把这枚金币付给旅店老板，在那里住了一个晚上，旅店老板则于当年晚些时候将金币付给了国王的税收人员。就这样，这枚金币落入了奥法的金匠之手，他当时正在考虑来年英格兰的钱币应该如何设计。他很喜欢拉希德的黄金第纳尔上面漂亮的图案，于是决定照搬这些图案。次年，英格兰君主铸造出来的货币一面刻着“奥法国王”，另一面上则用阿拉伯文刻着“万物非主，唯有真主，穆罕默德是真主的使者”。当然，金匠并不知道这些话是什么意思。“奥法国王”是正着写的，而那些阿拉伯字母却都写颠倒了。[5]

而在拉卡，通过与如此遥远的土地进行贸易（也通过实行在富有臣民死后没收其财产的政策），拉希德变得越来越富有。他的声名如此显赫，在他死后不足两代人的时间里，围绕着他已经产生了许多传说。一个世纪之内，这些故事初步定型，成为著名的《天方夜谭》（*Arabian Nights*）：这是一千零一夜中所讲述的故事，故事里有盗贼和英雄、妓女和王后，哈伦·拉希德和他的小丑都是里面的重要角色。[6]

---

* 基督教在597年奥古斯丁出使埃塞尔伯特宫廷之后，已在英格兰南部地区传播开来。664年，惠特比地区宗教会议（Synod of Whitby）宣布英格兰为基督教国家，服从教皇的领导。

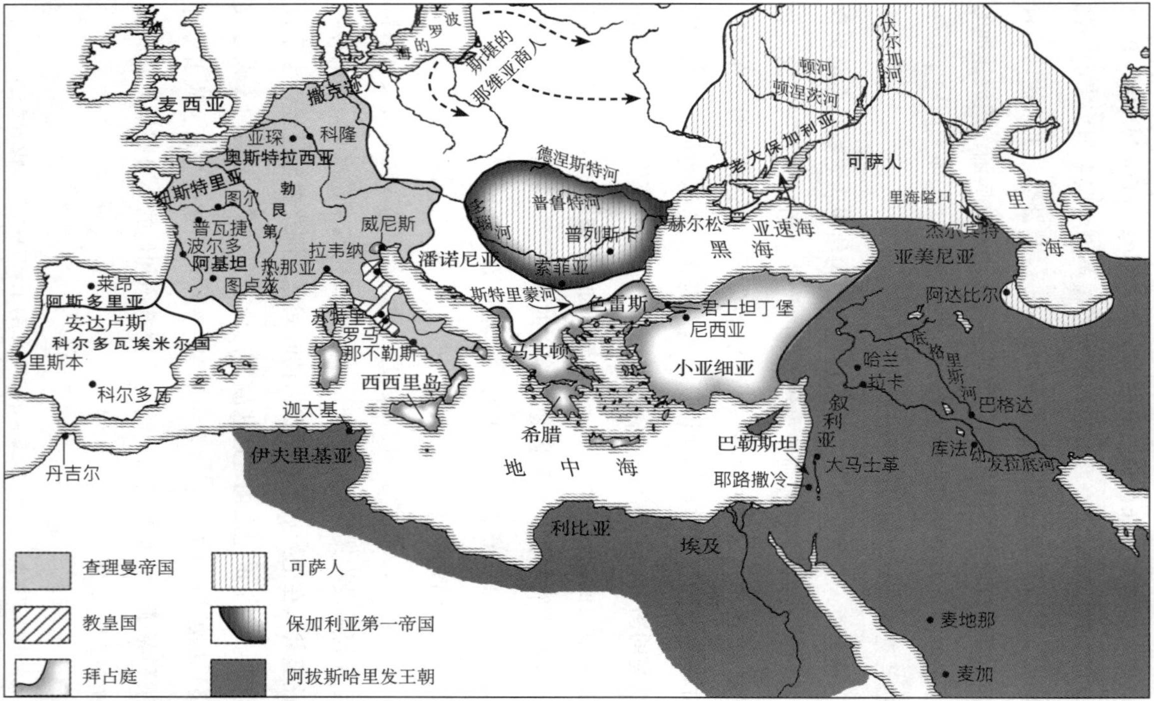

地图 18–1　保加利亚第一帝国的扩张

图 18–1　麦西亚的奥法所铸钱币

钱币上面刻有从阿拔斯第纳尔上复制过来的颠倒的阿拉伯文字。图片来源：©The Trustees of the British Museum / Art Resource, NY

拉希德对于帝国的防御也十分小心。他加强了东部边界的防御，目的是遏制扬言要入侵乌浒河附近阿拉伯人土地的吐蕃人。他同意手下对拜占庭的土地进行突袭，从而捍卫了西部边境，最后迫使尼基弗鲁斯一世每年缴纳一笔为数可观的岁贡——30 万第纳尔——来维持和平，这每年为哈里发的国库增加约 1.3 吨黄金的财富。*

807 年，拉希德再次用行动证明了法兰克国王查理曼在基督教体系中的重要地位。他颁布法令，保护处于阿拉伯统治之下的耶路撒冷的基督教圣地，允许基督教朝圣者不受任何限制地参观圣墓教堂［Church of the Holy Sepulchre，据说其所在的各各他（Golgotha）

* 第纳尔是一种标准重量 4.25 克的金币，迪拉姆是重 3 克的银币。通常情况下，20 迪拉姆等于 1 第纳尔。见：Jere L. Bacharach, “The Dinar versus the Ducat”, International Journal of Middle East Studies 4:1 (Jan. 1973), pp. 82–84。

山就是耶稣基督被钉死在十字架上的地方]、十架苦路（Via Dolorosa，意思是“受难之路”，是基督走向死亡的道路），以及他们信仰的基督教的其他标志性建筑。这道法令本来自然应该是要呈送教皇——所有基督徒的精神之父的，但拉希德的承诺却是向查理曼做出的，他还保证要给法兰克朝圣者优待。

与此同时，耶路撒冷主教派了两名教士到亚琛去，向查理曼赠送圣墓教堂的钥匙。尽管教皇已亲自加冕查理曼为基督教信仰的保护者，但这些对利奥三世来说肯定也是杯难咽的苦酒。[7]

而在君士坦丁堡，皇帝尼基弗鲁斯一世也无暇抱怨查理曼篡夺了自己作为罗马人的皇帝的角色，因为他整天都在担心保加利亚汗王。保加利亚汗王突然崛起，已成为西方伟大的统治者之一（虽然当时的历史学家们并不怎么注意他）。

保加利亚汗王名叫克鲁姆（Krum），大约在 796 年至 803 年之间的某个时候登上汗位，在他的统治之下，保加利亚力量壮大，变成一个大国。克鲁姆统治的南部疆域直接与拜占庭边境接壤，君士坦丁六世曾企图挑战克鲁姆的前任保加利亚汗王卡尔达姆（也可能是他的叔叔），结果却是灾难性的，这清楚地表明了拜占庭的领土现在是多么的脆弱。[8]

尼基弗鲁斯深谙这一点。805 年前后，克鲁姆入侵曾经辉煌的阿瓦尔人的领土，将其吞并之后，保加利亚的领土直接与查理曼领土的东部边界相接。尼基弗鲁斯决定向保加利亚进攻，他认为不能等着克鲁姆变得更加强大，于是开始让军队备战。

他花了一年多的时间才让部队上路，部分原因是在他做准备的时候发生了宫廷叛乱，他必须先将其镇压下去。但到了 808 年，他已将部队开进斯特里蒙河（Strymon）河谷，就在保加利亚的南部边境上。但他们还没准备好，克鲁姆的人马就突然现身，杀死了许多拜占庭士兵和军官，将他们赶了回去，甚至更糟糕的是，还缴获了他们所有的钱，这些钱都是尼基弗鲁斯让将军们带来发军饷用的——据狄奥法内斯说，一共有半吨黄金。[9]

现在，敌对状态开始变得严峻起来。809 年，克鲁姆率领军队攻克了拜占庭的一座边境城市塞尔迪卡（Serdica），屠杀了 6000 名拜占庭士兵和数百名平民。尼基弗鲁斯不能接受这次失败。那些从屠杀中幸免的军官害怕自己会受到审判，丢掉性命，就给他去信请求豁免，但遭到了他的拒绝，于是他们都逃跑了，并且纷纷加入保加利亚军队。[10]

尼基弗鲁斯一世花了一年多的时间才让军队做好准备进行反击，因为这段时间他又被国内的另一次叛乱分了心，这次叛乱是他决定提高所有人的税额导致的。他认为，只有将克鲁姆一举消灭才是恰当的回击，为此他从色雷斯和小亚细亚引入兵力以补充君士坦丁堡的损耗。811 年，拜占庭军队向克鲁姆位于黑海西侧普利斯卡（Pliska）的大本营前进。[11]

起初，拜占庭军队不断向前推进，克鲁姆的守军节节败退。看到对方部队如此勇猛，克鲁姆决定放弃普利斯卡。尼基弗鲁斯于 7 月 20 日抵达保加利亚首都，他站在大部队的最前面，命令手下对该城进行烧杀抢掠："他下令把那些愚蠢无知的动物、婴儿、所有的人，无论老少，全部屠杀殆尽，毫不留情。"狄奥法内斯这样写道。他终于占了上风，而且拒不接受克鲁姆提出的和谈建议。[12]

但克鲁姆并没有就此罢休。他带着所有能召集起来的人撤到一处山区，这里是拜占庭军队回家的必经之路，他们在山口处修建了一道木墙。7 月 25 日，在向君士坦丁堡凯旋的路上，尼基弗鲁斯和他的手下一头撞上了这道木墙。在障碍面前，人群拥堵，部队被困，保加尔人趁势发动了袭击。尼基弗鲁斯在前线战斗，很快就战死了。保加尔人还在木墙的另一边挖了一个大坑，里面装满了点燃的木头，试图爬墙逃生的拜占庭士兵纷纷掉进火坑里。[13]

拜占庭军队遭到屠戮。克鲁姆获胜之后，一点也不比对手仁慈。他将皇帝的尸体斩首，把他的首级插在棍子上，待皮肉腐烂殆尽之后，将骷髅头以银镶嵌，当成酒杯使用。

与此同时，尼基弗鲁斯的儿子兼副将斯陶拉基奥斯（Staurakios）逃了出来，但他的脊椎遭到重击，受了重伤。同伴把他拖回君士坦丁堡，他躺在担架上继承父亲的位置，被加冕为皇帝。不过，后来证明斯陶拉基奥斯所受的伤是无法治愈的。他瘫痪了，并于 10 月被迫让位给妹夫米海尔・朗加比（Michael Rangabe）。第二年年初，斯陶拉基奥斯过世。几个月来，他的背上生了褥疮，伤口感染了坏疽："他散发着恶臭，没人能够忍受，都不愿意靠近他。"狄奥法内斯写道。[14]

克鲁姆向米海尔・朗加比建议休战，但即使是这位保加利亚汗王已开始接近君士坦丁堡（812 年初，保加尔人已掌控了色雷斯的大部分地区），新任皇帝仍拒绝妥协。克鲁姆一度在整个欧洲最强大的君主中排名第二（或者第三），但他的骷髅头酒杯所代表的是一个野蛮残暴的世界。在米海尔・朗加比的眼中，克鲁姆是个汗王，而不是国王；是个野蛮人，是和自己不一样的人；是蛮族的首领，而不是一个西方王国的统治者。因为抱有这样的想法，所以米海尔・朗加比认为最好能与查理曼缔约。查理曼这个法兰克国王可能有些狂妄，但他毕竟是基督徒，而且法兰克人至少有两个世纪没有过将敌人肢解之后，再拿他们身体的某个部位当餐具的行为了。

眼看克鲁姆就要兵临城下了，米海尔·朗加比急忙同意承认查理曼是皇帝。但协议的用语极其勉强。米海尔·朗加比称颂查理曼为法兰克人的皇帝，赞美他建立了罗马帝国；但他自始至终都不曾称其为罗马人的皇帝。他不太情愿地承认了查理曼的帝位，作为交换，查理曼答应不再与拜占庭争夺对意大利城市威尼斯及其港口的控制权。[15]

确保会让克鲁姆腹背受敌之后，米海尔·朗加比又重新开始对保加尔人作战。到 813 年，他已经收复了色雷斯的部分领土，并在哈德良堡附近召集军队，准备发动一场大决战。

两军于 6 月 22 日相遇。狄奥法内斯写道：“基督徒在战斗中惨败，敌人获胜，大多数基督徒甚至都没等到开始交锋，就仓皇逃跑了。”显然，米海尔的军队对这次袭击是否明智产生了严重的怀疑。[16]

米海尔·朗加比被迫逃回君士坦丁堡，克鲁姆一直追到城下，然后开始围攻这座城市。一回到城墙里边，米海尔·朗加比就提出退位，因为如果他还留在宝座上，几乎肯定会被暗杀。军队和军官们都“对于被他继续统治下去感到绝望”，他们认为亚美尼亚的利奥，即拜占庭在小亚细亚地区的军政长官，应被立为新的皇帝。

在象征性的拒绝之后，亚美尼亚的利奥表示接受，他从小亚细亚出发，前往君士坦丁堡。他一路打进城去，于 7 月 12 日由牧首加冕为皇帝利奥五世（Leo V），而米海尔和他的儿子们则在一座教堂里避难，他们穿上教士的服装，表明自己愿意放弃权力。这保住了他们的性命，但没保住他们的“命根”。利奥五世的第一个行动就是阉割了米海尔的儿子们，然后将他们放逐到修道院里，使他们没有任何机会再回来争夺皇位。[17]

在此期间，克鲁姆让整个城市恐惧不已，尤其是他在金门前面举行了一次召唤魔鬼的献祭仪式。用狄奥法内斯的话来说，他是“西拿基立第二”（new Sennacherib）：古代的亚述王西拿基立在攻击耶路撒冷时曾试图灭绝上帝的子民，* 克鲁姆正在做的也是同样的事情。[18]

利奥五世以休战为名提出与克鲁姆会晤。但他不打算遵循此类会晤的惯例。在基督教君主之间当然需要遵循惯例，但惯例不能约束皇帝对待野蛮人的方式。于是，当克鲁姆走近会面地点时，就在城墙外，利奥的手下试图暗杀他。“但他们十分无能，”狄奥法内斯写道，“他受的伤并不足以致命。”[19]

克鲁姆逃过一劫，但他也受伤病所累，无法继续攻城。盛怒之下，他在被迫撤退回国养伤之前，命令军队洗劫了君士坦丁堡周围的土地。一路上，他放火烧掉了色雷斯的大片农田和村庄，还俘获了大量俘虏，他将这些俘虏安置在保加利亚，让他们离乡背井，始终提醒着人们拜占庭的背叛。

克鲁姆伤愈之后，就开始计划对君士坦丁堡发动最后一击。但在 814 年，他还没准备好就死了。没有了克鲁姆的愤怒驱使，保加利亚战车势头大减。利奥五世派兵与保加尔人对战，试图将其从色雷斯赶走，他取得了一些胜利。没过多久，克鲁姆的继任者、他的儿子奥穆尔塔格（Omurtag）同意与拜占庭签订 30 年的和平协定。

这场危机结束了，但蛮族几乎打垮了希腊人的帝国。更重要的是，克鲁姆的统治揭开了保加利亚持续百年强盛的序幕。源自拜占

* 见《列王纪 · 下》第 18—19 章。

时间线 18							
唐朝	拜占庭	阿拉伯帝国	法兰克人	不列颠	保加尔人	阿斯多里亚	伦巴第人
玄宗（712—756）		**苏莱曼**（715—717）					
	利奥三世（717—741）	**欧麦尔二世**（717—720）	查理·马特（717—741）				
		围攻君士坦丁堡（718）				**佩拉约**（718—737）	
		耶齐德二世（720—724）	图卢兹战役（721）				
吴道子		**希沙姆**（724—743）	**提奥多里克四世**（721—737）				
李白 王维							苏特里捐赠（728）
			图尔战役（732）				教皇格列高利三世（731—741）
	君士坦丁五世（741—775）		卡洛曼（741—747）/小丕平（741—751）				教皇扎迦利（741—752）
		瓦利德二世（743—744）	**希尔德里克三世**（743—751）				
		耶齐德三世（744）					
		马尔万二世（744—750）					
		阿拔斯（750—754）					**艾斯图尔夫**（749—756）
怛罗斯战役（751）		阿拔斯王朝（750—1258）	**小丕平**（751—768）				教皇斯德望二世（752—757）
龙尾城之战（754）		**曼苏尔**（754—775）	加洛林王朝开始				
安史之乱（755—763）							
肃宗（756—762）		（科尔多瓦）**阿卜杜·拉赫曼一世**（埃米尔，756—788）		（麦西亚）**奥法**（757—796）			**德西德流斯**（756—774）
代宗（762—779）							

时间线18（续表）

唐朝	拜占庭	阿拉伯帝国	法兰克人	不列颠	保加尔人	阿斯多里亚	伦巴第人
			查理（768—814）/卡洛曼（768—771）				
	利奥四世（775—780）	马赫迪（775—785）			卡尔达姆（777—约803）		查理（774—814）
德宗（779—805）	君士坦丁六世/伊琳娜（780—797）		虔诚者路易（分封国王，781—813）				丕平（分封国王，781—810）
		哈伦·拉希德（786—809）					
	第二次尼西亚公会议（787）						
						阿方索二世（791—842）	
							教皇利奥三世（795—816）
	伊琳娜（797—802）						
			查理曼加冕（800）				
	尼基弗鲁斯一世（802—811）				克鲁姆（约803—814）		
顺宗（805）							
	斯陶拉基奥斯（811）	艾敏（809—813）					
	米海尔·朗加比（811—813）						
	利奥五世（813—820）				奥穆尔塔格（814—831）		

庭俘虏那里的基督教已经在保加尔人之间传播开来，在基督教的帮助下，克鲁姆的后代开始将保加尔的游牧部落重新塑造成一个足以在西方世界占据一席之地的王国。[20]

/ 19

城堡领主与摄政

790 年至 872 年，贵族世家控制着新罗，而藤原氏家族则掌控日本。

在摇摇欲坠的唐朝以东，统一新罗和渤海国的诸王正在调整自己，以适应新的格局。由于唐朝军队的因素，二者之间曾一直存在敌意，如今没有了唐朝的影响，他们达成了协定。几十年来第一次，新罗人不再置身于一场无休止的战争之中，而是可以投入一些精力，考虑一下国内的情况了。

当时的情况不算太好。8 世纪的时候，新罗的权力所在几乎完全基于血统，这被称为“骨品制”。一个贵族，若其父母双方都具有王室血统，他就拥有傲视天下的“圣骨”地位；如果父母只有一方是王室出身，孩子就是“真骨”。直到 7 世纪中叶，还只有圣骨贵族才能统治新罗，但在太宗武烈王时代之后（他在 660 年已通过征服百济，开始在朝鲜半岛实现统一），真骨贵族也坐上了新罗的王座。[1]

在这些王室出身的特权阶层下面是一个又一个贵族阶层，他们持有各种“头衔”，地位根据其家庭血统的纯洁性依次递减。一共有 17 个不同骨品，若是没有骨品出身，就终生无法享有任何特权。在新罗，骨品等级是仕途发展的关键，一位名叫薛罽头的官员十分厌恶地写道：“新罗用人论骨品，苟非其族，虽有鸿才杰功，不能逾越。我愿西游中华国。”[2]

薛罽头最终的确去了中国，在那里，他希望通过尽忠职守得到晋升。在 8 世纪中国的儒家书院里，一名勤奋的学生若能努力奋斗，德才兼备，精通支撑儒家社会的各项礼仪，就能在身份地位的等级上一路攀升。而在新罗，骨品制则继续固化新罗社会，过细的社会等级划分保持不变，让权力只集中在贵族手中，禁止有能力的平民爬上高位。

790 年前后，新罗元圣王开始想方设法绕过这些僵化的、不能变通的规定。元圣王是真骨出身，但他不是直系王裔。5 年前，由于宣德王无嗣，所以死后由他继承了王位。元圣王能够掌权，要感谢的是真骨贵族，但正是由于这些真骨贵族坚持世袭特权，导致国家衰败。

因此元圣王决心把权力赋予那些具备经国之才的人。他在继位 5 年后，创立了一套新的国家选拔制度；候选人不再按照各自出身的骨品等级获得官职，而是必须展现自己对于中国儒家经典和学说的理解。这些内容在国家设立的太学中都有讲授，太学成立于 4 世纪的高句丽时期，历经数百年乱世而延续下来。元圣王建立了新的考试制度，其核心是儒家思想所倡导的德才兼备，而不是仅凭社会关系，这是新罗的领袖人物需要具备的素质。[3]

强调学识，而不仅仅是出身，这是儒家子弟所支持的，比如薛聪，他出名是因为他能将中文经典转译成人们日常使用的语言。“以方言读九经，训导后生。”他的传记作者在《三国史记》一书中这样告诉我们。[4]

这并不是一件容易的事。因为文字是从中国传到朝鲜半岛的，有学问的人都使用汉字，但他们使用汉字也都是用来写作汉语作品，新罗的语言仍然没有一个自己的文字体系。为了完成翻译工作，薛聪只好发明了一套新的体系，用中文字符来记录新罗的词汇。虽然字符和词汇之间的匹配十分别扭，不够完善，有成千上万个新罗词汇没有对应的书写形式，但薛聪的方法仍然沿用了差不多有 700 年的时间。朝鲜半岛正在非常缓慢地从中国文化这把巨大的保护伞之下一步步走出来。[5]

就像薛聪的文字体系一样，元圣王的改革也不是那么完善的。他试图让政府向那些骨品等级较低或非骨品出身的人开放，这在真骨贵族当中很不得人心，因为这样一来，他们对权力的掌握就松动了。新罗政府中最有权力的高官执事史带头反对元圣王的改革。元圣王的儿子先他而死，留下一个体弱多病的孙子作为他唯一的继承人，这进一步削弱了他的力量。798 年元圣王死后，他的孙子昭圣王统治了不到 2 年的时间也过世了。昭圣王年幼的儿子哀庄王继承王位，但他此时尚不足 13 岁，所以由其叔父担任摄政王，掌握实权。[6]

统一新罗自此缓慢走向衰落，历史学家将这一阶段划为新罗晚期。统治者更换十分频繁，过程充满暴力。809 年，年轻的哀庄王被叔父杀害，后者登基为王，是为宪德王。宪德王一上台就有一场叛乱需要平定，叛军首领是武烈王的后代，他以宪德王篡权为借口，在中部城市忠州自立为王。叛乱被镇压之后，叛军首领的儿子再次领导叛乱，又再次被镇压。[7]

元圣王的后裔依然留在宝座上，但王权已开始旁落。而且，虽然新罗贵族也加入了抵制国王改革的运动，但贵族们没能保持团结。相反，那些高骨品的贵族蓄养私兵，开始彼此争斗，他们好不容易从国王手中夺取到权力，每个人都想多分一点。他们努力保持自己生来即已具有的权力，但在不经意间，这种权力的基础开始有了变化：一个人的私兵规模及其战斗技巧，而不是他的骨品级别，成为其影响力大小的决定性因素。[8]

篡权者宪德王死于 826 年。继任者是他的弟弟兴德王，他所面对的是一个武装起来的、斗争不断的农村。国王的部队已向内地收缩，向首都撤退。来自中国的海盗沿着海岸逡巡，阻挡贸易路线，绑架没有防备的新罗人，再把他们当奴隶卖掉。当兴德王手下一名年轻的指挥官张保皋请求允许他在西南方的莞岛上组建一支沿海驻军时，兴德王立刻就同意了："大王与保皋万人，"《三国史记》这样告诉我们，"此后海上无鬻乡人者。"张保皋在黄海巡逻，将大部分海盗赶出了新罗水域，但这也使他的权力越来越大。在他的海上基地，在国王看不见的地方，他为自己建立了一个小型的私人王国。[9]

兴德王死后无嗣，公开的战争爆发了。他的堂兄弟和侄子对王位展开了争夺。一个被杀害，另一个在宝座上坐了不到一年就自杀了，第三个宗亲戴上了王冠。但几个月后，他也被当时已是黄海霸主的张保皋及其盟友金祐徵赶下台去。两人一同步入都城庆州，金祐徵自立为王，是为神武王，张保皋则在幕后掌权。

神武王登上王位 4 个月就一病不起，其子文圣王继位。但与前几任新罗王不同，文圣王在王位上一坐就是将近 20 年——这在很大程度上是因为已经有了让新罗贵族和他们的私兵比较满意的权力分配办法。他们不再争取控制都城，夺取王位，而是转向外围，就像张保皋一样，他们在边远地区经营自己的领地，在那里称王称霸。在他们的私人王国里，他们像张保皋那样，与中国唐朝和日本进行贸易，在掌握权力的同时也累积财富。文圣王之所以能在王位上坐这么长的时间，部分原因其实是他越来越无关紧要了。[10]

846 年，张保皋——第一个建立这种私人小王国的人——提出要将他的女儿嫁给文圣王，这样一来，他就跟王室有了直接的关系，这对他蓄养私兵和维持海上霸权都有利。真骨贵族认为这样一来他的权力就太大了，于是几个人联手刺杀了张保皋。[11]

文圣王留在了宝座上，但已无实权。不到一个世纪，统一新罗已经徒有统一之名而无其实。最有权势的贵族蓄有最强大的私兵，他们在自己的领地中心建起堡垒，在地方上当土皇帝。他们被称为“城主”，有权自己收税，不需要将税金上交给设在庆州的名义上的中央政府。分散在乡下各处的佛教寺院利用国王的软弱，也如法炮制，为私人利益圈地敛财。农民和商人没有军队，也得不到王的保护，于是越来越不遵纪守法，许多人都落草为寇、占山为王。[12]

新罗已是摇摇欲坠，大厦将倾。

在一水之隔的东方，也开始飘过几片云朵，掩住人民的北极星——日本天皇——的光芒。

坐在宝座上的是桓武天皇，但他已不在曾颁布《养老律令》的首都奈良。相反，他决心与过去决裂。他现在统领的崭新的朝廷位于奈良西北约 50 千米的地方——长冈京。

桓武天皇是日本的北极星，是国家与上天联系的纽带，是秩序和法律的保证——但这些听上去很响亮的职责正迅速变成象征

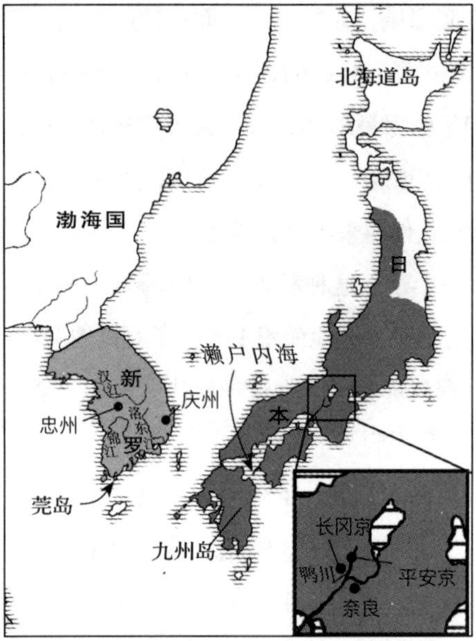

地图 19-1 统一新罗与日本

性的。日本的权力分散在全国各地，各部族领袖在这些地方继续保持自己的权威。从桓武天皇时期的编年史中可以看出，奈良的寺院和贵族一直在积极为自己聚敛越来越多的财富和权力。在朝廷搬迁前后，有历史记录告诉我们，“比来，或王臣家，及诸司、寺家，包并山林，独专其利”，而“丰富百姓，出举钱财。贫乏之民，宅地为质，至于迫征，自偿其质，既失本业，迸散他国”。像寺院一样，贵族们也放高利贷，还不上钱的人就要以其田产抵债。[13]

有一个贵族家族藤原氏——天智天皇的终身挚友中臣镰足的后代——在奈良的权势比其他家族都大。藤原家族从中臣镰足那里继承了监督朝廷礼仪和仪式的特权，这给了藤原氏控制宫廷中心的权力。桓武天皇统治伊始，这个家族有多达 4 个主要分支生活在都城内外。

桓武天皇迁都至长冈，在很大程度上就是为了摆脱一天到晚包围着他的来自藤原家族的朝臣们。迁都的决定是一怒之下做出的，甚至有些孤注一掷，进行得十分仓促。30 万人夜以继日地劳作，在不到半年的时间里就建成了一个完整的皇家宫殿建筑群。但是，虽然天皇可以离开奈良，却仍然难逃藤原氏权势的包围。他的正妃是藤原氏贵族之女，左右大臣都是藤原氏，而且他还不得不任命了一名藤原氏官员为他督造新都。[14]

桓武天皇在他位于长冈的奢华宫殿里生活了 10 年时间。在此期间，他厄运连连，经历了罹患疾病、家人离世、朝官内讧，到了 794 年，他确信这座城市遭受了诅咒。但他也不愿再回奈良，因为那里同样令他头疼。于是他再次迁都，这次迁往的是山城国。怀着美好的愿望，他下令将其改名为平安京，意思是“和平之都”。[15]

这次，都城在这里固定了下来。长冈京逐渐衰落，而平安京——现在的京都——在之后近千年的时间里，一直是日本的首都。*

桓武天皇死于 806 年。他在位 20 余年，生了 32 个子女。806 年至 833 年间，他有 3 个儿子先后继承皇位。这几个儿子有一个共同的特点：他们都是主动退位将皇位传给下一任的。他的长子，平城天皇，在位仅 3 年，就因病重而退位，将皇位传给了弟弟嵯峨天皇。** 在位 14 年后，嵯峨天皇也退位了，他将皇位传给了三弟淳和

---

* 迁都平安京标志着日本历史上“奈良时代”（710—794）的结束和“平安时代”（794—1185）的开始。

** 不料平城天皇后来病愈，试图夺回皇位，结果惨败。嵯峨天皇将其挫败，其同谋或被捕或自杀，平城天皇被迫遁入佛寺，在那里一直待了 14 年后去世。

天皇。淳和天皇在位10年，又于833年将皇位传给了侄子，嵯峨天皇时年23岁的儿子仁明天皇。[16]

这一系列退位、传位十分清楚地说明了一件事：天皇不是皇帝，不是中国、拜占庭或波斯的君主。天皇不像皇帝那样进行统治，不能控制军队、制定法律。他统而不治，其光芒所及之处，权力分散在其他人身上。藤原家族出身的官员们掌管着朝廷的礼仪及其日常运转。远离京城的各国由地方长官掌管，他们负责自行收税——而且经常将这些税款留为己用，而不是上交到都城去。[17]

他们还经常虚报税单，而无论都城内外，日本的农民和小商小贩都不断发现有人压榨自己，逼迫自己从微薄的利润中再多拿出些钱来上交。这样的敲诈勒索，天皇并不加以制止，结果本来受到桓武天皇两次连续迁都所累已经压力深重的乡村地区，更加不堪重负了。每次迁都，既要建设新都，又要打造天皇的新居，都需要提高赋税、摊派徭役。842年，在仁明天皇统治期间，史书中有一条记载，让我们可以粗略地了解一点平安京城墙外极端贫困的状况："敕左右京职，东西悲田，并给料物。令烧敛嶋田及鸭河原等髑髅，总五千五百余头。"《续日本后纪》这样告诉我们。沿着流经平安京的鸭川而居的农民极端贫困，甚至连死后埋葬在坟墓或墓穴里的费用都负担不起，他们只能在沙地上挖个洞将尸体埋住，结果河水将沙子冲走，骸骨都被冲上岸来。[18]

仁明天皇于850年退位。他娶了一个出身藤原家族的妻子，其具有一半藤原氏血统的儿子文德天皇即位。文德天皇时年23岁，在任期间几乎无事可做。藤原氏官员代他治理国家，他的时间似乎大半都在后宫度过。他在30岁出头的时候，已经生了27个子女。[19]

但他的正妃藤原顺子是野心勃勃的藤原良房的女儿。这桩婚姻是藤原良房一手策划的，他满意地看着顺子诞下了皇位继承人，然后利用自己与皇家的姻亲关系于857年被任命为众臣之首——太政大臣。一年后，文德天皇去世，终年31岁。他的儿子，年仅8岁的清和天皇继位，而作为孩子的外祖父，藤原良房借口天皇年幼，把持了朝政大权，几年后更是正式就任摄政。

这是第一次由一个“外人”、一个不是出身皇室的人，登上摄政的位置。但此时，皇室和藤原氏的血脉早已错综交缠，所谓纯净的皇家血脉只是象征性的——就像年幼的天皇手中的权力一样。清和天皇坐在宝座上，像一颗北极星一样，美丽、崇高，却没有什么权力，代他进行统治的是摄政。

即使在清和天皇成年之后，摄政仍然不肯下台。他不受法律约束，不属于皇家范畴，他的权力来自天皇，但凌驾于天皇之上。藤原良房甚至替清和天皇安排婚姻大事，让他娶良房自己的侄女为妻（她是年幼天皇的表亲，和他隔了一代）。这让藤原良房同时成为皇帝的外祖父、摄政和岳叔父。这个婚姻使皇室和藤原氏之间又多了一重联结，藤原氏的权力又大了一点。这位年轻姑娘藤原高子本人，在这个问题上根本没有选择权。她有自己的爱人，但后世的诗歌告诉了我们她这个爱人的不幸命运：他被逐出朝廷，被迫遁入空门，直到年老体衰都没再见到自己心爱的人。[20]

872年，藤原良房过世，但他将自己的职权传给了养子藤原基经。清和天皇此时22岁，并不需要什么摄政了，但藤原基经急于行使摄政的所有权力。4年后，清和天皇26岁时，藤原基经说服其退位，将皇位传给了太子，清和天皇年仅7岁的儿子阳成天皇。

天皇死后将皇位传给年幼的继承人，这种事往往不可避免，但天皇主动退位将皇位交给一个小孩子，这清楚地表明了一个事实：

时间线 19

法兰克人	不列颠	保加尔人	阿斯多里亚	伦巴第人	唐朝	日本	统一新罗	阿拉伯帝国
卡洛曼（741—747）/ 小丕平（741—751）				教皇扎迦利（741—752）			**景德王**（742—765）	
希尔德里克三世（743—751）								**瓦利德二世**（743—744）
								耶齐德三世（744）
								马尔万二世（744—750）
				艾斯图尔夫（749—756）				**阿拔斯**（750—754）
小丕平（751—768）				教皇斯德望二世（752—757）	怛罗斯战役（751）			阿拔斯王朝（750—1258）
加洛林王朝开始					龙尾城之战（754）			**曼苏尔**（754—775）
					安史之乱（755—763）			
				德西德流斯（756—774）	**肃宗**（756—762）			（科尔多瓦）**阿卜杜·拉赫曼一世**（埃米尔，756—788）
	（麦西亚）**奥法**（757—796）							
					代宗（762—779）		**惠恭王**（765—780）	
查理（768—814）/ **卡洛曼**（768—771）								
				查理（774—814）				**马赫迪**（775—785）
		卡尔达姆（777—约 803）			**德宗**（779—805）			
虔诚者路易（分封国王，781—813）				丕平（分封国王，781—810）		**桓武天皇**（781—806）	**宣德王**（780—785）	

时间线 19（续表）

法兰克人	不列颠	保加尔人	阿斯多里亚	伦巴第人	唐朝	日本	统一新罗	阿拉伯帝国
						迁都至长冈京		
							元圣王（785—798）	哈伦·拉希德（786—809）
			阿方索二世（791—842）					
				教皇利奥三世（795—816）				
						迁都至平安京	薛聪	
							昭圣王（798—800）	
查理曼加冕（800）							哀庄王（800—809）	
		克鲁姆（约 803—814）						
					顺宗（805）			
						平城天皇（806—809）		
						嵯峨天皇（809—823）	宪德王（809—826）	艾敏（809—813）
								马蒙（813—833）
		奥穆尔塔格（814—831）						
丕平一世（分封国王，817—838）/ 日耳曼人路易（分封国王，817—876）								
						淳和天皇（823—833）	兴德王（826—836）	
							张保皋	
						仁明天皇（833—850）		穆阿塔绥姆（833—842）
							神武王（839）	
							文圣王（839—857）	
无地的查理（840—877）								
								穆瓦塔基勒（847—861）

时间线19（续表）

法兰克人	不列颠	保加尔人	阿斯多里亚	伦巴第人	唐朝	日本	统一新罗	阿拉伯帝国
			奥多诺一世（850—866）			文德天皇（850—858）		
		鲍里斯（852—889）						
						清和天皇（858—876）		
						藤原良房摄政（866—872）		
						藤原基经摄政（872—891）		
						阳成天皇（876—884）		

天皇不再需要进行实际统治。摄政身上体现着天皇的荣耀，将替他进行统治。而天皇本人则只需要存在即可：他将人民与神圣秩序连接起来，他的存在是必需的，但也是被动的。

/ 20

外来者的胜利

806 年至 918 年，藩镇割据、义军作乱、外族进犯。唐朝被摧毁，五代十国时代就此展开，而统一新罗则被乱军首领和流亡王子瓜分，形成后三国。

大唐帝国版图缩水、挣扎求存，不过尚未丧失一切。在安禄山叛乱的余波中，唐朝皇帝重建的税收制度相当有效。食盐的销售现由皇家垄断，为皇室金库带来大笔现金收入。皇权虽被削弱，但尚未被贫穷困扰。

税收和食盐已在皇家控制之下，但曾由唐朝牢牢控制的边远地区就不是这样了。早期的皇帝划出了许多藩镇，任命了许多节度使，如今他们纷纷在自己的领地上称王称霸、为所欲为。这些节度使有的是汉族血统，也有许多是“蛮夷”出身，他们都是战士的首领，得到允许率领族人定居在唐朝境内，作为交换，他们同意保卫唐朝领土，抵御外族入侵。

各藩镇对唐朝是否忠诚，情况千差万别。有些边境民族，比如沙陀突厥，正在自我改造，被汉人同化，但也有些民族完全无视长安城的皇帝。唐帝国的边境不仅已被渗透，而且变得模糊不清。人们旅行在外，走得离长安越远，就越难弄清自己是否已经走出唐朝地界。[1]

805 年，唐宪宗即位后，开始试图在这些边远地区重振皇权。806 年至 817 年，他发动了一系列战争，逐渐削弱藩镇。他擒获那些顽抗到底的节度使，将其带回都城处死。到 820 年，他几乎完全恢复了朝廷对唐朝原有土地的控制权。[2]

然后，正当这位充满干劲的年轻皇帝打算最终一统帝国时，却英年早逝，终年仅 42 岁。有传言说他是被宫中两名对皇权心怀怨恨的宦官毒害的，更有人确信他的儿子兼继承人唐穆宗也参与了谋害之事。无论传言是真是假，穆宗最终继承皇位，而他却没能保住父亲征服的成果。唐穆宗及其继承人唐敬宗，都以游乐无度著称，整日置酒欢宴，特别爱打马球。他们让宦官掌管朝廷的日常运作，有一位史家哀叹道："国统几绝。"[3]

到 826 年，各藩镇再度割据，朝廷事务则完全掌握在宦官手中。他们杀害了唐敬宗，当时敬宗年仅 18 岁，在位不足 3 年。他们拥立敬宗的弟弟唐文宗登基为帝。

唐文宗死前在皇帝的宝座上坐了 14 年，能坐这么久，只是因为他愿意放弃皇帝的实权，而将其拱手交给帝国边境的藩镇和宫中的官员，这些官员多数是宦官（因宦官不太可能篡夺皇位，建立新朝）。这种状况本来有可能导致混乱无序，就像统一新罗一样，但唐朝的宦官们干得不错，国家运转良好。838 年，文宗的傀儡统治进入第十二个年头，日本僧人圆仁来到唐朝。他在游记中记录的是一个秩序良好、效率很高的国家，看起来欣欣向荣：给他留下深刻印象的是，在都城长安的一个中心区域，就有 4000 余家店铺，运河两岸华屋美厦鳞次栉比，河上到处都是满载官盐的大小商船，密密麻麻。[4]

尽管宦官们在行政管理方面干得很好，但他们遇到军事危机就无能为力了，因为他们都是文官，没学过兵法。但幸运的是，当时没有外敌入侵的威胁。藩镇虽已坐大，却也没有接管大唐帝国中心的野心；渤海国、统一新罗和日本大和民族都在忙着各自的内政。在唐文宗的继任者统治期间，北方的回鹘帝国因内战而分裂瓦解；来自北方的游牧民族乘虚而入，将回鹘牙帐洗劫一空，回鹘人纷纷逃向南方和西方。而长久以来一直侵扰唐朝西南边境的吐蕃帝国，则由于一场宗教战争而分裂。[5]

唐朝暂时保持稳定，这使皇帝和宦官都得以集中精力开展贸易、垄断官盐、征收赋税，并鼓励对文学艺术的追求。869 年，唐懿宗在位期间，统一新罗的君王甚至派太子到唐都长安来学习。

一切都很正常——直到可怕的军事危机爆发。危机并非来自外部，而是来自内部。危机并非哪个藩镇势力主导的，而是源自一种令藩镇也能感受到的紧张局势：一个外来者想要打入内部，成为圈内人。

874 年，一个名叫黄巢的年轻人科举考试失利，怒气难平。黄巢从小就聪明过人，素有才名，如今赴考居然落第，他对此简直难以置信。科举制度之前就曾受过抨击。数十年前，出仕为官的大诗人韩愈就曾恨恨地抱怨说，学子所受的应试训练教给他们的只是“俳优者之辞”，答案都是早就准备好的，根本不是真才实学。现在，黄巢因落第而耿耿于怀，他宣称科举制度只不过是一种排除工具而已，被政府用来排除异己，不让他们出仕。[6]

黄巢变得目无法纪。他立足北方东部沿海地区，就在黄河以南，开始倒卖私盐，打破官盐垄断——因为他觉得这不公平。很快就有许多其他同样对现状不满之人加入。而且中国北方连续几年收成不好，广大农民饥肠辘辘，也不免铤而走险。走私者的队伍日渐壮大，开始有了一些绿林行为。他们在附近拦路抢劫富商，也劫掠富裕的城镇，还在沿海地区袭击并杀害外国商人。[7]

朝廷终于从长安派兵捉拿这些肇事者，但黄巢和他的同伙进行了回击。加入他们事业的农民越来越多，不久，起初的一伙绿林好汉就成长为一支羽翼丰满的起义军，据说足有50多万人马。

之后，战事在北方持续了4年。起义军未能占领洛阳，于是就一路向南攻城略地，越过长江，直抵广州。黄巢将其大本营建在这里，又掉头向北，开始向长安城进军。881年初，他兵临城下，最终占领了长安。[8]

当时的皇帝是唐懿宗的继任者唐僖宗，他带领朝廷逃离长安，在西南城市成都驻扎下来。黄巢占领了长安城，控制了皇宫，他登基自立为帝，宣布开始一个新的朝代。[9]

唐僖宗决心反击，他雇用了来自北部边境沙陀部落的突厥佣兵，以加强受损的兵力。像藩镇一样，他们是唐朝外围一支多少能独立的军事力量；但与希望完全摆脱唐朝控制的藩镇不同，沙陀人本是外来者，却迫切希望变成圈内人。

沙陀将领李克用本是突厥人，但他取了中国名字，遵循中国习俗。他率领4万骑兵南下，帮助唐僖宗围攻长安。882年，在长安城外，唐朝军队和突厥佣兵携手迎战黄巢指挥之下的起义大军。次年，梁田陂一役，黄巢战败，被迫向北撤退，远离长安和他已征服的土地，而离沙陀人的地盘却越来越近。李克用紧随其后，一路对义军骚扰不断。

为他提供帮助的是黄巢的前盟友朱温。此时朱温已背弃黄巢，转而归唐。他受命统率部分唐军，与李克用一道镇压叛乱。

884年，起义军与政府军于黄河岸边再次相遇。这一次，黄巢及其手下被彻底击败。黄巢虽自屠杀中脱身，最后却走投无路，自杀身亡，以免被李克用所擒。

唐僖宗嘉奖李克用，封他为陇西郡王。然后，唐僖宗回到长安，但他这次入城远称不上是凯旋。帝国支离破碎，洛阳和扬州两座城池已被付之一炬，长安城也破败不堪，人们意志消沉。诗人韦庄哀叹道：

长安寂寂今何有？
废市荒街麦苗秀。
采樵斫尽杏园花，
修寨诛残御沟柳。
……
昔时繁盛皆埋没，
举目凄凉无故物。
……
天街踏尽公卿骨！[10]

唐僖宗保住了帝位，但权力已失，大唐王朝也走上了末路。

888年，他的儿子唐昭宗继位，他所统治的唐朝濒临灭亡。帝国又苟延残喘了近20年，其间叛将朱温和突厥将领李克用的权势继续增长。在北方受封为陇西郡王的李克用已在封地建立了独立王国——就像那些有机会坐大的藩镇一样。他在自己的领地上四处安插沙陀亲信，让他们担任官职，不再服从唐朝皇帝的统治。[11]

他和从前并肩作战的将领朱温也闹翻了。叛乱平息之后，朱温由于李克用获得的封赏比自己更多而感到愤愤不平。他逐渐蚕食长

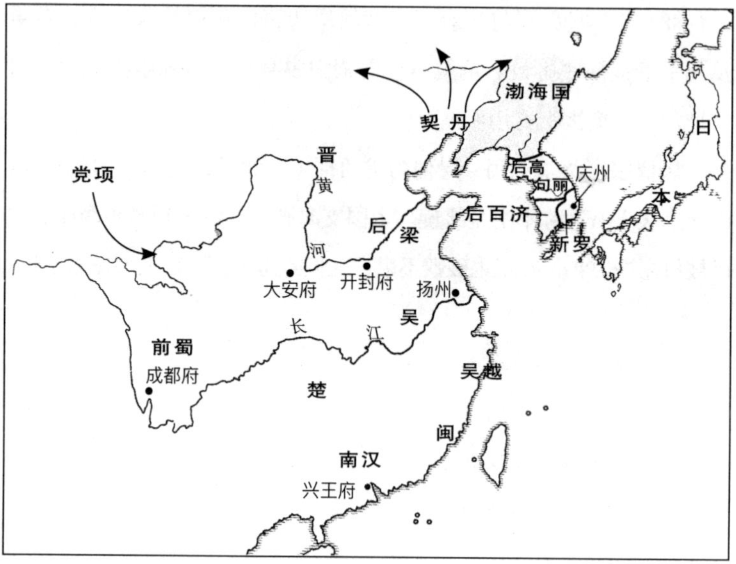

地图 20–1 五代十国（后梁时期）与后三国形势图

安城和李克用的领地之间的土地。901 年至 902 年，他两次试图侵入李克用的领地，两次都被击退。

不过朱温在长安城里的运气更好一些。皇帝担心李克用权力过大，同时为了让朱温保持忠诚，赐他名为“全忠”。朱温接受了封赏，之后开始一步步小心谨慎地将皇帝从其拥趸之中孤立出来：他给这些忠臣安上反贼的罪名，将其或杀害，或流放，然后把他自己的手下安插在倒霉的皇帝身边，最后以皇帝的名义下令，将整个朝廷迁至洛阳。[12]

这引起了朝廷其余官员的警惕，在许多城市，忠于皇帝的官兵纷纷赶往洛阳，决心要把皇帝从奸臣手中拯救出来。朱温听说此事，派人刺杀了皇帝，之后又处死那些刺客，宣称自己忠于皇帝。那些原本的救兵，要么为其所骗，要么彻底死心，纷纷转身撤离。

于是，904 年朱温授意让唐昭宗年仅 12 岁的儿子登基，是为唐哀帝。他是个真正的傀儡皇帝，对朱温唯命是从。外来者朱温现在几乎已到达大唐帝国的中心，他只是在名义上还不是皇帝罢了。

下一步就是真正当上皇帝了。次年，朱温迫使唐哀帝下令处死他的 9 个兄弟，以及所有仍旧忠于皇室的大臣。他们全部被绞杀，尸体被扔进附近的河里。907 年，朱温已经准备好自己称帝了。他迫使 15 岁的皇帝退位，建立了自己的朝代——后梁。[13]

这是一个短命的王朝：后梁只从 907 年延续到 923 年即宣告结束。但唐朝末代皇帝唐哀帝退位（以及他次年被杀）之事使中原陷入众多小国彼此角逐、兵燹不断的乱世之中。这个时期被称作五代十国，一直持续到 979 年。在短短 70 多年的时间里，割据政权此起彼落，北方地区有 5 个朝代依次更替，各地则陆续出现了 10 多个割据政权。*

在遥远的北部地区，一个新的帝国兴起了。北方的契丹首领耶律阿保机与沙陀人结盟，开始了一系列征服活动，最终创建了幅员辽阔的契丹国。随着唐朝末代皇帝殒命，中国的内核消失不见，剩下的只有外围。[14]

在中国各藩镇割据称雄的同时，统一新罗的城主们也在国土上划线圈地，他们划出的裂缝越来越深，国家濒临崩溃。

而景文王，就是那位送儿子去中国唐朝留学的新罗王，无意中又在这道裂缝中插入了一个楔子，加速了国家的分裂。他娶了一位

---

* 五代包括：后梁（907—923）、后唐（923—936）、后晋（936—947）、后汉（947—950）与后周（951—960）；十国则为吴（902—937）、吴越（907—978）、闽（909—945）、楚（907—951）、南汉（917—971）、前蜀（907—925）、后蜀（934—965）、荆南（924—963）、南唐（937—975）和北汉（951—979）。

出身名门的贵族小姐，但妻子未能为他诞下继承人，所以他又娶了她的妹妹为妃。这位妃子也同样不育。正当这对姐妹在宫中彼此明争暗斗的时候，景文王的另一个妃嫔却为他生下了一个儿子。

这对姐妹又妒又怕，命人杀死那位妃嫔和她的儿子。眼看女主人性命不保，奶妈挺身带着孩子从刺客手中逃脱，最终躲入一座寺庙。这个小男孩名叫弓裔，由寺院的僧人抚养长大，他知道自己出身王室，从未忘记母亲被人杀害和自己流离失所。被刺杀的时候，他还失去了一只眼睛。[15]

数年之后，景文王的王后终于诞下一子。景文王悉心保护这个孩子，将其立为太子，并送他去中国学习儒家政府的治国之道。回国之后，这个男孩在父亲死后继位，他就是宪康王。他肯定发现了自己还有一位同父异母的哥哥流亡在外，存身寺庙之事，但不知道他对此有何反应。

宪康王在位12年，尽其所能粉饰太平，他花钱如流水，将都城修整得流光溢彩。所有的房屋都以瓦铺顶；房间里所有的火炉烧的都是木炭，而不是廉价的柴火，因此空气洁净，没有烟尘。与此同时，在距庆州百里之外的地方，乡间贼寇四起，城主们野心勃勃、拥兵自重。[16]

宪康王的朝臣似乎多数都跟着他粉饰太平，只有诗人兼学者崔致远是个例外。崔致远是一名新罗贵族的儿子，求学时代是在中国唐朝度过的。与宪康王不同，他在唐朝真正学到了儒家的治国之道。《三国史记》告诉我们，他在唐朝参加科举考试，一举及第，后被任命为唐朝某地的主官。但他的故乡开始陷入混乱，于是崔致远荣归故里。[17]

885年，崔致远在宪康王的朝中谋得一职。他想趁新罗尚未像唐朝一样分崩离析，先对其进行改革，但宪康王和他那帮只知溜须拍马的手下对此并不热心。“致远自以西学多所得，”《三国史记》中写道，“及来将行己志，而衰季多疑忌，不能容。”[18]

次年，宪康王死后无嗣，他弟弟定康王和妹妹真圣女王先后继承王位，接下新罗的烂摊子。真圣女王于 887 年至 897 年在位共 10 年，在此期间，新罗崩溃。

当时的记载将真圣女王描写得十分糟糕。《三国史记》中说她“骨法似丈夫”，然后又转而指责她把一些“少年美丈夫”带进朝廷，给他们安置些闲职。如果一个濒临崩溃的中世纪王国的王权掌握在女性手中，那么人们通常都会指责她纵欲、腐败又邪恶：女王的性生活很容易被人拿来当作一个时代结束的缘由。但在新罗，持续危机的真正罪魁祸首是那些城主，他们继续盘剥治下的广大农民，依靠他们供养，过着奢侈享乐的生活。[19]

真圣女王试图通过严格税收来保证政府的财政收入。农村的税费已有多年未上交国库，所以她下令武装人员强制征税。用这种方法解决问题属于孤注一掷、目光短浅。因为其实农民和工匠一直都在交税，只是税银都进了当地城主的小金库里。现在他们是在交双倍的税。贫穷和绝望驱使更多的人成为匪盗（史书称他们为“草寇”），不久，他们就被一些有能力的叛军首领组织起来，成为许多支人数少而精的反政府武装的成员。毗邻庆州的土地在赤裤军控制之下；一个名叫甄萱的农民放下锄头，扛起刀枪，带领着西南部的一支起义军；一个名叫梁吉的贼首则在东北部组织反叛。梁吉的副将正是弓裔，那位独眼王子。如今他已长大成人，希望能夺回一部分本来有可能属于自己的权力。[20]

但是就目前而言，农民甄萱是实力最强的叛军领袖。892 年，他自称“上柱国汉南郡开国公”。有了这种半官方的称号作为凭恃，甄萱与梁吉及其副将弓裔协商：由他统治西南，梁吉他们则统治北部地区。

随后几年间，甄萱巩固了自己对西南地区的控制，而独眼王子弓裔则在北方有了一席之地。名义上，弓裔仍是贼首梁吉的副将。但实际上，弓裔却在为自己收买人心，他与手下同吃同住、同甘共苦。[21]

与此同时，真圣女王仍然在位，但她很快就仅是个名义上的君主了。儒家学者和诗人崔致远再次试图帮助朝廷走出困境，他提交了一份改革建议书，里面列出了10多条建议，据他估计，进行这样的改革可以将新罗王国拉出泥潭。不过他的改革建议再次被新罗朝廷拒绝。

崔致远离开注定要灭亡的朝廷，退隐到边远山区的寺庙里，他在那里转而献身于精神追求，用中文写下许多哀婉的诗句：

> 狂喷垒石吼重峦，
> 人语难分咫尺间。
> 常恐是非声到耳，
> 故教流水尽笼山。[22]

而在朝廷中，真圣女王被迫放弃王位。朝臣们找出了一个男孩，宣称他是宪康王的一个儿子，说他是王上于某次出猎途中，在某个偏远村庄过夜时与村里的姑娘生下的孩子。897年，真圣女王退位，这个男孩登基，成为孝恭王。

899年，弓裔的野心暴露无遗，他杀死了首领梁吉，自己做了北部起义军的领袖。[23]

900年，汉南郡开国公、农民出身的甄萱认为自己已经可以放心大胆地称王了。甄萱实际上出生在古老新罗的旧土上，但他势力最强的地方以前是百济的领土，于是他将自己的新国家命名为后百济。第二年，弓裔也如法炮制。他也是个土生土长的新罗人，但他将自己新国家的首都定在开城，这里原本属于高句丽，因此他将自己的新王国命名为后高句丽。

统一新罗时代结束了。半岛上再次出现三国鼎立的局面，和平不再。崔致远悲叹道，那些或饿死或战亡的人尸横遍野。王建，一名在弓裔军中作战的水军战将也说过同样的话，他写道："往者新罗政衰，群盗竞起，民庶乱离，曝骨荒野。"后三国时期就这样以战争和饥荒拉开了帷幕。[24]

独眼的弓裔被愤怒和野心驱使，打算彻底消灭新罗的残余力量。他当上后高句丽国王的第一年就一步步深入推进新罗领土，而年轻的新罗王孝恭王则感到未来无望，只得借酒浇愁。慢慢地，弓裔的怨愤之情使他的头脑丧失了冷静。不打仗的时候，他就会骑着白马、披着王袍、头戴金冠在自己的新王国里四处巡游，身后跟着 200 名僧侣，齐声为他歌功颂德。他变得疑神疑鬼，先是下令杀了自己的妻子，接着是两个儿子，罪名都是通敌。他手下的将领王建写道："前主……俄以酷暴御众，以奸回为至道，以威侮为要术。徭烦赋重，人耗土虚，而犹宫室宏壮，不遵制度。"[25]

不过王建的评论也算不上客观。因为 918 年，弓裔的暴虐专制变本加厉，让人忍无可忍，于是他手下的军官杀死了他，拥立王建为王。弓裔虽然宣称自己与现在的王室和过去的高句丽王室都有血缘关系，但他的统治靠的是武力支持，而不是贵族血统。他的王冠靠征服得来，而不是通过出身特权阶级。结果他最终死在了自己借以发迹的那把剑下。

时间线 20

法兰克人	保加尔人	阿斯多里亚	伦巴第人	唐朝	日本	突厥 / 契丹	统一新罗
虔诚者路易（分封国王，781—813）			丕平（分封国王，781—810）		桓武天皇（781—806） 迁都至长冈京		
							元圣王（785—798）
		阿方索二世（791—842）					
							薛聪
			教皇利奥三世（795—816）		迁都至平安京		
							昭圣王（798—800）
查理曼加冕（800）							哀庄王（800—809）
	克鲁姆（约803—814）			顺宗（805）			
				宪宗（805—820）			
					平城天皇（806—809）		
					嵯峨天皇（809—823）		宪德王（809—826）
	奥穆尔塔格（814—831）						
丕平一世（分封国王，817—838）/日尔曼人路易（分封国王，817—876）							
				穆宗（820—824）			
					淳和天皇（823—833）		
				敬宗（824—826）			
				文宗（826—840）			兴德王（826—836）
					仁明天皇（833—850）		张保皋
							神武王（839） 文圣王（839—857）
无地的查理（840—877）							

时间线 20（续表）

法兰克人	保加尔人	阿斯多里亚	伦巴第人	唐朝	日本	突厥 / 契丹	统一新罗
		奥多诺一世（850—866）			**文德天皇**（850—858）		
	鲍里斯（852—889）						
					清和天皇（858—876）		
					藤原良房摄政（866—872）		
				懿宗（859—873）			**景文王**（861—875）
					藤原基经摄政（872—891）		
				僖宗（873—888）			
					阳成天皇（876—884）		**宪康王**（875—886）
				黄巢起义		沙陀将领李克用	
				梁田陂战役（882）			
							崔致远
				昭宗（888—904）			**真圣女王**（887—897）
							孝恭王（897—912）
							（后百济）**甄萱**（900—935）
							（后高句丽）**弓裔**（901—918）
				哀帝（904—907）			
				唐朝灭亡 / 后梁建立（907—923）			
				五代十国（907—979）		（契丹）**耶律阿保机**（907—926）	
							（后高句丽）**王建**（918—943）

/ 21

第三个王朝

809 年至 833 年，阿拔斯哈里发帝国受到在东方独立的塔希尔王朝的挑战。

809 年，哈里发哈伦 · 拉希德率领军队前往呼罗珊。因为当地人民发动起义，所以拉希德决定亲自处理此事。但他在途中不慎染病，被迫在小城图斯（Tus）停留，结果死在了那里。他留下了一大笔财产。泰伯里写道："有人说，国库里有 9 亿多迪拉姆。"如果此说属实，那就意味着拉希德死时拥有 3000 吨白银的财产。[1]

拉希德在继承人的选择上曾举棋不定。他显然应该选择长子艾敏（al-Amin），但他也很喜欢庶出的年纪略轻的另一个儿子马蒙（al-Mamun），因为他认为马蒙更有治理国家的才干。最终，他做出一个奇怪的、几乎是法兰克式的安排。他下令，让艾敏接替他担任哈里发，而马蒙则成为呼罗珊总督和他兄长的继承人。[2]

艾敏自己有孩子，所以他不喜欢这样的安排。他坚持让马蒙到巴格达来，承认艾敏的长子为哈里发的继承人。但在两年的时间里，马蒙始终拒绝前往。因为如果他离开呼罗珊，很有可能就再也回不来了。与此同时，他停止向巴格达进行任何汇报，并将艾敏的名字从呼罗珊官袍上绣的官方题词中去掉——这些行动都相当于是在宣告独立。[3]

艾敏的回应则是下令不许任何人在周五布道时再为马蒙祈祷。马蒙收到这个消息的时候，就意识到长兄正准备剥夺他的呼罗珊总督之位。于是他开始为战争做准备，艾敏也是一样。811 年初，两兄弟的军队在战斗中相遇。虽然马蒙的军队规模较小，却以少胜多，击败了哈里发的部队。马蒙的胜利在很大程度上归功于其主将塔希尔（Tahir）指挥有方。[4]

二人之间的敌对状态转为公开，战斗继续。有一年多的时间，阿拔斯王朝因内战而分裂。马蒙领导叛军攻占了哈马丹（Hamadan）、巴士拉（Basra）和库法，而麦加和麦地那则宣布自己反对阿拔斯王朝的哈里发，效忠于马蒙。刚过了一年多，马蒙就来到了巴格达城下——不是作为兄长忠实的臣民，而是作为一个入侵的征服者。

艾敏及其手下设置路障、加固城防，围城又拖了一年时间。城墙在攻城车的撞击之下开始坍塌。马蒙的投石车连珠般向城内投掷石块，漂洋过海而来的商人们只得四处躲避。周围的村庄被迫投降，拒绝投降的则被放火焚烧，夷为平地。巴格达城里，人们万念俱灰、饥肠辘辘，开始胡作非为。而在城外，马蒙的大将塔希尔则承诺说，谁要是出城加入攻击者阵营，就好吃好喝好招待，还有礼物送给他们。

813 年夏末，守军终于放弃抵抗，塔希尔带兵入城。在随后的战斗和混乱中，艾敏试图游过底格里斯河逃到安全地带去，结果被一队士兵俘获并斩首，他们将其首级交给塔希尔，后者又将其交给

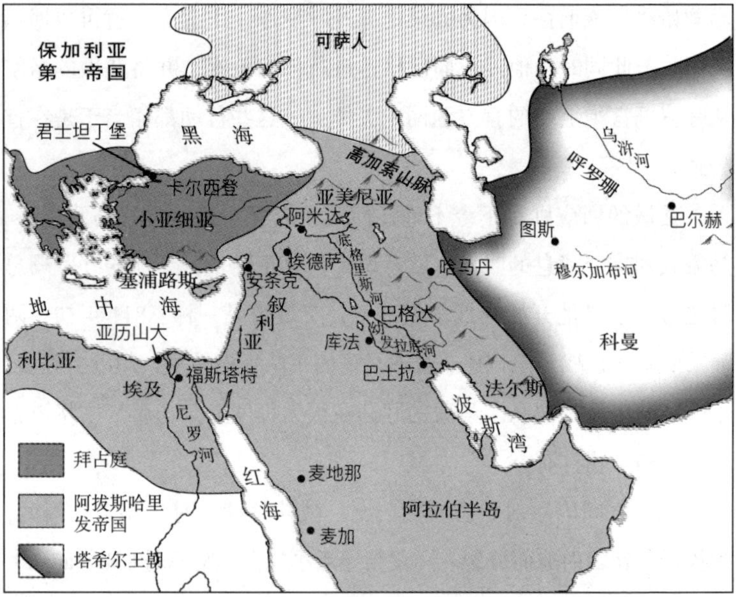

地图 21-1 塔希尔王朝

了主公马蒙。如今马蒙不必做出杀害兄长的决定，行事更加便利，于是做出一副悲痛欲绝的样子。但这并未阻止他让人将艾敏的首级挂在城墙上——这是对篡位者和叛乱分子的处罚，本不该发生在合法继承哈里发之位的哈里发身上。[5]

马蒙宣布自己成为合法的哈里发，到了 9 月份，帝国多数地区已同意向其效忠。但他通过武力夺取的权力并不那么容易掌握。815 年，帝国爆发了严重的叛乱，817 年，他自己的叔父又带人发动了另一场叛乱，他不得不将其一一镇压。埃及也是麻烦不断，那里的人们对税收负担不满，对总督也怨声载道。他同时也在失去对东部地区的掌握：他已将呼罗珊总督之位给了手下大将塔希尔，以示感激之情。塔希尔则开始无视哈里发的命令。822 年一个周五的晚上，塔希尔在周五布道中没有为哈里发祈祷，以此明确宣布了自己的独立。[6]

马蒙在呼罗珊的情报人员立即将此公然犯上的消息向巴格达传递，但布道的当天晚上，塔希尔就死了。他死得不清不楚。他有个小儿子说他是在睡眠中突发高热而死的。又有一位官员报告说，当时塔希尔正在跟他讲话，讲着讲着突然脸部抽搐，倒地而死。不管他是怎么死的，反正他的死对马蒙来说是个好消息。马蒙刚听人报告了老朋友塔希尔公然犯上的消息，就听说了他的死讯，不由得拍手庆贺。“赞美真主，”他宣布，“是他送塔希尔往生，让我们留下。”[7]

但他的庆祝为时过早。塔希尔的长子塔尔哈（Talhah）接替父亲挑战哈里发，宣布自己为呼罗珊地区的统治者。在已经分裂的阿拉伯帝国中又出现了一个新的王朝：塔希尔王朝在东部进行统治，完全蔑视哈里发的权威，实现了独立。

马蒙通过征服的手段赢得自己的位置，至死都没有放手。他一直担任哈里发，直到 833 年死于伤寒。继位的是他亲自指定的继承人，他同父异母的兄弟穆阿塔绥姆（al-Mu’tasim）。塔尔哈也将他的权力传给了弟弟，塔希尔王朝的力量在东部地区正如倭马亚王朝在安达卢斯一样日益壮大起来。现在，在曾经统一的伊斯兰大地上，有三个王朝三足鼎立，而这种分裂还会继续发展下去。

时间线 21

唐朝	日本	突厥 / 契丹	统一新罗	阿拔斯王朝	拜占庭
	桓武天皇（781—806）				君士坦丁六世 / 伊琳娜（780—797）
	迁都至长冈京		元圣王（785—798） 薛聪	哈伦·拉希德（786—809）	
	迁都至平安京				第二次尼西亚公会议（787）
			昭圣王（798—800）		伊琳娜（797—802）
			哀庄王（800—809）		尼基弗鲁斯一世（802—811）
顺宗（805）					
宪宗（805—820）					
	平城天皇（806—809）				
	嵯峨天皇（809—823）		宪德王（809—826）	艾敏（809—813）	
					斯陶拉基奥斯（811）
					米海尔·朗加比（811—813）
				马蒙（813—833）	利奥五世（813—820）
				塔希尔王朝建立	
穆宗（820—824）					米海尔二世（820—829）
	淳和天皇（823—833）			塔尔哈·伊本·塔希尔（822—828）	
敬宗（824—826）					
文宗（826—840）			兴德王（826—836） 张保皋		
	仁明天皇（833—850）			穆阿塔绥姆（833—842）	
			神武王（839）		
			文圣王（839—857）		米海尔三世（842—867）

时间线 21（续表）

唐朝	**日本**	**突厥 / 契丹**	**统一新罗**	**阿拔斯王朝**	**拜占庭**
	文德天皇（850—858）			**穆瓦塔基勒**（847—861）	
	清和天皇（858—876）				
	藤原良房摄政（866—872）				
懿宗（859—873）			**景文王**（861—875）	**蒙塔希尔**（861—862）	
					巴西尔一世（867—886）
	藤原基经摄政（872—891）			**穆塔米德**（870—892）	
僖宗（873—888）					
	阳成天皇（876—884）		**宪康王**（875—886）		
黄巢起义		沙陀将领李克用			
梁田陂战役（882）					
			崔致远		
昭宗（888—904）			**真圣女王**（887—897）		**利奥六世**（886—912）
				穆塔迪德（892—902）	
			孝恭王（897—912）		
			（后百济）**甄萱**（900—935）		
			（后高句丽）**弓裔**（901—918）		
哀帝（904—907）					
唐朝灭亡 / 后梁建立（907—923）		（契丹）**耶律阿保机**（907—926）			
五代十国（907—979）					
			（后高句丽）**王建**（918—943）		

/ 22

维京海盗

813 年至 862 年，查理曼帝国一分为四，维京长船沿塞纳河而下，罗斯人首次在君士坦丁堡露面。

到 813 年，虽然有些勉强，但查理曼的皇权还是得到了拜占庭和巴格达的承认。他自己划定的领土北至斯堪的纳维亚半岛，他曾在那里对战北方的民族：如今被称为瑞典人的斯威梯迪人（Suetidi）的各个小部落王国；丹尼人（Dani），又称丹麦人（Danes）；以及在今天挪威的土地上生活的霍达兰人（Hordaland peoples）和罗加兰人（Rogaland peoples）。他将帝国向南扩张至西班牙边境地区，也就是科尔多瓦埃米尔国与法兰克边境之间的多山地区；他控制了意大利北部地区，即以前的伦巴第王国，并担起了半岛中部教皇国保护人的角色；他还是统治意大利斯波莱托和贝内文托领土的公爵们的主公。[1]

他在年近 70 岁时，打算死后按照传统的法兰克人的方式，将自己的王国分给三个儿子。806 年，他立下遗嘱，将王国一分为三，三个儿子一人一份，彼此完全独立。他的继承人们只在“保卫圣彼得的教会”时需要联合起来。他是罗马人的皇帝，但在他心中，这并不意味着他应当将其治下的罗马帝国完整地传到继任者手中，只意味着他有义务保卫教皇，并在尘世建立上帝的王国。[2]

但他划分领土的计划未能实现。因为到 813 年，他的三个儿子中只有一个尚在人世。他的三儿子丕平是意大利国王，死于 810 年；小查理是他的皇储，第二年也中风死了。唯一幸存的继承人是他的幼子“虔诚者路易”，时年 35 岁，当时统治着法兰克的阿基坦领土，听命于自己的父亲。*

查理曼将宫廷贵族们召集起来，在他们的见证下加冕路易为联合国王（joint king）和共治皇帝（co-emperor），因为根据日耳曼选举国王的旧俗，虽然他不打算让这些贵族在继承人问题上有任何发言权，但举行仪式还是需要他们出席的。次年，查理曼去世。“最重要的是，”编年史家尼塔尔（Nithard）如此写道，“我相信他会因为刚柔并济地制服了那些凶狠坚毅的法兰克人和野蛮人而备受景仰。罗马人那样强大，都没能制服这些人，但他们在查理的帝国中却什么乱子都不敢惹，只能与百姓和睦相处。”作为皇帝，查理做到了古代统治者未能做到的事：他用文明教化了蒙昧之人。[3]

文明的守护者、罗马教皇的捍卫者，这些都是对罗马人的皇帝所扮演的角色的溢美之词。但路易在皇位上没坐多久，皇帝的定义就明显已经发生了变化。

路易由于热爱美德和秩序而获得了“虔诚者”的绰号，他原以

* “驼背丕平”（Pippin the Hunchback）是他的长子，已被剥夺继承权，送到修道院幽禁，并于 811 年死在那里。（“意大利的丕平”原名为卡洛曼，但在“驼背丕平”被剥夺继承权之后，查理曼给三儿子改名为丕平。）

为自己只能得到法兰克领土的一部分，没想到最后继承了整个帝国。现在，作为罗马人的第二任皇帝，他不但出人意料地继承了一个正式的头衔，而且继承了一个完整的巨大帝国，于是他立即调整了思路。查理曼直到生命的终点，都不怕麻烦地称自己为“查理，统治罗马帝国的尊贵的奥古斯都，以及法兰克人和伦巴第人的国王”，这个称呼简洁明了地区分了他的各部分领土。但路易在继位的第二年，就开始只称自己为“皇帝奥古斯都”。在他的心目中，他治下的不同领土已经彼此融合。[4]

像他父亲一样，路易也给自己的儿子们封王。长子洛泰尔（Lothair）被加冕为意大利国王和共治皇帝；二儿子路易在巴伐利亚加冕，这是地处东部的一小片日耳曼领土，由几个以前的部落合并而成；幼子丕平则成为阿基坦之王。不过与其说他们都是国王，不如说更像是总督，因为他们全都由父亲统领。路易将所有并立的法兰克领土都归于自己名下，使用“皇帝”的称号来加强自己对帝国领土的掌控。

但他的儿子们却不愿意接受这种过度监管，因为他们和路易一样，是在祖父的统治下长大的，而在查理曼治下，这些领土是相对独立的。“虔诚者路易”可能是将儿子当作自己的臣民，将帝国当作一个整体，但他的儿子却认为各自名下的王国就是属于自己的。829 年，这两种不同的看法发生冲突，帝国陷入内战之中。

战争的直接起因是路易对新生儿子的明显偏爱。在他的第一任妻子死后，路易再婚，新娘又生下了一个儿子：生于 823 年的小查理。路易对查理极为宠爱。829 年，他认为 6 岁的小查理应该有自己的王国，于是他为小查理挑了阿勒曼尼亚。这块土地原本属于日耳曼的阿勒曼尼人，现在则处于法兰克人的统治之下。

不幸的是，阿勒曼尼亚是洛泰尔领土的一部分，因此路易将其分给小查理，就得减少洛泰尔的土地。这在他看来似乎也很合理，因为他毕竟是皇帝，整个帝国都是他的，怎么分都是他说了算。但洛泰尔觉得父亲拿走的是他自己的王国的一部分，因此怒不可遏。

他对两个弟弟说，下一次要拿来分给同父异母的小弟弟的就会是他们两个王国的土地了。到 830 年，他已说服阿基坦的丕平（又称丕平一世）和巴伐利亚的路易［通常被称为“日耳曼人路易”（Louis the German），因为他那片土地上富有日耳曼风情］一起向父亲宣战。

三个国王和他们父亲之间的恶战持续了 3 年。最后，833 年，兄弟三人占了上风。他们诱捕了“虔诚者路易”，由洛泰尔取而代之，并把路易和小查理都看守起来。“他将父亲和查理软禁，”尼塔尔告诉我们，“并下令让修士们陪伴查理，他们要让查理适应修道院的生活，并督促他主动修行。”[5]

但小查理并没有接受他的安排。与此同时，被废黜的路易派人送信给另外两个儿子，丕平和“日耳曼人路易”，向他们承诺说如果他们联手反对洛泰尔，帮他夺回皇位，那么他就分给他们更大的领土。

两个儿子都同意了。尼塔尔写道：“路易许给他们更大的领土，他们就十分急切地遵命行事了。”路易出人意料地在公众集会上出现，洛泰尔这才发现自己是独自与父亲和所有兄弟为敌。他被迫返回意大利，并发誓终身安于现状。[6]

但父子之间的关系依然十分冷淡。838 年，丕平在阿基坦意外身亡；“虔诚者路易”宣布阿基坦现由小查理接管，这时小查理统治阿勒曼尼亚尚不足一年。但阿基坦人民不接受小查理，他们起兵造反，拥立了自己的国王：丕平的亲生儿子，丕平二世（Pippin II）。路易已经失去了对阿基坦的控制，他的帝国丧失了一大块领土。

此时，法兰克人戏称小查理为“无地的查理”[Charles the Landless，有时也称为“秃头查理”（Charles the Bald）]。“虔诚者路易”决定从自己治下的中心区域——纽斯特里亚——的土地中划出一块来分给他最年幼的儿子。当他于 840 年去世后，查理成为法兰克人的国王。

洛泰尔仍然是共治皇帝和意大利国王，“日耳曼人路易”依然坐在巴伐利亚的宝座上，阿基坦则属于他们的侄子丕平二世。“无地的查理”继承了父亲的王位，但他的两个同父异母的哥哥都不愿意看到他这个权力暴发户继续统治他们的祖国。于是战争再次爆发，又持续了 3 年，主要原因是洛泰尔对自己失去的土地耿耿于怀。“皇帝的称号唤起了洛泰尔的虚荣心，”《圣波尔廷年代记》（*Annals of St. Bertin*）告诉我们，“他拿起武器对抗两个兄弟，路易和查理，先袭击了其中一个，然后是另一个，就这样将他们拖入战争，但在两者身上都收获甚微。”[7]

841 年，三兄弟率军在丰特努瓦（Fontenoy）相遇，一番激战之后，4 万名法兰克士兵阵亡，这震惊了整个法兰克世界。“我，恩格尔伯特（Engelbert），与其他人并肩作战，眼看着罪行展开，”有一个目击者在诗中描述了这场大屠杀：

> 在查理和路易双方的战场之上，
> 裹尸布遍布各处，大地上一片洁白，
> 就像秋日的大地落满了鸟羽。
> 这战斗不值得赞美，也不适宜传颂。
> 惟愿这该死的一天，未出现在日历上。[8]

正当内战使法兰克战士阵亡、让庄稼遭到毁坏之时，来自斯堪的纳维亚和安达卢斯的海盗从塞纳河逆流而上，他们焚毁了鲁昂，还摧毁商栈、袭扰海岸，在各地乡间引起了恐慌。最后，兄弟们认为趁着整个国家尚未灰飞烟灭，他们还是和解为佳。编年史家普兰的雷吉诺（Regino of Prum）写道，法兰克的国王们本是“世界的征服者”，如今他们人员伤亡如此惨重，甚至无力保卫自己的边境。[9]

他们于 843 年会面，同意将帝国（包括阿基坦在内，如今已经重新回到依附帝国的状态）一分为三，分法或多或少沿用了将近 40 年前查理曼在遗嘱中的想法。他们将领土划分后立约存照，这就是《凡尔登条约》（Treaty of Verdun），三个人都在上面签了字。“无地的查理”分到了纽斯特里亚及原来西法兰克王国的其余部分；“日耳曼人路易”拿到了巴伐利亚，以及东法兰克的土地（大致相当于以前奥斯特拉西亚的领土）；而洛泰尔则在意大利的土地之外加上了莱茵河和罗讷河之间的土地。勃艮第现在也被一分为二，较大的一半位于东南，归洛泰尔所有，西北边较小的部分则分给了“无地的查理”。*

这个条约又重新将法兰克人的土地永久性地分成了彼此独立的王国。统一的帝国再次成为只是理论上而非实际上的存在；洛泰尔在理论上是罗马人的皇帝，但他实际统治的国土并不比另外两个人多。“日耳曼人路易”的东部领土与法兰克王国的西部分开，开始与“无地的查理”统治之下的西部领土呈现出略有不同的特点。法

---

* “无地的查理”得到纽斯特里亚、布列塔尼、阿基坦、加斯科涅（Gascony）、西班牙边境地区、塞普提马尼亚和勃艮第位于西北的三分之一领土；“日耳曼人路易”得到东萨克森、阿勒曼尼亚、奥地利、巴伐利亚和卡林西亚（Carinthia）；已在意大利执政的洛泰尔（以及他的儿子小路易二世）则得到洛林（Lorraine）、阿尔萨斯（Alsace）、普罗旺斯（Provence）、勃艮第东南部的三分之二领土，以及弗里西亚地区（Frisia）周边的北部低地国家。

兰克人的领土一分为三，自此再也没能统一。

不久之后，“无地的查理”发现自己正面临着一个比他那些渴望土地的兄长更难解决的威胁，那就是来自北部的入侵者，这些入侵者发现通过辽阔的卢瓦尔河，很容易就可以进入查理的王国。

他们就是维京海盗（Viking），是来自斯堪的纳维亚陆地上的年轻的冒险者，从父辈们艰难求生的寒冷故乡出发，漂洋过海而来。几百年来，他们一直冒险出海，但气候的异常的气候改变突然给他们提供了条件，使他们得以登上以前从未踏足过的土地。

这种气候改变是后来被称作“中世纪暖期”（Medieval Warm Period），或“中世纪气候异常期”（Medieval Climactic Anomaly）的现象。大约自公元800年起，欧洲的温度开始上升——虽然只升高了几度，但足以将北部海洋航线上的冰层融化，打通了一些以前无法通行的航线。以前，在寒冷的北海航行是一件十分冒险的事，而且每年只有那么几个月的时间有可能成功，但到了9世纪中期，那些不安分的年轻人已经可以全年出海，踏上寻找财富的探险之旅了。

在法兰克人内战期间，就是维京人将鲁昂城焚毁、并沿塞纳河一路摧毁各个城镇的，他们还入侵了查理领地西南方的几个王国。几年前，一帮维京海盗锁定了潘普洛纳（Pamplona），一个以60年前查理曼曾鲁莽侵犯过的那座堡垒为中心发展起来的独立小国家。潘普洛纳是个基督教王国，但它独立于科尔多瓦埃米尔国和法兰克王国。维京人绑架了潘普洛纳国王伊尼戈一世（Inigo I）的儿子，索取巨额赎金之后将其释放。

844年，也就是《凡尔登条约》签订后的第二年，维京人也袭击了科尔多瓦的埃米尔阿卜杜·拉赫曼二世。他虽然把他们赶走了（维京人仍然更喜欢发动突袭，来去如风，而不是安顿下来进行长期的战争），但也意识到再有一次这样的袭击恐怕就难以抵挡了。因此，他开始成立舰队。

次年，维京海盗大举入侵“无地的查理”的王国。事实证明，法兰克人在应付入侵方面既不如伊尼戈一世，也不如科尔多瓦的埃米尔。几周之内，海盗船队就长驱直入，直逼巴黎，海盗们一路劫掠。复活节当天，船队到达城外。“无地的查理”用3吨黄金收买了海盗头子拉格纳·罗德布洛克（Ragnar Lodbrok）。不过即使是在船队沿河撤退之时，劫掠也仍在继续。

858年至860年之间，维京舰队对伊比利亚南部和东部海岸袭扰不断。维京人的其他船只则进入地中海，骚扰意大利海岸，有些甚至穿越整个地中海，试图劫掠亚历山大城。859年，维京侵略者再次试图占领潘普洛纳。此时，伊尼戈一世已不在人世（在与科尔多瓦的埃米尔拉赫曼二世交战时，由于计划不周，他重伤瘫痪，不久后死去），统治着潘普洛纳的是他的儿子、曾被维京人绑架的加西亚一世（Garcia I）。潘普洛纳的加西亚与曾获查理曼承认的基督教王国阿斯多里亚的奥多诺一世（Ordono I）一起，击退了大多数维京入侵者。[10]

“无地的查理”就没有这么成功了。海盗绑架了他的专职神父，逼他支付赎金。他们烧毁了普瓦捷的大教堂，在他统治的北方大地上四处游弋。每次他给他们钱，他们就会离开，但过一阵子又回来了，这使得查理在向国库缴税的法兰克人民当中越来越不得人心。“我认为，”教士帕斯卡西乌斯·拉得伯土（Paschasius Radbertus）气愤地写道，“就算是在几年以前，世上的任何统治者也都无法想

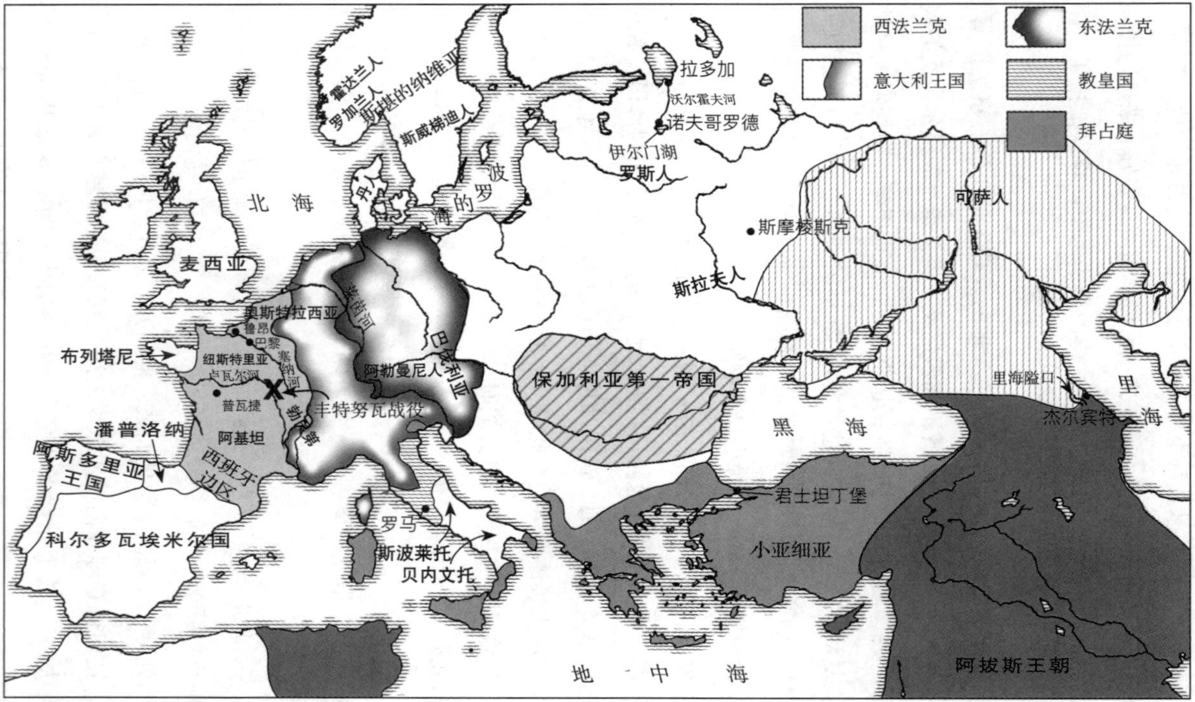
西法兰克
东法兰克
意大利王国
教皇国
拜占庭
北海
麦西亚
斯堪的纳维亚
斯威梯迪人
波罗的海
拉多加
沃尔霍夫河
诺夫哥罗德
伊尔门湖
罗斯人
可萨人
斯摩棱斯克
斯拉夫人
奥斯特拉西亚
鲁昂
巴黎
塞纳河
布列塔尼
纽斯特里亚
卢瓦尔河
普瓦捷
丰特努瓦战役
阿勒曼尼人
巴伐利亚
保加利亚第一帝国
里海隘口
里海
杰尔宾特
黑海
潘普洛纳
阿基坦
西班牙边区
阿斯多里亚王国
君士坦丁堡
罗马
科尔多瓦埃米尔国
斯波莱托
贝内文托
小亚细亚
阿拔斯王朝
地中海

地图 22-1　凡尔登条约

象……外邦人居然能攻入巴黎……谁能想到，这样一个光辉灿烂的王国，如此强大，如此辽阔，人口如此众多，如此朝气蓬勃，竟然会遭受这种肮脏堕落的民族的羞辱与践踏？”[11]

860年，查理开始在河上修建防御设施完善的桥梁，希望能够阻挡维京侵略者。事实证明，塞纳河上的第一批桥梁十分有效地减缓了维京人海盗船的前进速度，因此全国各地都修建起一大批粗制滥造的防御工程，查理不得不下令禁止修建这种“未经授权的要塞”。他自己的防御工事则是一项长期工程，那些桥花了好些年才建好。与此同时，靠近河口的低地农庄仍然极易受到维京海盗的袭击，他们常在缭绕的晨雾中出人意料地突然出现，打得人们措手不及。[12]

大批涌入的维京海盗在地中海激起一阵涟漪，向东直抵君士坦丁堡的城墙。

在冰川开始融化之前，斯堪的纳维亚的商人们就已经开始离开家乡，渡过波罗的海，在对岸建起一些定居点。这些定居点规模都比较小，周围的土地大部分都未被征服。但300年来，商人们已将其当成自己向更远的东方前进道路上的中转站。在拉希德的哈里发任期内，这种贸易已发展得更加繁忙，越来越多的迪拉姆银币向西流去，从那边换来奢侈的毛皮制品。斯堪的纳维亚商人成群结队地前往里海的杰尔宾特港，他们在那里与可萨人和穆斯林商人进行交易。[13]

他们穿过的土地上居住着一些族群，所讲的语言彼此相近，都属于语言学家们所说的芬兰-乌戈尔语族。这些芬兰-乌戈尔人不去很远的地方做买卖，也不像斯堪的纳维亚人那样走水路。他们将那些来往于乡间的旅人称为罗斯人（Rhos，或Rus），这个词的意思可能是“红色”，指的是这些外族人红润的脸色。[14]

显然有些旅人也采用这个词来称呼自己。据一部法兰克编年史记载，839年，拜占庭皇帝向“虔诚者路易”派出使者，向其确认米海尔·朗加比与查理曼所签订的和约依然有效。陪伴拜占庭使者的是一些陌生人，“他们说自己是罗斯人，他们的首领被称为可汗，是为了友谊派他们来的”。在“虔诚者路易”看来，他们有点像瑞典人。他知道瑞典人是什么人，因而怀疑这些人是间谍。[15]

但他们既不是间谍也不是瑞典人。他们是留下来并与芬兰-乌戈尔人通婚的商人，他们现在居住的地方是一个新近合并而成的国家，统治者被称为可汗，这是一个外来词，意思是“国王”。他们的国家很小，中心可能是伊尔门湖（Lake Ilmen）上的戈罗季谢村（Gorodishche），就在沃尔霍夫河（Volkhov）南端。[16]

不管罗斯人的可汗是谁，总之他对周围这些斯堪的纳维亚新移民和芬兰-乌戈尔本地人的控制不严，也不那么正式。但在860年前后，当维京人纷纷离开家乡在周边海域四处探索时，其中有相当一部分人似乎横跨北方水路，来到了罗斯人的土地上，他们发现自己的远亲已在此定居，生意也做得红红火火。

这本来有可能带来灾难，但罗斯人的可汗对斯堪的纳维亚人的行事了解得比“无地的查理”更多。如果他直接驱逐这些维京人，肯定会发生小规模的战争，所以他没有这样做，而是建议他们到南方的君士坦丁堡去，因为那里有更肥的羊可宰。他十有八九还是派人陪他们一起去的。[17]

君士坦丁堡的现任统治者是米海尔三世（Michael Ⅲ），他是那位雄心勃勃又能力过人的将军米海尔二世的孙子，米海尔二世是在

820 年的圣诞弥撒期间刺杀了利奥五世之后夺取皇位的。842 年，时年仅有 2 岁的米海尔三世继承了拜占庭皇位，但掌握君士坦丁堡实权的是他的母亲和叔父。*

与“无地的查理”一样，在维京人的突然袭击面前，这两位摄政也感到茫然无助。200 艘船舶顺流而下，涌入黑海，船上的侵略者成千上万，他们上岸之后，在君士坦丁堡城外烧杀抢掠。他们对城墙上的守军挥舞手中的刀剑，就足以令人胆寒。东正教牧首佛提乌（Photius）后来说，他们的到来简直是“晴天霹雳”，比历史上的其他任何袭击都更加突如其来、野蛮残暴：

> 有一个民族居住在遥远的地方，他们野蛮残暴、四处游牧，他们傲慢自大、无人管束、无人挑战、无人领导。突然，转瞬之间，他们就像海浪一样，涌入我们的边境，就像一头野猪吞食地上的青草、稻谷或庄稼那样吞食着我们的居民（哦，是上帝的惩罚降临到我们的头上！），人兽都无一幸免。他们不顾及女人的娇弱，不怜悯幼儿的柔嫩，不敬畏老人的白发，任何能触及人性，使人心生怜悯的东西都不能软化他们的铁石心肠……他们挥舞着刀剑，无论男女老少，见人就刺。[18]

劫掠持续了一个多星期，君士坦丁堡一直大门紧闭，然后这些侵略者就乘船离开了。米海尔三世的两位摄政立即宣称敌人是由于惧怕拜占庭的报复才走的。但实际上，维京海盗最擅长的就是将目

* 米海尔二世的统治时期是 820 年至 829 年，之后由其子狄奥菲雷斯（Theophilus）继位（829—842 年在位）。米海尔二世、狄奥菲雷斯和米海尔三世（842—867 年在位）合起来组成了拜占庭帝国的“弗里吉亚王朝”（Phrygian dynasty）。

标洗劫，之后随即撤退。他们惯常的行为模式就是到达、抢掠，然后离开。[19]

沃尔霍夫河沿岸到处都是断壁残垣，这说明维京来客在回家之前可能与主人罗斯人彻底闹翻了。在进攻君士坦丁堡大概一两年后，戈罗季谢的一部分和旧拉多加（Staraia Ladoga）附近的全部村庄都在大火中毁于一旦。

据成书于约 250 年后的《往年纪事》记载，北欧战士留里克（Rurik）在欧洲定居，在斯拉夫本地人之中建立了自己的王国，定都诺夫哥罗德（Novgorod）。《往年纪事》还补充说，他不得不与其他维京人争夺对斯拉夫臣民的控制权。留里克或许只是传说中的人物，但他的故事让我们多少看到一些新来的维京人与早已沿沃尔霍夫河定居下来的罗斯人之间，可能有过一些什么样的斗争。[20]

最终似乎是定居下来的罗斯人技高一筹，获得了胜利，但他们的人数似乎突然发生了膨胀，这表明肯定有一些新来的维京人也定居下来，留在了这里。戈罗季谢的木头房子得到了修复，旧拉多加也重建了，这次用的是石头。罗斯人且战且适应，吸收了这股维京海盗的浪潮。他们的这种灵活性，是君士坦丁堡皇帝和法兰克国王都不具备的。

时间线 22

阿拔斯帝国	拜占庭	科尔多瓦埃米尔国	罗斯人	法兰克人	罗马皇帝	意大利	阿斯多里亚	潘普洛纳
	君士坦丁六世 / 伊琳娜（780—797）			虔诚者路易（分封国王，781—813）		丕平（分封国王，781—810）		
哈伦·拉希德（786—809）								
	第二次尼西亚公会议（787）							
	伊琳娜（797—802）					教皇利奥三世（795—816）		
							阿方索二世（795—816）	
	尼基弗鲁斯一世（802—811）				**查理曼**（800—814）			
艾敏（809—813）	**斯陶拉基奥斯**（811）							
	米海尔·朗加比（811—813）							
马蒙（813—833）	**利奥五世**（813—820）				**虔诚者路易**（813—840）			
				丕平一世（分封国王，817—838）/日耳曼人路易（分封国王，817—876）		**洛泰尔一世**（822—855，817—855为罗马皇帝）		
	米海尔二世（820—829）							
								伊尼戈一世（824—852）
塔希尔王朝建立 **塔尔哈·伊本·塔希尔**（822—828）		**阿卜杜·拉赫曼二世**（822—852）						
								维京人进攻潘普洛纳
				（阿基坦）**丕平二世**（838—852）				
				无地的查理（840—877）				
	米海尔三世（842—867）	维京人进攻科尔多瓦（844）		凡尔登条约（843）		**路易二世**（844—875）		
				维京人进攻法兰克人				
					路易二世（850—875）		**奥多诺一世**（850—866）	
								加西亚一世（852—870）
	维京人/罗斯人进攻君士坦丁堡（860）		**留里克**（约862—约879）					

/ 23

长寿的国王们

814 年至 900 年，在印度，北方有三个王国在争夺曲女城，南方则有一位新任国王一边用武力获得权势，一边通过与东部岛屿贸易积累财富。

在印度北部，有三个王国都紧邻曲女城这座城池。三国领土彼此交织，国王都健康长寿。他们各自的父亲也一样健康长寿。波罗王朝的统治者是提婆波罗（Devapala），他从父亲达摩波罗（Dharmapala）那里继承的王国吞并了其他地区，领土得到扩张；波罗提诃罗王国由纳加巴塔二世（Nagabhata II）统治，之前他的父亲瓦特萨拉贾（Vatsaraja）统治了 20 年，其间使波罗提诃罗日渐强大，力量不容忽视。而 814 年，14 岁的阿目佉跋沙（Amoghavarsha）则从他的父亲戈文达三世（Govinda Ⅲ）手中接过了罗湿陀罗拘陀王国。*

---

* 波罗提诃罗，亦称瞿折罗・波罗提诃罗（Gurjara-Pratihara）。“瞿折罗”（Gurjara）一词指的可能是他们的祖先，他们是中亚瞿折罗人的后裔，是在笈多王朝倒台后穿越北部山区而来的。参见：Rama Shankar Tripathi, *History of Kanauj* (MotilalBanarsidass, 1964), pp. 221–222.

曲女城城中建有许多印度教神庙和佛教寺院，大约 200 年前它曾是伟大的戒日王的都城，如今已发展成一座大都市，三个国王都对其垂涎不已。该城已在波罗王朝和波罗提诃罗王朝的国王们之间来回换了几次手，每次有新来的军队从城门席卷而入，城里的居民就得找地方逃命，这令人十分沮丧不安，他们生活在这样一个象征着统治地位的城市中是极其不便的。

814 年，该城落入波罗王朝的提婆波罗国王手中，但波罗提诃罗王朝的国王纳加巴塔二世正计划着将其夺走。此时是纳加巴塔二世统治的第九个年头，他在对波罗王朝的战争中已经取得了一些胜利，吞并了波罗王朝北部的一些土地（以前是摩揭陀国的领土）。他还击退了一支试图穿过信德省一路猛攻，最终企图占领王朝都城乌贾因（Ujjain）的穆斯林军队。“他粉碎了强大的无道昏君蔑戾车（Mleccha）国王的大军。”瓜廖尔城（Gwalior）中关于他的碑文上刻着这样的话，用的是印度人传统上对这些讲阿拉伯语的入侵者的称呼。[1]

到 820 年——或许还要更早一些——纳加巴塔二世就已经将波罗王朝的势力赶出了曲女城，自己在那里临朝当政。“纳加巴塔……独自鼓舞着三个世界的中心，”他的碑文上这样夸耀道，“他就如同太阳一样，虽然只是初升，但已是照耀着三个世界的所有光明的唯一来源，光线穿透浓厚可怖的黑暗……安德拉（Andrah）、信德、维达巴（Vidarbha）和卡林阿（Kalinga）的国王们都向他年轻的活力屈服，如同飞蛾扑火一般。”这些铭文无疑是一种公关手段，不过如果说里面有任何真实成分的话，那就是纳加巴塔二世所统治的波罗提诃罗王朝不但将领土推进到波罗王国境内，而且也夺取了罗湿陀罗拘陀王国的一些领土。[2]

自戈文达三世死后，罗湿陀罗拘陀王国的领土就已经缩小了。阿目佉跋沙只有十几岁，年纪太小，在继位后的头10年，一直被迫竭力镇压反叛。事实上，反叛已经变得如此普遍，所以818年，阿目佉跋沙只得从自己的国家逃走，留下堂兄卡尔卡（Karka）独自处理这些问题。[3]

卡尔卡不但平息了所有叛乱，而且在国王归来后，罗湿陀罗拘陀王国也重新稳定下来之后，他又将王国物归原主，自己则功成身退，回到西海岸的家，而不是夺取王位，取而代之。但对阿目佉跋沙来说不幸的是，卡尔卡的儿子德鲁瓦（Dhruva）就没有那么忠诚了。父亲一死，德鲁瓦就宣布独立，阿目佉跋沙随后战斗了20年时间，才使他屈服。由于国内的麻烦事这么多，所以阿目佉跋沙根本无力抵抗波罗提诃罗的进攻。[4]

鉴于整个南亚次大陆的印度王国基本上都是相似的（他们的政府、军队和军事策略都大致相同），因此决定它们命运的是两个密切关联的品质：一个是国王心中是否存在勃勃雄心的星星之火，另一个则是国王坐在宝座上的时间够不够长，能不能把这星星之火燃至燎原。阿目佉跋沙治下的罗湿陀罗拘陀王国领土日渐萎缩，他基本上不是一个好战的统治者。他在埃洛拉城（Ellora）建了一座美丽的石窟寺，整日吟诗作画，让将军们去操心国土防御之事。不过他在王位上坐的时间够久，这使王国得以保持稳定，没有被完全征服。波罗提诃罗王国暂时占优势，但波罗王国还依然强大，而且罗湿陀罗拘陀王国也没有完全消失。[5]

得意扬扬的纳加巴塔二世死于833年，此后波罗提诃罗的形势略有动荡；他的儿子兼继承人福轻命薄，在王位上坐了3年就死去了。836年，他的孙子米希尔霍吉（Mihirbhoj）继位后，波罗王国

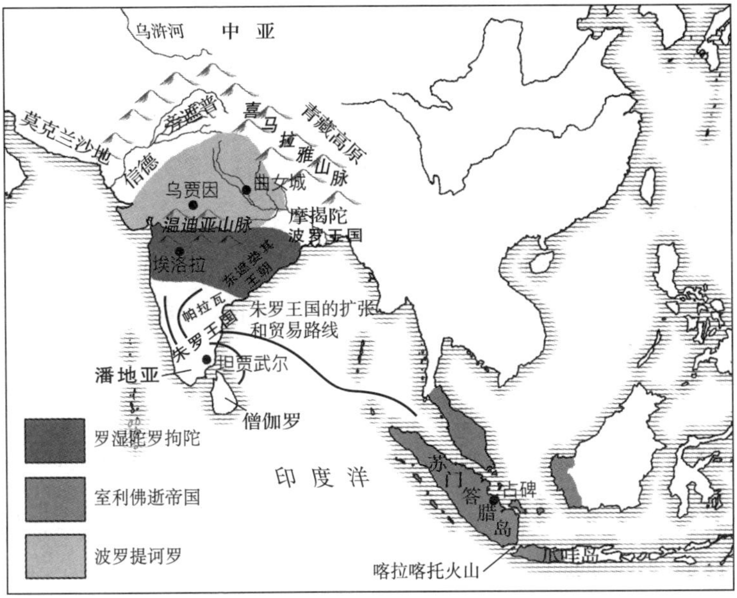

地图 23–1 朱罗王朝的崛起

试图入侵，米希尔霍吉必须设法将其击退。起初，米希尔霍吉对波罗国王提婆波罗的袭击十分奏效，但之后形势逆转。此时正值提婆波罗 40 年统治的第三个十年，他经验丰富，在对抗年轻的波罗提诃罗国王时赢面越来越大。他自己的碑文中宣称他重新征服了从喜马拉雅山脉到温迪亚山脉一带的领土，还充满诗意地将其描述为“一堆堆被大象发情的汁液濡湿的岩石”。另一篇碑文中则夸耀说“提婆波罗大大打击了波罗提诃罗的气焰”。[6]

波罗提诃罗国王和波罗国王碰巧都很长寿，使这两个国家得以获胜，但这样的好运却突然抛弃了波罗王国。850 年，国王提婆波罗死后，继位的统治者都很短命，无法继续他的征服大业。而波罗提诃罗的国王米希尔霍吉则在王位上又坐了 35 年，并在此期间逐渐收复失地。“他想要征服那三个世界。”一篇碑文中这样写道。幸运的钟摆又慢慢摆回到西部来了。在米希尔霍吉统治的最后几年，波罗提诃罗王国的国土变得极为辽阔，波罗王国则沦为东部一个小小的附属国。

878 年，罗湿陀罗拘陀王国的国王阿目佉跋沙终于寿终正寝，此时米希尔霍吉仍然坐在波罗提诃罗的王位上。阿目佉跋沙已统治了 64 年，时间长得惊人。尽管他不像两个邻居那样能征善战，但国王如此长寿，就足以使罗湿陀罗拘陀王国具有强大的凝聚力了。但阿目佉跋沙的儿子和继承人克里希那二世（Krishna II）比父亲更加不好战，还缺少父亲身上那种坚韧的适应性。因此他一继位，几十年来一直软弱分裂的东遮娄其，就立刻强硬起来，宣布反对克里希那二世，同时波罗提诃罗也再次对其边境地区发起了新的攻击。[7]

克里希那二世在北方受困，在南方的情况也同样糟糕。他很不幸，正好被夹在两个精力旺盛、雄心勃勃的国王之间。北方有米希尔霍吉，南方则有一位新加冕的统治者，他的名字叫作阿迭多（Aditya）。

数百年来，印度最南端一直在两个彼此竞争的势力——帕拉瓦和潘地亚——手中。阿迭多所属的部族，朱罗族（Chola），曾臣服于帕拉瓦。他的父亲是朱罗的军事领袖维贾亚拉（Vijayala），帕拉瓦国王曾允许他进攻坦贾武尔城（Thanjavur），将其作为自己的大本营。在坦贾武尔，这位朱罗首领趁帕拉瓦和潘地亚国王忙着彼此争斗，无暇顾及其他之机，自己征服了一个王国。

阿迭多于 871 年继承了父亲的王位，之后统治了将近 40 年，他是另一位雄心勃勃又十分长寿的国王。在位期间，他带领朱罗王国变得更加强大富饶。朱罗商人在东方积极从事海上贸易，驾船越过印度洋，直抵苏门答腊岛。在 535 年喀拉喀托火山那次灾难性爆发过后，苏门答腊岛上原先的居民逐渐回到岛上重建家园，岛上的占碑村（Jambi）已经从一个小村庄变成了大城市，势力横跨整个水域，直抵爪哇岛东部。到 9 世纪时，爪哇岛、苏门答腊岛和从亚洲大陆突出的半岛，都服从同一个国王的统治。朱罗人将这个王国称为室利佛逝帝国（Srivijayan empire），这是一个富强的贸易伙伴，可以帮助朱罗王国在南部异军突起。

到 9 世纪末，阿迭多已杀死帕拉瓦国王，占领了他的土地，并开始逐渐蚕食罗湿陀罗拘陀王国的南部边境。[8] 与遥远北方的波罗提诃罗国王一样，他的寿命也很长，这使他得以实现自己的抱负：建立一个新的王朝。无论一个国王宣称自己怎样合理合法——不管他声称自己的统治权是来自血统还是骨品，来自祭司恩膏涂油还是坐拥天命——只有当国王在世时，他的王位是否合法才是重要的问题。而在印度，在整个 9 世纪，统治者的寿数决定着各方权力的进退。

9 世纪初，印度的权力争夺集中在北方，军队从东边一路打到西边，再从西边打回东边，彼此争夺控制权。但到了 9 世纪末，冲突的轴线已经转移，变成在南北方向上，波罗提诃罗在北，罗湿陀罗拘陀在中，朱罗则在南，三国彼此对战，都想征服对方。罗湿陀罗拘陀王国的位置最为凶险，夹在了两个顽强坚韧的邻国中间，这两个邻国都只有穿过它才能到达彼此。

时间线 23

法兰克人	罗马皇帝	意大利	阿斯多里亚	潘普洛纳	印度
查理（768—814）/ **卡洛曼**（768—771）					
					（波罗王国）**达摩波罗**（770—810）
		查理（774—814）			
					（波罗提诃罗）**瓦特萨拉贾**（780—800）
虔诚者路易（分封国王，781—813）		丕平（分封国王，781—810）			
					（罗湿陀罗拘陀王国）**德鲁瓦**（780—793）
		教皇利奥三世（795—816）			
					（罗湿陀罗拘陀王国）**戈文达三世**（793—814）
	查理曼（800—814）				（波罗提诃罗）**纳加巴塔二世**（805—833）
					（波罗王国）**提婆波罗**（810—850）
	虔诚者路易（813—840）				
					（罗湿陀罗拘陀王国）**阿目佉跋沙**（814—878）
丕平一世（分封国王，817—838）/ 日耳曼人路易（分封国王，817—876）		**洛泰尔一世**（822—855，817—855为罗马皇帝）			德鲁瓦反叛
				伊尼戈一世（824—852）	
					（波罗提诃罗）**米希尔霍吉**（836—885）
				维京人进攻潘普洛纳	
（阿基坦）**丕平二世**（838—852）					
无地的查理（840—877）					

时间线 23（续表）

法兰克人	罗马皇帝	意大利	阿斯多里亚	潘普洛纳	印度
凡尔登条约（843）					
		路易二世（844—875）			
维京人进攻法兰克人					（朱罗王国）**维贾亚拉**（848—871）
	路易二世（850—875）		**奥多诺一世**（850—866）		
				加西亚一世（852—870）	
					（朱罗王国）**阿迭多**（871—907）
					（罗湿陀罗拘陀王国）**克里希那二世**（878—914）

/ 24

国内外关系

856 年至 886 年，拜占庭传教士发明了一套新的斯拉夫字母表，“日耳曼人路易”和米海尔三世在摩拉维亚和保加利亚展开争夺，米海尔三世则被复杂的国内局势缚住了手脚。

856 年，拜占庭的米海尔三世年满 16 周岁，他小心翼翼又冷酷无情地开始掌权。他宣布最值得信赖的叔父为自己的继承人，下令将其他摄政或流放或杀害，并将母亲和姊妹们送进一座女修道院。

君士坦丁堡相对稳定，这在很大程度上归功于米海尔的母亲和叔父；他们主持了一场宗教会议，允许拜占庭恢复使用圣像，从而最终结束了这场历时百年的神学之争。但帝国与外部势力遭遇时却损失惨重。罗斯人在拜占庭土地上肆意劫掠，阿拔斯王朝的军队在战场上将其击溃，而可萨人则拒绝了拜占庭与他们结成紧密联盟的提议。

862 年，米海尔得到了一个扭转帝国对外关系不利局面的机会。有个名叫拉斯蒂斯拉夫（Rastislav）的国王写信向他求助。“没有人教给我们真理，向我们解释《圣经》的含义，”拉斯蒂斯拉夫写道，“主啊，请派个能教给我们全部真理的人来吧。”[1]

这不仅是一个派遣传教士的机会，更是一个改变政治格局的机会。

拉斯蒂斯拉夫所统治的王国是摩拉维亚（Moravia），立国不足40年。拉斯蒂斯拉夫的叔父莫吉米尔（Mojmir）是保加利亚以北一个斯拉夫部落的首领，他征服了相邻的部落，将双方领土合二为一。833年至846年，莫吉米尔一直统治着这个王国。他去世时，已当上东法兰克国王的“日耳曼人路易”派遣亲兵前往摩拉维亚，以确保拉斯蒂斯拉夫可以继承叔父的王位。路易这样做并不是出于善心，他想要的是让摩拉维亚的国王依赖他，并将该王国置于法兰克的监管之下。路易还派遣手下的法兰克传教团去向摩拉维亚人传福音，希望能让他们皈依罗马教会，这样他对摩拉维亚人就又能多一层控制。

拉斯蒂斯拉夫看得出“日耳曼人路易”意图整个吞并他的王国。他将目光转向东方，认为还不如让人民归顺君士坦丁堡的牧首，因为牧首在政治上不欠法兰克人什么人情。[2]

米海尔三世看出这一请求是将摩拉维亚从法兰克人手中夺走的一次良机。他立即向摩拉维亚宫廷派遣了两名传教士，他们是兄弟俩，名字分别是西里尔（Cyril）和美多迪乌（Methodius）。他们曾组织传教团一起去过可萨人那里（这次传教并不成功，因为可萨人拒绝放弃犹太教改信东正教）。他们俩在塞萨洛尼基（Thessalonica）长大，那里居住着许多斯拉夫人，所以他们从幼年就学会了斯拉夫语。*

西里尔和美多迪乌于863年抵达拉斯蒂斯拉夫的宫廷，身上带着米海尔三世赠给他们的礼物，还有在君士坦丁堡的教堂里怎样举

* 西里尔也多被称为君士坦丁，这是他出家之前的名字。

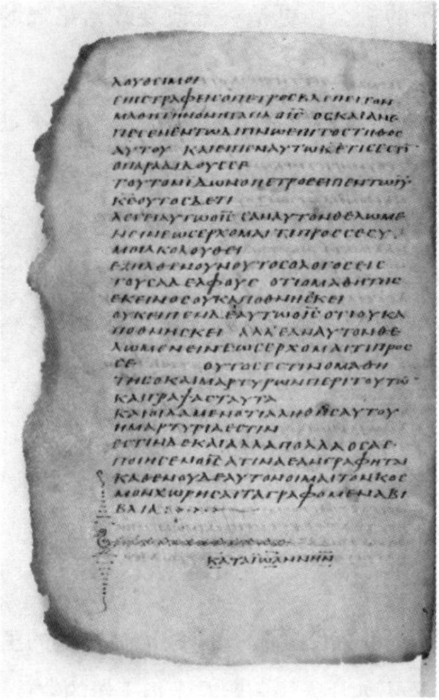

图 24–1　5 世纪《圣经》华盛顿抄本

该抄本使用希腊安色尔字母书写。
图片来源：Freer Gallery of Art

行礼拜仪式的记录副本。但在摩拉维亚皈依东正教之前，必须先将祷告文翻译成斯拉夫语——而斯拉夫语并没有书写形式。

西里尔不屈不挠，他以被称为安色尔字母（uncials）的希腊字母为基础，创造出一套新的字母表，称为格拉哥里字母表（Glagolitic，源自斯拉夫语，意为“说话”）。然后，他和兄弟美多迪乌一起，花了 3 年时间，将祷告文和福音书翻译成斯拉夫语。用这种新发明的文字写下的第一段话就是《约翰福音》里的：太初有道。[3]

那时人们仍然认为斯拉夫语乃蛮族语言，作为一种礼拜用语，

图 24-2 10 世纪《圣经》佐格拉芬西斯（Zographensis）抄本

该抄本使用格拉哥里字母书写。图片来源：Quattuor Evangeliorum Codex Glagoliticus

其地位当然远远低于希伯来文、希腊文和拉丁文（传统上在耶稣基督受难的十字架上写的就是这三种语言）。但米海尔三世和他的传教团不在乎这些。让斯拉夫人讲自己的语言——一种与东边的希腊语，而不是西边的拉丁语更为接近的语言——这对削弱法兰克人的统治作用更大。[4]

这兄弟二人还待在摩拉维亚的时候，米海尔三世发现"日耳曼人路易"正在跟他唱对台戏。路易也派了法兰克传教团前往保加利亚，他意图做的事跟米海尔三世在摩拉维亚做的一模一样。保加利亚面积太大，跟法兰克离得太近，而且兵强马壮，米海尔三世不愿看到法兰克与其结盟。他决定这次不再玩传教这一套，而是组织了一支军队，打算军事入侵。因为保加利亚分量太重，不能只让传教团来解决。

保加利亚国王鲍里斯（Boris）对皈依之事已经考虑了一段时间。他已经打算送信给“日耳曼人路易”，宣布自己已准备好加入罗马教会了。但保加利亚的贵族却为此而感到震惊：“他手下那些重臣都很愤怒，”《圣波尔廷年代记》中这样写道，“他们煽动人民起来造反，打算杀死他。周围远近 10 个伯国所有的战士全都赶了过来，包围了王宫。”[5]

于是鲍里斯悬崖勒马，退后一步。他派人送信给“日耳曼人路易”，说自己还有很多问题，需要再多来些教士为他解答。然而，当米海尔三世率大军压境，拜占庭的海军也向黑海岸边逼近时，鲍里斯改变了策略。他与米海尔做了笔交易：他将皈依拜占庭的教会，并在君士坦丁堡受洗，取教名为“米海尔”，以向这位皇帝致敬。作为回报，拜占庭撤军。[6]

米海尔三世对他目前的成功感到自豪，他又派了一名传教士溯流而上，去罗斯人那里传教，但没有人皈依，因为罗斯人对此不感兴趣。而派到摩拉维亚和保加利亚的传教团，像米海尔三世所有的外交手段一样，到最后也并没有为他带来什么好处。鲍里斯如今成了保加利亚的米海尔一世，信仰基督教，但 866 年，他宣布自己服从罗马教皇；后来，到了 870 年，他又反悔了，保加利亚再次接受君士坦丁堡牧首的领导。不过这也是暂时的。他已经决定，保加利亚真正需要的既不是罗马的教会，也不是拜占庭的教会，而是自己的国家教会，只有这样才能让保加利亚保持独立。

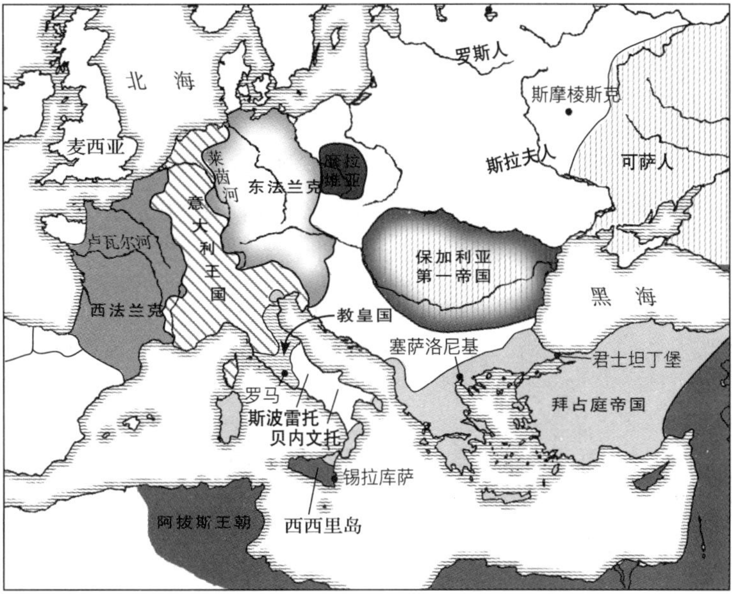

地图 24-1　摩拉维亚

而在摩拉维亚，西里尔和美多迪乌还在为自己的使命努力奋斗。西里尔于 869 年病逝，死前恳求弟弟继续完成使命，因此美多迪乌继续忠实地将《圣经》译成斯拉夫语。但西里尔死后一年多，“日耳曼人路易”又在摩拉维亚采取了新的行动。他答应帮拉斯蒂斯拉夫国王的侄子斯瓦托普鲁克（Svatopluk）篡夺王位。870 年，法兰克军队陪同斯瓦托普鲁克来到王宫，捉住拉斯蒂斯拉夫，并把他交给了路易。为了报复拉斯蒂斯拉夫皈依东正教一事，路易将他弄瞎，监禁起来，不久拉斯蒂斯拉夫就死在狱中。

如今斯瓦托普鲁克统治着摩拉维亚，而“日耳曼人路易”则控制着他。一些法兰克主教来到摩拉维亚，试图让摩拉维亚重新回到罗马基督教的怀抱，他们将美多迪乌捉住，投入监狱。他在监狱里待了差不多 3 年时间都无人关注，后来教皇终于得知了他的遭遇，才命令“日耳曼人路易”将其释放。

美多迪乌出狱后试图继续完成自己的事业，但这时神学领域早已转了风向，原来那些支持他的摩拉维亚基督徒现在都逃往保加利亚，以避免在法兰克主教那里遇到麻烦。所以当美多迪乌于 885 年去世的时候，他在摩拉维亚的工作进行得支离破碎。

但是，那些选择流亡保加利亚的摩拉维亚人却将他们的礼拜仪式和经文又传给了保加利亚的教士。保加利亚教会变得更愿意采用美多迪乌的方式，而非希腊的仪式，从而与东正教教士渐行渐远。美多迪乌的门徒追随着他的足迹，开始特别为保加利亚语创立一套新的书写形式，还是以希腊安色尔字母为基础。他们将这种字母命名为“西里尔字母”（Cyrillic），以纪念传教士西里尔。这种字母很快就在保加利亚生根发芽，发展壮大起来。10 年后，保加利亚教会禁止其神职人员在祷告文中使用任何希腊语。如今保加利亚教会在做礼拜时只能使用自己的民族语言了。[7]

美多迪乌和西里尔原本的目的是将摩拉维亚人从法兰克人的手中解放出来，没想到他们最终却使保加利亚既不受罗马，也不受君士坦丁堡的制约。但两个人都没能活着看到这一幕。

与此同时，米海尔三世则在为国内的问题头痛不已。

他的烦恼几乎完全可以说是自找的。从 15 岁开始，他一直跟一个女人有染，这个女人就是他的情妇欧多基娅·英格里娜（Eudokia Ingerina）。然而，他的母亲却不同意他把英格里娜娶回家，而是自己为他挑选了一个姑娘，欧多基娅·德卡波利提萨（Eudokia Dekapolitissa），命令他娶其为妻。米海尔不敢违逆母亲，他同意娶德卡波利提萨为妻，但却在婚后把妻子晾在一边，继续与英格里娜同床共枕。

君士坦丁堡的牧首不赞成这种三角关系，因此，为了保持形象，米海尔将情妇英格里娜嫁给了自己最好的朋友巴西尔（Basil）——一名来自马其顿的驯马师。不过米海尔还是与英格里娜保持着情人关系，为了补偿巴西尔，他将自己的一个姐妹从女修道院中接出来，将其安置在宫中，给巴西尔当情妇。[8]

由于米海尔三世和巴西尔有这层关系，所以两个人变得更加亲近，巴西尔也得以看到真正的权力是什么模样。他开始向米海尔进言，说米海尔的叔父兼继承人在朝中势力太大，最终说服米海尔同意让他暗杀那个倒霉的人。接着，米海尔任命巴西尔接替叔父成为自己的共治皇帝与继承人。867 年，他还按照法律收养巴西尔为子。米海尔时年 27 岁，而巴西尔则已经 56 岁了。

这种怪异的养父子关系让人觉得十分别扭。米海尔这样做是因为前一年英格里娜生了个儿子。从法律上说，孩子是巴西尔的，但几乎可以肯定，他的生父是米海尔。因此，米海尔若是收养巴西尔，就能成为自己私生子法律上的祖父，而这个小男孩，利奥，以后也就可以名正言顺地继承皇位了。

不幸的是，把皇位传给利奥需要先经过巴西尔这一步。既然他现在已经被收养，成了共治皇帝和皇位继承人，米海尔对他就再也没什么用处了。867 年末的一个晚上，米海尔三世在宴会上喝得酩酊大醉，脚步踉跄地上床睡觉，巴西尔派人趁皇帝睡着将其杀死，然后自己登基称帝，成为巴西尔一世，新的马其顿王朝（Macedonian Dynasty）的创始人。

巴西尔与多数邻国多少都能和平共处，只有阿拔斯王朝例外。这两个帝国之间继续进行着没完没了的战争，对双方都造成了破坏。

878 年，阿拉伯人占领了西西里岛上的锡拉库萨城，之前这里一直是属于拜占庭的。巴西尔当皇帝期间所做的最重大的一件事就是试图修订查士丁尼大帝的法律。他打算将法律修订后结集出版，这一巨著就取名为《古法纯净》(*Purification of the Old Law*)。对于一个采用旁门左道登上皇位的人来说，他进行这样的工作有些奇怪，这件事到最后也没能干成。[9]

后来不知从什么时候起，巴西尔也开始与妻子同床共枕，米海尔死后她又为他生了两个儿子。(与长子相比，巴西尔更偏爱两个小儿子，这也是可以理解的。)

886 年，巴西尔和随从们一起打猎，他把其他人甩在后面，只身追赶一头巨大的牡鹿。牡鹿转身向他冲来，导致巴西尔的坐骑受惊，他被甩下马来，一头撞在鹿角上面，牡鹿将他拖入林中，最后一名护卫找到他，才把他解救出来。巴西尔身受重伤，奄奄一息，他用尽剩下的最后一点力气指责那位拔剑救他的护卫，说他拔剑是为了谋害他。他下令将其处死，不久之后自己也死了。因此他那伟大的《古法纯净》最终得以发表的只有序言部分。[10]

当巴西尔的随从们带着他的死讯回到君士坦丁堡时，他们受到了怀疑。不止一个史学家认为，他真正的死因可能是暗杀，而且或许是由巴西尔的儿子利奥主使的。因为随着利奥日渐长大，父子二人之间的关系也随之不断恶化，原本就有谣言说利奥实际上是死去的米海尔三世的儿子，这样一来谣言更是甚嚣尘上。

但利奥从未因巴西尔的死而受到公开的指责。他被加冕为皇帝利奥六世(Leo Ⅵ)。不久之后，他将原来位于君士坦丁堡城外一座修道院里的米海尔三世的墓地打开，将其尸骨重新移葬到了君士坦丁大帝的陵寝中。[11]

时间线 24						
印度	拜占庭	摩拉维亚	法兰克人	意大利	罗马皇帝	保加利亚
					查理曼（800—814）	
	尼基弗鲁斯一世（802—811）					
						克鲁姆（约 803—814）
（波罗提诃罗）**纳加巴塔二世**（805—833）						
（波罗王国）**提婆波罗**（810—850）						
	斯陶拉基奥斯（811）					
	米海尔·朗加比（811—813）					
	利奥五世（813—820）				**虔诚者路易**（813—840）	
（罗湿陀罗拘陀王国）**阿目佉跋沙**（814—878）						**奥穆尔塔格**（814—831）
德鲁瓦反叛			丕平一世（分封国王，817—838）/ 日耳曼人路易（分封国王，817—876）	**洛泰尔一世**（822—855，817—855 为罗马皇帝）		
	米海尔二世（820—829）					
		莫吉米尔（约 833—846）				
（波罗提诃罗）**米希尔霍吉**（836—885）			（阿基坦）**丕平二世**（838—852）			
			无地的查理（840—877）			
	米海尔三世（842—867）					
			凡尔登条约（843）维京人进攻法兰克人			

时间线 24（续表）						
印度	**拜占庭**	**摩拉维亚**	**法兰克人**	**意大利**	**罗马皇帝**	**保加利亚**
				路易二世（844—875）		
（朱罗王国）**维贾亚拉**（848—871）		**拉斯蒂斯拉夫**（846—870）				
					路易二世（850—875）	
						鲍里斯（米海尔一世）（852—889）
	维京人 / 罗斯人进攻君士坦丁堡（860）					
		西里尔和美多迪乌到来				
	巴西尔一世（867—886）		**口吃路易**（866—879）			
（朱罗王国）**阿迭多**（871—907）		**斯瓦托普鲁克**（870—894）				
				教皇约翰八世（872—882）		
					无地的查理（875—877）	
（罗湿陀罗拘陀王国）**克里希那二世**（878—914）						
	利奥六世（886—912）					

/ 25

第二个哈里发国

861 年至 909 年，突厥战士掌握了阿拔斯哈里发帝国的控制权，帝国东部分裂出新的王朝，还有一位新的哈里发在埃及脱颖而出。

861 年 12 月初，阿拔斯王朝的哈里发被谋杀。

谋杀哈里发并不是什么新鲜事，不值得大惊小怪。但到了 861 年，将伊斯兰世界联结在一起的表面张力已经由于各种不同宗教教义和实践潮流的交叉碰撞而极度拉伸，而这次谋杀强化了这样的趋势，直至表面上的团结最终彻底崩裂。

导致最终发生这次谋杀的一连串事件，可回溯到 9 世纪初的哈里发马蒙身上。马蒙在 833 年逝世之前，就对一种被称为穆尔太齐赖派（Mu’tazilism）的伊斯兰教派观点特别感兴趣，并据此认为自己有责任净化伊斯兰世界——必要的话，甚至可以为此动用武力。

穆尔太齐赖派认为真主是完全理性的，这意味着真主对人的审判，无论是对罪人还是义士，都是完全理性的。在穆尔太齐赖派教义中，真主的旨意没有任何不确定性。因此没有必要向真主祈求仁慈，因为祈求仁慈就意味着祈求真主改变主意，减轻惩罚，而真主的旨意是不会像人心一样易变的。真主是超越一切的，他远远超出人类存在的局限，几乎就是一个抽象的概念——天道。[1]

与中世纪（和现代）关于真主之本性的所有说法一样，这个说法也是为政治服务的。穆尔太齐赖派的领袖们认为，既然人类是有理性的，那么他们就能通过思考而清楚地判断对错，也就是说他们可以准确预知真主将对他们的行为做何审判。然而他们却不一定总是选择正确的做法。因此，引导社会坚持正确的信仰与正确的行为就是领袖的责任。*

杜绝错误的信仰和邪恶的行为也是领袖的责任。马蒙十分重视这项工作，他设立了宗教裁判所：米哈奈（mihna）。阿訇、学者和领袖们都需要经受频繁的审讯，有时候还会采取相当暴力的手段，直到被审讯者“信服”穆尔太齐赖派的教义是真理为止。[2]

在许多情况下，这种“信服”都是表面上的，因为要尽快同意马蒙规定的教义，这样他们才能尽早从监狱里出来。但是当马蒙的宗教裁判所还在正常运转的时候，他就去世了，所以他并没有意识到这一点。他给同父异母的弟弟兼继承人穆阿塔绥姆留下遗命，让他继续进行宗教审讯，因为他确信，这样做不仅能使伊斯兰社会更加强大，而且也能使哈里发的权力得到巩固。

不幸的是，在执行兄长的遗愿时，穆阿塔绥姆陷入了另一场麻

---

* 穆尔太齐赖派有五个基本原则，萨义德·侯赛因·纳瑟（Seyyed Hossein Nasr）将其定义为独一性（真主之本性是一个单一的超然存在）、正义性（真主的审判遵循理性原则）、赏罚分明（服从于真主的人将得到奖赏，死不悔改的人则将受到永久的折磨）、穆斯林罪人居于信与不信的“中间地位”（他们在犯下罪行之时既非信徒，也非异教徒，而是“介于两者之间”）、领袖有责任劝诫社会行善止恶。见：Seyyed Hossein Nasr, *Islamic Philosophy from Its Origin to the Present* (State University of New York Press, 2006), pp. 120–125；进一步阐释请参阅：FauzanSaleh, *Modern Trends in Islamic Theological Discourse in Modern Indonesia* (Brill, 2001)。

烦。根据穆尔太齐赖派教义，他相信自己作为哈里发，有权力惩恶扬善（也有权界定何为善恶）。但在他统治的时候，在究竟谁可以称得上是真正的哈里发，谁是社会的合法领袖这些问题上，伊斯兰社会的分歧正在日益扩大。

关于哈里发该由谁来当这个问题，争论已经持续了两个世纪。许多穆斯林仍然认为伊斯兰世界应当由先知的直系后裔来领导。自从 661 年穆罕默德的女婿阿里死后，他们一直希望能够看到阿里与妻子（先知穆罕默德的女儿法蒂玛）的后代当上哈里发。然而，哈里发之位先是由倭马亚人担任，到了 750 年，又被阿拔斯人接手，阿拔斯家系可追溯到穆罕默德的叔父，而非穆罕默德本人。在领袖之位更迭的两次紧要关头，阿里的支持者——什叶派——都呼吁由阿里的血脉担任哈里发。

但这两次，他们的声音都不够大，无法压倒人数上占据多数的逊尼派。因此，阿里一派不承认哈里发为其合法领袖，他们推崇的领袖不是哈里发，而是伊玛目（imam），伊玛目是宗教领袖，拒绝效忠哈里发。什叶派（与多数派逊尼派混居，有时二者之间能和平共处，有时则会爆发小型战争）愿意绝对服从他们的伊玛目。他们相信先知穆罕默德本人已亲自指定了继承人，而且每个伊玛目都有真主赐予的、绝无谬误的知识，因此可以准确指定下一个继任者。伊玛目是不会犯错的，因为他们充满神圣的智慧。[3]

但阿拔斯的哈里发却不具备什叶派赋予其伊玛目的那种权威。逊尼派穆斯林的哈里发候选人必须出自阿拔斯血统，但究竟由谁来担任哈里发则是通过选举产生的。这对穆阿塔绥姆派来说是一个问题，因为尽管真主和先知不会犯错，但穆斯林社会却有可能在他们选出哈里发之后，意识到自己犯了大错。

如果一个哈里发开始将伊斯兰社会中那些与他意见相左的人都抓起来严刑拷打的话，那么大家可能会更早发现选他担任哈里发是个错误。在穆阿塔绥姆的哈里发任期内，出现了三次互不相关的大规模叛乱，以及一些小叛乱，都需要他一一镇压。很明显，如果哈里发想要保住自己的权力，就需要有一支来自伊斯兰社会以外的军队——这支军队要能为他而战，但没有权力让他下台，另选一个哈里发取而代之。[4]

穆阿塔绥姆以自己的私人卫队为核心组建了一支这样的军队——他们都是阿拉伯人在战争中擒获的西突厥汗国及乌浒河对岸各突厥部落的俘虏，战后被带回了巴格达。这些突厥俘虏成了阿拔斯哈里发帝国的奴隶，其中又有许多受训成为阿拔斯军队的士兵。表现良好的奴隶常会重获自由，有些甚至能进政府机关谋个职位。

在之前一个世纪的战争中，不断有突厥人通过这种方式流入巴格达，因此穆阿塔绥姆在当上哈里发之前，就有一支由4000名突厥奴隶组成的私人卫队。成为哈里发之后，他开始将这支卫队打造成一支真正的军队。几年之内，他就将队伍扩张至7万人——主要是突厥人，也有一些是在战争中被俘为奴的斯拉夫人和北非人。[5]

穆阿塔绥姆选用这些突厥奴隶，正因为他们是外来者。现在由他们围绕哈里发左右，保护哈里发，就将朝廷中的阿拉伯人和波斯人挤到了核心集团的外围。怨恨之情在巴格达日益滋长，突厥人与那些被他们取代的阿拉伯人经常会在街上扭打在一起。最后穆阿塔绥姆决定迁都到另一个城市：他将都城沿底格里斯河向北迁往萨迈拉（Samarra），在那里为突厥人保留了单独的区域，与其他人隔离开来。这样一来就不容易出现街头骚乱了，但这也使突厥人变成一个具有高度凝聚力和独立性的团体，他们并不特别忠实于伊斯兰的教义。继承穆阿塔绥姆哈里发位的先是其长子，后来是幼子穆塔瓦基勒（al-Mutawakkil），两个人都住在萨迈拉。在两人先后担任哈里发期间，突厥人的势力继续增强，直至最终成为阿拔斯社会最有权势的力量。[6]

861 年，当穆塔瓦基勒威胁要剥夺其长子蒙塔希尔（al-Muntasir）的继承权时，种种矛盾达到了顶点。他的长子去找突厥人，说服他们相信，与他的任何兄弟相比，由他本人继位才对突厥人最为有利。于是，穆塔瓦基勒还没来得及将威胁付诸实施，就在自己的住处被他的突厥卫队杀害，随后突厥人支持蒙塔希尔当选为新任哈里发。

蒙塔希尔登基之后不久就病逝了，突厥人又挑选出下一任哈里发。但新任哈里发得罪了他们，他们试图推翻他。于是哈里发逃往巴格达，躲在这个旧都城里。因此突厥人开始攻城，一年之后，哈里发终于被迫退位，而新任哈里发又是突厥人选的。如今巴格达在突厥人控制之下，再次成为哈里发帝国的政治中心。

引入突厥人的最初目的是维护哈里发的权力，最后却变成由他们决定哈里发人选了。新选出来的穆塔兹（al-Mu’tazz）只当了 3 年哈里发，因为他算错了账，宫廷支出过多，导致无力支付军饷，于是突厥人再次插手。泰伯里亲眼看到他们怎样将这位 22 岁的哈里发拖出宫去：

> 我想他们已经拿棍子揍过他了，因为他出来的时候，衣服撕破了好几处，肩膀上还有血迹。当时烈日当头，他们让他站在太阳地里。我看到他一次次抬起脚来，因为脚站的地方太烫了。我还看到有些人扇他耳光，他抬手去挡……据说在被废黜之后，他又被交给一些人折磨，三天水米未进……最后他们用

厚厚的灰泥封住了一间小小的地下室，把他关在里面。[7]

到了第二天早上，这个年轻的哈里发就死了。突厥人大权在握，这件事已经十分清楚了：阿拔斯哈里发或许可以说自己是真主的代言人，但这种说法也无法再保护他了。

哈里发失去了对巴格达哈里发宫的控制，帝国则失去了对曾经属于阿拔斯王朝的东部地区的控制。

在呼罗珊的塔希尔王朝，塔希尔将军的后裔仍然统治着半个世纪前马蒙赐予他们的领土，但他们的力量很快就被动摇了。867 年，有个铜匠出身的强盗，名叫叶尔孤白 · 伊本 · 莱伊斯 · 萨法尔（Ya'qub ibn al-Layth al-Saffar），他在自己的家乡扎兰季（Zaranj）以南，底格里斯河与印度河之间的区域，开始开疆辟土。塔希尔人奋力保卫自己的领土，但到 873 年，萨法尔已一路攻入塔希尔的都城内沙布尔（Nishapur）。他捉住了年轻的塔希尔统治者，把内沙布尔据为己有。塔希尔王朝覆灭，该王朝在历史上仅存在了 50 多年的时间。

然后，萨法尔开始向巴格达进军，打算向该城发起猛攻，以迫使哈里发正式承认他是合法的穆斯林统治者。当然，哈里发其实也是身不由己。此时突厥人已精心挑选了另一个候选人穆塔米德（al-Mu'tamid）为新一任哈里发，后来他在哈里发位上待了 22 年，这要归功于他放任手下官员和军队控制朝廷。然而，尽管神授哈里发之位的幻象已近破灭，但其影响仍在。即使萨法尔已经建立了自己的独立王国，他仍然想要得到哈里发的正式认可。[8]

本来，这个问题最直接的解决办法是派遣一支大军彻底摧毁萨法尔的叛乱，但过去 20 年的混乱局面使得这一办法变得有些不切实际。于是，哈里发手下的官员着手寻找盟军，以便从另一方向给萨

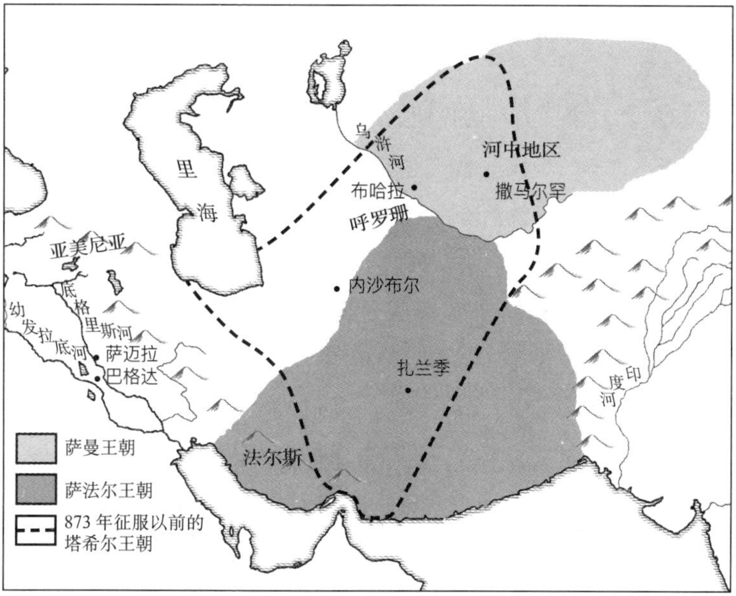

地图 25–1 萨法尔王朝和萨曼王朝

法尔施压。他们派人送信给乌浒河对岸的撒马尔罕城（Samarkand），表示如果城主肯派兵对萨法尔作战，就封他为“河中统治者”（Ruler of Transoxania）。

城主名叫纳斯尔（Nasr），他也在担心萨法尔不断扩张的势力。他的家族是来自波斯的萨曼族（Samanids），自 819 年起就是撒马尔罕城主，多年来，他们一直是塔希尔王朝以东最强大的势力。既然塔希尔王朝已化为乌有，那么唇亡齿寒，未来萨法尔很有可能会将枪口对准萨曼人。

于是纳斯尔接受了哈里发的提议，萨曼家族成了“河中统治者”。在纳斯尔的兄弟伊斯玛仪（Ismail）的率领下，萨曼人开始从东北方向向萨法尔进攻，而突厥军队则以阿拔斯王朝之名，在西边进行防御。

876 年，突厥人和阿拔斯人战胜了萨法尔的部队，挡住了他们向巴格达进军的步伐。他们还夺回了三年来一直被囚禁在萨法尔军中的塔希尔的年轻统治者穆罕默德。他们送他回到呼罗珊，以便夺回统治权，但他力量已失，权威不再，即便有突厥势力的帮助，他也没能夺回自己已输给萨法尔的土地。

他的软弱使萨曼王朝得以伺机建立自己的帝国。892 年，萨曼统治者纳斯尔一世（Nasr I）死后，他的兄弟伊斯玛仪掌权，事实上，多年来他虽未登王位，却一直在背后掌握着实权。他在布哈拉城（Bukhara）设立了军事总部，开始逐步将自己的统治权扩展至整个呼罗珊地区。这时，阿拔斯王朝的偏远地区几乎已被蚕食殆尽，取而代之控制东部的，是萨法尔和萨曼这两个独立王朝的埃米尔。

而在巴格达，哈里发的宫殿仍在不断变换着主人。在穆塔米德之后继位的依次是他的侄子、他侄子半突厥血统的儿子，以及这个儿子的儿子。哈里发由谁担任并不重要，因为在这 25 年里，执掌大权的并不是哈里发，而是哈里发卫队和朝廷命官。维齐尔（vizier，其字面意思是哈里发的“帮手”）所掌握的权力越来越大，到了最后，维齐尔的权力都赶上以前的哈里发了。[9]

随着巴格达的阿拔斯哈里发的权力被架空，伊斯兰领土那遍布裂痕的表面上出现了一道鸿沟。

在北非西部那块通常被穆斯林称作“马格里布”的土地上，越来越多的什叶派穆斯林聚集起来。这些什叶派穆斯林是一个特别激进的团体。数十年来，什叶派在伊玛目的合法性问题上存在着分歧。他们都同意应当指定一个伊玛目来领导先知的子民，但究竟应该指

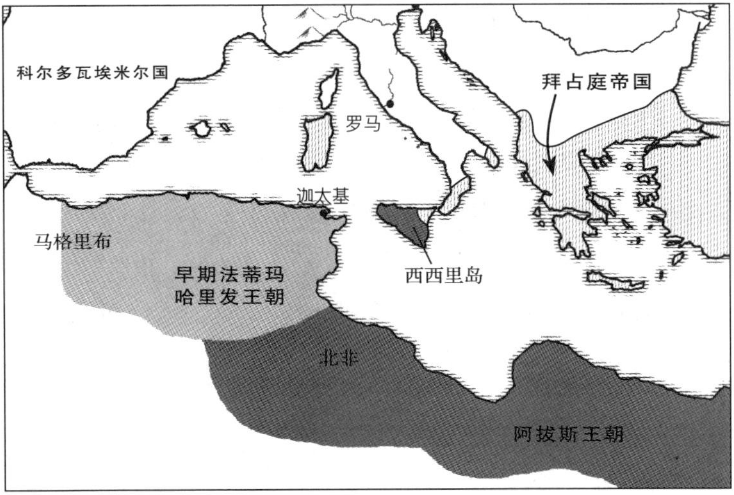

地图 25-2 法蒂玛王朝的哈里发帝国

定哪个人却十分难办。所有的什叶派都同意，什叶派被指定的伊玛目应当从阿里本人开始，然后是他的儿子、孙子、曾孙，再到他的玄孙贾法尔·萨迪克（Ja'far al-Sadiq）。*

* 在什叶派教义中，阿里的继任者依次为其子哈桑·本·阿里（Hasan ibn Ali，625—670），其次子侯赛因·本·阿里（Husayn ibn Ali，626—680）侯赛因的儿子阿里·本·侯赛因［Ali ibn Husayn，又名栽因·阿比丁（Zayn al-Abidin），654—713］，阿里的儿子穆罕默德·本·阿里［Muhammad ibn Ali，又名穆罕默德·巴基尔（Muhammad al-Baqir），676—743］，以及穆罕默德的儿子贾法尔·本·穆罕默德［Ja'far ibn Muhammad，又称贾法尔·萨迪克（Ja'far al-Sadiq），702—765］。贾法尔之后，什叶派产生分裂，贾法尔的后裔有两个分支。十二伊玛目派（多数派）认为，合法的伊玛目应出自贾法尔的次子穆萨（Musa）那一支，认为前后共有 12 代伊玛目，最后一位是穆萨的后代穆罕默德·本·哈桑·马赫迪（Muhammad ibn Hassan al-Mahdi），他 10 岁那年隐遁，十二伊玛目派的信徒们认为，他终有一天会再次现身。伊斯玛仪派（Ismaili）则坚持认为伊玛目之位应传于贾法尔的长子伊斯玛仪。什叶派中还有第三个，也是人数较少的一派，栽德派（Zayid），他们承认阿里及其子是先知穆罕默德真正的接班人，但认为之后的伊玛目可以是他两个儿子的任何一名后代。见：Efraim Karsh, *Islamic Imperialism* (Yale University Press, 2006), p. 54; Paul E. Walker, *Fatimid History and Ismaili Doctrine* (Ashgate, 2008), 2.3。

就是在这个问题上，什叶派内部出现了争论。什叶派穆斯林中人数最多的一派坚持认为，合法的伊玛目应该是贾法尔次子穆萨的后裔，少数派则声称贾法尔的长子伊斯玛仪才是其合法的继承人。这个少数派伊斯玛仪派与其他什叶派穆斯林相比更加咄咄逼人，更倾向于使用武力强力推行他们的主张。他们一直在北非远远地看着巴格达的迷雾逐渐消散，最终水落石出。909 年，伊斯玛仪派推出了自己的哈里发候选人——奥贝达拉·马赫迪（Ubaydallah al-Mahdi），宣称他不但是伊斯玛仪的后裔，而且（追溯他的几代祖先）是伊斯玛仪的高玄祖母、即先知穆罕默德的女儿法蒂玛的后裔。马赫迪并没有像萨法尔王朝和萨曼王朝的领袖们一样，直接自立为埃米尔，而是自称马格里布的哈里发。

北非的这个哈里发——法蒂玛王朝（Fatimid）的哈里发——是对阿拔斯王朝权威的直接挑战。在此之前，伊斯兰帝国的所有碎片都被涂成同一种颜色，就连安达卢斯的倭马亚埃米尔都没敢自称为哈里发，就连萨法尔和萨曼叛军也都在口头上承认阿拔斯的哈里发。

但是现在，在穆罕默德死去近 300 年以后，伊斯兰世界不可挽回地分裂成了两半。100 多年来，“伊斯兰帝国”只是一个虚幻的神话，然而现在就连这种虚幻的神话也破灭了。与西方一样，东方也不存在建立于宗教基础上的统一帝国了：存在的只是一些民族和国家而已，他们各自都在为生存而战。

时间线 25

拜占庭 法兰克人 罗马皇帝
摩拉维亚 意大利 保加利亚

阿拔斯王朝 北非 科尔多瓦
东方穆斯林王朝 埃米尔国

利奥五世（813—820）

虔诚者路易（813—840）

马蒙（813—833）

丕平一世（分封国王，817—838）/ 日耳曼人路易（分封国王，817—876）

奥穆尔塔格（814—831）

洛泰尔一世（822—855，817—855 为罗马皇帝）

塔希尔王朝建立

米海尔二世（820—829）

塔尔哈·伊本·塔希尔（822—828）

阿卜杜·拉赫曼二世（822—852）

莫吉米尔（约 833—846）

穆阿塔绥姆（833—842）

（阿基坦）**丕平二世**（838—852）

无地的查理（840—877）

米海尔三世（842—867）

凡尔登条约（843）

路易二世（844—875）

维京人进攻科尔多瓦（844）

维京人进攻法兰克人

拉斯蒂斯拉夫（846—870）

穆塔瓦基勒（847—861）

路易二世（850—875）

鲍里斯（米海尔一世）（852—889）

穆罕默德一世（852—886）

时间线25（续表）

拜占庭	摩拉维亚	法兰克人	意大利	罗马皇帝	保加利亚	阿拔斯王朝	东方穆斯林王朝	北非	科尔多瓦埃米尔国
维京人/罗斯人进攻君士坦丁堡（860）									
						蒙塔希尔（861—862）			
	西里尔和美多迪乌到来								
						穆塔兹（866—869）			
		口吃路易（866—879）							
							萨法尔王朝建立		
巴西尔一世（867—886）							**叶尔孤白·莱伊斯·萨法尔**（867—878）		
	斯瓦托普鲁克（870—894）								
							萨曼王朝建立		
			教皇约翰八世（872—882）						
				无地的查理（875—877）			（萨曼王朝）**纳斯尔一世**（875—892）		
				胖子查理（881—887）					
利奥六世（886—912）									**蒙齐尔**（886—888）
							（萨曼王朝）**伊斯玛仪**（892—907）		
								法蒂玛哈里发王朝建立	
								（法蒂玛王朝）**马赫迪**（909—934）	

/ 26

维京大军

865 年至 878 年，威塞克斯的
阿尔弗雷德向维京人割地求和。

865 年，有一支维京人的小部队正在掠夺法兰克人的土地，他们发现“无地的查理”治下的桥梁防守严密，于是离开此地，沿海而下，来到更容易得手的国家。

不列颠岛与西法兰克王国隔海相望，岛上有许多强势的国王和战争领袖。从罗马时代开始，北方的皮克特部落就与斯科蒂人争斗不休，斯科蒂人是来自爱尔兰西部岛屿的海盗，他们到达寒冷多山的海岸边，在这里扎下根来；再往南，有七位盎格鲁–撒克逊国王瓜分了英格兰的乡村地带；* 峭壁嶙峋的西南部海岸则留在威尔士人手中，他们是罗马人、爱尔兰人和不列颠岛上本地人的后裔，自 4 世纪的罗马将领马格努斯·马克西姆斯统治时期起就在这里定居。在

* 9 世纪，英格兰占主导地位的七个王国是诺森布里亚、麦西亚、东安格利亚、埃塞克斯、肯特、苏塞克斯和威塞克斯。

中部的麦西亚王国和威尔士王国之间，有一道巨大的防御工事，由8世纪的麦西亚国王奥法下令修建，这是在一堵约6米高的土墙前面挖的一条大深沟。“威尔士人摧毁了奥法的领土，”13世纪的《王子纪事》（*Chronicle of the Princes*）中写道，“于是奥法下令挖出一道壕沟，作为他的领土和威尔士之间的边界。这道沟贯穿陆地，从海边一直延伸到陆地另一边的海边。”[1]

之前的一个世纪，不列颠岛几次被人试图统一。在维京人入侵不列颠岛大约20年之前，西北海岸斯科蒂人王国达尔里阿达（Dal Riata）的统治者席内德·马克·亚尔宾（Cinaed mac Ailpin）就向东边的皮克特人发起攻击，吞并了他们的土地，创建了一个横跨北方的王国。席内德·马克·亚尔宾被后人称为肯尼思（Kenneth）或肯尼思一世（Kenneth I），是苏格兰的第一位国王。他创建了亚尔宾王朝（House of Alpin），在斯昆市（Scone）统治着这个统一的北方国家。[2]

在南方地区，奥法之后的麦西亚国王们一度控制了东部的肯特和东安格利亚两个王国，但这两个王国很快就摆脱了他们的控制。到860年的时候，麦西亚王国已经衰落，威塞克斯开始兴盛：威塞克斯国王吞并了肯特和苏塞克斯，英格兰东南部基本统一，效忠于同一个君主。[3]

但仍然没有哪个国王有这个能力将分裂的盎格鲁-撒克逊军队团结起来一起抵抗维京人。

865年，维京人来到不列颠岛。他们从威塞克斯登陆，领军的是三兄弟：哈夫丹（Halfdan）、伊瓦尔（Ivar）和乌比（Ubbe），他们三个都是维京海盗拉格纳·罗德布洛克的亲生儿子。大哥伊瓦尔，

图 26–1 奥法的壕沟

20 世纪 90 年代摄于威尔士奈顿市（Knighton）附近。图片来源：Homer Sykes / Corbis

人称“无骨者伊瓦尔”（Ivar the Boneless）。他可能患有某种骨骼疾病，因此双腿无力。可以确定的是他经常让人用一面盾牌抬着，在战场上挥舞长矛、冲锋陷阵。他手下的队伍打着一面乌鸦旗帜，是奥丁神（Odin）的象征。

奥丁神是战争之王，他能蒙蔽敌人的双眼、双耳；可以使大海静止，风向转变，带来胜利；也可以把死人唤醒。他有两只乌鸦飞来飞去，为他搜集敌人的情报。9 世纪的威尔士修士约翰·阿瑟尔（John Asser）这样写道：“据说，那面旗帜由伊瓦尔和乌比的三个姐妹亲手织成，她们从日出织到日落，一日之内就织好了。不仅如此，他们还说，在每一场战斗中，这面旗帜竖立在大军前面，如果他们那天能赢，旗上的乌鸦就会振翅欲飞、栩栩如生；可要是那天会输，乌鸦就会耷拉着翅膀一动不动。而事实往往证明真是这样。”[4]

乌鸦旗不只是一面旗帜，它还是以前古老宗教的标志，其影响在信奉基督教的盎格鲁–撒克逊人的记忆之中仍然徘徊不去。自 664 年起，英格兰人已正式成为基督的信徒，当时，诺森布里亚国王奥斯威（Oswiu）在惠特比修道院召集了一次宗教会议，宣布其王国将加入基督教世界其他地区的“统一规则……举行同样的圣礼仪式”。但信仰本身在各地的传播并不那么同步。只要不同国家仍然各自为政，这些 9 世纪的基督徒就仍然各自分别敬奉上帝。在威尔士的山脉和峭壁之中，在村与村之间的密林深处，在笼罩着威塞克斯、麦西亚和诺森布里亚教会的一片黑暗之中，不列颠岛上仍然流传着古老的宗教。[5]

古老的英格兰史诗《贝奥武甫》的故事就发生在 9 世纪。当时，信奉基督教的国王和他的战士们生活在明亮的山顶上，但是，有一个怪物在山下杂乱的沼泽地上穿行：它是恶魔，是该隐的亲戚，是上帝的敌人。它在“金光闪闪的大厅”里作祟，在夜里发动突然袭击，将国王的战士们拖走，消失在可怕的黑暗之中。“这是艰难的时刻。”史诗中写道。怪物的攻击太可怕了，甚至迫使战士们回到异教的圣地，在那里供奉以前信过的旧神，希望能够得救。史诗中写道：“他们用那种方式，来表达他们异教徒的希望；他们内心深处，想起了地狱的模样。”[6]

《贝奥武甫》写就之时，已是大约一个世纪之后，维京人已在盎格鲁–撒克逊的乡间深深地扎下根来，这时的基督教国王本人也具有维京人的血统。但在 865 年的时候，来自北欧的海盗侵略者们——维京大军——像是来自地狱的使者：他们是从旧世界走来的战士，打出的是恶魔的旗帜。他们的胜利不仅会剥夺盎格鲁–撒克逊人的土地，还会将他们拉回到古老宗教的黑暗水域。

“无骨者伊瓦尔”带领着他的手下在东安格利亚登陆。他们势不可当，很快就迫使东安格利亚国王同意：为了保住自己的王位，东安格利亚将为他们提供过冬的食物和住所，春天还将提供马匹。就这样，东安格利亚成了维京大军的避风港，他们在这里度过了865年的冬天，等到最严寒的季节过去之后，大军开拔，向北进军诺森布里亚。[7]

诺森布里亚有两个人各自称王。内战导致分裂，但在外来维京人的威胁之下，他们放下恩怨，团结起来，共同对敌。可惜他们合作得太少，也太晚了。867年末，维京大军已踏破诺森布里亚，占领约克，使惠特比修道院变成了废墟，使它在其后200年的时间里都是一片断壁残垣。“诺森布里亚经历了大规模的屠杀，”《盎格鲁-撒克逊编年史》中这样写道，“这支侵略军随后］侵入麦西亚。”[8]

麦西亚国王派人向邻国威塞克斯的埃塞雷德国王（King Ethelred）求助。埃塞雷德同时也统治着苏塞克斯和肯特，他答应了麦西亚国王的请求，带着弟弟阿尔弗雷德（Alfred，这时大约20岁年纪，是埃塞雷德的副手），一起到诺丁汉来与维京人会面，并与他们定下了临时的和约。“那里没有发生大规模战斗，”《盎格鲁-撒克逊编年史》中记载道，“麦西亚人成功讲和，大军开回约克，在那里待了一年。”也许埃塞雷德和阿尔弗雷德是给了维京人什么好处，总之他们拯救了麦西亚，所以年轻的阿尔弗雷德娶到了麦西亚国王的女儿为妻，这实际上相当于许诺麦西亚王国以后会交到他的手里。[9]

那年年底，维京人已经重新聚集力量（也补充了粮草），又回到东安格利亚，杀死了给他们提供冬季营地的国王，将其领地据为己有。现在，他们已经控制了整个北方和东部的部分领土，威塞克斯独木难支。

871 年 1 月，冬天的时候，维京大军开进威塞克斯。埃塞雷德和阿尔弗雷德做好准备抗击敌人，但尽管他们奋力抵抗，维京人仍然稳步向西，进入埃塞雷德的领地。1 月 4 日，盎格鲁–撒克逊人的军队在苏塞克斯的雷丁（Reading）战败，士兵撤退减员。4 天之后，他们于阿什当（Ashdown）再次遭遇维京大军。这一次他们击退了维京人，但埃塞雷德的部队也为这场胜仗付出了代价，军力大减。“成千上万人死在战场上，战斗一直持续到晚上。”《盎格鲁–撒克逊编年史》这样告诉我们。[10]

两周后，运气重新转向维京人这边，他们在南部城镇贝辛（Basing）发生的另一场大战中取得了胜利。哈夫丹接管了伦敦，维京人的增援部队赶到，大军的规模进一步扩大。

虽然埃塞雷德继续坚持抵抗，但他却于 4 月因病去世。阿尔弗雷德如今 20 岁出头，继承了威塞克斯的王位，成为盎格鲁–撒克逊军队的指挥官。他接下这个烫手山芋，和维京人的大军厮杀疆场。“他是一个伟大的战士，几乎战无不胜。”与他同时代的约翰 · 阿瑟尔这样写道。这显然是迟到的赞美，因为当时阿尔弗雷德很快就在与维京大军的另一场战斗中败下阵来，被迫签订了临时的和平条约。

同时，维京人在诺森布里亚巩固了自己的统治地位，然后于 874 年回到麦西亚，把这个王国据为己有。在这几个月的战斗中，“无骨者伊瓦尔”死了，但维京人依然强大，如今他们的领袖是伊瓦尔的弟弟乌比（哈夫丹过于冷酷无情，已经失去其追随者的支持）和乌比的副将，战士的首领古斯鲁姆（Guthrum）。

整个不列颠岛落入维京海盗手中似乎只是时间的问题而已。因此阿尔弗雷德带领着手下这支疲惫不堪、饱受蹂躏的军队躲了起来。他曾经眼睁睁地看着埃塞雷德屡败屡战，付出了成千上万条性命的代价，他看得出来，继续进行这样的消耗战是没有前途的。到 878 年，盎格鲁–撒克逊的难民纷纷驾船离岛，绝望地到别处去寻找新的家园；维京人在埃文河上（Avon）安营扎寨；而阿尔弗雷德和他的部下则远远地淡出人们的视线，生活在威塞克斯王国的阿塞尔纳（Athelney）小岛上的沼泽地里。“他痛苦不安地生活在一个树木丛生、沼泽遍地的地方，”阿瑟尔写道，“……除了频繁地袭击维京人外没有任何其他的生计来源。”[11]

但他并未丧失一切，也不是只有他一个人带领队伍攻击维京海盗。878 年初，伊瓦尔的弟弟乌比在基努伊特战役（Battle of Cynuit）中丧生，当时他可能正准备摧毁阿尔弗雷德的军队。在这场战斗中，率领盎格鲁–撒克逊部队作战的是贵族奥达，他是撒克逊人的一名郡长（或者叫总督，他以国王的名义管辖人民）。他不仅战胜了维京人，还缴获了他们的乌鸦旗帜——奥丁神力量的标志。

也许这个好兆头鼓舞了阿尔弗雷德，但他还是没有离开藏身之地。古斯鲁姆仍然率领着维京大军，维京人也仍然控制着广大的乡村。阿尔弗雷德决定采取长远的策略：他愿意用整个王国来冒险，以加强自己的战斗力。这个自暴自弃的故事后来逐渐被人添油加醋地流传了下来，其中最有名的故事是这样讲的：阿尔弗雷德隐姓埋名地躲在阿塞尔纳岛上一个放牛郎的小屋里，炉子上烤着蛋糕，那家的妇人让他看着火。结果他一心只想着怎么对付维京人，忘了炉子上还烤着蛋糕，结果把蛋糕给烤煳了，妇人回来一看，怒气冲天。“你光想着趁热吃蛋糕！”她大声责骂，“看见蛋糕要烤煳了就不知道翻个面吗？”[12]

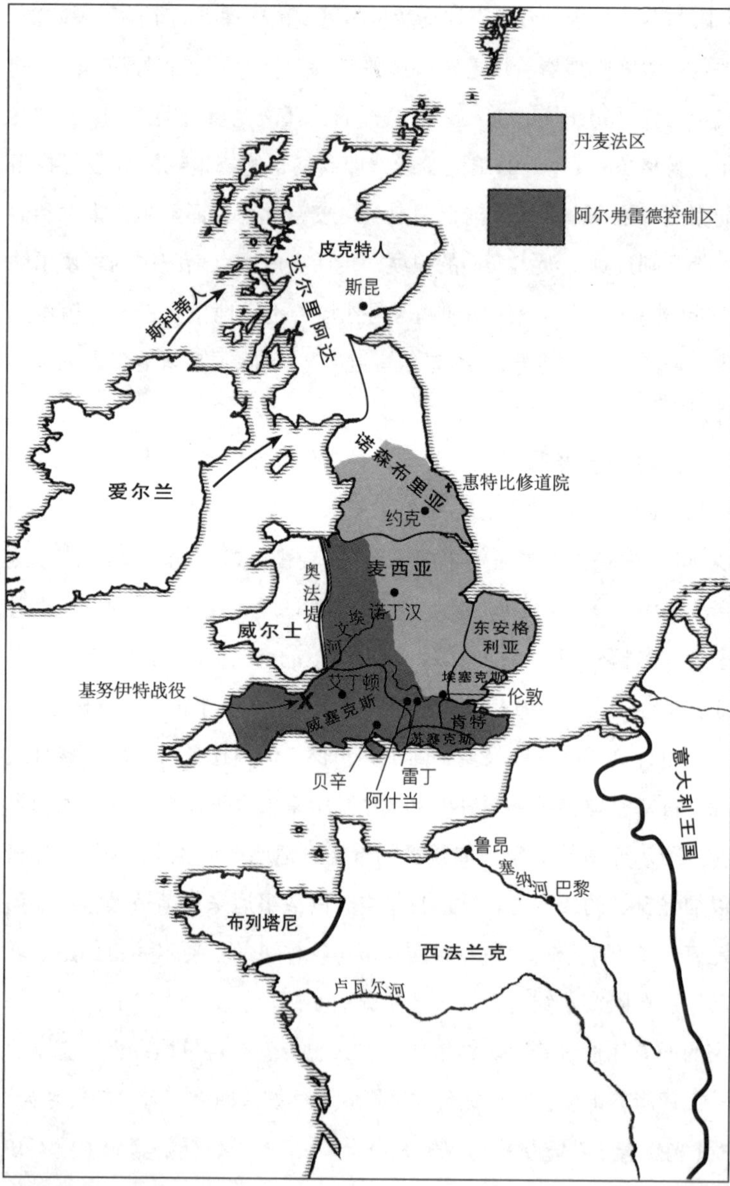

地图 26–1 《威德摩尔条约》

这个故事是从 16 世纪的教士马修·帕克（Matthew Parker）那里传出来的，他说自己是从 9 世纪的资料里面看到的。故事出现得可能比较晚，但其本质是要告诉我们一些关于阿尔弗雷德的事情。他恭顺地给蛋糕翻了个面，也没跟妇人说她刚才训斥的是英格兰的国王。就连他同时代的人也觉得他很善良、圣洁，是上帝派他来把人民从异教徒的威胁中拯救出来的。正因如此，即使他也有打败仗的时候，约翰·阿瑟尔也要把他形容成一位战无不胜的常胜将军，后来的编年史作家杜伦的西米恩（Simeon of Durham）也坚持说，他的面庞像天使一样闪亮，而他的盔甲则是信仰、希望和对上帝的爱。[13]

但在失败面前，对上帝的信仰也会崩溃，而阿尔弗雷德则率领着身后强大而绝望的军队走出阿塞尔纳沼泽，保住了自己神圣统治者的地位。878 年春末，他在威塞克斯的爱丁顿镇（Edington）遭遇维京大军，并战胜了他们。“战士们用一面面盾牌搭起了铜墙铁壁，战斗十分激烈，”阿瑟尔写道，“他毅然坚持了很长时间，最终顺应天意获得了胜利。他对维京人展开大屠杀，已经逃跑的也不放过。”[14]

爱丁顿战役之后，维京人的首领古斯鲁姆不仅同意与阿尔弗雷德签订和约，而且同意皈依基督教。他带来了手下最强壮的 30 名勇士，他们全部在同一天受洗，之后又撤回到自己的土地。阿尔弗雷德和古斯鲁姆签署了《威德摩尔条约》(Treaty of Wedmore)，将英格兰一分为二。南部和西南部地区仍然留在盎格鲁–撒克逊人的手中，南部地区由阿尔弗雷德统治，版图已经缩小了的麦西亚王国则交给他的女儿和女婿，让他们在他的监督之下进行统治。古斯鲁姆和他手下的维京海盗则得到了诺森布里亚、东部沿海，以及麦西亚东半部的独立控制权。

阿尔弗雷德在爱丁顿所取得的胜利可能是决定性的，维京人虽然没有投降，却遭受了更大的失败。事实是，维京人的海盗部队，原本是劫掠者和破坏者，现在却已在英格兰待了将近 15 年时间。他们在英格兰的乡村扎下根来，娶了盎格鲁-撒克逊人的妻子，成了孩子的父亲，每天种地，不再是原来当海盗时的样子。他们已经开始觉得自己就像当地人一样，而不是侵略者；他们已准备好开始新的生活；如果接受新的信仰能让他们拥有土地，拥有家庭，那他们也愿意这样做。阿尔弗雷德的手下同样急着回到自己的故土，回到妻子身边，恢复原有的生活。

在《威德摩尔条约》缔结之后的那些年，阿尔弗雷德平息了维京人几次试图抢占更多土地的乱子。但英格兰被划分为两个王国，分别属于盎格鲁-撒克逊人和丹麦法区，这种情形却一直保持下来。《威德摩尔条约》是一种妥协，但每个人的愿望都借此得到了满足。古斯鲁姆和维京群雄得到了新的家园；阿尔弗雷德得以统治迄今为止最大的盎格鲁-撒克逊王国，他还可以将南方的领地传给儿子爱德华；阿尔弗雷德的追随者们——打仗打得精疲力竭的威塞克斯和麦西亚的盎格鲁-撒克逊人，也终于获准回到自己原来的、几乎都已被遗忘殆尽的正常生活中去了。

正是基于这一点，人民铭记阿尔弗雷德，对他感激不尽：他既是征服者，又是和平使者。“他大名远扬、勇猛好战、百战百胜，热心扶助寡妇、孤儿和穷人，”12 世纪的历史学家伍斯特的约翰（John of Worcester）总结道，“他深受人民爱戴，特别和蔼亲切，理应得到不朽的祝福。”[15]

时间线 26

阿拔斯帝国	东方穆斯林王朝	北非	科尔多瓦埃米尔国	不列颠	法兰克人	意大利	罗马皇帝
				（麦西亚）**奥法**（757—796）			
马蒙（813—833）							**虔诚者路易**（813—840）
					丕平一世（分封国王，（817—838）/日耳曼人路易（分封国王，817—876）		
	塔希尔王朝建立 **塔尔哈·伊本·塔希尔**（822—828）		**阿卜杜·拉赫曼二世**（822—852）			**洛泰尔一世**（822—855，817—855为罗马皇帝）	
穆阿塔绥姆（833—842）							
					（阿基坦）**丕平二世**（838—852）		
					无地的查理（840—877）		
				（达尔里阿达）**席内德·马克·亚尔宾**（843—858）	凡尔登条约（843）		
			维京人进攻科尔多瓦（844）			**路易二世**（844—875）	
穆塔瓦基勒（847—861）					维京人进攻法兰克人		
			穆罕默德一世（852—886）				**路易二世**（850—875）
蒙塔希尔（861—862）							
				（威塞克斯）**埃塞雷德**（865—871）			
穆塔兹（866—869）					**口吃路易**（866—879）		

时间线 26（续表）

阿拔斯帝国	东方穆斯林王朝	北非	科尔多瓦埃米尔国	不列颠	法兰克人	意大利	罗马皇帝
	萨法尔王朝建立						
	叶尔孤白·莱伊斯·萨法尔 （867—878）			维京大军到达不列颠			
	萨曼王朝建立			（威塞克斯） **阿尔弗雷德** （871—899）		教皇约翰八世 （872—882）	
							无地的查理 （875—877）
	（萨曼王朝） **纳斯尔一世** （875—892）						
				威德摩尔条约（878）			
							胖子查理 （881—887）
	（萨曼王朝） **伊斯玛仪** （892—907）						
		法蒂玛哈里发王朝建立					
		（法蒂玛王朝） **马赫迪** （909—934）					

/ 27

为铁王冠而战

875 年至 899 年，“无地的查理”花钱买来了“罗马人的皇帝”的称号，“胖子查理”意外继承了整个帝国，马札尔人则抵达意大利北部。

875 年，“无地的查理”采用最直接的办法当上了罗马人的皇帝——他送给教皇约翰八世（John VIII）一笔巨额贿赂。编年史家们一致同意，他是用女人、金钱和高额赋税换来约翰八世于圣诞节为他加冕的。[1]

这激怒了“日耳曼人路易”，因为他认为这个头衔应当属于自己。他们的兄长洛泰尔已于 855 年过世，其子小路易二世（Louis II the Younger）早在 844 年和 850 年便分别成为意大利国王及罗马人的共治皇帝，然而小路易二世于 875 年早逝。因此“日耳曼人路易”作为当时最年长的法兰克国王，本以为自己会成为下一任皇帝。这时他约 70 岁，亲眼看着这个至高无上的头衔先后传给了自己的兄长和侄子，他很希望也能轮到自己的头上。

不过他显然没想到这也可以花钱去买。不过，既然加冕仪式已经举行过了，他所能做的也就只有报复了。趁着“无地的查理”还在罗马，“日耳曼人路易”突袭了他位于西法兰克的领土，怒火冲天地四处烧杀抢掠。查理急忙往家赶，不过没等到两兄弟照面，“日耳曼人路易”就死了，他终生的抱负未能施展就草草结束了。

不久之后，877年，“无地的查理”突然病逝。他的儿子和继承人，“口吃路易”（Louis the Stammerer），只比他晚了两年去世。法兰克王国的一团乱麻被留给了依然健在的继承人：“日耳曼人路易”的两个儿子“巴伐利亚的卡洛曼”（Carloman of Bavaria）和小路易［Louis the Younger，又称路易三世（Louis Ⅲ）］瓜分了东法兰克的领土。但后来卡洛曼中风，他的领土又传给了当时已经统治着意大利的弟弟“胖子查理”（Charles the Fat）。西法兰克王国则由“无地的查理”的两个孙子共同统治。

法兰克的国王们为地位高低而进行着谈判和争夺。881年，教皇决定加冕意大利的“胖子查理”为罗马人的皇帝。他之所以这样做，主要原因不是看中了查理本人，查理算不上是多么厉害的斗士，但在实际上控制着意大利。教皇担心自己的教皇国可能会受到那位野心勃勃的邻居——斯波莱托公爵盖伊——的攻击。如果教皇把皇帝的头衔授予其他法兰克国王，那么查理可能不会允许那位皇帝前来意大利保护教皇，而设置皇帝的头衔，本来就是为了让他可以在需要的时候保护教皇。

查理接受了皇帝的头衔，但加冕之后，他再也没回过意大利南部，当然也从未费心帮教皇国抵抗过斯波莱托的盖伊的袭击。尽管“胖子查理”对这些事不感兴趣，这位本来没有机会继承任何遗产的小弟弟，却成为罗马人的皇帝，还成了西方最有权势的君主。到了882年，有3位法兰克国王自然死亡。884年，又有一位国王在狩猎时被杀。他们的领土都归了唯一健在的合法继承人——“胖子查理”。机会和命运使得原来属于查理曼的整个帝国和称号都重新统一在同一位国王的名下——只有已叛变并宣布独立的普罗旺斯除外。*“日耳曼人路易”终其一生艰苦奋斗、谈判磋商、浴血奋战都没能做到的事情，“胖子查理”却不费吹灰之力就得到了。[2]

但是，得天下易，守天下难。“胖子查理”软弱无能，他的手里攥着这么个庞大的新帝国，身边既没有嫡子或继承人，心中也没有什么治国大计，因此几乎立即就遇到了麻烦。885 年，也就是整个帝国归他治下的第二年，他与维京人之间的矛盾开始升级。维京人定期劫掠他的领土，他通常会用银币，偶尔也会用抵押品支走他们。现在维京大军的入侵变得越来越猛烈了。他们并没有全部在英格兰定居下来，有些战士不喜农耕，于是他们返回大陆，继续四处劫掠为生。他们也不再只依靠船只，如今已能骑马上岸，在马背上四处扫荡，扩大了劫掠和杀戮的范围。一位法兰克教士哀叹道：

> 北欧的强盗不停地捕杀基督徒，他们毁坏教堂、拆除工事、烧毁城镇。到处都是教士、教友、贵族、平民、妇女、青年、乳儿的尸体。每条道路、每个地方，都是遍地死尸。[3]

“胖子查理”似乎完全无力抵抗。他集结了一支军队，在鲁汶城（Louvain）与维京人对战，结果法兰克人大败。得胜的维京人占领了鲁昂城（Rouen），然后组织了一次大规模的入侵：700 艘战船沿着塞纳河逆流而上，直抵巴黎城外，开始围攻巴黎。[4]

---

* 阿基坦已经重新与西法兰克领土合并，现在也归于“胖子查理”的统治之下。

此时查理远在巴黎之外，他派出援军，但未能解围。无奈之下，他提出给维京人300千克白银，并在勃艮第为他们提供冬季营地，以换取其撤军。

维京人同意进行这笔交易，这才解了巴黎之围。但“胖子查理”却因此完全丧失了民心。法兰克人怒不可遏，既然“胖子查理”打算将他们缴纳的税赋拱手送给敌人，而不是将侵略者赶出去，那他为什么不一开始就这样做呢？这样大家都省事。勃艮第人尤其光火，因为查理拿着他们的家园充大方，于是他们起而造反。查理的侄子，卡林西亚的阿努尔夫（Arnulf of Carinthia）拉起一支队伍，于887年进军法兰克，试图用武力推翻自己的叔父。

在此起彼伏的反对声中，“胖子查理”同意放弃国王和皇帝的称号。他之所以愿意屈服，可能也与他的健康状况有关：他一直饱受某种严重颅内疾病的折磨，为了减轻痛苦，他甚至接受过颅骨钻孔手术。888年1月，“胖子查理”刚退位几个月就死了。

帝国分裂成比以前更小的碎片，为争夺罗马人的皇帝这一称号，各方开始混战。卡林西亚的阿努尔夫成为东法兰克的国王；两位意大利贵族，弗留利的贝伦加尔（Berengar of Friuli）和斯波莱托的盖伊（就是威胁要给教皇国制造麻烦的那位公爵），都声称自己有权利成为意大利国王；此外还有五位贵族各自主张自己对法兰克其他不同部分的权利。*“就好像丧失了合法的继承人一样，”编年史家普兰的雷吉诺写道，“服从于他的那些王国都不再等待自然产生统

---

* 卡林西亚的阿努尔夫成为东法兰克及洛塔林吉亚（Lotharingia）的国王；奥多当选为西法兰克之王；斯波莱托的盖伊和贝伦加尔为争夺意大利而战；普罗旺斯贵族博索（Boso）之子路易，在普罗旺斯称王；在上勃艮第（Upper Burgundy），一位名叫鲁道夫（Rudolph）的贵族男子做了国王；雷纳夫二世（Ranulf II）也在阿基坦自立为王，并宣布“糊涂查理”（Charles the Simple）——“口吃路易”的幼子——为西法兰克合法的国王。

治者，而是各自从内部为自己创造出一个国王来。这种情况导致烽烟四起。”[5]

在一片混乱之中，教皇斯德望五世在设法保护自己的利益。他宣布斯波莱托的盖伊为意大利国王并于 891 年将其加冕为帝。这显然是一笔交易：以教皇的认可和皇帝的称号换取盖伊停止给教皇国制造麻烦，虽然这也许与查理曼当初宣布罗马人的皇帝有责任保护教皇的初衷不完全相符。

斯波莱托的盖伊当上了罗马人的皇帝，却只当了 3 年就意外死去。他本来打算让自己 14 岁的儿子兰伯特（Lambert）继位为意大利国王。“他是一个举止优雅的青年，”历史学家克雷莫纳的利乌特普兰德（Liudprand of Cremona）这样写道，“虽然尚未成年，却相当好战。”弗留利的贝伦加尔一直还盼望着自己能够成为意大利国王，他仍在北方制造着麻烦。一听到盖伊的死讯，他立即前往帕维亚，宣布自己加入竞争国王之位者的行列。[6]

在此期间，斯德望五世的接班人、教皇福尔摩赛（Formosus）派人送信给卡林西亚的阿努尔夫（现在是东法兰克国王阿努尔夫），向他保证若是他能派援军来恢复和平，就让他当皇帝。在福尔摩赛看来，他的前任错就错在将皇帝这个崇高的称号给了一个普通的意大利军人，而非出自查理曼血脉的国王。而卡林西亚的阿努尔夫则出身加洛林家族，显然是皇帝的适当人选。

阿努尔夫表示同意，并于 896 年率军长途跋涉来到罗马。兰伯特听说法兰克国王到来的消息，逃回了他父亲的旧地斯波莱托。阿努尔夫同意让福尔摩赛宣布自己不仅是东法兰克的国王，也是意大利国王和罗马人的皇帝。然后他开始向斯波莱托进军，去对付兰伯特。

但在从罗马去斯波莱托的短途中，他却突然中风，导致半身不遂。由于事发突然，他只好放弃了战胜兰伯特的计划，打道回府。

兰伯特从斯波莱托回来，重新宣布自己为“意大利国王”。但没等到他前往罗马去惩罚教皇福尔摩赛，教皇就去世了。但就算福尔摩赛死去也不能阻止年轻易怒的兰伯特报复。他命令福尔摩赛的继任者斯德望六世（Stephen Ⅵ）打开福尔摩赛的棺椁。死去的教皇穿着法衣，被人安置在桌子后面，然后由斯德望六世召集教士们开会，给那具尸体定罪，并免去其圣职。“这些事都做完之后，”克雷莫纳的利乌特普兰德写道，“兰伯特下令将那具尸体的法衣剥下，砍掉其三根手指，然后扔进了台伯河。”因为福尔摩赛正是用这几根手指来为罗马人民祈福的。这次宗教会议后来被称为“僵尸审判”（Synodus Horrenda）。[7]

发泄了一通之后，兰伯特回到意大利北部，与贝伦加尔做了一笔交易：二人商定，由兰伯特统治意大利南部，贝伦加尔则统治北部地区，而且兰伯特将迎娶贝伦加尔的女儿吉塞拉（Gisela）为妻，以加强二人的合作。贝伦加尔同意了。他或许并没打算遵守约定，但也没有机会违反，因为只过了几个月，年仅18岁的兰伯特就摔断脖子死了。关于兰伯特之死，克雷莫纳的利乌特普兰德所记载的一个说法是，兰伯特是出去狩猎野猪的时候跌下马来摔死的。后来，在进行修订的时候他又补充说：“还有另一个说法，我觉得可能性更大。”根据这个说法，兰伯特是被一个来自米兰的年轻人谋害的，因为他曾处决了这个年轻人的父亲。他被杀之后，尸体被摆放成像是狩猎时意外身亡一样。[8]

无论实情如何，兰伯特的死使贝伦加尔得以宣称自己为全意大利之王。虽然他终于戴上了王冠，但是一个不幸的巧合却使他即将

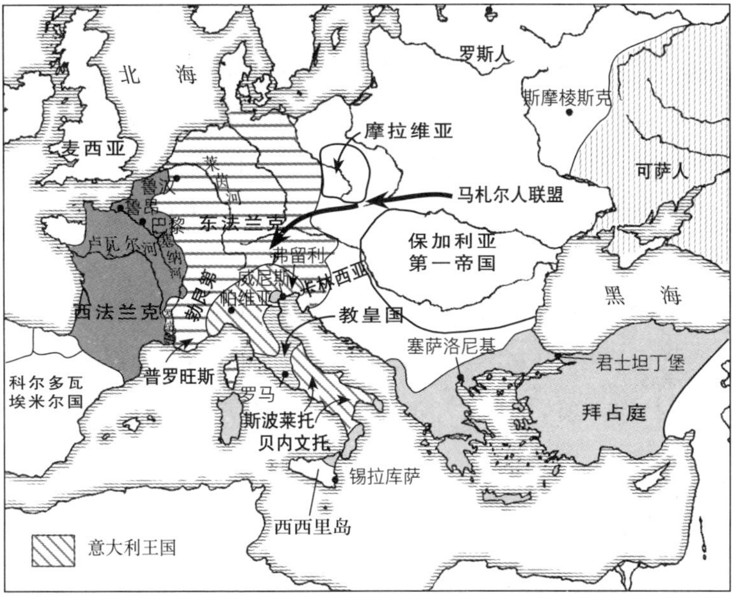

地图 27-1 马札尔人

失去这个王位。

在北方，一场战争风暴正在酝酿着，又有一名勇士将分散的部落统一成一个新生的国家。这次得到统一的是芬兰-乌戈尔人的部落，罗斯人的祖先就出自这个族群。勇士的名字是阿尔帕德（Arpad），他打造了一个新的部落联盟，自己出任第一任国王。“在这个阿尔帕德之前，马札尔人的历史上从未有过任何君主。”拜占庭皇帝“紫衣贵族君士坦丁”（Constantine Porphyrogenitus）在他所著的马札尔人历史中这样写道。[9]

在阿尔帕德的指挥之下，马札尔人联盟的战士们开始向西方前进。895 年前后，他们已到达摩拉维亚边境。898 年，他们向威尼斯发起进攻，不过接着就撤退了。但到了 899 年，就在贝伦加尔戴上伦巴第人的铁王冠时，他们开始向意大利北部进军。其实一直有人鼓动他们这样去做，在东法兰克，卡林西亚的阿努尔夫答应他们，如果他们愿意把精力放在意大利北部，他就给他们衣服，给他们钱。阿努尔夫被迫放弃了征服意大利，但他并没有放弃除掉对手的希望。[10]

贝伦加尔率军回击，但马札尔人精神饱满、雄心勃勃，很难被打败。而且他们还精于游击战，公元 900 年的全年，他们不时劫掠意大利城镇，然后在贝伦加尔的人马赶到之前撤离。贝伦加尔开始失去原来一直都是其坚强后盾的意大利贵族的支持。毕竟他要是除不掉马札尔人的话，那支持他还有什么用呢？

在意大利北部，托斯卡纳侯爵阿达尔贝特二世（Adalbert II, Margrave of Tuscang）的领地受到了马札尔人的猛烈袭击，以他为首的贵族们邀请加洛林王朝的一个小亲王——普罗旺斯的路易（Louis of Provence，查理曼是他的高外祖父）——到意大利来，给他戴上了铁王冠。贝伦加尔象征性地要求决战，但他的手下已经减员，而普罗旺斯的路易却赢得了越来越多的支持者。贝伦加尔被迫从意大利北部逃离，将铁王冠留给了他的对手，马札尔人则在他走后大获全胜。

时间线 27

不列颠	法兰克人	意大利	罗马皇帝	马札尔人	摩拉维亚
	（阿基坦）**丕平二世**（838—852）				
	无地的查理（840—877）				
（达尔里阿达）**席内德·马克·亚尔宾**（843—858）	凡尔登条约（843）	**路易二世**（844—875）			
	维京人进攻法兰克人				**拉斯蒂斯拉夫**（846—870）
			路易二世（850—875）		西里尔和美多迪乌到来
（威塞克斯）**埃塞雷德**（865—871）					
	口吃路易（866—879）				
维京大军到达不列颠					
（威塞克斯）**阿尔弗雷德**（871—899）		教皇约翰八世（872—882）			**斯瓦托普鲁克**（870—894）
威德摩尔条约（878）			**无地的查理**（875—877）		
	路易三世（879—882）/**卡洛曼二世**（879—884）				
	胖子查理（882—887）		**胖子查理**（881—887）		
		教皇斯德望五世（885—891）			
	卡林西亚的阿努尔夫（887—899）				
		斯波莱托的盖伊（889—894）			
		教皇福尔摩赛（891—896）	**斯波莱托的盖伊**（891—894）		
		兰伯特（896—898）	**卡林西亚的阿努尔夫**（896—899）	**阿尔帕德**（895—907）	
		教皇斯德望六世（896—897）			
		贝伦加尔（898—900）			
		普罗旺斯的路易（900—902）		马札尔人进入意大利	

/ 28

关白

884年至940年，藤原氏为自己量身打造了一个新的官职，天皇试图削弱藤原氏的力量，但失败了。

884年，出身藤原家族的官员藤原基经是日本最有权势的人物。他是年幼的阳成天皇的摄政；880年，他就被任命为太政大臣。如今阳成天皇已经十几岁了，完全可以亲政了，于是，藤原基经又为自己想出了一个新的头衔：他要当“关白”*，辅助天皇总理万机。有了这个名头，他可以在天皇成年后，仍然掌握与天皇年幼时他作为摄政一样的权势。[1]

884年，15岁的阳成天皇在位已有8年，却一直没有实权。他本来只是个无聊的孩子，天长日久，心理逐渐变得异常起来。他爱看狗捕杀猴子，爱拿青蛙喂蛇，还开始提议由他亲手处决犯人。藤原基经以天皇行为异常为由，召集了一次朝官会议，大家全都同意他的意

* 关白原意为陈述、禀告，藤原氏把持朝政，朝中大事都要先向其汇报，故被称为关白。——编者注

见，认为这位年轻的天皇应该被废黜。于是，藤原基经答应带阳成天皇去看赛马会，以此为饵将其诱上马车后，一路疾驰把他带出城去。取而代之的是朝廷推举的阳城天皇时年 54 岁的叔祖光孝天皇。[2]

不过阳成天皇从未被囚禁过。他精神异常的症状偶尔会加剧（据说他至少杀过两个人），不过似乎他也被允许骑马在山间漫步，在外狩猎过夜，有时他还会不打招呼就出现在某个大地主家门外，要求进屋休息。他至少有过一次爱情，并为他所恋慕的女子写了首诗，诗中的意象取自遥远的东北海岸，在那里，米那河从 900 多米高的筑波山上飞流而下，直冲入浪花翻滚的潭中：

飞流直下筑波岭，
相思积成万尺渊。

不过史书上并没有留下他结婚成家的记载。[3]

再来看平安京中，光孝天皇对政治毫不在意。藤原基经仍然担任摄政，在朝中一手遮天。这是有史以来第一次由摄政公开代替一个加冕时即已成年的天皇进行统治。藤原基经就这样继续统治着日本，无人敢于挑战他，直到 3 年后光孝天皇过世。[4]

继任天皇的是光孝天皇 20 岁的儿子宇多天皇。他刚一即位，便下诏："万机巨细，皆关白太政大臣，而后奏下。"这道诏书被视为"关白"一职的正式任命。但之后不久，他立即开始进行一场谨慎而坚决的斗争，欲从他的太政大臣手中夺回实权。被任命为关白后，藤原基经曾提出正式辞去关白一职，这在日本政界已成为一种惯例。宇多天皇本应接受其辞职，然后再同样按照惯例，重新任命藤原基经为他自己的关白。

于是宇多天皇接受了藤原基经的辞职，但他的下一步做法却违反了惯例。他不敢激怒强大的藤原氏家族，所以不能完全无视藤原基经而不重新任命他。于是天皇给已经年老的藤原基经下了一道虚情假意的诏书，不让他当关白，而是让他在新政府中担任“阿衡”。

阿衡这一官职古已有之，备受尊崇，但在很大程度上只是个虚衔，因此藤原基经勃然大怒，拒不上朝。毕竟他仍然是太政大臣，只要他拒绝审阅奏章，整个朝廷政务就会停摆。

在将近一年的时间里，其他朝官纷纷要求天皇安抚藤原基经，重新任命他为关白。宇多天皇顶住了越来越大的压力，但朝中政务越来越纠缠不清，关于阿衡的职位是否算是一种侮辱的争论也越来越激烈。“天下之务，皆尽壅滞，”宇多天皇在日记中这样写道，“时人难之。”[5]

最终，888年，宇多天皇被迫屈服。他将这件事怪在倒霉的左大弁、学者橘广相身上，说他在草拟诏书时误会了自己的意思，写错了官名。为了挽回颜面，他也只能做到这个地步了。他十分难堪，橘广相的仕途也因此大为受阻。藤原基经十分体面地接受了关白任命，重新开始处理政务。[6]

他已经证明，朝廷里一言九鼎的人是他自己，而不是天皇。然而，即使是藤原基经也无法长生不老。几年之前，有位出身皇族的诗人名叫在原业平，他是桓武天皇的远亲，曾与藤原氏起过冲突，后来眼看着自己在朝廷晋升的机会破灭。他道出了与藤原基经为敌之人的希望：年老和死亡会最终结束藤原基经执掌了一生的权力。

今年樱花落，
多飞散乱低。

老年不速客，
来路为遮迷。[7]

891 年，他的愿望终于成真。藤原基经病情恶化，他辞去关白之职，几周后就病逝了。

藤原基经的长子藤原时平此时只有 20 岁，宇多天皇拒绝授予他（或其他任何人）关白一职。相反，他让此职位空缺，并且尽可能多地提拔其他家族的成员担任各个要职。他虽不能无视藤原时平，但也只给了这个年轻人一个次要职位，并不倚重于他。他最信赖的谋士菅原道真是个诗人，出身并不显赫，却颇有才华。菅原道真此时年近 50 岁，曾在地方任职，他曾在宇多天皇早年与藤原基经斗法时支持过替罪羊橘广相，并因而得到宇多天皇的赞赏。[8]

宇多天皇在藤原基经手中所受到的耻辱，使他不敢完全无视藤原家族的期望。因此，其后几年间，他让藤原基经的儿子得到适度升迁，但他同时也提拔了菅原道真。到 896 年的时候，两人分别担任朝中最重要的两个职位。

与此同时，天皇努力改善平安京朝廷与地方之间的关系。他知道地方上的贵族以天皇的名义征收税款之后却将其截留，中饱私囊，因此他下令进行一系列的改革，以防止这些贵族夺取治下农民的土地。然后，在这些改革顺利进行之时，他毅然退位。[9]

他只有 30 岁，此时退位是一个既冒险又大胆的举动。他的长子醍醐天皇刚满 12 岁，已经不需要摄政的监督，可以亲政了。宇多天皇退位之后让醍醐天皇加冕继位，这样他就可以监督权力的交接。无论如何，宇多天皇并不打算放弃自己的权力。虽然他举行了正式的仪式，脱下皇袍，开始钻研佛法，并剃度入寺，但他干预朝政的力度仍然不减，因此被称为“太上法皇”。他与藤原氏之间的权力斗争，并不完全是为了让天皇收回实权。天皇之位仍然比较被动，这个位置是日本人民与天道之间十分重要但也是高度仪式化的一个纽带。事实上，他的斗争是为了抵制藤原家族一家独大的勃勃野心，为此他让菅原道真出面为他打头阵。

菅原道真在这个位置上觉得很不自在。于是，899 年，在宇多天皇退位两年后，他向年轻的醍醐天皇上书请辞。因为他得到风声，听说以藤原时平为首，有一个针对他的阴谋，他对此有些害怕。[10]

但醍醐天皇在父亲的授意下，拒绝接受菅原道真的请辞。于是 901 年，藤原时平出击了。醍醐天皇当时还不满 17 岁，像一般青春期的少年一样常会有些焦虑，藤原时平说服他相信父亲宇多天皇正在和菅原道真密谋废立，让他的胞弟篡位。醍醐天皇被策动，没有告诉父亲就下诏将菅原道真赶出朝廷，并令其终生不得回京。

小天皇刚在诏书上签了名，藤原时平就下令逮捕了对手菅原道真及其家人，将他们发配到遥远的边疆。菅原一家一旦被抓，这件事就不再是个秘密，忠于宇多天皇的官员赶紧跑到寺庙里，告诉他发生了何事。宇多天皇立即骑马回宫，但藤原时平已将宫门紧闭，他无法入宫，在街上站了一夜。到了早晨，菅原道真和他的儿子们早就被押出平安京，踏上流放南方九州岛的路了。[11]

宇多天皇赌输了这一局，菅原道真则为此付出了代价。两年后他死在了流放地，再也没能回到京城。藤原时平将年轻的醍醐天皇牢牢地控制在手中，开始在朝中大权独揽，就像他那了不起的父亲从前所做的那样。他并未尝试得到关白的头衔，但他再次让藤原氏贵族及其党羽占满了朝中的大小官位。而宇多天皇则被困在寺庙中，被切断了与儿子、与朝廷的联系，无法继续在朝中扮演自己想要的角色。[12]

可惜藤原时平于909年早逝，他的上升势头因此终止。不过，他的弟弟，也就是藤原基经的幼子藤原忠平，接过了他的接力棒。930年，时年45岁的醍醐天皇去世，朝廷任命藤原忠平为摄政，辅佐醍醐天皇年仅7岁的儿子登基。一年之后，宇多天皇也过世了，到死他都还在寺庙中，仍然被排斥在皇宫之外。新继任的朱雀天皇（Suzaku）长大之后，藤原忠平就任关白。他重新得到了父亲的职位，藤原家族也再次占据了平安京几乎每一个重要的职位。[13]

平安京城内的权力争夺，并没有像在中国、拜占庭、或更往西去的那些王国发生的一样，以暗杀和内战的形式爆发出来。其原因之一在于日本的天皇治下并没有常规军队，当天皇需要军队时，他们就现从20岁以上60岁以下的自由人口中征召。而且，如果不发生实际战事，这些已经应征入伍的人也仍然过着平民的生活，只是“随时待命”而已。大部分时间他们还是住在自己家里，还在家乡按部就班地过日子，该种地的种地，该经商的经商，每年服兵役的时间一般不超过35~40天。因此，藤原氏或其他野心勃勃的贵族们，无法像在西方常见的那样，先想方设法当上将领，得到军队的支持之后，再带兵造反，夺取皇位。*

他们能做到的，是像藤原氏那样在朝廷内谋求合法的权力，要不然就豢养私兵，在远离京城的偏远地区圈地为王。

939年，一个名叫平将门的大地主就走上了第二条道路。他生活在土地肥沃的关东地区，善于骑马打仗，重视家族荣誉，而且还算得上是桓武天皇的后裔。平家的众多子弟占据了关东的大小官职。

---

* 日本的军事结构有点复杂，在有限的篇幅里无法完全解释清楚，如需更加详细的说明，请参阅：Karl F. Friday, *Hired Swords* (Stanford University Press, 1992), pp. 1–32。

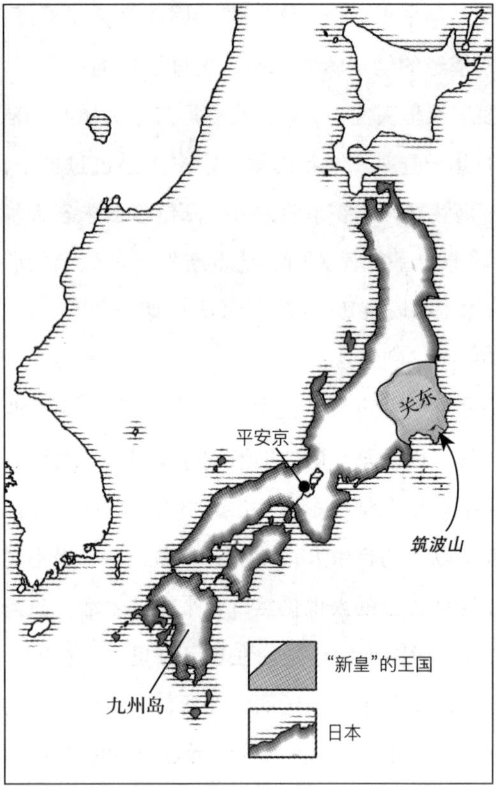

地图 28–1　平将门叛乱

平将门本人年轻时也曾投身平安京的朝廷，在那里亲眼见识过藤原家族的滔天权势。或许就是这种景象点燃了他的勃勃雄心。[14]

平将门权力之路的起点是地方上的一起争执。当时他刚自平安京返乡，就因领地权属问题与几名邻居产生了争端，开始是争吵，很快就动起手来。涉事各方地主的家丁们都全副武装，一场小规模的局部战争开始了，平将门大获全胜。

在胜利的鼓舞之下，平将门指挥手下已超过千人的私军进攻距离最近的国府衙——常陆国府衙。由于国府衙在设计时没考虑过要抵抗军队，因此无法抵挡，很快就投降了。平将门于是更加狂妄自大，自号“新皇”。他还占领了周围的皇家领地，开始任命朝廷百官。[15]

但他的统治仅维持了约三个月。藤原忠平悬赏重金要他的项上人头，而天皇治下虽然没有常备军队，却有金钱无数。另外两个大地主一个是藤原族人，另一个是平氏本族人，他们联手一起攻打新皇（为了领取赏金）。在平将门自立为王约三个月后，他这两个敌人各自率领私兵来到他所占领区域的北部边界。

平将门的军队也像日本所有的其他军队一样，是变化不定的，他手下的兵也不是全职士兵，他们也有自己的生活要过，所以时常来来去去。当联军发动袭击时，平将门的部队恰好人员暂时减少，只剩下不到 400 人。结果这一小股部队被全歼，平将门本人也被杀死了。当时的史书《将门记》记载了他的叛乱之事，书中这样写道：“马忘风飞之步，人失梨老之术。新皇暗中神镝，终战于涿鹿之野，独灭蚩尤之地。”[16]

平将门的武装叛乱虽然发生在地方，但其实与藤原氏在京城的争权夺利一样，也是另一种形式的权力之争。虽然平将门的政治手腕不如藤原氏在平安京那样得心应手，但它也预示了未来将要发生的事情。在之后一个世纪的时间里，藤原氏家族世袭着半合法的专制统治，继续执掌大权，但他们的权力也不会永远无人质疑。天皇能够施展的空间已变得越来越小，而在此空间之外，日本的贵族世家则为争权夺利进行着越来越凶猛残酷的斗争。

时间线 28

法兰克人	意大利	罗马皇帝	摩拉维亚	马札尔人	日本
凡尔登条约（843）	**路易二世**（844—875）				
维京人进攻法兰克人					
			拉斯蒂斯拉夫（846—870）		
		路易二世（850—875）			**文德天皇**（850—858）
			西里尔和美多迪乌到来		**清和天皇**（858—876） 藤原良房摄政（866—872）
口吃路易（866—879）					
			斯瓦托普鲁克（870—894）		
	教皇约翰八世（872—882）				藤原基经摄政（872—891）
		无地的查理（875—877）			**阳成天皇**（876—884）
路易三世（879—882）/**卡洛曼二世**（879—884）					
胖子查理（882—887）		**胖子查理**（881—887）			
	教皇斯德望五世（885—891）				**光孝天皇**（884—887）
卡林西亚的阿努尔夫（887—899）	**斯波莱托的盖伊**（889—894）				藤原基经任关白（887—891） **宇多天皇**（887—897）
	教皇福尔摩赛（891—896）	**斯波莱托的盖伊**（891—894）			
	兰伯特（896—898） 教皇斯德望六世（896—897）	**卡林西亚的阿努尔夫**（896—899）		**阿尔帕德**（895—907）	
					醍醐天皇（897—930）

时间线 28（续表）

法兰克人	意大利	罗马皇帝	摩拉维亚	马札尔人	日本
	贝伦加尔（898—900）			马札尔人进入意大利	
	普罗旺斯的路易（900—902）				
	贝伦加尔（902—924）	**普罗旺斯的路易**（901—905）			
		贝伦加尔（915—924）			
					朱雀天皇（930—946）
					藤原忠平摄政（930—941）
					平将门叛乱（939）
					藤原忠平任关白（941—949）

/ 29

巴西琉斯

886 年至 927 年，“智者利奥”公然藐视君士坦丁堡的牧首，保加利亚国王要求皇帝的称号，罗曼努斯·利卡潘努斯说明基督徒不应进行战争。

巴西尔一世的嫡子利奥六世于 20 岁时成为君士坦丁堡唯一的皇帝。他几乎立刻就为自己赢得了“智者利奥”（Leo Sophos，或 Leo the Wise）的绰号。这个称呼也不一定说明他多么擅长治理国家，而是有点“书呆子利奥”的意思。利奥博览群书、过目不忘，每天晚上都忙着撰写军事手册、修订法律法规、创作诗歌和赞美诗，或者准备他在节日及其他重要场合需要发表的布道辞。[1]

他并不是第一个宣扬布道的皇帝——他的前辈利奥三世就发表了一系列反对圣像崇拜的训诫——但“智者利奥”更爱插手教会事务，每天忙个不停。恺撒勒雅的神学家阿尔萨斯（Arethas）称他西奥索弗斯（theosophos），意思是“精通神学事务”，其实就是委婉地说他“爱管神学事务的闲事”。他刚登上皇位，就决定换掉君士坦丁堡最高级的神职人员——牧首，让他自己 19 岁的弟弟斯蒂芬来当，斯蒂芬死后，他又亲自任命了接下来的两任牧首。[2]

不过，其中的第二任牧首，尼古拉·米斯蒂科斯（Nicholas Mystikos），却并不像“智者利奥”所希望的那样听话。到 901 年，利奥不得不面对一个令人不快的现实：他的皇位无人继承。他已 35 岁，结过 3 次婚，却没有生下一个儿子，只好加冕弟弟亚历山大为共治皇帝和继承人。

但他尚未放弃希望。当他的第三任妻子于 901 年死了后，利奥决定再娶，这次打算娶的是他的情妇佐伊·卡尔伯诺普希纳（Zoe Karbonopsina），即“黑眼睛的佐伊”。

这件事受到了牧首尼古拉·米斯蒂科斯的阻挠。结婚 3 次就已经不怎么合法了，因为教会的教义中有一条令人费解的规定，根据这条规定，虽然一个人在配偶逝世后完全可以再婚，但只能再婚一次。牧首对利奥的第三次婚姻就已经侧目了，但第四次要让他再假装看不见，他就太不情愿了。

利奥隐忍不发，直到佐伊生下第一个孩子，是个女孩。905 年年初，她再度怀孕，临产的时候，利奥把她搬到了紫色寝宫（the Purple Chamber）。传统上，皇后都是在这里诞下皇室继承人的，因此在紫色寝宫生产，就意味着朝廷承认她进入其核心。而君士坦丁堡的朝廷作为一个整体，要比任何皇帝单独一人都强大得多。“皇帝有可能、也确实会来来去去，”历史学家阿诺德·汤因比（Arnold Toynbee）写道，“能力过人的冒险家有可能、也确实会取代一个短命的王朝，但朝廷会继续存在。”君士坦丁堡的皇帝会受到朝廷的尊崇，但他同时也受制于朝廷，皇帝的权力大小取决于他的臣下对他有多么忠诚。[3]

利奥的朝廷对他足够忠诚，十分支持他得到一个继承人的努力，因此，佐伊可以在紫色寝宫生产，身边围绕着传统的助产士。她这次生的是个男孩，利奥终于松了口气。他尽一切努力让这个新生儿拥有合法的地位，给他取了皇家那个神圣的名字“君士坦丁”。[4]

他的名字和他在紫色寝宫降生的事实都有利于这个婴儿得到合法地位。然而为了确保他的地位不受挑战，利奥仍然需要与他的母亲正式成婚。利奥再次向牧首提出，他应当结第四次婚。牧首再次拒绝了他。利奥“精通神学事务”，遂决定不征得牧首的许可，他自己做主娶了佐伊，还举行了公开的奢华婚礼，这激怒了君士坦丁堡的高级神职人员。“那孩子的母亲被引入皇宫，完全是一副皇后的派头，”尼古拉 · 米斯蒂科斯后来在写给罗马的一封信中这样写道，“皇后冠就戴在这个女子头上……教士们一片哗然，好像他们的全部信仰都被颠覆了一样。”[5]

尽管尼古拉 · 米斯蒂科斯反对这桩婚姻，但他从本质上说还是皇帝的人。然而君士坦丁堡其他教士那愤怒的声音迫使他出面维护教会的权威，因此自从利奥公开藐视教会之后，尼古拉 · 米斯蒂科斯虽不那么情愿，却只得禁止他踏入自己城市的教堂。

利奥对此无法接受。907 年，他派兵（使用武力）罢免并流放了尼古拉以及所有反对立佐伊为皇后的教士。之后，当君士坦丁年满 6 岁时，利奥将其加冕为共治皇帝。他给这个小男孩命名为“紫衣贵族君士坦丁七世”（Constantine VII Porphyrogenitus），强调其出生于“紫色寝宫”，以此来提醒所有接近新皇的人，朝廷支持君士坦丁的继承权。

利奥打算在死前尽可能顺利完成皇位交接，因为拜占庭正处于来自外部的巨大压力之下。至少两个世纪以来，对于君士坦丁堡的安全来说，穆斯林军队一直是最大的威胁。不过现在，阿拔斯王朝还自顾不暇，因此主要的威胁来自西方。

保加利亚国王鲍里斯已带领整个国家正式皈依基督教，他与拜占庭虽相距遥远，却甚为亲切友好，他甚至还将儿子西美昂（Simeon）送到君士坦丁堡来接受教育。但西美昂在继承保加利亚王位后，却成了拜占庭的敌人。* 与“智者利奥”一样，西美昂也爱读书：尼古拉·米斯蒂科斯将他描述为一个“热爱知识，将古人典籍读了一遍又一遍”的人。阅读激发了他的想象，他想要将保加利亚变成一个像旧时帝国一样伟大的帝国。当利奥六世忙着解决自己在婚事上遇到的麻烦时，西美昂趁机率领保加利亚军队长驱直入，直抵君士坦丁堡城下。904 年，利奥被迫签订和约，将整个希腊半岛北部拱手送给保加尔人——西美昂由此成为在如今被称为巴尔干半岛的土地上统治了几乎所有斯拉夫部落的皇帝。[6]

来自西方的威胁解除了，但另一个威胁却正在逼近。906 年，也就是“紫衣贵族君士坦丁七世”成为共治皇帝的同一年，罗斯人也一路推进，来到了君士坦丁堡的城门之前。

罗斯人自皈依以来一直在发展壮大。他们自己的记载告诉我们，那位传奇性的维京战士留里克在诺夫哥罗德定居下来后，稳步扩张自己的势力，控制了周边的部族。当他于 879 年离世的时候，他将自己的王国和稚子的监护权都留给了另一个罗斯贵族：诺夫哥罗德的奥列格（Oleg of Novgorod）。没想到奥列格却将权力篡为己有，并于 3 年后将权力中心迁往基辅（Kiev）。

但 70 年后，记录显示奥列格仍然健在而且活动积极，因此多

---

* 鲍里斯于 889 年退位后，进了修道院，将王位留给了长子弗拉基米尔（Vladimir）。弗拉基米尔试图扭转父亲对基督教的政策，他开始驱逐教士。于是鲍里斯又走出修道院，罢免并监禁了弗拉基米尔，改以幼子西美昂继承王位，并为其加冕。

数历史学家猜想，“奥列格”这个名称可能是个头衔，而不是个人名。这个故事反映了罗斯势力在其战士首领的带领下扩张的大致轨迹。到 9 世纪末的时候，罗斯人已迫使与其相邻的斯拉夫部落向他们纳贡了。《往年纪事》中列出了大量向其臣服的部族名称，其中包括东斯拉夫的德列夫梁人（Drevlians）。906 年罗斯人进攻君士坦丁堡时，这些部族被迫提供兵力——总共派出了 2000 艘战船，船上的士兵来自 12 个不同的部族。《往年纪事》中的记载有趣多彩，但不大可靠，书中说罗斯人“给船装上轮子，在风向合适的时候，他们就张开船帆，从旷野一头扎进城里。希腊人看见这幅景象，都吓坏了”。[7]

无论君士坦丁堡人是被什么吓坏的，总之他们同意支付巨额贡金，让罗斯人撤退。911 年，双方又签订了第二个和约，确立了暂时的和平，但对利奥六世来说，未来的形势十分严峻。他死于 912 年，临终前预言帝国在他的继承人手中将会面临危机。[8]

利奥死后，他的弟弟成为真正的皇帝。他弟弟亚历山大当时 42 岁，已经当了 33 年有名无实的共治皇帝。他成年后大部分时间都花在喝酒、打猎以及等待哥哥死去上了。面对突如其来的权力，他有些沾沾自喜。但他可不是傻瓜，他罢免了利奥朝中的旧臣，召回年迈的尼古拉·米斯蒂科斯，因为尼古拉不大可能支持那个名不正言不顺的君士坦丁七世篡夺叔父的权力。但亚历山大接着立即宣布，君士坦丁堡不再向保加利亚国王西美昂一世支付原来利奥许下的岁贡。[9]

这样挑战西美昂简直是在恳求他前来攻打拜占庭，以证明自己不是纸老虎。西美昂接受了挑战，而且将筹码加倍。根据历史学家执事利奥的记载，西美昂派人给君士坦丁堡传信，要求新任皇帝承

地图 29-1 丢失巴尔干半岛地区

认西美昂也是一位皇帝，是保加尔人民的“巴西琉斯”（basileus），因此他与亚历山大两个人在身份上是平等的。[10]

当然，亚历山大拒绝了他的要求。

执事利奥不太喜欢非希腊人——他使用古老的、有些不屑一顾的言辞描述保加尔人，说西美昂的要求表现出“赛西亚人一贯的疯狂”——但事实上西美昂现在不仅损失了金钱而且受到了侮辱，他很有理由说服人民冒险攻打伟大的君士坦丁堡。然而，正当西美昂开始朝君士坦丁堡进军时，挑起战端的亚历山大却死了。他是在一次饭后骑马打球（一种中世纪的马球）时突然中风的，之后他只来得及任命尼古拉·米斯蒂科斯为他小侄子的首席摄政，就咽下了最后一口气。他的死讯使全城陷入一团混乱之中，统治者是个小孩，而一个受辱之后决意一雪前耻的勇士国王正带领着一支保加尔人军队逼近。

就这样，做出如何对付西美昂一世的决定，成了君士坦丁七世的摄政委员会的任务，委员会中领头的是年迈的牧首尼古拉·米斯蒂科斯。牧首仍然因当年君士坦丁七世还是个婴儿时，利奥否决了他的意见却支持教皇而耿耿于怀。如果尼古拉·米斯蒂科斯完全承认君士坦丁七世是利奥的婚生子，也是君士坦丁堡合法的统治者，他就等于承认了罗马教皇是对的，而他本人错了——这几乎不可能。因此当西美昂一世出现在君士坦丁堡城外时，尼古拉·米斯蒂科斯发现自己处境尴尬：他正在支持着一个他曾认为非法的皇帝。

他同意让西美昂进城谈判，并提出一份和约。拜占庭将向保加尔人纳贡；君士坦丁七世将娶西美昂的一个女儿为妻；而他本人，君士坦丁堡的牧首，则将加冕西美昂为保加尔人的皇帝：巴西琉斯，让西美昂与拜占庭皇帝享有同等的权威（尽管只是对其自己的人民来说）。

毫无疑问，要不是尼古拉·米斯蒂科斯坚信君士坦丁堡根本就没有合法的皇帝的话，他可能不会答应得这么爽快。反正（在他看来）眼下没有一个掌实权的真皇帝，那么允许西美昂一世当个皇帝也没什么关系。[11]

君士坦丁的母亲佐伊自然对这个提议感到震惊，就如同君士坦丁堡的众多士兵和朝臣们一样。于是，一等到西美昂撤远了，佐伊就领导了一场宫廷政变，将尼古拉·米斯蒂科斯赶出宫去（他仍然是摄政，但她警告他管好教会，不要再插手她的事情），然后自己控制了摄政委员会。她接着宣布与西美昂签订的和约全部无效。

为了报复，西美昂展开了一系列的劫掠与袭击。他开始占领两国之间的边境城市，动作越来越快、越来越令人担心。到 917 年，很明显，拜占庭军队将不得不对保加尔人发动一场大规模的进攻。

这时君士坦丁七世只有 12 岁，仍然十分年幼，因此制定进攻计划就成了佐伊的任务。她有两个将领可用：一个是拜占庭陆军将领利奥·福卡斯（Leo Phocas），另一个则是海军将领罗曼努斯·利卡潘努斯（Romanos Lecapenus）。罗曼努斯·利卡潘努斯是个指挥有方的将领，但他也是个农民的儿子，在拜占庭社会上影响并不算大；而福卡斯作为将领虽在军中普遍评价不高，但他却是个英俊的贵族。而且据克雷莫纳的利乌特普兰德所说，他“热切期望要成为皇帝的父亲”，于是佐伊决定让他来指挥进攻。[12]

他率军沿黑海岸边一路向北，在黑海沿岸的安奇阿卢斯（Anchialus）与西美昂一世及保加尔人军队相遇，而罗曼努斯·利卡潘努斯则率领舰队在岸边停泊。917 年 8 月 20 日，两军开战。关于这场战役说法各异，或许是因为目击者大多数都死了。安奇阿卢斯战役打响的这一天是几个世纪以来战斗最血腥的一天，利奥·福卡斯手下官兵数万人几乎全部阵亡，战场上堆满了尸体，这块土地过了几十年都无法使用。根据执事利奥的记载，将近 80 年后，这里仍然四处累累白骨。[13]

保加尔人打了胜仗，乘胜南下追击残余的拜占庭部队。利奥·福卡斯勉强逃过一劫。至于海军将领罗曼努斯，当他意识到拜占庭已经战败时，就下令舰队起锚，撤回到黑海上安全的水域去了。

利奥·福卡斯试图在君士坦丁堡城外再战一场，但保加尔人再次对他的余部展开屠杀。他好不容易挣扎着逃脱入城，却发现罗曼努斯·利卡潘努斯早就回来了——当时他下令直接返航君士坦丁堡，如今舰队就在附近停泊。

没等利奥 · 福卡斯解释为何战败，罗曼努斯 · 利卡潘努斯就出手了。他以商讨对策为名，请城里的众高官登上他的旗舰，然后将他们锁在舱内，接着他率军入城，除掉了佐伊和她所有的支持者。几乎没有人对此比表示任何反对，他成功地逃避了战败的责任，把这件事全都推到了佐伊和她的情人福卡斯身上。[14]

罗曼努斯接管了摄政委员会，承诺拯救君士坦丁堡，保证大家的安全。利奥 · 福卡斯认清了形势，谨慎地取消了与佐伊的婚约，退回了克利索波利斯。没人对他进行任何挽留。

到 919 年 4 月，罗曼努斯已经得到民众的衷心拥护，他决定看看能否夺取皇冠。他将佐伊送进女修道院，然后说服摄政委员会任命他为君士坦丁七世的副手。接着，他安排自己的女儿，9 岁的埃琳娜，嫁给 14 岁的“紫衣贵族君士坦丁七世”。作为皇帝的岳父和副手，他距登上皇位只有一步之遥。

后来证明这只是一小步。君士坦丁堡的牧首，年迈的尼古拉 · 米斯蒂科斯，认为罗曼努斯比君士坦丁七世更适合担任皇帝，因为在这个固执的老人眼里，君士坦丁七世仍然不够名正言顺。因此米斯蒂科斯同意加冕罗曼努斯为罗曼努斯一世，成为拜占庭的共治皇帝，于是年幼的君士坦丁七世再次处在了另一位年长皇帝的阴影之下。他在这个阴影中一直待了 25 年。朝中的忠臣曾经同意让他继承皇位，如今却都转而支持他那位能干的岳父，将君士坦丁挤到了一边。

利奥 · 福卡斯在他遥远的隐居地极力反对这一切，于是罗曼努斯派了两个人去捉拿他。结果他们擅自做主，刺瞎了福卡斯的双眼。罗曼努斯宣称这一变故令其深感痛心。[15]

与此同时，保加利亚的西美昂一世已重整旗鼓，再次一路杀向君士坦丁堡。他曾经兵临城下，而且不止一次，知道只靠一支地面部队无法攻破城门，必须要用舰队。但保加利亚没有海军，他只好向别人借。因此他派出使者去找法蒂玛王朝的哈里发马赫迪，请求马赫迪正式与自己结盟。

马赫迪同意了。毫无疑问，他肯定认为与西美昂结盟是谨慎的行为，可以先发制人。但对西美昂来说很不幸的是，他的使者在从北非返回的路上被拜占庭士兵俘获，押送到了君士坦丁堡。于是罗曼努斯也派人向法蒂玛王朝的哈里发发出提议，表示如果马赫迪成为他的盟友，而不是与西美昂结盟，那么他就向法蒂玛王朝纳贡，并且保证和平。

经过考虑，罗曼努斯认为最好能确保两个伊斯兰帝国都不会进攻拜占庭，因此他也向巴格达发出了和平的提议。

两个哈里发都接受了罗曼努斯的提议。西美昂被抢走了盟友，只好转而请求和谈。罗曼努斯同意与他见面，双方都做好了周密的准备，因为他们都还记得当年拜占庭突袭西美昂的前任克鲁姆的事。两位国王互相派出人质，在金角湾搭建了一座木制平台，平台正中有一道墙。924 年 9 月 9 日，西美昂从陆地骑马登上平台，罗曼努斯则乘坐皇家船只踏浪而来，两人隔墙对望。[16]

西美昂的满腹雄心因对手精明的政治联盟手腕而遭到了挫败。罗曼努斯本来就是用这样精明的政治联盟手腕才登上皇位的。然而现在，罗曼努斯与敌人面对着面，谈到的却是信仰，而不是战争。罗曼努斯对西美昂说的话，正如历史学家斯蒂文 · 朗西曼（Steven Runciman）所指出的那样，在不同版本的编年史中都有逐字逐句的记录，这说明他的话是有正式记录的。他是这样说的：

> 我听说你是个教徒，是一个虔诚的基督徒。但我看你言行不一……如果你是个真正的基督徒，我们也相信你是，那就请你停止不义的屠杀，别再让无辜之人流血了，与我们基督徒讲和吧——既然你说自己是基督徒——不要让基督徒的手上染上基督徒同胞的鲜血……让我们迎接和平、和谐相处，这样你自己也可以过上平静安宁、没有流血、没有烦恼的生活，这样基督徒才能不再痛苦，不再自相残杀。因为拿起武器攻击和自己一样信仰上帝的人是有罪的。[17]

罗曼努斯刚与两位伊斯兰教国家的哈里发结盟以对付和他同样信仰基督教的对手，他居然就说出了这样的话，脸皮是有点厚。然而，西美昂却被打动了。他同意和平，条件是君士坦丁堡恢复给他岁贡，之后就打道回府了。

927 年，西美昂死于心脏病发作。他的儿子彼得一世（Peter I）继位之后，向位于马其顿的拜占庭领土发动了破坏性的闪电袭击，接着撤退并提出讲和。罗曼努斯看到彼得刚刚造成的破坏，只得表示同意。作为和约的一个部分，彼得一世迎娶了罗曼努斯的孙女。

更重要的是，罗曼努斯在成为整个战争导火索的那件事上做了让步，承认彼得一世为皇帝。保加利亚国王上升到了与君士坦丁堡的统治者同样的地位。

时间线 29

日本	拜占庭	阿拔斯帝国	法蒂玛王朝	罗斯人	保加利亚	摩拉维亚
	米海尔三世（842—867）					
		穆塔瓦基勒（847—861）				
						拉斯蒂斯拉夫（846—870）
文德天皇（850—858）					**鲍里斯**（米海尔一世）（852—889）	
清和天皇（858—876）						
藤原良房摄政（866—872）						
	维京人 / 罗斯人进攻君士坦丁堡（860）					
		蒙塔希尔（861—862）		**留里克**（约 862—约 879）		
						西里尔和美多迪乌到来
		穆塔兹（866—869）				
	巴西尔一世（867—886）					
藤原基经摄政（872—891）						**斯瓦托普鲁克**（870—894）
				奥列格（约 879—约 912）		
阳成天皇（876—884）						
光孝天皇（884—887）						
藤原基经任关白（887—891）	**利奥六世**（886—912）					
宇多天皇（887—897）	牧首斯蒂芬一世（886—893）				**西美昂一世**（893—927）	
醍醐天皇（897—930）						
	牧首尼古拉·米斯蒂科斯（901—907/912—925）					
	罗斯人进攻君士坦丁堡（906）					

时间线29（续表）						
日本	拜占庭	阿拔斯帝国	法蒂玛王朝	罗斯人	保加利亚	摩拉维亚
			马赫迪（909—934）			
	亚历山大（912—913）					
	紫衣贵族君士坦丁七世（913—959）					
	安奇阿卢斯战役（917）					
	罗曼努斯·利卡潘努斯，主政的共治皇帝（920—944）					
					彼得一世（927—969）	
朱雀天皇（930—946）						
藤原忠平摄政（930—941）						
平将门叛乱（939）						
藤原忠平任关白（941—949）						

/ 30

缔造诺曼底

902 年至 911 年，贝伦加尔刺瞎了罗马皇帝的双眼，将意大利据为己有，“糊涂查理”则将西法兰克的部分领土拱手送给了维京人。

902 年，意大利贵族贝伦加尔终于赢回了伦巴第人的铁王冠。他在战斗中打败了普罗旺斯的路易，路易当时拥有三个头衔：“普罗旺斯国王”“意大利国王”和“罗马人的皇帝”。路易投降的时候，向贝伦加尔保证自己要回家乡去，希望自己还能继续统治普罗旺斯（作为一名独立的国王进行统治，他拒绝宣誓效忠东法兰克国王），并担任罗马人的皇帝，但他将终生不再踏入意大利一步。

然而他的承诺只遵守到 905 年，当时阿达尔贝特和其他意大利贵族邀请路易回意大利。据克雷莫纳的利乌特普兰德所说，他们这样做的原因是贝伦加尔“让人讨厌”，大概是说他的国王派头端得太足了，大家都不喜欢。意大利贵族习惯了拥有相当程度的独立性，而普罗旺斯的路易则一直是个宽松的统治者。[1]

因此，路易带兵打回意大利，并在维罗纳城为自己举行了盛大的庆祝仪式。他也知道贝伦加尔会卷土重来，但阿达尔贝特和其他的贵族都保证把自己的私人军队借给他用，因此他对获胜充满信心。

但阿达尔贝特和其他贵族的私兵规模及奢侈的生活方式，还是让他吃了一惊。他不知轻重地对手下的一个将领说，阿达尔贝特似乎渴望王室的威严，其实他现在已经过着国王般的生活，只差国王的头衔而已了。

阿达尔贝特的妻子偶然听到了他说的这些话，觉得其中隐藏着祸端，她警告丈夫，说普罗旺斯的路易对他们可能也不会像以前那样放手不管了。因此，当路易正在忙着准备战斗的时候，贵族们却在暗中商议，最后一致同意悄悄撤回对路易的支持。贝伦加尔得到风声，提出如果他们在夜深人静的时候，趁路易不备放他潜入维罗纳，他就给他们一大笔好处。

他们同意了，于是，在皇帝毫无防备的沉睡中，贝伦加尔带人潜入城内。贝伦加尔的卫兵找到了路易，将他拖到贝伦加尔的面前，贝伦加尔厉声说道："上次抓住你的时候，我出于同情放你走了，你当时承诺终生不再踏入意大利一步。这一次，我还会饶你一命，但我要你的眼睛。"[2]

然后他的手下就剜出了路易的双眼。路易挺了过来，但他现在没了眼睛，生活不能自理，因此被迫让出了皇帝的称号以及意大利的铁王冠。他回到普罗旺斯，在那里又生活了20多年，余生都被称为"瞎子路易"（Louis the Blind）。[3]

贝伦加尔再次坐上了意大利的王位，并希望能够取代路易成为罗马人的皇帝，但教皇却没有给他这个头衔的意思。因为毕竟他不是加洛林家族的人，也无法保证他在意大利的领土上能当太长时间的国王。*

而在北方，那些的确出身加洛林家族的国王们却都忙着处理自己的麻烦，根本无暇争夺皇帝之位。法兰克的众多迷你王国已经开始理出一些头绪，其中部分小国国王已被征服、谋杀或者干脆自己逃跑了。卡林西亚的阿努尔夫在刚刚雇用马札尔人骚扰北意大利之后就去世了，他年仅 6 岁的儿子“孩童路易”（Louis the Child）继位成为东法兰克的国王。西法兰克的贵族们已选举“糊涂查理”——“胖子查理”的孙子——来统治他们。上勃艮第在“胖子查理”将其献给维京人供他们过冬时曾经愤而造反，现在仍然保持独立，统治者是一个当地的贵族——勃艮第的鲁道夫。东法兰克备受马札尔人入侵的困扰，西部地区则有维京海盗不断骚扰着“糊涂查理”。

维京人的袭击曾由于“无地的查理”修建了许多防御桥梁而暂时被遏止，现在又再次加剧了。911 年，“糊涂查理”想要彻底解决维京人入侵的问题。他决定割地求和，将西法兰克的部分领土割让给维京侵略者，以换取其保护自己剩余的领土。

他选择了一个自己认识的维京首领做这笔交易。这个人名叫罗洛（Rollo），成年后大部分时间都在西法兰克作战。此人曾是 885 年围攻巴黎的那支舰队的低级军官，之后就常来常往：袭击、战斗、敲诈、撤退，然后再次袭击。

“糊涂查理”在西海岸从自己的家乡给罗洛划了块地，答应让他成为这个地方的统治者。作为交换，罗洛必须同意接受基督教的洗礼，忠于西法兰克国王，并且对抗其他任何可能给查理的王国带

* 贝伦加尔最终还是成了罗马人的皇帝，时间是 915 年至 924 年。由于路易被刺瞎，这个位置自 906 年至 915 年一直空缺。

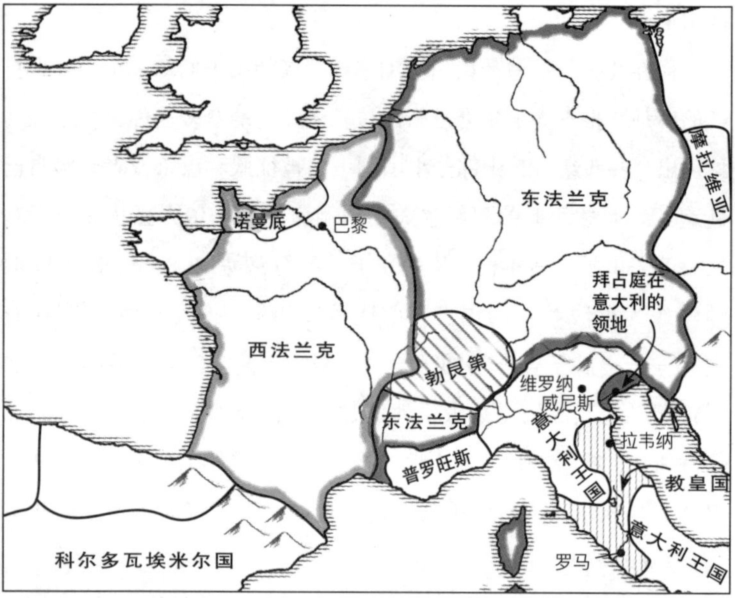

地图 30–1 诺曼底的诞生

来麻烦的维京侵略者。

罗洛同意了这笔交易。他选了罗伯特这个教名，与“糊涂查理”签署的《圣-克莱尔-埃普特条约》（Treaty of Saint-Clair-Sur-Epte）把这位维京勇士变成了第一任诺曼底公爵。罗洛还成了查理的女婿：为了保证条约能够顺利执行，诺曼底的罗伯特娶了“糊涂查理”的女儿吉塞拉（Gisela）为妻。

不过，就在授予罗洛领地的仪式上，已经种下了日后麻烦的种子。当时附近有一位主教要求罗洛跪下亲吻国王的脚，这是臣下对国王表示臣服的一种常见的做法。但根据《诺曼底公爵事迹》（*Gesta Normannorum Ducum*）的记载，罗洛起初拒绝了，后来，他以一个出人意料的方式履行这个仪式：

> 在主教的坚持下，他最终命令手下的一个士兵代他亲吻国王的脚。这个士兵突然抓住国王的脚，将其举到自己嘴边，然后印上一个吻。但他没有跪下，而是站着做的，因此国王仰面向后倒了下去。此情此景引起一阵哄堂大笑，乱了好一阵子。[4]

罗洛用这种方法表明了自己保持独立的决心之后，愉快地完成了所有的宣誓。他在接下来的 20 多年里统治着诺曼底，虽然在名义上臣属于法兰克国王，但实际上却完全随心所欲。

时间线 30

拜占庭	阿拔斯帝国	罗斯人	保加利亚	摩拉维亚	法兰克人 西	法兰克人 东	维京人	意大利	罗马皇帝
									路易二世（850—875）
维京人/罗斯人进攻君士坦丁堡（860）									
	蒙塔希尔（861—862）								
		留里克（约862—约879）		西里尔和美多迪乌到来					
	穆塔兹（866—869）				口吃路易（866—879）				
巴西尔一世（867—886）									
	穆塔米德（870—892）			斯瓦托普鲁克（870—894）				教皇约翰八世（872—882）	
									无地的查理（875—877）
		奥列格（约879—约912）			路易三世（879—882）/卡洛曼二世（879—884）			胖子查理（880—887）	胖子查理（881—887）
						胖子查理（882—887）			
利奥六世（886—912）					胖子查理（884—887）			教皇斯德望五世（885—891）	
牧首斯蒂芬一世（886—893）									
						卡林西亚的阿努尔夫（887—899）		斯波莱托的盖伊（889—894）	
	穆塔迪德（892—902）		西美昂一世（893—927）		糊涂查理（893—923）			教皇福尔摩赛（891—896）	斯波莱托的盖伊（891—894）

时间线 30（续表）									
拜占庭	阿拔斯帝国	罗斯人	保加利亚	摩拉维亚	法兰克人 西	法兰克人 东	维京人	意大利	罗马皇帝
								兰伯特（896—898） 教皇斯德望六世（896—897）	**卡林西亚的阿努尔夫**（896—899）
						孩童路易（899—911）		**贝伦加尔**（898—900）	
								普罗旺斯的路易（900—902）	
牧首尼古拉·米斯蒂科斯（901—907/912—925）									**普罗旺斯的路易**（901—905）
								贝伦加尔（902—924）	
罗斯人进攻君士坦丁堡（906）									
亚历山大（912—913）							（诺曼底）**罗洛**（约 911—约 932）		
紫衣贵族君士坦丁七世（913—959）									
安奇阿卢斯战役（917）									
罗曼努斯·利卡潘努斯，主政的共治皇帝（920—944）									
			彼得一世（927—969）						

/ 31

德意志王国

907 年 至 935 年，“捕 鸟 者 亨 利” 将东法兰克变成了德意志。

当“糊涂查理”忙着解决维京人的问题时，“孩童路易”正在拼命抵抗马札尔人的入侵。马札尔人的雇主阿努尔夫刚死，他们就步履轻快地穿过摩拉维亚，进入东法兰克，到处烧杀抢掠，手段凶残，令法兰克人恐惧不已。“马札尔人就喜欢打仗，”克雷莫纳的利乌特普兰德这样写道，“他们一降生到这个世界上，母亲就会用非常锋利的刀片把他们的脸割破，目的是让他们在得到乳汁的哺育之前先学会忍受伤痛。”[1]

到 907 年，摩拉维亚王国在他们的袭击之下已经解体，法兰克的贵族们则承担起了保卫国土免遭马札尔人破坏的重任。

“孩童路易”既不是一名坚强的战士，也不是一位强大的统治者。他加冕的时候只有 6 岁，将政权交给了一个由摄政和朝官组成的委员会，之后再也没能将权力完全收回。他的统治十分软弱，这使得法兰克那些曾经属于日耳曼蛮族部落的领土重新成为半独立的王国或“公国”。虽然以前蛮族依照部落忠诚度来划定这些领土，但因此形成的纽带已经是过去的事了。撒克逊人的领土现在变成了萨克森公国，巴伐利亚人建立了巴伐利亚公国，周围还有几个其他的公国（洛林公国、法兰克尼亚公国、士瓦本公国等）。* 每个公国都由一个权贵豪门控制，其族长即为“公爵”（duke），他们现在也不得不保卫自己，以对抗从东方来的强盗。他们自己招兵买马，打自己的仗，统治自己的领地，却对他们理应效忠的国王越来越无视。[2]

910 年，“孩童路易”17 岁了，他试图对马札尔人发动一场大规模的战争，既是为了打击侵略者，也是为了维护自己的权力。他将贵族、贵族的军队和他自己的士兵组成一支大军，在奥格斯堡（Augsburg）集结，准备好迎接马札尔人的威胁。

但马札尔人来得比路易预想的更快，他们在黎明之前发动了攻击，路易的许多士兵还没睡醒就被俘虏了。接着，战斗进行了好几个小时，双方伤亡惨重：“尸体遍布草地和原野，鲜血染红了河水和岸边。”傍晚，马札尔人佯装撤退，当法兰克军队打乱队形追击他们的时候，他们又折了回来，从背后袭击。法兰克人的防线被攻破，军队溃散。路易的尝试失败了，保卫法兰克领土的重任又落回到公爵们的肩上。路易退隐到一座修道院中，不到一年就死在了那里。[3]

在他死后，“糊涂查理”提出，西法兰克和东法兰克应该重新

---

* 这些公国一般被称为独立公国（stem duchies），是规模较大的东法兰克王国中小一些的个人领地。这句话的意思是说公国的凝聚力来自遥远的过去，那时候，它们每个都是一个单独的部落。部落的身份认同虽早已消失，却仍是公国归属感的根源。在欧洲的其他地方，“公国”的称呼往往用来指依行政管理划分的地理区域。

统一在他的统治之下，他认为这是理所当然的。但东法兰克的公爵们拒绝了，因为他们不愿意将权力让给一个坚持认为自己有权控制他们的加洛林王族出身的国王，相反，他们从自己人中选出了新的国王：法兰克尼亚公爵康拉德（Conrad, Duke of Franconia）。

其他的公爵们推选康拉德，本意是让他在一群地位平等的公爵中当个领头的，而不是想选出一位王权不容置疑的国王，不过他们看错了人。一旦王袍加身，康拉德的一举一动都开始像加洛林王朝的君主一样，也摆出同样的随行排场。克雷莫纳的利乌特普兰德用平淡的口吻写道："王冠上不只有些装饰，还累赘地镶满了贵重无比的宝石。"康拉德坚持要求公爵们承认他的权力，遵守他的命令。被拒绝之后，他花了7年的时间攻打他们，试图逼迫他们就范，但没有成功。[4]

918年，康拉德死后，公爵们聚集起来，决定再尝试一次。这一次，他们选出了萨克森公爵亨利一世担任他们的领袖。亨利一世绰号"捕鸟者亨利"（Henry the Fouler，因为他热爱打鸟），此时年纪40岁出头，已经当了近7年的萨克森公爵。他热烈赞同各公国独立，也厌恶康拉德试图像君王那样进行统治。在他当上东法兰克国王的前3年里，亨利与东法兰克的公爵们通过谈判商定了一系列宣誓仪式。宣誓成为"封臣"（vassalage）奠定的是一种几乎平等的关系。他们承认国王和公爵对彼此负有责任，认可公爵在管理国家的工作中具有"高级合伙人"的身份，他们有权自己制定法律，治理领地。[5]

922年，西法兰克贵族起来造"糊涂查理"的反（因为他将诺曼底拱手让人，使他们十分不满），"捕鸟者亨利"趁机将西部王国的一部分据为己有。到925年，亨利王国的核心有5个公国：法兰

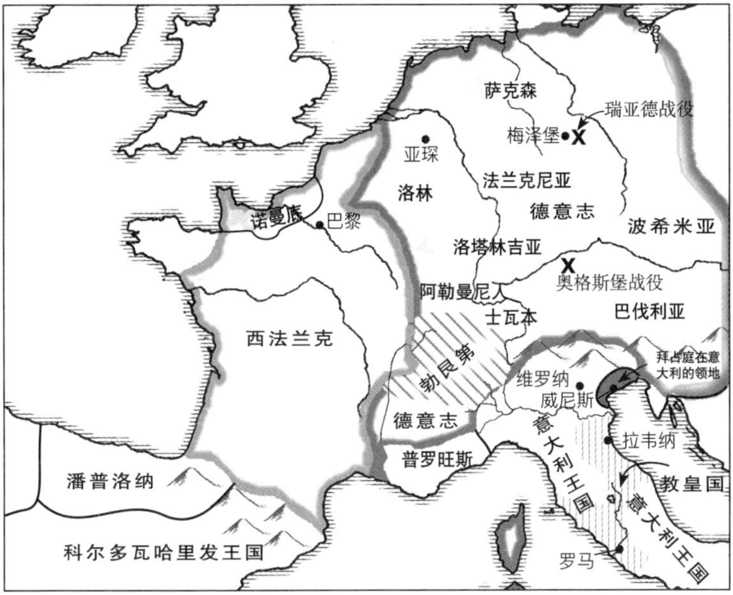

地图 31-1 德意志

克尼亚公国、萨克森公国、巴伐利亚公国、士瓦本公国和洛林公国，亨利本人还控制着查理曼的旧都亚琛。[6]

不过，亨利仍然没有做出任何努力想要成为一个“加洛林”式的君主。在亨利的手中，东法兰克开始变得焕然一新。它不再是一个法兰克人的王国，而是一个以前的日耳曼部落身份扮演越来越重要角色的王国：它已成为一个日耳曼人的王国，一个德意志王国。

有些矛盾的是，亨利的开放式统治反而使他在必要的时候更容易将公爵们团结在他的身后，因为他们不再担心听从王室的命令可能会削弱自己的力量。933年，亨利召集各公爵和他一起阻止马札尔人前进。

两军在瑞亚德战役（Battle of Riade）中相遇，就在东部要塞梅泽堡（Merseburg）附近。也许是想到了“孩童路易”23年前所遭遇的大败，当时与萨克森人并肩作战的时年50多岁的亨利给部队发出了十分具体的指示：

> 任何人都不得脱离队伍单独冒进，就算他的马跑得比别人快也不行；大家要一起用盾牌挡住敌人射来的第一拨箭矢……然后向对方发起最急速的冲锋和最猛烈的进攻，让他们来不及射出第二拨箭就尝到被你们的武器砍中的滋味。[7]

克雷莫纳的利乌特普兰德解释说：“萨克森人铭记着这个最为有益的警告，有序前进，列队整齐，没有一个人骑着快马超越战友，他们用盾牌挡住了（马札尔人）射来的箭，没有让其造成任何伤亡……然后他们就发起猛攻，战胜了敌人。”[8]

马札尔人的进攻被挡住了。瑞亚德战役之后，他们退回东部，德意志边境得到了暂时的和平。

为了永远不让马札尔人靠近，亨利还计划将东侧的一个小公国变成他的附庸国，这样，在马札尔人下一次发动进攻的时候，它可以挡在德意志前面，起到缓冲的作用。这个小公国叫作波希米亚，与德意志的其他公国一样，也曾是一个日耳曼部落的领地。当马札尔人开始袭击摩拉维亚时，摩拉维亚的一位贵族斯皮季赫涅夫（Spytihnev）举家西迁，远离马札尔人的威胁。他是一名基督徒，其父曾在摩拉维亚由传教士美多迪乌施洗。在卡林西亚的阿努尔夫手下的东法兰克士兵的帮助下，他确立了自己在那里的统治地位，成为第一任波希米亚公爵。[9]

新任波希米亚公爵是一个名叫文策斯劳斯（Wenceslaus）的年轻人，他也是基督徒，热切希望与强大的德意志国王结盟。文策斯劳斯是第一任公爵斯皮季赫涅夫的儿子，继承公爵头衔时只有14岁，为他摄政的是他的基督徒祖母、斯皮季赫涅夫的母亲卢德米拉（Ludmila），以及他自己的母亲德拉霍米亚（Drahomira）：一个坚信斯拉夫祖先的古老宗教、拒绝受洗的年轻女子。

卢德米拉是位强势的女家长，她承担了年幼的文策斯劳斯的教育任务，教导他信仰基督教，现在正打算教他如何作为一名基督徒国王进行统治。但德拉霍米亚派两个宫廷侍卫勒死了婆婆，自己独自担任摄政。[10]

接着，德拉霍米亚开始努力让儿子重新皈依古老的宗教，但文策斯劳斯不肯放弃基督教。925年，他刚满18岁，就流放了德拉霍米亚，将权力收回自己手中。当“捕鸟者亨利”前来提议结盟时，文策斯劳斯同意了。

但这个决定并不是大家一致同意的。朝中有些波希米亚官员认为亨利太危险，波希米亚的独立会因此受到威胁，而基督教从一开始就是作为统治工具传进来的，它能使波希米亚变得更容易被征服。因此在文策斯劳斯的弟弟博列斯拉夫（Boleslav）带领下的一派以波希米亚的强大和独立为名，坚决要求文策斯劳斯打破同盟并放弃基督教。

但文策斯劳斯拒绝了。于是，935年的某日，在黎明前的黑暗中，当他到教堂做早祷的时候，博列斯拉夫和其他持不同政见的官员们守在教堂门口，将他刺死。

然后博列斯拉夫宣布自己为波希米亚公爵。这一举动相当于明确拒绝了亨利使波希米亚成为另一个德意志公国的企图。尽管这次暗杀具有政治性质，文策斯劳斯仍然被波希米亚的基督徒誉为基督的殉道者。与他有关的故事层出不穷，14 世纪的皇帝查理四世（Charles Ⅳ）就亲自收集了许多这样的故事。在查理收集的手稿中有个故事讲到，文策斯劳斯与一名士兵在雪中行走，雪太大了，士兵担心他们会被冻死。

> 文策斯劳斯对他说："踩着我的脚印走。"士兵照做了，他的双脚变得如此温暖，再也不感到寒冷了。但在这位光荣的殉道者留下的脚印中，斑斑血迹却清晰可见。[11]

（最后这个细节没能进入圣诞颂歌。）

亨利一世并没有为其盟友之死复仇，因为他病倒了。936 年，即文策斯劳斯被害的第二年，他也病逝了。他对王位继承的安排彻底打破了法兰克人的传统：他没有按照传统将王国分给几个儿子继承，而是取消了其他儿子的继承权，将整个德意志王国留给了儿子奥托（Otto）一人。

时间线 31

拜占庭	摩拉维亚	保加利亚	罗斯人	法兰克人		维京人	波希米亚	意大利	罗马皇帝
				西	东				
	斯瓦托普鲁克（870—894）							教皇约翰八世（872—882）	
									无地的查理（875—877）
			奥列格（约879—约912）	**路易三世**（879—882）/ **卡洛曼二世**（879—884）				**胖子查理**（880—887）	**胖子查理**（881—887）
				胖子查理（882—887）					
				胖子查理（884—887）				教皇斯德望五世（885—891）	
利奥六世（886—912）									
牧首斯蒂芬一世（886—893）					**卡林西亚的阿努尔夫**（887—899）			**斯波莱托的盖伊**（889—894）	
		西美昂一世（893—927）		**糊涂查理**（893—923）				教皇福尔摩赛（891—896）	**斯波莱托的盖伊**（891—894）
							斯皮季赫涅夫（915—921）		
								兰伯特（896—898） 教皇斯德望六世（896—897）	**卡林西亚的阿努尔夫**（896—899）
					孩童路易（899—911）			**贝伦加尔**（898—900）	
								普罗旺斯的路易（900—902）	

时间线 31（续表）

拜占庭		保加利亚		法兰克人		维京人	波希米亚	意大利	罗马皇帝
	摩拉维亚		罗斯人	西	东				
牧首尼古拉·米斯蒂科斯（901—907/912—925）									**普罗旺斯的路易**（901—905）
								贝伦加尔（902—924）	
罗斯人进攻君士坦丁堡（906）									
					奥格斯堡战役（910）				
	马札尔人毁灭摩拉维亚				**法兰克尼亚的康拉德**（911—918）				
						（诺曼底）**罗洛**（约 911—约 932）			
亚历山大（912—913）									
紫衣贵族君士坦丁七世（913—959）									**贝伦加尔**（915—924）
安奇阿卢斯战役（917）					**捕鸟者亨利**（919—936）				
罗曼努斯·利卡潘努斯，主政的共治皇帝（920—944）							**文策斯劳斯**（921—935）		
		彼得一世（927—969）							
					瑞亚德战役（933）		**博列斯拉夫**（935—967）		
					奥托一世（936—973）				

/ 32

命运之轮

907 年至 997 年，朱罗王国兴起又衰落，潘地亚王国衰落又兴起，罗湿陀罗拘陀王国衰落，西遮娄其王国兴起。

罗湿陀罗拘陀国王夹在北方波罗提诃罗王国的勃勃雄心和南方朱罗王国的领土扩张之间，不安地意识到自己的日子已经不多了。波罗提诃罗王国已经过了巅峰，开始衰退了，他们在南方边境上有仗要打，北方又有阿拉伯人要挡，精力都耗尽了。而南方的朱罗王国则仍处于上升期，最为辉煌的岁月尚未到来。雄心勃勃的朱罗国王阿迭多曾经击败帕拉瓦，他在统治了 36 年后去世，其子波兰多迦（Parantaka）继位之后，必然会向北方进军，攻打罗湿陀罗拘陀王国。

但首先，波兰多迦要着手对付南方潘地亚残余的抵抗势力。潘地亚国王拉加辛哈二世（Rajasimha II）知道自己无法独力抵抗朱罗军队，但想找个同盟又很不容易。朱罗王国已有近 40 年的扩张史，没几个国王愿意挑战新任朱罗国王。

于是，拉加辛哈二世只得派人横渡南方的海峡，送信去僧伽罗。[1] 僧伽罗国王同意结盟。909年，僧伽罗军队渡海与潘地亚军队会合，两军联合对抗朱罗的军事威胁，结果却一败涂地。波兰多迦的纪念铭文中吹嘘说，朱罗军队不但打垮了两位国王，还屠杀了“一支僧伽罗领主派出的由大批勇敢的士兵组成的、间杂着大象和马匹的庞大的军队”。[2]

潘地亚的拉加辛哈二世从战争中幸存下来，但他跟着僧伽罗国王逃回南方的岛上躲了起来。他随身带着王冠和王玺，此后10年间，他一直在逃亡中谋划着如何夺回王位。

与此同时，朱罗战车已掉头向北，与罗湿陀罗拘陀军队相遇。在克里希那二世的统治之下，罗湿陀罗拘陀比他长寿的父亲在位之时更加多灾多难。914年，克里希那二世死后，他的孙子因陀罗三世（Indra III）继位为王。这位毫无经验的国王一登上王位就被迫在朱罗王国的威胁下进行自卫。

916年前后，两军在瓦拉拉战役（Battle of Vallala）中相遇。朱罗军队再次获胜。

现在，朱罗国王波兰多迦已经连续打败了三位国王，分别是僧伽罗、潘地亚和罗湿陀罗拘陀的统治者，由他来统治这三位国王的领地似乎在所难免。于是在僧伽罗，逃亡中的潘地亚国王放弃了所有夺回王位的希望，他将王冠和王玺留在僧伽罗，自己则打道回府，回到了印度西南海岸他母亲祖传的土地上，远离他曾统治的地方。潘地亚王国就此消失，被朱罗王国吞噬了。[3]

但罗湿陀罗拘陀王国却仍在苟延残喘。在瓦拉拉战役中失利之后，因陀罗三世试图转向北方攻打动荡不安的波罗提诃罗，以重掌大权。他一路打到波罗提诃罗王国王冠上的明珠——曲女城，并将其征服。有一小段时间，朱罗王国和罗湿陀罗拘陀王国两国统治着整个南亚次大陆，而波罗提诃罗的版图则萎缩至几乎不复存在。

然而，929 年，因陀罗三世英年早逝，几个继任者争夺王位。有 4 个国王走马灯般相继登基，因此罗湿陀罗拘陀王国有许多内部事务需要处理，而朱罗王国的波兰多迦国王则解除了罗湿陀罗拘陀王国入侵的直接威胁，得以巩固他在南方的统治。943 年前后，他派出一支探险队前往僧伽罗，秘密寻找潘地亚国王 20 多年前留在那里的王玺。王玺没有找到，但即便如此，朱罗王国如今也已经成为整个南亚次大陆最强大的王国。[4]

波兰多迦在南方朱罗王国当的这 40 年的国王荣耀无比，但这一切却在瞬间崩塌。因陀罗三世的侄孙克里希那三世（Krishna Ⅲ）夺取王位之后，罗湿陀罗拘陀王国的混乱局面就此结束。后来证明他是一个才华横溢的管理者，一个勇猛的战士，也是罗湿陀罗拘陀王国最后一个伟大的国王。[5]

克里希那三世调整部署，进攻占据优势地位的朱罗。949 年，两军在塔克拉姆城（Takkolam）的战场上相遇。双方兵力旗鼓相当，后来一支命运之箭决定了胜负：波兰多迦的儿子、朱罗的王太子拉贾迭多（Rajaditya）被流箭射中毙了命。他倒下之后，他指挥下的那支部队也随之溃散，所引起的连锁反应影响了朱罗全军。波兰多迦被迫撤退，将北方领土拱手相送，而且之后的几十年里都很少留下铭文，这说明他有可能还被迫向克里希那三世臣服，成了他的附庸。[6]

当时形势突然逆转，令人震惊。朱罗王国的波兰多迦痛失爱子、悲痛欲绝，他失去了力量，于 950 年辞世。在他最喜爱的长子拉贾迭多死后，他册立次子犍陀罗阿迭多（Gandaraditya）为王太子。犍

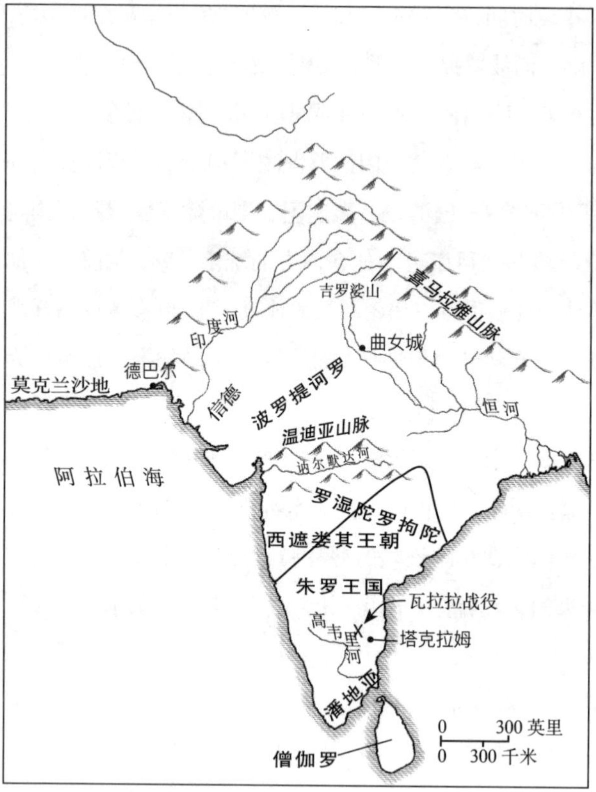

32-1 巅峰时期的朱罗王国

陀罗阿迭多是个谨慎又虔诚的人，但他却给了帝国致命的一击。

朱罗人的帝国毕竟是用他们手中的刀剑开辟出来的，他们的权力是通过征服获取的。之前的一个世纪中，朱罗王国的历任国王都是伟大的战士，他们用武力迫使一座座城市、一个个领主宣誓向其效忠，王国治下的领土都由他们四处征伐得来，其基础设施的建设发展却很落后。将朱罗王国四处扩张得来的领土联结起来的是一个有些薄弱的双重网络——一重是来自国王军队的威胁，另一重则是以国王的名义修建的那些印度教寺庙。

直到犍陀罗阿迭多加冕之前，修建寺庙一直是朱罗王国进行统治的一个重要工具。帝国的创建者维贾亚拉之后的历任国王都属于印度教中的湿婆派，他们就像很久以前北方的建国者戒日王和他的妹妹一样，都是湿婆神及其配偶的信徒。之后的铭文告诉我们，伟大的朱罗国王阿迭多使国土得到扩张，他无疑是骁勇善战之人，沿着高韦里河（Kaveri）这条神圣的河流修建了许多庙宇供湿婆神居住。就像潘地亚的王玺一样，寺庙也是一种权力的象征。朱罗王国的国王们所做的不只是征战，他们还邀请神祇到他们的帝国居住，而这种邀请本身就是他们对自己优势地位的夸耀。[7]

尽管修建神庙也很重要，但这在朱罗的统治工具中一直是第二位的——直到犍陀罗阿迭多登基为止。犍陀罗阿迭多和他的王后都是特别虔诚的湿婆神信徒，两人一起开始在朱罗全境修建新寺庙，整修旧寺庙。就这样，全国各地都留下了他们的名字。但与此同时，犍陀罗阿迭多手中的政权却逐渐旁落。因为与战争相比，他更感兴趣的是宗教。就我们所知，犍陀罗阿迭多没有打过什么大仗。他册立弟弟阿林阇耶（Arinjaya）为继承人与共同摄政，并将国家的日常管理事务交给他来处理。

阿林阇耶并不擅长治国，因此朱罗王国开始衰落。不久之后，朱罗式微，潘地亚国王有个亲戚不知道从哪里冒出头来，声称原来潘地亚的领土应当归他所有。到 957 年，犍陀罗阿迭多和阿林阇耶兄弟二人都已离世，朱罗王国也萎缩成一个小国。其北方领土被罗湿陀罗拘陀王国占据，由克里希那三世统治；而在南方，那位自封的潘地亚国王也收回了自己的领土。[8]

朱罗王国突然衰落，罗湿陀罗拘陀国王原本是有机会在双方的权力斗争中趁机获利的，但此时罗湿陀罗拘陀王国也备受上层腐败困扰。967 年，克里希那三世去世。他统治了将近 30 年，成功地挽救了罗湿陀罗拘陀王国，使其免于解体。但在他死后，国家也开始土崩瓦解。克里希那三世的继任者是软弱的憍底伽（Khottiga），他面临着各处边境的一连串叛乱。972 年，他登上王位还不到 5 年，就在边境发生的一次小规模战役中丧生了。

然后，叛乱转移到帝国的中心区域。西遮娄其有一个军事领袖，名字叫作逮罗（Tailapa），他一直在等待时机。看到罗湿陀罗拘陀王国自上而下崩溃解体，他立刻宣布独立，自立为王，成为西遮娄其国王逮罗二世，这是 200 年来第一个宣示领土主权的西遮娄其领袖。

此时有个倒霉的王亲在罗湿陀罗拘陀的王宫中主政，这个名叫因陀罗四世（Indra Ⅳ）的年轻人被迫拿起武器镇压叛乱。但在 975 年，逮罗二世彻底击溃了罗湿陀罗拘陀的军队，剥夺了罗湿陀罗拘陀王国复兴的所有希望。因陀罗四世最重要的盟友、他的叔父马拉辛哈（Marasimha）为自己从战场上撤退而感到极为羞愧，他把权力斗争的事情放在一边，绝食而死。这种仪式性的自杀行为叫作“萨莱克哈那”（sallekhana），是一种光荣的解脱方式：那些有勇气这样做的人因此而赢得荣誉，并得以永远脱离生死轮回。[9]几个世纪以来，战争早已转动了命运之轮，将一个又一个帝国带上权力的巅峰。“萨莱克哈那”或许不能停止命运之轮的转动，但至少让马拉辛哈有机会从车上下来。

又挣扎了 7 年之后，因陀罗四世也放弃了。他追随叔父的脚步，也走上了“萨莱克哈那”之路，于 982 年绝食而死。他是罗湿陀罗拘陀王国的最后一任国王。西遮娄其的逮罗二世一举夺取他的国土，

时间线 32					
法兰克人 西	法兰克人 东	维京人	意大利	罗马皇帝	印度
					（朱罗王国）阿迭多（871—907）
路易三世（879—882）/卡洛曼二世（879—884）			胖子查理（880—887）		（罗湿陀罗拘陀王国）克里希那二世（878—914）
	胖子查理（882—887）			胖子查理（881—887）	
	卡林西亚的阿努尔夫（887—899）		斯波莱托的盖伊（889—894）		
				斯波莱托的盖伊（891—894）	
糊涂查理（893—923）					
			兰伯特（896—898）		
				卡林西亚的阿努尔夫（896—899）	
			贝伦加尔（898—900）		
	孩童路易（899—911）		普罗旺斯的路易（900—902）		（潘地亚）拉加辛哈二世（900—920）
				普罗旺斯的路易（901—905）	
			贝伦加尔（902—924）		
					（朱罗王国）波兰多迦（907—950）
	奥格斯堡战役（910）				朱罗王国打败潘地亚和僧伽罗（909）
	法兰克尼亚的康拉德（911—918）				

时间线 32（续表）

法兰克人 西	法兰克人 东	维京人	意大利	罗马皇帝	印度	
		（诺曼底）**罗洛**（约 911—约 932）			（罗湿陀罗拘陀王国）**因陀罗三世**（914—929）	
				贝伦加尔（915—924）	瓦拉拉战役（916）	
	捕鸟者亨利（919—936）					
	瑞亚德战役（933）					
	奥托一世（936—973）					
					（罗湿陀罗拘陀王国）**克里希那三世**（939—967）	
					（朱罗王国）**犍陀罗阿迭多**（950—957）	
					（罗湿陀罗拘陀王国）**憍底伽**（967—972）	
					（西遮娄其王朝）**速罗二世**（973—997）	（罗湿陀罗拘陀王国）**因陀罗四世**（973—982）

成为印度中心地区的统治者。不久之后，他四处征战，将帝国一直扩张到讷尔默达河地区。一个王国衰落下去，另一个王国又兴盛起来，命运之轮继续转动。

/ 33

占领巴格达

912 年至 945 年，法蒂玛哈里发未能推翻阿拔斯王朝，科尔多瓦的埃米尔成为哈里发，东方的白益王朝则控制了巴格达。

在北非，法蒂玛哈里发马赫迪将目光投向巴格达。他不但宣称自己是哈里发，而且是唯一合法的哈里发，对全世界的穆斯林都有着神圣的权威。

然而，除非他能战胜阿拔斯王朝，否则他所宣称的权威也就只能限制在当地而已。他已经在海岸边建起了一座新的都城：马赫迪耶（Mahdia），还得到了一直痛恨阿拔斯王朝统治的北非柏柏尔人的支持，但想要得到伊斯兰世界的最高权威，他还需要向东推进，推翻阿拔斯王朝。[1]

912 年，他宣布立自己的儿子为共治者与继承人，称这个 19 岁的男孩为“卡伊姆·阿姆里拉”（al-Qa’im bi-Amr Allah），意思是“执行真主命令的人”。然后，他又给了卡伊姆一支大军，让他率军东征，目的是消灭控制埃及的阿拔斯势力。[2]

但卡伊姆和他的部下需要长途跋涉，穿过对法蒂玛的事业不那么支持的北非地区，最后才能看到埃及出现在地平线上。913 年，年轻的卡伊姆（在父亲派来的两位经验丰富的将领的协助下）围攻的黎波里（Tripoli）6 个月，迫使其投降。第二年，法蒂玛军队以的黎波里为跳板，沿着海岸继续向东进军到阿拔斯王朝控制地区的边缘昔兰尼加。到 8 月的时候，法蒂玛士兵大量涌入亚历山大。11 月，卡伊姆本人也来到亚历山大，命令城里的清真寺在祷告时为什叶派统治者而不是巴格达的阿拔斯王朝的哈里发祈祷。[3]

此时巴格达朝廷名义上的统治者是 18 岁的哈里发穆克塔迪尔（al-Muqtadir），但与他年轻的法蒂玛对手不同，穆克塔迪尔没有实权。他手下的维齐尔和将军们打算不经他同意，直接对法蒂玛王朝的威胁做出回应。他们知道法蒂玛军队打算一路打到巴格达来（因为卡伊姆曾给父亲送过一封欢欣鼓舞的信，保证要将法蒂玛的势力一直扩张到底格里斯河和幼发拉底河），于是他们派遣能征善战的宦官战士穆尼斯（Mu'nis）领兵抵抗。

915 年，穆尼斯率领阿拔斯军队向埃及进军。法蒂玛向东部的扩张来得快，去得也快。卡伊姆的军队已无力再战；面对阿拔斯军队的坚决抵抗（巴格达的国库打开大门，给了穆尼斯 200 万迪拉姆，相当于 6.5 吨白银，支持他反击），卡伊姆很快就带兵后撤，放弃了对埃及的占领。920 年，马赫迪组建了一支舰队，亲自带兵发起了第二次进攻。这一次，阿拔斯的反攻几乎完全摧毁了他新建的海军部队。[4]

对巴格达来说，法蒂玛还算不上是主要的威胁，但马赫迪的反叛造成了一个意想不到的后果。在科尔多瓦，埃米尔阿卜杜拉（Abdallah）于 912 年死后，埃米尔之位由他的孙子，21 岁的阿卜

地图 33-1 法蒂玛和科尔多瓦

杜·拉赫曼三世（Abd-ar-Rahman III）继承；拉赫曼三世从法蒂玛的叛乱中看到自己的难题有了解决的希望。

自从查理曼的统治结束以来，西班牙边境地区，也就是科尔多瓦的埃米尔国与法兰克边境之间的山区，就一直被一些得到法兰克国王支持的独立军阀占据着。这些军阀往往拥有伯爵（count）的头衔，他们变得越来越独立，越来越咄咄逼人，其势力威胁到埃米尔

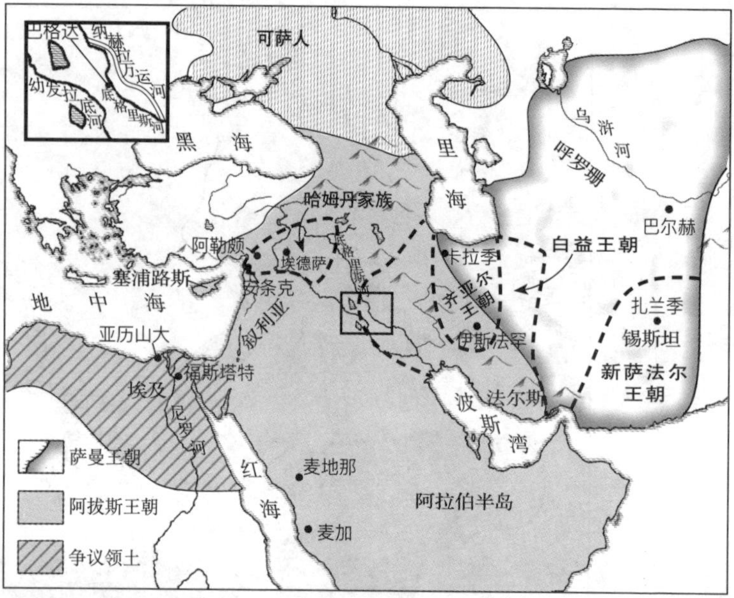

地图 33–2 萨曼王朝的竞争者

辖地的东北部地区，其中巴塞罗那伯爵就特别让人头疼。南部则有一个名叫欧麦尔·伊本·哈夫桑（Umar ibn-Hafsun）的人，近30年来一直领导着游击队袭击科尔多瓦军队，阿卜杜一直都既没能抓住他，也没能将他赶走。[5]

正北方向，基督教王国潘普洛纳和阿斯多里亚以惊人的速度发展起来，蒸蒸日上，它们正尽自己最大的努力，欲重新征服安达卢斯的穆斯林土地。阿斯多里亚的国王阿方索三世（Alfonso Ⅲ）已设法将阿斯多里亚、莱昂和加利西亚（Galicia）合并成一个基督教王国，国土变成原来的三倍，称作莱昂王国（Kingdom of Leon）。他还娶了一位潘普洛纳公主，从而缔结了稳固的基督教联盟，以对抗科尔多瓦的势力。

在科尔多瓦南方的地中海对岸，马赫迪已宣布自己为哈里发，是所有穆斯林的合法统治者，其中也包括拉赫曼三世本人。拉赫曼上台的时候，正处在风暴的中心。

因此毫不令人吃惊的是，他继位之后，前 15 年都在打仗。他每年都攻打南部的叛军伊本·哈夫桑，直到叛乱最终平息；他与西班牙边境地区的军阀对战；他还对莱昂王国作战。[6]

而对于北非的哈里发帝国，他则采取了更为积极的姿态。他不会宣誓向其效忠，但也不会再继续宣誓效忠于远在巴格达的另一位哈里发。即使是在表面上，科尔多瓦的埃米尔也没有理由再效忠于伊斯兰世界任何理论上的领袖。

相反，他渴望由自己来当领袖。929 年 1 月 16 日，拉赫曼三世宣布自己为科尔多瓦的哈里发、众信徒的首领、真主信仰的保卫者。与法蒂玛的哈里发不同，拉赫曼并不自称是唯一真正的哈里发。他并不想取代阿拔斯的统治，相反，他宣称自己完全独立于阿拔斯和法蒂玛之外。拉赫曼要独立进行统治，他声称自己的权力来自其倭马亚祖先，将自己置身于法蒂玛和阿拔斯的冲突之外。[7]

如今，伊斯兰世界共有三个哈里发帝国，三个哈里发各自称王。到这时为止，巴格达的阿拔斯王朝的哈里发最为软弱。[8]

在巴格达的东边，萨曼王朝的埃米尔几乎完全独立于巴格达。萨曼商人沿伏尔加河一路北上，与可萨人和罗斯人贸易，萨曼王朝随之变得越来越富有，也越来越强大。911 年，萨曼王朝的埃米尔艾哈迈德（Ahmad）夺取了东方劲敌萨法尔王朝剩余的要塞，将萨曼的领土扩展到整个东部地区。[9]

艾哈迈德现在是一个名副其实的伊斯兰王国的统治者，他决定让阿拉伯语成为萨曼王朝的官方用语。这很符合他本人所扮演的巴格达哈里发代理人的角色，但他低估了原来萨法尔领土上波斯语使用者的民族感情。他们不想再次被纳入另一个由阿拉伯人主导的穆斯林王国，而是想要恢复他们自己的波斯国家。于是在原来的萨法尔行省锡斯坦，以扎兰季城为中心不断爆发叛乱，这需要艾哈迈德一一镇压。914年，他刚开始在平息叛乱中占据上风，就在自己的帐篷里被仆人暗杀了。

他的儿子纳斯尔二世（Nasr II）接替他的位置，成为萨曼王朝的埃米尔。但纳斯尔当时只有8岁，因此权力旁落在替他摄政的维齐尔贾哈尼（al-Jaihani）手中。锡斯坦的阿拔斯官员借此机会起义，将锡斯坦变成他们自己的小王国，还找了萨法尔家族的一个成员来充当他们的傀儡埃米尔。这个伪萨法尔王朝一直持续到1002年。

过了几年，萨曼王朝对里海附近的地区也失去了控制。当时有个名叫马尔达维奇・齐亚尔（Mardaviz al-Ziyar）的军人帮助当地的萨曼官员夺取了权力，然后自己取而代之。他建立的一个小埃米尔国，齐亚尔王朝（Ziyarid dynasty），很快就扩张至里海以南的土地，最远到伊斯法罕城（Isfahan）。这也催生了另外一个与之对立的王朝：932年，齐亚尔手下有个名叫阿里・伊本・白益（Ali ibn Buya）的官员夺取了卡拉季城（Karaj），并以之为据点向南打到法尔斯。

现在萨曼王朝在东部已催生出三个对手：一个是锡斯坦的新萨法尔王朝，另一个是里海南岸的齐亚尔王朝，还有一个是与齐亚尔王朝争夺领土的白益王朝。与此同时，阿勒颇（Aleppo）的统治者们也正在建立自己的独立王国，他们全都是哈姆丹家族（Hamdanid）

的成员。

这一堆互相竞争的王朝并不都是伊斯兰国家。马尔达维奇·齐亚尔指望着当地人能支持他掌权，因此他宣布自己是古老的波斯帝国的重建者，是琐罗亚斯德教的信仰者，是穆斯林征服活动的破坏者。他可能精神不大正常（他自称是大卫王的儿子所罗门再世，虽然看不出这件事跟他是不是波斯人有什么关系），但他也确实是一个强大的、具有领袖魅力的人物，而当地人也都愿意支持他。这说明在帝国境内的许多地方，人们皈依伊斯兰教只是表面上的。他的做法十分成功，因此其竞争对手、在更南边的地方进行统治的白益王朝的埃米尔阿里·伊本·白益（Ali ibn Buya）也向他学习，开始使用古老的波斯语尊称，称自己为新征服领土的“沙阿”（Shah），而不是“埃米尔”。[10]

随后几十年的时间，东部这几个王朝不断结盟、分裂、再结盟，每个掌权的家族都想要制约别人的权力，但同时自己也都受到其他人的制约。随着东部的解体，阿拔斯哈里发帝国也进一步衰落了。

932 年，名义上的哈里发穆克塔迪尔被他的兄弟卡希尔（al-Qahir）废黜，卡希尔自己篡权，当了两年哈里发。穆克塔迪尔之所以能保住性命，是因为他没有实权也能知足；但卡希尔不一样，他试图行使权力，但结果非常糟糕。他只当了两年的哈里发就被废黜，他的突厥朝臣和士兵还刺瞎了他的双眼。他在巴格达街头行乞，度过了生命的最后几年。他的侄子、穆克塔迪尔的儿子拉迪（al-Radi）则接替他的位置，成了傀儡哈里发。

拉迪的统治与其父一样有名无实。但直到此时，阿拔斯的哈里发仍然继续履行自己那些仪式性的职责：他们列席会议，领导巴格达的周五祷告，在集会中现身，还要向穷人分发救济品。拉迪也每天做着这些事情，但他是最后一个这样做的哈里发了。936 年，拉迪年满 27 岁，刚当了两年哈里发，他意识到哈里发无法再继续承担阿拔斯国家元首的职责了。东部领土的叛离意味着帝国的税收基础已毁。他无力支付军饷，几乎无法养活朝廷上下，当然无法击退对他权力的任何真正挑战。[11]

他手下权势最大的将领，穆罕默德·伊本·拉伊克（Muhammad ibn Ra'iq），已经掌握了巴格达东南方土地的控制权，而且拒绝将在那里收取的赋税送交首都。现在穆罕默德·伊本·拉伊克向拉迪提出了一个方案。如果拉迪同意承认他为“众将之将”（amirul-umara），他就亲自挑选一队突厥士兵，带着收上来的税款前往巴格达城，接手管理帝国，但他还可以让拉迪当名义上的哈里发。

拉迪别无选择，最终同意了伊本·拉伊克的提议。他授予伊本·拉伊克“众将之将”的头衔，并将哈里发仅剩的那点权力也交给了他。伊本·拉伊克带着他忠诚的突厥卫队来到巴格达，将原有的巴格达军队解散，并处死了现任维齐尔。[12]

至此，阿拔斯哈里发帝国已名存实亡。从此以后，帝国残存的部分都在这位“众将之将”的控制之下，留给阿拔斯王朝哈里发的只有头衔了。

伊本·拉伊克给巴格达带来的并不是和平，而是一场争夺哈里发帝国控制权的斗争。在他担任“众将之将”期间，几乎把帝国残存的一切毁灭殆尽。在与对手的战斗中，他甚至下令扒开纳赫拉万运河（Nahrawan Canal）的河堤。这条人造河流长约 300 千米，流过巴格达以东干旱的盐碱平原。扒开河堤暂时阻挡了一个对手，但也破坏了使这片平原人丁兴旺的灌溉系统。周围曾将农产品贩卖到巴格达的农民纷纷搬走，耕地也都荒芜了。[13]

两年之后，伊本·拉伊克被手下一个副官推翻，之后又有三个人相继当上“众将之将”，时间都很短暂。拉迪于 940 年病逝，各派同意推举他弟弟继任哈里发，当然他也是没有实权的，甚至连形式上的那些规矩也没有了。

此时在北方，白益王朝已开始扩张。他们一路攻向一团混乱、分崩离析的巴格达。当他们逼近的时候，阿拔斯的傀儡哈里发逃跑了，都城的突厥士兵新选了一位哈里发，但他也时日无多了。945 年，白益将领艾哈迈德·伊本·白益（Ahmad ibn Buya，阿里的兄弟）长驱直入巴格达，将“众将之将”的称号据为己有。

傀儡哈里发被废黜并被刺瞎双眼。艾哈迈德·伊本·白益允许选出新的哈里发，但禁止他参与巴格达的任何政事。白益家族控制了整个帝国，巴格达落入一个新贵家族之手，这个家族在统治中甚至不再需要有名无实的哈里发的毫无意义的认可。

时间线33				
印度	阿拔斯帝国	东方穆斯林王朝	西方穆斯林王朝	阿斯多里亚
	蒙塔希尔（861—862）			
	穆塔兹（866—869）			**阿方索三世**（866—910）
		萨法尔王朝建立		
		叶尔孤白·莱伊斯·萨法尔（867—878）		
（朱罗王国）**阿迭多**（871—907）				
		萨曼王朝建立		
		（萨曼王朝）**纳斯尔一世**（875—892）		
（罗湿陀罗拘陀王国）**克里希那二世**（878—914）				
			阿卜杜拉任科尔多瓦埃米尔（888—912）	
		（萨曼王朝）**伊斯玛仪**（892—907）		
（潘地亚）**拉加辛哈二世**（900—920）				
（朱罗王国）**波兰多迦**（907—950）		（萨曼王朝）**艾哈迈德**（907—914）		
	穆克塔迪尔（908—932）			
			法蒂玛哈里发王朝建立	
朱罗王国打败潘地亚和僧伽罗（909）			（法蒂玛王朝）**马赫迪**（909—934）	
		萨法尔王朝灭亡（911）	**阿卜杜·拉赫曼三世**任科尔多瓦埃米尔（912—929）	

时间线 33（续表）				
印度	阿拔斯帝国	东方穆斯林王朝	西方穆斯林王朝	阿斯多里亚
（罗湿陀罗拘陀王国）**因陀罗三世**（914—929）		（萨曼王朝）**纳斯尔二世**（914—943）		
瓦拉拉战役（916）				
			阿卜杜·拉赫曼三世任科尔多瓦哈里发（929—961）	
		齐亚尔王朝建立		
		马尔达维奇·齐亚尔（930—935）		
	卡希尔（932—934）			
		白益王朝建立		
	拉迪（934—940）	**阿里·伊本·白益**（934—949）		
（罗湿陀罗拘陀王国）**克里希那三世**（939—967）				
	白益王朝占领巴格达（945）			
（朱罗王国）**犍陀罗阿迭多**（950—957）				
		（萨曼王朝）**曼苏尔**（961—976）		
（罗湿陀罗拘陀王国）**憍底伽**（967—972）				
（西遮娄其王朝）**逮罗二世**（973—997） （罗湿陀罗拘陀王国）**因陀罗四世**（973—982）				

/ 34

宋、辽和高丽

918 年至 979 年，宋、辽和高丽这三个国家把四分五裂的东方再次统一起来。

918 年，在中国以东的朝鲜半岛上，一共有三个国家，其中两个国家的统治者都是叛军出身，后来成功称王。西南部的统治者是盗匪出身的国王甄萱，他将自己的领地命名为后百济；北部则由海军将领王建统治。*

王建是由朝官同僚推举到后高句丽王位上的，因为他们痛恨他的前任弓裔的暴政。因而他尤其清楚，自己的王冠也可能只是暂时戴在头上的。他尽其所能抹去以前当叛军的痕迹，将国家改名高丽，首都迁往开城，宣称自己开创了一个新的王朝。他对子民说：“朕资群公推戴之心，登九五统临之极，移风易俗，咸与维新，宜遵改辙之规，深鉴伐柯之则。君臣谐鱼水之欢，河海协晏清

* 提到王建的时候人们经常会使用他死后的庙号——太祖。

之庆。”[1]

可惜这一切都是一厢情愿，此时根本没有什么太平可言。后百济的甄萱起义，可不是为了与其他国王共享朝鲜半岛的。既然他已经建立了自己的王国，下一步的目标就是消灭其他的竞争对手了。

不过甄萱并没有立即入侵高丽，而是首先将目光瞄向了东南方向已经破败不堪的新罗王国。酗酒过度的新罗国王孝恭王已经离世，他没有子嗣，继任王位的是一连串短命的王室宗亲，他们的抵抗都未成功。城主们对国王并不忠诚，反而与后百济的甄萱或高丽的王建签订条约（取决于谁的军队离得更近），就好像他们自己都是独立的统治者一样。[2]

王建并没有立即利用新罗四分五裂的机会，他对子民讲的也并不完全是假话，他看见了甄萱没看到的事实：新罗对战争已经十分厌倦，更有可能通过友好的而不是战争的方式来赢取。

甄萱很高兴王建没有参与争夺，他一路攻到新罗的领土。到926年，他的军队已来到新罗的都城庆州。新罗此时的国王是景哀王，他守不住城门，后百济的士兵大量涌入城内，四处烧杀抢掠，最后闯入王宫。景哀王被逼自尽。

这给了王建一个扮演拯救者的机会。“百济甄萱凶悖好乱，杀主虐民，”高丽官员崔承老写道，“太祖闻之，不遑寝食，行师讨罪，卒成匡复，其不忘旧主，定倾扶危者又如此也。”[3]

事实上，王建只想坐享其成。甄萱攻破新罗，但也付出了相当大的代价。他扶持王族后裔敬顺王即位。王建随后对甄萱发起了一系列攻击。[4]

敬顺王当然是个傀儡国王。在之后9年的时间里，王建逼得甄萱节节败退。932年，后百济与高丽之间进行了一场决战，结果甄萱的部队大部分人投降，甄萱本人仍继续作战，十分顽强，但忠心耿耿地与他并肩作战的士兵已所剩无几。最后，935 年，他的儿子们也对他倒戈相向，将他囚禁，守卫后百济残余领土的任务则由他们自己承担起来。

这一年年底，新罗敬顺王上书王建，表示将让国于王建。王建再三推辞后接受了敬顺王的上书。王建就这样将新罗残余领土并入自己的领土，这样他就成了朝鲜半岛上除后百济之外唯一的王。臣服后的敬顺王受到了王建的礼遇。王建将一个女儿许给他为妻，仍将新罗旧都庆州交给他治理。

935 年夏，甄萱从后百济的监牢中逃脱。最有可能的是他得到了王建派去的人员的暗中帮助，因为几周之内他就来到高丽，成了个富裕的奴隶主，与昔日的敌人和平共处了。那些奴隶都是王建送给他的礼物，王建想要借此收买曾经的对手，以便化敌为友。“[太祖] 待以厚礼，”《三国史记》中这样写道，“授馆以南宫，位在百官之上……兼赐金帛蕃缛奴婢各四十口，内厩马十匹。”[5]

王建的收买政策起作用了，因为甄萱快让儿子们给气死了——他此时已患病。甄萱在高丽安顿下来之后不久，就要求王建给他一支部队。他对王建说：“伏望大王借以神兵，歼其贼乱，则臣虽死无憾。”

王建大喜过望。他派长子，即王太子王武和他最亲信的将领陪同甄萱率领万人大军回到后百济，他自己则率另外一支强大的部队紧随其后。那些叛臣逆子的军队被彻底摧毁，甄萱三个最年长的儿子，也就是叛乱的罪魁祸首，都投降了，王建下令将他们处死。他很隆重地将王国还给旧敌甄萱。几天之后，甄萱病逝，后百济落入王建之手。三个王国现在全部统一于同一顶王冠之下。[6]

在王建发布的意在为他这个新近统一的国家塑造未来的一系列训谕中，他对子民说道："惟我东方，旧慕唐风。文物礼乐，悉遵其制。殊方异土，人性各异，不必苟同。"在王建的领导下，这个朝鲜族的国家开始稳步发展起来。新罗的统一只是个开始，在王建之后，朝鲜半岛的统一保持了千年之久。[7]

而在大陆地区，被称作契丹人的北方游牧民族仍然对中原的一切做法心生向往。

907 年，契丹大首领耶律阿保机即皇帝位，契丹人在他的带领下，过上了一种更加安定的生活。契丹国从唐朝的阴影中解脱出来，也像高丽一样，有机会按照自己的方式发展壮大。

但王建的高丽有数百年的传统作为发展的基础，而契丹人除了游牧的短暂过往以外一无所有。于是耶律阿保机开始远离游牧民族那种不确定也不稳定的生活，转而采用已经灭亡的唐朝的习俗。916 年，阿保机称帝。918 年，他为自己新建了一个唐朝风格的都城，后命名为上京，还立了长子为太子。血缘传承并不是契丹人的传统，游牧民族一直都是以作战技巧是否高明来选举首领的。但是，如今国家已经稳定下来，建设了固定的都城，也需要有一套固定的皇位继承顺序。[8]

926 年，就在耶律阿保机死前不久，他开始向高丽以北的王国渤海国进军。契丹军队侵入渤海国领土，大批渤海国民涌入高丽避难。渤海国国都沦陷后，辽太祖阿保机驾崩——留给子民一片新扩张的领土、一个毫无经验的太子，还有一套他们很不熟悉的皇室传统。

他的妻子令人敬畏，是她使契丹帝国避免了分崩离析的命运。

在 14 世纪的官修史书中，她被称为“述律氏”，其实这算不上是她的名字，只是说明她出身于述律氏家族而已，但她的领导才能和她丈夫一样卓越。辽太祖死前已指定他们的长子为继承人，但述律氏更喜欢二儿子耶律德光。于是她将各部落首领召集起来，让两个儿子各自上马，然后跟他们说德光成为新的皇帝更加当之无愧。之后，她又补充道：“二子吾皆爱之，莫知所立，汝曹择可立者执其辔。”[9]

部落首领们知道她的心思，纷纷选择耶律德光，因此德光成为太宗皇帝，自此刻起（与母亲一道）统治契丹。述律氏成功地在丈夫推行的皇位继承办法上重新又加上了契丹人原来贤者为王的传统。前太子，阿保机的长子耶律倍，统辖原渤海国疆域（改其名为东丹），并将其作为独立王国进行统治。

与此同时，述律氏还想出个办法来确保自己能够说一不二：只要有契丹首领反对她，她就派这个人去她丈夫的陵墓，让他去征求太祖的意见——届时为太祖守陵的士兵就会将来访者除掉。她和宰相韩延徽携手，继续完成辽太祖耶律阿保机未竟的使命，那就是将契丹游牧部落变成一个中国式的帝国。[10]

930 年，前太子耶律倍与已登帝位的弟弟辽太宗反目。太宗命耶律倍的儿子去统治东丹，耶律倍则逃往此时一团混乱的中原。947 年，太宗改了国号，以与其崭新的面貌相符——原来的契丹国成了大辽国。现在统治东亚大陆东北地区的是两个强大的统一王国，一个是朝鲜半岛的高丽，另一个是横跨北方的大辽帝国。

与此同时，在辽国以南，一个个国家起起落落，令人眼花缭乱。直到 960 年，当时辽国在太宗的儿子辽穆宗的统治下稳定下来，高丽也在王建的儿子光宗的治理下欣欣向荣，这时那个后来统一了中原的王朝才在以前唐朝的土地上牢牢地扎下根来。

这个王朝是从后周国发展而来的。自 951 年至 960 年，9 年间，后周占据了长安周围和黄河下游地区。五代十国时代，9 年差不多就是一个朝代统治的平均年限了。后周的统治者所推翻的后汉王朝，就只在此地统治了 3 年，后汉之前则是后晋（11 年）、后唐（13 年）和后梁（16 年），这几个朝代的领土差不多都在同一块地方。

960 年，后周朝也走上了前几个朝代的老路。后周皇帝世宗（9 年中的第二任皇帝）死后只留下个婴儿为继承人，由年轻的太后摄政。后周那些军官不喜欢这位太后，因为她一点战争经验都没有。他们担心军队会因此失去其在后周社会中的优越地位，遂在军中哗变，并拥立一位最得军心的将领为帝，他就是另一个新王朝的创建者——宋太祖赵匡胤。

宋太祖建立的朝代比之前的几个朝代更为成功，其实也没有什么特别的原因。不过他似乎有种特别强烈的直觉，知道该做些什么才能恢复中国往日的辉煌。“及其发号施令，”后世一个史家写道，“名藩大将，俯首听命，四方列国，次第削平，此非人力所易致也。”[11]

与之前那些统治者一样，宋太祖也是用武力夺得皇位的，与中国历史上那些伟大的统治者一样，他也为自己编织了一个故事，让自己周身笼罩着得天命者的光辉。根据史家的记载：“（太祖）生于洛阳夹马营，赤光绕室，异香经宿不散。体有金色，三日不变。既长，容貌雄伟，器度豁如，识者知其非常人。”[12] 对于那些能在战场上取得胜利的中国皇帝来说，编造一个早已有之的预言，再用自己的胜利来印证这些预言，这一招可以说是屡试不爽，而且宋太祖本就是位善战的良将，而且他也吸取了过去的经验教训。他知道，军

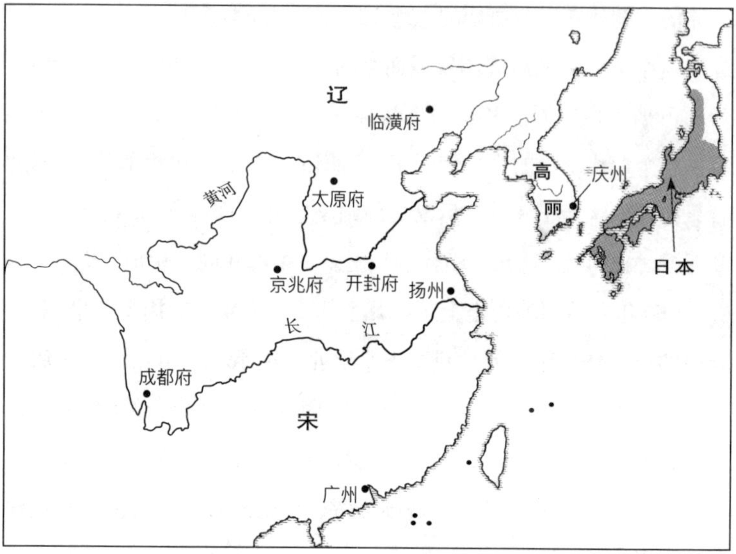

地图 34–1 宋、辽和高丽形势图

队可以使他黄袍加身，同样也可以轻易将他拉下皇位。因此他一坐稳皇位，就召集所有将领饮宴，并向他们许诺：如果他们辞去军职、交出兵权、退隐乡间，他就会赐给他们大笔的遣散费，给他们“良田美宅”，让他们“颐养天年”。[13]

这一举动有些出人意料，似乎就此打破了之前使几个王朝迅速更迭的周期性兵变怪圈。宋太祖彻底改革了军队，然后率领他们对周边的国家进行了一系列征战。在他的南边有五个国家，北边也有一个，不过从北边那个国家（北汉）再往北去就是强大的辽国。宋太祖决定先来对付南边，因为那边没有暗藏着特别强大的敌人。

但他没有想到，重新统一南方却耗费了他一生的时间。在他16年的统治生涯中，宋太祖灭了当时南方尚存的五个国家。而且在他的统治时间过半时，他也攻打过一次北汉，但被迫撤退了，之后他就放任北汉的存在了。

后来宋太祖在征战中病倒，于 976 年病逝。他的弟弟宋太宗登上了皇位。不到两年，他就完成了对南方的征服，准备让北汉——中原地区剩下的最后一个王国——也俯首称臣。979 年，宋太宗亲自率军进攻北汉都城太原，之后就是一场残酷的长期围攻。最后，宋太宗显示出与其兄长同样精明的政治手腕，他提出以十分优渥的条件换取北汉统治者退位：如果他能退后一步，交出自己的王国，宋太宗就保证他的生命安全，给他一大笔财产，让他终生无忧。[14]

北汉就这样落到了宋朝手中。随着北汉投降，宋朝再度统一了中原。东方破碎的山河再次合体：曾经分裂的这一片大地，如今掌握在宋、辽和高丽这三个王朝的手中。

时间线 34

阿拔斯帝国	东方穆斯林王朝	西方穆斯林王朝	唐朝	朝鲜半岛	契丹/辽
穆塔兹（866—869）	萨法尔王朝建立 **叶尔孤白·莱伊斯·萨法尔**（867—878）				
			僖宗（873—888）		
	萨曼王朝建立 （萨曼王朝）**纳斯尔一世**（875—892）				
				（统一新罗）**宪康王**（875—886）	
			黄巢起义 梁田陂战役（882）		
		阿卜杜拉任科尔多瓦埃米尔（888—912）	**昭宗**（888—904）		
	（萨曼王朝）**伊斯玛仪**（892—907）				
				（统一新罗）**孝恭王**（897—912）	
				（后百济）**甄萱**（900—935）	
			哀帝（904—907）	（后高句丽）**弓裔**（901—918）	
	（萨曼王朝）**艾哈迈德**（907—914）		唐朝灭亡/后梁建立（907—923）		**太祖耶律阿保机**（907—926）
穆克塔迪尔（908—932）			**五代十国**		
		法蒂玛哈里发王朝建立			
		（法蒂玛王朝）**马赫迪**（909—934）			
	萨法尔王朝灭亡（911）				
		阿卜杜·拉赫曼三世任科尔多瓦埃米尔（912—929）			
	（萨曼王朝）**纳斯尔二世**（914—943）			（高丽）**王建**（918—943）	

时间线 34（续表）

阿拔斯帝国	东方穆斯林王朝	西方穆斯林王朝	五代十国	朝鲜半岛	契丹 / 辽
			后梁灭亡 / 后唐建立（923—936）		
				（新罗）**景哀王**（924—927）	
		阿卜杜·拉赫曼三世任科尔多瓦哈里发（929—961）			**太宗耶律德光**（926—947）
				（新罗）**敬顺王**（927—935）	
	齐亚尔王朝建立 **马尔达维奇·齐亚尔**（930—935）				
卡希尔（932—934）					
拉迪（934—940）	白益王朝建立 **阿里·伊本·白益**（934—949）			新罗并入高丽（935）	
白益王朝占领巴格达（945）			后唐灭亡 / 后晋建立（936—947）	后百济并入高丽（936）	
			后晋灭亡 / 后汉建立（947—950）		
				（高丽）**光宗**（949—975）	
			后汉灭亡 / 后周建立（951—960）		
					穆宗（951—969）
	（萨曼王朝）**苏尔曼**（961—976）		后周灭亡 / 宋建立（960—1279）		
			宋朝		
			太祖（960—976）		
			太宗（976—997）		
			宋统一中原（979）		

/ 35

英格兰的国王们

924 年至 1002 年，英格兰和挪威两国各自统一在一个国王名下，挪威殖民者在格陵兰岛定居下来，“八字胡斯温”则将英格兰并入了他的北大西洋帝国。

924 年，在长达 25 年的征战之后，南英格兰国王、阿尔弗雷德大帝的儿子与继承人“长者爱德华”（Edward the Elder）终于取得了自己迄今为止最为辉煌的成就——迫使不列颠岛的西部和北部向他臣服。《盎格鲁-撒克逊编年史》中这样写道：“威尔士各民族都请求他做他们的君主……苏格兰国王和苏格兰各民族也都选定他做自己的统治者和君主。（这样做的还有）……所有在诺森布里亚居住的人，包括英格兰人、丹麦人、挪威人和其他人。”[1]

爱德华当国王的时候不列颠岛尚未统一。诺森布里亚的最北端仍然不归他统治，威尔士和苏格兰虽向其臣服，似乎也只是每年缴纳岁贡而已。但他仍然可以理直气壮地宣称自己是第一个统治所有盎格鲁-撒克逊人的国王。他从父亲阿尔弗雷德手中继承了威塞克斯，姐姐死后又得到了麦西亚的控制权。除了最北边丹麦人的王国之外，如今被称为英格兰的这个国家全都属于他。[2]

他曾按照过去的日耳曼习俗，下令将他治下的疆域分给他年龄最大的两个儿子。但这两个儿子有一个在“父亲死后过了几天”也死了（马姆斯伯里的威廉记录了他的死亡，但没有写明细节），另外一个儿子，埃塞尔斯坦（Athelstan），就成了唯一的国王。[3]

与他的父亲和祖父一样，埃塞尔斯坦也是戎马一生。他与对手争夺王位；他镇压那些不同意只有一个盎格鲁-撒克逊国王的贵族发起的叛乱；他必须重新征服试图从他的控制之下摆脱的威尔士和苏格兰；他还秘密接管了维京人位于丹麦法区北部的据点。伍斯特的约翰告诉我们：“最活力充沛、最光荣伟大的埃塞尔斯坦，全英格兰人的国王，举行盛大的婚礼，把妹妹嫁给了诺森布里亚的西特里克（Sihtric）国王。”西特里克是北方历史悠久的丹麦王国的统治者，此时已经年老，他于婚礼次年过世，埃塞尔斯坦遂打着妹妹的旗号入侵诺森布里亚，并将其据为己有。[4]

丹麦法区自此不复存在，他也顺利地开始清除那些一度遍布不列颠岛的独立的盎格鲁-撒克逊人王国所留下的最后一丝痕迹。936年，这个任务终于完成了，当时埃塞尔斯坦不知是在什么地方（有可能在英格兰东北部）跟诺森布里亚维京人、盎格鲁-撒克逊贵族（其中有5个在自己所辖的土地上称王）和苏格兰人的联军打了一场硬仗，对方的领军人物是苏格兰的长命国王，当时约60岁高龄的君士坦丁二世（Constantine II）。他在那里粉碎了对他霸权地位的反抗：“埃塞尔斯坦和他的王太弟埃德蒙（atheling Edmund）……杀死了5个王和7个伯爵，”伍斯特的约翰这样写道，“这是英格兰迄今为止最为血腥的一场战斗。”* 苏格兰国王君士坦丁二世在这场

* “atheling”，也可拼写为“aetheling”，在盎格鲁-撒克逊语中用来指称一个有资格继承王位的人。

战斗中丧子，并被迫逃亡。这就是“布鲁南伯尔战役”（Battle of Brunanburh），战况如此惨烈，甚至在《盎格鲁–撒克逊编年史》中都有一首诗是专门描写这场战役的：

> 国王埃塞尔斯坦，勇士们的首领，
> 人民的君主，和他的弟弟，
> 王储埃德蒙，经布鲁南伯尔一役
> 赢得终生的荣耀……北欧人的首领，
> 被逼无奈，站在船头，
> 带领残兵游勇，
> 被击溃逃散……在这个岛上
> 不曾有过更大的杀戮。[5]

经过这场胜利，整个英格兰第一次紧密团结在一位国王的统治之下。阿尔弗雷德大帝当的是威塞克斯国王；“长者爱德华”是盎格鲁–撒克逊人的国王；而如今的埃塞尔斯坦则已是全英格兰人国王，而且还迫使威尔士国王和苏格兰国王都承认他的权力。他已经达到，并且超越了父亲和祖父的成就。马姆斯伯里的威廉写道：“他下定决心不让国人失望，不辜负他们的期望，把全英格兰都统一到了自己的统治之下。”[6]

三代人前赴后继、不懈征战才将争斗不休的英格兰统一到同一条边境线内，但压力太大，这道边境线绷得太紧，几乎立刻就又断开了。全英格兰人的国王埃塞尔斯坦死于 939 年，继位的是他 18 岁的同父异母兄弟“正义者埃德蒙”（Edmund the Just）。爱尔兰国王、都柏林的奥拉夫三世（Olaf Ⅲ）趁机入侵，并夺走了英格兰中部地

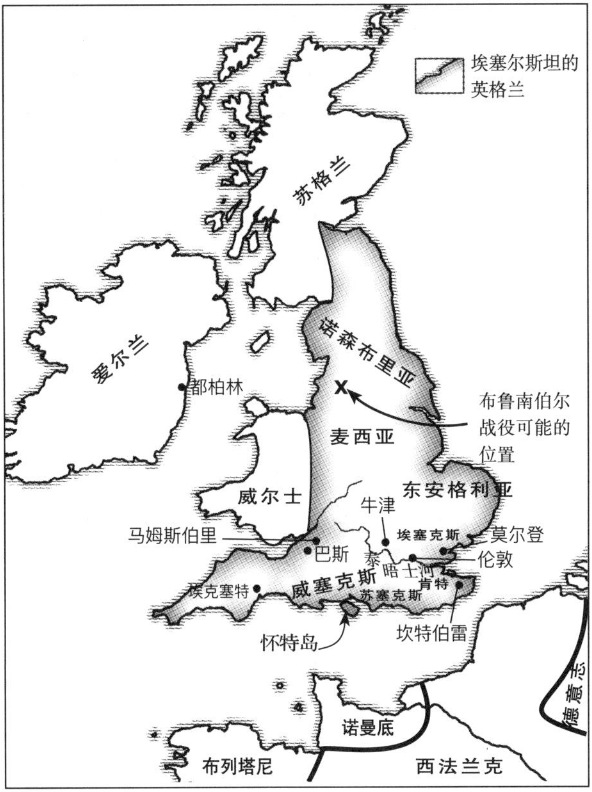

地图 35-1　埃塞尔斯坦统一英格兰

区，埃德蒙直到 942 年奥拉夫死后才将其夺回。

埃德蒙将这个国家重新统一起来之后又统治了短短 4 年时间。946 年，他意外遇刺身亡。当时他正在主持一场纪念英国基督教创始人圣奥古斯丁的宴会，突然发现出席宴会的客人中有个是他以前在执行国王公务时曾判决其流放的盗贼。这显然激怒了他，于是他起身去捉那个盗贼，没想到对方掏出一把刀子，刺入他的胸膛。[7]

埃德蒙的卫兵迅速赶上前来，将罪犯乱刀砍死，但没过几个小时埃德蒙也死了。他年仅25岁，留下了一个6岁的儿子，但由于这孩子年纪太小，王位由埃德蒙的兄弟“软脚埃德雷德”（Edred Weak-Foot）占据。埃德雷德之所以得到这个绰号是由于他的健康状况通常都不怎么好。但他仍然保持了国家的完整，即使面对诺森布里亚的起义也没有乱了阵脚。“他几乎将起义军全部歼灭，”马姆斯伯里的威廉写道，“整个诺森布里亚饿殍遍野、血流满地。”955年，埃德雷德死于顽疾，将一个统一的国家留给了侄子。[8]

新任国王“美男子埃德威”（Edwy All-Fair）只有15岁，是个“轻浮的年轻人”，马姆斯伯里的威廉说：“他滥用自己的美貌，举止放荡……就在他加冕为国王的那一天，贵族们聚集一堂，大家都在讨论严肃紧急的国事，他却冲出会场……跳到床上情妇的怀中。”威廉补充说，英格兰主教邓斯坦（Dunstan）也出席了这次会议，他跟着国王进了卧室，把国王拖了回来，又与坎特伯雷大主教一道，迫使国王离开情妇，干点正事。[9]

这一过于早熟的行为或许只是谣传，不过埃德威的确很快就与邓斯坦和坎特伯雷大主教结下了梁子。他从小没有父亲，早就成了那些希望由他们自己执掌大权的朝中官员的傀儡。在他们的影响下，他剥夺了修道院的税赋收入，使修道院院长和修士们无力挑战王权。（马姆斯伯里的威廉愤怒地补充说：“他甚至连马姆斯伯里的女修道院也没有放过，此修道院已有270多年历史，却被他变成了神职人员的淫窟。”或许这就是他为什么如此厌恶埃德威的原因。）

古老的盎格鲁–撒克逊王国的幽灵再次抬起头来。麦西亚和诺森布里亚的贵族们看到有机会在国王和教会双方面前重新伸张自己的权力，因此决定支持埃德威的弟弟——年龄更小、更容易控制的埃德加（Edgar）。他们公开支持埃德加与埃德威争夺国王之位。957年，在国王的位子上只坐了两年，埃德威就在格洛斯特（Gloucester）的一场战役中输给了弟弟及其支持者，结果两兄弟将王国一分为二：由14岁的埃德加统治泰晤士河以北地区，17岁的埃德威则统治南部。

959年，19岁的埃德威去世，他弟弟埃德加成为全英格兰人唯一的国王。埃德加比兄长更有主见，他一登上王位，就开始走自己的路。他恢复了英格兰的修道院，授权修道院院长和修士们自主管理他们的土地。他下令："他们在自己的领地将享有与我在朝中同样的自由和权力，赏罚由之。"他发布这道命令十分精明，让全英格兰所有的修道院院长和修士们都立刻站到国王这一边来，他们给了埃德加他所需要的支持，去削弱那些本想操纵他的贵族们的权力。到973年的时候，埃德加已完全控制了他的国家，并得到苏格兰国王和威尔士国王的宣誓效忠。[10]

此时他已在英格兰王位上坐了14年，但从未正式加冕。事实上，直到此时为止，英格兰的国王们还从未举行过加冕仪式。埃德加是第四位统治全英格兰的国王，但阿尔弗雷德的所有后代与他们的伟大祖先一样，都是作为武士进行统治的，只有紧握手中之剑，他们才能掌握权力。

但埃德加已使教会成为自己的坚定盟友，从而赢得了一种比战争之神更为强大的力量来认可他为国王。邓斯坦现在已是坎特伯雷大主教了，他想出了一套正式的仪式来承认国王的统治权——这个加冕仪式在埃德加统治时期所有的史书中都有所描述。973年5月2日是圣灵降临节，这一天，30岁的埃德加得到祝福，被加冕为国王，得享无上荣光。《盎格鲁-撒克逊编年史》中用一首盎格鲁-撒克逊诗歌记载了加冕礼这一盛事：

今有埃德加，全英格兰人之王，
在此古镇，行盛大集会
被尊为国王……当此神圣之日，圣灵降临日，
众皆欢喜。
据我所闻，聚集过来的，有许多教士，
还有许多皆为修士。[11]

在教会的支持下，埃德加以英格兰加冕国王的身份坐在王位上，他的国家既建立在战争胜利的基础上，又得到了宗教仪式的承认。

两年后，他因急病猝死，继位者们发现，王冠正从他们手中溜走。北欧人要来了，这次，有一位国王指挥着他们。

波罗的海以北民族的早期历史仅在一些英雄传奇中留有零星记载，保存并不完整。从这些零散的记载中，我们看到的是一些熟悉的故事：组织分散的部落逐渐统一起来，形成一个王国。

到9世纪中期，斯堪的纳维亚半岛东南部由来自乌普兰地区（Uppland）的瑞典国王统治；半岛最南端、波罗的海中的岛屿和日德兰半岛（Jutland）则在丹麦人国王控制之下；

半岛的西半部分是北方斯堪的纳维亚各部落的家乡，他们处于分裂和混乱之中的时间还要更长一些。870年前后，一片名叫西福尔（Vestfold）的沿海土地的统治权落入一个名叫哈拉尔（Harald）的男孩手中。开始是由他的叔父摄政，后来他自己执政，一共奋

斗了 60 多年，最终将北方斯堪的纳维亚人统一起来。* 史诗《埃吉尔萨迦》(*Egil's Saga*) 中说："哈拉尔国王发誓，在他成为挪威唯一的国王之前，不理发，不梳头，因此他也被称为'乱发哈拉尔'(Harald Tangle-Hair)。"[12]

900 年前后，在哈福斯峡湾战役 (Battle of Havsfjord) 中，"乱发哈拉尔"战胜了他最危险的敌人——挪威王子"长下巴索瑞尔"(Thorir Long-chin) 和"有钱人考特维"(Kjotvi the Wealthy)——的军队，赢得了这场海战的胜利。"这是哈拉尔国王在挪威打的最后一仗，"《埃吉尔萨迦》中如此总结道，"之后他再也没有遇到过任何反抗，完全控制了挪威全国。"[13]

事实上，统一挪威花了哈拉尔漫长一生的大部分时间，即使是在统一之后，他对整个国家的统治也仍然是摇摇欲坠、争议不断的。西斯堪的纳维亚的土地上一片混乱、被鲜血浸染。由于国内战火不断，更多维京人离乡背井，到外面的世界去寻找新的家园：去英格兰和诺曼底的人更多了，也有不少人向西去，登上冰岛，加入自 9 世纪起就已在那里建立、并一直在努力奋斗的小殖民地。[14]

哈拉尔的个人生活对平息这趟浑水并没起什么作用。和他的征服欲望一样，他对肉体的欲望同样强烈，他有许多妻子和情妇，她们为他生下了十几个儿子。在他死后，大约是在 10 世纪 40 年代初期，被松散地统一起来的国家再次土崩瓦解，贵族和王子们彼此混战：贵族们想在自己的领地上夺取更大的权力，王子们则希望自己能成为统治挪威全境的下一任国王。

---

* 哈拉尔统治的确切日期不明，但最近的研究表明，他出生于 870 年前后，执政的大部分时间是英格兰的阿尔弗雷德大帝和埃塞尔斯坦在位期间。参见：Gwyn Jones, *A History of the Vikings* (Oxford University Press, 1984), pp. 88–90.

哈拉尔最小的儿子“好人哈康”（Hakon the Good）最终在竞争中获胜。但得天下易，守天下难，为了守住国王之位，他必须奋力鏖战：他的哥哥、娶了丹麦国王“蓝牙哈拉尔”（Harald Bluetooth）的妹妹为妻的“血斧王埃里克”（Erik Bloodaxe），发动了一场耗时十几年的战争，与他争夺王冠。“血斧王埃里克”于 940 年前后对弟弟哈康宣战，但他那些如“群狼”般的儿子们却与丹麦的“蓝牙哈拉尔”结盟，继续内斗不休。[15]

“血斧王埃里克”的绰号来自他在战场上的彪炳战绩；哈康虽然也同样好战，却因为他信仰基督教而被称为“好人”。当时多数斯堪的纳维亚人仍然崇拜古老的神灵：有奥丁神与他的渡鸦、雷神索尔（Thor）与他致命的大锤，还有其他许多神灵。但哈康小时候曾在英格兰国王埃塞尔斯坦的宫廷生活过一段时间，他在那里接触到了基督教。“蓝牙哈拉尔”后来也成了一名基督徒，不过皈依基督教并未使这两个人遇到什么特别的不便。当个名义上的基督徒，只不过是使他们在与英格兰人和欧洲大陆上的商人打交道时更容易些而已。根据《埃吉尔萨迦》中的记载：“用手画十字，是当时在与基督徒打交道的商人和雇佣兵之间通行的一种做法。愿意画十字的人很容易在与基督徒或异教徒打成一片的同时，继续坚持自己喜欢的信仰。”[16]

但当“好人哈康”最终死在与侄子“灰袍哈拉尔”（Harald Greycloak）为敌的战场上时，基督教已强势来袭。“灰袍哈拉尔”是“血斧王埃里克”的儿子，但他本人已皈依了新兴的基督教，并在舅父“蓝牙哈拉尔”派来的丹麦军队的帮助下，夺取了挪威的王位。他很快就证明自己是一个特别狂热、特别积极的基督徒。12 世纪的编年史家斯诺里 · 斯图鲁松（Snorri Sturluson）说：“为了让人民皈依基督教，他别无他法，只有不断拆掉寺院、毁掉祭品，因此树了许多敌人。”[17]

不幸的是，在“灰袍哈拉尔”对旧的宗教场所进行了一番大肆洗劫之后，紧接着到来的是严寒的冬季，庄稼歉收，渔业萧条。斯图鲁松写道：“举国上下都极度匮乏，远近乡邻皆无米下锅。”此时寒流突至，盛夏飘雪。“灰袍哈拉尔”越来越不得民心，民怨载道，这给了他的舅父“蓝牙哈拉尔”一个机会。[18]

“蓝牙哈拉尔”当时支持他外甥登上挪威王位并不是出于好心，其实他是希望能将挪威并入他自己的丹麦王国。随着“灰袍哈拉尔”日益失去民心，“蓝牙哈拉尔”与手下的一个贵族，“拉迪尔的哈康”（Hakon of Hladir），开始密谋行刺这位挪威国王。

970年前后，行刺计划得以实现。“灰袍哈拉尔”被人出卖而死，“蓝牙哈拉尔”将挪威东部领土据为己有，并将挪威北方沿海的地区作为奖赏赐予了“拉迪尔的哈康”，但他没让哈康称王。就这样，丹麦和挪威的土地暂时都处于“蓝牙哈拉尔”的控制之下。在他的儿子、同时也是战争领导者的“八字胡斯温”（Sweyn Forkbeard）的帮助下，他牢牢地控制着这些地方。

在之后10年的时间里，“蓝牙哈拉尔”的士兵和开拓者继续踏足西方和南方，将他的权力边界继续向外扩展。丹麦军队进攻了德意志边境，现在这里的统治者是“捕鸟者亨利”的儿子奥托。更多的侵略军向西方前进，再次来到英格兰，在这里，埃德加年仅十几岁的儿子埃塞尔雷德二世（Ethelred II）已经加冕为国王。挪威人“红发埃里克”（Eric the Red）则向西北航行，使斯堪的纳维亚人的势力越过冰岛，扩张到更远的陆地上。

“红发埃里克”天生就爱惹麻烦，他曾因与另一个村民发生争执并最终杀害了这个村民而被迫离开挪威，来到冰岛的殖民地定居［根据 13 世纪的《红发埃里克萨迦》（*Saga of Eirik the Red*）中的记载，埃里克的追随者们“制造了一次滑坡”，把对方的农场埋了起来］。982 年，他在冰岛又与一个邻居发生争吵，还杀害了那人的两个儿子。其他殖民者逼他离开冰岛，于是“红发埃里克”扬帆起航，到别处去寻找安身之处。[19]

经过 3 年的探索，他在冰岛以西 800 千米的一座大岛上安顿了下来。岛上没有人烟，这正适合他的个性，但他也有野心，想要在这里建立一个新的殖民地。由于埃里克生活的时期气候异常温暖，这个岛上有一部分海岸不会结冰，不过这里十分荒凉，沙质的土壤裸露在外。埃里克将其命名为格陵兰岛（Greenland，字面意思是绿地）。因为正像有关他的史诗中指出的那样，“如果这里有个好听的名字，那么人们就会闻名而来”。这个计策获得了一定的成功。殖民者们来了，虽然来得很慢。他们在斯堪的纳维亚的统治穿越北大西洋的中途，在这里建成了一个小小的前哨。[20]

而在挪威老家，上了年纪的“蓝牙哈拉尔”则死在了刀剑之下。他的儿子“八字胡斯温”原本希望父亲能将王国分一部分给他，但“蓝牙哈拉尔”一生戎马，可不是为了把王国拱手让给儿子的。但作为父亲的左膀右臂，斯温也有自己的舰队。于是他召集人马，向父亲的王位发起了挑战。986 年，父子二人打了一场海战，“蓝牙哈拉尔”击退了儿子的舰队，但他也在战斗中受了重伤，过了几天就死了，于是“八字胡斯温”的追随者们将其拥上了王位。[21]

斯温继承了丹麦的王位，也随之继承了丹麦在挪威所控制的领土，以及（理论上）那位“拉迪尔的哈康”的效忠，开始统治北方沿海地区。为了进一步扩张领土，他加大了对英格兰的劫掠力度，

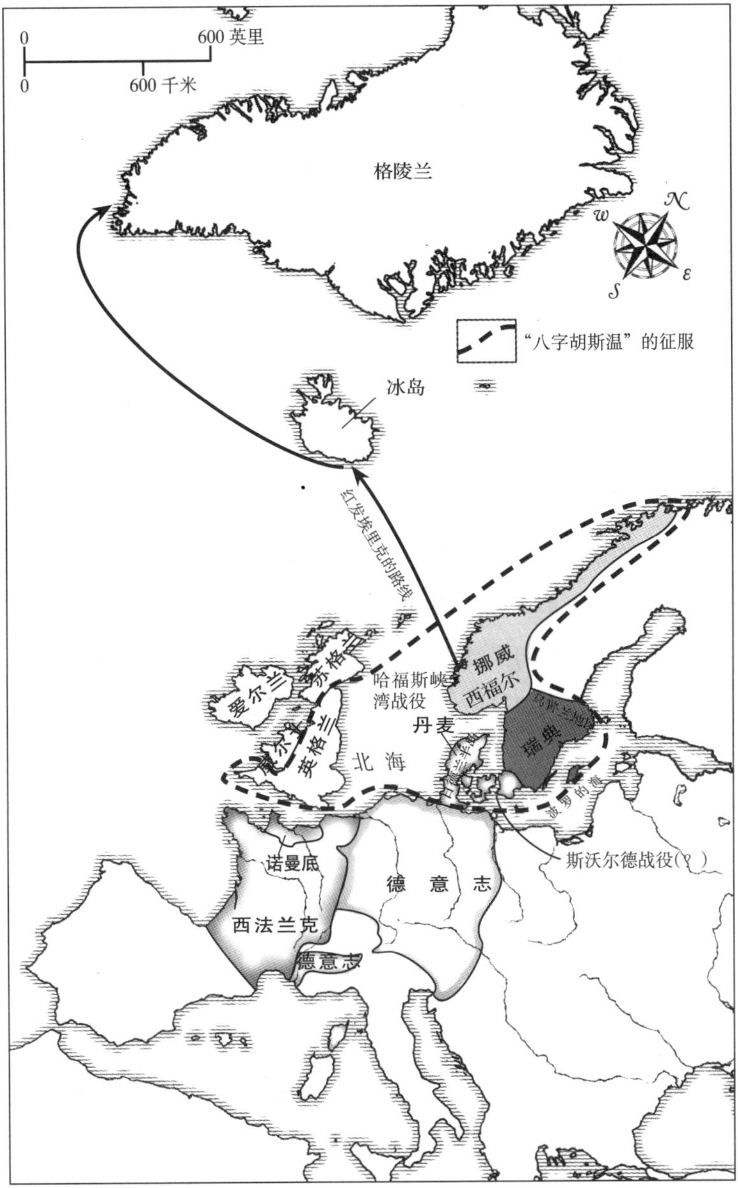

地图 35-2　挪威势力的拓展

年轻的英格兰国王埃塞尔雷德二世根本无力阻止他们。在马姆斯伯里的威廉的记录中，对这位国王无力保护子民的蔑视之情简直是透纸而出，他写道："埃塞尔雷德占据着（而不是统治着）这个王国，他的一生开始时残暴，中途可怜，结尾可耻。"[22]

丹麦人蹂躏着威塞克斯，他们将埃克塞特城付之一炬，还将肯特洗劫一空。身强力壮的英国男子战死沙场，种下的庄稼也惨遭践踏，英格兰深陷饥荒和危难之中。

991 年，东萨克森贵族布里特诺斯（Brihtnoth）率领大军对抗丹麦入侵者，结果他本人在莫尔登（Maldon）被杀，军队也被击溃。有人向埃塞尔雷德二世建议用钱收买入侵者，埃塞尔雷德听从了他们的意见，同意付给丹麦人 4.5 吨白银的赎金。[23]

"八字胡斯温"收下了人称"丹麦金"（Danegeld）的这笔钱，然后就撤退了。但没想到埃塞尔雷德二世的这个解决方案竟然弄巧成拙。斯温原本是打算征服不列颠岛的。据编年史家斯诺里 · 斯图鲁松所说，斯温在加冕礼上曾发誓说，"3 年之内，必将率军前往英格兰，杀死埃塞尔雷德国王，夺取他的土地"。但现在他意识到可以源源不断地从英格兰人那里得到赎金，这样更加有利可图，因此他延长了自己定下的最后期限，觉得与其征服埃塞尔雷德，还不如让他来给自己的战争买单。994 年，斯温又亲自打了回来，而且一路打到了伦敦。埃塞尔雷德再次花钱买他撤军，但这位英格兰国王从贵族那里筹集赎金的本事也几乎用尽了，而且大家都清楚，丹麦人还会回来。[24]

在此期间，斯温用英格兰的赎金来资助他征服挪威剩余领土的战争。994 年末，"拉迪尔的哈康"过世，北部挪威的控制权落入"乱发哈拉尔"的曾孙奥拉夫 · 特里格瓦松（Olaf Tryggvason）的手中。“八字胡斯温”是一个十分强大的敌人，因此奥拉夫没能统治太长时间。1000年，奥拉夫的舰队在波罗的海西部海峡的斯沃尔德战役（Battle of Swold）中与斯温的舰队遭遇。挪威人的战舰一艘接一艘被击沉，最后奥拉夫国王孤零零地站在旗舰“长蛇号”（Long Serpent）的甲板上，身边被尸体环绕。“这么多人在‘长蛇号’上倒地而死，围栏内已是空无一人，”斯图鲁松写道，“‘八字胡斯温’的人从四面八方开始登船。”奥拉夫纵身跳海，从此再也没人见到过他。“八字胡斯温”得意扬扬，他宣布整个挪威都归他所有。

有许多年的时间，都有传闻说奥拉夫将从大海深处返回，将挪威从丹麦统治者的手中解放出来。“关于国王奥拉夫，后来还有许多故事，”斯图鲁松总结道，“但是他再也没有回到他的挪威王国。”[25]

现在，“八字胡斯温”已经把挪威和丹麦都纳入了怀中，又开始回过头去对付英格兰了。

英格兰的埃塞尔雷德二世如今已经30多岁了，自从当上国王起就一直忙着抵抗丹麦的入侵。为了争取诺曼人站在他这边与他共同对抗其远亲丹麦人，他提议两国结成强大的联盟：如果诺曼人肯派兵帮他打退丹麦人，他就迎娶诺曼底公爵“好人理查”（Richard the Good）的妹妹艾玛（Emma）。根据编年史家亨廷顿的亨利（Henry of Huntingdon）记载，这是“因为理查德是一位英勇的王子，无所不能，而英格兰国王深知自己和子民们的弱点，对于似乎近在眼前的灾祸感到万分忧虑。”[26]

埃塞尔雷德二世已经结过一次婚，生了4个儿子，因此艾玛与他婚后所生的孩子哪个也不太可能会继承英格兰的王位。但诺曼底公爵仍然愿意与英格兰结盟，因为这可以进一步证明他独立于西法兰克国王。于是，1002年，艾玛远嫁英格兰，并于婚礼之后被加冕为英格兰的王后。

可是，即使有了诺曼人的增援，埃塞尔雷德能够召集的大军仍然不够强大，无法将丹麦人赶走，而且他也无法再筹集足够的赎金让他们撤军，战败和死亡的结局迫在眉睫。婚礼之后，他立刻陷入恐慌之中，因此下达了一个极端的命令：杀死所有在英格兰定居的丹麦人，无论男女老幼，一个不留。

大屠杀在一天之内进行。1002 年 11 月 13 日，国王遍布不列颠岛各地的手下对丹麦人大开杀戒。在牛津，丹麦人全家老小逃到圣弗莱丝史怀德（St. Frideswide）教堂里去，于是士兵们干脆将教堂连同里面的人一起放火烧掉。埃塞尔雷德后来写下这样的话为自己的行为辩护："这个岛上如雨后春笋般四处涌现的丹麦人，全都像麦田里的野草一样，被一次最正义的行动铲除殆尽。"[27]

"八字胡斯温"本来就决意要征服英格兰了，这场大屠杀又给他提供了复仇的正当理由。马姆斯伯里的威廉坚持说，斯温那个嫁给了英格兰人的亲妹妹也在 11 月 13 日这天被杀了。很难说这是不是真的，但毫无疑问，斯温手下军人的许多亲属都死在了这场清洗之中，愤怒和野心使丹麦人的进攻更加猛烈。[28]

斯温继续进行这场深思熟虑、计划周详的战争。在之后 10 年的时间里，他派出大批军队前往英格兰。外敌入侵占用了埃塞尔雷德所有的时间，杀害了他的士兵，耗干了他的国库。周而复始，丹麦人先是拍马进攻，一顿烧杀抢掠，继而接受赎金，然后鸣金收兵。每一次，埃塞尔雷德似乎都希望丹麦金能让他们永远也不再来，但每一次，丹麦人都会回来。

1013 年，"八字胡斯温"本人亲自领兵来到英格兰的北部海岸，他已做好准备，要向英格兰国王发出最后一击。他的部队向南席卷整个英格兰，所到之处，英格兰人相继投降。当时埃塞尔雷德正躲在伦敦，当斯温逼近的时候，伦敦人紧闭城门。据《盎格鲁-撒克逊编年史》中的记载："伦敦人拒不投降，而是全力以赴，坚持对敌，因为国王埃塞尔雷德就在城里。"[29]

斯温已经控制了英格兰的其他地方，于是他暂时将伦敦放在一边，而是前往巴斯（Bath），这是英格兰国王第一次行加冕礼的地方。他在巴斯宣布自己为"英格兰国王"，要求所有英格兰人都予以承认。

受到国王埃塞尔雷德二世鼓舞的伦敦城本是唯一坚持抵抗的地方，没想到"八字胡斯温"一去巴斯，埃塞尔雷德就趁机逃到怀特岛（Isle of Wight）上，妻子艾玛和她所生的两个儿子则被送回了诺曼底，到她哥哥"好人理查"公爵那里去了。身边没有了国王，伦敦人也失去了斗志。他们将贡品和抵押品送去巴斯，承认丹麦人为他们的统治者。[30]

"八字胡斯温"现在统治的是一个北大西洋帝国，疆域横跨波罗的海和北海。他作为英格兰国王在此地欢度圣诞。在维京大军登陆英格兰海岸一个半世纪之后，不列颠岛终于落入了斯堪的纳维亚统治者的手中。

时间线 35

唐朝	朝鲜半岛	不列颠群岛	斯堪的纳维亚
僖宗（873—888）		（威塞克斯）**阿尔弗雷德**（871—899）	（挪威）**乱发王哈拉尔**（约870—约940）
	（统一新罗）**宪康王**（875—886）		
		威德摩尔条约（878）	
黄巢起义 梁田陂战役（882）			
昭宗（888—904）			
	（统一新罗）**孝恭王**（897—912）	**长者爱德华**（899—924）	
	（后百济）**甄萱**（900—935） （后高句丽）**弓裔**（901—918）	（苏格兰）**君士坦丁二世**（900—943）	哈福斯峡湾战役
哀帝（904—907）			
五代十国			
	（高丽）**王建**（918—943）		
		（诺森布里亚）**西特里克**（921—927）	
后梁灭亡/后唐建立（923—936）			
	（新罗）**景哀王**（924—927）	**埃塞尔斯坦**（924—939）	
	（新罗）**敬顺王**（927—935）		
		（爱尔兰）**奥拉夫三世**（934—941）	
	新罗并入高丽（935）		
后唐灭亡/后晋建立（936—947）	后百济并入高丽（936）		
		正义者埃德蒙（939—946）	（挪威）**好人哈康**（约940—961）
后晋灭亡/后汉建立（947—950）		**软脚埃德雷德**（946—955）	
	（高丽）**光宗**（949—975）		
后汉灭亡/后周建立（951—960）			

时间线 35（续表）			
五代十国	**朝鲜半岛**	**不列颠群岛**	**斯堪的纳维亚**
		美男子埃德威（955—959）/ **埃德加**（957—975）	
			（丹麦）**蓝牙哈拉尔**（约 958—约 987）
后周灭亡 / 宋建立（960—1279）			
宋朝			
太祖（960—976）			（挪威）**灰袍哈拉尔**（961—970）
		埃德加加冕（973）	
太宗（976—997）	（高丽）**景宗**（975—981）		
宋统一中原（979）		**埃塞尔雷德二世**（978—1013）	
	（高丽）**成宗**（981—997）		
			红发埃里克来到格陵兰（985）
			（丹麦）**八字胡斯温**（987—1014）
真宗（997—1022）			（挪威）**八字胡斯温**（1000—1014）
		对丹麦人的屠杀（1002）	
		八字胡斯温（1013—1014）	

/ 36

罗斯人受洗

944 年至 988 年，罗斯人对抗君士坦丁堡的敌人，然后又进攻君士坦丁堡，最终皈依了基督教。

君士坦丁堡的执政皇帝罗曼努斯·利卡潘努斯正在政治这根窄窄的平衡木上小心翼翼地维持着平衡。他每年都得打仗，才能将前阿拔斯哈里发帝国那些野心勃勃的埃米尔从边境上赶跑，这每次都会花费大量的人力物力，但关系到拜占庭的生死存亡，不容忽视。君士坦丁堡的另一个方向，还有西方势力的铁三角——罗斯人、保加尔人和经常从北部入侵的马札尔人。他既和他们谈判，又威胁他们，还每年向他们上供，才牵制住这三方势力。确保君士坦丁堡的安全是一项既艰苦又让人精疲力竭的工作。但罗曼努斯已经成功地干了 20 多年。

944年，他已经74岁了，与4个共治皇帝一起统治。“智者利奥”的儿子“紫衣贵族君士坦丁”仍然生活在罗曼努斯的阴影之下。他娶了罗曼努斯的女儿埃琳娜，被迫要与罗曼努斯甚至罗曼努斯的两个儿子和长孙共同分享皇帝的头衔，他们都被加冕为共治皇帝。[1]

罗曼努斯安排加冕了这些共治皇帝，为的是确保皇位由他的家族继承。但在944年，他的两个儿子——斯蒂芬·利卡潘努斯（Stephen Lecapenus）和君士坦丁·利卡潘努斯（Constantine Lecapenus）——厌倦了一直等待。他们在自己私人卫队的帮助下，将年迈的父亲赶下皇位，将其送上一艘驶向马尔马拉海中一座荒岛上的修道院的船。

这还只是整出戏的第一幕而已。显然，当时的4位共治皇帝全部参与了这个阴谋。时年39岁、生性优柔寡断且缺乏自信的"紫衣贵族君士坦丁"虽未直接参与，但也默许了那两个年轻人将阴谋付诸实施。斯蒂芬·利卡潘努斯和君士坦丁·利卡潘努斯以为这样一来他们就能当上"大皇帝"（senior emperor）了，"紫衣贵族君士坦丁"也无意与他们多做争执。

但他们的姐妹、君士坦丁的妻子埃琳娜·利卡潘娜可不打算与兄弟们共享皇权。她9岁就嫁给了"紫衣贵族君士坦丁"，如今已有25年。她与一个友善亲切、毫无野心的丈夫一起长大成人，知道他是不会自己主动争取皇位的。

于是，945年初，她安排兄弟们前来赴宴，并说服丈夫同意在宴席上拘捕他们。当两人正要入座就餐的时候，皇家卫队上前把他们抓了起来。两个人和罗曼努斯的孙子（另外一位共治皇帝）一道，都遭遇了与父亲或祖父同样的命运，也被押上船，送到遥远的修道院里去了。"紫衣贵族君士坦丁"在30多年的黯淡无光后，终于成了君士坦丁堡唯一的皇帝。[2]

3年后，罗曼努斯在软禁他的那座修道院中寿终正寝。他未能确保自己的儿子戴上皇冠，但他的王朝仍在继续。毕竟，皇位的继承人，君士坦丁七世的儿子，也是罗曼努斯的外孙。

“紫衣贵族君士坦丁”成为“大皇帝”之后，第一件事就是与罗斯人谈妥了一个条约。200 多年来，拜占庭帝国一直准备着与东方作战——对君士坦丁堡来说，伊斯兰大军一直是最持久、最顽固的威胁。但在拜占庭人眼中几乎可以说是尚未开化的罗斯人，也一直与阿拉伯人同样热切地希望能轮到自己从海路围攻这座伟大的城市。

不到 30 年前，阿拉伯地理学家伊本 · 法德兰（Ibn Fadlan）曾沿着伏尔加河溯流而上，越过可萨人的领土，进入罗斯人的领地。他的记录揭开了这个还未完全开化的民族的面纱：他们随身携带武器，从脖子到指尖都刺满了刺青，住的都是临时的木棚，在公共场所当众交配，还向一些稀奇古怪的嗜血之神献祭。“他们是上帝创造出来的最肮脏的生物”，伊本 · 法德兰写道，他简直无法相信他们会有那么恶心的习惯：

> 每天一大早，都会有一个女奴给主人端来一大桶水，他就用这桶水洗手、洗脸、洗头，洗完了再朝桶里擤鼻涕、吐痰。然后女奴再将同一桶水端给下一个人，他也同样洗漱一遍。她把这个桶从一个人端到另一个人那里，直到每个人都在这个桶里洗完了脸和头发，也擤完了鼻涕、吐完了痰为止。[3]

一队队的罗斯商人远离家乡四处去做买卖，却从不费心盖房子住。在伊本 · 法德兰的眼里，他们完全是过路的旅客，身后什么也不留下——连块墓地也没有，因为他们更愿意将尸体火葬。[4]

到 945 年，罗斯人已经扎下根来了。他们确立了首都，有一个大公，还有一个至少可以说是类似于中央政府的机构。基辅大公伊戈尔（Igor,Prince of Kiev）有足够的权力，可以代表他的子民与“紫衣贵族君士坦丁”签订条约。条约再次约束双方，让他们遵守911年的和约中所规定的条款：罗斯商人可以进入君士坦丁堡，但必须要解除武装，且每个商队不能超过50人；如果他们能平安返回基辅，就能得到一个月的免费食物；如果“紫衣贵族君士坦丁”需要兵力牵制保加尔人或阿拉伯人，罗斯人要作为雇佣军在拜占庭的军中服役。[5]

签订这个条约的时候，罗斯人正处于从部落联盟向王国转型这个十分复杂的转变的中间阶段，伊戈尔在谈判中起到了国王的作用。条约中的条款是拜占庭式的：“如果有罗斯罪犯投靠到希腊去，罗斯人应向基督教帝国申诉，这样的罪犯，不管他如何抗议，都应当将其逮捕并遣送回罗斯，而罗斯人对希腊人也应当履行同样的义务。”这样一个条款规定了每个国家对自己的国民行使司法主权的原则。但在他们大公的名字下面，在这个条约上签名的还有50名罗斯人，其中包括维京人和斯拉夫人的名字，他们都是军事首领，每个人都具有属于部落首领的有限权力。[6]

条约刚一签完，伊戈尔就遭遇了部落首领通常会有的死亡命运。罗斯人50年前已经征服了西邻的斯拉夫部落德列夫梁人，但德列夫梁人一直坚持反抗罗斯人的统治。在签署条约回来的路上，伊戈尔绕道穿过德列夫梁人的地盘，去收取逾期的贡金。“结果他被他们抓住，绑在树干上，然后被撕成了两半。”执事利奥这样写道。[7]

他的妻子奥尔加（Olga）接过了为儿子斯维亚托斯拉夫（Svyatoslav）摄政的职责。她的第一个行动是将属于德列夫梁人的科罗斯坚城（Korosten）完全烧毁，并用恐怖的方式屠杀了数百名德列夫梁人，把他们烧死、钉死和活埋。但奥尔加也在改变。她作为战争女王发起的复仇行动一经结束，就接过了将罗斯转变为国家的任务。她将国土划分成许多被称为“波戈斯特”（pogosts）的行政区，每个行政区都要按照固定税率缴纳税金。德列夫梁人的地盘也成为一个“波戈斯特”，定期向基辅政府缴纳税金。[8]

957 年，奥尔加对君士坦丁堡进行了国事访问，君士坦丁七世按照平级君主的规格接待了她。皇宫的地板上撒满了玫瑰、常春藤、桃金娘和迷迭香；墙壁和天花板上悬挂着丝绸帘幔；当她被引荐给皇帝时，来自索菲亚大教堂的唱诗班开始为她演唱；正殿里的机械玩具狮子也咆哮着向她致敬。她被设宴款待了一个多星期。访问结束时，她同意受洗。君士坦丁七世的妻子埃琳娜当了她的教母，来自基辅的罗斯人奥尔加就这样被迎入了拜占庭属灵的家。[9]

不到 50 年，罗斯人就从他们伏尔加河畔的木头棚屋出发，迈进到君士坦丁堡的皇家接待大厅里来。他们的变化快得异乎寻常——但从后来的情况看，这些变化在某种程度上只是暂时的。

963 年，伊戈尔的儿子斯维亚托斯拉夫开始亲政，时年 21 岁。他的母亲奥尔加则从公共生活中退隐，将时间花在说服她的罗斯人同胞改信基督教上。她自己皈依基督教的时候并不是带领整个国家一起皈依的，而斯维亚托斯拉夫则还是保留着以前的信仰。他是个好勇斗狠的人，一心想着战争，不接受母亲的宗教信仰。当奥尔加建议他考虑接受基督教洗礼的时候，他跟奥尔加说：“那样的话，我的随从会笑话我的。”[10] 相反，他“遵循异教徒的惯例”，总的来说，他表现得就像以前的部落首领一样：

> 斯维亚托斯拉夫大公长大成人以后，开始组建一支规模庞大、英勇善战的军队。他像豹子一样轻盈敏捷，打了很多

> 仗。出征的时候，他既不乘马车，也不带水壶，不煮肉吃，而是用刀割下一条条马肉、野味或牛肉，在火上烤烤就吃。他也不搭帐篷，而是把马鞍褥铺在身下，头枕着马鞍睡觉。他所有的随从也都和他一样。他在进攻其他地方之前还会先派信使去宣战。[11]

在他独自执政的前几年，他攻打了可萨人、斯拉夫部落，以及东邻的被称为佩切涅格人（Pechenegs）的突厥游牧民族。奥尔加将罗斯人变成基督教民族的梦想变得越来越渺茫了。

与此同时，959 年，在君士坦丁堡，“紫衣贵族君士坦丁”与世长辞，结束了他对国事漠不关心的统治，享年 54 岁。[12]

继任者是他 20 岁的儿子罗曼努斯二世（Romanus II），也就是篡位者罗曼努斯的外孙。他的任期十分短暂。与他父亲一样，罗曼努斯二世也是个友善亲切的人，他很讨人喜欢，也很容易被操控。“他被那些属于年轻人的嗜好分了心，”执事利奥这样解释道，“并受到那些鼓励他这种行为的宫人的引诱……他们使这个年轻人耽于奢侈享乐，毁了他的高贵品格，诱使他放纵沉沦。”这里说的让他分心的人可能指的就是他的妻子狄奥法诺（Theophano），一个旅店老板的漂亮女儿，在他 18 岁那年让他一见难忘。[13]

在罗曼努斯二世统治的 4 年时间里，狄奥法诺和将军尼基弗鲁斯·福卡斯（一位职业军官，在发妻死后宣誓守贞，现在将全部精力投入军事征服中去）一同管理着帝国事务。这 4 年，拜占庭的情况很不错。尼基弗鲁斯·福卡斯的侄子约翰·司米斯基（John Tzimiskes）在他的身边充当副手，在约翰协助下，尼基弗鲁斯·福卡斯先是率领拜占庭海军夺回了克里特岛，接着又率领拜占庭陆军征服阿勒颇，重

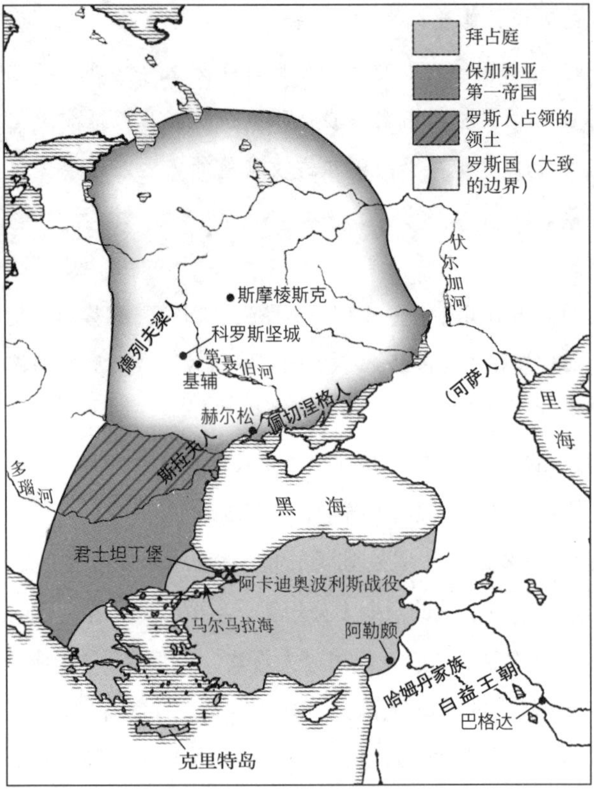

地科 36–1 罗斯与拜占庭

新收复了被阿拉伯人占领了数十年的领土。[14]

963 年 3 月，就在斯维亚托斯拉夫开始亲掌基辅罗斯统治权的同一年，年轻的罗曼努斯二世由于高烧不退而死。他死后留下两个儿子，巴西尔二世（5 岁）和君士坦丁八世（3 岁），他们都是共治皇帝，由皇太后狄奥法诺摄政。

此时狄奥法诺只有 20 多岁，她也不是特别受欢迎（当时有人，包括执事利奥在内，怀疑是她用毒芹下毒害死了自己丈夫），因此她很担心自己和孩子们的安全。当时尼基弗鲁斯·福卡斯将军正在从东方前线返回君士坦丁堡的途中，于是狄奥法诺派人送信给他，私下提出与其结盟，希望他能支持自己。[15]

狄奥法诺具体许诺了什么并不是特别清楚，毕竟尼基弗鲁斯·福卡斯比她年长近 30 岁，而且还发过那个棘手的为亡妻守贞的誓言。总之皇太后的来信鼓舞了尼基弗鲁斯·福卡斯称帝。7 月，他的军队在行军途中拥立他为皇帝，8 月，他抵达君士坦丁堡。牧首同意在圣索非亚大教堂为他加冕，条件是尼基弗鲁斯·福卡斯承诺永远不伤害那两个尚在学步的共治皇帝。于是，8 月 16 日，尼基弗鲁斯·福卡斯将军摇身一变，成了拜占庭的皇帝尼基弗鲁斯二世（Nikephoros II）。[16]

过了几个星期，他娶了狄奥法诺，这样狄奥法诺还是皇后，他则成为皇位继承人的继父。虽然与他们同一个时代的历史学家说他被她的美丽所蛊惑，但事实上他们的婚姻很可能只是一场交易，尼基弗鲁斯·福卡斯很可能遵守了他为前妻守贞的誓言。当然，在之后的几年中，他花在战场上的时间比在寝宫中多；他返回东方前线，继续与阿拉伯人作战，而狄奥法诺则与他的侄子兼副手、当时还不到 40 岁的时髦军官约翰·司米斯基展开了一场干柴烈火般的风流韵事。

尼基弗鲁斯·福卡斯终其一生都是个战士。他当上皇帝之后，并不把自己当成宗教信仰的守护者或管理帝国事务的行政长官，而把自己当成一名最高指挥官。他不能满足于仅守住边防，而是必须要开疆拓土才行。968 年，他雇用了基辅的斯维亚托斯拉夫及大约 5 万罗斯雇佣军，对保加尔人宣战。

斯维亚托斯拉夫刚摧毁了可萨帝国，保加利亚正是他下一个也是距离最近的重点目标。与尼基弗鲁斯·福卡斯一样，这位罗斯人领袖也是必须通过战斗才能实现统治的。他向多瑙河迈进，对保加尔人展开了一场惊天动地的进攻，最终将该国北部地区整个据为己有。保加利亚的彼得一世中风而死，留下儿子鲍里斯二世（Boris II）统治剩余的国土。

然后斯维亚托斯拉夫掉过头来与其雇主为敌，他派人给尼基弗鲁斯·福卡斯送了个信，“宣布自己打算向对方进军，占领他们的城市”。他是个天才的斗士，但不是个好的盟友。[17]

但尼基弗鲁斯·福卡斯还没来得及对付来自斯维亚托斯拉夫的威胁，就遇刺身亡了。

他在君士坦丁堡也保持着战士的习惯，睡在地板上而不是床上（尽管他也略微改善了点条件，在石头地面上铺上了豹皮和红色的毡布）。969 年 12 月 10 日晚上，当他正在豹皮上睡觉的时候，他的妻子狄奥法诺和侄子约翰·司米斯基带着从皇家卫队中挑选出来的几名护卫破门而入。执事利奥这样写道：

> 他们将他围在中间，跳到他身上，用脚踹他。尼基弗鲁斯被惊醒了，他用双臂护住头部，（一名宫廷侍卫）用剑向他猛刺过去。皇帝的伤处疼痛难忍（剑刺中了他的眉毛和眼皮，伤到了骨头，但没伤到脑子），他大声嘶喊道：“救命啊，噢圣母啊！”……约翰就坐在皇帝的床上，命令他们将皇帝拖到他面前来。他被拖了过来，俯伏着瘫倒在地上，约翰……一把抓住他的胡子，残忍地用力一扯，约翰的手下则残酷冷血地用剑柄使劲砸他的下巴，想将他的牙齿全部敲落。他们将他折磨够了

> 之后，约翰又一脚踢上他的胸膛，举起剑来，一剑刺向他的额间，同时命令其他人也来刺他。[18]

尼基弗鲁斯·福卡斯本来就已经越来越不得人心，因为他穷兵黩武，使人民缴税的负担越来越重。因此，约翰用了 7 天就说服了全城人民，让牧首给他加冕，接替叔父的位置。“在政府发生剧变时，通常会引起许多不安和动荡，”执事利奥对此惊叹不已，“但此时民间秩序良好，到处都风平浪静，只有皇帝尼基弗鲁斯本人和他的一名侍卫被杀，其他人全都连个巴掌也没挨着。”[19]

这次政变仅有的另外一个受害者是狄奥法诺。她本来还指望着能保住皇后的位子，没想到约翰立刻将她流放到了马尔马拉海中的一个岛上（不过他允许她的两个儿子留在宫中），又娶了“紫衣贵族君士坦丁”的一个女儿，这样一来，他就可以名正言顺地声称自己是帝国王朝中的一员（而不像他叔父那样）。

与此同时，基辅罗斯的斯维亚托斯拉夫已迫使保加利亚的鲍里斯二世与其结盟，两国联军越过了多瑙河，向君士坦丁堡逼近。约翰·司米斯基组织了一支守军，迎向敌军。两军于阿卡迪奥波利斯（Arcadiopolis）相遇，就在拜占庭国都君士坦丁堡西边约 97 千米的地方，罗斯人被击退。保加尔人本来就没有完全投入这次行动，于是就此打道回府，但约翰却在他们身后紧追不舍。他俘获了鲍里斯二世和他的兄弟兼继承人罗曼（Roman），并将此二人送回君士坦丁堡关押起来。然后他吞并了保加利亚。

但斯维亚托斯拉夫的下场比这更惨。在返回基辅的路上，他中了突厥游牧部落佩切涅格人的埋伏，并因此丧命。在他统治罗斯整整 27 年的时间里，他们一直彼此为敌。因此佩切涅格人的首领用他的头骨做了一个镶金酒杯，让所有的战士依次传递来饮酒。[20]

斯维亚托斯拉夫死后，他的儿子们对罗斯王位展开了争夺，最终胜出的是他的幼子弗拉基米尔（Vladimir），980 年他成为新的基辅罗斯之王。约翰·司米斯基于 976 年死于痢疾，狄奥法诺的儿子巴西尔二世和君士坦丁八世被加冕为君士坦丁堡的共治皇帝。于是，弗拉基米尔与这两位年轻的皇帝谈成了一项条约。根据该条约，罗斯人将与君士坦丁堡和平共处，并在需要的时候为拜占庭提供兵力支援；而作为回报，弗拉基米尔将迎娶拜占庭皇帝的妹妹安娜（Anna），并皈依基督教。

安娜对这个安排不怎么高兴，因为传说弗拉基米尔有 800 多个妻妾，遍布罗斯的各个村落，这样无论他走到哪里，身边至少都能有一个女人。但巴西尔二世，作为执政皇帝，说服她答应了这门亲事，他说她这是为上帝服务，因为如果不结这门亲，弗拉基米尔就不会同意受洗。[21]

安娜到赫尔松（Kherson）去与她的新丈夫见面，一同前往的还有她自己的神职人员，于是弗拉基米尔接受了洗礼："现在你娶她为妻，继承上帝的王国，成为和我们具有相同信仰的朋友。"巴西尔二世在信中对他的新妹夫这样写道。[22]

但是，让弗拉基米尔更感兴趣的还是俗世的王国。他觉得自己的国家需要有个一神论的宗教来帮助维持稳定，因为这样的宗教都有一个由教士和学者们组成的强大的内部网络。（根据《往年纪事》的记载，他曾研究过伊斯兰教，听说信伊斯兰教必须要戒酒，所以没有接受；而犹太教则要求行割礼，对这个要求他也不太满意。）他一回到国内，就下令让所有子民都跟他一样皈依新的宗教：

> 当弗拉基米尔大公回到都城的时候，他下令推倒所有的偶像……要么将其打碎，打不碎的就烧毁。然后，弗拉基米尔又派传令官向全城宣布：所有人，无论贫富，若是胆敢不去河边，就会引起大公的不快……次日，大公与安娜公主的教士和来自赫尔松的教士们一道前往第聂伯河，那里已经聚集了数不清的罗斯人。他们都下了河：有的站在水没脖子的地方，有的站在水没到胸口的地方，年纪较小的靠近河岸，有的怀里还抱着孩子，而成年人则涉水走到更远的地方。教士们站在河边，为他们祈祷。所有人都受洗之后，又各自回到自己的住处。

这次皈依是国家的决策，而不是一种出于信仰的行为，事关重大，所以不能让个人自行决定。[23]

弗拉基米尔下令修建教堂，创建了教区体系。他在全国各地划定教区，每个教区都由一名教士负责，他还建立了一套基督教教育体系。《往年纪事》中说："他把国内望族的孩子们带走，送他们去学习书本知识。这些孩子的母亲为此痛哭，因为她们的信仰还不坚定，就像死了孩子一样难过。"[24]

弗拉基米尔已将过去清除，将罗斯人的战士联盟转变成一个统一的国家。他缔造了一个全新的基督教罗斯国家，一个可以成为拜占庭正式盟友的国家，一个在西方众王国中占有一席之地的国家。

时间线 36

不列颠群岛	斯堪的纳维亚	拜占庭	保加利亚	罗斯人
			西美昂一世（893—927）	
长者爱德华（899—924）				
（苏格兰）君士坦丁二世（900—943）				
		罗斯人进攻君士坦丁堡（906）		
		亚历山大（912—913）		伊戈尔（912—945）
		紫衣贵族君士坦丁七世（913—959）		
（诺森布里亚）西特里克（921—927）		罗曼努斯·利卡潘努斯，主政的共治皇帝（920—944）		
埃塞尔斯坦（924—939）			彼得一世（927—969）	
（爱尔兰）奥拉夫三世（934—941）				
正义者埃德蒙（939—946）	（挪威）好人哈康（约 940—961）			
		紫衣贵族君士坦丁七世，唯一的皇帝（945—959）		奥尔加，摄政（945—963）
软脚埃德雷德（946—955）				
美男子埃德威（955—959）/ 埃德加（957—975）				
	（丹麦）蓝牙哈拉尔（约 958—约 987）	罗曼努斯二世（959—963）		
	（挪威）灰袍哈拉尔（961—970）	尼基弗鲁斯二世，主政的共治皇帝（963—969）		斯维亚托斯拉夫（963—972）
		约翰·司米斯基（969—976）	鲍里斯二世（969—971）	
埃德加加冕（973）		巴西尔二世，主政的共治皇帝（976—1025）		

时间线 36（续表）

不列颠群岛	斯堪的纳维亚	拜占庭	保加利亚	罗斯人
埃塞尔雷德二世（978—1013）				**弗拉基米尔**（980—1015）
	红发埃里克来到格陵兰（985）			
	（丹麦）**八字胡斯温**（987—1014）			
			撒母耳（997—1014）	
	（挪威）**八字胡斯温**（1000—1014）			
对丹麦人的屠杀（1002）				
（英格兰）**八字胡斯温**（1013—1014）				

/ 37

神圣罗马帝国皇帝

950 年至 996 年，德意志国王为上帝而战，他选定了一位新教皇，卡佩家族在西法兰克称王，在基督教影响所及之地，开始兴起“神赐和平”运动。

950 年，德意志王国的一个老冤家回来了。马札尔人已经 20 多年没来骚扰德意志王国了，但现在他们又开始袭击德意志南部地区。955 年，在两名军阀雷尔（Lél）和布尔茨（Bulcsu）的指挥下，一队马札尔人大军在莱希费尔德（Lechfeld）平原上安营扎寨，与奥格斯堡城（Augsburg）隔河相对。时隔 300 多年后，匈牙利教士凯扎的西蒙（Simon of Kéza）编写的史书《匈牙利纪事》（*Gesta Hungarorum*）一书，对这场战役进行了描述：他们“夜以继日地攻城”，动作轻快敏捷的骑兵则在城外四处劫掠。奥格斯堡城中的居民绝望地“派人送信给皇帝，恳求他来支援”。[1]

奥托一世已经注意到马札尔人的威胁日渐严重。于是他集结了一支全副武装的德意志骑兵部队，从乌尔姆的宫廷出发，以最快速度向奥格斯堡进军。“3 小时后，在暴雨中，他从天而降，”凯扎的西蒙写道，“迅速击溃了奥格斯堡城外的马札尔军队。”

后来有些关于莱希费尔德战役的故事流传下来，说是战后只有7名马札尔战士幸存。这是不可能的，不过德意志的攻击绝对是毁灭性的，他们将富有战斗经验的马札尔战士和军官几乎全部消灭。雷尔和布尔茨试图乘船沿多瑙河逃走，但德意志水军截住了他们的船只，将此二人捕获，并把他们带到奥托面前。奥托像对待其他重罪犯一样判了他们绞刑。[2]

这一战击垮了马札尔人，马札尔联军自此安生下来。自955年至10世纪末，马札尔人更加稳定地定居在喀尔巴阡盆地（Carpathian Basin），在这片由喀尔巴阡山脉环绕的平地上生活。虽然还是不能完全改掉抢劫邻居的习惯，但他们花在农耕养殖方面的时间更多了，而花在打仗上的时间则大大减少了。基督教的习俗和基督教的洗礼也开始从外面渗透到马札尔人中来。

莱希费尔德战役的胜利使奥托的臣民们——更不用说那些为他立传的史学家——相信上帝是站在他这边的。还在战场上的时候，他手下的士兵们就将他誉为上帝选定的基督教世界的领袖。他战胜了异教徒马札尔人，这使他们更加确信，神之恩宠就降临在奥托而非其他人身上；敌人的惨败已经毋庸置疑地证明了奥托统治的合法性。[3]

奥托已既是德意志国王，又是意大利领土之王，他是第一个同时拥有这两个头衔的人。4年前，在争夺北意大利统治权的一场激战之后，公爵们已经请求奥托戴上铁王冠了，现在他又成了德意志的救星和马札尔人的征服者。962年，教皇约翰十二世（John Ⅻ）顺应时势，加冕他为罗马人的皇帝奥托一世，此时这一头衔已经空置了将近40年。

地图 37–1　马札尔人与西方世界

皇帝这个头衔可不是白给的，作为交换，教皇要求奥托发誓："在没有获得您同意的情况下，我永远不会制定任何法律或规定来干涉您管辖之内或罗马人管辖之内的事务。所有属于圣彼得的土地，一旦被我得到，我将全部归还于您。"誓言中还十分详细精确地一一列出了这些土地的范围：罗马及其周围土地，拉韦纳及其港口，科西嘉岛，还有几十个村镇、要塞和城市，每一个都列出了名字。教皇不仅统治这些领土，还可以从中征收税赋。"我们确认您对这一切的所有权，"誓言最后总结道，"您将保留对它们的权利，保留其所有权和控制权，我们的任何继承人，在任何情况下，都不得从您那儿夺走任何上述行省、城市、乡镇、要塞、村庄、属地、领土、财产或税赋，或削弱您对它们的权力。”约翰十二世并不打算将神圣帝国的统治权授予奥托，除非他十分确定奥托不会用这个权力回过头来对付自己。[4]

奥托在某种程度上算是宣了这个誓：他派了个使臣代表他去宣誓。这样做虽然也有法律效力，但这表明奥托对此不怎么上心，因此约翰十二世感到有些不安。尽管他刚刚加冕了这位新皇帝，但他对奥托不断增长的权力疑虑重重，于是他决定采取谨慎的行动先发制人。他派使者去马札尔人那里，怂恿他们再次进攻德意志，以分散奥托的精力，使他无法全力建设帝国。

奥托听说了这次幕后谈判的消息，他怒不可遏，于963年挥师南下罗马。约翰十二世听说愤怒的皇帝就要来了，赶紧收拾行装，随身带着许多细软逃出城去。[5]

这样仍然无法平息奥托的怒气。因此，他一进罗马，就宣布废黜约翰十二世，然后自己做主，任命了新的教皇——利奥八世（Leo Ⅷ）。

以前的时候，决定由谁来当教皇并没有什么明确的固定程序：一般是由罗马城的高级教士们聚在一起讨论，直到大家达成一致，决定由谁来担任教会的下一任领袖为止。只要罗马人民不因此而暴动，他们就公开宣布这位候选人为下一任教皇。尽管之前“罗马人的皇帝”也会参与讨论，还有可能在选举出现分歧时出面干预，但总的来说，选举圣彼得的继承人，也就是教皇，一直都完全属于教会的内部事务。

而如今奥托却将这个任务接了过来，由自己这个俗世的国王一肩承担。

对他来说，这并不是什么特别背离常规的事情。在德意志和西法兰克这两个王国，神父由不担任圣职的平信徒来任命也是寻常之事，这种做法叫作“神权俗授”（lay investiture）。在这之前有几百年的时间，地主们习惯于在自己的地产上建造私人教堂，相当于古罗马的“家庭祭坛”（home altar），信仰基督教的哥特人或法兰克人会这样做也合情合理，因为他们住得离大城市太远了，无法定期去城里大一点的教堂或主教座堂。

这种私人教堂也让附近的村民和封臣使用，但建筑本身归地主所有——当然主持教堂日常事务的神父通常也由他来选择任命。做父亲的常会安排自己的小儿子当神父，而且这一职位常会变成世袭性质，向下一传就是好几代。[6]

在奥托之前的几个世纪，主教和地主们一直在争夺对这种教堂的控制权。但总的来说，还是那些修建教堂的家族拥有其控制权。这意味着神父的任命权可以被出售，或者当成礼物来换取人情。教士要是有钱，就可以贿赂地主，从而当上神父。教会当局对此十分不满［这种行为被称作买卖圣职罪（simony），因《新约》中有一个名叫西门（Simon）的魔术师试图从耶稣门徒的手中购买天赐的治愈能力而得名］。[7]而国王们在王室的领地上不仅修建教堂，还建修道院，并且像那些贵族地主一样，自行任命神父和修道院院长来管理这些地方——这种行为有蔓延到全国各地的趋势，而不仅仅限于国王自家所拥有的特定土地范围之内。因为在某种程度上，国王毕竟可以声称普天之下莫非王土，而不仅仅是王室的地产才归其所有。*

* 这是用了个简单的说法来描述当时十分复杂的形势发展状况。查理大帝和“虔诚者路易”时代通过了法令，让主教有权批准由平教徒做出的任何任命。但这种权利在后来的国王在位期间实行得不够充分，这种情况导致11世纪后期出现了授职权之争。相关论述请参阅：Uta-Renate Blumenthal, *The Investiture Controversy* (University of Pennsylvania Press, 1988)。

奥托也同样建了修道院，任命了修道院院长，还挑选了神父。问题是，他主要是在德意志做的这些事，因为他是那里的国王（虽然即使是在那里，关于谁有权任命德意志几个城市的主教，他和教皇约翰十二世之间也曾起过争执）。尽管奥托也是意大利的国王，但罗马是个教皇国，并不在他的管辖之下，因此他没有权力任命教皇。[8]

为了解决这个问题，他命令自己新选定的教皇利奥八世发布一个新的公告，利奥顺从地下令道："我，利奥，主教，上帝仆人们的仆人，与所有神职人员和罗马人民一道，运用我们的使徒权柄，向德意志国王奥托一世，以及他在意大利王国的历代继承人，永久授予选择教皇继承人的权力，以及任命教皇、大主教和主教的权力……他们皆应从他那里得到授权和圣职。"这位由皇帝挑选出来的教皇，完成了权力的循环：他授予了皇帝选择未来所有教皇的权力。[9]

现在，奥托一世声称自己拥有只属于皇帝一个人的、不可剥夺的选择基督教教会领袖的权力。如此一来，他就不仅仅是罗马人的皇帝，而是将自己的皇权扩展到了教会这个神圣的领域。他不再满足于只是派兵在教会周围站岗以保护其不受损害，他还打开了教堂的大门，并沿着走廊走到了圣坛的前面。

他已成为第一个神圣的皇帝。

将神圣的教会事务并入世俗的工作中来，这是一个走两步退一步的过程。奥托在罗马城待了三个月，但他前脚刚走，后脚约翰十二世就回来了，而且在多数罗马人的支持下，约翰还宣布利奥八世不是教皇，因此利奥所下达的谕令也是无效的。此时奥托尚未走远，于是他掉头返回罗马，约翰则再次逃出城去。

不过这次他再也没有回来。他在避难的村子里中风而死（有传言说他当时正与一名已婚妇女同床），死时还不到30岁。在德意志军队的帮助下，奥托的人——利奥八世——重新就任教皇。在他死后，奥托再次运用自己选择教皇的权柄，任命了另一个由他亲手选定的教皇——约翰十三世（John XIII）。[10]

就这样，权力再次在一个封闭的圈子里干脆利落地实现了交接。由奥托任命的约翰十三世同意加冕奥托的儿子兼继承人奥托二世（Otto Ⅱ）为共治皇帝，以确保皇帝之位的平稳传承。在此之前，帝位并不是世袭的。但奥托一手创建的王朝，其统治范围不仅包括德意志王国，也包括疆域不是那么具体的“神圣”罗马帝国。这两个国家现在都由奥托王朝或者叫萨克森王朝统治，它宣称自己是德意志的帝国王朝。

但在随后的几十年中，“德意志”和“帝国”这两点都受到了考验。973年，奥托一世死后，他的头衔马上传给了他18岁的儿子。奥托二世现在不经选举就成了德意志国王，没有加冕就成了罗马人的皇帝。[11]

然而，并不是所有的德意志贵族都愿意眼睁睁地看着他们古已有之的选举权就这样消失。于是奥托二世立刻就面临许多的叛乱，特别是在德意志南部的几个公国。反叛者中最麻烦的是他的堂兄、比他年长4岁的巴伐利亚公爵亨利二世（Henry Ⅱ，Duke of Bavavia）。亨利性格粗暴、咄咄逼人，这使他得到了“强辩者亨利”（Henry the Quarrelsome）的绰号。他看不出有什么理由不去游说别人推选自己当国王，以取代奥托二世。

奥托二世统治伊始，有7年时间都花在平息这些叛乱上面。到980年，他已经（使用武力）巩固了自己作为德意志国王的权力，迫使“强辩者亨利”流亡国外，并将部分巴伐利亚土地占为王室所有。然后，他决定用同样的方法继续巩固自己作为罗马人皇帝的权力。他计划军事侵入意大利，将仍然控制这个半岛的所有拜占庭残余势力全部赶走，以便把它牢牢地掌控在奥托王朝的单独统治之下。他宣布要以罗马皇帝之名，为意大利而战。他也不再满足于像前任那样被称作“罗马人的皇帝”（Emperor of the Romans，其臣民是古罗马文明残余的继承人），而是渴望成为罗马皇帝（Roman emperor）：完全帝国式的、完全基督教的，并且完全控制古罗马土地的皇帝。

根据当时的编年史家梅泽堡的蒂特马尔（Thietmar of Merseburg）的记载，奥托二世“出了名的体力过人，而且因此……倾向于鲁莽轻率”。他的精力和野心让他陷入了大麻烦，他试图征服却遭到了可怕的惨败。奥托二世在意大利转战3年，一次次败给仍然留在半岛上的拜占庭驻军。南部意大利从他的手中溜走，各公国纷纷脱离北部意大利王国，不再效忠。983年，奥托二世仍然宣称自己是罗马皇帝，仍然坚持作战，却在此时生病死在了罗马城，死时还不到30岁。[12]

他已经宣布自己年仅3岁的儿子奥托三世（Otto Ⅲ）为共治皇帝。但奥托二世本人也十分勉强地才守住了他的父亲留下来的头衔，那个婴儿奥托三世就更加无力保住自己的继承权了。教皇拒绝承认他为罗马皇帝，起兵叛乱的贵族“强辩者亨利”则正潜伏在德意志北部海岸，并且制订了计划，要从婴儿奥托三世手中夺走德意志王位。

他坚持认为，自己作为年幼的国王血缘最近的男性亲属，理应照顾奥托三世，管理他的事务。这事实上是合法的。奥托三世的母亲在意大利，她丈夫就死在那里，所以小男孩的临时监护人——毫无疑心的科隆大主教——就把这孩子交给了他的堂伯巴伐利亚公爵亨利二世。[13]

亨利二世立刻带着孩子南下萨克森，他的支持者都聚集在这里。小奥托被带到安全之处隐居下来，亨利二世的亲信则开始称呼他为国王和君主。到复活节那天，他们为他唱了赞美诗（laudes），这是唱给君主的正式颂歌。[14]

但德意志的其他贵族并不为其所动，他们坚持认为必须有奥托三世的同意，亨利二世才能自称国王。但是奥托三世还不会说话，所以搞不清楚他究竟是否同意。亨利二世提出，作为监护人，他可以替奥托三世发言，同意让自己成为国王，但这一提议也被驳回了。

亨利二世很快就明白了，如果他想当国王，就必须为此而战——但他怀疑自己是否有力量既对抗德意志那些反对他的贵族，又对抗已宣布站在奥托三世一边的西法兰克国王洛泰尔四世（Lothair Ⅳ）。于是，他同意谈判妥协。他要求将之前被奥托二世夺走的巴伐利亚公国还给自己，作为交换，他可以将小奥托还给他的母亲，由她来担任摄政。[15]交换完毕之后，奥托三世又成了德意志国王。权力世袭之路虽仍未扫清，但至少可以说已经取得了部分成功。

而在德意志以西的地方，权力的世代传承却突然停止了。986年，西法兰克那位曾准备为捍卫奥托三世的王位而战的洛泰尔四世与世长辞，将自己的王冠留给了儿子“懒王路易”（Louis the Sluggard）。像亨利二世的绰号一样，路易这个绰号也指出了他个性上的缺点。“懒王路易”只当了一年国王就死了——十有八九是被他自己那恨铁不成钢的母亲给毒死的。

与德意志的那些公爵一样，西法兰克的公爵们现在也坚持要按照传统由他们来选举统治者。国王家族几代君主都没有治国之才，因此公爵们拒绝再从这个家族的远亲中选拔一位来当国王，而是从另外一个家族中选了个人加冕为国王。这个人就是于格·卡佩（Hugh Capet），他是巴黎伯爵（Count of Paris）的儿子，是公爵们自己人的子弟。西方的加洛林王朝终于结束了，坐在国王宝座上的不再是查理大帝的血亲。

作为一个新的朝代——卡佩王朝——的首任国王，于格·卡佩统治的是一个古老的法兰克王国。王国的东部地区已经输给了德意志，东南的勃艮第和西北的诺曼底则已经独立。剩下的领土上流通着多种货币，使用着多种语言，还有许多一心想要独立的法兰克贵族。于格·卡佩统治得小心谨慎，因为他是由贵族们选举出来的，大家心照不宣的默契是他不能像独裁者那样行事。他将政府的首都定在自己的家乡巴黎，然后开始小心翼翼地试着把西法兰克拢在一起，多少增加点凝聚力。

可惜他的权力不够稳固，无法给国家带来和平。法兰克公爵之间私斗频繁，贵族私下压迫农民，人们因使用不同的语言或向不同的人效忠而发生武装争端，人们进行交易欠缺诚信，凡此种种，法兰克举国上下都是一片混乱。噩梦般的局面迫使富人雇用私人军队以保卫自己的财产安全。但穷人没有这样奢侈的条件，他们只能为比自己富裕的邻居服务，以换取其保护。这成为后来封建主义产生的根源。[16]

989年，基督教神父们在地处西法兰克中心的沙鲁（Charroux）的本笃会修道院集会，希望能解决这些问题。法兰克要挺过这一关，就必须有人挺身而出，熄灭在法兰克王权崩溃之后燃起的私斗火焰。神父们没有军队，没有金钱，也没有政治权力，但他们有权宣布关闭天堂之门。

于是现在他们就开始运用这个权力。他们宣布，战火不应殃及非战斗人员和单位，包括农民和教士、家庭和农庄。任何士兵，无论他是为谁而战，为私人或王室、法兰克或其他国家，若是胆敢抢劫教堂，都将被逐出教会；任何从穷人那里盗窃牲畜的士兵都将被逐出教会；如果教士身上没有佩剑，也没穿盔甲，那么任何袭击这位教士的人都将被逐出教会。在沙鲁颁发的这条谕令因为考虑到教士有可能同时也是士兵，所以谨慎地避免让武装的神职人员有免罪牌。[17]

在沙鲁举行的宗教会议是基督教教会首次有组织地尝试发布官方声明，以在战争中区分战斗人员与非战斗人员，这也是被称作“神赐和平、神谕休战”的集会运动所迈出的第一步。994 年，该运动又试探着向前迈出了第二步。当时教皇宣布，位于东法兰克的克吕尼修道院（Abbey of Cluny）将成为避难所。该修道院建于 910 年前后，是一座私人修道院，其创建者是阿基坦的“虔诚者威廉”（William the Pious），他在修道院的章程中赋予了修道院相当大的独立性。克吕尼修道院与其他私人修道院不同，是由教皇直接监管的。任何俗世的权贵人物都无权干涉其管理事务，就算是修道院的创建者及其家族成员也不行。克吕尼修道院（从理论上说）不需要服从任何政治主权，也不受任何地方主教的制约。因此，若在这里设置避难所，那么任何避难者，无论他在外面有多么不受欢迎，只要进了修道院的大门，就可以得到安全庇护。而克吕尼修道院本身则受沙鲁谕令的保护，可以免遭入侵、洗劫或烧毁的威胁，来犯者会被逐出教会。[18]

“神赐和平”运动不仅尝试厘清战争伦理的问题，它还是对世界的一种绝望的回应。在这个世界中，救赎的可能及基督教教会的使命与特定国王对领土的野心越来越有关系。将克吕尼修道院定为避难所，赋予了教皇在战争时期提供安全保护的终极权威，因为教皇继承了圣彼得的权力，可以决定天堂之门是打开还是关闭。

但这并不是一个完美的解决方案。

到 996 年，它有多么不完美就显示得很清楚了。这一年，德意志国王奥托三世年满 16 岁，意大利贵族同意承认他为意大利北部地区的国王。过去这里是伦巴第王国，现在则只称为意大利王国，它只占据了半岛的部分地区，附属于德意志王国。奥托三世刚将意大利王权握在手中，就立即任命他时年 24 岁的堂兄为教皇格列高利五世（Gregory V），这是第一位德意志教皇。新教皇则立刻将奥托加冕为“神圣罗马帝国皇帝”，让他充当教会的保护者与古罗马领土的统治者，以此来报答他的美意。

教皇与皇帝之间的共生关系加强了彼此的力量，仿佛又回到了奥托三世祖父的时代，这种权力的循环就是那时候发明出来的。但这种返祖现象严重打击了“神赐和平”的理想主义，因为教会只有独立于国家之外，才能在战争时期提供和平，让人避难；只有当其领导人与国王没有任何利益瓜葛的时候，一处避难所才能为他人提供庇护。

时间线 37

拜占庭	保加利亚	马札尔人	罗斯人	西法兰克	德意志	意大利	罗马皇帝
							普罗旺斯的路易（901—905）
						贝伦加尔（902—924）	
罗斯人进攻君士坦丁堡（906）							
		马札尔人毁灭摩拉维亚			奥格斯堡战役（910） **法兰克尼亚的康拉德**（911—918）		
亚历山大（912—913）			**伊戈尔**（912—945）				
紫衣贵族君士坦丁七世（913—959）							
罗曼努斯·利卡潘努斯，主政的共治皇帝（920—944）		**雷尔**（约920—955） **布尔茨**（?—955）			**捕鸟者亨利**（919—936）		
	彼得一世（927—969）						
					瑞亚德战役（933）		
					奥托一世（936—973）		
紫衣贵族君士坦丁七世，唯一的皇帝（945—959）			**奥尔加**，摄政（945—963）				
				洛泰尔四世（954—986）		**奥托一世**（951—973）	
					莱希费尔德战役（955）	教皇约翰十二世（955—963/964）	
罗曼努斯二世（959—963）							
							奥托一世（962—973）
尼基弗鲁斯二世，主政的共治皇帝（963—969）			**斯维亚托斯拉夫**（963—972）			教皇利奥八世（963/964—965） 教皇约翰十三世（965—972）	

时间线 37（续表）

拜占庭	保加利亚	马札尔人	罗斯人	西法兰克	德意志	意大利	罗马皇帝
约翰·司米斯基（969—976）	**鲍里斯二世**（969—971）						
						奥托二世，德意志和意大利国王及神圣罗马帝国皇帝（973—983）	
巴西尔二世，主政的共治皇帝（976—1025）							
			弗拉基米尔（980—1015）				
					奥托三世（983—1002）		
				懒王路易（986—987）			
				于格·卡佩（987—996）			
				“神赐和平”运动出现			
							奥托三世（996—1002）
						教皇格列高利五世（996—999）	

/38

艰苦的神圣战争

963年至1044年，阿尔普·特勤征服伊斯兰敌人，建立了伽色尼帝国；突厥人又征服伽色尼，建立了自己的王国；朱罗王国则以湿婆神的名义统治着印度南部。

伊斯兰的土地分裂了一次又一次。如今一位哈里发统治着科尔多瓦，另一位在北非，第三位具有阿拔斯血统的哈里发则在巴格达，完全处于白益王朝的控制之下；萨曼王朝在东部，新萨法尔王朝在南部，哈姆丹王朝则在地中海沿岸地区进行着统治；里海以南，齐亚尔王朝统治着一个背离伊斯兰教、重拾波斯帝国消亡前古老的琐罗亚斯德教的小王国。

此外还有突厥人：他们是以前东北游牧部族的后裔，被作为奴隶和士兵带到伊斯兰王国来，在这里逐渐翻身，影响力越来越大。他们没有头衔，但实力不凡。

963年，这些突厥人中有一位迈出了走向王冠的最后一步。阿尔普·特勤（Alp Tigin）曾是萨曼王朝埃米尔手下的一员勇将，是萨曼军队的最高将领。但962年萨曼埃米尔辞世，他也随之失宠。

于是，他不支持埃米尔最近的血亲（其兄弟曼苏尔），而是试图强令选举他自己的儿子登上萨曼埃米尔位。[1]

但他这次间接争权失败了，于是阿尔普·特勤在曼苏尔派出的杀手到来之前，离开萨曼都城，向东逃去。他来到开伯尔山口西南的伽色尼城（Ghazni），并将其征服。他在那里当上了国王，统治着一个微型的帝国，这个帝国只有一个城市那么大。

975年，阿尔普·特勤死后，他的女婿苏布克·特勤（Sebuk Tigin）和儿子阿布·伊沙克（Abu-Ishaq）一起控制了伽色尼城。两人之中，事实证明苏布克·特勤是位更加精明的政客。阿尔普·特勤当上个土皇帝就满足了，苏布克·特勤却充满野心，想要建立一个真正的、合法的帝国。他说服阿布·伊沙克和他一起来到西边阿尔普·特勤的宿敌萨曼埃米尔曼苏尔的朝廷。在那里，他们很有技巧地与对方谈成了和约。他们宣誓效忠曼苏尔以换取其对自己的承认：曼苏尔同意承认阿布·伊沙克为伽色尼的合法统治者，并指定由苏布克·特勤于阿布·伊沙克死后继承这一职位。

意料之中的是，阿布·伊沙克很快身死，苏布克·特勤就此成为得到萨曼王朝承认的伽色尼统治者。苏布克·特勤一上台，就攻克了曾经短时间内落入南部新萨法尔王朝手中的城池坎大哈（Kandahar）。他仍然宣誓效忠萨曼王朝，但如今他所统治的已不仅是一个城市，这片领土正在逐渐发展成一个独立的王国。这种发展令萨曼王朝忧心不已，但他们也有自己的麻烦。被称为喀喇汗王朝（Kara-Khanids）的北方突厥游牧民族已开始越过乌浒河，向南进入萨曼领土，抢夺萨曼人赖以生存的银矿。萨曼军队正忙着为银矿而战，没有多余的精力顾及苏布克·特勤。

但他的扩张也不是没人注意。他一攻占坎大哈，紧邻的印度国王——夏希王朝的贾亚帕拉（Jayapala of the Shahi）——就开始备战了。

夏希王国控制着开伯尔山口，这里曾经是一个佛教王国，都城是喀布尔。但 300 多年前，喀布尔就落入了穆斯林的手中，而那些佛教国王则在约 100 年前被一个印度教执政家族赶下了王位。现在的印度教国王贾亚帕拉以乌铎迦汉荼城为中心进行统治，他对伽色尼城发动了几次进攻，都不成功。作为报复，苏布克 · 特勤进攻了夏希王国的西部边境，将贾亚帕拉的部分领土夺走。贾亚帕拉被迫再次迁都，这回迁到了拉合尔（Lahore）。他虽然将国家的政治中心转移到拉合尔，但本人却还是留在乌铎迦汉荼，现在此处已靠近边境，处境十分凶险。[2]

萨曼王朝的注意力仍然被几件别的事情占据着：一方面是来自北方的袭击，另一方面则是西方白益王朝的日益强大。苏布克 · 特勤继续战斗。他夺取了喀布尔，又一路稳步向东征战，进入夏希领土。到 986 年的时候，贾亚帕拉已经十分清楚，一场全面战争已经不可避免。16 世纪的阿拉伯史书《阿克巴里史话》（*Tabaqat-i-Akbari*）中写道："看到自己的国家时刻遭受着不可估量的破坏和损失，他变得十分烦躁不安、伤心绝望，他只有拿起武器，除此之外别无选择。"[3]

他组建了一支大军——可能有 10 万人的规模，然后向东北进军，到喀布尔附近去与苏布克 · 特勤对战。"双方来到各自的边境线上，"《阿克巴里史话》这样写道，"两军相互进攻，彼此抵挡，战士们全力厮杀，直到地面被阵亡士兵的鲜血染红，双方兵将都精疲力竭，陷入绝望之中。"[4]

这场战斗双方都算不上获胜，但贾亚帕拉是首先撤退的一方。驱使苏布克 · 特勤一方坚持战斗的不仅有胜利的喜悦，还有宗教的

图 38–1 开伯尔山口

图片来源：Roger Wood/CORBIS

狂热，这一点是那些与他们对战的印度教士兵所不具备的。苏布克·特勤与他的穆斯林对手作战仅是出于野心，但在北印度，他能喊出更加响亮的战斗口号来鼓舞士兵。“他向印度教国家发起战争，”同时代的阿拉伯编年史家阿布·纳斯尔·乌特比（Abu Nasr al-Utbi）写道，“那里的居民普遍与伊斯兰教敌对，他们都是偶像崇拜者。他用剑伤的鲜血去浇灭偶像崇拜的火花……他承受着神圣战争的艰难困苦，矢志不渝，耐心地缓步前进。”[5]

面对敌人如此的宗教狂热，贾亚帕拉退而求和。他同意向敌人纳贡，率先撤退了。但他其实正在暗中重整旗鼓。因为正如乌特比所说："除非他决心抵抗，否则他的世袭王国将随风而逝。"因此贾亚帕拉一从自己的附属国和盟国集结好另一支军队，就撕毁和约，再次向敌人发起了进攻。

但贾亚帕拉又一次被打败了，这次战败的地方就在开伯尔山口西侧。苏布克·特勤对贾亚帕拉的食言感到十分恼怒，于是夺取了开伯尔山口，将其据为己有。他现在打通了通往北印度的道路，开始"向那个背信弃义的异教徒的国家前进，将其洗劫一空，付之一炬，还将孩童和牲畜作为战利品带走"。面对敌人的烧杀抢掠，贾亚帕拉只得东撤，他的王国也随之进一步缩小。[6]

苏布克·特勤死于 997 年，此时他所统治的领土已扩张到兴都库什山脉深处，形成了伽色尼帝国。一场短暂但激烈的内战之后，他的长子马哈茂德（Mahmud）夺取了王位。

然而马哈茂德获取的第一次大胜不是在北印度，而是远在王国的西侧。在那里，突厥的喀喇汗王朝骚扰萨曼王朝已有 20 余年。992 年，他们深入萨曼王国，甚至占领了萨曼都城布哈拉。但由于首领意外死亡，他们只得弃城撤退。后来，在新首领的带领下，他们再次一路攻至布哈拉，布哈拉城再次沦陷。这次他们在城里站住了脚。萨曼王朝年轻的埃米尔撤退到乌浒河以南。喀喇汗王朝将布哈拉周围的领土据为己有，而此地当时最强大的统治者，伽色尼王朝的马哈茂德，则将乌浒河以北剩余的萨曼领土纳入了自己的版图。

此刻，伽色尼帝国最强的对手就是贾亚帕拉。马哈茂德立下誓言，他每年都要入侵印度，直到印度北部的领土归他所有为止。1001 年 11 月 27 日，伽色尼的马哈茂德与贾亚帕拉的大军在开伯尔山口的另外一侧、靠近富楼沙（Peshawar）的地方相遇。这场恶战

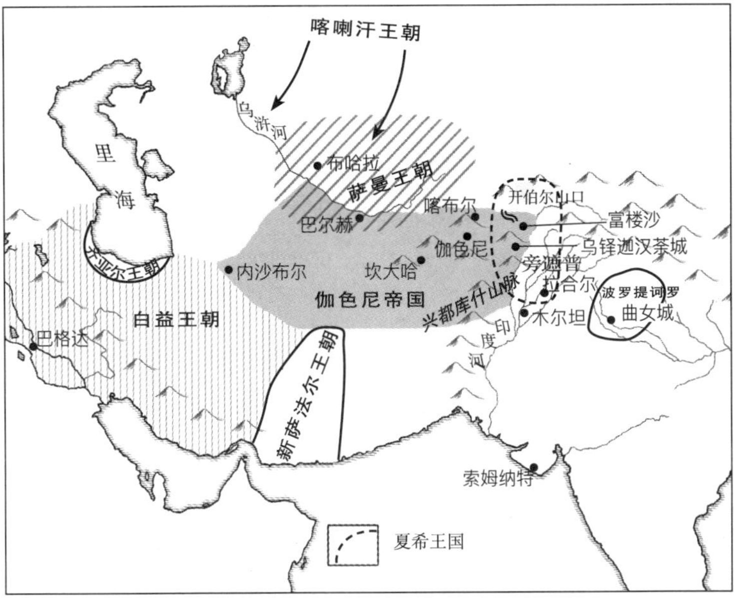

地图 38–1 伽色尼王朝的扩张

使双方军队再次遭受重创。“乌云滚滚，剑光像闪电般倏忽来去，”乌特比写道，“鲜血四溅，如同一颗颗流星划过天际。”[7]

贾亚帕拉丧失了斗志。他屡战屡败，从敌人面前一次次后退，他感到十分丢脸，陷入绝望之中。富楼沙战役之后不久，他为自己堆起一个火葬柴堆，然后站在上面，点火自焚。[8]

他的儿子阿南达帕拉（Anandapala）接替他组织抵抗。与他的父亲一样，他也同样竭力对抗持续进逼的入侵者，因此马哈茂德向印度河三角洲的推进异常缓慢，进两步就得退一步。但尽管十分费力，他还是稳步前进，越来越深入夏希的领土。到 1006 年，经过 5 年的浴血奋战，他终于进占了这块三角洲腹地。1009 年，他已占据旁遮普大部分地区。1015年前后，贾亚帕拉的儿子阿南达帕拉，最后一任夏希国王，被彻底赶出他的国土，就此消失在逃亡之路上。

而马哈茂德的征服名单还在继续拉长。1018年，马哈茂德甚至直接兵临曲女城城下，在那里，他将波罗提诃罗军队的残余兵力屠杀殆尽，并将波罗提诃罗国王逐出都城。在继续向东推进的途中，他的骑兵部队行动迅速、机动灵活，远非那些行动缓慢的步兵和象骑兵所能匹敌。[9]

现在，伽色尼军队的铁蹄已经踏遍印度西北的大部分地区。马哈茂德沿着被征服土地的外缘继续扩张。1025年，他对印度的征服达到顶峰：他来到了西海岸一个名叫索姆纳特（Somnath）的港口城镇，那里竖立着最著名的湿婆神神像之一，数十万信徒都来此祭拜神明。

伽色尼军队屠杀了成千上万的朝圣者，将湿婆神庙洗劫一空。马哈茂德亲自推倒了湿婆神像，砸碎了神像的头面肩膀，还命人将残像带回伽色尼。回到伽色尼，他将这座湿婆神的残像放在清真寺进门的台阶之下，好让穆斯林进寺之前在上面擦脚。他用尽一生建立帝国大厦，可以说是一路凯歌。现在，临近终点，他可以自豪地说他的那些胜利都是他的真主战胜了敌人所信奉的神。[10]

5年之后，马哈茂德死于疟疾，享年59岁。他的帝国已达到辉煌的顶点。东边的穆斯林领土分裂成几个独立的王国，其中任何一个王国，只要足够幸运，能有一名精力旺盛、寿命够长的将领领导，都有可能迅速成长壮大，但这样迅速成长起来的王国同样有可能迅速萎缩。马哈茂德花了33年的时间征服了印度，但在伽色尼王国的西部边界，另一个国度也已经开始扩张，为首的是一个名叫图格里勒·贝格（Toghril Beg）的战士。

喀喇汗王朝的肆意进攻已为突厥游牧民族赢得了一小块属于自

己的地方。1016年，年轻的首领图格里勒继承了他们那个部落的领导权。但这并不能使他对其他部落也享有什么权威。那时候突厥人对领主完全没有什么尊重，这使穆斯林旅行家伊本·法德兰感到十分震惊。几十年前他曾在突厥人的地盘游历，并赢得了一位强大的突厥首领的友谊，他本来以为这种关系可以保护他。可是，当他在平原上遇到另一个突厥首领时，法德兰以自己认识的那位突厥汗王的名义要求放行，结果却遭到了那人的嘲笑。“你说谁是可汗？”那人说，“什么狗屁可汗！”[11]

但地处乌浒河附近的那些突厥部落拥有自己的领土，而且他们四周都在穆斯林帝国治下，于是他们也开始逐渐吸取定居民族某些新的特点。图格里勒就像伟大的伽色尼统治者马哈茂德一样满怀着雄心壮志，他在取得部落的指挥权之后，就走上了一条征服之路。当马哈茂德在北印度建设他的帝国时，图格里勒正在乌浒河两岸建立他自己的王国。马哈茂德死后，图格里勒就开始攻打伽色尼西部的土地。到1038年，他已攻下伽色尼的内沙布尔城，将其据为己有。他在那里加冕为突厥人的苏丹。

其实事实并不完全如此，其他的突厥首领也在采取行动，他们还没有承认图格里勒是他们的霸主。但图格里勒肯定是目前为止取得最多胜利的突厥首领，他征服了伽色尼西部领土，这使他成为所有突厥首领中占有领土面积最大的一个。到1044年，图格里勒的手下已控制了山地以西的大部分领土；而伽色尼王国，这个起初建立在穆斯林土地上的穆斯林王朝，现在已缩小成只是印度北部的一个王国而已了。

在北方，湿婆神像已轰然倒塌；而在南方，湿婆神信徒的权力却变得越来越大。

朱罗王国的国王们全心敬奉湿婆神及其配偶女神，曾让大部分领土从他们的指缝间溜走。然而现在，与北方的伽色尼王朝一样，朱罗也有了一位豪情万丈的领袖。他就是罗阇罗阇一世（Rajaraja I）。他于985年坐上王位，开始率军收复南部地区。他消灭了南方的在一系列冒牌国王手下复兴的潘地亚王国；他打败了东遮娄其，使他们向自己称臣；他与强大的西遮娄其对战，迫使他们忙于守卫边境而无暇扩张；他还派人越过海峡前往僧伽罗。

西遮娄其的铭文指控朱罗军队残暴，说他们屠戮妇幼、残杀祭司、奸淫掳掠、无恶不作。但罗阇罗阇一世的无情征服，却使朱罗扳回了向前转动的王家命运之轮。“他在战斗中征服了甘加（Ganga）、卡林阿、万加（Vanga）、摩揭陀、阿拉塔（Aratta）、奥达（Odda）、索拉什特拉（Saurashtra）、遮娄其以及其他国家的国王，让他们效忠于他，”王家铭文中这样夸耀道，“罗阇罗阇一世光芒万丈，如同一轮冉冉升起的太阳……他统治着整个大地，河流从上面流淌而过。”[12]

他当然没有真的统治整个大地，但在30年鏖战之后，他控制了南部地区。为了纪念他的丰功伟绩，他在都城坦贾武尔附近修建了一座巨大的庙宇，这是一座湿婆神庙，庙里有300名僧侣专门敬奉湿婆神，另外他还花钱请了50名乐师专门唱圣歌。一座巨大的林伽（lingam）矗立在神庙中央，这是一根光滑的柱子，代表着湿婆包罗万象、超越一切的本质，它比北方那座被推倒的神像更加强大、更加神圣。墙壁上画着湿婆神进行征服和毁灭城市时的景象。[13]

罗阇罗阇一世的儿子兼主将罗贞陀罗一世（Rajendra Ⅰ）于1014年继承了他的王位，像父亲一样统治了30年左右的时间。在父亲的长期统治之后，又经过儿子同样长期的统治，朱罗完成了北方的伽色尼王朝未能达成的目标：在征服者死后，仍然保持对已征服土地的统治。像父亲一样，罗贞陀罗也是一个勇猛善战的斗士。他的铭文说他“让所有不与他亲近的国王全都化为灰烬，让他们的城池变成废墟，使他们的国家彻底覆灭”。[14]

罗贞陀罗的伟大成就还包括扬帆起航。他派遣商船东航大宋，船上满载着象牙、乳香、香木，以及重逾半吨的珍珠。他还派遣军舰穿越南部海峡，运送海军官兵登上僧伽罗岛。在那里，他宣称获取了“璀璨夺目的千足珍珠……潘地亚国王无瑕的象征”——正统潘地亚王室的王冠和王玺。大约100年前，潘地亚国王逃到这个岛上后将其遗留在此，罗湿陀罗拘陀王国的国王曾多方寻找，但没有找到。[15]

他接着开始了一段为期两年的长途跋涉，沿着印度次大陆的海岸一路前行，去往波罗王国的领土以及圣山吉罗娑，他自己的记录告诉我们：“湿婆神就在那里居住。”他已经得到了统治南部的象征之物，现在正向着神的居所，也就是统治北部的象征前进。“他的部队踩着由象群搭成的桥梁渡过河流，”关于他的编年史告诉我们，“其余的部队则步行渡河。因为在此期间，大象、战马和士兵都要用水，河水已经干涸了。”[16]

当他来到恒河岸边，等着迎接他的是波罗国王的军队。曾经十分强大的波罗王国已从顶峰跌落，国力萎缩，但在长寿国王摩醯波罗一世（Mahipala Ⅰ）的治下，国家重新开始发展壮大。此前摩醯波罗自己也正在享受征服的狂欢，他看到西北地区正忙着对付伽色尼的入侵，于是自己在东北部趁机重建波罗势力。

罗贞陀罗一世在恒河岸边与摩醯波罗对战，罗贞陀罗大获全胜。但他此时远离家乡，物资补给不足，无法乘势征服整个波罗王国。于是他率军越过波罗王国，穿过恒河三角洲，逼迫沿岸人民向其纳贡。

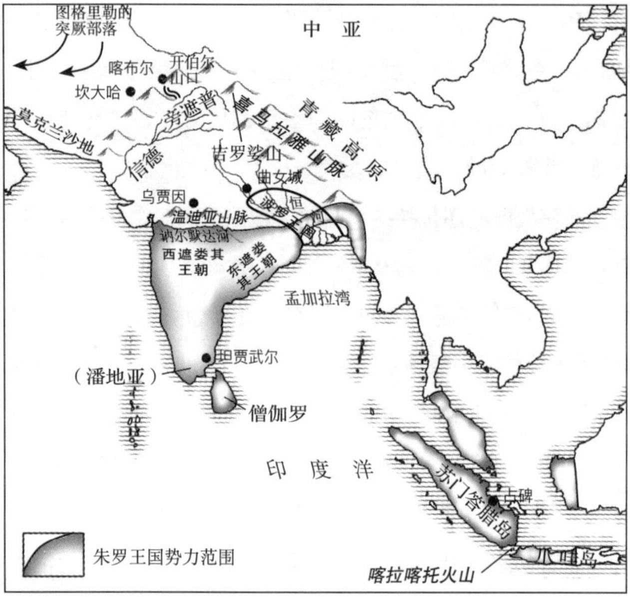

地图 38–2 朱罗王国影响的扩大

如果继续走陆路，他的军队就会更加远离朱罗腹地丰富的资源，波罗军队（或其他敌对势力）就很容易从后面包抄，从薄弱之处突破，将他们的战线切断。因此，罗贞陀罗断然率军折返，开始筹划海军远征。1025 年，计划开始实施，他的海军一路航行，越过孟加拉湾，在室利佛逝王国的海岸登陆。室利佛逝王国在爪哇岛和苏门答腊岛上称雄，控制着去往东南亚的航线。朱罗军队入侵该岛，从室利佛逝国王那里收取贡金，并夺取了海运航线的控制权。

1044 年，罗贞陀罗一世去世。他死后留下了一个南部帝国，向北和向东很远的地方都是其附属国。他的儿子，伟大的罗阇罗阇一世的孙子，罗阇帝罗阇一世（Rajadhiraja Ⅰ）十分顺利地继承了王

时间线 38

西法兰克	德意志	意大利	罗马皇帝	东方穆斯林王朝	印度
	捕鸟者亨利（919—936）			（萨曼王朝）**纳斯尔二世**（914—943）	（罗湿陀罗拘陀王国）**因陀罗三世**（914—929）
	瑞亚德战役（933）			白益王朝建立 **阿里·伊本·白益**（934—949）	
	奥托一世（936—973）				（罗湿陀罗拘陀王国）**克里希那三世**（939—967）
		奥托一世（951—973）			（朱罗王国）**犍陀罗阿迭多**（950—957）
洛泰尔四世（954—986）					
	莱希费尔德战役（955）	教皇约翰十二世（955—963/964）			
			奥托一世（962—973）	（萨曼王朝）**曼苏尔**（961—976）	
		教皇利奥八世（963/964—965）		（伽色尼）**阿尔普·特勤**（963—975）	
		教皇约翰十三世（965—972）			（夏希）**贾亚帕拉**（964—1001）
					（罗湿陀罗拘陀王国）**楠底伽**（967—972）
		奥托二世，德意志和意大利国王及神圣罗马帝国皇帝（973—983）		（伽色尼）**阿布·伊沙克**（975—977）	（罗湿陀罗拘陀王国）**因陀罗四世**（973—982）
				（伽色尼）**苏布克·特勤**（977—997）	
懒王路易（986—987）	**奥托三世**（983—1002）				（朱罗王国）**罗阇罗阇一世**（985—1014）
于格·卡佩（987—996）					
“神赐和平”运动出现					

时间线 38（续表）

西法兰克	德意志	意大利	罗马皇帝	东方穆斯林王朝	印度
		教皇格列高利五世（996—999）	**奥托三世**（996—1002）		（波罗王国）**摩醯波罗一世**（995—1043）
		教皇西尔维斯特二世（999—1003）		（伽色尼）**马哈茂德**（998—1030）	
	亨利二世（1002—1024）				（夏希）**阿南达帕拉**（1001—1015）
		教皇本笃八世（1012—1024）	**亨利二世**（1014—1024）		（朱罗王国）**罗贞陀罗一世**（1014—1044）
	康拉德二世（1024—1039）		**康拉德二世**（1027—1039）		
				图格里勒，苏丹（1038—1063）	
					（朱罗王国）**罗阇帝罗阇一世**（1044—1054）

位，没有发生任何混乱和争斗。以前南方的印度王国从未如此长久地统治过如此广阔的领土。南部长期以来持续分裂的状况已经结束。朱罗语、朱罗势力、朱罗习俗现已覆盖整个印度南部地区，而且正在越过孟加拉湾，传播到东南亚去。[17]

朱罗王国从被征服的城市以及与东南亚的贸易中积聚起来的财富，使得朱罗国王能够供养朝廷诗人和学者。在罗阇帝罗阇及其继任者的资助下，南部印度文坛繁花似锦。诗人蒂鲁塔卡德瓦尔（Tiruttakadevar）是朱罗的王室宗亲，他曾创作南印度一部最为经久不衰的史诗，讲述了王子耆婆（Jivaka）的故事。耆婆是个能征善战的斗士和将领，他赢得了一个王国，然后又心甘情愿地放弃了它。因为在胜利之中，他发现人类所有的成就都空虚莫名。[18]

/ 39

“保加尔人的屠夫”巴西尔

976 年至 1025 年，一位强硬的皇帝统治着君士坦丁堡，耶路撒冷的圣墓教堂被夷为平地，阿拔斯哈里发公然抨击法蒂玛王朝为异端。

司米斯基死于痢疾之后，18 岁的巴西尔二世继位成为君士坦丁堡的主政皇帝。他 16 岁的弟弟君士坦丁八世是共治皇帝，但执政权归巴西尔所有。君士坦丁八世大部分时间都在狩猎，偶尔会有一次外交使命打断他悠闲的生活。中世纪的传记作家米哈伊尔·普塞洛斯（Michael Psellus）告诉我们：“巴西尔总给人一种机敏、聪明、体贴的印象，而君士坦丁则显得冷漠、懒惰，只知道奢侈享乐。他们放弃共同执政的想法是很自然的事情。”[1]

巴西尔二世还在蹒跚学步的时候就已经被加冕为皇帝了。如今他第一次有了实权，需要处理的第一个麻烦事就是保加尔人的问题。约翰·司米斯基早已吞并了保加利亚，但他能够控制的只是保加利亚的东部地区。西部则有自由战士们为保加利亚的独立而战，为首的是兄弟四人，他们的名字都取自圣经，分别是大卫（David）、摩西（Moses）、亚伦（Aaron）和撒母耳（Samuel）。

他们要求释放被监禁的国王鲍里斯二世，前国王是与其兄弟兼继承人罗曼一起被约翰·司米斯基囚禁的。巴西尔二世怀疑四兄弟中的小弟，自由战士撒母耳，真正感兴趣的是保加利亚而非鲍里斯。他决定利用人类本能中的劣根性。于是，977 年，他释放了鲍里斯二世和罗曼。此时，保加利亚四兄弟中已有二人战死，撒母耳是抵抗运动的唯一领导人。巴西尔心想，如果王室家族真的回到了保加利亚，那么撒母耳就不得不承认王室只不过是他打出来的旗号而已。这样一来，就有可能爆发内战，独立运动也就难以为继了。

结果鲍里斯二世和罗曼先是按照计划回到了保加利亚西部，之后的事情进展得十分迅速：在边境上，有个士兵把他们拦了下来，他们还没来得及表明身份，士兵就杀死了鲍里斯二世。罗曼设法使那名士兵相信了他的身份，因而得以幸存。[2]

这样的结果正合撒母耳之意。鲍里斯二世要是活着，定会重登王位并自己统治，而罗曼则好对付得多。更好办的是，他还在囚禁期间受了宫刑，因此王室也不会再有新的后代了。于是撒母耳宣布罗曼为保加利亚国王，但是将权力都留在自己手中。这样的情景使人忍不住怀疑边境上发生的究竟是不是“意外”。[3]

巴西尔二世猜对了撒母耳的动机，却没有猜到结局。现在撒母耳开始向色雷斯前进，一路攻陷拜占庭的大城小镇。他还处死了自己仍然活着的最后一个哥哥。显然，他正在为自己最终成为“保加尔皇帝”而排兵布阵。

不幸的是，巴西尔二世被国内的麻烦事困住了手脚，因而无力反击。他有个名叫巴达斯·福卡斯（Bardas Phocas）的将领，此人有皇室的血统，是尼基弗鲁斯二世的侄子。福卡斯说服小亚细亚的军队拥立他为皇帝，是个可怕的对手。据米哈伊尔·普塞洛斯说，巴达斯·福卡斯认为生活对他不公，他“总是十分忧郁，异常警惕，能够预见一切不测……精通各种类型的攻城战、伏击战、阵地战，了解各种战略战术……他若出手，定是一招致命”。相比之下，巴西尔二世就差远了。“他刚留起了胡子，”普塞洛斯写道，“正在从实战中学习兵法。”[4]

当撒母耳按部就班地在西部边境攻城略地的时候，巴西尔二世却不得不在东部设法除掉巴达斯·福卡斯。他的战线拉得太长，无法对抗忠于福卡斯的小亚细亚军队，因此他向妹夫，刚刚皈依基督教的罗斯人基辅大公弗拉基米尔请求支援。弗拉基米尔给他派去了6000名罗斯士兵。普塞洛斯说：“派来的这些人都兵强马壮，是由弗拉基米尔单独编队训练的。”这些罗斯人虽然与拜占庭军队配合不好，不过他们自己单独作战时是十分骁勇善战的。[5]

989年4月，巴西尔二世率领他的拜占庭–罗斯联军，在克利索波利斯与巴达斯·福卡斯展开对战。人们似乎普遍认为就算巴西尔有罗斯人的支援，巴达斯·福卡斯也肯定会将其彻底击败。没想到当巴达斯·福卡斯率领部下冲向拜占庭皇帝的军队时，他不知是因为中风，还是因为中毒，突然落马而死了。他的军队随即四散溃逃。巴西尔的手下用剑将巴达斯·福卡斯的遗体碎尸万段，将他的首级割下给巴西尔带了回去。

年轻皇帝的皇位暂时安全了，不过据米哈伊尔·普塞洛斯所说，他自此之后性情大变：“他变得疑神疑鬼、桀骜不驯、遮遮掩掩的。”因为他发现，当皇帝就要始终保持警惕，对任何人都不能完全信任。

因此他决定不把那些罗斯战士送回国去，而是在征得弗拉基米尔的同意后，把他们留在了身边。就像阿拔斯王朝的哈里发一样，他现在觉得有必要找外国人来充当贴身护卫，因为这样的护卫不那么容易被谋反之徒拉拢。这支罗斯卫队后来被称为瓦兰吉卫队（Varangian Guard）。他们一直深受皇帝信任，为皇帝个人服务，在一个尔虞我诈的世界里成了皇帝最信赖的伙伴。

后来又有一个将领，即斯科勒洛斯（Skleros），接过了福卡斯反叛的旗帜，这使巴西尔二世对他自己人的看法更加难以扭转了。与福卡斯不同，斯科勒洛斯在争夺霸权的道路上并不准备一战决胜。他觉得最好是采用游击战术，不断骚扰敌人，避免投入正面战斗。巴西尔的道路运输被阻断，进出君士坦丁堡的货物被截获，皇室信使遭到伏击，军令被劫。年复一年，皇帝怎么也平息不了这场游击叛乱，因而导致他全面入侵保加利亚的计划一拖再拖。*

最后，巴西尔二世选择了比较务实的做法。他提出，如果斯科勒洛斯愿意解散部队、不争皇位、退隐乡野，他就让他坐上帝国的第二把交椅，并赦免他所有的支持者。斯科勒洛斯已经老了，此时他走路都不怎么灵便了，进出都靠护卫帮忙，因此他接受了皇帝的条件。

据米哈伊尔·普塞洛斯所说，巴西尔还向斯科勒洛斯这位身经百战的将领和成功叛乱的领袖请教，问他以后自己应当如何保卫国家、避免战乱。斯科勒洛斯据实以答，他说："处死那些过分自大的地方长官，别给出征的将领太多物资，向他们提的要求要苛刻一些，让他们连自己的事情都忙不过来……不要与任何人过于接近。对于你最详细的计划，知道的人越少越好。"[6]

---

* 斯科勒洛斯早先就领导过一次反叛，结果被赶到国外去了。当时领导镇压他的就是巴达斯·福卡斯，那时候福卡斯还没有谋反，仍然忠于皇帝。

这些忠告与巴西尔二世的想法不谋而合：要守住秘密、慎言慎行、掌握一切。当他转身面对来自外部的威胁时，他在国内事务上采取了独裁统治，独自站在权力的顶峰。“他独自推出新的措施，独自排兵布阵，”普塞洛斯这样写道，“至于国家内政，他处理的时候不是依照成文法的规定，而是按照自己的直觉行事……他严格控制自己所有的欲望，完全是个铮铮铁汉。”他整日作战，无论严寒酷暑，全年无休。米哈伊尔·普塞洛斯最后总结道：“他的抱负是将那些在东部和西部的帝国边境包围我们、围攻我们的野蛮人彻底清除。”他所有的愤怒，所有得不到忠诚的沮丧，都通过对敌作战而得到纾解。[7]

这些敌人在东部和西部都有。在保加利亚作战时，巴西尔二世的军队俘获了罗曼，将其押回君士坦丁堡。这对在保加利亚的战争几乎没有造成任何影响，说明了罗曼是（而且一直是）多么无关紧要。撒母耳已掌权几十年，仍然领导着保加利亚军队。然而，他一直等到罗曼在囚禁中死去之后才自己称王。撒母耳加冕为王，克鲁姆王朝随之宣告结束。

但现在巴西尔二世不得不将在保加利亚前线的战事留给他的将领们负责，这虽与他全盘控制一切的初衷不符，但现在东部边境迫切需要他在场，因为那里穆斯林的威胁再次变得严重起来，十分令人担忧。

这次的威胁不是来自使东部四分五裂的小王国，而是来自北非的法蒂玛王朝。自从几十年前马赫迪宣布他且只有他才是所有穆斯林的合法领袖以来，法蒂玛王朝的领土已从北非向东扩张了不少。到 969 年，法蒂玛王朝终于控制了埃及。在那里，法蒂玛哈里发穆伊兹（al-Muizz）下令在他的新领土上建设一座新的法蒂玛城市。他将哈里发宫搬到这个新的城市，并将该城命名为开罗（Cairo）。973年，法蒂玛的权力重心已大大偏向东部，开罗成了帝国的实际首都，同时法蒂玛哈里发也失去了对马格里布的北非部落的控制权。

法蒂玛军队由穆伊兹的儿子阿齐兹（al-Aziz）率领，越过红海进入阿拉伯半岛，夺取了圣城麦地那和麦加。然后法蒂玛士兵向阿拔斯王朝辖下的行省巴勒斯坦和叙利亚进军，并在一年惨烈的战斗之后，征服了这两个地方。

995 年，巴西尔二世开始反击。他率领大军向叙利亚推进，重新占领了一度落入法蒂玛军队手中的大部分土地。经过长达一年的征战，他仍未攻至耶路撒冷，该城仍在法蒂玛王朝的手中，这个失败的影响确实很大，但巴西尔对这样的结果也没有感到特别不快。996 年，阿齐兹死后，他 11 岁的儿子哈基姆（al-Hakim）继承哈里发位。巴西尔派人找哈基姆提议双方谈和。巴西尔已夺回大部分叙利亚领土，想要回去处理西部边界的战事了。

哈基姆和他的谋臣们同意签订和约。双方最终于 1001 年议定了和约的条款，东部边境自此安定了 10 年。巴西尔快马返回西部，继续与撒母耳作战。

但经过 4 年的艰苦奋战，双方各有进退，拜占庭军队的前线在撒母耳领土上的推进仍只刚刚过半。巴西尔二世认定，该停下来喘口气了。1005 年，他返回君士坦丁堡处理国内事务，让将领们戍守边境，而撒母耳则仍在西部为患。有几年的时间，保加利亚战争暂时被搁置起来。[8]

与此同时，年轻的法蒂玛哈里发哈基姆正在以自己的方式收紧他对帝国的统治。他是一个极为虔诚的人，希望为自己树立一个完美的穆斯林统治者的形象：公平公正、依法治国、严以律己、宽以

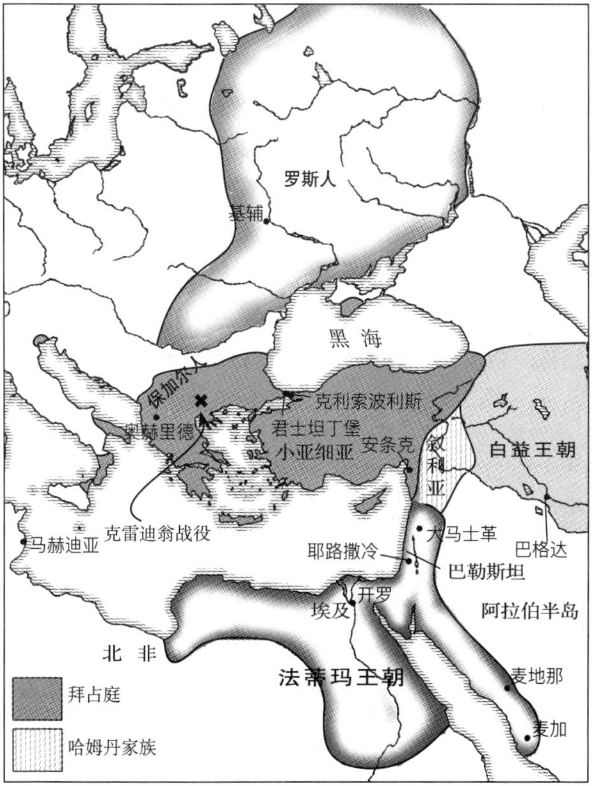

地图 39-1　法蒂玛王朝和拜占庭

待人。但也正是由于他虔信真主，所以他颁发的一系列法令，虽然从他自己的角度来看合理合法，但对许多居住在帝国境内的非穆斯林来说却十分严苛、毫无意义。他下令毁掉葡萄园，这样国内任何地方都无法酿酒了（因为穆斯林禁酒）；他下令开罗的妇女都留在家里，以确保自身的贞洁；他要求开罗的市场通宵点灯营业，以示其领土上绝对和平与安全，即使在黑暗中也是如此（这迫使商家整天都要见缝插针地找时间补眠）。[9]

和巴西尔二世一样，哈基姆也将王国内部的大小事务全都紧抓在自己的手中；在与拜占庭的 10 年和约期间，他越来越担心法蒂玛王朝境内的非穆斯林居民。1003 年，他下令拆除开罗城南的圣马可教堂（Church of St. Mark），将周围的犹太教和基督教墓地全部夷为平地，然后在原址上建起一座清真寺。在埃及全境，基督徒的土地被没收，十字架被毁坏，教堂被关闭。此外，为了阻止基督徒去耶路撒冷朝圣，哈基姆还下令摧毁君士坦丁修建的大型基督教建筑群，包括作为纪念耶稣复活的圣地、保护着耶稣之墓的圣墓教堂和耶稣在上面受十字架刑的小山各各他。巨大的石块被用斧头砍碎后，从城里搬了出去。[10]

上自君士坦丁堡牧首和罗马教皇，下至街上的行人，所有的基督徒对此都惊得目瞪口呆。但距离最近的基督教统治者巴西尔二世却拒绝立即采取报复行动，因为有和约在，他不能动武。而且他正准备重新点燃对保加尔人的战火，若是全面入侵法蒂玛王朝，此事就会占据他全部的注意力。

1011 年年初，情况愈加恶化，哈基姆下令毁坏耶路撒冷的犹太教会堂。巴西尔仍然拒绝介入，但东方的穆斯林利用哈基姆的行为谴责整个法蒂玛政权。巴格达的阿拔斯王朝推出了一项法令，以时任阿拔斯哈里发卡迪尔（al-Qadir）之名发布公告，正式（并且措辞激烈地）否认法蒂玛哈里发的合法性。在整个伊斯兰世界，所有的清真寺里都大声宣读了这份“巴格达宣言”（Baghdad Manifesto），它将法蒂玛和阿拔斯两个哈里发帝国的裂痕写进了法律。[11]

在东部闹得如此沸沸扬扬的时候，巴西尔二世正在西部率领着拜占庭军队对保加利亚边境展开最后的大举进攻。1014 年 7 月 29 日，两军在爱琴海以北的马其顿旧地克雷迪翁（Kleidion）附近相遇。

巴西尔二世之前做出的暂停战争，拒绝武力报复法蒂玛王朝的决定，使他得以重建军队，如今其军队战力惊人。而保加尔人则完全不堪一击。当时有一位历史学家声称，有 1.5 万名保加尔军人被俘，他们被带到获胜的巴西尔面前。

巴西尔二世绝不容忍任何背叛，他下令刺瞎每百名俘虏中 99 人的双眼。剩下一人则保留一只眼睛，好让他带领战友们回到一直留在都城奥赫里德（Ohrid）的撒母耳那里去。撒母耳征战近 40 年，已是廉颇老矣，看到自己的部队受此重刑，心脏病发作而死。[12]

失去了领袖的保加利亚，其抵抗力量变得软弱无力。之后 4 年间，保加利亚的贵族们开始相继臣服于巴西尔二世。1018 年，保加利亚再次被并入拜占庭的版图——这一次并入的土地更多，一直延伸到多瑙河。

与此同时，法蒂玛王朝的哈基姆已在不知不觉中失去了理智。1016 年，他宣布自己为真主的化身，并下令在周五祈祷中用他的名字取代真主安拉。此令一出，他的穆斯林臣民也加入了基督徒和犹太人的反抗行列中。哈基姆下令进行恶毒的报复。但 1021 年，全国陷入混乱之中，他只身匹马进入沙漠，从人们的视野中消失不见了。哈基姆当时 36 岁，他的继承人是他年幼的儿子，由他的妹妹辅佐。法蒂玛王朝在混乱中愈陷愈深。[13]

巴西尔二世并没有试图夺取东部的控制权。哈基姆失踪的时候他已经老了，他对保加尔人作战终生，这为他赢得了“保加尔人的屠夫巴西尔”（Basil the Bulgar-Slayes）的绰号。他死于 1025 年，享年 67 岁，他的皇位传给了弟弟君士坦丁八世。

君士坦丁此时也已经 65 岁了，无论是国内的叛乱，还是国外的

时间线 39

东方穆斯林王朝	印度	拜占庭	保加利亚	哈里发王朝	罗斯人
	（罗湿陀罗拘陀王国） **克里希那三世** （939—967）	**紫衣贵族君士坦丁七世，** 唯一的皇帝 （945—959）			**奥尔加，** 摄政 （945—963）
	（朱罗王国） **犍陀罗阿迭多** （950—957）				
				（法蒂玛王朝） **穆伊兹** （953—975）	
		罗曼努斯二世 （959—963）			
（萨曼王朝） **曼苏尔**（961—976）					
（伽色尼） **阿尔普·特勤** （963—975）	（夏希）**贾亚帕拉** （964—1001）	**尼基弗鲁斯二世，** 主政的共治皇帝 （963—969）			**斯维亚托斯拉夫** （963—972）
	（罗湿陀罗拘陀王国） **憍底伽**（967—972）	**约翰·司米斯基** （969—976）	**鲍里斯二世** （969—971）		
（伽色尼） **阿布·伊沙克** （975—977）	（罗湿陀罗拘陀王国） **因陀罗四世** （973—982）			（法蒂玛王朝） **阿齐兹** （975—996）	
（伽色尼） **苏布克·特勤** （977—997）		**巴西尔二世，** 主政的 共治皇帝 （976—1025）	**罗曼** （977—991）		
					弗拉基米尔 （980—1015）
	（朱罗王国） **罗阇罗阇一世** （985—1014）				
		瓦兰吉 卫队成立 （989）			
				（阿拔斯王朝） **卡迪尔** （991—1031）	
	（波罗王国） **摩醯波罗一世** （995—1043）				
				（法蒂玛王朝） **哈基姆** （996—1021）	

时间线 39（续表）

东方穆斯林王朝	印度	拜占庭	保加利亚	哈里发王朝	罗斯人
（伽色尼） **马哈茂德** （998—1030）			**撒母耳** （997—1014）		
	（夏希）**阿南达帕拉** （1001—1015）				
	（朱罗王国） **罗贞陀罗一世** （1014—1044）			巴格达宣言 （1011）	
		君士坦丁八世 （1025—1028）			
		佐伊 （1028—1050）			
		罗曼努斯三世 （1028—1034）			
图格里勒，苏丹 （1038—1063）					
	（朱罗王国） **罗阇帝罗阇一世** （1044—1054）				

麻烦，他一样都应付不了。巴西尔二世终其一生都在忙着扑灭叛乱，根本无暇娶妻生子，在他身后留下的是一个建立在鲜血之上的帝国，但没有继承人。

/ 40

捍卫天命

979 年至 1033 年，宋朝列位皇帝奋力证明自己乃天命所归。

在分裂的东方有三个帝国各据一方进行统治：一个是将七零八落的中原统一起来的宋朝；另一个是北方的契丹，他们从游牧部落转变为一个中国式的王国——辽国；还有一个就是朝鲜半岛的高丽。这三个国家都用武力实现了统一，但征服的冲动并没有就此停止。

979 年，宋太宗此时在位已有 3 年，他已完成了兄长宋太祖未能完成之事：他征服了中原最后一个顽强抵抗的小国——北汉。但他并不想就此住手，而是决定继续进攻辽国边境。

不幸的是，他的军队在幽州以西大败。这一场失利影响巨大，甚至危及宋太宗的皇位。早就有怀疑的阴云笼罩着他——许多军官都暗中议论说他的兄长死得太蹊跷了，准是让人给毒死的，还有人抗议宋太宗篡夺了前皇帝的儿子、也就是其亲侄子的皇位——但他吞并了北汉，这让那些反对者暂时闭上了嘴巴。[1]

但现在他打了败仗，于是抱怨声再起。宋朝的皇帝一直将他们自己与中国历史上那些伟大的帝王相提并论，宣称自己是天命所归，因此才能将分裂的中国重新统一起来。不过天命之说也有个坏处，因为它是有条件的，只有在统治者能够证明自己的确称职的时候才能拿出来用。若是统治者不称职，那么将其推翻就成了一种正义的、道德上的责任。

更难办的是用什么证据来证明一个皇帝的确拥有天命。天命是老天爷安排的，天命所归的皇帝必然正直勇武，定能克敌制胜。因此，事实上，拥有天命最有力的证据就是战场上的胜利。凯旋的皇帝自然无论自己的私生活是什么样子，都可以宣称自己品德高尚；而战败的皇帝虽然尽可以抗议说自己也是品性正直，但天命显然已离他而去。[2]

宋太宗在边境战败。他受了重伤，手下人不得不将他丢进一辆驴车，带他离开前线。这使他头顶上天命的光辉都随之暗淡了下来。他听到了军中的流言，知道手下这些军官随时有可能起来造反，他哥哥尚在人世的两个儿子都有可能被人拱上皇位，取代他的位置。回到都城开封之后，宋太宗与太祖的两位皇子中较年长的那位因事发生了争执，太宗怒斥了这位皇子，这位皇子随后便自刎而死了。

之后没过几年，太宗的幼侄和兄弟也都接连去世，而且太宗自己也拒绝再立太子。他的皇位太不稳固了，于是他试图再次攻辽以重树威信。至少有两位名将向他进言，说宋朝还不够强大，不足以消灭北方的敌人，他对此都不予理睬。[3]

第二次征辽起初还算顺利。986 年，宋军兵分 3 路，穿山越岭，突破了辽国的边境。年仅 10 余岁的辽国皇帝辽圣宗和为他摄政的萧太后都有些措手不及。辽圣宗认为宋军还会从水路发起进攻，因此

地图 40–1　宋辽并立形势图

他把军队一分为二，将其中一半派去了海边。面对兵力削弱的辽军，宋军迅速推进，在辽国西部一路攻城略地，深入腹地。后世的一位史家这样描写当时的情况：“辽亦岌岌乎殆哉！”[4]

但令人敬畏的萧太后富有战争头脑，她并不打算退缩。在她的指挥下，辽国将领佯装退兵，然后绕到宋军背后发起突袭，结果 3 路宋军皆败，他们被迫投降，武器和粮草都被辽军收缴为战利品。[5]

第二次战败之后，宋太宗之所以还能在皇位上稳坐，完全是因为他已经杀死了所有可能的对手。但他也被迫彻底放弃了再次夺回中国北方的念头。

相反，他将精力放回到统治自己的国家上来。他时刻担心国内会有人刺杀或背叛他，他对有人会篡夺皇位的恐惧，使他对任何具有皇室甚至宗室血统的官员都满怀戒心，他还有系统地将军官们的职权降得越来越低，给他们的权力也越来越少。他更愿意依赖那些普通人家出身，然后通过科举考试出仕的官员，因此出身士族不再有助于官员在仕途上平步青云。之前连续百年的战争已经使豪门士家深受重创，宋太宗在甄选擢升官员时对科举制度的依赖，又进一步削弱了士族子弟的地位。[6]

他多疑的本性促使中国诞生了一个新兴的阶层：在多年寒窗苦读之后经科举及第而步入仕途的职业官员。以前的士大夫是为读书而读书，而这些新的官员更加关心的却是如何答出皇帝想听的答案。他们之所以能做官，是因为他们掌握了特定的知识，然后在科举考试中鹦鹉学舌，讨得了皇帝的欢心。他们所受的教育全部按照特定标准进行，而且他们都忠于皇帝。凡是及第的学子，皇帝都会亲自接见，以此显示皇恩浩荡，其意在拉拢人心，以博取他们的忠诚。这些官员通常会被皇恩所慑，因为他们毕竟别无所长——既没有卓著的军功，又没有傲人的财富，也没有显赫的家世。但他们有能力，脑子快，唯皇命是从。

他们迅速填补了中国朝廷上大小官员的所有空缺。宋太宗愿意甄选擢升任何科举及第之人，因此大批学子为求取功名而上京赶考。977 年，有 5000 多名学子参加了科考；到 992 年，参加人数则超过了 1.7 万。[7]

997 年，宋太宗终于指定了皇位继承人，因为他觉得自己命不久矣了。他的长子已经疯了，二儿子也死了，因此他最终选择了三儿子。他的三儿子在父亲死后不久即登基称帝，是为宋真宗。新皇帝 29 岁，他一直最得宋太宗的宠爱，原因或许是他性格消极、随和、不好斗，因此不太可能提前夺取父亲的皇位。[8]

不幸的是，宋真宗这些品质对当皇帝都没有什么帮助，他所继承的这个帝国，国内有一个十分庞大而且还在持续膨胀的官僚体系，国外则有北方野心勃勃的邻国。辽国历年对大宋的袭击使得宋朝的北部地区恐慌日盛，因此宋真宗上任后的第一项重大举措，就是沿着宋辽边境修建了一系列的运河和塞防，沿河的城池均派精兵驻守，以防辽军入侵。辽国此时仍在辽圣宗的统治之下，但此时他已在位 15 年，久经历练，早不再是当年那个十几岁的男孩了。宋真宗本欲修筑一道坚固的屏障，但就在这道屏障接近完工时，辽国对南邻宋朝发动了最后一次大举进攻，他们冲破了这道尚未完工的防御工事，纵兵南下。[9]

宋真宗被打垮了。之前多年的袭击已导致宋朝士兵被杀、村庄被烧、农田被毁，尽管皇帝一次次派兵北上，但辽国的威胁始终未消。两国僵持不下。

1005 年，宋真宗同意签订了丧权辱国的和约。根据约定，辽国不再攻占宋朝的领土；两位皇帝尊重边境现状，不再在边境上修筑城防；宋朝皇帝对辽国统治者要以礼相待；宋朝每年向辽国纳绢 20 万匹、白银 10 万两。宋真宗告诉宋朝百姓说，给辽国的这些东西属于“礼金”；辽圣宗则对辽国人说，这些是来自臣属民族的岁贡。[10]

辽帝的措辞可能更接近事实的真相。宋算不上是辽的臣属，但当宋真宗同意签订澶渊之盟时，他也随之结束了大宋历史上的第一个时期。宋朝建国始于征服，现在征服时期结束了。宋真宗已将目光从国外转向国内，在对外关系上也不再执行听起来光荣、实际却无法预测其结果的征服政策，而是选择了更加保守、更有把握实现的和平共处。

在此之后的17年里时间，宋真宗投身国内事务。他的首要任务是确保让百姓知道天命并没有将他抛弃。他并没有完全被辽国打败，但显然也没有战胜他们，天命是否还在他这里，这件事仍然有待判定。

1008年，皇帝有了一个惊人的发现。他向群臣宣布自己做了一个梦，梦中有位神人对他说将会有天书降世。之后，有官员报告说宫中发现一条黄帛。皇帝认为这就是天书。天书上说赵宋受命于天，并赞扬真宗能以至孝至道继承帝业。[11]

宋朝百姓对这件事是否信服我们不得而知，但宋真宗尽管统治能力有限，在表演方面却禀赋不凡。他为这件事举行了一系列的祭祀朝拜活动，还立碑以示纪念。更重要的是，没有了战争的困扰，宋人的生活日益富裕舒适。几十年的时间里，人口就翻了一番，部分原因是宋真宗引进了一种新的稻米品种：他下令推广从东南亚传入的速生且抗旱的稻米种子，将其运到北方交给农民耕种。新品种的稻米生长十分迅速，一年熟两季，而且这种稻米抗旱性强，这意味着更靠北和更高处的土地都可以种植稻米了。[12]

1022年，宋真宗死后，他年幼的儿子即帝位，由太后摄政。新皇即为宋仁宗，登基11年后，太后死，他开始自己亲政。此时他23岁，此后30年的时间里，他所治理的国家变得越来越富饶。

没有大的战争要打，税赋就不用充作军费，而是可以用来修路、建屋、兴学、印书。对书籍的需求比以往任何时候都大。宋仁宗也像他的祖父一样，依靠科举考试的结果来选拔官员，这导致全国上下年轻人都需要购买典籍，发奋苦读，希望有朝一日能出仕做官。当时的人们已掌握了用活字印刷来印刷图书的技术，不再需要手工誊抄，这使得畅销书籍可以大量印制，书价也随之降低，普通学子都承担得起。[13]

雕版印刷术还有另一个用处。在此之前，中国在经济上流通使用的一直是沉重的金属货币，金属货币就算数量不大，携带起来也不够方便，更不用说数额巨大的时候了。宋朝发展出一套解决这个问题的办法：商人们将他们的金属货币存入由私人专门经营的“交子铺户”，交子铺户则给他们出具盖章的收据，然后他们使用这些收据去做买卖。宋仁宗急于鼓励贸易，他觉得这种做法很合理，因此也愿意提供协助：在他统治的早期，成都城里就设立了一个皇家机构，以固定的数量印制这种收据。版制的收据在中国宋朝的市场上流通，成为世界上最早出现的纸币。[14]

放弃战争本来是投降的行为，但澶渊之盟后宋朝得到的暂时和平却使国家得以走向富强。事实证明，只要人们能过上繁荣富足的生活，能吃饱肚子，一般就不会去怀疑皇帝是否乃天命所归——就算皇帝打了败仗也没关系。

时间线 40

拜占庭	保加利亚	哈里发王朝	罗斯人	五代十国	辽 / 契丹	高丽
						新罗并入 高丽（935）
				后唐灭亡 / 后晋建立 （936—947）		后百济并入 高丽（936）
紫衣贵族 **君士坦丁七世，** 唯一的皇帝 （945—959）			**奥尔加，** 摄政 （945—963）	后晋灭亡 / 后汉建立 （947—950）		
						光宗 （949—975）
		（法蒂玛王朝） **穆伊兹**（953—975）		后汉灭亡 / 后周建立 （951—960）	**穆宗** （951—969）	
罗曼努斯二世 （959—963）				后周灭亡 / 宋建立 （960—1279）		
				宋朝		
尼基弗鲁斯二世， 主政的共治皇帝 （963—969）			**斯维亚** **托斯拉夫** （963—972）	**太祖** （960—976）		
约翰·司米斯基（969—976）	**鲍里斯二世** （969—971）					
		（法蒂玛王朝） **阿齐兹**（975—996）		**太宗** （976—997）		**景宗** （975—981）
			弗拉基米尔 （980—1015）	宋统一中原 （979）		**成宗** （981—997）
					圣宗 （982—1031）	
瓦兰吉 卫队成立 （989）		（阿拔斯王朝） **卡迪尔** （991—1031）				
	撒母耳 （997—1014）	（法蒂玛王朝） **哈基姆** （996—1021）				**穆宗** （997—1009）
				澶渊之盟 （1005）		
		巴格达宣言 （1011）				**显宗** （1010—1031）
君士坦丁八世 （1025—1028）				**仁宗** （1022—1063）		

/ 41

发现新大陆

985 年至 1050 年，雷夫·埃里克森率开拓者来到北美，最大的玛雅城市崩溃，托尔特克人则在人间留下了天堂。

在遥远的西方，格陵兰岛这块小小的挪威殖民地正打算派自己的殖民者前往一片未知的土地。

“红发埃里克”的儿子，雷夫·埃里克森（Leif Ericsson），一直想要证实那个已流传了多年的传言：在更遥远的西方有大片美丽富饶、适宜居住的土地。985 年，挪威商人布亚尔尼·赫尔霍弗松（Bjarni Herjolfsson）回家之后发现他的父母在他外出经商期间已经移居格陵兰岛，因此他离开家乡去寻找他们。他之前从未坐船来过格陵兰海，而且船在航行途中又遇到大雾，海上还刮着北风，因此他迷失了方向。13 世纪的《格陵兰人萨迦》（*Saga of the Greenlanders*）中写道：“在好多天的时间里，他们都不知道自己身在何处。”当太阳终于出来时，他们发现自己身处一个陌生的海岸边，岸上树木丛生。布亚尔尼的船员们想要上岸，但船长不同意，他下令修正航线向东返航，最后他们终于看到了格陵兰岛的海岸。《格陵兰人萨迦》还补充说，当他向格陵兰岛上的居民提起他的旅程时，“许多人都认为他缺乏好奇心，因为他对那片土地是什么样子一无所知”。[1]

雷夫·埃里克森可不缺好奇心。他买下了布亚尔尼的船，装上了货，然后于1003年劝说当时已经50多岁的“红发埃里克”与他一道出发去西方探险。传奇的探险家埃里克并不想离家远航（《格陵兰人萨迦》中说，“他已经上了点儿年纪，不像以前那样能忍受寒冷潮湿了”），但他无法拒绝这个挑战。

就在父子二人骑马去港口准备登船的时候，埃里克的马绊了一跤，将他摔下马背，伤了他的脚。埃里克认为这不是个好兆头，就打道回府了，让他儿子自己指挥出海探险。

雷夫和船员们一直向西北航行，直到抵达巴芬岛（Baffin Island）南端，然后他们又沿着北美岛屿或半岛的海岸线一路向南航行。他给所到之地挨个取了名字：荒凉的巴芬岛被称作“荷鲁兰”（Helluland），意思是“石头很平的地方”；森林覆盖的拉布拉多（Labrador）被称作“马克兰”（Markland），意思是“森林覆盖的地方”；新斯科舍（Nova Scotia）被称作“文兰”（Vinland），意思是“有葡萄酒的地方”，因为探险者们发现那里长了许多葡萄，于是立即用来酿出了美酒。[2]

雷夫命令船员们在这块新发现的土地上搭建过冬的营地，以便在此处度过一年中最冷的几个月。* 但情况并不像他预期的那么严重。中世纪暖期（Medieval Climatic Anomaly）未过，北部地区仍然十分

---

* 探险家海尔格·英斯塔（Helge Ingstad）和考古学家安妮·英斯塔（Anne Ingstad）于1960年在兰塞奥兹牧草地（L'Anse aux Meadows）发现了雷夫他们营地的遗迹。参见：Helge Ingstad and Anne Stine Ingstad, *The Viking Discovery of America* (Checkmark Books, 2001)。

温暖。“湖里、河里都不缺鲑鱼，”《格陵兰人萨迦》中说，“这里的三文鱼比他们见过的都大。他们觉得这片土地太肥沃了，都不用给牲畜准备过冬的草料。温度从未降到冰点以下，青草也只是略微有些枯黄。”春回大地的时候，雷夫驾驶着满载原木、葡萄和酒的船只回到了家乡。“红发埃里克”在1004年去世之前，终于得以亲眼看到他最初向西探险所结出的迟来的果实。[3]

这块新发现的大陆显然还没有主人，岸边似乎是建立永久殖民地的理想地点。第二年，雷夫的兄弟索瓦德（Thorvald）又进行了一次探险，目的是找到完美的定居点。他带人住在雷夫建立的冬季营地，开始圈地耕种并标出边界。过了一年多，他们没看到任何“人或动物生活的痕迹”，只发现了一个盖粮食的木头盖子，不知被什么人留在了一座小岛上。

后来，在第二年的夏天，他们看到了那里的居民：有9个人，还有3艘包着兽皮的小船停在一个隐蔽的小水湾里。挪威人似乎压根就没想过用和平的方法处理问题，他们直接进入了征服模式。“9个人里他们捉住了8个，只有1个人驾船逃脱，”《格陵兰人萨迦》中这样说道，“他们把捉住的这8个人全部杀掉了。”

这立即招致了反击。当天晚上，大量兽皮船急速驶入距离挪威营地最近的水湾，一阵箭雨向挪威人射来，接着这些土著居民又迅速撤离了。挪威人在这场报复性的突袭中几乎毫发未伤——除了索瓦德，他腋下中箭，死了。他的人把他埋在他自己选定的农场上，然后就回到了家乡。[4]

三年以后，一个名叫托尔芬·克尔塞夫尼（Thorfinn Karlsefni）的挪威探险家从故乡抵达格陵兰岛海岸，他身家不凡、经验老到。过了几个星期，他宣称自己爱上了雷夫·埃里克森寡居的弟媳格瑞德（Gudrid）。雷夫现在是一家之主，他同意了这门亲事，托尔芬迎娶了格瑞德。

同年春天，夫妇二人决定再次前去西方探险。托尔芬雇了60名船员，船上还有5名妇女和大量牲畜。这一次，挪威人打算如果可以的话，就留在新大陆上。

他们十分顺利地抵达文兰，开始在那里搭建住处。新大陆就像之前的探险家们所说的那样肥沃，他们建起的木头房子里很快就堆满了葡萄、鱼、猎物和（碰巧搁浅在沙滩上的）鲸鱼的肉。他们来到这里不满一年，格瑞德就“生了个男孩，取名叫斯诺里（Snorri）”——这是第一个在北美出生的欧洲婴儿。[5]

不过生活在他们新家园上的土著居民现在已经提高了警惕，因此殖民者不久就开始修建栅栏，把自己武装起来准备战斗。双方爆发了些小规模冲突，也发生过一次以上导致人员死亡的大规模战斗。《格陵兰人萨迦》中没有对此进行详细描写，不过攻击的程度一定是严重令人担忧的，因为第二年，托尔芬就“宣布他不想再待下去，想回格陵兰岛了”。另外一则传奇故事中还提到，那些土著人有弩炮，装备精良，在进攻时还会“大声尖叫”。就是出于这个原因，格陵兰人称他们为“斯克林斯人”（Skraelings），意思就是“尖叫的人”。[6]

挪威传奇为我们留下了难得的记录，让我们能够对那些仅留下些实物遗迹的民族的世界产生一点了解——用人类学家爱丽丝·贝克·基欧（Alice Beck Kehoe）的话说：他们留下的是一段“没有文字记载的历史”。这些格陵兰人建立的定居点位于北美大陆的东北角上，这块陆地几千年以前或许就有人居住了，那时白令海峡还是一道连接北美和亚洲的大陆桥。有些来到北美北部地区的旅行者在冰雪覆盖的海岸边定居下来，他们在白令海峡东边建了个小镇，比格陵兰人抵达4800多千米外的对岸早了至少500年。考古学家将他们的文化定名为“伊皮尤塔克文化”（Ipiutak）。伊皮尤塔克地区建有600多座房屋，还有一大片公墓，城镇的遗址上散落着精致的象牙雕刻、刀柄和鱼叉。[7]

到公元1000年左右，从伊皮尤塔克的遗迹中发展出了另一种文化，这种文化迅速向东扩展到大陆另一边的海岸，考古学家将秉承这种文化的人称为“图勒人”（Thule），他们与其祖先的不同之处在于他们使用铁器而非石器。图勒人成功取代了已在北美海岸出现的文化：多塞特文化（Dorset），这个民族以捕猎海豹为生，面对入侵者，他们放弃了抵抗，逐渐湮没在历史中。对抗托尔芬他们的那些“斯克林斯人”可能是多塞特人，也可能是图勒人，或者两者兼而有之。[8]

我们知道这些部落有些什么建筑，使用什么武器，捕猎哪种动物，也大体了解他们如何生活，但我们对他们的故事、他们的历史或他们的雄心却一无所知。再往南去的那些部落情况也是如此。在雷夫·埃里克森生活的那个年代，霍普韦尔文化（Hopewell culture）已传遍如今俄亥俄州和伊利诺伊州的那片地区，它达到了顶峰，然后又衰落了。霍普韦尔的建设者们留下了大量的墓丘，每个墓丘的形状都是呈圆形或方形的几何图形，还有一座蜿蜒神秘的土木工程，高约1.5米，长300多米，形状就像一条正在吞食鸡蛋的蛇。

取代他们的是密西西比人（Mississippian peoples），他们建起了城市，位置比霍普韦尔人生活的地方靠南一些。这些城市中最大的一座是卡霍基亚（Cahokia），面积约有13平方千米，可能有3万人

图 41-1 霍普韦尔的蛇形墓丘

从空中俯瞰蛇形墓丘，其周围环绕的小径是现代修筑的。图片来源：Ohio Historical Society

住在里面。他们留下了大量墓丘、规划合理的街道和建筑遗迹，以及工具和雕像工艺品，还有墓地和殉葬坑——里面埋有 50 名年轻女性的遗体，她们显然是同时死去，是给一个大贵族陪葬的。[9]

再往西去，阿纳萨齐人（Anasazi）用黏土和沙子烧制土坯砖建造房屋。他们建造的联排住宅，有的多达 700 个房间，供数千人居住。阿纳萨齐人以捕猎和农耕为生，也采掘绿松石矿。他们的文明在公元 1100 年之前达到巅峰。[10]

这些北美土著居民的历史，以及其他数十个生活在这块大陆上的更小部落的历史仍然不为人知。考古学家将发现的碎片拼凑成万花筒，让我们能够对他们的日常生活瞥上一眼，但在历史学家的眼中，每个文明的故事主体已经丢失了。卡霍基亚的规模和中美洲的特奥蒂瓦坎城（Teotihuacan）一样大，人口和萨波特克的阿尔万山城一样多，统治者则与玛雅统治者一样强大。但由于他们没有文字记载的历史，所以我们对于他们的国王和王后叫什么名字、信奉何种神明、贵族与农民之间发生过哪些争斗，诸如此类，全都一无所知。*

在更加遥远的南方，在干旱、饥荒和混乱的长期寂静中，玛雅人和萨波特克人的编年史开始出现。这些编年史的一些零星碎片都是几百年后由西班牙征服者翻译之后才传下来的。虽然被翻译得七零八落，我们还是由此得知了那些国王和王后的名字，还有一些影影绰绰的细节，通过这个小小的窥视孔，我们模模糊糊地看到了一点中美洲遥远历史的影子。**

综合起来，我们从他们的编年史和城市的遗迹中可以看出，玛雅人再也没有恢复以前他们对两个大洲之间大陆桥的控制。南方的城市开始崩溃，部分原因是它们发展得过于繁荣了，人口爆炸导致街道上、田野里，以及边远的乡村里，到处都是一张张饥饿的嘴巴。玛雅农民被迫开垦所有能长庄稼的土地，边边角角都不放过。湿地

---

* 北美中世纪时期的历史大部分都是没有文字记载的“史前史”，不在本书讨论的范围之内。关于此间主要文化及其变迁的内容，参见 Stuart J. Fiedel, *Prehistory of the Americas* (Cambridge University Press, 1987)；此外，还有一本在考古证据方面技术性略强的书也很有价值，即 Guy E. Gibbon and Kenneth M. Ames, *Archaeology of Prehistoric Native America:An Encyclopedia* (Garland, 1998)。

** 自900年前后到西班牙征服期间中美洲文化蓬勃发展的时期被考古学家称为“后古典时代”（Post-Classic）。

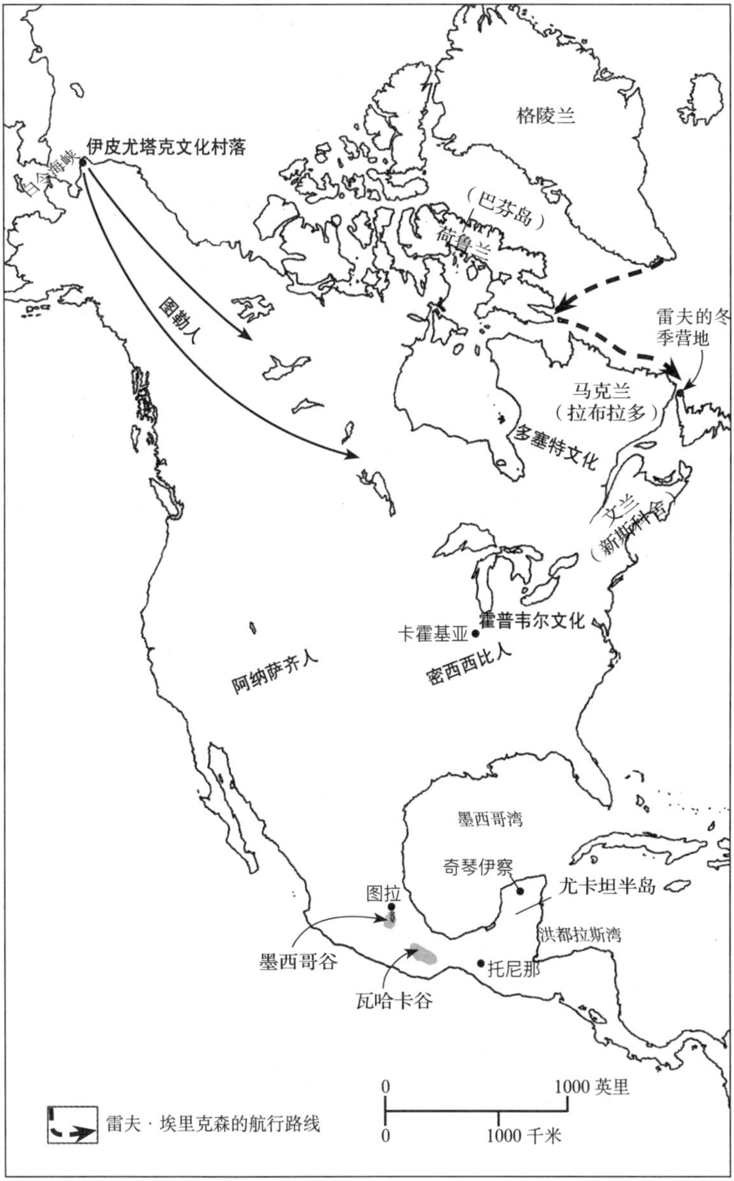

地图 41–1　美洲居民的生活区域

变成了菜园，冲积平原被开垦耕耘，森林被伐净烧光以开垦新的田地。粮食的产量尽管跟上了需求的增长，但只是勉强够吃，一年下来，剩不下一点存粮。[11]

若是一直风调雨顺，这种状况尚可维持，但 9 世纪中期的干旱一来临，玛雅人就开始挨饿了。在玛雅墓地进行的发掘结果显示，他们营养不良的迹象缓慢加重。成年人的骸骨越来越短小，许多都有生前患坏血病和贫血的迹象，幼童牙齿上的条纹也说明他们长期忍饥挨饿。[12]

贵族自己抢占食物应对饥荒，但到头来，无论贵族还是平民都被迫离开人满为患的城市，到外面另寻新的土地。城市中心人口流失，许多未完工的建筑烂尾了。南方的最后一个玛雅人历史遗迹建于 909 年 1 月 15 日，位于托尼那城（Tonina），就在墨西哥湾以南的一座山脊上。在此之后，玛雅人沉寂下来。还有力气迁移的人都搬到别处去了。有些人向东南方长途跋涉，在洪都拉斯湾（Gulf of Honduras）以南的高地上安顿下来，也有些人去了北方。考古发掘显示，由于难民涌入，北方人口激增，为了养活新来的人，人们在山坡上新开垦了一些梯田。[13]

他们身后留下的是一幅部落和民族混杂、融合，但也彼此争斗的破碎景象。瓦哈卡谷（Oaxaca Valley）中散布着一些村落，在这些村落中生活的米斯特克人（Mixtec）开始进入玛雅人腾出的土地。他们也开始占据曾经属于萨波特克人的土地和山谷，伟大的萨波特克城市阿尔万山的衰落并没有毁灭萨波特克文明，但萨波特克领土已经变成了一系列规模较小的居住区，每个地方的中心都是一个贵族或富裕农民的庄园，他们成为该处的实际统治者。这些居住区都很繁荣稳定，但也很容易被米斯特克人占据。[14]

随着老城市的崩溃，活力转移到了新的地点。在古老的特奥蒂瓦坎，废墟中仍然有人居住，但在其西北方向，图拉城（Tula）也开始发展起来。

新的民族涌入图拉城，该城坐落在距墨西哥湾海岸约 240 千米的高地上，他们可能来自南部现在被称为墨西哥谷（Valley of Mexico）的地方。新来的人在一个名叫托皮尔岑（Topiltzin）的王子带领下进入图拉城，他们引发了一系列事件，这成就了中美洲地区的亚瑟王传奇——这个基本的神话塑造了周边民族几百年的记忆和历史。*

在与托皮尔岑和图拉城有关的许多故事中，充斥着彼此矛盾的细节，这些故事传到我们耳边的时候有许多已是支离破碎，并不完整。但这些故事一致提到托皮尔岑成了图拉国王，终生都被当作神之子而被人崇拜。他的父亲据说是一位神圣的征服者，母亲是女神，托皮尔岑本人则被赋予“羽蛇神托皮尔岑”（Topiltzin Quetzalcoatl）的称号，是伟大的风与天空之神的大祭司及其俗世的化身。[15]

图拉城内有许多专做黑曜石生意的手艺人和商人。城市建筑面积超过 13 平方千米，城墙之内居住着约 3.5 万人。这座城市美丽、安全、富裕，这为它赢得了一个光荣的称号：中美洲的人们称之为“托兰”（Tollan），这个神秘的名字有天堂之意，在这里，人们所有的物质需要都能得到满足，还有神仙下凡来向市民传授各种工艺和技能。城中庙宇的墙壁上雕刻着美洲虎和雄鹰，它们的爪子抓着人类的心脏。在这里，人类的鲜血是神圣的，可以弥合宇宙的裂缝，

---

* 关于这两个神话精彩的全面比较可参见：H. B. Nicholson, *Topiltzin Quetzalcoatl* (University Press of Colorado, 2001)。

在庆典中常会用到。[16]

托皮尔岑统治图拉 10 余年，但在平静的表面之下也酝酿着波澜。他在城里有敌人。一个早期的故事告诉我们，托皮尔岑希望将和平带给图拉，因此坚持使用有翅动物和爬行动物代替人来用作祭祀，比如鹌鹑、蝴蝶、大蚱蜢和蛇等。但他遭到了恶魔的反对，此恶魔化身为一个名叫特斯卡特利波卡（Tezcatlipoca）的人，这个人反对停止活人献祭。这场围绕着是否要让人流血的斗争变得越来越残酷，到最后托皮尔岑决定永远离开图拉城。他自愿流亡，穿过乡村和田野，来到了海边。[17]

当托皮尔岑来到墨西哥湾的海岸时，发生了一些事情。有的故事中说托皮尔岑死了，他被悲伤和流亡击败，然后被他的追随者火葬了。但在许多其他故事中，他造了个木筏，驶入光明之中，终有一天，他将会从遥远的阳光照耀的地方回来，将图拉从敌人手中解救出来。

从故事的字里行间可以看出，图拉本地人与后来者之间的冲突有多么激烈。特斯卡特利波卡的抵抗，就是贵族在看到处于最高层的自己人被外来者取代后而采取的行动。但我们也能从中看出更多东西：这是让一座真正的城市与神秘的天堂相调和的尝试。图拉/托兰在中美洲的历史中是一个具有双重意义的存在。它是一座有真正的城墙并有人居住的城市，但它同时也是一座诸神降临尘世的神圣之城。城中的居民不称自己为图拉人，而是自称为“托尔特克人”（Toltecs），意思是圣城托兰的居民，是受神眷顾之人。他们告诉自己，自己能住在这样一个尘世天堂里是极为幸运的，这个城市的一砖一瓦都融合了神圣之美。

但作为一个有形的城市，图拉的繁荣只维持了不足百年。1050 年前后，大片城区被焚毁，金字塔被人挖开，许多礼制建筑被推倒。

图 41–2 奇琴伊察的骷髅头之墙

图片来源：Steve Winter/National Geographic/Getty Images

托尔特克人已不再是圣城的居民，但仍然坚持使用原来的族名，他们将城市的废墟留在身后，搬到其他的地方住下，有的去了附近的城市，也有的去了更远的南方，在那里与米斯特克人混居在一起。

至少有一支满腹雄心壮志的托尔特克人北上去了尤卡坦半岛。托皮尔岑和他的族人以前是作为外来者到图拉来的，现在这些逃离没落之城图拉的难民又闯入了尤卡坦规模最大、蒸蒸日上的中心城市奇琴伊察，并夺取了那里的统治权。这可不是件容易的事。在奇琴伊察的遗址上到处都是描述这场征服的浮雕和绘画，从中可见这样的景象：房屋失火，托尔特克人进攻城墙、围攻塔楼，他们在街道上横冲直撞，战败的俘虏则被用来祭祀神明。[18]

奇琴伊察当时已经是圣城了。来自中美洲各地的朝圣者前来参

时间线 41

五代十国	辽 / 契丹	高丽	斯堪的纳维亚	北美洲	中美洲
		新罗并入高丽（935）			玛雅城市衰败
后唐灭亡 / 后晋建立（936—947）		后百济并入高丽（936）			
			（挪威）**好人哈康**（约 940—961）		
后晋灭亡 / 后汉建立（947—950）		**光宗**（949—975）			米斯特克人迁移
后汉灭亡 / 后周建立（951—960）	**穆宗**（951—969）				
后周灭亡 / 宋建立（960—1279）			（丹麦）**蓝牙哈拉尔**（约 958—约 987）		（图拉）**托皮尔岑**
宋朝					
太祖（960—976）			（挪威）**灰袍哈拉尔**（961—970）		
太宗（976—997）					
宋统一中原（979）					
	圣宗（982—1031）		红发埃里克来到格陵兰（985）		
			（丹麦）**八字胡斯温**（987—1014）		
真宗（997—1022）					
			（挪威）**八字胡斯温**（1000—1014）		
				图勒人文化的发展 雷夫 · 埃里克森到达北美洲（1003）	
澶渊之盟（1005）					

时间线 41（续表）					
宋朝	辽/契丹	高丽	斯堪的纳维亚	北美洲	中美洲
				密西西比人文化的繁荣	
仁宗（1022—1063）					
					图拉陷落
					奇琴伊察被侵略
				阿纳萨齐人文化达到高峰	

观圣井，这是一个巨大的水洞，直径将近 60 米，深 30 多米。他们将供品扔进去，有木雕、珠宝、纪念品等，希望能得到神明的指引。整个城市一旦落入托尔特克人之手，俘虏也被当作祭品投入圣井之中。托尔特克人在圣井附近新修了一座供奉羽蛇神的庙宇，其墙壁上也装饰着以前装饰图拉城庙宇的那种吞噬人类心脏的鹰和美洲虎的图样。征服者还建造了一座骷髅头神庙（tzompantli），其平台上饰有雕刻的头骨，上面有一个陈列架，用来摆放用作祭品之人的真正的头骨。[19]

托皮尔岑的自愿流放使得以前的祭祀方式重新在图拉盛行。洒在城里神庙中的人血并没能保住人间天堂的安全，将和平使者赶出城去的武士和贵族自己也被迫流亡。但在新的家园，他们再次开始让鲜血流淌，希望这一次神圣的仪式能够阻止灾难发生。

/ 42

大分裂

1002年至1059年，神圣罗马帝国皇帝坚持主张自己有管理教会事务的权力，诺曼人入侵意大利，基督教东、西方教会永久分裂。

德意志国王兼神圣罗马帝国皇帝奥托三世的帝国计划遇到了一些意想不到的困难。奥托的印章上镌刻着“复兴罗马帝国”（Renovatio imperii Romanorum）的字样，此外还有查理曼的肖像和奥托本人的名字：这位年轻的皇帝打算复兴罗马帝国，他要踩着自己已成传说的祖先的足迹，重建一个基督教的罗马帝国。

但在奥托的复兴计划中，罗马本身却处于帝国的边缘。尽管他的印章上刻着“罗马”（Romanorum）两个字，但他心目中的罗马帝国，最重要的是其基督教性质，而不是与以前恺撒的帝国之间的联系。帝国的中心在德意志，而不在意大利，而且在他看来，教皇不过是他的御用神父而已，他说什么教皇就得听什么。[1]

正是出于这个原因，他任命了一个既是德意志人，又与他有血缘关系的教皇。选择格列高利五世（即奥托三世的堂兄布鲁诺）当教皇，对德意志王国的教士们来说似乎是相当明智的。“据说一名具有神圣美德的皇室子弟要继承圣彼得的职位当上教皇，这样的消息比黄金和宝石更加珍贵。”法兰克修士弗勒里的阿博（Abbo of Fleury）这样写道。但是罗马人对此感到十分愤怒——不仅仅是因为皇帝派了个外国人来领导他们的城市（虽然这已经够糟了），而且因为奥托明显不重视罗马。加冕之后只过了几个月，996 年 6 月，奥托就返回了德意志，不再理睬罗马这座永恒之城，而是将它留在了他的仆从手中。[2]

他毕竟只有 16 岁，他的宏伟计划设想得很不全面。他颁布了法令，任命了教皇，也处理好了自己的事务，看不出罗马人为什么如此愤怒。他刚刚安全地越过阿尔卑斯山，罗马元老院议员克莱申提乌斯（Crescentius）就纠集了一群愤愤不平的市民，将格列高利五世赶出城去，以此来发泄他们对奥托专横统治的怨恨。

格列高利逃到斯波莱托去避难，他向德意志派出信使，请求皇帝帮助。奥托三世并没有着急赶回去帮他的堂兄，他还有其他重要的事要做。直到 997 年 12 月中旬，他才动身南下，而且此时他也还是不紧不慢，依然临朝听政，半路上还驻足庆祝了圣诞节。当奥托三世抵达罗马时，已是 998 年 2 月中旬，格列高利五世已经流亡了 14 个月，克莱申提乌斯和罗马的教士们也早已选出了自己的新教皇。[3]

尽管罗马人出离愤怒，但只要往城外看上一眼，他们就知道自己是不可能击败德意志军队的。此事的元凶克莱申提乌斯将自己关在很久以前哈德良皇帝建在台伯河岸边的一座堡垒中，对立教皇约翰十六世（John XVI）则逃离了罗马城，于是罗马人打开了城门。

奥托三世领兵入城，在城里待了两个月，这给了格列高利五世充足的时间回到罗马，重新安顿下来。奥托将已断粮的克莱申提乌斯逼出堡垒，他的士兵则捉住了逃亡途中的新教皇。克莱申提乌斯和他的 12 个盟友被砍头，尸体被倒挂在罗马最高的山上。约翰十六世保住了性命，但遭到的虐待使他生不如死：他被剜去双眼，割掉鼻子和耳朵，然后倒骑毛驴穿过罗马的大街小巷。[4]

这种野蛮的行径是日耳曼式的，而不是基督教的，但在奥托看来，这种惩罚恰如其分。克莱申提乌斯是叛徒，约翰十六世则是异教徒，他们各自得到了应得的惩罚。藐视皇帝指导教会事务的权力，本质上就是反抗皇帝的统治，就是藐视皇帝成为西方基督教世界君主的伟大使命。

奥托三世很快就有了新的盟友来帮助他完成这一使命。格列高利五世在返回罗马之后，没过多久就突然殒命，其死因成谜。奥托已经离开了罗马，但听说格列高利的死讯后，他又匆忙赶回城去任命一位新的教皇。他选择了自己从前的老师吉尔伯特（Gerbert），现任拉韦纳大主教，这位主教已经表明态度，愿意配合皇帝，实现其雄心壮志。

吉尔伯特当上教皇之后，被称作“西尔维斯特二世”（Sylvester II）。这个名字并不是随便取的，西尔维斯特一世是君士坦丁大帝时代的罗马主教。尽管那位西尔维斯特在他 21 年的任期中并没做过什么重要的事情（他甚至没有参加尼西亚会议，而是派了两个神父代表他参加），但还是有许多关于他的伟大事迹流传下来。在他死后写就的《圣西尔维斯特行传》（*The Acts of Saint Sylvester*）中宣称，是他亲自使君士坦丁皈依基督教，并为其施洗的，也是他亲自从皇帝手中接受了“君士坦丁捐赠书”（Donation of Constantine，这本身就是个神话）。[5]

换句话说，正是西尔维斯特一世塑造了君士坦丁大帝的信仰，与他一道使罗马帝国成为基督教国家，并且创建了教皇国。事实上这些事情他可能一件也没有做，但这无关紧要。新教皇西尔维斯特二世也打算如此与皇帝密切合作，建立一个他们自己的神圣王国。

两人携手开始了他们让罗马帝国变成神圣罗马帝国的工程。他们的办法是将政治和神学的目标拧成一股绳。在对付马札尔人的时候，他们首次使用了这个策略。

莱希费尔德战役已经过去快半个世纪了。居住在喀尔巴阡盆地的马札尔人在大公格扎（Geza）的带领下，在从部落勇士联盟发展到国家这条漫长的道路上已经走完了四分之三，现在他们已经是匈牙利公国（Principality of Hungary）了。格扎同意受洗，这加快了他们发展为国家的脚步。无论他是否真心信仰他所宣誓效忠的信条，但他口称皈依基督教，这就使匈牙利得以确立其西方国家的身份，拥有完备的教区体系和大主教制度。

匈牙利现在由格扎的儿子伊什特万（Istuán）统治。他和父亲一样，为人所知的身份不是匈牙利国王，而是马札尔人的大公（Grand Prince of the Magyavs）。奥托三世和西尔维斯特二世计划将伊什特万作为一个基督教国王（以及东部一个能帮上忙的盟友）纳入神圣罗马帝国的体系中。因此，西尔维斯特二世以教皇的身份给伊什特万发去一封教谕。其开头是这样写的："西尔维斯特，主教，向伊什特万，匈牙利人的国王，致以问候和教皇的祝福……以万能的上帝和使徒之首圣彼得所授予的权力，我们自愿承认你的王冠与国王之名，并在神圣教会的保护之下，接受你向圣彼得呈献的王国。现在我们将它还给你和你的继承人，由你们持有、控制、统治和管理。"

授予伊什特万国王头衔的是教皇，而非皇帝。正常情况下，都是由皇帝出面承认一位新崛起的统治者的地位。不过这封信还是不动刀剑就明确了奥托三世和西尔维斯特二世对匈牙利人的统治权。教谕的结尾这样写道："你的继承人和继任者，应当充分服从我们，向我们学习，而且应当承认自己隶属于罗马教会。"[6]

不过伊什特万对此教谕的理解与其本意略有不同。在他看来，他作为一个基督教主权国家国王的独立性似乎是得到了承认。他接受了这封教谕，以及一同送来的饰有宝石的十字架，没有理会其中隐含的他不仅臣属于教皇，而且臣属于教皇的靠山奥托皇帝这一层意思。

新皈依的民族往往倾向于无视教皇的权威，但奥托三世和西尔维斯特二世二人所面临的困难并不只有这一个。就像当年不受欢迎的格列高利五世一样，西尔维斯特二世也不是罗马人。他是法兰克人，再加上奥托皇帝也在城里，结果罗马人发现统治自己的一个是法兰克人，另一个则是德意志人。因此，1001 年，罗马发生了骚乱。

奥托三世听从谋士们的建议，决定离开这座城市，因为他并没有将军队全部带来，担心骚乱会升级为无法控制的公开叛乱。他和西尔维斯特二世一起北上拉韦纳，奥托三世决定在那里集结部队，然后再回罗马去对付那些罗马人。但就在等着部队从德意志赶来的时候，他开始发起烧来。他的病情迅速恶化，他的随从们嘀咕着说，他可能是染上了"意大利绝症"。据他的传记作者蒂特马尔（Thietmar）描述，这是一种流行病，染上之后会导致"体内疼痛逐渐暴发"。1002 年 1 月，奥托三世病逝。他的手下将他带回亚琛，埋葬在查理曼的旁边。奥托三世终生未婚，因此没有留下继承人。他死时只有 22 岁，才刚刚成年。[7]

最终得到奥托三世帝国的是巴伐利亚的亨利（Henry of Bavaria），

他是“强辩者亨利”的儿子。奥托死后，德意志贵族几乎立即就选举他为国王亨利二世（Henry Ⅱ），意大利各城市起初拒绝承认其统治权，不过经过两年的战争之后，亨利二世平息了意大利的抵抗，在帕维亚加冕为意大利国王。10 年后，1014 年，当亨利二世证明自己能够胜任这两个王国的统治者之位后，他又被教皇本笃八世（Benedict VIII）加冕为神圣罗马帝国皇帝。*

奥托的印章上刻着“复兴罗马帝国”的字样，亨利二世的印章则宣示要“复兴法兰克帝国”（Renovatio regni Francorum）。对亨利来说，掩盖神圣罗马帝国德意志性质的那块薄纱已经完全是透明的了。神圣罗马帝国并不是过去那个罗马帝国，它是德意志帝国，其中心不在圣城罗马，而是在亨利自己的土地上。[8]

与他之前的几任皇帝一样，亨利二世依然遵循着“神权俗授”的原则（即国王虽然不在教会中担任圣职，却有权任命神职人员），以保证将帝国的权力集中在他自己的德意志圈子里。像奥托三世一样，他将管理教会和修道院的职位授予忠诚于他的人。也像奥托三世一样，他将教会当作皇帝的一个忠诚助手，而不是将其看作一个独立的势力。他管理教会人员的一个具体方法是坚决要求神职人员保持独身。因为神父一旦结婚生子，就容易将其地产和圣职代代相传，从而导致权力和财富世袭，对皇帝的依赖就会越来越少。而神父若没有子嗣，那么在他死后，他的职位就会回到当初将其授予他的人手中。

只要授出的职位将来还会回到他的掌握之中，只要他领土上的

---

* 1003 年，奥托三世死后又过了一年，西尔维斯特二世也死了，在他之后和 1012 年本笃八世当选教皇之前，还有另外三任短命的教皇［约翰十七世（John XVII）、约翰十八世（John XVIII）和塞吉阿斯四世（Sergius Ⅳ）］。

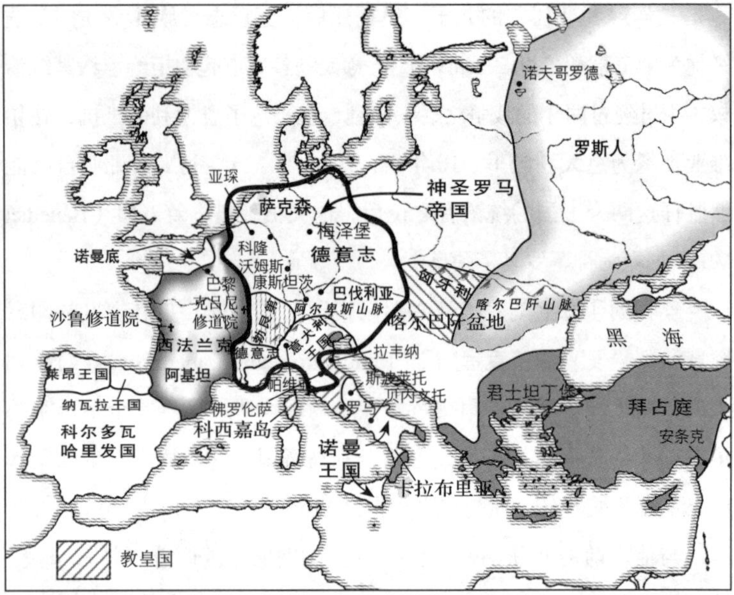

地图 42-1 神圣罗马帝国

教区能没有争议地接受他所任命的主教，亨利二世就愿意分派这些职位。有些教会拥有可以举行自由选举的特许状，亨利只要求他们加上“经皇帝许可”（salvo tamen regis sive imperatoris consensu）这几个字。这些教会当然可以自己挑选主教——只要皇帝认可他们自由选举的结果就可以。[9]

在亨利二世担任神圣罗马帝国皇帝的 10 年间，他平息了修道院之间的争吵，坚持让他自己的候选人从德意志主教的“自由选举”中受益，甚至还改变了礼拜仪式。当时他在罗马参加礼拜仪式，不能接受神父在做弥撒时并不总是重复《信经》（Creed）的做法，他坚持要求加上这一环节。[10]

在他统治期间，沃姆斯的主教是德意志神父布尔夏德（Burchard），这个人汇编了一部 20 卷本的教会法规集。其中有一条法规规定，任何反抗皇帝权力的人都将被逐出教会，因为皇帝的权力是上帝亲自赋予的。另一条法规则规定，任何世俗法律都不得违背上帝的法律，因为上帝的法律高于所有的皇家法律。这两条规定彼此矛盾，却没有任何解释。还有许多法规彼此存在类似的矛盾，它们要求既尊重国王的权威，又体现教会的地位高于一切，这种矛盾是无法解决的。神圣罗马帝国皇帝统治的时间越长，这些未解决的矛盾就越让人觉得刺眼。[11]

1024 年，亨利二世突然去世了。他已经结婚多年，但和妻子（查理曼远亲的后裔）没有子女，有传言说他们早就决定禁欲，其婚姻只是一种精神上的结合。无论这种说法是否属实，总之亨利的王朝——萨克森王朝——就此终结，德意志王国、意大利王国和神圣罗马帝国群龙无首。

于是，德意志贵族又从自己人中选出了一位新的皇帝——康拉德二世（Conrad Ⅱ），他是一个新的王朝——萨利安王朝（Salians）——的首任皇帝。像亨利二世一样，康拉德二世也是先成为德意志国王，然后不得不通过战争来维护自己在意大利的权力。到 1027 年，他已经控制了这两个王国，并于同年复活节加冕为神圣罗马帝国的皇帝。之后没过多久，他又将勃艮第和普罗旺斯这两个地区纳入自己统治的帝国之中。

他之所以能如此迅速地被加冕为皇帝，完全是因为教皇约翰十九世（John XIX）要拍他的马屁。约翰十九世是曾为亨利二世加冕的那位教皇本笃八世的兄弟，10 世纪的法兰克修士罗道尔夫·格拉贝（Rodulfus Glaber）告诉我们，本笃死后，约翰动用了他相当可观的个人财富来说服罗马人，使他成为下一任教皇。显然，他出的钱够多，足以弥补他实际上是个没有圣职的平信徒这个事实。结果在亨利二世的支持下，他在教会中一步登天，一下子就当上了教皇。[12]

他希望德意志和意大利的新国王能成为他的朋友和同盟，因此他立即邀请康拉德二世来罗马接受加冕。遗憾的是，康拉德对约翰的积极合作并不怎么在意，他泰然自若地接受了加冕，认为这是理所应当的。康拉德二世是个聪明人，也是名优秀的战士，但他是个文盲，对神学也不感兴趣，不怎么关心教会和国家关系中的那些微妙之处。对他来说，教皇就该执行他的命令，教会就该帮他实现他的目标。他要求主教和大主教服从于他，不能有任何疑问，如果他们胆敢反抗，他就会像对待一个反叛的士兵或朝臣那样对待他们：将其流放或者监禁。[13]

他就用这种方式进行统治，直到 1039 年一场惊厥在他 50 岁生日之前夺去他的性命。此时他早已加冕了自己的儿子“黑人亨利”（Henry the Black）为德意志和意大利的共治者，因此，康拉德二世死后，这个 22 岁的年轻人就继承了父亲两个国家的王位，他就是亨利三世（Henry Ⅲ）。

与康拉德不同，亨利是个有文化的统治者，他也很关心教会政治。康拉德虽然对神学上的微妙之处一窍不通，但他认识到了自己的不足，因此让儿子接受了自己从未接受过的教育，雇用了神父在文学、音乐和教会事务方面对儿子进行悉心教导。亨利三世的世界是他父亲无法想象的。在他的世界里，尘世的王国和上帝的王国同样可见，两者都真实而强大，这促使他采取行动。[14]

他最早的一个行动就是利用皇室权威促进“神赐和平、神谕休战”运动的开展。在过去的 40 年里，两次宗教会议放宽了和平与休战的条件。商人也加入农民、教士和农场主的行列，成为正式的非战斗人员，免受攻击。某些日子现已完全禁止战斗：在星期五、星期日、教会假日和 40 天大斋节中的任何一天，任何人都不许发动战争，否则就将被开除教籍。1041 年，亨利三世又下令，一年中的每个星期三晚上到下个星期一早上，德意志国内都要遵守“神赐和平”而休战。1043 年，他参加了在德意志康斯坦茨市（Constance）举行的宗教会议，亲自登坛讲道，恳求人民保持“几百年来前所未有的”和平。他还率先垂范，当场宽恕了自己所有的敌人，包括几个曾经试图叛乱的士瓦本贵族。[15]

康拉德二世曾经粗暴地干涉教会事务，来为自己提供方便。亨利三世却遵从教会的法规，学习神学知识，努力净化教会。但通过这些做法，他却成功地使教会更加服从皇权了。有一次，在罗马发生的一些事情严重伤害了他对神学的感情。花钱买来教皇宝座的约翰十九世是耽溺于尘世之人，他将教皇之位传给了他只有十几岁的侄子本笃九世（Benedict Ⅸ）。本笃九世在罗马当了 12 年的教皇，过着意大利纨绔子弟般的生活：饮酒、通奸，放纵享乐。康拉德二世可以接受本笃九世，因为这个年轻的教皇愿意在必要时将皇帝的敌人逐出教会，但罗马人民受够他了。1044 年，一伙武装暴徒将本笃九世赶出罗马城，并选定了一位主教来做自己的新教皇，他就是西尔维斯特三世（Sylvester Ⅲ）。

但本笃九世家世显赫，他的家族为他提供了武装人员，让他得以重返罗马。不到两个月，他就杀回城去，夺回了自己的教皇头衔，而西尔维斯特三世则逃往教皇国边缘的一个村庄，他在那里仍然自称教皇。

于是现在同时有两个教皇并存，而且本笃九世即将令局势变得更加复杂。他没有好好庆祝叛军溃逃，就提出要将教皇之位卖给他的教父——神父约翰·格拉提安（John Gratian），代价是400多千克白银。约翰·格拉提安交了钱，成了教皇格列高利六世（Gregory Ⅵ）。

但是本笃接着又改变了主意。显然，他原本是希望不当教皇，就可以结婚了，但他的恋人拒绝了他，另一个可能的原因是，他对排场和权力的眷恋比预想的更强，总之，他宣布自己要收回教皇之位。[16]

于是，1046年的时候，意大利共有三个教皇，没有一个是完全合法的。这种情况需要有人介入，但亨利三世当时还不是神圣罗马帝国的皇帝，他只是德意志和意大利王国的国王。不过他的世俗权力使他成了教会的主人，即使没有“教会的保护者与守卫者”这个称号也没关系。亨利三世进军罗马——“带着一支实力雄厚的大军”，中世纪的《罗马教皇列传》（*Pontificum Romanorum Vitae*）中这样记载道，他宣布教皇之位空悬，所有三个候选人都不合适。“他按照教规公正地审判了此案，”《罗马教皇列传》继续写道，“向主教们讲清楚整件事的对错，并宣判将三位教皇永久革出教门。”[17]

他接着选了一位新的教皇——一位“卓越的、神圣的、仁慈的教士”，克雷芒二世（Clement II）。新教皇在圣诞节那天登上宝座，天黑以前就加冕亨利三世为神圣罗马帝国的皇帝。罗马的普通市民和神职人员一起，授予亨利三世80年前教皇利奥八世曾授予亨利的前辈、第一任“神圣”皇帝奥托一世的权力：作为皇帝，亨利“有权任命教皇和主教……并且更进一步规定，所有的主教，都必须由国王亲自授圣职，然后才能就任”。[18]

亨利三世很关心教会的纯洁性，因此他自己控制了教会。正如在罗马的即席听证会中说明的那样，他在必要的时候还有将人革出教门的权力，也就是有向人开启或关闭天堂之门的权力。自教皇西尔维斯特二世以来，只过了几十年的时间，教会和皇帝之间的权力天平就已经大大向皇权倾斜了。

解决了意大利教会的麻烦，亨利三世又开始处理政治问题。

意大利南部长期受到一帮在名义上效忠皇帝的伯爵和公爵的控制，这里一直饱受诺曼人的侵扰。在过去的 20 年里，诺曼人的家乡一直处于混乱之中（人们为“诺曼底公爵”这个头衔展开了长期的争夺战），因此越来越多的诺曼探险家离开家园，向东流浪。诺曼雇佣兵已在意大利南部定居，他们被意大利贵族雇用，成为他们的私人武装力量，同时他们也为自己圈出了一块小小的独立领地。

亨利三世从罗马向南方看去，可以看到各方势力明争暗斗，全面战争随时有可能爆发。他没有挥师南下，试着将他们一个个全部征服，而是展开了一场和平的南巡之旅，在这些彼此征战的地区绕了一圈，把那些躁动不安的公爵、伯爵和雇佣兵挨个找来，让他们再次确认自己对皇帝的誓言。最强大的诺曼战士，奥特维尔的卓戈（Drogo of Hauteville），同意向皇帝投诚，以换取一个正式的头衔：意大利公爵与统治者、阿普利亚和卡拉布里亚的全体诺曼人的伯爵（Duke and Master of Italy, Count of the Normans of all Apulia and Calabria）。*

如此一来，在意大利南部实际上建立了一个诺曼人的国家，而且亨利三世也不必卷入一场漫长且具有破坏性的战争。但事实证明他这个办法只是暂时解决了问题。他回到德意志之后，几乎立刻就另有一个诺曼冒险家抵达了意大利南部海岸。他名叫罗伯特·吉斯

---

* 卓戈从哥哥“铁臂威廉”（William Ironarm）手中继承了对阿普利亚的统治权。最先征服这片领土并将其置于诺曼人的统治之下的就是“铁臂威廉”。

卡尔（Robert Guiscard），是卓戈同父异母的弟弟，他又狡猾又有野心，这为他赢得了“狐狸罗伯特”（Robert the Fox）的绰号。

卓戈并不打算与这位同父异母的弟弟分享自己新得到的领土。他有一个大家庭——卓戈的父亲坦克雷德（Tancred）结过两次婚，一共生了12个儿子——而且卓戈已经将一支小部队和继承自己头衔的权利授予了另一个弟弟汉弗莱（Humphrey）。不过他还是将自己王国西部边缘的一座城堡送给了“狐狸罗伯特”，罗伯特则开始以此处为据点，通过一系列激烈的战斗，努力打向意大利靴形版图的靴尖处。“他事业的起点伴随着流血和杀戮。”12世纪的历史学家安娜・科穆宁娜（Anna Comnena）这样写道。[19]

诺曼人所有这些侵略行为激起了意大利南部的非诺曼人对罗伯特及其兄弟们的极大仇恨。但是亨利三世远在德意志北部，因此意大利南部人民只能向罗马教皇抱怨他们的诺曼统治者是如何的野蛮残暴。

克雷芒二世上任不到一年就死了，现在坐在教皇宝座上的是利奥九世（Leo Ⅸ），他是亨利三世的族兄。* 虽然利奥九世是由自己的族亲任命的，但他是一个思想进步的人。他拒绝接受教皇职位，直到罗马人民表示认可他。用诺曼编年史家阿普利亚的威廉（William of Apulia）的话来说，利奥九世是个“令人钦佩的人”，他广受爱戴、德高望重，他耐心地劝服了卓戈发誓停止在南方的掠夺和征服。[20]

但卓戈的誓言来得太晚了，南部的民众已经在策划造反，并于1051年付诸实施。卓戈在去教堂的路上被刺身亡，噩耗传到了罗

---

* 在克雷芒二世和利奥九世之间还有两个任期很短的教皇。克雷芒死后，本笃九世第三次登上教皇宝座，但时间很短（1047—1048）；1048年7月，他就被亨利三世任命的下一任教皇达马苏二世（Damasus II）赶下了台，但两个月后达马苏就死于疟疾，于是亨利又任命利奥九世接替他成为教皇。

马。根据本笃会修士马拉泰拉（Malaterra）的记载：“阿普利亚人向教皇利奥九世派来密使，恳请他率军前往阿普利亚，声称……他们会亲自帮助他，诺曼人十分懦弱，他们的力量已经衰微，人数也很少……皇帝派出德意志军队对他施以援手，他进入阿普利亚，相信自己能得到伦巴第人的援助。”[21]

皇帝十分关心教会的纯洁性，他已经成为教皇的主人。现在这位思想进步的教皇已成为皇帝军队的首领。利奥九世骑在马上来到福尔托雷河（Fortore），身后跟着整支帝国大军。在那里，他们与南部的诺曼人遭遇，对方的统帅是卓戈的两个弟弟“狐狸罗伯特”和汉弗莱。

在随后进行的战役中，反诺曼势力被击退，四处溃散。罗伯特·吉斯卡尔战斗起来尤其凶猛。“他用长矛刺向敌人，用剑砍下他们的头颅，”阿普利亚的威廉这样写道，“……他三次被击落下马，三次又都重新上马，然后更加勇猛地投入战斗……他用剑砍断敌人的手足，从尸体上割下头颅，用长矛刺穿他们的胸膛，将那些已被砍头的尸体钉在地上。”[22]

利奥九世逃入附近的一座堡垒，将自己关在里面，躲避诺曼人的围攻。最后，他被迫投降。但汉弗莱和“狐狸罗伯特”这两个诺曼兄弟十分精明，他们没有杀掉教皇，因为如果他们这样做了，会让自己的一些追随者都转而反对他们。于是，他们将利奥九世关在贝内文托，对他以礼相待，结果就在那里，在诺曼卫兵的包围之下，利奥九世被迫以教皇的名义正式承认他们为南部的统治者。

此事影响深远。君士坦丁堡的牧首仍然宣称自己是意大利南部拜占庭旧土的精神领袖，因此看到利奥九世认为自己可以将南部的公国掌握在股掌之间，牧首感到十分恼怒。他重新激化了东西基督教会之间本来就不曾间断的一系列神学争论，然后宣布西方教会已彻底堕落为异端。*

利奥九世从他舒适的监禁处下令，派出一个教士代表团前往东方教会，试图解决东西教会之间的问题。不幸的是，两个谈判负责人脾气同样暴躁：君士坦丁堡的牧首米海尔·色路拉里乌（Michael Cerularius）是个专制独裁、野心勃勃的人，十分嫉妒教皇的权威；而罗马代表团的高级神父是红衣主教亨伯特（Humbert），他怀疑东部教会的一切事物，动不动就发怒。双方争论数周无果，都变得越来越愤慨，于是红衣主教亨伯特写了一份将色路拉里乌及其支持者全部开除教籍的讨逆檄文，并将其扔在圣索非亚大教堂的圣坛上。色路拉里乌则将檄文烧毁，反过来又将罗马教皇和他的代表团全部开除了教籍。亨伯特带着代表团的教士们离开君士坦丁堡后，掸落了脚上沾染的东方灰尘。[23]

等亨伯特返回意大利时，利奥九世已不在人世。他是1054年3月份病倒的，之后诺曼人将他释放，好让他能回罗马咽下最后一口气。回家之后只过了几个星期，他就病故了。

利奥九世没能对色路拉里乌将其开除教籍一事做出回应，双方的绝罚都是成立的。自1054年起，东西教会得到官方谕令认可，此后一直各自独立。双方实际上早就因不同的神学、语言和政治观点而趋于分离了。1054年因此被称为大分裂之年，这一年，一度统一

---

* 在这些争论中，首要的两个问题是：西方教会在圣餐仪式中使用无酵饼，而东方教会则不是；西方教会说圣灵出自圣父和圣子，而东方教会则拒绝使用这一提法［被称为"和子句纠纷"（Filioque clause）］。这两个问题在神学上都不是什么重要的问题。东方教会的牧首认为，使用无酵饼过于接近犹太人的做法，这说明西方教会还没有完全接受从《旧约》律法向《新约》恩典的过渡；东方教会的教士还普遍认为如果说圣灵是"出自圣父和圣子"，就意味着圣父上帝和耶稣基督是各自独立的，这不符合三位一体的统一性。但其实东西教会之间的争执本质上是权威之争，争的是在某个基督教信条是否正统这个问题上，教皇和牧首谁最后说了算。关于所涉及的具体神学问题，若欲了解更多，可参阅：Jaroslav Pelikan, *The Growth of Medieval Theology (600–1300)* (University of Chicago Press, 1978)，特别是第五章"The One True Faith"。

的基督教教会分裂成两个独立的组织，再也没能重新合而为一。

之后的 3 年中，政治舞台上的主要人物全部换人。亨利三世死于 1056 年，生前未能再次出征意大利南部。他 6 岁的儿子亨利四世（Henry Ⅳ）继位当上了德意志国王，这意味着德意志的贵族们暂时掌握了国家的控制权。阿普利亚的诺曼伯爵汉弗莱死于 1057 年，他的爵位和领土被罗伯特·吉斯卡尔，即“狐狸罗伯特”夺取。1059 年，佛罗伦萨的主教当选为教皇尼古拉二世（Nicholas Ⅱ）。*

现在没有皇帝保护罗马了，德意志的国王还是个孩子。因此尼古拉二世谨慎地决定与家门口的诺曼人结成联盟。1059年，他与“狐狸罗伯特”谈成了《麦尔菲条约》(Treaty of Melfi)。尼古拉二世现在承认诺曼伯爵罗伯特·吉斯卡尔为意大利南部地区阿普利亚和卡拉布里亚的统治者，作为交换，罗伯特愿意接受教皇为精神领袖。（该条约还承认吉斯卡尔为西西里岛的统治者，虽然该岛目前仍处于法蒂玛王朝的控制之下，吉斯卡尔必须自己设法将其征服。）

但这并不是《麦尔菲条约》的全部内容。它还宣布“罗马帝国皇帝”不再负有保护圣彼得继承人的特权。如此一来，尼古拉等于是取消了使神圣罗马帝国皇帝一职“神圣”的核心职责。这一职责现在已经交给了诺曼人，在条约中诺曼人甚至承诺将为教皇而战，并在有必要时对抗任何未来的神圣罗马帝国皇帝。[24]

同年举行的宗教大会宣布，教皇应当由高级主教组成的枢机主教团（College of Cardinals）选举产生。这是几十年来第一次，教皇

---

* 亨利三世临终时选择让维克多二世（Victor Ⅱ，1055—1057 年在位）任教皇。维克多死于热病之后，教皇之位被斯德望九世（Stephen Ⅸ，1057—1058 年在位）继承，然后是意大利人本笃十世（Benedict Ⅹ，1058—1059 年在位），本笃十世从未被正式授任教皇神职，并试图反对尼古拉二世被授任，后来他被尼古拉二世的支持者逼迫，离开了罗马。

时间线 42

斯堪的纳维亚	北美洲	中美洲	西法兰克	德意志	意大利	马札尔人	罗马皇帝
（丹麦）**蓝牙哈拉尔**（约958—约987）		（图拉）**托皮尔岑**					
（挪威）**灰袍哈拉尔**（961—970）					教皇利奥八世（963/964—965） 教皇约翰十三世（965—972）		**奥托一世**（962—973）
						（匈牙利）**格扎**（约970—997）	
				奥托二世， 德意志和意大利国王及神圣罗马帝国皇帝（973—983）			
红发埃里克来到格陵兰（985）				**奥托三世**（983—1002）			
			懒王路易（986—987）				
（丹麦）**八字胡斯温**（987—1014）			**于格·卡佩**（987—996）				
			“神赐和平”运动出现				
					教皇格列高利五世（996—999）		**奥托三世**（996—1002）
						（匈牙利）**伊什特万**（997—1038）	
（挪威）**八字胡斯温**（1000—1014）					教皇西尔维斯特二世（999—1003）		
				亨利二世（1002—1024）			
	图勒人文化的发展 雷夫·埃里克森到达北美洲（1003）						
					教皇本笃八世（1012—1024）		**亨利二世**（1014—1024）

时间线 42（续表）

斯堪的纳维亚	北美洲	中美洲	西法兰克	德意志	意大利	马札尔人	罗马皇帝
	密西西比人文化的繁荣			**康拉德二世**（1024—1039）	教皇约翰十九世（1024—1032）		**康拉德二世**（1027—1039）
					教皇本笃九世（1032—1044/1045/1047—1048）		
		图拉陷落		**亨利三世**（1039—1056）			
					教皇西尔维斯特三世（1045）/教皇格列高利六世（1045—1046）		
		奇琴伊察被侵略			教皇克雷芒二世（1046—1047）		**亨利三世**（1046—1056）
					罗伯特·吉斯卡尔到达意大利		
					教皇利奥九世（1049—1054）		
					东西方教会大分裂（1054）		
	阿纳萨齐人文化达到高峰			**亨利四世，**德意志和意大利国王（1056—1106）			
					教皇尼古拉二世（1059—1061）		

之位不必再依赖神圣罗马帝国皇帝的恩典。若是年幼的亨利四世长大真正做了皇帝，那么他会发现，皇帝的两个最宝贵的权力已被剥夺：一个是皇帝作为教会守护者的神圣角色，另一个则是他任命教皇继承者的权力。

/ 43

丹麦的统治

1014 年至 1042 年，丹麦国王们统治着英格兰，麦克白则推翻了苏格兰高王。

200 年来，英格兰一直在抵抗维京海盗的入侵。1013 年年底，维京人对不列颠岛的控制已经收紧，丹麦国王“八字胡斯温”刚刚被加冕为英格兰国王，战败的盎格鲁–撒克逊国王“邋遢王埃塞尔雷德二世”躲在怀特岛上，他的妻子和孩子们则在诺曼底避难。

“八字胡斯温”被加冕之后刚过了 5 个星期，1014 年 2 月的一天晚上，他突然死在了自己的床上。北大西洋帝国的基础有些动摇了，被征服的挪威领土从丹麦人的掌握中挣脱，又落到一个挪威贵族“圣徒奥拉夫”（Olaf the Saint）的手中。但斯温的继承人，他的儿子克努特大帝（Canute the Great），则得到了丹麦和英格兰的王冠。[1]

但他很快就发现，用武力夺来的王冠也会因为武力而丧失。丹麦军队没有了斯温那威风凛凛的身影的带领，伦敦人又鼓起了勇气。他们传话给埃塞尔雷德二世，请求他回来对抗新的外族国王。埃塞尔雷德同意了，他乘船抵达英格兰海岸，船上满满的都是诺曼人。他第一次婚姻中所生的儿子埃德蒙则率领地面部队，两人共同对丹麦人发动了水陆夹击。

克努特是 1014 年 2 月份加冕的，他只坚持到了复活节。然后，他突然离开英格兰，前往丹麦。丹麦的编年史对个中缘由语焉不详，不过似乎有可能是因为克努特在伦敦期间，替他摄政的兄弟正谋划夺取丹麦王位。对丹麦人来说，英格兰是战利品，但因为是新征服的，并不牢靠，所以克努特打算还是先保住故土丹麦要紧。临走之前，他让人割掉英格兰战俘的耳朵和鼻子，将他们扔在海岸上，然后就起航回国了。[2]

这个举动的警告意味十分明显：对克努特而言，战斗尚未结束。埃塞尔雷德二世再次登上王位，并将妻子艾玛和两个年幼的儿子从诺曼底接了回来。但他的胜利只是暂时的，第二年，克努特又回来了，他率领 160 艘战船，试图重新征服英格兰。

“邋遢王埃塞尔雷德二世”直到 1016 年 4 月临死之前，一直坚持抵抗丹麦人。英格兰贵族举行的贤人会议仍宣称自己有权选举国王，他们在埃塞尔雷德死后推举他的儿子埃德蒙为国王埃德蒙二世（Edmund Ⅱ）。英格兰统一在同一位君主治下尚不足百年，贵族们仍然记着自己的祖先各自独立为王时的情景，而且埃塞尔雷德的统治也算不上多么惊人的成功，不足以让他的儿子自动继承王位。但埃德蒙二世本人在对抗丹麦人的战斗中的表现超过了自己的父亲；“由于他在战争中异常坚定、力量惊人”，他还获得了“刚勇王”（Ironside）的绰号。因此他理所当然被加冕为国王，接过了将克努特赶出英格兰的任务。[3]

在其后几个月的时间里，两军打了至少 7 场大规模战役，双方

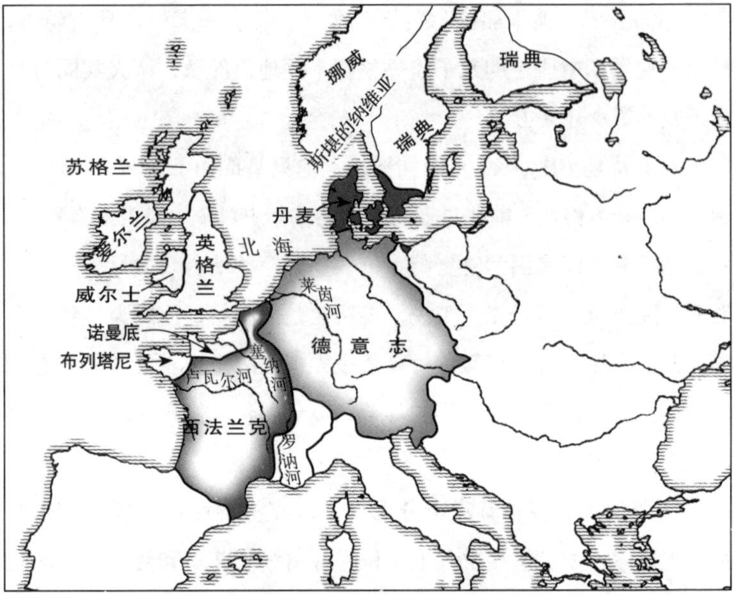

地图 43–1 英格兰和斯堪的纳维亚

伤亡都十分惨重。在他们作战的地方，土地被荒废、农田被践踏、附近的村庄被烧毁。在发生于艾兴顿（Ashingdon）的第七场战役中，英格兰的贵族阶层几乎全部覆灭，贤人会议就此瓦解。“英格兰全国所有的重要人物全部陨落。”《盎格鲁–撒克逊编年史》发出了如此的哀叹。马姆斯伯里的威廉也写道：“在那片战场上，克努特摧毁了一个王国，英格兰丧失了所有的荣耀，英格兰之花彻底枯萎。”在900年后的英格兰编年史中，还可以听到他这些话的回声。[4]

埃德蒙二世和克努特两个人都不愿意停手，但贤人会议的幸存者十分坚持该是休战的时候了。1016年11月，艾兴顿战役之后还不到一个月，两位国王在塞文河（River Severn）中央一座泥泞的小岛上会面，两人都警惕谨慎，各自乘坐一艘无法携带武装随从的小渔船来到岛上。他们同意将国家一分为二：由克努特统治麦西亚以北地区，而埃德蒙二世则保住了伦敦，仍在南方称王。埃德蒙二世还被迫剥夺了自己儿子们的继承权（其中一个正在蹒跚学步，另一个还是新生的婴儿），同意让克努特当他的继承人。[5]

和约签订不到一个月，“刚勇王埃德蒙”就辞世了。亨廷顿的亨利是唯一一个说他是被克努特授意谋杀的史家，其他的历史记录则只是简单地说他死后将整个国家留给了丹麦国王克努特。克努特是否有罪尚不明确，但各种编年史都一致记载了他接下来的行动：他进军伦敦，戴上王冠，然后处死了贤人会议中最受埃德蒙信任、充当其顾问的成员。

他还下令将“刚勇王埃德蒙”的两个儿子用船带回斯堪的纳维亚去。这样做是为了让他可以摘清自己。伍斯特的约翰说：“如果他们两个死在英格兰，那他就太丢人现眼了，因此他把他们送到瑞典国王那儿去受死。”瑞典国王是克努特的盟友，他去接了船，但当他发现原来克努特想让自己杀死两个小娃娃的时候，他拒绝遵从。相反，他把他们送到尽可能远的地方去——送到了匈牙利国王伊什特万那里，他与伊什特万有过点头之交。对新生儿来说，这段旅途太漫长了，他又病又饿，死在了路上。但那个蹒跚学步的孩子却活了下来，并在一位匈牙利养母的呵护下长大了。[6]

1017 年，克努特又派人请来诺曼底的艾玛，也就是埃塞尔雷德二世的遗孀，然后跟她结了婚。他已有一名长期的情妇（或者说有事实婚姻的妻子），她名叫艾尔夫吉福（Aelfgifu），一年前已经为他生了一个儿子，在他娶艾玛的同一年又为他生了一个儿子。艾玛对这种安排有什么想法我们无从得知，只知道她将自己的两个儿子，

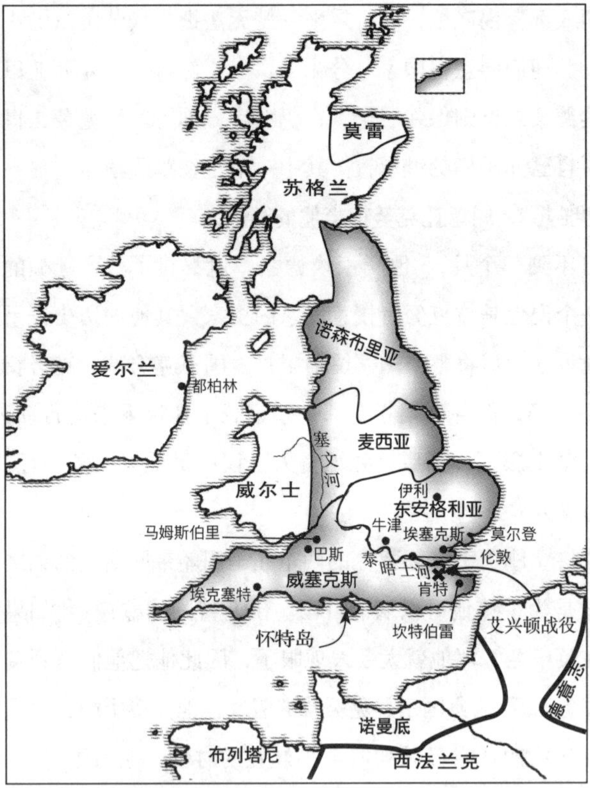

43-2 英格兰的伯爵领地

阿尔弗雷德和爱德华，送回诺曼底去跟舅舅待在一起。毫无疑问，她担心他们两个也会像其他那些国王的儿子们一样，莫名其妙地染病身亡。当时爱德华已经十几岁了，阿尔弗雷德比他小两岁。

两年后，艾玛生了个儿子，这是克努特的第三个儿子。他跟着父亲取名为哈瑟克努特（Harthacanute），成为英格兰王冠的继承人。

之后20年里，英格兰一直处于克努特的统治之下。贤人会议士气低落，不再抵制他，克努特将新收服的英格兰王国的行政管理工作大部分交到了自己的亲信手中。他将英格兰分成四个伯爵领地，分别是威塞克斯、麦西亚、东安格利亚和诺森布里亚。他任命的四个伯爵中有三个是丹麦人：统治东安格利亚的“高个子托鲁克尔”（Thorkell the Tall）、统治诺森布里亚的斯沃德（Siward）和统治麦西亚的利奥夫里克（Leofric）。他有些犹豫，但还是将威塞克斯交给了一个盎格鲁–撒克逊人——戈德温（Godwin），戈德温是一个土生土长的苏塞克斯人，曾在战争中支持克努特争夺英格兰王位。四个伯爵中只有戈德温是盎格鲁–撒克逊人，但他为人十分精明，过了不久他就对克努特的妹妹展开追求并娶其为妻，用血缘的纽带将自己与克努特这位异族的国王联结起来。

1028 年，克努特迫使挪威的圣徒奥拉夫退位，然后自己加冕为“挪威国王”。如此一来，他实际上掌握了父亲以前的帝国版图——英格兰、丹麦和挪威。* 但他的野心尚未得到满足。1031 年，他又入侵苏格兰，与苏格兰高王马尔科姆二世（Malcolm II）对战，直到苏格兰军队停火投降为止。**

作为一名高王，马尔科姆二世是王中之王。因此当他决定投降的时候，他也不是自己一个人投降的。根据《盎格鲁–撒克逊编年史》的记载：“苏格兰国王马尔科姆，连同另外两位国王，梅尔白（Maelbeth）和伊赫马克（Iehmarc），一起向克努特臣服了。”不只是高王，苏格兰其他的国王也都承认了克努特的权威。[7]

---

* 他也自称为“瑞典国王”。其实瑞典人已经有一个国王了，但由于克努特此时已成功地在瑞典打出了一片天地，所以他觉得自己有权自称为英格兰、丹麦、挪威和瑞典的国王。但瑞典国王无视他的说法。

** 《盎格鲁–撒克逊编年史》中说苏格兰投降是在 1031 年，但另一些资料来源则说 1027 年的可能性更大。

到 1035 年克努特死的时候，丹麦人对英格兰的统治似乎已经牢不可破了。事到如今，贤人会议能够指望的最佳结局是艾玛的儿子哈瑟克努特能继承王位。虽然他也有一半丹麦、一半诺曼血统，但他至少与过去的英格兰王室家族多少还有些关系。

然而，就连这个愿望也很快就破灭了。20 多岁的哈瑟克努特已被派往丹麦，替父亲照管挪威和丹麦两个领地。但克努特刚一去世，被废黜的圣徒奥拉夫的私生子就起兵争夺王位。这个人的绰号是“好人马格努斯”（Magnus the Good），有许多挪威人都支持他，哈瑟克努特被斯堪的纳维亚的战争所困，无法返回英格兰。

于是，英格兰的丹麦军队与几个伯爵一起，拥护克努特的长子，让彻头彻尾的丹麦人“飞毛腿哈拉尔”（Harold Harefoot）当上了英格兰的“摄政”。表面上这是为哈瑟克努特分忧，事实上却是在为篡夺王位做准备。英格兰贤人会议不同意这样做。“戈德温伯爵和威塞克斯所有的重要人物都表示反对。”《盎格鲁-撒克逊编年史》这样告诉我们。[8]

对埃塞尔雷德二世的两个小儿子来说，夺取王位的机会虽然不大，但他们还是想要搏上一把。有一小撮心怀不满的盎格鲁-撒克逊人支持他们，还有一支诺曼人的小部队增援，爱德华和他的弟弟阿尔弗雷德王储试图回国。结果此事由于戈德温的背叛而失败了。戈德温最感兴趣的还是权力，因此，他先是反对由“飞毛腿哈拉尔”摄政，后来又退而求其次，开始设法成为哈拉尔最亲密的朋友。他捎信给爱德华和阿尔弗雷德，表示自己支持他们回来，同时却又时刻向哈拉尔报告他这两位同母异父兄弟的行踪。因此，爱德华和阿尔弗雷德以及他们的支持者在登陆时中了埋伏。爱德华逃过一劫，但他的大部分支持者被俘。《盎格鲁-撒克逊编年史》中这样写道：

“他们有的被卖身为奴，有的惨遭杀害，有的被带上脚镣，有的被刺瞎双眼，有的被砍断手脚，有的被剥去头皮。”阿尔弗雷德被俘之后，被用铁链绑住拖向伊利修道院（Abbey of Ely），途中他被刺瞎双眼时，却被不小心刺穿了大脑。结果他在痛苦中死去，终年31岁。[9]

爱德华回到了诺曼底，心中对戈德温满怀怨恨，对哈拉尔也是怒火冲天。他的母亲艾玛也逃离了她那残暴成性的继子，但她不想回诺曼底去。艾玛现在已经50岁了。她曾两度加冕为英格兰王后，生下三个儿子、二个女儿，她曾被迫送走亲生骨肉，现在又失去了一个儿子。她向往和平安定的生活，但此时诺曼底却是一片混乱。她的哥哥“好人理查”比她年长约20岁，1026年就死了，她的两个侄子先后继位，但两个人都没活多大岁数，在位时间都不长。到1035年，他小侄子的私生子威廉当上了诺曼底公爵。但他当时只有7岁，因此那些手握大权的诺曼贵族野心勃勃，各个都想控制他，因此公国内部纷争不断。

赞颂艾玛的《诺曼底艾玛王后颂》(*Encomium Emmae Reginae*)告诉我们，她在西法兰克找到了庇护和宁静，在那里，法兰克贵族佛兰德的鲍德温（Baldwin of Flanders）“对她以礼相待，愿意供养她，她想待多久都可以”。[10]

与此同时，“飞毛腿哈拉尔”抛弃了摄政的头衔，加冕自己为英格兰国王。据《盎格鲁-撒克逊编年史》说：“人们一致选择让哈拉尔当国王，因为哈瑟克努特在丹麦待得太久，已经被人遗忘了。”[11]

但哈拉尔也不是事事顺遂。首先，苏格兰正在摆脱他的控制。马尔科姆二世的臣服似乎并没有得到苏格兰那些小国王的一致同意。

在 1034 年他死后，苏格兰高王之位由他年幼的儿子邓肯（Duncan）继承。由于久享盛名的老国王已不在人世，臣属于高王的统治者中有一个人开始造反。

造反的是麦克・贝瑟德・麦克・芬德莱赫（Mac Bethad mac Findlaich），他是北部一个名叫莫雷（Moray）的小王国的国王。英格兰的编年史中通常将他的名字简化，称他为麦克白（Macbeth）。*500 多年后，莎士比亚将麦克白塑造成一个臭名昭著的叛徒，认为他是趁国王熟睡时将其杀害的。但在历史上这次叛乱是典型的独立宣言，叛乱者拒绝继续臣服于一名情愿向外来入侵者低头的高王。麦克白是个有权有势的人，12 世纪的爱尔兰诗歌《贝尔尚预言》（*The Prophecy of Berchan*）说他是“一位慷慨大方的国王”，还补充说邓肯软弱无能，之所以能成为统治者，只是因为出身好而已。[12]

苏格兰人和英格兰人一样，他们也保留着选择接受或拒绝其国王的权利。因此，1040 年，麦克白拒绝向高王缴纳臣属王国应缴的税金，于是邓肯出兵莫雷，打算用武力收取这笔钱。在随后的战斗中，邓肯身死，他的遗孀带着两个孩子逃离苏格兰，麦克白宣布自己成为苏格兰高王，拒绝臣服于南部的丹麦国王。

“飞毛腿哈拉尔”还没来得及向北进军去攻打苏格兰人（当时他正在南巡途中，在牛津住了一个晚上），就突然染病身亡了。哈瑟克努特闻讯立刻前往英格兰海岸。他率领 60 艘船抵达，受到热烈欢迎，成为英格兰和丹麦的新国王，但他立刻就开始失去民心。“他

---

* 有时人们认定莫雷的麦克白就是和马尔科姆二世一起向克努特投降的那个“梅尔白”，但这两个名字明显不同，而且莫雷的麦克白也不可能早在 1031 年就已经掌权了。见：Charles Plummer and John Earle, *Two of the Saxon Chronicles Parallel*, vol. 2 (Clarendon Press, 1899), pp. 207ff。

开始征收极为繁重的税赋，让人难以承受，"《盎格鲁-撒克逊编年史》中如此写道，"所有那些曾经热切怀念他的人都不再对他忠心了。"他还下令掘出"飞毛腿哈拉尔"的尸体，将其扔进沼泽；当麦西亚人无力支付苛捐杂税时，他又派兵武力征收。这些做法使他更加不得人心。[13]

幸运的是，英格兰人在他的统治下受苦受难的时间并不太久。没过两年，哈瑟克努特在一场婚礼上致祝酒辞的时候，突然抽搐不已，倒地身亡。也不知道他究竟是死于中风，还是因为他杯中的酒有什么问题。无论如何，他的死使丹麦的王位悬空（已将挪威和丹麦抓在手中的"好人马格努斯"几乎立即就乘势称王），而"邋遢王埃塞尔雷德二世"唯一仍活在人世的儿子也终于有机会登上英格兰王位了。

时间线 43							
西法兰克	德意志	意大利	马札尔人	罗马皇帝	不列颠群岛	斯堪的纳维亚	诺曼底
					埃塞尔雷德二世（978—1013）		
“神赐和平”运动出现						（丹麦）**八字胡斯温**（987—1014）	
		教皇格列高利五世（996—999）		**奥托三世**（996—1002）			**好人理查二世**（996—1026）
			（匈牙利）**伊什特万**（997—1038）				
		教皇西尔维斯特二世（999—1003）					
	亨利二世（1002—1024）				对丹麦人的屠杀（1002）		
					（苏格兰）**马尔科姆二世**（1005—1034）		
		教皇本笃八世（1012—1024）			**八字胡斯温**（1013—1014）		
				亨利二世（1014—1024）	**埃塞尔雷德二世**（1014—1016）	（挪威）**圣徒奥拉夫二世**（1015—1028）	
					埃德蒙二世（1016）		
	康拉德二世（1024—1039）	教皇约翰十九世（1024—1032）		**康拉德二世**（1027—1039）	**克努特大帝**（1016—1035）	**克努特大帝**（1018/1028—1035）	
					马尔科姆二世向克努特大帝投降（1031）		
		教皇本笃九世（1032—1044/1045/1047—1048）			（苏格兰）**邓肯一世**（1034—1040）		
					飞毛腿哈拉尔（1035—1040）	（挪威）**好人马格努斯**（1035—1047）（丹麦）**哈瑟克努特**（1035—1042）	**私生子威廉**（1035—1087）

时间线 43（续表）

西法兰克	德意志	意大利	马札尔人	罗马皇帝	不列颠群岛	斯堪的纳维亚	诺曼底
	亨利三世（1039—1056）				**哈瑟克努特**（1040—1042）		
					（苏格兰）**麦克白**（1040—1054）		
		教皇西尔维斯特三世（1045）/教皇格列高利六世（1045—1046）				（丹麦）**好人马格努斯**（1042—1047）	
		教皇克雷芒二世（1046—1047）		**亨利三世**（1046—1056）			
		罗伯特·吉斯卡尔到达意大利					
		教皇利奥九世（1049—1054）					
		东西方教会大分裂（1054）					
	亨利四世（1056—1106）						
		教皇尼古拉二世（1059—1061）					

/ 44

诺曼人的征服

1042 年至 1066 年，戈德温伯爵未能让儿子们登上王位，哈雷彗星掠过天际，诺曼底的威廉则征服了英格兰。

1042 年，爱德华 39 岁，他的性格被永久地打上了幼年生活的烙印。他还不到 13 岁时，父亲就过世了，母亲再嫁给一个想杀死他的男人，然后他又被送到一个语言不通的陌生国家去生活。因此他成长为一个性格孤僻、沉默寡言的人，他因虔诚而闻名［他因此得到“忏悔者爱德华”（Edward the Confessor）的绰号］，但同时他也心硬如铁、冷酷无情。贤人会议拥立他为国王之后，他刚一即位，就下令将他母亲的财物全部充公。“他拿走了母亲所有的黄金白银、珠宝玉石，以及她所拥有的其他贵重物品，”编年史家伍斯特的约翰这样写道，“因为……她给予他的太少了。”仇恨在他心中酝酿了这么多年，就算他现在当上了国王，也还是放不下。[1]

爱德华很快就发现他的王位并不稳固。此时，实际上左右着贤人会议做出各种决议的，是统治着英格兰 4 个伯爵领地的那几个伯爵。他们位高权重，国王若是得不到他们的支持，就当不成国王。而戈德温，那个很会见风使舵的盎格鲁–撒克逊人，现在是4个伯爵中权势最大的一个。事实上，据马姆斯伯里的威廉在《英王本纪》(*Gesta Regum Anglorum*)中的记载，戈德温甚至对国王说过这样的话："我在英格兰的威信极高，我倾向于哪一方，命运之神就会向哪一方微笑。我要是支持你，就无人胆敢与你作对，反之亦然。"[2]

也可能戈德温从未把如此明确的威胁说出口，但爱德华肯定明白这位老伯爵的权力大到何种地步。1045年，为了保证得到戈德温的支持，国王娶了戈德温的女儿伊迪丝(Edith)为妻，还给了戈德温的儿子哈拉尔"东安格利亚伯爵"(Earl of East Anglia)的封号。戈德温家族现在控制了4个伯爵领地中的两个，还占据了国王的寝宫。毫无疑问，老戈德温本人希望自己的女儿能够诞育下一任的英格兰国王。

但这桩婚姻很可能一直都有名无实。爱德华禁欲到了无可挽回的地步：在他可怕的童年里，他养成了钢铁一般的自制力，这使他得以与外界保持距离，使自己不受伤害，但这也使他无法与他人进行身体接触，无论对方是男是女。而且他也并不是特别喜欢伊迪丝，她不过是他与戈德温玩的政治游戏中的一枚棋子。就像亨廷顿的亨利所说的那样，他娶她不过是"为了以此为交换，好让强大的戈德温伯爵帮助自己保住国王之位而已"，他从未忘记过这一点。(另一位编年史家则说，谁看到这位新王后，都会既震慑于她的学识，又震惊于她"毫不谦虚，且容貌丑陋"。)[3]

而且，他尚未完全屈服于戈德温的控制。之后有7年的时间，爱德华一直在努力赢得另外两位伯爵的忠诚，他们分别是麦西亚伯

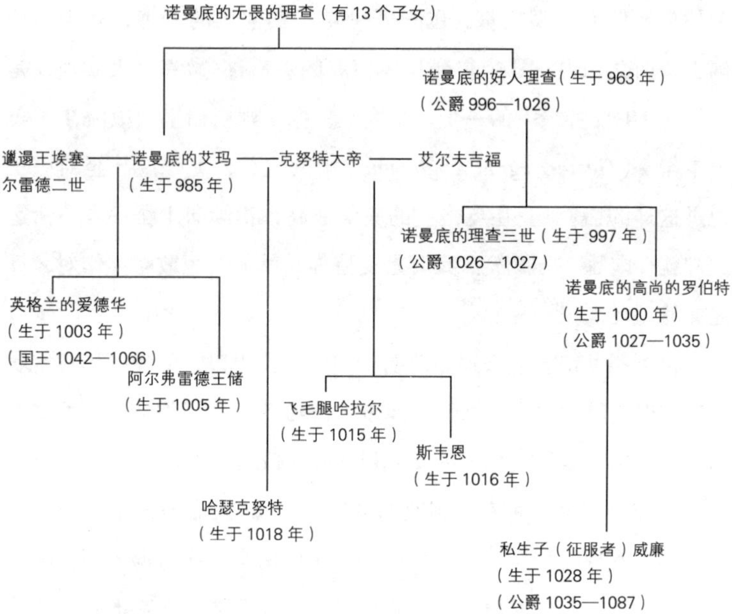

图44–1 英格兰和丹麦王室

爵利奥夫里克和诺森布里亚伯爵斯沃德。这两位伯爵都觉得戈德温是个像蚂蟥一样的吸血鬼，除掉他对他们自己也是有利的。到1051年的时候，爱德华觉得时机已到，于是他流放了戈德温、哈拉尔及其家族的所有其他成员。他将伊迪丝送进了女修道院，宣布将威塞克斯收归王室所有，并将年轻的哈拉尔·戈德温森的东安格利亚伯爵之位授予利奥夫里克的儿子，斯沃德得到的奖赏则是金银财宝和一个主教的职位。[4]

老戈德温逃往西法兰克，但他拒绝接受流亡国外的命运。据伍斯特的约翰所说，他是“一个很有魅力的人，说起话来滔滔不绝、能言善辩，十分擅长说服公众接受他的决定”。于是，他趁爱德华还来不及召集舰队阻拦的时候，赶紧纠集了一帮支持者，乘船沿泰晤士河而上，深入人民内部寻求支持。伍斯特的约翰说：“他会见伦敦市民，有的通过中间人，有的由他本人亲自接触……成功地使几乎所有人都站在了他这一边。”此时，爱德华的军队已经召集起来，但他们都不愿与公众舆论作对。“几乎所有人都不愿意攻打他们的亲人和同胞，”约翰写道，“因此，双方贤明人士都出面帮助国王和伯爵握手言和。”[5]

爱德华棋差一着，输了这一局。在戈德温煽动起来的压倒性支持面前，他让步了，重新封老戈德温为威塞克斯伯爵。他还被迫将伊迪丝从女修道院接了回来，又让利奥夫里克的儿子交回东安格利亚，将其归还给年轻的哈拉尔·戈德温森。

老戈德温并没能支撑多久，1053 年复活节后的星期一，他死于中风，死后备极哀荣。但此时年轻的哈拉尔已颇具其父之风，他与父亲一样善于争取公众的支持。他亲切迷人、风度翩翩，是一位优秀的管理者。爱德华再次向公众舆论屈服，将老戈德温原来的威塞克斯伯爵之位授予了哈拉尔。

面对戈德温的手腕，其他几个伯爵都死死地抓住自己的权力。1054 年，诺森布里亚伯爵斯沃德赢得了巨大的声誉，原因是他挥师北上，与苏格兰人对阵，在战斗中杀死了高王麦克白。苏格兰人又一次被迫宣誓效忠于英格兰国王。但哈拉尔·戈德温森的成就与此也不相上下，他向西部进军，痛击威尔士叛军，迫使他们也像苏格兰人那样俯首称臣。

1057 年，哈拉尔和与他同样出自戈德温家族的几个兄弟在英格兰总共四个伯爵领地中占据了三个。*其中最年长、最有权有势的大哥哈拉尔很快就证明他的权力堪比国王。当他的兄弟、诺森布里亚伯爵托斯蒂格开始提高税率并派兵强征税款，从而使诺森布里亚人民不胜其扰时，是哈拉尔出面约束他——这通常是君主的特权。他亲自领兵与托斯蒂格作战，将自己的兄弟击败，迫使其离开英格兰。托斯蒂格逃往挪威，在继承了“好人马格努斯”王位的挪威国王哈拉尔 · 哈德拉达（Harald Hardrada）的朝中躲了起来。托斯蒂格满腔怒火，等待着复仇的时机。

之后的一连串突发事件很快就给了他发泄的机会。

首先是 1064 年的某个时候，哈拉尔 · 戈德温森在海上遇到了一场常见的麻烦。当时他正在英吉利海峡航行，突然遇到一场风暴，船被吹向东方，最后在诺曼底海岸搁浅。哈拉尔现在既没有船，又没有人，也没有钱，只好向诺曼底公爵“私生子威廉”（William the Bastard）求助，希望对方向他提供这三样东西，好让他回家。

此时，诺曼底的一片混乱已经平息。艾玛的侄孙、“私生子威廉”继承爵位时只有 7 岁，此时他已长大成人，用强硬的手段镇压了公国内的叛乱。1064 年，他已 36 岁，军事经验极其丰富。

我们无从得知这两个男人见面之后究竟进行了什么样的交流。就像大卫 · 豪沃思（David Howarth）所说的那样，有关这次会面，一共有 9 种不同的说法。哈拉尔为了回家，到底许给威廉什么样的好处，英格兰、诺曼和丹麦的史家对此各执一词。我们所能确定的

---

* 当哈拉尔成为威塞克斯伯爵之后，爱德华又恢复了利奥夫里克儿子的东安格利亚伯爵之位。1055 年，诺森布里亚伯爵斯沃德去世，哈拉尔 · 戈德温森的弟弟托斯蒂格（Tostig）得到了他的伯爵领地。1057 年，麦西亚伯爵利奥夫里克去世后，他的儿子不再担任东安格利亚伯爵，而是转任麦西亚伯爵，于是东安格利亚伯爵领地就归了第三个戈德温兄弟，戈斯（Gyrth）。如此一来，东安格利亚、诺森布里亚和威塞克斯就都处于戈德温家族的控制之下了。

是，当哈拉尔离开诺曼底时，“私生子威廉”已经决心要成为英格兰的下一任国王了。“忏悔者爱德华”已年过花甲，显然也不打算生育继承人了。威廉是他的表侄，也是与他血缘关系最近的成年男性亲属。哈拉尔的父亲戈德温曾经左右国王的人选，如今，哈拉尔本人也可以帮助威廉获得英格兰贵族的支持，

但他也无法做出更多承诺了。毕竟让谁来当国王也不是他一个人（或其他任何人）说了算的，选举国王是英格兰贤人会议的任务。[6]

总之威廉给哈拉尔·戈德温森提供了人员和船只，将他送回了英格兰。过了一年多一点，在1065年的圣诞庆祝活动期间，“忏悔者爱德华”病倒了。他死于1066年1月5日，并于翌日被葬在刚刚落成的威斯敏斯特大教堂里。就在同一天，爱德华甫一下葬，贤人会议即刻召开，选举哈拉尔·戈德温森为英格兰的下一任国王。

但他并不是唯一的选择。几年之前，“忏悔者爱德华”就从匈牙利接回了“刚勇王埃德蒙”的孙子。埃德蒙的儿子，当年那个被瑞典国王救了一命的学步小儿，在匈牙利被抚养成人，娶了一位匈牙利妻子，生了个儿子名叫埃德加（Edgar）。“忏悔者爱德华”将埃德加带回英国，收为养子。

但埃德加当时只有15岁左右，而且基本上算是个外国人。贤人会议更倾向于选择一个成年人、一个已经在战斗中证明了自己的人来当国王。从《盎格鲁-撒克逊编年史》中可以看出，爱德华本人在临终前也曾建议由哈拉尔来继承王位。因此，哈拉尔·戈德温森于威斯敏斯特教堂被宣布为英格兰国王哈拉尔二世（Harold Ⅱ），他是第一个在这里加冕的君主。

图 44-2 巴约挂毯（Bayeux Tapestry）细部

旁观者指着飞过天空的哈雷彗星，右侧是哈拉尔和随从。图片来源：Erich Lessing / Art Resource, NY

“私生子威廉”立刻着手准备入侵。风向和潮汐条件对他不利，这暂时阻止了他，但哈拉尔知道，诺曼底公爵已经开始行动了。他确信诺曼人将在春暖花开之后天气条件允许的时候发动袭击，于是他组建了一支常备军，让他们安营扎寨，时刻保持高度警戒。在 4 月的最后一个星期，出现了可怕的天象，这进一步证实，确实有巨大的威胁正在逼近。据《盎格鲁-撒克逊编年史》记载，那是“人们从未见过的景象……一颗长了毛的星星”。哈雷彗星的椭圆形轨道把它带进了英格兰人的视线，它在天空中闪耀了整整一个星期。[7]

但到 8 月底的时候，哈拉尔开始放松警惕。英格兰陆军和海军已经等了好几个月：“整个夏秋两季，海边到处都驻扎着陆军……到圣母马利亚诞辰的时候，这些人的军粮已经见底，没人能让他们继续安心驻扎在那里了。因此国王允许他们解散各自返乡，自己也骑马返回内陆，船只则被遣往伦敦。”[8]

圣母圣诞节是在 9 月 8 日，哈拉尔有足够的理由认为不会有人赶在这个时候攻打英格兰。由于担心遇到风暴，船员们秋冬两季都不出海。两年前就是这样的风暴将哈拉尔抛到诺曼底海岸上去的。但就在哈拉尔返回伦敦，准备着手治理国家的时候，却发生了两件事情。其一是他的兄弟托斯蒂格的愤怒已经到了偏执的程度，他终于说服挪威国王哈拉尔，让其相信只要他能在英格兰海岸登陆，英格兰人就会抛弃哈拉尔・戈德温森，而投奔在他的旗下。于是这两个人从心怀不满的苏格兰人中征募了许多士兵和船只，他们时刻密切关注着南方哈拉尔军队的一举一动，当冬季英格兰部队开始拔营的时候，挪威和苏格兰联军随即发动入侵。[9]

与此同时，显然完全是出于偶然，“私生子威廉”也失去了耐心。等了许久也等不到有利的风向，他已经等够了。于是，9 月的第二个周末，他率领攻击舰队进入英吉利海峡，但在那里立即遭遇了一场巨大的风暴，有些船沉了，有些被风吹得偏离了航线，入侵部队的士兵也有一部分葬身鱼腹了。英格兰的哈拉尔二世对海上发生的这一切都一无所知。他当时正在伦敦，突然从北方传来了可怕的消息：哈拉尔・哈德拉达和托斯蒂格已在约克附近登陆，哈拉尔的乌鸦旗帜就在他们的头顶上飘扬。仓促间一支英格兰军队集结起来前去阻击他们，却被敌人歼灭。约克已同意于 9 月 25 日正式投降，届时还将奉上人质。[10]

哈拉尔二世付出了超人的努力，将四处分散的士兵聚集到一

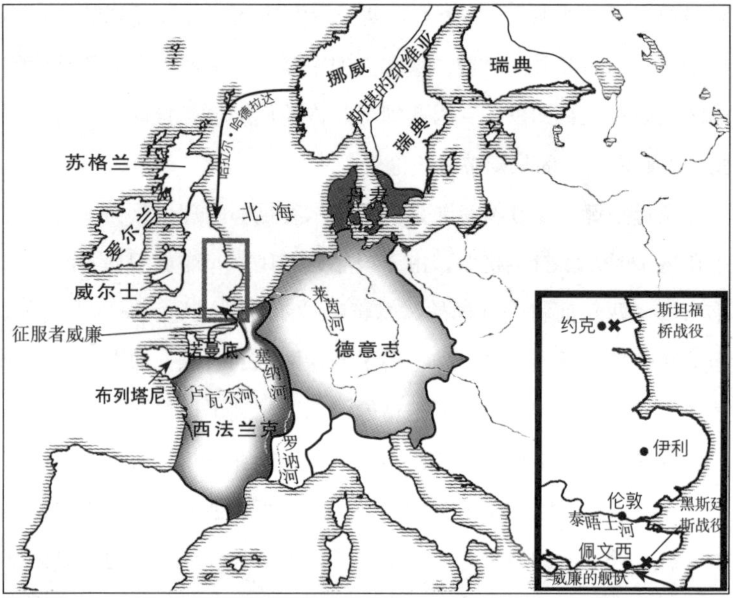

地图 44–1 黑斯廷斯战役

起，带着他们离开了伦敦。他们在约克计划投降的那天早上及时赶到。哈拉尔·哈德拉达和托斯蒂格骑马来到之前约定会面的地方，斯坦福桥（Stamford Bridge），却发现等在那里的不是好欺负的约克人和他们选出来的人质，而是英格兰国王和他的军队。

两军立刻抽刀拔剑。亨廷顿的亨利为我们生动地描绘了这场战斗的景象。“这是一场殊死搏斗，”他说，

> 两军从黎明一直厮杀到中午，激战过后，挪威人被迫撤退……他们踩着阵亡将士的尸体逃过了河，又在那里继续坚守阵地。有一个应当青史留名的挪威人，他守在桥上，手持一把

> 挪威特有的战斧，砍倒了 40 多个英格兰人。他一个人阻挡了整支英格兰军队的前进，坚持了将近 9 个小时。最后，还是有人划船来到桥板底下，用矛穿过桥的缝隙，才将他刺死。[11]

英格兰军队蜂拥过桥，将挪威部队的残余力量屠杀殆尽。哈拉尔·哈德拉达和托斯蒂格两人都战死沙场。哈拉尔·哈德拉达的儿子率挪威人投降，哈拉尔二世接受了，将他们放回家去。哈拉尔·哈德拉达的儿子带领挪威余部返回了家乡：当初入侵英格兰的 300 多艘战船只剩下了 24 艘。

然而，哈拉尔二世如此来之不易的这场胜利却让他丢掉了自己的王国。他率领部下到约克来补充给养，打算稍加休整之后就启程回家。但还没等他们离开约克，就又来了一个信使，带来的消息比上一次更糟。几天前，“私生子威廉”已在南部海岸的佩文西（Pevensey）登陆，他带来的军队虽然在海峡遭风暴重创，兵力仍然不少于 8000 人。

哈拉尔急忙带着他大战之后损失惨重、疲惫不堪、双脚酸痛的军队启程，又是一路急行军。10 月 5 日，他们赶到英格兰南部，哈拉尔立即派使者去见威廉，试图通过非战争手段解决问题。但威廉的态度十分强硬。他坚持说“忏悔者爱德华”本是属意由他来继承英格兰王位的，他还进一步指责哈拉尔，说他当年在诺曼底船舶失事之后，曾向上帝发誓要将英格兰王位交给威廉。

一周的交涉无果，事情已经很清楚了，威廉绝不可能不战而退。于是，10 月 14 日，在黑斯廷斯（Hastings）附近的镇上，以步兵为主的英格兰军队对战由骑兵、步兵和弓箭手组成的诺曼军队。结果英格兰人纷纷战死。后来的故事对黑斯廷斯战役有许多细节的渲染，但《盎格鲁–撒克逊编年史》中的记录最早，故事讲得简短朴实："哈拉尔国王召集了一支大军，在枯叶凋零的苹果树那里与敌人相遇，双方伤亡都十分惨重。战死的有哈拉尔国王、国王的两个弟弟利弗温（Leofwine）伯爵和戈斯伯爵，还有其他许多好汉。法兰克人占据了这块屠戮之地。"到了最后，戈德温家族的人全部战死，"私生子威廉"变成了"征服者威廉"（William the Conqueror）。

英格兰这边只剩下一个继承人——年轻的埃德加，他还留在伦敦。作为英格兰人的最后一次反抗，贤人会议决定加冕他为国王。埃德加虽然年幼，但并不愚蠢。他从仪仗队那里逃了出来，找到威廉，赶快向他投降。威廉将这个男孩送回诺曼底，下令给予他优待。"然后威廉来到威斯敏斯特，"《盎格鲁–撒克逊编年史》中说，"大主教加冕他为国王。"[12]

他现在成了英格兰国王威廉一世（William Ⅰ），在威斯敏斯特教堂得到正式加冕。英格兰人对维京人的抵抗已经结束，一位维京国王经由法兰西最终占据了英格兰的王位。

时间线 44

德意志	意大利	马札尔人	罗马皇帝	不列颠群岛	斯堪的纳维亚	诺曼底
		（匈牙利）**伊什特万**（997—1038）				**好人理查二世**（996—1026）
	教皇西尔维斯特二世（999—1003）					
亨利二世（1002—1024）				对丹麦人的屠杀（1002）		
				（苏格兰）**马尔科姆二世**（1005—1034）		
	教皇本笃八世（1012—1024）			**八字胡斯温**（1013—1014）		
			亨利二世（1014—1024）	**埃塞尔雷德二世**（1014—1016）	（挪威）**圣徒奥拉夫二世**（1015—1028）	
				埃德蒙二世（1016）		
				克努特大帝（1016—1035）		
					克努特大帝（1018/1028—1035）	
康拉德二世（1024—1039）	教皇约翰十九世（1024—1032）					
			康拉德二世（1027—1039）			
				马尔科姆二世向克努特大帝投降（1031）		
	教皇本笃九世（1032—1044/1045/1047—1048）			（苏格兰）**邓肯一世**（1034—1040）	（挪威）**好人马格努斯**（1035—1047）	
				飞毛腿哈拉尔（1035—1040）	（丹麦）**哈瑟克努特**（1035—1042）	**私生子威廉**（1035—1087）
亨利三世（1039—1056）				**哈瑟克努特**（1040—1042）		
				（苏格兰）**麦克白**（1040—1054）		
				忏悔者爱德华（1042—1066）		

时间线44（续表）

德意志	意大利	马札尔人	罗马皇帝	不列颠群岛	斯堪的纳维亚	诺曼底
	教皇西尔维斯特三世（1045）/ 教皇格列高利六世（1045—1046）					
	教皇克雷芒二世（1046—1047）		**亨利三世**（1046—1056）		（挪威）**哈拉尔·哈德拉达**（1047—1066）	
	罗伯特·吉斯卡尔到达意大利					
	教皇利奥九世（1049—1054）					
	东西方教会大分裂（1054）			麦克白在战斗中去世（1054）		
亨利四世（1056—1106）						
	教皇尼古拉二世（1059—1061）					
				哈拉尔·戈德温森在诺曼底搁浅（1064）		
				哈拉尔二世（戈德温森）（1066）		
				黑斯廷斯战役（1066年10月14日）		
				征服者威廉（1066—1087）		

/ 45

西班牙诸王

1016 年至 1108 年，科尔多瓦哈里发帝国解体，北方的基督教王国彼此混战，穆拉比特穆斯林王朝跨海来到西班牙，熙德偶然间缔造了一片宽容的绿洲。

1016 年，突然达到辉煌顶峰的科尔多瓦哈里发帝国在昙花一现之后便突然急转直下。哈里发苏莱曼二世（Sulayman II）被与其争权的对手俘获并被处死，帝国本身也开始解体。

发生在 1016 年的这场灾难可以向上追溯 40 年，当时有一个人带领着哈里发帝国走向了辉煌。他的名字是穆罕默德·伊本·阿比·阿米尔（Muhammad ibn Abi Amir），人们多称呼他为“胜利者”曼苏尔（al-Mansur）。976 年，年幼的哈里发希沙姆二世（Hisham II）在父亲死后继承了科尔多瓦的统治权。当时他只有 10 岁，因此实际上控制哈里发帝国的是他的大臣们，而在这些人中，曼苏尔是最有野心的一个。早些年他从南部沿海的家乡来到科尔多瓦，之后就全心投入学习法律，并且钻研如何在官场上一直往上爬。“尽管他出身卑微，”11 世纪的史家阿卜杜拉（Abd Allah）写道，“但他取得了伟大的成就，这都是由于他精明机智、表里不一，而且运气总是很好。”[1]

当希沙姆二世成为哈里发的时候，曼苏尔大约40岁上下，他看到幼主登基，认为这正是自己篡权的良机。978年，经过一番威逼利诱，他终于当上了小哈里发的维齐尔——相当于总理大臣与皇宫总管合二为一的一个角色。

他立刻下令修建一座新的宫殿。建成之后，981年，他自己带着科尔多瓦的整个官僚机构都搬了进去。希沙姆二世此时已经15岁了，他被独自留在哈里发的宫殿中，日常无法与任何朝臣接触。曼苏尔宣布哈里发已决定献身慈善事业，并把他与外界隔离开来。与此同时，作为维齐尔，曼苏尔指控其他可能像他那样渴望掌权的高官为异端或叛臣，将他们流放或处死。阿卜杜拉说：“他的借口是，继续将那些人留在朝中，将会导致各种纠纷与倾轧，并最终毁灭穆斯林的国家。”现在，他的名字与哈里发的名字一同出现在周五祈祷的祷告文中——这证明他已经爬到了宫廷等级的顶端。[2]

曼苏尔可能是个冷酷无情之人，但他也是一位出色的战略家和管理者。他将大批柏柏尔人从北非召来加强科尔多瓦军队，因此在他担任维齐尔期间，科尔多瓦哈里发帝国在与北方基督教王国的对战中连续取得了胜利。巴塞罗那是一座由独立的基督教伯爵统治了一个多世纪的古城，也于985年沦陷。在遭遇了一连串耻辱的失败之后，潘普洛纳国王桑丘二世（Sancho II）终于来向科尔多瓦求和。曼苏尔接受了他的求和，同时还娶了他的女儿为妻。999年，哈里发的军队横扫莱昂王国的边境，并在圣地亚哥–德孔波斯特拉城（Santiago de Compostela）造成了严重破坏。这对基督徒来说是加倍难堪的事，因为这里不仅是基督教国家的领地，而且是全世界的基督徒纷纷前来朝圣的一座圣城。传说耶稣门徒雅各的尸骨就安葬在城内的大教堂里。[3]

据说曼苏尔在与北方王国的对战中，总共打赢了 57 场战斗。“他对敌人获得了决定性的胜利，”阿卜杜拉总结道，“在他当政期间，伊斯兰教徒在安达卢斯享有前所未有的荣耀，而基督徒则遭受了最大的羞辱。”尽管真正的哈里发遭到了软禁，但在曼苏尔既精明强干又冷酷无情的统治之下，安达卢斯发展得繁荣昌盛。[4]

然而，半岛上的这个穆斯林王国扩张速度太快，其原有的基础已支撑不住。在表面的胜利之下，王国的基础已开始崩溃。

曼苏尔死于 1002 年，之后，他的儿子阿卜杜勒·马利克（Abd al-Malik）不得不持续作战，以维持曼苏尔扩张的国界。他要求成为维齐尔，就好像这个职位已经是世袭的一样；而且他也一直阻止希沙姆二世参与任何朝政。但在他的 6 年统治期间，他本人也一直都在打仗，几乎没怎么治理过国家。在 1008 年潮湿阴冷的 10 月里，他在与北方基督教国家卡斯提尔（Castile）作战时得了支气管炎。他的肺部一直都比较弱，结果支气管炎日益恶化，最终他就死于这个病。[5]

现在没有了曼苏尔的辉煌胜利来粉饰太平，帝国的衰败就开始显露出来了。阿卜杜勒·马利克的弟弟，曼苏尔的幼子阿卜杜·拉赫曼（Abd al-Rahman），认为没有理由继续将自己的权力隐藏在合法哈里发的保护伞之下了。他不想继续充当无冕之王，那个冠冕他也想要。于是他逼迫希沙姆二世（此时他已 40 多岁）指定由他来做哈里发的继承人。

这样做的话就会彻底终结倭马亚王朝对科尔多瓦哈里发王国的统治。倭马亚家族的其他成员早就对曼苏尔及其家族所享有的特权感到不满，尤其不愿看到众多柏柏尔人在军队中占据高位，挤掉了许多阿拉伯军官，于是他们揭竿而起。

不幸的是，他们并没有团结起来共同支持某一个倭马亚家族成员——有人支持希沙姆二世，有人则希望另选一位出身倭马亚家族的新哈里发——于是一场内战爆发了。阿卜杜·拉赫曼带着他手下的柏柏尔人与想要让倭马亚族人担任哈里发的各派叛军作战，倭马亚人自己彼此之间也斗成一团。在之后几年的混战中，阿布杜勒·拉赫曼和希沙姆二世都战死了。最终，倭马亚家族的苏莱曼击败对手，成为哈里发苏莱曼二世，但他在这个位置上只坐了几年的时间。

内战使王国实力大减，使其极易受到来自外部的攻击。但攻击并非来自北方的基督教王国，相反，它来自一个名叫纳西尔（al-Nasir）的柏柏尔士兵，他于1016年率领自己的北非军队进军科尔多瓦，俘虏了苏莱曼二世，亲自公开将其斩首。然后，他宣布自己为科尔多瓦的哈里发。苏莱曼和那些没有加入纳西尔阵营，而是与其为敌的柏柏尔将领的头颅被清理干净，用香料处理之后长期保存，纳西尔让手下将它们拿去在安达卢斯四处展示，让所有人都看到与他对抗会有什么样的下场。[6]

尽管如此，只过了两年，纳西尔就在洗澡的时候被刺身亡了。王国的颓势已成定局。1018年以后，所有的哈里发在科尔多瓦都没能统治几年时间，而且他们几乎没有一个是寿终正寝的。1031年，最后一个想当哈里发的人也死了，安达卢斯土崩瓦解，分裂成许多城邦。其统治者被称为泰法王（reyes de taifas），他们每个人都是自己那一小伙人的首领，其中有些是阿拉伯人，还有些是柏柏尔人。在这之后的50年里，在原来的哈里发帝国领土上，总共出现了30

多个这样的泰法王国。[7]

北方各基督教王国长期以来一直在保卫自己免受哈里发帝国的威胁，如今，随着哈里发帝国的分裂，安达卢斯的基督徒们终于可以不再时刻提防南方的穆斯林王国了。于是，他们对待彼此的态度开始转变，大家不再是盟友，而是成了竞争对手。

北方第一个出来挑衅的是潘普洛纳国王桑丘三世（Sancho Ⅲ），他被称作“桑丘大帝”（Sancho the Great），就是那个曾将女儿嫁给维齐尔曼苏尔为妻的国王的孙子。早在1016年，他的野心就开始滋长。他的领土本就不仅包括潘普洛纳要塞（几百年前由法斯康人的部落修建，曾被查理曼洗劫，当时他正在撤出安达卢斯的途中），还包括北方的纳瓦拉地区（Navarre），以及富庶的埃布罗河（Ebro river）上游河谷。现在南方的哈里发帝国已不再对外扩张，而且已开始分裂了，于是桑丘大帝开始将贪婪的目光投向了西边的基督教邻国——卡斯提尔。卡斯提尔的统治者是一些贵族，他们称自己为伯爵，而不是国王。桑丘大帝以和平的方式开始了他的侵占行动：他娶了伯爵的女儿。第二年，当卡斯提尔的伯爵死后，桑丘大帝提议由他本人出面，代表年幼的新伯爵——他的妻弟、年仅3岁的加西亚二世（Garcia II）——“保护”卡斯提尔。

桑丘大帝就这样成了卡斯提尔的摄政，这使他有机会吞并卡斯提尔，潘普洛纳就此成为北方最大的王国。莱昂国王阿方索五世（Alfonso V），也被称作“高贵的阿方索”（Alfonso the Noble），注意到了这一切。他也进行了些秘密活动，试图将卡斯提尔拉入他自己的轨道。当加西亚二世年满13岁时，阿方索提出让自己的亲妹妹和这位年轻的伯爵定亲。

为了保全面子，桑丘大帝表面上热烈支持这桩婚事——他宣布，为了对妻弟表示尊重，他本人将亲自率领整支军队护送妻弟前往莱昂去举行正式的订婚仪式。结果他们刚到莱昂，就冒出来三个刺客，他们在男孩的姐姐、姐夫以及随从们的面前将男孩刺死。刺客是三兄弟，都是来自维拉家族（Vela）的卡斯提尔人。得手之后，他们就逃之夭夭——逃到潘普洛纳王国去了。[8]

这足以证明他们是受桑丘指使的，但桑丘可不是傻瓜，他花钱找了卡斯提尔人来行刺正是为了避嫌，当他们到他的领地上来避难时，他便派人追捕他们，并在将他们捉住之后以谋杀伯爵的罪名将他们三个全都烧死了。他年轻的妻子也许怀疑过自己的丈夫与弟弟的死有关，但她从未公开表现出来。她成了卡斯提尔女伯爵，这意味着该国实际上已被潘普洛纳吞并了。

这个越来越广为人知的联合王国人称纳瓦拉王国（Kingdom of Navarre），现在该国开始与莱昂王国交战。接下来有六年的时间，莱昂将士一直忙于抵抗桑丘大帝军队的入侵，直到 1034 年战争结束，桑丘将莱昂国王赶出都城，自己得胜入城。流亡在外的莱昂国王撤退到加利西亚那个小地方，三年后被人杀死在那里。

桑丘大帝已将北方所有的三个王国全部征服，此外还有几块小一些的领地。官方的史书上说，那些被征服的土地“之所以向他屈服，是因为他诚实正直、以德服人”。而事实上，桑丘打天下靠的是无情的战争和权术，而且统治的时候毫无愧色。史书上最后说：“由于他所占有和统治的领土疆域辽阔，他开始让人称自己为‘皇帝’。”[9]

但皇帝也仅仅是个称号而已。桑丘的思维方式仍然像是一个小地方的统治者。他没有将整个王国传给一个继承人，而是下令将王国在他的四个儿子之间进行分配。他死于 1035 年，终年 40 岁上下，

地图 45–1 桑丘大帝及诸泰法王国

给自己加上“皇帝”的称号刚满一年。

这个基督教帝国就这样解体了。之后的 20 多年里，他的三个合法继承人，再加上一个私生子，四个人在彼此的领土上互相掠夺，彼此都想压对方一头。直到 1056 年，北方才再次实现了和平，原因是此时活着的合法继承人只剩下一个了。坚持到最后的是排行老二的斐迪南（Ferdinand）。他将父亲的土地和皇帝的称号都据为己有，就此成为皇帝斐迪南一世（Ferdinand Ⅰ)，北方的王国也再次得到了统一。南方的分裂使北方的统一得以实现：随着西班牙穆斯林王国的崩溃，西班牙半岛上的基督教王国开始实现某种统一。

但实现统一的过程并不和平。20 多年的家族内战，使西班牙的基督教国家未能充分利用南方分裂的良机。斐迪南的帝国是建立在鲜血之上的，于是他试图用虔诚的信仰洗去这一污点：12 世纪的《无声的历史》(*Historia Silense*) 一书中提道："斐迪南国王总是特别注意将一大半战利品分发给教堂和贫民，以此来赞美赐予他胜利的造物主……（但）斐迪南仍然受容易腐朽的肉体所限，知道自己距离神之恩典还有很远。"[10] 因此，1065 年，当他一病不起，意识到自己已濒临生命的终点时，他脱下皇袍，摘下皇冠，而穿上了一件苦行僧穿的粗毛衬衣。他就这样穿戴着罪人的装束在忏悔中度过了生命中最后的几日时光。

他死后将帝国连同内战的传统一起留给了三个儿子。大儿子桑丘二世（Sancho II)，也被称作"强者桑丘"(Sancho the Strong)，成为卡斯提尔国王；二儿子阿方索继承了莱昂王国；最小的儿子则得到了加利西亚那一小片领土。但"强者桑丘"却不愿意让弟弟们平安度日。在他的左右手罗德里戈 · 迪亚兹（Rodrigo Diaz）将军的协助下，他发动战争，打算重新统一全国。

罗德里戈 · 迪亚兹还有一个更加广为人知的绰号——"熙德"(EL Cid，在阿拉伯语中是"主人"的意思)，此时他才 20 岁出头，但他十几岁就开始当兵，战斗经验已经很丰富了。熙德的传记中说："桑丘国王对罗德里戈 · 迪亚兹极为重视，任命他为全军统帅。因此，罗德里戈迅速成长起来，成为战争中实力最强的战将。"[11]

经过 7 年的战斗，1072 年，"强者桑丘"终于将弟弟阿方索赶出了莱昂王国。他将卡斯提尔和莱昂重新合并为一个王国，而阿方索则躲到了一个以托莱多（Toledo）为中心的泰法王国里。但阿方索也像其祖父一样奸诈狡猾，而且不介意兄弟相残。他收买了“强者桑丘”身边的一个士兵，要其在国王围攻一座偏远城市的时候择机弑君。《无声的历史》中写道：“国王被这个变节之人出其不意地用长矛从背后刺穿，他的生命随着鲜血一道流逝。”[12]

阿方索一直到死都矢口否认自己与谋杀桑丘有关，但他是这件事的受益人。兄长死后，阿方索从流亡的泰法王国返回，成为卡斯提尔和莱昂两个王国的国王阿方索六世（Alfonso Ⅵ）。他还继承了“强者桑丘”强大的军队及其将领熙德。

阿方索尽其所能地收买熙德的忠诚，他给熙德在朝中封了个官职，还将一位王室表亲嫁给他做妻子。但他从来没有完全信任过已故兄长的这员大将，数年中，熙德多次被派出国，作为阿方索的使者，前往东部和南部各泰法王国。如此一来，熙德长期不在卡斯提尔和莱昂，一直不在阿方索身边，但这也使他有机会证明自己是一个多么伟大的战士。1080 年前后，他被派去对塞维利亚（Seville）的泰法王国进行友好访问，该国的统治者是阿拉伯人国王穆塔米德。在此期间，塞维利亚受到邻近的泰法王国格拉纳达（Granada）的袭击。熙德带着手下的人马出兵帮助穆塔米德与格拉纳达军队交战。他作战极为勇猛，赢得这次胜利完全是他的功劳。他以进攻托莱多圆满地结束了这次行动，带着 7000 名俘虏和一车又一车的财宝回到卡斯提尔和莱昂。

“对于上帝赐予他的这次成功和胜利，”熙德传记中如此悲叹道，“许多人，认识的也好，不认识的也好，他们都对熙德心生妒忌，纷纷在国王面前恶意中伤他。”阿方索也嫉妒熙德名声在外、深得民心，因此他以熙德擅自进攻托莱多为借口下令将其流放国外。12 世纪有位佚名诗人写诗称赞熙德的英雄事迹，诗里面补充说，阿方索还派手下抄了熙德的家：

> 钱箱被洗劫，大门被撞毁，一切暴露在风中，
> 不留下一件斗篷，也不留一件皮草，他的宅邸被洗劫一空。[13]

被剥夺一切的熙德，没有了家园、土地和事业，只有一条路可以施展他的本领：成为一名雇佣兵。他的名气够大，所以不愁没有人用他。他被流放后，立即就被萨拉戈萨的阿拉伯国王招至麾下。萨拉戈萨是一个泰法王国，其都城距离阿方索的边境不远。

这样他就站在了与曾经的主公对立的一边。尽管两个人并没有在战场上直接交手，但熙德是为阿拉伯人而战，而阿方索六世则正在制订认真的计划，打算重新征服穆斯林西班牙的大片区域。1079 年，他占领了其王国以南的科里亚城（Coria），到 1085 年，他已经一路向东打到了托莱多，这里是一个比较强大的泰法王国的中心。他攻下托莱多之后，在幸存的泰法王国中激起一阵阵恐惧的涟漪。他们害怕若是阿方索六世真的一路攻克一个个泰法王国，一直打到海岸边，那么他就会将南北诸泰法王国彼此隔绝，再将其逐个消灭。没有增援部队，他们无法抵挡基督教国家军队的坚决推进。[14] 在塞维利亚国王的带领下，各泰法王国的统治者派人越过直布罗陀海峡，向北非的穆斯林王朝——穆拉比特王朝（Almoravids）——求援。

在此之前，穆拉比特王朝一直局限在北非。他们本是一群不羁的北非部落，后来在一位名叫叶海亚 · 伊本 · 易卜拉欣（Yahya ibn Ibrahim）的北非首领领导下形成了一个国家，伊本 · 易卜拉欣是在

大约 11 世纪 30 年代登台掌权的。200 多年来，这些部落的成员一直都可以算作穆斯林，但由于他们分散在整个西部沙漠，没有什么中心城市或清真寺可以让他们聚集起来进行宗教活动，因此他们所进行的伊斯兰教活动已变得越来越特别。1035 年，伊本・易卜拉欣当时还只是其中一个部落的首领，他去麦加朝圣了一回。到了那里他才发现西非实行的伊斯兰教有多么古怪。[15]

伊本・易卜拉欣天生就是个改革者。他花了几年时间研究伊斯兰教故乡的阿拉伯人是如何信仰伊斯兰教的，当他回到西非的时候，他还带回来一位名叫阿卜杜拉・伊本・亚辛（Abdallah ibn Yasin）的伊玛目。之后，伊本・亚辛花了 20 年时间在各部落之间游走，教他们按照阿拉伯人的方式信仰伊斯兰教。那是一种比较激进好斗、有点禁欲主义的教义，要求非正统的信徒们改过自新，禁止饮酒，要求他们花时间进行祈祷和斋戒，学习《古兰经》——然后再将这些做法传播出去，有必要的话可以使用武力。他对他们说："真主改造了你们，带着你们走上正路。要警告你们的人民，让他们畏惧真主的惩罚……如果他们悔过自新，回到正道上来，放弃原来错误的方式，那就接受他们。但如果他们拒绝悔过、屡教不改、顽固不化，那么我们应当请求真主帮我们对付他们，对他们发动圣战。"[16]

到 1085 年的时候，穆拉比特王朝对圣战的信念已激励他们征服了非洲西北海岸的大部分地区。在伊本・易卜拉欣的兄弟艾布・巴克尔（Abu-Bakr）的率领下，他们在马拉喀什（Marrakesh）建造了一座都城，城里有一座中央清真寺；他们宣称效忠位于巴格达的阿拔斯哈里发，并遵循阿拔斯王朝已有的法律和习俗。伊本・亚辛在将真主的启示带到西北非洲的同时，也带去了一套帝国生活的样板，这使非洲西北这些游牧民族得以迅速呈现出一个统一国家的样子。

收到从塞维利亚传来的惊慌失措的求救信息之后，艾布・巴克尔派自己的堂兄弟优素福・伊本・塔什芬（Yusuf ibn Tashfin）将军前去增援。伊本・塔什芬率领穆拉比特军队越过海峡，向北进军，去与阿方索六世作战。1087年10月23日，在托莱多西南萨拉卡（Sagrajas）发生的激战中，泰法王国和穆拉比特组成的联军打败了莱昂和卡斯提尔的军队。杀戮过后，阵亡将士尸横遍野。“到处都是尸体和鲜血，没有一块干净的地方可以立足。”一位史家这样写道。

阿方索六世幸存下来，但他腿上受了重伤，被迫忍着伤痛逃离战场。这场失利把他吓坏了，他赶紧叫流亡中的熙德回来抵挡来自穆拉比特的威胁。熙德同意回来，交换条件是两座城堡、一小块属于他的领地，以及阿方索的亲笔赦免令，保证熙德在征服泰法王国领土时“可能获得的所有土地和城堡”都只归他本人所有。[17]

熙德帮助阿方索的军队守住了莱昂-卡斯提尔的边境。与此同时，伊本・塔什芬很快就让南方的穆斯林也像北方的基督徒一样感到恐惧。将他请来的泰法王国统治者了解他们的历史，他们记得711年塔里克的征服，那一次，伊斯兰教首次被引入了西班牙。而且他们也知道，请求一支北非军队出手相助，无异于引狼入室。但他们当时已陷入绝境，实在没有别的办法。为了对塔什芬的野心多少有些防范，他们让他承诺，一旦将基督徒击败，他就回非洲去。[18]

但到了1091年，塔什芬早将自己的承诺抛在了脑后。艾布・巴克尔已于1087年去世，伊本・塔什芬就成了穆拉比特土地上的统治者。他已征服了格拉纳达、科尔多瓦和塞维利亚，西班牙南部现在只是从马拉喀什跨越海峡的穆拉比特王朝的一个行省而已。但帝国疆域太广，这使穆拉比特军队很难继续向北推进，因此阿方索六世的王国才得以在北方保持完整。整个半岛被两大帝国瓜分，一个个泰法王国相继崩溃，均已成为过眼云烟。

但是，现在整个半岛分成基督徒和穆斯林两大阵营，熙德却拒绝加入任何一方。相反，1094 年，他围攻东部沿海的巴伦西亚城（Valencia），这里正处于北方基督徒王国和南部穆斯林王国的交界上。攻占城市后，他就宣布按照阿方索的赦免令，这座城市已归他所有，然后就进驻该城。后来以巴伦西亚为中心，他又征服了一些土地，为自己创建了一个王国。

熙德此时已经 50 多岁了，他终其一生都在为各国国王四处征战，有时是为穆斯林国王攻打其他穆斯林，有时为穆斯林国王攻打基督徒，有时又为基督教国王攻打穆斯林，还有时是为基督教国王攻打他们自己的基督徒兄弟。他已经厌倦了战争，厌倦了整天改变立场。有一小段时间，他的王国既是基督徒的家园，也是穆斯林的家园，在这片两极分化的土地上，两种信仰有过短暂的交融。

然而熙德并不是什么和平使者。他将胆敢反抗的巴伦西亚居民屠杀殆尽，将不肯投降的村庄洗劫一空，并从被征服者手中窃取财宝，为己所用。但他也不是宗教狂热分子，他既不为基督教、也不为伊斯兰教服务，而只为他自己服务。任何西班牙人，只要规规矩矩、服从熙德，都可以在巴伦西亚生活。在一个被宗教分裂的世界里，大将军熙德出于个人利益，意外地缔造了一片宽容的绿洲。

到 1097 年，穆拉比特的首领优素福·伊本·塔什芬已征服了曾经属于科尔多瓦哈里发帝国的几乎所有土地，他的穆斯林帝国从西北非洲一直向北延伸到西班牙南部。在长寿的阿方索六世统治之下

地图 45-2　穆拉比特帝国

的基督教王国莱昂-卡斯提尔则控制了北方大部分地区。小王国阿拉贡-纳瓦拉在伊比利亚半岛上势力较弱，比阿拉贡-纳瓦拉王国更小的唯有熙德位于东海岸的独立王国巴伦西亚。

巴伦西亚能够存在完全是由于熙德力量强大、决心坚定，在他死后，巴伦西亚也就不复存在了。1099 年，熙德在自己的床上平静地咽下了最后一口气，享年 56 岁。穆拉比特人一听说熙德已不在人世，立即就向巴伦西亚进军，入侵其领土，围攻了这座城池 7 个月。

熙德的妻子最终向卡斯提尔的阿方索六世求助，恳求他前来救援。她知道，这样一来，自己以后就再也当不成巴伦西亚的王后，无法继续保持独立了，事实也的确如此。阿方索率军攻入巴伦西亚来救她，但他拒绝解除穆拉比特人对该城的包围。“此处距离他的王国太远了，”《罗德里戈秘史》（*Historia Roderici*）中如此写道，“因此他返回了卡斯提尔，将罗德里戈的尸体及其妻子一起带走了……当他们都离开巴伦西亚后，国王下令放火烧掉了整座城市。”穆拉比特人撤退之后再度返回，占领了这座已被烧毁的城市。他们“重新在此定居，占据了这里所有的领土，此后就再也没有失去过这块地方”。[19]

巴伦西亚的陷落是在西班牙大地上发生的一系列变革的开始。1104 年，阿方索六世的堂侄继承了阿拉贡-纳瓦拉的王位，是为阿方索一世（Alfonso Ⅰ），就此他展开了双重的追求：一方面是重新征服南方穆斯林地区，另一方面则是改变莱昂-卡斯提尔王国和他自己的王国之间的主从关系，让面积更大的对方向自己效忠。他和堂伯一样，也叫阿方索。卡斯提尔的阿方索六世最终为自己赢得了“勇士阿方索”（Alfonso the Brave）的绰号，而阿拉贡-纳瓦拉的他的堂侄阿方索一世在统治的 30 年时间里则为自己赢得了“斗士阿方索”（Alfonso the Battler）的绰号。

由于塔什芬、“勇士阿方索”的独子及“勇士阿方索”本人在短时间内相继去世，“斗士阿方索”得以迅速崛起。

塔什芬死于 1106 年，终年已近百岁高龄。在他死前好几年，由于年迈体衰，塔什芬已无力阻挡莱昂-卡斯提尔王国深入侵略穆斯林领地。塔什芬死后将穆拉比特帝国留给了儿子阿里·伊本·优素福

（Ali ibn Yusuf），伊本·优素福意识到，自己必须将入侵的基督徒赶回去。

1108年，伊本·优素福的两个弟弟率领一支穆拉比特军队围攻边境城市乌克莱斯（Ucles）。卡斯提尔的“勇士阿方索”派他14岁的儿子桑丘率领1万兵马前去解围。他还派了两名经验丰富的将领前去协助这个孩子，希望他能速战速决。但在年迈的塔什芬死后，穆拉比特的军队已进行改编，战力得到提升。在城外的激战中，年轻的桑丘和两个将军全部战死。穆拉比特人占据了乌克莱斯，划出了新的边界。

“勇士阿方索”被儿子战死的噩耗击垮，身体每况愈下。他只有一个合法继承人尚在人世，就是他的女儿乌尔拉卡（Urraca），她已嫁为人妇，但几年前已丧夫寡居。由于卡斯提尔和莱昂王国的王位将由她来继承，因此她父亲又给她安排了一门亲事，让她再嫁给阿拉贡国王“斗士阿方索”。他当时30多岁，是一名久经沙场的战将，有能力保护王国免受穆拉比特人的侵略。[20]

1109年，老国王去世了，“斗士阿方索”成为阿拉贡、纳瓦拉、莱昂和卡斯提尔的国王，也就是西班牙国王。但他之所以能得到莱昂和卡斯提尔，完全是由于妻子的关系，而夫妻二人的婚姻却是一场灾难。乌尔拉卡已年近30岁，不是一个天真的小姑娘了。她的前一段婚姻给她留下了一个4岁的儿子，有权继承莱昂和卡斯提尔王位的是这个孩子，而不是“斗士阿方索”。她坚持要独自统治帝国中属于她自己的那一部分，不要新任丈夫帮她。她甚至下令流放了自己以前的老师，就因为对方称呼“斗士阿方索”为“卡斯提尔国王”。而且除了政治方面的原因之外，她根本就不喜欢阿方索一世这个人。“这对新婚夫妇之间彼此缺乏爱慕之情。”一位史家这样写道。他们争吵不休，没过几个月就分居了。[21]

但“斗士阿方索”仍然号称是整个王国的国王。接下来的 8 年时间，他与穆拉比特军队沿边境一带不断作战。乌尔拉卡也派出莱昂-卡斯提尔军队与穆拉比特人作战。

时不时地，这对失和分居的夫妻也会打上一仗。有一次，“斗士阿方索”甚至俘获了自己的妻子，并把她当成战俘关押了一段时间。基督教国家国王和王后之间的敌对状态使他们无法攻打北非的敌人。多亏了他们婚姻不和，穆拉比特的势力又延长了一段时间。

时间线45

英格兰	诺曼底	东方穆斯林王朝	西方穆斯林王朝	基督教西班牙
				（潘普洛纳）**桑丘二世**（970—994）
埃德加加冕（973）				
			（法蒂玛王朝）**阿齐兹**（975—996）	
			（科尔多瓦）**希沙姆二世**（976—1008）	
埃塞尔雷德二世（978—1013）			曼苏尔任科尔多瓦的维齐尔（978—1002）	
		（阿拔斯王朝）**卡迪尔**（991—1031）		
	好人理查二世（996—1026）		（法蒂玛王朝）**哈基姆**（996—1021）	
				（莱昂）**阿方索五世**（999—1028）
对丹麦人的屠杀（1002）			马利克任科尔多瓦的维齐尔（1002—1008）	（潘普洛纳）**桑丘三世**（1004—1035）
			（科尔多瓦）**苏莱曼二世**（1009—1010/1012—1016）	
八字胡斯温（1013—1014）		巴格达宣言（1011）		
克努特大帝（1014）				
埃塞尔雷德二世（1014—1016）				
埃德蒙二世（1016）			（科尔多瓦）**纳西尔**（1016—1018）	
克努特大帝（1016—1035）				
			（法蒂玛王朝）**扎希尔**（1021—1036）	
			泰法诸王国的建立（1031）	
飞毛腿哈拉尔（1035—1040）	**私生子威廉**（1035—1087）			（莱昂和卡斯提尔）**斐迪南一世**（1037—1065）
哈瑟克努特（1040—1042）				

时间线 45（续表）				
英格兰	诺曼底	东方穆斯林王朝	西方穆斯林王朝	基督教西班牙
忏悔者爱德华 （1042—1066）			（塞维利亚）**穆塔米德** （1042—1069）	
			（穆拉比特） **艾布·巴克尔** （1056—1087）	
				（卡斯提尔） **强者桑丘** （1065—1072）
哈拉尔二世 （戈德温森） （1066）				
征服者威廉 （1066—1087）				
				（卡斯提尔和莱昂） **勇士阿方索** （1072—1109）
			（穆拉比特）**塔什芬** （1087—1106）	
				巴伦西亚的 熙德王国 （1094—1102）
				（阿拉贡-纳瓦拉） **斗士阿方索** （1104—1134）
			（穆拉比特）**优素福** （1106—1143）	

/ 46

突厥人的到来

1025 年至 1071 年，佐伊女皇让她的三任丈夫先后当上了皇帝，塞尔柱突厥人则为自己建立了一个帝国。

回到东方，11 世纪的君士坦丁堡刚忙完国内的事情，就看到东方的地平线上出现了一个新的敌人。

1025 年，“保加尔人的屠夫”巴西尔二世辞世，他的弟弟和继承人君士坦丁八世继位后独占拜占庭的皇冠，但这顶皇冠他只戴了 3 年。他已经 60 多岁了，一辈子的时间都花在了打猎骑马和享用美食上。他既没有经国之才，也没有作战经验。据米哈伊尔·普塞洛斯的说法，他是“一个性格懒散的人，没有什么争权夺利的野心，体格强壮，但内心懦弱”。身为一名统治者，他最大的专长却是“准备美味可口的调味酱料”。他没有儿子，所以没有继承人；有 3 个女儿，却不许她们结婚，原因是担心她们的丈夫有可能会试图篡夺他的皇位。他的统治不负责任到令人吃惊的地步。[1]

1028 年，他病入膏肓的时候，最终不得不安排了一个接班人。

君士坦丁堡市长罗曼努斯·阿吉鲁斯（Romanos Argyros）当时已 60 多岁了，是一位经验丰富的官员，而且他恰好也是皇帝罗曼努斯一世的曾外孙。君士坦丁提议让他与自己的二女儿佐伊（Zoe）成婚，然后与她一道加冕。

罗曼努斯·阿吉鲁斯已经结婚，而且佐伊此时也 50 岁了，不过他并没有拒绝这个成为皇帝的机会。他将妻子送进了修道院，然后向人到中年的公主佐伊求婚。二人于 1028 年 11 月 12 日成婚，3 日后，君士坦丁八世去世，罗曼努斯·阿吉鲁斯和他新娶的妻子被加冕为皇帝罗曼努斯三世（Romanos Ⅲ）和女皇佐伊，成为拜占庭的两位统治者。

后来证明罗曼努斯三世是一个有远大理想但缺乏实现理想能力的人。他集结了一支庞大的军队，向东方穆斯林的边境进军；他提高了税收，希望自己能建成伟大的建筑，以便青史留名；而且他还费尽心思想生个儿子，以使自己的王朝千秋万代、永世昌盛。但一切都事与愿违。对穆斯林边境的袭击以令人尴尬的战败告终；提高税收使他极为不得人心；而佐伊则已 50 岁，早就过了生育年龄。米哈伊尔·普塞洛斯评论说，罗曼努斯觉得还是尽量忽视这些令人不快的真相更好过些。“在符合自然规律的生育能力丧失面前，他更加坚定了自己的雄心壮志，因为他总是对未来充满信心。”这位编年史家这样说。他聘请了许多声称能治疗不孕不育的医生和专家，他“接受药物和按摩治疗，并且嘱咐妻子也这样做”。专家们建议佐伊在丈夫过来的时候将自己打扮得魅力四射，而她丈夫确实会来，而且来得还挺频繁。[2]

不过，罗曼努斯三世最终还是被迫放弃了希望。他岁数太大了，无力再照计划坚持这场性事马拉松，而佐伊也没有一丝从更年期中恢复青春的迹象。他十分气馁，再也不进佐伊的卧室了。

这对佐伊来说无所谓，她已经与皇家内侍帕夫拉戈尼亚人米海尔（Michael the Paphlagonian）展开了一场火热的恋情，米海尔是一个英俊过人、性情柔顺的年轻人，其兄长是宫中一个颇有权势的宦官。而且罗曼努斯的人气又一落千丈，于是佐伊决定，父亲强加给她的这个高龄丈夫必须消失。她可能开始在丈夫的食物中下毒，朝臣们注意到他变得有气无力、呼吸急促、面颊浮肿、脸色憔悴，而且他还开始脱发。一天早上，他正独自一人泡澡的时候，就这么沉下水面，淹死了。发生这样的意外显然是佐伊乐于见到的，因为她当天晚上就与帕夫拉戈尼亚人米海尔成婚，并下令君士坦丁堡牧首将其加冕为皇帝，是为米海尔四世（Michael Ⅳ）。[3]

米海尔虽然又迷人、又聪明，但经常生病（有可能是癫痫病），而且他这一段短暂的统治无论在政治上还是在个人生活方面都是一场灾难。事实真相很快就浮出水面：他不过是个受人控制的傀儡，在他背后进行操纵的人不是女皇，而是他的哥哥约翰，就是那位颇有权势的宫廷宦官。

被阉割之后在君士坦丁堡服务的人许多都是奴隶或囚犯，但也有一部分宦官是拜占庭本地人。有皇室血统的小男孩常会被阉割，以防止他们篡夺皇位；更常见的是，有些农村父母儿子太多，就会将两三个儿子阉割之后，送他们去都城自谋生路。由于宦官自己不可能生儿子，不会有改朝换代的野心，所以他们在宫中很受重用，因此送几个儿子进城当宦官，总比把所有的儿子都留在乡下要好。[4]

约翰和米海尔就来自帕夫拉戈尼亚的一户农家，家里生了 5 个儿子，约翰已被阉割，米海尔则得以幸免。约翰能力过人，米海尔外貌出众，因此这兄弟二人在朝中都站稳了脚跟，而两人中更聪明、更有进取心的约翰，则一手操纵了弟弟与女皇之间的风流韵事。如今米海尔当了皇帝，而由于曾经掌管君士坦丁堡的国家孤儿院而得名“孤儿院掌门人”（Orphanotrophus）的约翰则成了皇位背后那股看不见的力量。普塞洛斯小时候曾亲眼见过这位宦官，他说“孤儿院掌门人”约翰精明世故、小心细致，全心全意地想要帮助弟弟成功。“他从未忘记自己的责任，即使在玩乐的时候也是如此，”普塞洛斯写道，“什么也逃不过他的眼睛……人人都怕他，在他的监督之下不寒而栗。”[5]

在约翰的指导下，米海尔四世开始限制佐伊的活动，削弱她在朝中的影响力。他将她幽禁在房中，下令任何想见她的人都必须先经过她的仪仗队盘查。同时，他也不再与她同房，因为他的癫痫病越来越严重，已经丧失了性能力。佐伊以她唯一能用的方法进行了回击，她现在已经 50 多岁了，却与另一个更年轻的男人有了外遇，这个人名叫君士坦丁·莫努马库斯（Constantine Monomachos），是个官员，年纪刚刚 30 岁出头。

米海尔四世对此大为光火，他下令将君士坦丁·莫努马库斯流放到莱斯博斯岛（Lesbos）上去，传统上那里是流放贪官污吏的地方。然而君士坦丁·莫努马库斯根本算不上是米海尔最大的问题，最大的问题是他的癫痫病。米海尔的病情发作得更加频繁了，经常会在大庭广众之下突然发病。现在他要是不带上一大帮随从，根本就不能出门。出门的时候带上他们，如果他突然发病，他们就会立即将他围在中间，挡住别人的视线，不让人看到他抽搐的样子。

“孤儿院掌门人”约翰为保护家族势力采取了一些措施，他建议米海尔四世将他们姐姐的儿子，时年 25 岁、名字也叫米海尔的外甥收为养子，当他的继承人。1040 年，米海尔办完收养事宜。到 1041 年年中的时候，他已几乎无法行走。“自然的力量是不受人控制的，”普塞洛斯写道，“皇帝也无法永远压倒这种疾病。在秘而不宜的情况下，病情发展到了终点。”米海尔四世死于当年 12 月，终年 31 岁，他的外甥继承了皇位，成为米海尔五世（Michael V）。[6]

米海尔五世急于摆脱他强势的舅舅约翰的控制。他甫一坐上皇位，就下令流放舅舅约翰和养母佐伊。但他这是高估了自己的权威。“孤儿院掌门人”约翰虽然算不上特别得民心，但也还是颇受敬重的；而佐伊则仍然美貌过人、魅力四射，她虽然总是遇人不淑，却一直广受爱戴。因此米海尔五世的决定“激起了广泛的民愤，所有人都准备要为佐伊献出自己的生命”，普塞洛斯这样写道。1042 年，暴乱发生的时候普塞洛斯本人就在君士坦丁堡，他描述了当时街上的暴徒怎样手持斧头、大刀、长矛和石块，准备只要一看到米海尔五世露面，就把他杀掉。[7]

米海尔五世一番乔装打扮之后偷偷溜到港口，乘船逃向附近的修道院。他躲到修道院的礼拜堂里，紧紧地抱住圣坛，暴民却追踪而至，将他拖走，并用利器刺瞎了他的双眼。他们将他丢在那里，然后就都回君士坦丁堡去了，佐伊和她的妹妹狄奥多拉（Theodora）共同登基，两人成为共治女皇。“于是帝国传到了两姐妹的手中，”普塞洛斯说，“我们在一生中首次看到女性的住处被改造成皇帝的会议厅。”[8]

佐伊当时已经 64 岁了，她将自己年轻的官员情人君士坦丁·莫努马库斯从流亡中召回，与其成婚，并将其加冕为皇帝君士坦丁九世（Constantine Ⅸ）——这是第三个通过与她结婚而得到权力的男人。对于一位生活在 11 世纪的女性来说，这样的人生是十分骄人的。即便已是年过 60 岁，佐伊女皇依然魅力逼人。“她长着一头美丽的金发，肤色白皙，整个人都容光焕发，”曾亲眼见过佐伊的米哈伊尔·普塞洛斯这样写道，“岁月并未在她身上留下多少痕迹。事实上……你会认为她还很年轻，因为她的皮肤光滑紧致，连一道皱纹都没有。”那一头金发，无疑是动了些手脚的结果——普塞洛斯还说她存有整整一屋子的乳液、面霜和其他美容品——不过佐伊显然也是天生就拥有惊人的美貌。[9]

但那几个在她的帮助下登上权力顶峰的男人就没有这样幸运了。现在，君士坦丁·莫努马库斯发现自己所统治的帝国可以说放眼看去，几乎四面都是敌人，四处都是威胁。拜占庭帝国受个人问题困扰得太久，已经从巴西尔二世统治时的鼎盛时期一点一点地走上了下坡路。君士坦丁·莫努马库斯面临的问题千头万绪：手下有一名将领叛乱，罗斯人入侵，西突厥佩切涅格部落的难民穿过冰冻的多瑙河迁移而来，东方还有穆斯林的势力对帝国虎视眈眈。他一个一个地处理着这些问题，但到了 1048 年，他在加冕 6 年之后，终于遇上了一个对付不了的强敌。[10]

敌人就是图格里勒，那位曾率领联军征服印度河上游山地以西的伽色尼王朝领土的突厥人首领。图格里勒已经在他的部落塞尔柱突厥人中当了 20 多年首领了。用历史学家勒内·格鲁塞（René Grousset）的话来说，他们是“一个没有传统的游牧部落，在所有游牧部落中是文明程度最低的一个”，不过图格里勒为他们铺好了一条建国之路。1038 年，他自己加冕为突厥人的苏丹，定都内沙布尔。他领导下的突厥人现在已强大到足以对拜占庭发起挑战了。[11]

突厥人第一次对拜占庭领土发动袭击是在 1046 年，这一次只是在拜占庭的边境上进行的一次试探，来到亚美尼亚的突厥人没有造成多么严重的破坏就撤退了。1048 年，突厥军队又发动了一次规模更大的袭击，冲破了东部边境，夺取了富饶的边境城市埃尔岑（Erzen）。君士坦丁·莫努马库斯派出 5 万大军，想将侵略者赶走，但在城外随后展开的一场险恶的激战中，拜占庭军队惨败。塞尔柱突厥人俘获的战俘成千上万，拜占庭军队的主将也是战俘之一。突厥人还缴获了许多军需品：装满了食物、衣物和金钱的货车数以千计。[12]

君士坦丁·莫努马库斯决定不再继续战斗，而是向塞尔柱突厥人求和。为了换取和平，让对方归还俘虏，他同意放弃东部边境的部分土地。他还给图格里勒送去昂贵的礼物，并许诺说他会允许穆斯林在君士坦丁堡自由地进行礼拜活动，因为当时突厥人已皈依伊斯兰教，因此做出这样的承诺是一种友好的表示。图格里勒接受了这些条件，将君士坦丁九世的主将毫发无损地放回了君士坦丁堡。

战争暂时是结束了，但订下的和约却是魔鬼的交易。君士坦丁·莫努马库斯就像巴西尔二世之后的每一个皇帝一样，最关心的是怎样保住自己通过婚姻而不是继承所得到的帝位。在他执政期间，拜占庭帝国日渐委顿，缩得像一个备受珍爱和呵护的气球一样。

他自己也病倒了。他得病已经有一段时间了，折磨着他的这种疾病使他肌肉痉挛，逐渐瘫痪。“他的手指……完全改变了形状，这里折那里弯，变得奇形怪状，”普塞洛斯写道，“他的腿脚也变形了，膝盖就像人的胳膊肘那样弯出个尖来。”他先是被迫放弃了骑马，后来连走路也不行了。他的呼吸变得困难，讲话也会带来痛苦，击败突厥人看起来肯定是不可能了。[13]

很快，突厥人的问题就只能留给下一代来解决了。1050 年，72 岁的佐伊去世。直到死前，她还一直穿着单薄美丽的衣裙，仍然是君士坦丁堡出名的大美人。比她年轻许多的君士坦丁·莫努马库斯跟着也死于 1055 年，已经年迈的狄奥多拉独占皇位，1056 年她也去世了。狄奥多拉死前宣布将皇位传给她最信任的大臣米海尔·布林加斯（Michael Bringas），是为米海尔六世（Michael Ⅵ）他比狄奥多拉年轻不了几岁，立刻就得到了绰号“年迈的米海尔”（Michael Gerontas，或 Michael the Aged）。

与此同时，图格里勒正在收紧他对南方穆斯林领土的掌握。白益王朝虽已无法与从前同日而语，也仍然还控制着巴格达。1056 年，当“年迈的米海尔”登上君士坦丁堡的皇位时，图格里勒已经攻克了巴格达，白益王朝的最后一位统治者被迫逃亡。阿拔斯哈里发仍然住在巴格达，虽然他一点政治权力也没有了，但还保留着某种精神权威，因此图格里勒与他达成了协议，只要哈里发肯在周五祈祷中承认图格里勒为至高无上的苏丹，是穆斯林世界的最高权威，他就可以继续平安地留在巴格达。曾几何时，在周五祈祷中提及除了哈里发或其继承人以外的任何人都等同于背叛。而现在，哈里发却亲自为苏丹祈祷。就这样，在阿拔斯王朝，政治权力与精神权威之间彻底完成了分离。

图格里勒在南方取得的胜利使拜占庭军队备感紧张，因为他们对“年迈的米海尔”没有多少信心。于是，1057 年，君士坦丁堡的士兵拥立他们自己的将领伊萨克·科穆宁（Isaac Comnenus）为皇帝，以取代“年迈的米海尔”。“年迈的米海尔”提出可以让伊萨克当他的皇位继承人，但君士坦丁堡人民仍然坚持己见，并为此发动了骚乱。米海尔六世既没有精力也没有信心与民意对抗，于是他和平退位，进修道院当了修道士，两年后死在了自己的床上。

君士坦丁堡欢庆新皇帝加冕，他们终于有了一位军人出身的皇帝，他有可能会击退突厥人的进攻。“城里所有人都涌上街头，向他致敬，”普塞洛斯写道，“有些人举着燃烧的火把，就好像他是上帝亲临一样，还有些人则向他喷洒香水……人们载歌载舞，欢声笑语无处不在。”[14]

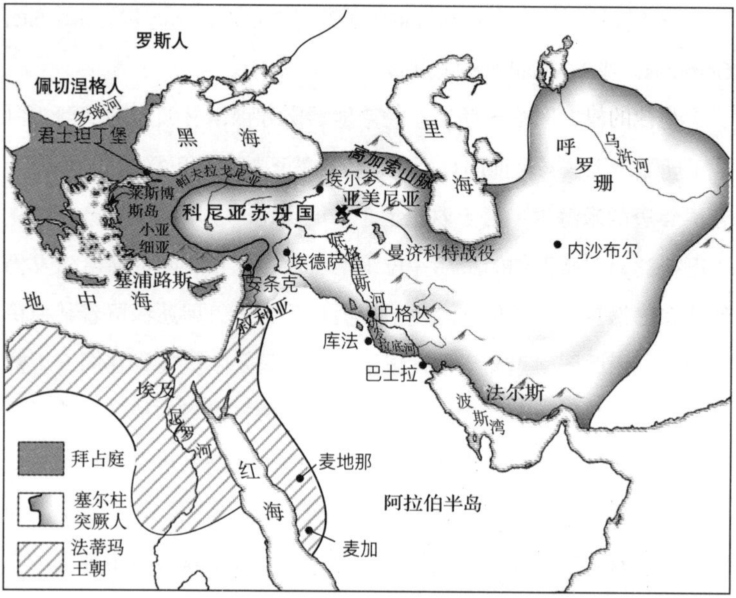

地图 46–1　曼济科特战役

不幸的是，他们的希望很快就破灭了。伊萨克·科穆宁的皇帝任期并不长，也没有什么值得一提的事迹。他上台之后，在朝中几乎立刻就不受欢迎了，因为他提出要进行大规模的政府改革，然而，这些改革措施大部分都还没来得及落实，他就病倒了，可能是得了肺炎，很快就死了。接替他加冕为皇帝的是官员君士坦丁·杜卡斯（Constantine Doukas），虽然他在皇帝的位子上一坐就是 8 年，但他不怎么关注东方突厥人的进攻。直到 1068 年，君士坦丁堡才出现了另一位军人出身的皇帝，他就是将军罗曼努斯·戴奥真尼斯（Romanos Diogenes），他被加冕为罗曼努斯四世（Romanus IV），君士坦丁·杜卡斯的儿子们都是他的共治皇帝，但他是主政皇帝。

1063 年，突厥苏丹图格里勒去世，身后没有留下儿子，他的侄子阿尔普·阿尔斯兰（Alp Arslan，这个名字的意思是“勇敢的狮子”）接掌了他的权力，成为突厥人的首领。阿尔斯兰盯上了小亚细亚的拜占庭领土，而罗曼努斯四世则注意到了突厥人日益强大的危险，终于组织了对东部边境的作战。他率军冲向突厥人，向前推进到对方已经占领的土地。1070 年，经过一系列艰苦鏖战，他终于将敌人赶回了幼发拉底河对岸。经过多年作战，他知道对付轻装上阵、迅速出击的突厥骑兵最好的办法是，部队要保持整体作战，不能把阵线拉长，要让弓箭手对行动缓慢、全副武装的骑兵进行全方位掩护。[15]

阿尔普·阿尔斯兰的撤退是战略性的，这使他得以重整军队。1071 年，他再次攻入拜占庭领土，罗曼努斯四世则率领 6 万大军前来应战。

这次罗曼努斯因过分自信而遭到重挫。他并不知道阿尔普·阿尔斯兰及其部队主力究竟驻扎在哪里，但他却没有将自己的人马聚在一起，等得到可靠的情报后再行动，而是立刻将军队一分为二，其中 3 万兵力被派去进攻附近的一个要塞，他本人则与剩下的 3 万兵力一起向位于拜占庭和突厥边界的曼济科特城（Manzikert）前进，并将其占领。

其实在拜占庭皇帝做这些安排的时候，阿尔普·阿尔斯兰一直就在曼济科特城外密切监视着他的一举一动。罗曼努斯四世占领曼济科特 3 天后，在他小心谨慎地进入突厥境内时，遇上了好像是突厥兵的一伙人。他下令让部队排成一排将对方赶走。突厥人在他面前撤退了，罗曼努斯被胜利冲昏了头脑，他率领拜占庭军队在后面对敌人紧追不舍，一直追到了傍晚。

但那伙突厥兵不过是阿尔普·阿尔斯兰大军的先头部队。太阳刚一落山，突厥人就包围了阵线拉长了的拜占庭军队，在暮色中将他们屠杀殆尽。“就像是突然发生了地震，只听见一阵阵鬼哭狼嚎，士兵们汗流浃背，像没头的苍蝇一样四处逃窜，到处尘土飞扬，”一位幸存者后来这样写道，“每个人都只想逃命。”拜占庭部队有一多半都在逃命的时候被捉住杀掉了，罗曼努斯四世也被俘获，之后被带到了阿尔普·阿尔斯兰的营地。另外那 3 万兵力则不知所终，很有可能他们也中了埋伏，全军覆没了。[16]

接着，阿尔普·阿尔斯兰又在罗曼努斯四世的伤口上撒了一把盐。在被逼着庄严发誓要与突厥人友好和平共处之后，罗曼努斯得到了贵宾的待遇，与苏丹同桌进餐，之后就被放走了。罗曼努斯难堪至极，启程返回君士坦丁堡，然而，正如曼济科特战役摧毁了大部分拜占庭军队一样，被俘和宣誓也摧毁了罗曼努斯的声誉。普塞洛斯本人就认为罗曼努斯那几个年轻的共治皇帝，也就是君士坦丁·杜卡斯的儿子们，没有义务让已经蒙羞的统治者再回君士坦丁堡来。他们的部分亲信，包括几个杜卡斯家族的成员在内，到罗曼努斯回家的路上去等着阻截他。他们捉住他之后，刺瞎了他的双眼，然后就把他留在一座修道院里等死。[17]

现在，君士坦丁·杜卡斯的长子米海尔七世（Michael VII）成了主政皇帝。1071 年 10 月，他被第二次加冕。但他所统治的国家版图已经有了很大的变化。塞尔柱突厥苏丹已在小亚细亚建成了一个新的突厥前哨，这里从前都是属于拜占庭的领土，如今统治这一地区的是突厥的一位附庸，罗姆苏丹（the Sultan of Rum）。突厥人已在小亚细亚扎下根来，而且打算一直在这里生活下去。而拜占庭也只得接受现状，因为他们在曼济科特战役中全军覆没，已无力再召集一支足够强大的军队将他们赶走了。

时间线 46

东方穆斯林王朝	西方穆斯林王朝	基督教西班牙	拜占庭	保加利亚	罗斯人	突厥人
	（科尔多瓦）**希沙姆二世**（976—1008）		**巴西尔二世**（976—1025）			
	曼苏尔任科尔多瓦的维齐尔（978—1002）			**罗曼**（977—991）		
					弗拉基米尔（980—1015）	
（阿拔斯王朝）**卡迪尔**（991—1031）			瓦兰吉卫队成立（989）			
	（法蒂玛王朝）**哈基姆**（996—1021）					
				撒母耳（997—1014）		
		（莱昂）**阿方索五世**（999—1028）				
	马利克任科尔多瓦的维齐尔（1002—1008）					
		（潘普洛纳）**桑丘三世**（1004—1035）				
	（科尔多瓦）**苏莱曼二世**（1009—1010/1012—1016）					
巴格达宣言（1011）						
	（科尔多瓦）**纳西尔**（1016—1018）					
	（法蒂玛王朝）**扎希尔**（1021—1036）					
			君士坦丁八世（1025—1028）			
			佐伊（1028—1050）			
	泰法诸王国的建立（1031）		**罗曼努斯三世**（1028—1034）			
			帕夫拉戈尼亚人米海尔四世（1034—1041）			
		（莱昂和卡斯提尔）**斐迪南一世**（1037—1065）				**图格里勒**（1038—1063）

时间线 46（续表）

东方穆斯林王朝	西方穆斯林王朝	基督教西班牙	拜占庭	保加利亚	罗斯人	突厥人
			米海尔五世（1041—1042）			
	（塞维利亚）**穆塔米德**（1042—1069）		**君士坦丁九世**（1042—1055）			
			狄奥多拉（1055—1056）			
	（穆拉比特）**艾布·巴克尔**（1056—1087）		**年迈的米海尔**（1056—1057）			
			伊萨克·科穆宁（1057—1059）			占领巴格达
			君士坦丁十世（1059—1067）			
		（卡斯提尔）**强者桑丘**（1065—1072）				**阿尔普·阿尔斯兰**（1063—1072）
			罗曼努斯四世（1068—1071）			
			米海尔七世（1071—1078）			曼济科特战役（1071）
		（卡斯提尔和莱昂）**勇士阿方索**（1072—1109）				
	（穆拉比特）**塔什芬**（1087—1106）					
		巴伦西亚的熙德王国（1094—1102）				
		（阿拉贡-纳瓦拉）**斗士阿方索**（1104—1134）				
	（穆拉比特）**优素福**（1106—1143）					

注　释

01　格列高利一世

1. Paul the Deacon, 2.28.
2. Ibid., 3.35.
3. Schaff and Wace, *Select Library*, vol. 12, p. 399.
4. Paul the Deacon, 3.24.
5. Schaff and Wace, *Select Library*, vol. 12, p. 420.
6. Epistle 1.3, in ibid., p. 532.
7. Jeffrey Richards, *The Popes and the Papacy in the Early Middle Ages, 476–752* (1979), p. 173.
8. Epistle 5.36, in Schaff and Wace, *Select Library*, vol. 12, p. 704.
9. Richards, p. 174.
10. Henry Mayr-Hartin, *The Coming of Christianity to Anglo-Saxon England* (1972), pp. 33–34.
11. Bede, 1.23; Gregory the Great, Epistle 5.51, in Schaff and Wace, *Select Library*, vol. 12, p. 753.
12. Bede, 1.25, 5.24.
13. Quoted in Fletcher, *The Barbarian Conversion* (1999), p. 115.
14. Bede, 1.26.
15. Epistle 8.30, in Schaff and Wace, *Select Library*, vol. 12, p. 815; Fletcher, *Barbarian Conversion*, p. 116.
16. Epistle 11.64, in Schaff and Wace, *Select Library*, vol. 13, p. 133.
17. Bede, 1.26.

02　波斯圣战

1. al-Tabari, *History*, vol. 5, p. 298.
2. Theophylact Simocatta, *The History of Theophylact Simocatta*, trans. Michael Whitby and Mary Whitby (1986), 8.1–3.
3. Frye, "Political History of Iran under the Sasanians," in Yarshater, pp. 163–165.
4. Gregory, p. 151.
5. Bury, *History of the Later Roman Empire*, vol. 2, pp. 126–128; Maurice, *Maurice's Strategikon*, trans. George T. Dennis (1984), 9.4.
6. Bury, *History of the Later Roman Empire*, vol. I, pp. 85–86.
7. Ibid., pp. 88–89.
8. Ibid., p. 92.

9. Theophanes the Confessor, *The Chronicle of Theophanes*, trans. Harry Turtledove (1982), p. 1.
10. Gregory the Great, Epistle 13.31, in Schaff and Wace, *Select Library*, vol. 13, p. 173.
11. Theophanes, *Chronicle* (1982), p. 3; Ostrogorsky, p. 84.
12. Theophanes, *Chronicle* (1982), p. 9.
13. Ibid., p. 10.
14. Fredegar 4.34.
15. Antiochus Strategos, "The Capture of Jerusalem by the Persians in 614 ad," trans. F. C. Conybeare, *English Historical Review*, 25 (1910), pp. 509–510.
16. Theophanes, *Chronicle* (1982), p. 12.
17. Bury, *History of the Later Roman Empire*, vol. 2, p. 219.
18. Quoted in ibid., p. 220.
19. Ibid., p. 223.
20. Theophanes, *Chronicle* (1982), pp. 13–14.
21. Ostrogorsky, pp. 100–101.
22. Theophanes, *Chronicle* (1982), p. 15.
23. Cross and Sherbowitz-Wetzor, p. 55.
24. Fredegar, 4.48.
25. Collins, pp. 118–119; Ostrogorsky, pp. 102–103.
26. Theodore the Syncellus, *Traduction et Commentaire de l'homélie écrite probablement par Théodore le Syncelle sur le siège de Constantinople en 626*, trans. Ferenc Makk (1975), 22.
27. Ostrogorsky, p. 103.
28. Theodore the Syncellus, 33.
29. Frye, *History of Ancient Iran*, p. 337.
30. Andreas N. Stratos, *Byzantium in the Seventh Century*, vol. 1 (1968), pp. 602–614.
31. al-Tabari, *History*, vol. 5, p. 678.
32. Theophanes, *Chronicle*, pp. 327–328.

03 先知

1. Jerry Rogers et al., *Water Resources and Environmental History* (2004), p. 36.
2. Dionysius, p. 65.
3. Paul Dresch, *Tribes, Government, and History in Yemen* (1993), p. 6; Keys, pp. 60–62; *The Holy Qur'an,* trans. Abdullah Yusuf Ali (2000), Surah 34.15–16, 19.
4. Saunders, *History of Medieval Islam*, p. 22.
5. Ishaq, *The Life of Muhammad*, trans. A Guillaume (1997), p. 119.
6. Armstrong, *Muhammad*, pp. 58–59, 67–68, 94. 关于 5、6 世纪阿拉伯部落社会与城镇社会的差异，卡伦·阿姆斯特朗做出了精辟的分析，在此表示感谢。
7. Marshall G. S. Hodgson, *The Venture of Islam,* vol. 1 (1974), pp. 149–150.
8. Ishaq, pp. 63, 73, 79.
9. Ibid., p. 84.
10. Ibid., p. 106.
11. Hodgson, *Venture of Islam*, vol. 1, p. 163.
12. *Holy Qur'an*, Surah 93; Ishaq, p. 112.
13. Ishaq, p. 119.
14. Ibid., p. 213.

15. Ibid., p. 221.
16. Ibid., p. 232.

04 大唐盛世

1. John Curtis Perry and Bardwell L. Smith, eds., *Essays on T'ang Society* (1976), pp. 20–21.
2. Barfield, pp. 142–144.
3. Roberts, p. 82.
4. Barfield, p. 144.
5. Roberts, p. 105.
6. Barfield, p. 145.
7. Hucker, p. 141; René Grousset, *The Empire of the Steppes* (1970), p. 102.
8. Roberts, p. 106; A. Tom Grunfeld, *The Making of Modern Tibet*, rev. ed. (1996), p. 35.
9. Grunfeld, pp. 35–37; Roberts, pp. 105–107.
10. Michael, p. 111; Dora Shu-fang Dien, *Empress Wu Zetian in Fiction and in History* (2003), pp. 34–35.
11. Grousset, pp. 102–103.
12. C. P. Fitzgerald, *The Empress Wu* (1968), pp. 42–43.
13. Aston, *Nihongi* (1896), p. 191.
14. Aston, pp. 192–193.
15. Gary L. Ebersole, *Ritual Poetry and the Politics of Death in Early Japan* (1989), p. 231.
16. Carter J. Eckert et al., *Korea, Old and New* (1990), pp. 42–43.
17. Ibid., p. 43.

05 以信仰为纽带的族群

1. Armstrong, *Muhammad*, p. 154.
2. *Holy Qu'ran*, Surah 2.13; Martin Lings, *Muhammad* (1983), pp. 126–127.
3. Ishaq, pp. 235–236.
4. Ibid., p. 280.
5. Hodgson, *Venture of Islam*, vol. 1, pp. 174–175.
6. Ishaq, pp. 286–289.
7. Lings, pp. 136–137; *Holy Qu'ran*, Surah 2.217.
8. Lings, pp. 140–141.
9. Ishaq, p. 464.
10. Hodgson, *Venture of Islam*, vol. 1, pp. 194–195.
11. Barnaby Rogerson, *The Prophet Muhammad* (2003), pp. 207ff.
12. Saunders, *History of Medieval Islam*, pp. 139–140.
13. al-Tabari, *History*, vol. 14: *The Conquest of Iran*, trans. G. Rex Smith (1994), p. 114.
14. Kennedy, *Prophet and the Age*, pp. 55–56.
15. Saunders, *History of Medieval Islam*, p. 41.
16. al-Tabari, *History*, vol. 15, p. 86.
17. Bury, *History of the Later Roman Empire*, vol. 2, pp. 262–263.
18. al-Tabari, *History*, vol. 14, p. 114.
19. Bury, *History of the Later Roman Empire*, vol. 2, p. 235.
20. Vasiliev, p. 211.

21. Collins, p. 120.
22. Timothy Gregory, p. 171.
23. Bury, *History of the Later Roman Empire*, vol. 2, p. 287.
24. Paul the Deacon, 4.42.
25. al-Tabari, *History*, vol. 14, p. 77.

06 转折关头

1. al-Tabari, *History*, vol. 14, p. 77.
2. Keay, p. 203.
3. al-Tabari, *History*, vol. 14, p. 77.
4. Ibid., p. 78.
5. Vincent Arthur Smith, *The Early History of India* (1904), p. 287.
6. Wolpert, p. 94; Gavin Flood, "The Saiva Traditions," in Gavin Flood, ed., *The Blackwell Companion to Hinduism* (2003), pp. 200–203; Harsha, *Nagananda*, trans. Palmer Boyd (1999), pp. 47–49.
7. Smith, pp. 290, 294.
8. Schmidt, p. 29.
9. Sastri, *History of South India*, pp. 115–116.
10. Kulke, p. 105.

07 帝国动荡

1. Kennedy, *Prophet and the Age*, p. 69.
2. Ibid., p. 70.
3. Collins, pp. 122–124.
4. al-Tabari, *History*, vol. 15, pp. 26–27.
5. Collins, p. 124; Bury, *History of the Later Roman Empire*, vol. 2, p. 288.
6. Theophanes, *Chronicle* (1982), p. 43.
7. al-Tabari, *History*, vol. 15, p. 22.
8. 'Abd al-Husain Zarrinkub, "The Arab Conquest of Iran and Its Aftermath," in R. N. Frye, ed., *The Cambridge History of Iran in Eight Volumes*, vol. 4(1975), p. 23; al-Tabari, vol. 15, p. 69.
9. Zarrinkub, pp. 24–25; al-Tabari, *History*, vol. 15, pp. 78–79.
10. al-Tabari, *History*, vol. 15, p. 63.
11. Kennedy, *Prophet and the Age*, p. 72; Collins, p. 121; Zarrinkub, p. 21.
12. al-Tabari, *History*, vol. 15, pp. 131, 138.
13. Ibid., pp. 141–142.
14. Ibid., pp. 188–189.
15. Ibid., p. 222.
16. Muhammad ibn al-Husayn Sharif al-Radi, *Nahjul Balagha,* trans. Mohammad Askari Jafery (1984), "Letter: To the Egyptians."
17. Kennedy, *Prophet and the Age*, p. 76.
18. Hodgson, *Venture of Islam*, pp. 214–215.
19. al-Radi, "A Reply to Mu'awiya's Letter."
20. Ibid., "A Letter to Mu'awiya."

21. Ibid., "To His Soldiers Before the Battle of Siffin."
22. Hodgson, *Venture of Islam*, vol. 1, p. 216.

08 法律与语言

1. Walter Pohl and Helmut Reimitz, *Strategies of Distinction* (1998), p. 58; Paul the Deacon, 4.42.
2. Pohl and Reimitz, p. 209.
3. Paul the Deacon, 5.6.
4. Ibid., 5.7.
5. Bury, *History of the Later Roman Empire*, vol. 2, p. 302.
6. Ibid., p. 303.
7. Collins (1999), pp. 124–125; Dineschandra Sircar, *Studies in the Geography of Ancient and Medieval India* (1971), p. 290.
8. Ostrogorsky, p. 124.
9. Bury, *History of the Later Roman Empire*, vol. 2, pp. 331–333.
10. Theophanes, *Chronicle* (1982), pp. 56–57.
11. Martin Sicker, *The Islamic World in Ascendancy* (2000), p. 23.
12. Theophanes, *Chronicle* (1982), p. 59.
13. Collins, p. 227.
14. Sicker, p. 24; Kennedy, *Prophet and the Age*, p. 98; Theophanes, *Chronicle* (1982), p. 64.
15. Collins, p. 228.

09 创造历史

1. David John Lu, *Japan* (1997), p. 27.
2. Piggott, p. 106; Lu, p. 27.
3. Piggott, pp. 83, 118–121.
4. Aston, p. 301.
5. Meyer, p. 37.
6. Michael, pp. 43–44, 113.
7. Meyer, pp. 44–45.
8. Piggott, pp. 1, 3.
9. Aston, pp. 110–111.

10 女皇当道

1. Fitzgerald, *Empress Wu*, p. 88.
2. R. W. L. Guisso, *Wu Tse-T'ien and the Politics of Legitimization in T'ang China* (1978), p. 51.
3. Ibid., p. 52; Roberts, pp. 88–89.
4. Fitzgerald, *Empress Wu*, p. 116.
5. Ibid., pp. 127–128.
6. Ibid., pp. 135–136; Guisso, pp. 137–138.
7. Barfield, pp. 146–147.

8. Roberts, pp. 105–106.
9. Grousset, pp. 110–111; Roberts, p. 106.
10. Roberts, p. 90; Fitzgerald, *Empress Wu*, p. 163.
11. Guisso, p. 154; Michael, p. 111.
12. Michael, pp. 111–112; MacGowan, p. 309.
13. Michael, p. 112; Roberts, pp. 90–91.

11 通向欧洲的道路

1. Theophanes, *Chronicle* (1982), pp. 70–71.
2. Gregory, p. 111.
3. Theophanes, *Chronicle* (1982), pp. 72–73.
4. Collins, pp. 129–130.
5. Heather, pp. 284–285.
6. Collins, pp. 110–112.
7. Ibid., pp. 115–116.
8. Ibn Abd al-Hakam, *The History of the Conquest of Spain*, trans. John Harris Jones (1858), p. 22.
9. Bury, *History of the Later Roman Empire*, vol. 2, pp. 372–373, 382–383.
10. Sicker, p. 25; Bury, *History of the Later Roman Empire*, vol. 2, p. 401.
11. Theophanes, *Chronicle*, pp. 88–89.
12. Ibid., pp. 90–91.
13. Geary, p. 204.
14. Fredegar, p. 90.
15. Paul Fouracre, *The Age of Charles Martel* (2000), p. 88; Fredegar, p. 91.

12 南方的吉罗娑神庙

1. Elliot and Dowson, *The History of India*, p. 405.
2. Ibid., pp. 119–120.
3. Ibid., pp. 170–172.
4. Sicker, p. 25; Keay, p. 185; Elliot and Dowson, p. 123.
5. Nau Nihal Singh, *The Royal Gurjars* (2003), p. 209.
6. Ibid., p. 210.
7. Ronald Inden, *Imagining India* (1992), p. 252.
8. Keay, pp. 200–201; Inden, pp. 257–258.

13 净化运动

1. Sicker, p. 26.
2. Barfield, pp. 148–149.
3. "Epitome of the Iconoclastic Council of Constantinople, 754," in Schaff and Wace, *Select Library*, vol. 14, p. 543.
4. Eamon Duffy, *Saints & Sinners* (1997), p. 80.
5. Ostrogorsky, pp. 161–163.

6. Theophanes, *Chronicle* (1982), pp. 96–97.
7. Ibid., p. 97; St. John of Damascus, "First Apology," in *On the Divine Images: Three Apologies against Those Who Attack the Divine Images*, trans. David Anderson (1980), p. 31.
8. Theophanes, *Chronicle* (1982), p. 98.
9. Duffy, p. 82.
10. Collins, p. 230.
11. Jan T. Hallenbeck, *Pavia and Rome* (1982), p. 24.
12. Ibid., p. 25.
13. Ostrogorsky, p. 164; Theophanes, *Chronicle* (1982), p. 100.

14 阿拔斯王朝

1. Simon Franklin and Jonathan Shepard, *The Emergence of Rus, 750–1200* (1996), pp. 7–10.
2. Kevin Alan Brook, *The Jews of Khazaria*, 2d ed. (2006), p. 97; "The Letter of Joseph the King," in Jacob Rader Marcus, ed., *The Jew in the Medieval World*, rev. ed. (1999), pp. 227–228.
3. Kennedy (2004), *Prophet and the Age*, pp. 110–111.
4. al-Tabari, *History*, vol. 26, p. 72.
5. Kennedy, *Prophet and the Age*, p. 123.
6. Sicker, p. 27.
7. Ahmed ibn Mohammed al-Makkari, *The History of the Mohammedan Dynasties in Spain*, trans. Pascual de Gayangos (2002), pp. 95–96.
8. al-Tabari, *History*, vol. 27, pp. 172–174.
9. Arthur Wollaston, *The Sword of Islam* (1905), p. 130.
10. al-Tabari, *History*, vol. 28, p. 238; Sicker, p. 29.
11. M. A. Shaban, *Islamic History* (1976), p. 12.
12. Hodgson, *Venture of Islam*, vol. 1, pp. 286–287; al-Tabari, vol. 1, *History*, vol. 28, pp. 124ff; Shaban, p. 10.
13. Hodgson, *Venture of Islam*, vol. 1, p. 287.

15 查理曼

1. Oliver J. Thatcher and Edgar Holmes McNeal, eds., *A Source Book for Medieval History* (1905), p. 102.
2. Fredegar (1960), 4.22.
3. Fredegar, 4.30; Joanna Story, ed., *Charlemagne* (2005), pp. 16–17; Einhard, "The Life of Charlemagne" 1.2, in Lewis Thorpe, trans., *Two Lives of Charlemagne* (1969).
4. Paul Edward Dutton, ed., *Carolingian Civilization* (1993), p. 11.
5. 缩写自 *Clausula de unctione Pippini*, in Dutton, p. 12。
6. Fredegar, 4.38–39.
7. "The Donation of Constantine," in Dutton, pp. 14–19.
8. Einhard, "Life of Charlemagne" 3.18, in Thorpe.
9. J. M. Wallace-Hadrill, *The Barbarian West* (1962), p. 97.
10. Wallace-Hadrill, *Barbarian West* (1962), p. 97.
11. Einhard, "Life of Charlemagne" 2.6, in Thorpe.

12. Einhard, "Life of Charlemagne" 2.9–10, in Thorpe.
13. Charles Kenneth Scott-Moncrieff, trans., *The Song of Roland* (1920), p. 80.

16 安史之乱

1. Li Po, "A Farewell to Li Yun in the Xie Tiao Pavilion," in Xianyi Yang and Gladys Yang, trans., *Poetry and Prose of the Tang and Song* (1984), p. 31; Michael, p. 116.
2. Wang Wei, "Seeing Yuan the Second off on a Mission to Anxi," in Yang and Yang, p. 16; Roberts, p. 122.
3. Roberts, p. 92.
4. Li Po, "Fighting South of the City," in Yang and Yang, pp. 22–23.
5. Hans J. Van de Ven, *Warfare in Chinese History* (2000), pp. 132–133; Roberts, p. 103.
6. Roberts, p. 93.
7. Ibid.; Van de Ven, pp. 137–138.
8. Michael, p. 144; Bai Juyi, "Song of Eternal Sorrow," in Yang and Yang, pp. 111–115.
9. Charles D. Benn, *China's Golden Age* (2004), p. 10.
10. Van de Ven, p. 139.
11. Michael, p. 114; Roberts, p. 107.
12. Roberts, p. 108.
13. Lee, *New History of Korea*, p. 72; Roberts, pp. 110–111.
14. Michael, p. 114; Van de Ven, p. 144.

17 奥古斯都皇帝

1. Theophanes, *Chronicle* (1982), p. 135.
2. Bury, *History of the Later Roman Empire*, vol. 2, pp. 478–479.
3. Sicker, p. 30.
4. Theophanes, *Chronicle* (1982), p. 141.
5. Derek Wilson, *Charlemagne* (2006), pp. 84–85.
6. J. M. Wallace-Hadrill, *The Frankish Church* (1983), pp. 413–414.
7. "Alcuin to Charlemagne," in Henry Morley and William Hall Griffin, *English Writers,* vol. 2 (1888), p. 165.
8. Theophanes, *Chronicle* (1982), pp. 146–147.
9. Ibid., p. 151.
10. Ibid., p. 153.
11. Ibid., p. 155.
12. Wallace-Hadrill, *Frankish Church*, pp. 220–223.
13. Wilson, p. 76.
14. Quoted in Wallace-Hadrill, *Frankish Church*, p. 186.
15. Quoted in Wilson, p. 77.
16. Notker the Stammerer, *Charlemagne* 27, in Thorpe, p. 125.
17. Wilson, p. 81; Wallace-Hadrill, *Barbarian West*, p. 109.
18. Quoted in Wilson, p. 81.
19. Theophanes the Confessor, *The Chronicle of Theophanes Confessor*, trans. Cyril Mango and Roger Scott (1997), p. 657.

18 西拿基立第二

1. al-Tabari, *History*, vol. 30, p. 100.
2. Sicker, p. 30.
3. Richard Hodges and David Whitehouse, *Mohammed, Charlemagne & the Origins of Europe* (1983), pp. 141, 158; Einhard, "Life of Charlemagne" 1.16, in Thorpe.
4. Collins, pp. 191–192.
5. Franklin and Shepard, p. 12.
6. Hugh Kennedy, *When Baghdad Ruled the Muslim World* (2005), p. 51.
7. Karsh, *Islamic Imperialism* (2006), p. 72.
8. Florin Curta, *Southeastern Europe in the Middle Ages* (2006), p. 147.
9. Curta, p. 149; Theophanes, *Chronicle of Theophanes Confessor* (1997), pp. 483–485.
10. Theophanes, *Chronicle of Theophanes Confessor* (1997), pp. 665–666.
11. Curta, pp. 149–150.
12. Theophanes, *Chronicle of Theophanes Confessor* (1997), p. 673.
13. Curta, p. 150.
14. Theophanes, *Chronicle of Theophanes Confessor* (1997), p. 679.
15. Wallace-Hadrill, *Barbarian West*, p. 112.
16. Theophanes, *Chronicle of Theophanes Confessor* (1997), p 685.
17. Ibid., p. 503.
18. Curta, p. 148.
19. Theophanes, *Chronicle of Theophanes Confessor* (1997), p. 686.
20. Dimitri Obolensky, *Byzantium and the Slavs* (1994), p. 40.

19 城堡领主与摄政

1. Jae-un Kang, *The Land of Scholars*, trans. Suzanne Lee (2006), p. 64.
2. Lee and de Bary, pp. 48–49.
3. Lee, *New History of Korea*, p. 84.
4. Lee, et al., *Sourcebook of Korean Civilization*, p. 122.
5. Kang, p. 232.
6. Lee, et al., *Sourcebook of Korean Civilization*, p. 133.
7. Lee, *New History of Korea*, p. 92.
8. Ibid., p. 93.
9. Lee, et al., *Sourcebook of Korean Civilization*, p. 220.
10. Lee, *New History of Korea*, p. 95.
11. Ibid., p. 96.
12. James Huntley Grayson, *Korea* (2002), pp. 57–58.
13. Reischauer, p. 216.
14. Meyer, p. 51.
15. Reischauer, p. 222; Meyer, p. 51.
16. Reischauer, pp. 232–233; Meyer, p. 54.
17. Meyer, p. 54; Karl F. Friday, *Hired Swords* (1992), pp. 74–75.
18. Piggott, p. 282; Reischauer, p. 249.
19. Peter Martin, *The Chrysanthemum Throne* (1997), p. 56.
20. Takie Sugiyama Lebra, *Above the Clouds* (1993), p. 35; Michele Marra, *The Aesthetics of Discontent* (1991), pp. 38–39.

20 外来者的胜利

1. Gernet, p. 266; Denis Twitchett et al., *The Cambridge History of China*, vol. 6 (1994), p. 7.
2. Roberts, p. 95; Van de Ven, p. 165.
3. MacGowan, pp. 329–331.
4. Chye Kiang Heng, *Cities of Aristocrats and Bureaucrats* (1999), pp. 20, 78–81.
5. Roberts, p. 107.
6. de Bary et al., p. 374.
7. Gernet, p. 267.
8. Roberts, p. 96.
9. Gernet, p. 267.
10. Quoted in Heng, p. 73.
11. Twitchett et al. (1994), p. 56.
12. MacGowan, pp. 338–339.
13. Ibid., pp. 339-340.
14. Twitchett et al. (1994), p. 10.
15. Roger Tennant, *A History of Korea* (1996), p. 67.
16. Ibid., pp. 67–68.
17. Lee et al., *Sourcebook of Korean Civilization*, p. 126.
18. Ibid., p. 126.
19. Tennant (1996), p. 68; Lee, *New History of Korea*, p. 98.
20. Lee, *New History of Korea*, p. 98; Tennant, pp. 68–69.
21. Lee, *New History of Korea*, p. 99; Tennant, p. 70.
22. Jong-gil Kim, *Among the Flowering Reeds* (2003), p. 32.
23. Tennant, pp. 69–70.
24. Lee et al. *Sourcebook of Korean Civilization* (1993), pp. 129, 261.
25. Tennant, pp. 70–71; Lee et al., *Sourcebook of Korean Civilization* (1993), p. 261.

21 第三个王朝

1. al-Tabari, *History*, vol. 30, p. 335.
2. P. M. Holt, et al., eds. *The Cambridge History of Islam*, vol. 1 (1970), pp. 118–119.
3. al-Tabari, *History*, vol. 31, p. 23.
4. Ibid, pp. 48–51.
5. Ibid., pp. 152–153, 185–186.
6. Holt et al., pp. 119–123.
7. al-Tabari, *History*, vol. 32, pp. 131–134.

22 维京海盗

1. Jones, *History of the Vikings*, pp. 25–26.
2. Louis Halphen, *Charlemagne and the Carolingian Empire*, trans. Giselle de Nie (1977), p. 97.
3. Wallace-Hadrill, *Early Germanic Kingship*, p. 114; Nithard's *Histories*, 2, in Bernhard Walter Scholz with Barbara Rogers, trans., *Carolingian Chronicles* (1970), p. 130.
4. Halphen, p. 158.

5. Scholz with Rogers, p. 131.
6. Ibid., p. 133.
7. Janet L. Nelson, trans., *The Annals of St. Bertin* (1991), p. 49.
8. "Engelbert at the Battle of Fontenoy," in Dutton, p. 364.
9. H. W. Carless Davis, *Charlemagne (Charles the Great)* (1925), p. 314.
10. Franklin and Shepard, p. 56.
11. P. H. Sawyer, *Kings and Vikings* (1982), p. 88; Pierre Riche, *The Carolingians*, trans. Michael Idomir Allen (1993), p. 192.
12. Riche, p. 197.
13. Franklin and Shepard, p. 9.
14. Ibid., p. 29.
15. Nelson, p. 44.
16. Franklin and Shepard, p. 40.
17. Ibid., pp. 55–56.
18. Photius, *The Homilies of Photius*, trans. Cyril Mango (1958), pp. 95–96.
19. Franklin and Shepard, p. 51.
20. Ibid., p. 58–59.

23 长寿的国王们

1. Dilip Kumar Ganguly, *Ancient India, History and Archaeology* (1994), p. 44; Rama Shankar Tripathi, *History of Kanauj* (1964), pp. 227–228.
2. Tripathi, pp. 232–234.
3. Sailendra Nath Sen, *Ancient Indian History and Civilization* (1988), p. 371.
4. R. C. Majumdar, *Ancient India* (1964), p. 367.
5. Kulke, p. 11.
6. Tripathi, pp. 239, 241.
7. Majumdar, p. 367; Tripathi, p. 243.
8. Majumdar, p. 404.

24 国内外关系

1. From "The *Vita* of Methodius," in Deno John Geanakoplos, ed., *Byzantium* (1984), p. 348.
2. Ostrogorsky, p. 203.
3. Obolensky, p. 207.
4. P. M. Barford, *The Early Slavs* (2001), p. 221.
5. Nelson, p. 137.
6. Ostrogorsky, pp. 204–205.
7. Obolensky, p. 207; Barford, p. 222.
8. Vasiliev, p. 301.
9. Ibid., p. 304; Ostrogorsky, pp. 212–213.
10. Shaun Tougher, *The Reign of Leo VI (886–912)* (1997), p. 61.
11. Ibid., p. 62.

25 第二个哈里发国

1. Dominique Sourdel, *Medieval Islam* (1983), pp. 76–79; Seyyed Hossein Nasr, *Islamic Philosophy from Its Origin to the Present* (2006), p. 122.
2. Holt et al., p. 124; Sourdel, pp. 78–79.
3. Paul E. Walker, *Fatimid History and Ismaili Doctrine* (2008), 2.4.
4. Holt et al., p. 125.
5. Ibid., pp. 125–126.
6. al-Tabari, *History*, vol. 34, translator's preface, pp. xi–xii.
7. al-Tabari, *History*, vol. 35, pp. 164–165.
8. Holt et al., p. 129.
9. S. D. Goitein, "On the Origin of the Term Vizier," *Journal of the American Oriental Society*, 81:4 (Sep.–Dec. 1961), pp. 425–426.

26 维京大军

1. Quoted in Margaret Mahler, *A History of Chirk Castle and Chirkland* (1912), p. 202.
2. Magnus Magnusson, *Scotland* (2000), p. 40.
3. Collins, p. 194; Simeon of Durham, *The Historical Works of Simeon of Durham*, trans. J. Stevenson (1855), p. 487.
4. Bryan Sykes, *Saxons, Vikings, and Celts* (2006), p. 261; Snorri Sturluson, *Heimskringla*, trans. Erling Monsen (1932), p. 5; John Asser, *Asser's Life of King Alfred*, trans. Lionel Cecil Jane (1908), p. 41.
5. Bede, p. 299.
6. Seamus Heaney, *Beowulf* (2001), 2.175–179.
7. Sykes, p. 262.
8. Swanton, p. 68.
9. Ibid., p. 70; Simon Keynes and Michael Lapidge, trans., *Alfred the Great* (1983), p. 77.
10. Swanton, p. 71.
11. Keynes and Lapidge, p. 83.
12. Asser, p. 38.
13. Simeon of Durham, p. 476.
14. Keynes and Lapidge, p. 84.
15. John of Worcester, *The Chronicle of John of Worcester*, vol. 2: *The Annals from 450 to 1066*, trans. Jennifer Bray and P. McGurk (1995), p. 355.

27 为铁王冠而战

1. Eric Joseph Goldberg, *Struggle for Empire* (2006), p. 331.
2. Halphen, p. 319.
3. Ibid., p. 324.
4. Ibid., p. 327.
5. Quoted in Riche, p. 219.
6. Liudprand of Cremona, *The Complete Works of Liudprand of Cremona*, trans. Paolo Squatriti (2007), p. 67.
7. Ibid., p. 64.

8. Ibid., p. 69.
9. Constantine Porphyrogenitus, *De Administrando Imperio*, trans. R. J. H. Jenkins (1967), pp. 171–173.
10. Andras Rona-Tas, *Hungarians and Europe in the Early Middle Ages* (1999), pp. 336–337.

28 关白

1. Lebra, p. 35.
2. Reischauer, p. 270.
3. Sadaie Fujiwara and William Ninnis Porter, *A Hundred Verses from Old Japan* (1909), p. 12.
4. James S. De Benneville, *Saitō Mussashi-Bō Benkei* (1910), pp. 104–105; Meyer, p. 58.
5. Robert Borgen, *Sugawara No Michizane and the Early Heian Court* (1986), p. 176.
6. Reischauer, pp. 272–273.
7. Marra, p. 46.
8. Hall, et al., pp. 55–56; Borgen, p. 28.
9. Hall et al., p. 57; Borgen, pp. 208–209.
10. Reischauer, p. 279.
11. De Benneville, p. 106; Hall et al., p. 58.
12. Reischauer, p. 64.
13. Hall et al., pp. 59–60; Reischauer, pp. 287ff.
14. H. Paul Varley, *Warriors of Japan as Portrayed in the War Tales* (1994), p. 8.
15. Karl F. Friday, *Hired Swords* (1992), p. 10; Varley, pp. 144–145.
16. Friday, pp. 12–13; Varley, p. 145.

29 巴西琉斯

1. Tougher, *Reign of Leo VI*, p. 115.
2. Ibid., p. 117.
3. Arnold Toynbee, *Constantine Porphyrogenitus and His World* (1973), p. 13.
4. Lynda Garland, *Byzantine Empresses* (1999), p. 114.
5. Quoted in Garland, p. 115.
6. Vasiliev, p. 316.
7. Thomas Riha, ed., *Readings in Russian Civilization*, vol. 1 (1969), p. 2.
8. Steven Runciman, *The Emperor Romanus Lecapenus & His Reign* (1929), p. 44.
9. Ostrogorsky (1969), p. 261.
10. Leo the Deacon, *The History of Leo the Deacon* (2005), 7.7.
11. Ostrogorsky, p. 263.
12. Liudprand of Cremona, p. 124.
13. Leo the Deacon, 7.7.
14. Liudprand of Cremona, p. 123.
15. Runciman, *Emperor Romanus Lecapenus & His Reign*, p. 61.
16. Ibid., p. 90, Romilly Jenkins, *Byzantium* (1987), pp. 242–243.
17. Runciman, *Emperor Romanus Lecapenus & His Reign*, p. 92.

30 缔造诺曼底

1. Liudprand of Cremona, p. 92.
2. Ibid., p. 94.
3. Riche, pp. 226–227.
4. *Gesta Normannorum Ducum*, vol. 1, trans. Elisabeth M. C. Van Houts (1992), p. 67.

31 德意志王国

1. Liudprand of Cremona, p. 75.
2. Josef Fleckenstein, *Early Medieval Germany*, trans. Bernard S. Smith (1978), pp. 108–110.
3. Ibid., p. 111; Liudprand of Cremona, p. 77.
4. Liudprand of Cremona, p. 85.
5. Fleckenstein, pp. 112–113.
6. Ibid., p. 116.
7. Liudprand of Cremona, pp. 89–90.
8. Ibid., p. 90.
9. Charles IV, *Autobiography of Emperor Charles IV and His Legend of St. Wenceslas*, trans. and ed. Balazs Nagy and Frank Schaer (2001), p. 185.
10. Ibid., p. 189.
11. Ibid., p. 193.

32 命运之轮

1. K. A. Nilakanta Sastri, *The Pandyan Kingdom* (1929), p. 81.
2. Ibid., p. 81.
3. Ibid., pp. 82, 99.
4. Ibid., p. 82.
5. Rice, p. 326.
6. Sen, p. 480; Sastri, *Pandyan Kingdom*, p. 100.
7. Karen Pechilis Prentiss, *The Embodiment of Bhakti* (1999), pp. 95–96.
8. Sastri, *Pandyan Kingdom*, p. 102.
9. Rice, p. 463.

33 占领巴格达

1. Karsh, p. 54.
2. Heinz Halm, *The Empire of the Mahdi* (1996), p. 173.
3. Ibid., pp. 175, 200–201.
4. Kennedy, *Prophet and the Age*, p. 314.
5. Archibald Ross Lewis, *The Development of Southern French and Catalan Society, 718–1050* (1965), pp. 70–71, 161.
6. W. Montgomery Watt, *A History of Islamic Spain* (1965), p. 40.
7. Ibid., p. 46.

8. Karsh, p. 62.
9. Franklin and Shepard, p. 64.
10. Kennedy, *Prophet and the Age*, p. 217; Karsh, p. 63.
11. Geoffrey L. Simons, *Iraq: From Sumer to Saddam* (1994), p. 161.
12. Kennedy, *Prophet and the Age*, pp. 194–195.
13. Peter Beaumont, *Drylands* (1993), pp. 126–127; Kennedy, *Prophet and the Age*, p. 197.

34 宋、辽和高丽

1. Lee et al., *Sourcebook of Korean Civilization*, (1993), p. 261.
2. Lee, *New History of Korea* (1984), p. 101.
3. Lee et al., *Sourcebook of Korean Civilization*, p. 275.
4. Lee, *New History of Korea*, p. 103.
5. James B. Palais, *Confucian Statecraft and Korean Institutions* (1996), p. 214; Peter H. Lee et al., *Sources of Korean Tradition* (1997), p. 146.
6. Lee et al., *Sources of Korean Tradition*, pp. 146–147.
7. Lee et al., *Sourcebook of Korean Civilization*, p. 264.
8. Grousset, p. 128.
9. Ibid., pp. 570 n. 125, 129.
10. Ibid., p. 129.
11. MacGowan, p. 361.
12. Ibid.
13. Fitzgerald, *China*, p. 378.
14. MacGowan, p. 368.

35 英格兰的国王们

1. Swanton, p. 104.
2. D. M. Hadley, *The Northern Danelaw* (2000), pp. 11–12.
3. William of Malmesbury, p. 207.
4. John of Worcester, *Chronicles*, vol. 2 (1995), p. 387.
5. Swanton, pp. 106, 108–109.
6. William of Malmesbury, p. 213.
7. Ibid., p. 233.
8. Ibid., p. 237.
9. Ibid., p. 237.
10. Ibid., p. 245.
11. John of Worcester, *Chronicles*, vol. 2, pp. 422–425; William of Malmesbury, pp. 239–241; Swanton, p. 118.
12. Jones, *History of the Vikings*, pp. 34–35, 45–46; Ornolfur Thorsson, ed., *The Sagas of the Icelanders: A Selection* (2001), p. 9.
13. Thorsson, p. 9.
14. Jones, *History of the Vikings*, p. 279.
15. Ibid., p. 95.
16. Thorsson, p. 81.

17. Sturluson, p. 104.
18. Ibid., p. 113.
19. Thorsson, p. 654.
20. Ibid., p. 655.
21. Sturluson, p. 140.
22. William of Malmesbury, p. 273.
23. John of Worcester, *Chronicles*, vol. 2, p. 425.
24. Sturluson, p. 141.
25. Ibid., pp. 214–215.
26. Henry of Huntingdon, *The Chronicle of Henry of Huntingdon*, trans. Thomas Forester (1853), p. 183.
27. Swanton, p. 135 n. 9.
28. Ian Howard, *Swein Forkbeard's Invasions and the Danish Conquest of England, 991–1017* (2003), pp. 62–63.
29. Swanton, p. 143.
30. Ibid., pp. 143–145; William of Malmesbury, pp. 302–303.

36 罗斯人受洗

1. Toynbee, pp. 10–11.
2. Mark Whittow, *The Making of Byzantium, 600–1025* (1996), pp. 321–322.
3. Ibn Fadlan, *Ibn Fadlan's Journey to Russia,* trans. Richard N. Frye (2005), pp. 64–65.
4. Ibid., pp. 68–70; Franklin and Shepard, pp. 44–45.
5. Jones, *History of the Vikings*, p. 260.
6. Cross and Sherbowitz-Wetzor, p. 68.
7. Leo the Deacon, p. 156.
8. Wladyslaw Duczko, *Viking Rus* (2004), pp. 214–215.
9. Toynbee, pp. 499–505; Whittow, pp. 258–259.
10. B. J. Kidd, *Documents Illustrative of the History of the Church*, vol. 3 (1920), p. 103.
11. Cross and Sherbowitz-Wetzor, p. 84.
12. Vasiliev, p. 302.
13. Leo the Deacon, pp. 58, 82.
14. Ostrogorsky, pp. 284–285.
15. Leo the Deacon, p. 83.
16. Ostrogorsky, pp. 284–285; Leo the Deacon, pp. 85–86.
17. Cross and Sherbowitz-Wetzor, p. 87. 这些事件的发生顺序，我们并不完全清楚，文中采用的是较为可信的若干历史重建中的一种。还可参见：Whittow, pp. 260–261, and Ostrogorsky, pp. 292–293。
18. Leo the Deacon, pp. 136–141.
19. Ibid., p. 147.
20. Cross and Sherbowitz-Wetzor, p. 90.
21. Jones, *History of the Vikings*, pp. 262–263.
22. Cross and Sherbowitz-Wetzor, p. 113.
23. Ibid., pp. 97–98, 116
24. Ibid., p. 117.

37 神圣罗马帝国皇帝

1. Simon of Kéza, *Gesta Hungarorum*, trans. Lászlo Veszprémy and Frank Schaer (1999), p. 91.
2. Ibid., p. 93; Paul Lendvai, *The Hungarians*, trans. Ann Major (2003), pp. 27–28.
3. Uta-Renate Blumenthal, *The Investiture Controversy* (1988), p 39.
4. Thatcher and McNeal, pp. 116–117. 奥托的誓言其实有两部分，一部分记录于 961 年，另一部分记录于 962 年。
5. J. N. D. Kelly, *The Oxford Dictionary of Popes* (1986), pp. 126–127.
6. Susan Wood, *The Proprietary Church in the Medieval West* (2006), pp. 16–17.
7. Book of Acts 8:18–24.
8. Wood, p. 299.
9. Thatcher and McNeal, p. 118.
10. Kelly, *Oxford Dictionary of Popes*, p. 127.
11. Timothy Reuter and Rosamond McKitterick, eds., *The New Cambridge Medieval History*, vol. 3 (1999), p. 254.
12. Thietmar of Merseburg, *Ottonian Germany* (2001), pp. 126–127; Reuter and McKitterick, p. 255.
13. Thietmar of Merseburg, p. 149.
14. Ibid., p. 150; Gerd Althoff, *Otto III* (2003), pp. 33–34.
15. Althoff, pp. 38–39.
16. F. L. Ganshof, *Feudalism*, trans. Philip Grierson (1996), pp. 3–9.
17. Thatcher and McNeal, p. 412.
18. Blumenthal, p. 11.

38 艰苦的神圣战争

1. Keay, p. 204; Satish Chandra, *Medieval India* (2000), p. 17.
2. Sircar, pp. 290–291.
3. Quoted in Ray, p. 81.
4. Quoted in Keay, pp. 204–205.
5. Abu al-Nasr Muhammad ibn ‘Abd al-Jabbar al-Utbi, *Kitab-i-Yamini*, trans. James Reynolds (1858), pp. 23–24, 33.
6. Ibid., p. 39; Keay, p. 206.
7. Quoted in Elliot and Dowson, pp. 26–27; Chandra, p. 17.
8. Chandra, p. 18.
9. Ibid., p. 19.
10. Romesh Chunder Dutt, *A History of Civilisation in Ancient India* (2000), pp. 325–326.
11. Ibn Fadlan, pp. 37–38.
12. James Heitzman, *Gifts of Power* (1997), p. 6; Keay, p. 216; E. Hultzsch and H. Krishna Sastri, *Miscellaneous Inscriptions from the Tamil Country* (1899), “Tiruvalangadu Copper-Plates,” v.84.
13. Pechilis Prentiss, pp. 100–101, 104.
14. Hultzsch and Sastri, “Tiruvalangadu Copper-Plates,” v. 87, 96–97.
15. Ronald Findlay and Kevin H. O’Rourke, Power and Plenty (2007), p. 68; Hultzsch and Sastri, “Tiruvalangadu Copper-Plates,” v.92.
16. Hultzsch and Sastri, “Tiruvalangadu Copper-Plates,” v. 98, v.112.

17. Heitzman, pp. 6–10.
18. Sen, p. 44.

39 "保加尔人的屠夫"巴西尔

1. Michael Psellus, *Fourteen Byzantine Rulers*, trans. E. R. A. Sewter (1966), p. 27.
2. John Van Antwerp Fine, *The Early Medieval Balkans* (1983), p. 189.
3. Ostrogorsky, p. 301.
4. Psellus, pp. 31, 35.
5. Franklin and Shepard, pp. 162–163; Psellus, p. 35.
6. Psellus, p. 43.
7. Ibid., pp. 40, 43–44, 46.
8. Ostrogorsky, pp. 309–310; Curta, pp. 244–245.
9. Marshall G. S. Hodgson, *The Venture of Islam*, vol. 2 (1974), pp. 26–27.
10. Karen Armstrong, *Jerusalem* (1996), pp. 258–259.
11. Whittow, p. 381; Farhad Daftary, *A Short History of the Ismailis* (1998), pp. 101, 185.
12. R. J. Crampton, *A Concise History of Bulgaria* (1997), pp. 21–22.
13. Armstrong, Jerusalem, pp. 259–260; Hodgson, *Venture of Islam*, vol. 2 pp. 26–27.

40 捍卫天命

1. Peter Lorge, *War, Politics and Society in Early Modern China* (2005), p. 32.
2. Karl F. Olsson, "The Structure of Power under the Third Emperor of Sung China" (1974) pp. 26–27.
3. Twitchett et al., p. 99.
4. Van de Ven, p. 185.
5. Twitchett et al., p. 99.
6. Peter Kees Bol, *"This Culture of Ours"* (1992), p. 55.
7. Lorge, pp. 33–34; Bol, pp. 51–52, 55.
8. Chuanjing Ding and Chu Djang, *A Compilation of Anecdotes of Sung Personalities*, trans. by Zhang Chu and Zhu Zhang (1989), p. 23.
9. Van de Ven, p. 189.
10. Jinsheng Tao, *Two Sons of Heaven* (1988), pp. 15–16.
11. Edward L. Davis, *Society and the Supernatural in Song China* (2001), p. 68.
12. Shepard Krech et al., *Encyclopedia of World Environmental History*, vol. 2 (2004), p. 602.
13. Paludan, p. 130.
14. Joseph Needham and Cunxun Qian, *Science and Civilization in China*, vol. 5 (1985), p. 97.

41 发现新大陆

1. Thorsson, pp. 637–638.
2. Ibid., pp. 638–641.
3. Ibid., p. 639.
4. Ibid., pp. 644–645.

5. Ibid., p. 647.
6. Ibid., pp. 648, 670; Helge Ingstad and Anne Stine Ingstad, *The Viking Discovery of America* (2001), p. 48.
7. Alice Beck Kehoe, *America Before the European Invasions* (2002), p. 1.
8. Stuart J. Fiedel, *Prehistory of the Americas* (1987), pp. 152–153, 156–157; Kehoe, p. 102.
9. Fiedel, pp. 237, 254–257; Kehoe, pp. 175–177.
10. Kehoe, pp. 148–150; Fiedel, pp. 214–217.
11. Adams, p. 63.
12. Ibid., pp. 63–65.
13. Hans J. Prem, *The Ancient Americas* (1997), pp. 18–19; Robert J. Sharer and Sylvanus Griswold Morley, *The Ancient Maya*, 5th ed. (1994), pp. 471–472; Nicholas J. Saunders, *Ancient Americas* (2004), p. 84.
14. Adams, p. 79; Saunders, *Ancient Americas*, p. 48.
15. H. B. Nicholson, *Topiltzin Quetzalcoatl* (2001), pp. 250–251.
16. Prem, pp. 21–22; Adams, pp. 68–69; Saunders, *Ancient Americas*, p. 79.
17. Nicholson, pp. 10–11.
18. Prem, p. 24; Adams, p. 73.
19. Adams, p. 75.

42 大分裂

1. James Muldoon, *Empire and Order* (1999), pp. 34–35.
2. Alexander Clarence Flick, *The Rise of the Mediaeval Church and Its Influence on the Civilisation of Western Europe from the First to the Thirteenth Century* (1909), p. 403.
3. Althoff, p.72.
4. Flick, p. 404; Althoff, pp. 73–79.
5. Kelly, *Oxford Dictionary of Popes*, pp. 27–28.
6. Thatcher and McNeal, pp. 119–120. 略有删节。
7. Thietmar of Merseburg, p. 187; Althoff, pp. 127–129.
8. Blumenthal, p. 42.
9. Ibid., p. 43.
10. Christopher Brooke, *Europe in the Central Middle Ages, 962–1154*, 2d ed. (1987), p. 227.
11. Robert Warrand Carlyle and A. J. Carlyle, *A History of Mediaeval Political Theory in the West* (1915), pp. 146, 164, 228; Brooke, p. 229.
12. Flick, p. 408.
13. Brooke, p. 231; Karle Hampe, *Germany under the Salian and Hohenstaufen Emperors*, trans. Ralph Bennett (1973), pp. 43–45.
14. Hampe, p. 47.
15. Stefan Weinfurter, *The Salian Century* (1999), p. 101.
16. Flick, p. 410; F. Donald Logan, *A History of the Church in the Middle Ages* (2002), pp. 102–103.
17. Thatcher and McNeal, pp. 121–122.
18. Ibid., p. 122.
19. Anna Comnena, *The Alexiad of Anna Comnena*, trans. E. R. A. Sewter (1969), 1.10–11
20. William of Apulia, "Gesta Roberti Wiscardi," book 2, in G. H. Pertz et al., *Chronica et annales aevi Salici* (1963).
21. Goffredo Malaterra, *The Deeds of Count Roger of Calabria and Sicily and of His Brother*

Duke Robert Guiscard, trans. Kenneth Baxter Wolf (2005), book 1.
22. William of Apulia, book 2, in Pertz et al.
23. Henry Chadwick, *East and West* (2003), pp. 206–207, 211–213.
24. Horst Fuhrmann, *Germany in the High Middle Ages, c. 1050–1200*, trans. Timothy Reuter (1986), p. 55.

43 丹麦的统治

1. Howard, pp. 126, 133.
2. Henry of Huntingdon, p. 192; Swanton, p. 145.
3. Henry of Huntingdon, p. 195.
4. Swanton, p. 152; William of Malmesbury, p. 317.
5. Swanton, p. 153.
6. John of Worcester, *Chronicles*, vol. 2, p. 503.
7. Swanton, pp. 157–159.
8. Ibid., p. 159.
9. Peter Rex, *Harold II* (2005), pp. 26–27; Swanton, p. 158.
10. *Encomium Emmae Reginae*, trans. Alistair Campbell (1998), p. xxxiv.
11. Swanton, p. 160.
12. Benjamin T. Hudson, *Prophecy of Berchán* (1996), pp. 223–224.
13. Swanton, pp. 160–162.

44 诺曼人的征服

1. David Howarth, *1066* (1977), p. 34; John of Worcester, *Chronicles*, vol. 2 p. 535.
2. William of Malmesbury, p. 353.
3. Henry of Huntingdon, p. 202; William of Malmesbury, p. 353.
4. Henry of Huntingdon, p. 202.
5. William of Malmesbury, p. 353; John of Worcester, *Chronicles*, vol. 2, pp. 570–571.
6. Howarth, pp. 67–68, 74–75.
7. Swanton, pp. 194–195.
8. Swanton, p. 196.
9. Howarth, pp. 127–129; Rex, pp. 217–219.
10. Howarth, pp. 134–135.
11. Henry of Huntingdon, p. 209.
12. Swanton, pp. 198–199.

45 西班牙诸王

1. Watt, pp. 81–82; Abd Allah b. Buluggin, *The Tibyan*, trans. Amin T. Tibi (1986), p. 43.
2. Abd Allah b. Buluggin, p 43; Watt, p. 82.
3. Hugh Kennedy, "Muslim Spain and Portugal," in David Luscome and Jonathan Riley-Smith, eds., *The New Cambridge Medieval History*, vol. 4 (2004), p. 599.
4. Abd Allah b. Buluggin, p. 43.
5. Manuela Marin and Salma Khadra Jayyusi, *Handbuch der Orientalistik 12, Abt. 1, Bd.*

(1992), p. 46.
6. Peter C. Scales, *The Fall of the Caliphate of Cordoba* (1994), p. 93; Marin and Jayyusi, p. 48.
7. Scales, pp. 2, 9, 99.
8. Anita George, *Annals of the Queens of Spain* (1850), pp. 52–53.
9. Pedro, King of Aragon, *The Chronicle of San Juan De La Peña*, trans. Lynn H. Nelson (1991), p. 14.
10. Simon Barton and R. A. Fletcher, *The World of El Cid* (2000), pp. 49–50.
11. Ibid., p. 101.
12. Ibid., p. 32.
13. Ibid., p. 103; trans., John Ormsby, *The Poem of the Cid*, (1879), p. 63.
14. Marín and Jayyusi, p. 61.
15. Roland Oliver and Brian M. Fagan, *Africa in the Iron Age, c. 500 BC to AD 1400* (1975), p. 160.
16. Oliver and Fagan, p. 160; David Robinson, *Muslim Societies in African History* (2004), pp. 39–40.
17. Oliver and Fagan, p. 161; Arie Schippers, *Spanish Hebrew Poetry and the Arab Literary Tradition* (1994), p. 331; Barton and Fletcher, p. 113.
18. Watt, p. 98.
19. Richard A. Fletcher, *The Quest for El Cid* (1990), p. 185; Barton and Fletcher, p. 147.
20. Bernard F. Reilly, *The Medieval Spains* (1993), p. 99; Luscome and Riley-Smith, p. 609; Marín and Jayyusi, pp. 64–65.
21. George, pp. 187–188; Reilly, p. 109.

46 突厥人的到来

1. Psellus, pp. 53, 57.
2. Ibid., pp. 64–65.
3. Ibid., p. 81.
4. Shaun Tougher, “Byzantine Eunuchs: An Overview, with Special Reference to Their Creation and Origin,” in Liz James, ed., *Women, Men, and Eunuchs* (1997), pp. 178–179.
5. Psellus, p. 93.
6. Ibid., p. 116.
7. Ibid., pp. 138–139.
8. Ibid., p. 155.
9. Ibid., p. 158.
10. Luscome and Riley-Smith, p. 230.
11. Grousset, p. 150.
12. Izz al-Din Ibn al-Athir, *The Annals of the Saljuq Turks*, trans. D. S. Richards (2002), pp. 67–68; Ibrahim Kafesoglu and Gary Leiser, *A History of the Seljuks* (1988), pp. 40–41.
13. Psellus, pp. 224–225.
14. Ibid., p. 300.
15. Archer Jones, *The Art of War in the Western World* (1987), p. 100.
16. Ibid., p. 101.
17. Psellus, pp. 365–366.

授权声明

Union of American Hebrew Congregations: Excerpt from *The Jew in the Medieval World*, edited by Jacob R. Marcus, Copyright © 1938. Used by permission of Union of American Hebrew Congregations.

Liverpool University Press: Two lines from *Venantius Fortunatus: Personal and Political Poems*, translated by Judith W. George, Copyright © 1995. Used by permission of Liverpool University Press.

Michael Marra: Five lines from *The Aesthetics of Discontent: Politics and Reclusion in Medieval Japan*, Copyright © 1991. Published by permission of Michael Marra.

W. W. Norton: Five lines from *Beowulf*, translated by Seamus Heaney. Copyright © 2000 by Seamus Heaney. Used by permission of W. W. Norton & Company, Inc.

Bantam Books: Four lines from *The Divine Comedy by Dante Alighieri: Inferno*, translated by Allen Mandelbaum, Copyright © 1980 by Allen Mandelbaum. Used by permission of Bantam Books, a division of Random House, Inc.

Taylor and Francis Group, LLC: Sixteen lines from *The Anglo-Saxon Chronicle*, translated by Michael Swanton, Copyright © 1998. Used by permission of Taylor and Francis Group, LLC.

Anmol Publications Ltd: Five lines from *The Royal Gurjars: Their Contribution to India*, by Nau Nihal Singh, Copyright © 2003. Used by permission of Anmol Publications Ltd.

The Free Press: Nine lines from "Song of the Six Prefectures," translated by Patricia Buckley Ebrey. Reprinted with the permission of The Free Press, a division of Simon & Schuster, Inc., from *Chinese Civilization: A Sourcebook*, 2nd edition, by Patricia Buckley Ebrey. Copyright © 1993 by Patricia Buckley Ebrey. All rights reserved.

Sh. Muhammad Ashraf Publishers: Nine lines from Surah 34 and eight lines from Surah 93 in *The Holy Qur'an*, translated by Abdullah Yusuf Ali. Used by permission of Sh. Muhammad Ashraf Publishers, Lahore, Pakistan.

White Pine Press: Ch'oe Ch'i Won, "At My Study on Mount Kaya," translated by Kim Jong-Gil, from *Among the Flowering Reeds: Classic Korean Poems Written in Chinese*. Translation Copyright © 1987, 2003 by Kim Jong-Gil. Reprinted with the permission of White Pine Press, www.whitepine.org.

HarperCollins Publishers: Five lines from Surah 105, translated by Thomas Cleary, from *The Essential Koran* by Thomas Cleary. Copyright © 1994 by Thomas Cleary. Reprinted by permission of HarperCollins Publishers.

SUNY Press. Excerpts from *The History of al-Tabari, Volume V: The Sasanids, the Byzantines, the Lakhmids, and Yemen*, by Muhammad ibn Jarir, translated by Clifford Edward Bosworth, Copyright © 1999. Used by permission of SUNY Press.

SUNY Press: Excerpts from *The History of al-Tabari, Volume XV: The Crisis of the Early Caliphate*, by Muhammad ibn Jarir, translated by R. Stephen Humphreys, Copyright © 1990. Used by permission of SUNY Press.

致 谢

我的编辑、供职于诺顿的斯塔林·劳伦斯（Starling Lawrence）最早向我提议做这个项目，并时刻给我专家水平的建议、持续的鼓励以及偶尔的劝告，让我不断回到手稿前面来，把这个项目做完。另外，每当我来到纽约，斯塔林和詹妮都会给我提供工作和思考的地方，对此我充满感激。诺顿出版社的很多人都那么善良，他们的技术、敬业精神和（首先是）幽默感打动了我。我非常感谢那些参与过我的各种各样的项目的人，特别要感谢莫莉·梅、尼迪娅·帕里斯、果尔达·雷德马赫、多西尔·哈蒙德、尤金妮亚·帕卡丽、比尔·鲁辛和珍·尚。

我家附近的威廉与玛丽大学斯韦姆图书馆的馆员也给予了我很多帮助。我还要感谢弗吉尼亚大学埃尔德曼图书馆、哥伦比亚大学东亚阅览室和伦敦图书馆的宽容耐心的工作人员。

感谢我的经纪人理查德·亨肖持续不断地帮我打理日益复杂的一堆承诺。

弗吉尼亚的萨拉·帕克制作了大量复杂的地图，展示出中世纪王国多变的边界。由于我不停地改主意，所以要特别感谢她的耐心。贾斯廷·穆尔十分关注细节，在本书呈现在读者面前之前，他帮我发现了许多令人尴尬的错误。他核对史实的能力令我惊叹不已。（如果书中尚存一些尴尬的错误，责任完全在我。）

金·诺顿、杰基·维奥莱特和莫莉·鲍尔在宁静山庄的办公室里负责接听电话，接收电子邮件，回答读者问题，使我能够离开那里，专心写作。苏珊·希克斯帮我安排旅行计划，确保一切顺利。

哲·权、凯文·斯提尔利和汤姆·杰克逊等阅读了本书的手稿，提供了宝贵的反馈意见。针对一些模糊的问题，乔纳森·贡德莱克帮我找寻答案，并帮我解决各种引用权限的问题。

我的韩国出版商“理论与实践”（Theory & Praxis）让我在韩国现场研究韩国历史，还热情招待了我的两个儿子，我要特别感谢他们慷慨的款待；还要感谢韩国文学社的韩永兰（音）对我的帮助。

鲍里斯·菲什曼在项目即将结束的时候加入进来，那时我已是强弩之末，他像有魔力一样解决了剩余的授权问题。

我的家人和朋友不仅经历了我的另一个世界史写作项目而隐忍幸存下来，而且尽了最大的努力确保我能挺过来。感谢梅尔·穆尔、黛安娜·惠勒和苏珊·坎宁安，是他们让我大体保持了理智。当这部中世纪历史占用了我全部的时间时，鲍勃·怀斯和海瑟·怀斯承担了我的其他书籍写作的承诺。

要不是我的父母杰伊·怀斯和杰茜·怀斯常来帮忙打理，我的家很可能在很久以前就停摆了。我的孩子克里斯托弗、本、丹和埃米莉，随着他们的成长，已经成了他们的妈妈的伙伴，能帮助妈妈完成她的工作。对他们中的任何一个人说声“谢谢”似乎都是不够的，但还是请允许我说一声：谢谢。

我最深切的感激之情要送给我的丈夫彼得，他一直帮助我，让我既做我喜欢的事情，同时还能享受生活。学，然后知不足。（Sumus exules, vivendi quam auditores.）